MEMÓRIAS DO CÁRCERE

MEMÓRIAS DO CÁRCERE

GRACILIANO RAMOS

TORDSILHAS

MEMÓRIAS DO CÁRCERE

Tordesilhas é um selo da Alaúde Editora Ltda, empresa do Grupo Editorial Alta Books (Starlin Alta Editora e Consultoria LTDA).

ISBN: 978-65-5568-180-2

Impresso no Brasil — 1a Edição, 2025 — Edição revisada conforme o Acordo Ortográfico da Língua Portuguesa de 2009.

Dados Internacionais de Catalogação na Publicação (CIP)
(BENITEZ Catalogação Ass. Editorial, MS, Brasil)

R175m
1.ed. Ramos, Graciliano, 1892-1953
Memórias do cárcere / Graciliano Ramos ; ilustração Loren Bergantini. - 1.ed. - Rio de Janeiro : Tordesilhas, 2025.

ISBN 978-65-5568-180-2

1. Escritores brasileiros - Brasil - Biografia. 2. Ramos, Graciliano, 1892-1953. I. Título.

05-2025/167 CDD B869.8

Índice para catálogo sistemático:
1. Escritores brasileiros : Biografia B869.8

Aline Graziele Benitez - Bibliotecária - CRB-1/3129

Produção Editorial: Grupo Editorial Alta Books
Diretor Editorial: Anderson Vieira
Vendas Governamentais: Cristiane Mutüs
Coordenadora Editorial: Mariana Portugal
Produtor Editorial: Marlon Souza

Revisão: Evelyn Diniz; Vinicius Barreto
Aparato: André Caramuru Aubert
Diagramação: Joyce Matos
Designer de Capa: Beatriz Frohe
Ilustração de capa e miolo: Loren Bergantini

ALTA BOOKS
GRUPO EDITORIAL

Rua Viúva Cláudio, 291 — Bairro Industrial do Jacaré
CEP: 20.970-031 — Rio de Janeiro (RJ)
Tels.: (21) 3278-8069 / 3278-8419
www.altabooks.com.br — altabooks@altabooks.com.br
Ouvidoria: ouvidoria@altabooks.com.br

Editora **afiliada à:**

Memórias do Cárcere

Graciliano Ramos

André Caramuru Aubert

Assim como o escritor russo Fiódor Dostoiévski oitenta e sete anos antes, Graciliano Ramos também foi preso sem ter cometido crime algum. O russo havia lido em público um panfleto contra o governo, o brasileiro simpatizava com a esquerda que tentara um golpe contra Getúlio Vargas no ano anterior, mas não participou do movimento. Diante de governos ditatoriais, a vida e a liberdade de artistas e intelectuais estão sempre na corda bamba. O consolo é que, enquanto os governos autoritários passam (alguém se lembra do nome do czar que mandou prender Dostoiévski?), as obras que as prisões inspiraram costumam durar bem mais tempo. Dostoiévski transformou os cinco anos que passou na Sibéria no belo e triste romance *Recordações da Casa dos Mortos* (1862), ao passo que Graciliano produziu, sobre os onze meses em que esteve preso, uma das mais importantes obras de memórias em língua portuguesa, *Memórias do Cárcere*.

Graciliano Ramos e a experiência da prisão

Na época em que foi preso, em março de 1936, Graciliano Ramos estava tentando fazer a transição da vida de funcionário público para a de escritor profissional, já tinha dois romances publicados, sendo que o segundo deles, *São Bernardo* (1934), havia sido muito bem recebido pela crítica do Rio de Janeiro (crítica essa que era muito importante na época) e estava fazendo as revisões finais do terceiro, *Angústia*, que viria a ser editado, com a ajuda de amigos, enquanto ele ainda estava na cadeia.

Nascido em 1892, cidade de Quebrangulo, interior de Alagoas, numa família de classe média, Graciliano escreveu desde cedo, colaborando com a imprensa local e até criando um jornalzinho na escola. Mas, no Brasil e em Alagoas do começo do século passado, viver da escrita não era uma opção. O destino típico de alguém com uma origem regional e familiar como a dele era o de se tornar pequeno comerciante, funcionário público ou professor. Graciliano foi, em momentos distintos, as três coisas: ajudou o pai na loja de tecidos, deu aulas e trabalhou para o governo. Quando, em 1914, embarcou para o Rio de Janeiro para tentar a sorte como jornalista, não ficou nem um ano, pois a atividade que se abriu para ele, nos jornais da então capital federal, foi a de revisor – pesada e mal remunerada – e não a de repórter ou colunista.

De volta a Alagoas, Graciliano continuou a escrever para os jornais do estado, trabalhou com o pai na loja de tecidos *A Sincera* e, como era talentoso e disciplinado, começou a ser aproveitado pelos governantes para ocupar cargos de importância crescente. Passou anos trabalhando num romance, *Caetés* e, em 1927, foi "eleito" prefeito da já então importante cidade de Palmeira dos Índios. E, se a eleição foi um evento político típico da República Velha, de candidatura única e apadrinhamento do governador do estado, o eleito era diferente. Procurou moralizar e modernizar a administração, esforçou-se e sofreu com boicotes. Renunciou ao cargo depois de dois anos, e ao final de cada um enviou um relatório ao governador, que são verdadeiras obras literárias e acabaram circulando pelo país. Ao lê-los, no Rio de Janeiro, o editor Augusto Frederico Schmidt decidiu convidar Graciliano a publicar um romance. O inacabado *Caetés* foi retomado, finalizado e, em 1933, editado no Rio de Janeiro, marcando a estreia oficial de Graciliano Ramos na literatura nacional.

Se *Caetés* era – na visão de um crítico abalizado como Alfredo Bosi – "um livro bom, mas não ótimo", era bom o suficiente para que a carreira pudesse prosseguir. E o romance seguinte, *São Bernardo*, de 1934, já nasceria não apenas mais do que bom, mas um verdadeiro clássico.

Não era possível, no entanto, deixar para trás a vida de funcionário público em Alagoas e passar a viver apenas de literatura e jornalismo no Rio. O principal motivo é que Graciliano tinha uma grande família para sustentar. O primeiro casamento ocorreu em 1915, no mesmo ano do regresso da primeira e fracassada experiência carioca. Dele nasceram quatro filhos, sendo que um acidente no parto da quarta, Maria, em 1920, o deixou viúvo. Em 1928, um novo casamento, e mais quatro filhos. Como um dos filhos, Roberto, morreria ainda bebê, o Graciliano que estreou na literatura com *Caetés* era um homem casado pela segunda vez e pai de sete crianças.

Assim, se o Graciliano Ramos que, no começo de 1936 revisava seu terceiro romance, não estava feliz em seu cargo de Diretor de Instrução Pública (mais ou menos o equivalente, hoje, a secretário estadual de educação), ele não podia nem pensar em abrir mão do emprego. Mas o Brasil estava mudando. Desde a Revolução de 1930, que decretara o fim da República Velha e alçara Getúlio Vargas ao poder, as coisas não eram mais as mesmas. Enquanto as antigas forças políticas tentavam se acomodar à nova situação, novos jogadores e interesses, entravam em campo. Os militares começavam a ter o peso na política nacional, que, ora aumentando, ora diminuindo, têm até hoje. As elites do café paulista, se não sumiram do mapa, foram pesadamente enquadradas após o fracasso da Revolução de 1932. A extrema direita crescia, inspirada pelo fascismo italiano e pelo nazismo alemão, com a Ação Integralista Brasileira, a AIB de Plínio Salgado. E a extrema esquerda reagia, com o PCB e a Aliança Nacional Libertadora, que tentaria tomar o poder, numa desorganizada e fracassada tentativa de golpe, em 1935. A única capital em que os revoltosos ensaiaram algum sucesso foi Natal, no Rio Grande do Norte, onde foram "governo" por 48 horas, até que as forças do governo central retomassem o controle da situação.

Diante desse xadrez de múltiplos jogadores, Getúlio Vargas procurava concentrar cada vez mais o poder, retirando a autonomia dos governadores e inclinando-se à direita. O golpe decisivo seria dado em novembro de 1937, quando Vargas implantou o Estado Novo, um regime ditatorial que, com clara inspiração fascista, não só desmobilizou o Integralismo, como cooptou muitos de seus líderes (a ala mais radical da AIB ainda tentaria um golpe contra Vargas em 1938, facilmente debelado). Um ano e meio antes da decretação do Estado Novo, no começo de 1936, a turbulência política reinante ainda não permitia antecipar com segurança quaisquer desfechos, e as movimentações, de um lado e de outro, eram intensas. Ainda que Graciliano Ramos não fosse um militante comunista e não tivesse participado da fracassada revolução da ANL do ano anterior, suas inclinações e simpatias eram conhecidas. Além disso, ele procurava ser um servidor público exemplar e ético, mantendo-se blindado às pressões para fazer nomeações e promoções de pessoas com poucos méritos e muitas relações. Agindo dessa maneira, Graciliano ia, naturalmente, colecionando cada vez mais detratores, alguns por motivos ideológicos – pertencentes ao espectro político da extrema direita, o que mais crescia naquelas vésperas da Segunda Guerra –, e outros, certamente a maioria, por mero interesse ou desejo de vingança.

E assim foi que, em março de 1936, Osman Loureiro, o governador de Alagoas – nomeado por Getúlio Vargas –, mesmo que nada tendo, pessoalmente, contra Graciliano, cedeu às pressões e o demitiu. Sem nenhuma surpresa, a prisão se deu logo no dia seguinte. Graciliano já sabia que seria preso e teve tempo para arrumar com calma a mala e separar algum dinheiro para os imprevistos. O que ele não sabia é que nenhum documento justificaria legalmente a detenção (ele nunca foi acusado formalmente de coisa alguma) e, muito menos, que ficaria quase um ano encarcerado. A expectativa, no começo, era de que a coisa se resolveria logo e que, em dias, ou no máximo, poucas semanas, ele estivesse novamente em liberdade.

A vida de presidiário foi inaugurada em Maceió, num quartel do exército, de onde Graciliano foi transferido, por trem, para o Recife, para outro quartel. Até esse ponto, viveu com razoável conforto e era tratado com bastante deferência pelos militares encarregados dele. As condições começaram a se complicar quando o escritor foi embarcado num velho navio, o *Manaus*, que ele chamava de "calhambeque", com mais de duzentos outros presos, com destino ao Rio de Janeiro. A maioria dos "passageiros" era composta por ex-revoltosos do Rio Grande do Norte, além de um punhado de curiosos, na primeira classe, que se divertia observando os presos lá embaixo, no porão.

Quase um ano depois, Graciliano, sem muita explicação – assim como ocorreu por ocasião de sua prisão –, foi posto em liberdade. Ele não voltaria mais a viver em Alagoas, passando a morar definitivamente com a família no Rio de Janeiro. *Angústia* foi publicado enquanto ele estava preso, ampliando não apenas seu prestígio como escritor, mas, também, dando munição adicional aos que clamavam por sua liberdade. E, uma vez fora da cadeia, no Rio, Graciliano, agora um escritor renomado, passou a frequentar o círculo da Livraria José Olympio, onde a nata dos escritores e intelectuais daquele período se reunia, e publicava textos nos principais jornais da capital. *Vidas Secas*, seu quarto, último e mais conhecido romance, apareceria em 1938.

Apesar do prestígio crescente, Graciliano, com esposa e sete filhos para sustentar, vivendo no Rio, uma cidade mais cara que Maceió, continuava desesperadamente atrás de dinheiro. E como no Brasil nem as ditaduras parecem ser sérias, em 1939, o governo do Estado Novo, do mesmo Getúlio Vargas que o havia encarcerado, o nomeou – com o devido apadrinhamento de seu amigo Carlos Drummond de Andrade – para um respeitável cargo público, o de inspetor federal de ensino no Rio de Janeiro. Além disso, ele passou a trabalhar também na revista *Cultura Política*, do DIP (Departamento de Imprensa e Propaganda do Estado Novo), mais uma imitação getulista de iniciativas fascistas europeias. Ainda que ele não escrevesse artigos políticos, fazia revisão de texto e produzia algumas matérias não comprometedoras sobre o folclore nordestino.

Com o fim do Estado Novo, em 1945, Graciliano Ramos pôde assumir oficialmente suas preferências políticas, filiando-se ao PCB. Dali em diante viriam viagens, palestras, atuação política em defesa de escritores, contos, crônicas e memórias. Mas nenhum novo romance. Escritor gigantesco, o Graciliano romancista foi autor de apenas quatro romances. Algum tempo depois de sair da prisão, ele começou a rever as notas que fizera enquanto estava preso e começou a escrever *Memórias do Cárcere*. Este livro – sua obra mais volumosa – estava quase terminado quando, com apenas sessenta anos de idade e vinte de carreira literária, um câncer de pulmão tirou sua vida. A história da vida de Graciliano enquanto prisioneiro, que começa no dia da demissão do cargo no governo de Alagoas, até os últimos dias na cadeia, é a que o leitor conhecerá no livro que tem em mãos.

Memórias do Cárcere

As pessoas que consideram *Memórias do Cárcere* a obra-prima de Graciliano Ramos têm um ponto. Este livro é, ao mesmo tempo, o mais peculiar e o melhor exemplo da maestria de Graciliano como escritor. Explico: por um lado, ao contrário de seus relativamente magros romances, este livro é um catatau de mais de seiscentas páginas, no qual o tempo flui muito mais lentamente do que em seus romances. Por outro lado, aqui estão tanto o hábito de separar a narrativa em capítulos curtos, quanto, o que é mais importante, a maior marca registrada dos textos do autor: escrita limpa, precisa, quase cirúrgica, econômica no uso de adjetivos.

O livro é dividido em quatro partes (somadas, formam um livro maior do que os quatro romances de Graciliano). Na primeira parte, "Viagens", está o relato da demissão do cargo de diretor de Instrução Pública, do momento da prisão, dos quartéis de Maceió e do Recife, e o dia a dia no fétido porão navio que o levou, com muitos outros presos, para o Rio de Janeiro. Aqui, Graciliano consegue transmitir ao leitor todo o desconforto, a falta de higiene e o tédio da longa viagem forçada no porão do navio. Aí começaram os problemas que abalariam seriamente, nos meses seguintes, a saúde do escritor. Graciliano não suportava a comida do navio, quase não se alimentava, ao passo que fumava feito uma chaminé; a voracidade com que acendia um cigarro atrás do outro, ficando até mesmo, numa das primeiras noites em alto mar, desesperado com a escassez de palitos de fósforo, está descrito num capítulo de, literalmente, tirar o fôlego.

Na segunda parte, "Pavilhão dos Primários", Graciliano revê o período passado na Casa de Detenção do Rio de Janeiro, quando novos personagens entram na história. Apesar da luta infrutífera contra os infernais percevejos, a situação era bem menos ruim do que no navio. Aqui, um dado interessante está nas pessoas que Graciliano iria conhecer. O título se refere ao prédio específico para onde ele foi transferido, considerado melhor do que a cadeia para presos comuns ou perigosos. Além disso, o tédio era menor, até devido às "companhias". Diferentemente dos presos que vieram com ele do Nordeste de navio, em sua grande maioria revoltosos brasileiros e, principalmente, norte-rio-grandenses, nas prisões cariocas estava a elite da esquerda brasileira, parte da intelectualidade e não poucos europeus e latino-americanos. Eram os casos, entre outros, do genial humorista Aparício Torelly, o "Barão de Itararé" (que, de tanto apanhar da polícia, escrevera na porta de seu escritório a célebre frase "entre sem bater"), do argentino Rodolpho Ghioldi (um dos mais importantes dirigentes comunistas na América Latina), do brasileiro Agildo Barata (ao lado de Luís Carlos Prestes, o principal dirigente comunista no Brasil), de Nise da Silveira (a psiquiatra que revolucionaria o tratamento mental em nosso país), de Elisa Berger e de Olga Benário. Estas duas últimas, alemãs, eram agentes do Komintern, a agência soviética responsável por "exportar" revoluções, e vieram ao Brasil para fazer justamente isso. Aqui, Olga se casou com Prestes, e Elisa Berger (cujo nome verdadeiro era Elise Saborowsky Ewert) era esposa de outro membro do Komintern, Arthur Ewert, também preso. Olga e Elisa seriam torturadas pela polícia de Filinto Muller, o "Himmler" do Estado Novo e, alguns anos depois, deportadas para a Alemanha nazista, onde foram enviadas a campos de concentração e, por fim, executadas, Elisa aos 32 anos, em Ravensbruck, e Olga, aos 34 anos, em Bernburg após dar à luz Anita Leocádia, sua filha com Prestes (a vida de Olga Benário, com todo o contexto que envolveu a fracassada revolução comunista de 1935, foi magistralmente contada por Fernando Morais em *Olga*, editado pela primeiramente pela Alfa-Ômega em 1985.).

Foi nessa ocasião que Ghioldi, ao voltar de um interrogatório na sede da polícia, levou a Graciliano um recado do editor José Olympio, transmitido por Jorge Amado (também preso, mas em outro local), dispondo-se a publicar imediatamente *Angústia*, o terceiro romance de Graciliano, aquele no qual ele dava os polimentos finais quando foi preso e, melhor ainda, oferecendo um muito bem-vindo adiantamento sobre as vendas. Foi aí, também, que Graciliano descobriu, inicialmente assustado, que sua mulher havia se mudado para o Rio com as crianças e que iria visitá-lo na prisão. Nas visitas semanais que ela fazia, de meia hora cada, sempre que as autoridades permitiram, Graciliano se inteirava do que acontecia lá fora. Ele ainda não tinha como saber, mas, dali em diante, a vida da família seria definitivamente no Rio. Alagoas, nunca mais.

As relativamente boas condições prisionais no Rio de Janeiro – exceto, entre outras coisas, pelos insaciáveis percevejos – não tardariam a piorar, pois Graciliano acabou sendo transferido para o temido presídio de Dois Rios, o nome oficial do presídio de Ilha Grande, na baía de Angra dos Reis, onde viveria cerca de um mês numa situação muito mais precária. E aqui chegamos à terceira parte do livro, "Colônia Correcional". Mais uma vez, não houve qualquer explicação para a transferência. A Ilha Grande, um presídio notoriamente insalubre, era originalmente destinado a presos comuns de alta periculosidade e considerados irrecuperáveis. Logo na recepção, o oficial anunciou aos recém-chegados: "Vocês não estão aqui para se recuperar, mas para morrer". Por que um escritor, pai de sete filhos, de saúde frágil e que jamais se envolvera em qualquer atividade perigosa para quem quer que fosse, foi enviado para Ilha Grande? Essa era uma pergunta que não podia ser respondida, então, não pode hoje, nem jamais poderá.

Graciliano já chegou à Colônia Correcional em péssimas condições. Abatido pela viagem de navio de Recife até o Rio, os meses de prisão, a alimentação ruim e o excesso de cigarros, ele, para começar, quase não conseguiu fazer a trilha de cerca de doze quilômetros que separava a Vila do Abraão, onde os presos desembarcavam, e o presídio, que ficava do outro lado da ilha. Uma vez "instalado", as condições não tinham como melhorar, e ele foi ficando com a saúde cada vez mais debilitada. Apenas dois exemplos do inferno vivido ali: durante todo o tempo de permanência, teve direito a um único banho; e viveu sob a ameaça permanente de uma cirurgia de emergência que, caso ocorresse, seguramente o teria matado. Poderia chamar a atenção do leitor de hoje o fato de, em nenhum momento, haver qualquer referência às belezas naturais de Ilha Grande, hoje um paraíso turístico, mas, para Graciliano e seus companheiros de prisão, simplesmente o inferno. Outro contexto, outras percepções. Fora isso, Graciliano provavelmente não sabia – caso contrário, certamente teria mencionado, até como consolo – que numa daquelas trilhas de Ilha Grande, nascera, oitenta e cinco anos antes, Júlia da Silva Bruhns, a filha de um fazendeiro local que seria a mãe do escritor alemão Thomas Mann.

Graciliano chegou a pensar que – assim como viu acontecer com alguns companheiros de prisão – não sairia vivo de lá. Mas, depois de algum tempo, mais uma vez se fez presente a pressão de amigos, liderados pelo também escritor José Lins do

Rego, e Graciliano logo seria transferido de volta para o Rio de Janeiro. A fidelidade do então já renomado autor de *Menino de Engenho* a Graciliano Ramos mereceria um capítulo à parte. José Lins, mesmo que politicamente à direita de Graciliano – chegou a ser integralista na juventude – lutou incansavelmente pela liberdade e pela publicação dos livros de seu amigo.

Ainda sobre Ilha Grande, vale ressaltar um dado curioso. Algo muito temido pelos presos políticos em geral, que era o convívio com os perigosos presos comuns da Colônia Correcional de Dois Rios, foi coisa que muito divertiu Graciliano, rendendo algumas boas e bem-humoradas histórias. A saída de Ilha Grande, com o retorno ao Rio de Janeiro, para um novo e mais civilizado presídio, é o que está descrito em "Casa de Correção", a quarta parte de *Memórias do Cárcere*. Não é exagero dizer que Graciliano provavelmente não teria sobrevivido muito mais tempo em Ilha Grande, tão precárias estavam suas condições físicas. Ele mesmo admite, no livro, que já estava quase se conformando com a ideia de morrer e ser enterrado ali.

Mas um enterro no cemitério para os presos não foi, felizmente, o que aconteceu. Depois de novamente quase morrer na trilha, no caminho de volta entre o presídio e a Vila do Abraão, Graciliano embarcou na lancha, desembarcou em Mangaratiba e, de lá, foi conduzido, de trem, para a capital federal. Estava muito mal, mas vivo. E, de volta ao Rio de Janeiro, o escritor foi, pouco a pouco, recuperando a saúde. Na realidade, de todo o período em que ficou preso, esta última passagem, pela "Casa de Correção", foi o menos pesado. Um diretor e vigias benevolentes se esforçavam para que os presos políticos vivessem em boas condições, preocupando-se com a saúde, a alimentação, as visitas, e fechando os olhos para pequenas transgressões deles. Ali, também, o reencontro com bons amigos do "Pavilhão dos Primários", como Nise da Silveira e Aparício Torelli, o Barão de Itararé, e a alegria – também por conta do alívio monetário – de ver *Angústia* impresso e recebendo boas resenhas. E, finalmente, de novo com o apoio dos amigos lá de fora, pela primeira vez Graciliano receberia a visita de um advogado, o célebre Sobral Pinto, mas o livro termina sem que Graciliano tenha, por assim dizer, visto a luz do sol em liberdade.

Faltava, pelo que dizem as versões oficiais, um capítulo, justamente o da saída da prisão, ainda que o leitor possa desconfiar que o desfecho mereceria um pouco mais que apenas um capítulo. De qualquer forma, Graciliano estava morto, e quem se incumbiu de escrever o fecho de *Memórias do Cárcere* foi Ricardo Ramos, o filho mais velho do segundo casamento do pai, que seria, também ele, um escritor respeitado.

Não sabemos se Graciliano não pôde ou, de alguma maneira, não quis terminar estas *Memórias*. O que se sabe é que ele passou anos escrevendo e reescrevendo, afinal havia menção, no livro, a pessoas ainda vivas, algumas atuando politicamente, e Graciliano temia melindrá-las ou, pior, prejudicá-las. E a edição do livro não esteve livre de polêmicas. *Memórias do Cárcere* foi editado, houve quem, a começar pelo então respeitadíssimo crítico Wilson Martins, afirmasse que o livro havia sido pesadamente censurado pelo Partido Comunista – daí talvez a demora para ser publicado, as tantas reescritas, a ausência do capítulo final –. A viúva e os filhos negaram veementemente as acusações, que em alguns casos chegavam a dizer que alterações no texto teriam sido feitas à revelia do então já falecido autor.

Se parecem claramente exageradas as acusações de adulteração no texto original – até porque o estilo límpido de Graciliano salta à vista em cada linha deste livro –, não parece tão improvável que o PCB tenha censurado e obrigado Graciliano a fazer cortes e modificações e, com isso, atrasar a conclusão da obra. Os anos de radicalização política anteriores à Segunda Guerra foram substituídos por outra radicalização, a da Guerra Fria. Antes, a disputa era entre nazifascistas de um lado e comunistas e democratas de outro; agora, era entre Estados Unidos, União Soviética e seus respectivos satélites. No Brasil, o PCB tentava se impor como a única voz legítima da esquerda e, naquele contexto belicoso, nada que seus membros fizessem poderia estar fora das orientações do partido.

Graciliano Ramos era sério, comprometido e com espírito livre. Ainda que um assumido admirador da União Soviética, não se percebe, neste livro – e em nenhuma outra obra dele – qualquer traço de propaganda política disfarçada de arte. Ou seja, está claro que ele não escreveu, nem escreveria, uma linha sequer de literatura "por encomenda" do PCB, assim como não o fez, para a direita, quando trabalhou na revista *Cultura Política*, do Estado Novo. Mas isso não quer dizer que não tenha eventualmente cedido às pressões para mudar uma frase aqui ou ali, ou o depoimento sobre esta, ou aquela personagem. O mais provável, contudo, é que jamais saibamos a verdade, até porque, se houve, esse tipo de pressão não costuma ser registrada por escrito, e todos os possíveis protagonistas já estão mortos há um bom tempo. Mas, ainda que essa questão ainda preocupe alguns estudiosos, não deveríamos levar o debate tão a sério. Afinal, se não sabemos o que *Memórias do Cárcere* poderia, eventualmente, ter sido, sabemos o que ele é. E ele é, nada mais, nada menos, do que um verdadeiro monumento literário.

Quando *Memórias do Cárcere* foi publicado, alguns meses após a morte do autor, o sucesso foi imediato. Até que, anos depois, *Vidas Secas* passasse a ser visto como um dos maiores clássicos da literatura brasileira, tornando-se praticamente sinônimo de Graciliano Ramos, foram estas lembranças da prisão, o livro mais celebrado do romancista alagoano. A tiragem inicial, de 10.000 exemplares, foi, de longe, a maior dele até então (*Angústia* saíra com 2.000). Pela primeira vez, uma primeira edição de um livro dele rendia algum dinheiro de verdade. Se estivesse, do céu, olhando para a terra, Graciliano ficaria feliz: sempre correndo atrás de dinheiro para o sustento da esposa e dos filhos, pela primeira vez, e finalmente, os direitos autorais de um livro seu iriam de fato ajudar a família. E não foi apenas a vendagem. Apesar de aqui ou ali terem surgido vozes dissonantes, lideradas pelo desconfiado Wilson Martins, a resposta da crítica a *Memórias do Cárcere* foi quase unanimemente positiva. Não deveria ser diferente. Este livro traz ingredientes que, em combinação, não teriam como resultar em outra coisa que não uma obra-prima. Em primeiro lugar, temos aqui o registro sensível, acurado e dramático do que era a vida de um preso político numa prisão do Brasil da década de 1930; em segundo, há o fato desse registro ter sido feito com a precisão cirúrgica, contida e pouco adjetivada que caracterizava o estilo único de Graciliano. E finalmente, em terceiro lugar, devemos levar em conta que, pela primeira e única vez em sua carreira, Graciliano produziu, de forma brilhante, um texto lento, reflexivo, fazendo-nos, a nós leitores, sentir o tempo tedioso e opressivo da prisão quase que dia a dia, hora a hora, minuto a minuto.

A literatura brasileira já produziu uma bela biblioteca de obras memorialísticas. No topo da pirâmide, contudo, será justo pensar que estão apenas duas obras: a monumental coleção de Pedro Nava, que cobre um longo período e muitas geografias, e estas *Memórias do Cárcere*, que cobrem muito menos tempo e pouquíssima geografia. Mas que o fazem com uma grandiosidade de alma, de drama e de reflexões que a tudo ampliam, que comovem, que tiram o fôlego.

Cronologia

1892 – Nasce, em 27 de outubro, Graciliano Ramos de Oliveira, em Quebrangulo, interior de Alagoas, filho de Sebastião Ramos de Oliveira e Maria Amélia Ramos, primogênito dos dezesseis filhos do casal.

1900 – A família se muda para Viçosa, em Alagoas, cidade futuramente escolhida como cenário de *São Bernardo*. Nos anos seguintes, Graciliano começará a colaborar esporadicamente com jornais e revistas literárias, como o *Jornal de Alagoas* e *O Malho*.

1910 – Nova mudança familiar, agora para Palmeira dos Índios, também em Alagoas.

1914 – Graciliano viaja para o Rio de Janeiro, onde trabalhará como revisor em três jornais: *Correio da Manhã*, *A Tarde* e *O Século*, além de colaborações eventuais para o jornal *Paraíba do Sul*, órgão do interior do Rio.

1915 – Regresso a Palmeira dos Índios, onde vai trabalhar com o pai na loja de tecidos *A Sincera*. Casamento com Maria Augusta de Barros.

1917 – Assume a loja de tecidos no lugar do pai.

1920 – Morte da esposa após problemas de parto, deixando Graciliano com os filhos pequenos Márcio Ramos (n. 1916), Júnio Ramos (n. 1917), Múcio Ramos (n. 1919) e Maria Ramos (n. 1920). Continua a colaborar com jornais.

1925 – Começa a escrever *Caetés*, que, no entanto, não terminará tão cedo.

1926 – Primeiro cargo público, responsável pela educação municipal de Palmeira dos Índios.

1927 – Eleito prefeito de Palmeira dos Índios, em eleição de candidato único.

1928 – Toma posse como prefeito de Palmeira dos Índios. Casa-se, em Maceió, com Heloísa de Medeiros, com quem terá quatro filhos: Ricardo (1929), Roberto (1930), Luísa (1931) e Clara (1932). Roberto falecerá com seis meses de idade.

1929 – Envia o primeiro relatório de sua gestão como prefeito ao governador de Alagoas. Termina a versão inicial de *Caetés*.

1930 – Envia o segundo relatório ao governador. Renuncia ao cargo de prefeito e muda-se para Maceió, onde é nomeado diretor da Imprensa Oficial do Estado. Continua a colaborar com a imprensa. Em outubro, na chamada Revolução de 30, Getúlio Vargas derruba o governo de Washington Luís, dando fim à República Velha.

1932 – Demite-se do cargo de diretor da Imprensa Oficial e regressa à Palmeira dos Índios. Começa a escrever *São Bernardo*.

1933 – Volta a Maceió, onde é nomeado Diretor da Instrução Pública do Estado (o equivalente, hoje, a Secretário da Educação). Incentivado por Augusto Frederico Schmidt, revisa e publica *Caetés*.

1934 – Publica *São Bernardo*. Começa a escrever *Angústia*, seu terceiro romance.

1935 – Em outubro, tentativa frustrada de golpe comunista, liderada pela Aliança Nacional Libertadora com apoio do PCB, que ficaria conhecido como "Intentona Comunista".

1936 – Enquanto fazia as revisões finais em *Angústia*, é demitido do cargo de Diretor da Instrução Pública, sendo preso, sem uma acusação formal, no dia seguinte. Ainda que simpatizante do PCB, Graciliano não era filiado ao partido e nem tomou parte na chamada "Intentona Comunista", organizada pela ANL no ano anterior. Preso, é levado incialmente para o Recife, e de lá para o Rio de Janeiro, onde ficará detido no presídio na Ilha Grande. Com o apoio de amigos do autor, *Angústia* é publicado no Rio.

1937 – É libertado da prisão após onze meses e nenhuma acusação. Passa a viver no Rio de Janeiro. Publica *A terra dos meninos pelados*, que recebe o prêmio de Literatura Infantil do Ministério da Educação. Em novembro, Getúlio Vargas lidera um novo golpe de estado, radicalizando o caráter ditatorial de seu governo, inaugurando o chamado "Estado Novo".

1938 – Graciliano publica *Vidas Secas*, seu quarto e último romance.

1939 – É nomeado Inspetor Federal do Ensino Secundário no Rio de Janeiro.

1940 – 1944 – Publicações variadas, traduções, colaborações.

1945 – Publicação do livro de memórias *Infância* e do livro de contos *Dois dedos*. Em novembro, Getúlio Vargas é derrubado, encerrando-se o Estado Novo. A democracia é restaurada e o Partido Comunista Brasileiro (PCB) é colocado na legalidade. Graciliano filia-se ao PCB.

1946 – Publicação do livro de contos *Histórias Incompletas*. Começa a escrever *Memórias do Cárcere*.

1947 – Publicação do livro de contos *Insônia*.

1948 – 1950 – Publicações variadas. Traduz o romance *A Peste*, de Albert Camus.

1951 – Torna-se presidente da AIE – Associação Brasileira de Escritores, de forte influência do PCB.

1952 – Viaja à Europa, visitando a então União Soviética, a Tchecoslováquia, a França e Portugal.

1953 – Morre no Rio de Janeiro, no dia 20 de março, vítima de um câncer no pulmão. Publicação póstuma de *Memórias do Cárcere*, deixado sem terminar e com um último capítulo assinado pelo filho de Graciliano, o também escritor Ricardo Ramos. Outras obras ainda seriam publicadas postumamente nos anos seguintes, como *Viagem* (1954), *Viventes das Alagoas* (1962) e *Linhas Tortas* (1962).

I

VIAGENS

Resolvo-me a contar, depois de muita hesitação, casos passados há dez anos — e, antes de começar, digo os motivos porque silenciei e porque me decido. Não conservo notas: algumas que tomei foram inutilizadas, e assim, com o decorrer do tempo, ia-me parecendo cada vez mais difícil, quase impossível, redigir esta narrativa. Além disso, julgando a matéria superior às minhas forças, esperei que outros mais aptos se ocupassem dela. Não vai aqui falsa modéstia, como adiante se verá. Também me afligiu a ideia de jogar no papel criaturas vivas, sem disfarces, com os nomes que têm no registro civil. Repugnava-me deformá-las, dar-lhes pseudônimo, fazer do livro uma espécie de romance; mas teria eu o direito de utilizá-las em história presumivelmente verdadeira? Que diriam elas se se vissem impressas, realizando atos esquecidos, repetindo palavras contestáveis e obliteradas?

Restar-me-ia alegar que o DIP, a polícia, enfim, os hábitos de um decênio de arrocho, me impediram o trabalho. Isto, porém, seria injustiça. Nunca tivemos censura prévia em obra de arte. Efetivamente se queimaram alguns livros, mas foram raríssimos esses autos de fé. Em geral a reação se limitou a suprimir ataques diretos, palavras de ordem, tiradas demagógicas, e disto escasso prejuízo veio à produção literária. Certos escritores se desculpam de não haverem forjado coisas excelentes por falta de liberdade – talvez ingênuo recurso de justificar inépcia ou preguiça. Liberdade completa ninguém desfruta: começamos oprimidos pela sintaxe e acabamos às voltas com a delegacia de ordem política e social, mas, nos estreitos limites a que nos coagem a gramática e a lei, ainda nos podemos mexer. Não será impossível acharmos nas livrarias libelos terríveis contra a república novíssima, às vezes com louvores dos sustentáculos dela, indulgentes ou cegos. Não caluniemos o nosso pequenino fascismo tupinambá: se o fizermos, perderemos qualquer vestígio de autoridade e, quando formos verazes, ninguém nos dará crédito. De fato ele não nos impediu escrever. Apenas nos suprimiu o desejo de entregar-nos a esse exercício.

Os homens do primado espiritual viviam bem, tratavam do corpo, mas nós, desgraçados materialistas, alojados em quartos de pensão, como ratos em tocas, a pão e laranja, como se diz na minha terra, quase nos reduzimos a simples espíritos. E como outros espíritos miúdos dependiam de nós, e era preciso calçá-los, vesti-los, alimentá-los, mandá-los ouvir cantigas e decorar feitos patrióticos, abandonamos as tarefas de longo prazo, caímos na labuta diária, contando linhas, fabricamos artigos, sapecamos traduções, consertamos engulhando produtos alheios. De alguma forma nos acanalhamos. Por que foi que um dos meus livros saiu tão ruim, pior que os outros? Pergunta o crítico honesto.

E alinha explicações inaceitáveis. Nada disso: acho que é ruim porque está mal escrito. E está mal escrito porque não foi emendado, não se cortou pelo menos a terça parte dele.

Aqui findo o resumo dos empecilhos até hoje apresentados à narração que inicio. Terão eles desaparecido? Alguns se atenuaram, outros se modificaram, determinam o que impediam, converteram-se em razões contrárias. Estarei próximo dos homens gordos do primado espiritual? Poderei refestelar-me? Não, felizmente. Se me achasse assim, iria roncar, pensar na eternidade. Quem dormiu no chão deve lembrar-se disto, impor-se disciplina, sentar-se em cadeiras duras, escrever em tábuas estreitas. Escreverá talvez asperezas, mas é delas que a vida é feita: inútil negá-las, contorná-las, envolvê-las em gaze. Contudo é indispensável um mínimo de tranquilidade, é necessário afastar as miseriazinhas que nos envenenam. Fisicamente estamos em repouso. Engano. O pensamento foge da folha meio rabiscada. Que desgraças inomináveis e vergonhosas nos chegarão amanhã? Terei desviado esses espectros? Ignoro. Sei é que, se obtenho sossego bastante para trabalhar um mês, provavelmente conseguirei meio de trabalhar outro mês. Estamos livres das colaborações de jornais e das encomendas odiosas? Bem. Demais já podemos enxergar luz a distância, emergimos lentamente daquele mundo horrível de treva e morte. Na verdade estávamos mortos, vamos ressuscitando.

O receio de cometer indiscrição exibindo em público pessoas que tiveram comigo convivência forçada já não me apoquenta. Muitos desses antigos companheiros distanciaram-se, apagaram-se. Outros permaneceram junto a mim, ou vão reaparecendo ao cabo de longa ausência, alteram-se, completam-se, avivam recordações meios confusas — e não vejo inconveniência em mostrá-los. Alguns reclamam a tarefa, consideram-na dever, oferecem-me dados, relembram figuras desaparecidas, espicaçam-me por todos os meios. Acho que estão certos: a exigência se fixa, domina-me. Há entre eles homens de várias classes, das profissões mais diversas, muito altas e muito baixas, apertados nelas como em estojos. Procurei observá-los onde se acham, nessas bainhas em que a sociedade os prendeu. A limitação impediu embaraços e atritos, levou-me a compreendê-los, senti-los, estimá-los, não arriscar julgamentos precipitados. E quando isto não foi possível, às vezes me acusei. Ser-me-ia desagradável ofender alguém com esta exumação. Não ofenderei, suponho. E, refletindo, digo a mim mesmo que, se isto acontecer, não experimentarei o desagrado. Estou a descer para a cova, este novelo de casos em muitos pontos vai emaranhar-se, escrevo com lentidão — e provavelmente isto será publicação póstuma, como convém a um livro de memórias. Realmente há entre os meus companheiros sujeitos de mérito, capazes de fazer sobre os sucessos a que vou referir-me obras valiosas. Mas são especialistas, eruditos, inteligências confinadas à escrupulosa análise do pormenor, olhos afeitos a investigações em profundidade. Há também narradores, e um já nos deu há tempo excelente reportagem, dessas em que é preciso dizer tudo com rapidez. Em relação a eles, acho-me por acaso em situação vantajosa. Tenho exercido vários ofícios, esqueci todos, e assim posso mover-me sem nenhum constrangimento. Não me agarram métodos, nada me força a exames vagarosos. Por outro lado, não me obrigo a reduzir um panorama, sujeitá-lo a dimensões regulares, atender ao paginador e ao horário do passageiro do bonde. Posso andar para a direita e para a esquerda como um vagabundo, deter-me em longas paradas, saltar passagens desprovidas de interesse, passear, correr, voltar a lugares conhecidos. Omitirei acontecimentos essenciais ou mencioná-los-ei de relance, como se os enxergasse pelos vidros pequenos de um binóculo; ampliarei insignificâncias, repeti-las-ei até cansar, se isto me parecer conveniente.

E aqui chego à última objeção que me impus. Não resguardei os apontamentos obtidos em largos dias e meses de observação: num momento de aperto fui obrigado a atirá-los na água. Certamente me irão fazer falta, mas terá sido uma perda irreparável? Quase me inclino a supor que foi bom privar-me desse material. Se ele existisse, ver-me-ia propenso a consultá-lo a cada instante, mortificar-me-ia por dizer com rigor a hora exata de uma partida, quantas demoradas tristezas se aqueciam ao sol pálido, em manhã de bruma, a cor das folhas que tombavam das árvores, num pátio branco, a forma dos montes verdes, tintos de luz, frases autênticas, gestos, gritos, gemidos. Mas que significa isso? Essas coisas verdadeiras podem não ser verossímeis. E se esmoreceram, deixá-las no esquecimento: valiam pouco, pelo menos imagino que valiam pouco. Outras, porém, conservaram-se, cresceram, associaram-se, e é inevitável mencioná-las. Afirmarei que sejam absolutamente exatas? Leviandade. Em conversa ouvida na rua, a ausência de algumas sílabas me levou a conclusão falsa — e involuntariamente criei um boato. Estarei mentindo? Julgo que não. Enquanto não se reconstituírem as sílabas perdidas, o meu boato, se não for absurdo, permanece, e é possível que esses sons tenham sido eliminados por brigarem com o resto do discurso. Quem sabe se eles aí não se encaixaram com intuito de logro? Nesse caso havia conveniência em suprimi-los, distinguir além deles uma verdade superior a outra verdade convencional e aparente, uma verdade expressa de relance nas fisionomias. Um sentido recusou a percepção de outro, substituiu-a. Onde estará o erro? Nesta reconstituição de fatos velhos, neste esmiuçamento, exponho o que notei, o que julgo ter notado. Outros devem possuir lembranças diversas. Não as contesto, mas espero que não recusem as minhas: conjugam-se, completam-se e me dão hoje impressão de realidade. Formamos um grupo muito complexo, que se desagregou. De repente nos surge a necessidade urgente de recompô-lo. Define-se o ambiente, as figuras se delineiam, vacilantes, ganham relevo, a ação começa. Com esforço desesperado arrancamos de cenas confusas alguns fragmentos. Dúvidas terríveis nos assaltam. De que modo reagiram os caracteres em determinadas circunstâncias? O ato que nos ocorre, nítido, irrecusável, terá sido realmente praticado? Não será incongruência? Certo a vida é cheia de incongruências, mas estaremos seguros de não nos havermos enganado? Nessas vacilações dolorosas, às vezes necessitamos confirmação, apelamos para reminiscências alheias, convencemo-nos de que a minúcia discrepante não é ilusão. Difícil é sabermos a causa dela, desenterrarmos pacientemente as condições que a determinaram. Como isso variava em excesso, era natural que variássemos também, apresentássemos falhas. Fiz o possível por entender aqueles homens, penetrar-lhes na alma, sentir as suas dores, admirar-lhes a relativa grandeza, enxergar nos seus defeitos a sombra dos meus defeitos. Foram apenas bons propósitos: devo ter-me revelado com frequência egoísta e mesquinho. E esse desabrochar de sentimentos maus era a pior tortura que nos podiam infligir naquele ano terrível.

Desgosta-me usar a primeira pessoa. Se se tratasse de ficção, bem: fala um sujeito mais ou menos imaginário; fora daí é desagradável adotar o pronomezinho irritante, embora se façam malabarismos por evitá-lo. Desculpo-me alegando que ele me facilita a narração. Além disso não desejo ultrapassar o meu tamanho ordinário. Esgueirar-me-ei para os cantos obscuros, fugirei às discussões, esconder-me-ei prudente por detrás dos que merecem patentear-se.

No começo de 1936, funcionário na instrução pública de Alagoas, tive a notícia de que misteriosos telefonemas, com veladas ameaças, me procuravam o endereço. Desprezei as ameaças: ordinariamente o indivíduo que tenciona ofender outro não o avisa. Mas os telefonemas continuaram. Mandei responder que me achava na repartição diariamente, das nove horas ao meio-dia, das duas às cinco da tarde. Não era o que pretendiam. Nada de requerimentos: queriam visitar-me em casa. Pedi que não me transmitissem mais essas tolices, com certeza picuinhas de algum inimigo débil, e esqueci-as: nem um minuto supus que tivessem cunho oficial. Algum tempo depois um amigo me procurou com a delicada tarefa de anunciar-me, gastando elogios e panos mornos, que a minha permanência na administração se tornara impossível. Não me surpreendi. Pelo meu cargo haviam passado em dois anos oito sujeitos. Eu conseguira aguentar-me ali mais de três anos, e isto era espantoso. Ocasionara descontentamentos, decerto cometera numerosos erros, não tivera a habilidade necessária de prestar serviços a figurões, havia suprimido nas escolas o hino de Alagoas, uma estupidez com solecismos, e isto se considerava impatriótico. O aviso que me traziam era, pois, razoável, e até devia confessar-me grato por me haverem conservado tanto tempo.

Lembro-me perfeitamente da cena. O gabinete pequeno se transformara numa espécie de loja: montes de fazenda e cadernos, que oferecíamos às crianças pobres. Findo o expediente, sucedia retardar-me ali, a escrever, esquecia-me do tempo, e às vezes, meia-noite, o guarda vinha dizer-me que iam fechar o portão do palácio. Parte do meu último livro fora composto no bureau largo, diante de petições, de números do *Literatura Internacional*. Naquela noite, acanhado, olhando pelas janelas os canteiros do jardim, as árvores da praça dos Martírios, Rubem me explicava que Osman Loureiro, o governador, se achava em dificuldade: não queria demitir-me sem motivo, era necessário o meu afastamento voluntário. Ora, motivo há sempre, motivo se arranja. Evidentemente era aquilo o início de uma perseguição que Osman não podia evitar: constrangido por forças consideráveis, vergava; se quisesse resistir, naufragaria. Não presumi que nele houvesse perfídia. Sempre se revelara razoável, nunca entre nós houvera choque. Provavelmente se perturbava como eu. Conversei com Rubem, sem melindres, revolvendo as gavetas, procurando papéis meus. Os integralistas serravam de cima, era o diabo. Demissão ninguém me forçaria a pedir. Havia feito isso várias vezes, inutilmente; agora não iria acusar-me. Dessem-na de qualquer jeito, por conveniência de serviço.

Despedi-me de Rubem Loureiro e deixei sobre o bureau os volumes do *Literatura Internacional*. Essa matéria, na safadeza e na burrice dominantes naquela época, render-me-ia talvez um processo. Iriam dr. Sidrônio e Luccarini, meus companheiros de trabalho, passar vexames por minha causa? Não. Dr. Sidrônio era católico, não escrevia, como eu, livros perigosos nem se gastava em palestras inconvenientes nos cafés. Provavelmente me substituiria. Luccarini tinha sido meu inimigo. Apanhado certa vez em falta e censurado, replicara-me:

— Eu também já mandei. Mas quando queria dizer isso que o senhor está dizendo, chamava o sujeito particularmente. — Ora essa! O senhor chega tarde, larga a banca e vive passeando pelas seções alheias em público.

Luccarini voltara ao seu lugar e durante três meses fora de uma pontualidade irritante. Era o primeiro a chegar, o último a sair, não se levantava nem para ir ao mictório. Também não fazia nada, inércia completa. Na rua, se me via, fechava a cara, enrugava-se com dignidade excessiva. Isso não tinha importância, mas o procedimento na repartição irritava-me.

— Como vai Luccarini? perguntava Osman. — Pessimamente. É um preguiçoso.

Osman contradizia-me e gabava aquela inutilidade. Não me conformava. E dera graças a Deus quando Luccarini se ausentara, passara seis meses no Recife, curando uma sinusite, com todos os vencimentos. Ao voltar, agradecera-me um obséquio não feito, apresentara-me um relatório não encomendado, insinuara-me a compra de um fichário e o abandono daqueles horríveis calhamaços onde o registro das professoras se fragmentava e confundia. Agora trabalhava demais, em poucos meses corrigira aquela balbúrdia.

Saí do palácio, atordoado. Eximia-me de obrigações cacetes, mas isso continuava a aperrear-me, juntava-se a amolações domésticas e a planos vagos. Sentia desgosto e vergonha, desejava ausentar-me para muito longe, não pensar em despachos e informações. Andei pelas ruas, tomei o bonde. Transeuntes e passageiros pareciam conhecer o desagradável sucesso, ler-me no rosto a inquietação. Evitava considerar-me vítima de uma injustiça: deviam ter razão para repelir-me. Seria bom que ela se publicasse no jornal, isto desviaria comentários maliciosos. Esforçava-me por julgar aquilo uma insignificância. Já me havia achado em situação pior, sem emprego, numa cama de hospital, a barriga aberta, filhos pequenos, o futuro bem carregado. Tinha agora uns projetos literários, indecisos. Certamente não se realizariam, mas anulavam desavenças conjugais intempestivas, que se vinham amiudando e intensificando sem causa. A lembrança dessas querelas, somada aos telefonemas e à demissão, azedou-me a viagem a Pajuçara. Indispensável refugiar--me no romance concluído, imaginá-lo na livraria, despertando algum interesse, possibilitando ainda uma vez mudança de profissão. A última, encerrada meia hora antes, tinha sido um horror: o regulamento, o horário, o despacho, o decreto, a portaria, a iniquidade, o pistolão, sobretudo a certeza de sermos uns desgraçados trambolhos, de quase nada podermos fazer na sensaboria da rotina. Se não me houvessem despedido assim de chofre, com um recado, humilhantemente, poderia até julgar aquilo um benefício.

O essencial era retirar-me de Alagoas e nunca mais voltar, esquecer tudo, coisas, fatos e pessoas. Alagoas não me fizera mal nenhum, mas, responsabilizando-a pelos meus desastres, devo ter-me involuntariamente considerado autor de qualquer obra de vulto, não reconhecida. Moderei a explosão de vaidade besta: impossível contrapor-me a homens e terra, a todos os homens e a toda a terra, vinte e oito mil quilômetros quadrados e um milhão de habitantes. Essa horrível presunção de selvagem tinha um mérito: vedava-me identificar inimigos, dirigir ódio a alguém. O ódio se dispersava, diluía-se, era uma indeterminada repugnância morna, alcançava os edifícios, o morro do Farol, o Aterro, a praia, os coqueiros e os navios repisados no último romance, inédito, feito aos arrancos, com largos intervalos. Certas passagens desse livro não me descontentavam, mas era preciso refazê-lo, suprimir repetições inúteis, eliminar pelo menos um terço dele. Necessário meter-me no interior, passar meses trancado, riscando linhas, condensando observações espalhadas. Não, porém, no interior de Alagoas: indispensável fugir a indivíduos que me conhecessem. Era pouco não tornar a pôr os pés no palácio dos Martírios: queria evitar indiscretos que me houvessem visto manuseando os horríveis papéis sujos.

Não me lembrava das pessoas. Osman, dr. Sidrônio e Luccarini eram sujeitos decentes. Mas a engrenagem onde havíamos entrado nos sujava. Tudo uma porcaria. Tolice reconhecer que a professora rural, doente e mulata, merecia ser trazida para a cidade e dirigir um grupo escolar: fazendo isso, dávamos um salto perigoso, descontentávamos incapacidades abundantes. Essas incapacidades deviam aproveitar-se de qualquer modo, cantando hinos idiotas, emburrando as crianças. O emburramento era necessário. Sem ele, como se poderiam aguentar políticos safados e generais analfabetos? Necessário reconhecer que a professora mulata não havia sido transferida e elevada por mim: fora transferida por uma ideia, pela ideia de aproveitar elementos dignos, mais ou menos capazes. Isso desaparecia. E os indivíduos que haviam concorrido para isso desapareciam também. Excelente que Osman, em cima, e Luccarini, embaixo, continuassem. Não continuariam muito tempo. Ficava a estupidez: "Ouviram do Ipiranga as margens plácidas." Para que meter semelhante burrice na cabeça das crianças, Deus do céu? Realmente eu havia sido ali uma excrescência, uma excrescência agora amputada, a rodar no bonde, a olhar navios e coqueiros. De certo modo as ameaças dos telefonemas me agradavam: embora indeterminadas, indicavam mudanças, forçar-me-iam a azeitar as articulações perras. Conservara-me regulamentar e besta mais de três anos, numa cadeira giratória, manejando carimbos, assinando empenhos, mecânico, a deferir e indeferir de acordo com as informações de seu Benedito, realmente obedecendo a seu Benedito. Que diabo me fariam? Imaginei um desacato, tiros ou facadas, em hora de movimento, no relógio oficial. Osman me perguntara certa vez:

— Você anda desarmado? Em que é que você confia, criatura?

Depois disso José Auto me emprestara um revólver, mas o revólver tinha apenas três balas e de ordinário ficava nas gavetas, era difícil encontrá-lo. Fora um alívio a restituição. Ia fazer-me falta quando me agredissem. Foi o que imaginei: uma agressão pública, muitos integralistas atacando-me, furando-me, partindo-me as costelas, os braços e a cabeça. Recolhi-me.

Na casinha de Pajuçara fiquei até a madrugada consertando as últimas páginas do romance. Os consertos não me satisfaziam: indispensável recopiar tudo, suprimir as repetições excessivas. Alguns capítulos não me pareciam muito ruins, e isto fazia que os defeitos medonhos avultassem. O meu Luís da Silva era uma falastrão, vivia a badalar à toa reminiscências da infância, vendo cordas em toda a parte. Aquele assassinato, realizado em vinte e sete dias de esforço, com razoável gasto de café e aguardente, dava-me impressão de falsidade. Realmente eu era um assassino bem chinfrim. O delírio final se atamancara numa noite, e fervilhava de redundâncias. Enfim não era impossível canalizar esses derramamentos. O diabo era que no livro abundavam desconexões, talvez irremediáveis. Necessário ainda suar muito para minorar as falhas evidentes. Mas onde achar sossego? Minha mulher vivia a atenazar-me com uma ciumeira incrível, absolutamente desarrazoada. Eu devia enganá-la e vingar-me, se tivesse jeito para essas coisas. Agora, com a demissão, as contendas iriam acirrar-se, enfurecer-me, cegar-me, inutilizar-me dias inteiros, deixar-me apático e vazio, aborrecendo o manuscrito. Largara-o duas vezes, estivera um ano sem vê-lo, machucara folhas e rasgara folhas. As interrupções e as discórdias sucessivas deviam ser causa daqueles altos e baixos, daquelas impropriedades. Conveniente isolar-me, a ideia da viagem continuava a perseguir-me. De que modo realizá-la? Havia uma penca de filhos, alguns bem miúdos. E restava-me na carteira um conto e duzentos. Apenas.

No dia seguinte, 3 de março, entreguei pela manhã os originais a d. Jeni, datilógrafa. Ao meio-dia uma parenta me visitou — e este caso insignificante exerceu grande influência na minha vida, talvez haja desviado o curso dela. Essa pessoa indiscreta deu-me conselhos e aludiu a crimes vários praticados por mim. Agradeci e pedi-lhe que me denunciasse, caso ainda não o tivesse feito. A criatura respondeu-me com quatro pedras na mão e retirou-se. Minha mulher deu razão a ela e conseguiu arrastar-me a um dos acessos de desespero que ultimamente se amiudavam. Como era possível trabalhar em semelhante inferno? Nesse ponto surgiu Luccarini. Entrou sem pedir licença, atarantado, cochichou rapidamente que iam prender-me e era urgente afastar-me de casa, recebeu um abraço e saiu.

Ótimo. Num instante decidi-me. Não me arredaria, esperaria tranquilo que me viessem buscar. Se quisesse andar alguns metros, chegaria à praia, esconder-me-ia por detrás de uma duna, lá ficaria em segurança. Se me resolvesse a tomar o bonde, iria até o fim da linha, saltaria em Bebedouro, passaria o resto do dia a percorrer aqueles lugares que examinei para escrever o antepenúltimo capítulo do romance. Não valia a pena. Expliquei em voz alta que não valia a pena. Entrei na sala de jantar, abri uma garrafa de aguardente, sentei-me à mesa, bebi alguns cálices, a monologar, a dar vazão à raiva que me assaltara. Propriamente não era monólogo: minha mulher replicava com estridência. Escapava-me a significação da réplica, mas a voz aguda me endoidecia, furava-me os ouvidos. Não conheço pior tortura que ouvir gritos. Devia existir uma razão econômica para esse desconchavo: as minhas finanças equilibravam-se com dificuldade, evitávamos reuniões, festas, passeios. De fato as privações não me inquietavam. Minha mulher, porém, sentia-se lesada, o que me fazia perder os estribos. De repente um ciúme insensato. A incongruência me arrancava a palavra dura:

— Que estupidez!

Naquele momento a ideia da prisão dava-me quase prazer: via ali um princípio de liberdade. Eximira-me do parecer, do ofício, da estampilha, dos horríveis cumprimentos ao deputado e ao senador; iria escapar a outras maçadas, gotas espessas, amargas, corrosivas. Na verdade suponho que me revelei covarde e egoísta: várias crianças exigiam sustento, a minha obrigação era permanecer junto a elas, arranjar-lhes por qualquer meio o indispensável. Desculpava-me afirmando que isto se havia tornado impossível. Que diabo ia fazer, perseguido, a rolar de um canto para outro, em sustos, mudando o nome, a barba longa, a reduzir-me, a endividar-me? Se a vida comum era ruim, essa que Luccarini me oferecera num sussurro, a tremura e a humilhação constante, dava engulhos. Além disso eu estava curioso de saber a arguição que armariam contra mim. Bebendo aguardente, imaginava a cara de um juiz, entretinha-me em longo diálogo, e saía-me, perfeitamente, como sucede em todas as conversas interiores que arquiteto. Uma compensação: nas exteriores sempre me dou mal. Com franqueza, desejei que na acusação houvesse algum fundamento. E não vejam nisto bazófia ou mentirás: na situação em que me achava justifica-se a insensatez. A cadeia era o único lugar que me proporcionaria o mínimo de tranquilidade necessária para corrigir o livro. O meu protagonista se enleara nesta obsessão: escrever um romance além das grades úmidas e pretas. Convenci-me de que isto seria fácil: enquanto os homens de roupa zebrada compusessem botões de punho e caixinhas de tartaruga, eu ficaria largas horas em silêncio, a consultar dicionários, riscando linhas, metendo entrelinhas nos papéis datilografados por d. Jeni. Deixar-me-iam ficar até concluir a tarefa? Afinal a minha pretensão não era tão absurda como parece. Indivíduos tímidos, preguiçosos, inquietos, de vontade fraca habituam-se ao cárcere. Eu, que não gosto de andar, nunca vejo a paisagem, passo horas fabricando miudezas, embrenhando-me em caraminholas, porque não haveria de acostumar-me também? Não seria mau que achassem nos meus atos algum, involuntário, digno de pena. É desagradável representarmos o papel de vítima.

— Coitado!

É degradante. Ademais, estaria eu certo de não haver cometido falta grave? Efetivamente não tinha lembrança, mas ambicionara com fúria ver a desgraça do capitalismo, pregara-lhe alfinetes, únicas armas disponíveis, via com satisfação os muros pichados, aceitava as opiniões de Jacob. Isso constituiria um libelo mesquinho, que testemunhas falsas ampliariam. Tinha o direito de insurgir-me contra os depoimentos venenosos? De forma nenhuma. Não há nada mais precário que a justiça. E se quisessem transformar em obras os meus pensamentos, descobririam com facilidade matéria para condenação. Não me repugnava a ideia de fuzilar um proprietário por ser proprietário. Era razoável que a propriedade me castigasse as intenções.

Fui ao banheiro, tomei um longo banho. Tolice vivermos a apurar responsabilidades. Muitas coisas nos acontecem por acaso, e às vezes nos chegam vantagens por acaso. Julgava é que não me deteriam nem uma semana. Dois ou três dias depois me mandariam embora, dando-me explicações. Um engano. Findo o banho, preparei-me para sair. Em seguida meti alguma roupa branca na valise, mandei comprar muito cigarro e fósforo.

D. Irene, diretora de um grupo escolar vizinho, apareceu à tarde. Envergonhei-me de tocar na demissão, e falamos sobre assuntos diversos. Aí, me chegaram dois telegramas. Um encerrava insultos; no outro, certo candidato prejudicado felicitava a instrução alagoana pelo meu afastamento. Rasguei os papéis, disposto a esquecê-los. Sumiram-se na verdade os nomes dos signatários e as expressões injuriosas, ter-se-ia talvez a pequena infâmia esvaído inteiramente se não contrastasse com a presença de d. Irene ali na sala. O que me interessava no momento era o esforço despendido por ela em três anos. Talvez isso houvesse concorrido para embranquecer-lhe os cabelos, dar-lhe aquela gravidade atenta. Não sorria nunca. E sob o penteado grisalho o rosto moço tinha uma beleza fria No estabelecimento dela espalhavam-se a princípio duzentos e poucos meninos, das famílias mais arrumadas de Pajuçara. Numa campanha de quinze dias, por becos, ruelas, cabanas de pescadores, d. Irene enchera a escola. Aumentado o material, divididas as aulas em dois turnos, mais de oitocentas crianças haviam superlotado o prédio, exibindo farrapos, arrastando tamancos. Ao vê-las, um interventor dissera indignado:

— Convidam-me para assistir a uma exposição de misérias. E alguém respondera.

— É o que podemos expor.

Calçados e vestidos pela caixa escolar, os garotos se haviam apresentado com decência. Lembrava-me da lufa-lufa necessária para modificá-los, ria-me pensando em Flora Ferraz sentada no chão, às oito horas da noite, a experimentar sapatos em negrinhos. Avizinhando-me dela, repelira-me com raiva:

— O senhor tem coragem de me dar a mão? Estou suja. Desde a manhã aqui pegando os pés destes moleques!

Quatro dessas criaturinhas arrebanhadas nesse tempo, beiçudas e retintas, haviam obtido as melhores notas nos últimos exames.

— Que nos dirão os racistas, d. Irene?

Na fronte calma de d. Irene esboçava-se uma ligeira ruga, e eu admirava-lhe a dignidade simples, a decisão rigorosa de abelha-mestra. Apesar de sentir prazer em ouvi-la, desejava que ela se retirasse: inquietava-me saber que a qualquer momento viriam buscar-me, e isto a perturbaria. Depois a notícia daquela visita com certeza lhe ocasionaria prejuízos. Levantava-me, procurava um meio de afastá-la, os ouvidos abertos aos rumores da rua. Afinal, cerca de sete horas, um automóvel deslizou na areia, deteve-se à porta — e um oficial do exército, espigado, escuro, cafuz ou mulato, entrou na sala.

— Que demora, tenente! Desde o meio-dia estou à sua espera.

— Não é possível, objetou o rapaz empertigando-se.

— Como não? Está aqui a valise pronta, não falta nada. O sujeitinho deu um passo à retaguarda, fez meia-volta, aprumou-se, encarou-me. Tinha-lhe observado esse curioso sestro um mês antes, na repartição, onde me surgira pleiteando a aprovação de uma sobrinha reprovada. Eu lhe mostrara um ofício em que a diretora do grupo escolar de Penedo contava direito aquele negócio: a absurda pretensão de se nomear para uma aluna banca especial fora de tempo.

— Impossível, tenente. Isso é antirregulamentar. Demais, se a garota não conseguiu aprender num ano, certamente não foi recuperar em dias o tempo perdido. Sua sobrinha não é nenhum gênio, suponho.

O tenente recuara, rodara sobre os calcanhares, perfilara-se em atitude perfeitamente militar e replicara com absoluta impudência:

— É o que ela é. Um gênio. Posso afirmar-lhe que é gênio.

E voltara a repetir o mesmo pedido, usando as mesmas palavras. Depois de meia hora de marchas e contramarchas cansativas, fizera a saudação, a última reviravolta, abrira a portinhola e deixara o gabinete em passos rítmicos. No dia seguinte regressara com uma carta de recomendação, repisara a exigência, lera impenetrável o regulamento e o ofício, ouvira a recusa fatal — e, no fim do resumo do caso enfadonho, o recuo, o movimento circular, o aprumo, a solicitação invariável, o obtuso louvor da sobrinha:

— Um gênio, eu garanto. Admita que ela seja realmente um gênio.

Gastara-me a paciência e irritara-me. Agora, finda a pirueta, olhando a valise, prova de que não haviam sabido guardar segredo, encolheu os ombros, sorriu, excessivamente gentil:

— Vai apenas essa maleta? Aqui entre nós posso dizer: acho bom levar mais roupa. É um conselho.

— Obrigado, tenente.

Comecei a perceber que as minhas prerrogativas bestas de pequeno-burguês iam cessar, ou tinham cessado. Retirei da mesa três livros chegados na véspera, pelo correio. Despedi-me. D. Irene se espantava, talvez sem compreender bem a significação exata daquilo. Meus filhos mais velhos, agitados e pálidos, fingiam calma. Beijei as crianças, sossegadas. Procurei na cara de minha mulher sinal de medo. Em vão: nem dessa vez nem de outras lhe percebi nenhum receio. Nos momentos mais difíceis sempre a vi corajosa, e isto a diferençava dos parentes, em geral pusilânimes. Depois do conflito da manhã serenara, assistira calada aos preparativos, sem acreditar talvez na realização da ameaça. Diante da cabriola e do sorriso do mulato, pareceu despertar, mas não revelou susto. Uma pergunta me verrumava o espírito: porque vinha prender-me o sujeito que um mês antes me fora amolar com insistências desarrazoadas?

— Quando quiser, tenente.

Saímos da sala e entramos no automóvel, um grande carro oficial.

Rodamos em silêncio, atravessamos o bairro de Jaraguá e a cidade. Não me lembro de haver dito uma palavra ao tenente. Ignorava o destino que me reservavam, mas isto não me despertava nenhuma curiosidade. Fastio, quase indiferença, a vaga compreensão de ter caído numa ratoeira suja, a suspeita de mesquinharia e ridículo no incidente medíocre. Porque estava ali junto de mim aquele sujeito? Balançando nas molas doces, impossibilitado de bater os calcanhares, retesar a espinha, fazer a meia-volta e a continência, anulava-se. A pergunta mental surgida em casa continuava a espicaçar-me. De certo ele não havia determinado a minha prisão, mas era curioso encarregar-se de efetuá-la. Sem me incomodar com essa pequena vingança, pensei noutras, vi o país influenciado pelos tenentes que executam piruetas, pelas sobrinhas dos tenentes que executam piruetas. Desejariam os poderes públicos que eu mandasse aprovar com dolo a sobrinha do tenente, em Penedo? Não me exigiriam expressamente a safadeza, mas deviam existir numerosos tenentes e numerosas sobrinhas, e a conjugação dessas miuçalhas mandava para as grades um pai de família, meio funcionário, meio literato.

Chegamos ao quartel do 20º Batalhão. Estivera ali em 1930, envolvera-me estupidamente numa conspiração besta com um coronel, um major e um comandante de polícia, e vinte e quatro horas depois achava-me preso e só. Dezesseis cretinos de um piquete de Agildo Barata haviam fingido querer fuzilar-me. Um dos soldadinhos que me acompanhavam chorava como um desgraçado. Parecera-me então que a demagogia tenentista, aquele palavrório chocho, nos meteria no atoleiro. Ali estava o resultado: ladroagens, uma onda de burrice a inundar tudo, confusão, mal-entendidos, charlatanismo, energúmenos microcéfalos vestidos de verde a esgoelar-se em discursos imbecis, a semear delações. O levante do 3º Regimento e a revolução de Natal haviam desencadeado uma perseguição feroz. Tudo se desarticulava, sombrio pessimismo anuviava as almas, tínhamos a impressão de viver numa bárbara colônia alemã. Pior: numa colônia italiana. Mussolini era um grande homem, e escritores nacionais celebravam nas folhas as virtudes do óleo de rícino. A literatura fugia da terra, andava num ambiente de sonho e loucura, convencional, copiava figurinos estranhos, exibia mamulengos que os leitores recebiam com bocejos e indivíduos sagazes elogiavam demais. O romance abandonava o palavrão, adquiria boas maneiras, tentava comover as datilógrafas e as mocinhas das casas de quatro mil e quatrocentos. Uma beatice exagerada queimava incenso defumando letras e artes corrompidas, e a crítica policial farejava quadros e poemas, entrava nas escolas, denunciava extremismos. Um professor era chamado à delegacia: — "Esse negócio de africanismo é conversa.

O senhor quer inimizar os pretos com a autoridade constituída." O Congresso apavorava-se, largava bambo as leis de arrocho — e vivíamos de fato numa ditadura sem freio. Esmorecida a resistência, dissolvidos os últimos comícios, mortos ou torturados operários e pequeno-burgueses comprometidos, escritores e jornalistas a desdizer-se, a gaguejar, todas as poltronices a inclinar-se para a direita, quase nada poderíamos fazer perdidos na multidão de carneiros.

Pensando nessas coisas, desci do automóvel, atravessei o pátio, que, em 1930, vira cheio de entusiasmos enfeitados com braçadeiras vermelhas. Numa saleta, um rapaz me recebeu em silêncio, conduziu-me a outra saleta onde havia uma cama e desapareceu. O mulato fez a última viravolta e desapareceu também. À porta ficou um soldado com fuzil. Evidentemente as minhas reflexões tendiam a justificar a inércia, a facilidade com que me deixara agarrar. Se todos os sujeitos perseguidos fizessem como eu, não teria havido uma só revolução no mundo. Revolucionário chinfrim. Desculpava-me a ideia de não pertencer a nenhuma organização, de ser inteiramente incapaz de realizar tarefas práticas. Impossível trabalhar em conjunto. As minhas armas, fracas e de papel, só podiam ser manejadas no isolamento. No íntimo havia talvez o incerto desejo de provocar a nova justiça inquisitorial, perturbar acusadores, exibir em tudo aquilo embustes e patifarias. Essa vaidade tola devia basear-se na suposição de que enxergariam em mim um indivíduo, com certo número de direitos. Logo ao chegar, notei que me despersonalizavam. O oficial de dia recebera-me calado. E a sentinela estava ali encostada ao fuzil, em mecânica chateação, como se não visse ninguém.

Sentado na cama, o chapéu em cima da valise, abri com o pente as páginas dos três volumes que trouxera: *Território humano* de José Geraldo Vieira, *Gente nova* de Agrippino Grieco e *Dois poetas* de Otávio de Faria. Li a primeira folha do primeiro umas três vezes, inutilmente. Conservei esses livros muitos meses, acompanharam-me por diversos lugares, foram remoídos, esfacelaram-se, pulverizaram-se; hoje, com esforço, consigo recordar algumas passagens de um deles.

Nada afinal do que eu havia suposto: o interrogatório, o diálogo cheio de alçapões, alguma carta apreendida, um romance com riscos e anotações, testemunhas sumiram-se. Não me acusavam, suprimiam-me. Bem. Provavelmente seria inquirido no dia seguinte, acareado, transformado em autos. Que horas seriam? Estirei-me no colchão, vestido, o livro de José Geraldo aberto sobre o estômago vazio. Em jejum desde manhã, mas isto apenas me causava uma vaga tontura e escurecia a vista. E concorria talvez para dificultar a compreensão do texto. Virando a cabeça, percebia à esquerda o soldado imóvel. Essa precaução me parecia tão burlesca e tão estúpida que interrompia a leitura vã, ria-me, apesar de tudo. Sentava-me, acendia um cigarro. Naturalmente não havia cinzeiro, esses luxos de civilização tinham desaparecido. Burlesco. Recebera a notícia ao meio-dia, lavara-me, vestira-me, lera dois telegramas desaforados, conversara só, com minha mulher e com d. Irene. Tinham-me feito esperar sete horas. E ali estava com sentinela à vista. Para quê? Não era mais simples trancarem a porta? Aquele dispêndio inútil de energia corroborava o desfavorável juízo que eu formara da inteligência militar. De novo me deitava, pegava a brochura, soltava-a, cobria os olhos com o chapéu por causa da luz, tornava a levantar-me, acendia outros cigarros. Já no cimento se acumulavam pontas. Nenhum relógio na vizinhança. Apenas os indeterminados rumores noturnos da caserna: um apito, vozes remotas, confusas. O sujeito firme, encostado ao fuzil. Iria passar ali a noite, dormir em pé? Eu não tinha sono, mas ele, coitado, com certeza engolia bocejos, amolava-se. Enfim que significação tinha aquilo? Pretenderiam manifestar-me deferência, considerar-me um sujeito pernicioso demais, que era preciso vigiar, ou queriam apenas desenferrujar as molas de um recruta desocupado? Compreenderia ele que era uma excrescência, ganhava cãibras à toa, equilibrando-se ora numa perna, ora noutra? Se não fosse obrigado a desentorpecer-se e dar-me um tiro em caso de fuga, aquela extensa vigília só tinha o fim de embrutecê-lo na disciplina.

Procurei um mictório, nas paredes lisas, cheguei-me à porta, desci à calçada, passei em frente do manequim teso, sem me decidir a perguntar-lhe quantos metros o fio que me amarrava poderia estender-se: provavelmente, nas funções de espantalho, a criatura emudecia. Avizinhei-me do pátio coberto de manchas de sombra e luz. Regressei ao cabo de um minuto, busquei o lavatório, achei uma pequena moringa e um copo. A higiene satisfazia-se com isso. Voltei a estender-me no colchão, fatigado, cochilei algum tempo, confundi o real e o imaginário, os olhos protegidos pela aba do chapéu. Despertava, fumava, distinguia o estafermo e o fuzil, imaginava, olhando-os de perto, vendo a carranca e o brilho do metal, que haviam sido ali postos para amedrontar-me. Recurso infantil: conjeturei crianças barbadas, ingênuas e maliciosas. O pobre homem devia estar cansado. Seria o mesmo do começo ou teria vindo outro durante os cochilos? Havia-me escapado a substituição. Também me escapavam próximos rumores possíveis: gemidos do vento nas árvores do pátio, a marcha lenta da ronda. Realmente não me lembro de árvores nem da ronda: isto é suposição. Esqueci pormenores, ou não os observei.

Ter-me-ia revelado inquieto? Pouco me importava o conceito que a sentinela pudesse ter dos meus movimentos excessivos, nem me ocorria que o infeliz, tão parado, tivesse conceitos. Mas na verdade a inquietação era puramente física: difícil permanecer num lugar; precisão de levantar-me, sentar-me, deitar-me. fumar; a ligeira sonolência perturbada vezes sem conta e a leitura das mesmas páginas de José Geraldo Vieira. Parecia-me faltar a um dever. Habituara-me a ler todos os livros que me remetiam, ali estavam três a desafiar-me em longa insônia, e era-me impossível fixar a atenção neles. As ideias partiam-se a cada instante, desagregavam-se.

Picadas no estômago. Fome. Não, não era fome: nem conseguiria mastigar qualquer coisa. Só pensar em comida me dava enjoo. Interiormente achava-me tranquilo. Ou antes, achava-me indiferente. Sumia-se até a curiosidade inicial. Que peça me iriam pregar no dia seguinte? Julgo que não perguntei isso. Realmente era desagradável continuar naquela saleta nua, a procurar nas paredes um lavatório e um mictório inexistentes. Mas noutro canto arranjar-me-ia. Operava-se assim, em poucas horas, a transformação que a cadeia nos impõe: a quebra da vontade. E não me espantei quando, manhãzinha, me vieram tirar de uma leve modorra:

— Prepare-se para viajar.

Saltei da cama; utilizando o copo e a moringa, escovei os dentes, lavei o rosto, molhei os cabelos; penteei-me, agarrei a valise e os três volumes:

— Está bem.

À saída encontrei o Tavares, conhecido velho do tempo de rapaz, agora investigador da polícia. Disse-me que tinha ordem de levar-me ao Recife e perguntou-me se queria um carro. A pergunta revelava estranha sovinice: pareceu-me que, preso, não me cabia pagar transporte; e, se fossemos a pé, não alcançaríamos o trem. Senti-me lesado, mas respondi afirmativamente — e foi esta a última relação que tive com os poderes públicos de Alagoas.

Saltamos na estação da Great Western. Quereriam obrigar-me a comprar passagem? Não falaram nisso — e respirei, isento de responsabilidades. Na plataforma vi chegar um homenzinho moreno, cheio de tiques risonhos, que segurava uma grande mala e se apresentou: capitão Mata, meu companheiro de viagem.

— Vai conduzir-me ao Recife?

Não, ia também conduzido. Entramos no vagão de primeira classe. Na antevéspera Sebastião Hora, médico, presidente da Aliança Nacional, fora metido entre operários, atravessara a cidade carregando a bagagem e viajara de segunda, com as portas trancadas. Ao sentar-me, descobri minha mulher na lufa-lufa dos passageiros. Vinha pálida e chorava aquele choro fácil, sereno, que não lhe contrai um músculo, choro superficial, tão diferente dos meus: arrancos interiores, repuxos medonhos no diafragma, ordinariamente sem lágrimas. Diante do rosto molhado e calmo, as desavenças esmoreceram. Perturbado, gaguejei algumas recomendações sobre a mudança dela para a casa do pai, falei nas crianças e, lembrando-me de que a deixara sem recursos, abri a carteira, exibi o conteúdo e entreguei-lhe metade. Levava comigo seiscentos mil-réis, pois não sabia em que apertos me iria achar. Aconselhei-a a vender os móveis e uma pequena propriedade que tínhamos. Pensei no romance inédito e, receando buscas, pedi-lhe que, ao recebê-lo de d. Jeni, guardasse o manuscrito numa casa e a cópia noutra. Esgotados esses assuntos, pus-me a repisá-los, constrangido, desgostoso com o pranto sossegado, invariável, acusando-me interiormente de ter sido grosseiro na véspera. Recebi um pacote de troços miúdos e meti-o na valise. Numa portinhola adiante, capitão Mata despedia-se alegremente de umas senhoras despreocupadas, naturais, como se julgassem a prisão dele um fato comum, acidente de quartel. Derradeiro apito, derradeiro abraço, derradeiras repetições, um solavanco — e achei-me curvado para fora, a agitar o braço, vendo uma figura branca e imóvel decrescer até sumir-se.

Nenhuma saudade, nenhuma dessas meiguices românticas, enervadoras: sentia-me atordoado, como se me dessem um murro na cabeça. Julgava-me autor de várias culpas, mas não sabia determiná-las. Arrependia-me vagamente de asperezas e injustiças, ao mesmo tempo supunha-me fraco, a escorregar em condescendências inúteis, e queria endurecer o coração, eliminar o passado, fazer com ele o que faço quando emendo um período — riscar, engrossar os riscos e transformá-los em borrões, suprimir todas as letras, não deixar vestígio de idéias obliteradas. Aquela viagem era uma dádiva imprevista. Estivera a desejá-la intensamente, considerando-a difícil, quase irrealizável, e alcançava-a de repente. Sucedera-me um desastre, haviam pretendido causar-me grande mal — o mal e o desastre ofereciam-me um princípio de libertação. Os dois choques seguidos, desemprego e cadeia, e também os telegramas ofensivos eram úteis: perturbavam-me, embrulhavam casos enfadonhos, obrigavam-me a um salto arriscado, e nessa deslocação datas e fisionomias se toldavam de espessa névoa. Parecia-me que saldava uma dívida, me livrava de pesos interiores. Qualquer favor acaso ali recebido findava. Bom que me deixassem partir esquecido e em silêncio: estávamos quites. E nesse ajuste de contas figuravam governo e particulares. Sem guardar ressentimento, aliviava-me de obrigações. Voltando-me, percebi ao meu lado o capitão Mata, expansivo, amável, a dizer-me coisas que não entendi bem. Formei sobre elas um juízo confuso, alterei-o e corrigi-me depois, mas a princípio, desatento e mudo, com certeza dei ao rapaz uma impressão lastimosa. Confessou-me que estava inocente e era vítima de enredos e maroteiras dos colegas; necessitava repisar isto, como se eu fosse julgá-lo — estava inocente. Oficial de polícia rebelde a entusiasmos, poeta por vocação. Como profissional, ficara alguns meses no Rio, em estágio lembrado com júbilo, mas fora como diletante que aí se notabilizara: num jantar, entre camaradas, recitara versos da sua lavra, e isto lhe dera largo prestígio. Essas informações misturavam-se a trechos de paisagem, diluíam-se, recompunham-se. Algumas sílabas que eu entremeava no solilóquio poderiam dar-lhe aparência de conversa — e assim abrandamos parte da viagem.

Logo nas primeiras estações três conhecidos surgiram, patentearam-se, ofereceram-me as últimas imagens que levei daquela terra. Se o meu companheiro não falasse demais, sempre a explicar-se, a justificar-se, sem dificuldades nos tomariam como passageiros comuns: o investigador, discreto, de nenhum modo nos comprometia. Mas as explicações e as justificações nos marcaram, chamaram a atenção de Benon Maia Gomes, diretor do Serviço de Algodão depois da bagunça de 1930; nesse tempo me aparecia às vezes na Imprensa Oficial, onde eu bocejava a olhar, sob um telheiro próximo, um homem que enchia dornas e uma mulher que lavava garrafas. Durante uns minutos de parada, Benon Maia Gomes censurou-me acrimonioso a desordem. Estava convencido de que o meu trabalho era uma desgraça. Murmurou e remurmurou, carrancudo, sombrio:

— Desordem, desorganização.

Mordi os beiços, contive-me, preguei os olhos num ponto afastado, imobilizeme até que o trem se pôs em marcha. Outro conhecido, também visto de relance numa estação, foi o deputado José da Rocha. Ao ter conhecimento da infeliz notícia, recuou, temendo manchar-se, exclamou arregalado: Comunista! Espanto, imenso desprezo, a convicção de achar-se na presença de um traidor. Absurdo: eu não podia considerar-me comunista, pois não pertencia ao Partido; nem era razoável agregar-me à classe em que o bacharel José da Rocha, usineiro, prosperava. Habituara-me cedo a odiar essa classe, e não escondia o ódio Embora isto não lhe causasse nenhum prejuízo, era natural que, em hora de paixões acirradas, ela quisesse eliminar-me. O assombro do usineiro me pasmava — e éramos duas surpresas. Nascido na propriedade e aguentando-se lá, sempre a serrar de cima, conquistando posições, bacharel, deputado etc, não via razão para descontentamentos. Com um sobressalto doloroso notava que eles existiam. Então os cérebros alheios funcionavam, e funcionavam contra os seus interesses, as moendas, os vácuos, os dínamos e os canaviais. Uma palavra apenas, e nela indignação, asco, uma raiva fria manifesta em rugas ligeiras:

— Comunista!

Este resumo aniquilava-me. Ingrato. E qualquer acréscimo, gesto ou vocábulo era redundância. O terceiro encontro foi com Miguel Baptista, com quem me correspondera quando trabalhava na Prefeitura de Palmeira dos Índios e ele, diretor da Instrução Pública, fazia o recenseamento da população escolar. Agora, juiz de direito no interior, viajava para a sua comarca. Entrou no carro, abraçou-me em silêncio e foi sentar-se a pequena distância, de costas para mim. Não me olhou uma vez. No ponto de desembarque, entregues os pacotes ao carregador, veio abraçar-me de novo:

— Adeus, Fulano. Até a volta. Confundi-me, gaguejei:

— Não, Baptista, eu não volto.

— Volta, sim. Isso é um equívoco, não tem importância. Dentro de uma semana tudo se esclarece. Adeus, seja feliz. Foi pouco mais ou menos o que ele disse — e isto dissipou negrumes, hoje me dá uma recordação amável daquele dia. Na ausência de Baptista, indaguei-me. Se os nossos papéis estivessem trocados, haveria eu procedido como ele, acharia a maneira conveniente de expressar um voto generoso? Talvez não. Acanhar-me-ia, atirar-lhe-ia de longe uma saudação oblíqua, fingir-me-ia desatento. Essas descobertas de caracteres estranhos me levam a comparações muito penosas: analiso-me e sofro.

No calor e na poeira, o capitão Mata parolava distraindo-se e distraindo-me. Recitou um soneto, de que não percebi logo o intuito satírico. Caprichava na sintaxe, metrificava ironias à segurança pública: e em 1936 esse desrespeito podia considerar-se uma espécie de comunismo. No princípio da tarde o investigador Tavares acompanhou-me ao restaurante, mas o cheiro da comida me nauseava. Pedi cigarros e conhaque. Fumava sem descontinuar, a provisão do tabaco sumia-se rapidamente na valise. E necessitava beber. Isto não me abria o apetite. As picadas no estômago haviam desaparecido, e um entorpecimento se alargava, dava-me a impressão de que o órgão se extinguiria e eu viveria bem sem comer. A tontura da noite se sumira também: achava-me lúcido, a memória funcionava regularmente, e se Tavares não fosse da polícia, agradar-me-ia conversar com ele, recordar as sobrinhas do padre Raul, Pontal-da-Barra, casos da mocidade. O que fiz foi confiar-lhe um bilhete para minha mulher. Na atrapalhação da partida, esquecera-me de um aviso importante. De fato não havia importância, mas ali, ausentando-me do mundo, começava a dar às coisas valores novos. Sucedia um desmoronamento. Indispensável retirar dele migalhas de vida, cultivá-las e ampliá-las. De outro modo, seria o desastre completo, o mergulho definitivo. Assim, lembrei-me de uma carta recebida poucos dias antes da Argentina. Benjamin Garay andava a traduzir-me um livro, a dizer que o traduzia, e forçava-me a gastar papel e tempo numa correspondência longa. Ultimamente me exigira colaboração para não sei que revista de Buenos Aires. Pensei num conto deixado na gaveta sapecado, cheio de abundantes minúcias exasperadoras, e, a lápis, em pedacinhos de papel arrancados da carteira, sugeri a minha mulher que tirasse duas cópias dele e mandasse uma a Garay. Bebendo conhaque, vendo em colinas e planícies desdobrarem-se canaviais, parecia-me haver escrito a alguém que se tivesse desligado quase completamente de mim. Na verdade a separação não era completa. Os desgostos diários e a serenidade lacrimosa da manhã fundiam-se naquele torpor que principiava iro estômago, se alargava, mergulhava todo o corpo em sombria indiferença. Mas havia os filhos: precisava cuidar deles. Como? Ali a rodar nos trilhos da Great Western, os versos de Bandeira ecoando no ganzá da locomotiva: "Passa boi, passa boiada", usinas sucedendo-se no campo verde, a do dr. José da Rocha e as de outros doutores, achava-me inútil, preguiçoso e estúpido.

O desejo de fazer um livro na cadeia arrefecia; contudo apegava-me a ele, por não me ocorrer outro. Talvez aquela confusão se dissipasse, uma confusão esquisita: as ideias me chegavam nítidas, fugiam, voltavam, eram substituídas, atropelavam--se; impossível fixá-las; coisas muito claras que se partiam. Tudo por causa daquele deslocamento. Devia ser isto: horríveis as mudanças. A usina do deputado José da Rocha; a opinião severa de Benon Maia Gomes; um tenente mulato a perfilar-se, depois a girar num corrupio: — "Um gênio, é o que ela é"; Rubem Loureiro transmitindo-me um recado custoso de Osman, no gabinete cheio de peças de fazenda, processos é volumes do *Literatura Internacional*; a nobreza de Miguel Baptista, exposta num rápido cochicho; indispensável arranjar um livro, a lápis, em pedaços de papel, frustrar com ele a monotonia da prisão. Este último pensamento vinha sempre, teimoso, não havia meio de suprimi-lo. Dar-me-iam a tranquilidade necessária para fazer o livro? Provavelmente não dariam. Agadanhavam-me é, depois de uma noite de insônia, despachavam-me para o Recife. Que diabo queriam de mim no Recife? Capricho. Certamente me forçariam a interrogatórios morosos, testemunhas diriam cobras e lagartos, afinal me chegaria uma condenação de vulto.

Sem dúvida. Quais seriam os meus crimes? Não havia reparado nos enxertos em 1935 arrumados na constituição. Num deles iria embrulhar-me. A conjetura de que me largariam ao cabo de dois ou três dias, por falta de provas, sumiu-se. Aquela transferência anunciava demora.

Em frente a mim, os cotovelos na mesa, Tavares, sonolento, bocejava com dignidade bovina. Nenhuma aparência de cão de guarda: um boi. De espaço a espaço mugia uma questão, a que eu respondia por monossílabos, afirmando ou negando com a cabeça. Voltei ao carro de primeira classe, diligenciei entreter-me com as divagações do meu companheiro. Não conseguia, porém, dispensar-lhe atenção: mudo e chocho, isento de curiosidade, andava aos saltos no tempo, brocas agudas verrumando-me o interior.

Burrice imaginar que me seria possível atamancar um romance além das grades. Nem conseguia meio de consertar o que d. Jeni datilografava. Isto me afligia: defeitos por todos os cantos, prosa derramada e insípida. O conto que havia ficado na gaveta precisava também numerosas emendas, cortes, substituições. Entretanto eu o mandava copiar e remeter a um país estrangeiro, coisa que, no meu juízo perfeito, não faria. E já aí tínhamos uma pequena amostra do que nos oferecia o absolutismo novo, sem disfarces, dentes arreganhados, brutal: o rebaixamento da produção literária. E era-me necessário dedicar-me a ela de qualquer modo, exportá-la em contrabando sé o mercado interno a recusasse. Recusaria, decerto.

Passei o dia a mexer-me do vagão para o restaurante, bebi alguns cálices de conhaque, os últimos que me permitiriam durante longos meses. A noitinha percebi construções negras num terreno alagado. Que seria aquilo?

— Mocambos, informou Tavares.

Bem, os célebres mocambos que José Lins havia descrito em *Moleque Ricardo*. Conheceria José Lins aquela vida? Provavelmente não conhecia. Acusavam-no de ser apenas um memorialista, de não possuir imaginação, e o romance mostrava exatamente o contrário. Que entendia ele de meninos nascidos e criados na lama e na miséria, ele, filho de proprietários? Contudo a narração tinha verossimilhança. Eu seria incapaz de semelhante proeza: só me abalanço a expor a coisa observada e sentida. Tornaria esse amigo a compor outra história assim, desigual, desleixada, mas onde existem passagens admiráveis, duas pelo menos a atingir o ponto culminante da literatura brasileira? Quem sabia lá? Agora morava no Rio, talvez entrasse na ordem, esquecesse a bagaceira e a senzala, forjasse novelas convenientes para um público besta, rico é vazio. Malucando assim, alcancei a estação de Cinco-Pontas peguei a valise e os três volumes, saltei na plataforma, acompanhado pelo investigador, junto ao capitão Mata, que se derreava ao peso da mala.

Chegou-se a nós um rapaz alto, esticado na farda, que se ofereceu para conduzir-nos ao nosso destino. A fala era branda, os modos corteses, de uma cortesia sem afetação, ligada com rigor ao homem, parecendo haver nascido com ele. A maneira como se apresentou, nos abriu a portinhola de um grande automóvel, dava-nos a impressão de que éramos hóspedes consideráveis levados ao hotel por um funcionário cerimonioso. E nenhuma palavra que de longe revelasse a nossa degradação. O investigador Tavares logo se eclipsou. Estranho. Aquela contradança me desorientava. Subordinara-me em vinte e quatro horas ao mulato rodopiante, ao oficial mudo, à sentinela, ao Tavares, ao rapaz atencioso. Surpreendia-me: imaginara que me trancassem a chave numa sala, me deixassem só — e não me vira só um minuto. A vigilância contínua, embora exercida por uma estátua armada a fuzil ou por uma criatura amável em excesso, começava a angustiar-me. Isso e a instabilidade. Mal fechara os olhos numa leve sonolência, alguém me sacudira e soprara ao ouvido: "— Viajar." Para onde? Essa ideia de nos poderem levar para um lado ou para outro, sem explicações, é extremamente dolorosa, não conseguimos familiarizar-nos com ela. Deve haver uma razão para que assim procedam, mas ignorando-a, achamo-nos cercados de incongruências. Temos a impressão de que apenas desejam esmagar-nos, pulverizar-nos, suprimir o direito de nos sentarmos ou dormir se estamos cansados. Será necessária essa despersonalização? Depois de submeter-se a semelhante regime, um indivíduo é absolvido e mandam-no embora. Pouco lhe serve a absolvição: habituado a mover-se como se o puxassem por cordéis, dificilmente se libertará. Condenaram-no antes do julgamento, e nada compensa o horrível dano. Talvez as coisas devam ser feitas assim, não haja outro meio de realizá-las. De qualquer modo isso é uma iniquidade — e a custo admitiremos que uma iniquidade seja indispensável. Aonde me transportariam? Aquela hora muitos indivíduos suspeitos estavam sendo paralisados, rolavam sobre pneumáticos silenciosos, navegavam do norte para o sul e do sul para o norte, resvalavam como sombras em longos corredores úmidos. E as autoridades resvalavam também, abafando os passos, oblíquas, tortuosas, com aparência de malfeitores.

Embarcamos, ziguezagueamos longamente na iluminação fraca do Recife. Achara-me ali vinte e dois anos antes, recolhido, enfermo, e ignorava a topografia da cidade: as ruas estreitas e sem nome nada me diziam do itinerário. A um lado, o meu companheiro dava-me palpites desprovidos de significação; no outro lado, o nosso guia, atento, digno, o busto ereto, quase se invisibilizava na penumbra do veículo. Começava a esboçar-se a terrível situação que ia perdurar: uma curiosidade louca a emaranhar-se em cordas, embrenhar-se em labirintos, marrar paredes, e ali perto o informe necessário, imperceptível nas linhas de uma cara enigmática e fria. Chegamos afinal diante de um vasto edifício, saltamos. E, lembrando-me da exigência da manhã, aproximei-me do chauffeur, abri a carteira, disposto a reduzir os cobres escassos.

— Ah! não! interpôs-se o nosso condutor. É um carro oficial.

Respirei aliviado. Atravessamos um portão, percorremos lugares que não me deixaram nenhum vestígio na memória, desembocamos numa saleta onde um sujeito em mangas de camisa bebia chá e mastigava torradas. Não se alterou com a nossa presença: continuou sentado à mesinha, diante da bandeja, e nem deu mostra de perceber a continência e algumas palavras indistintas do rapaz cortês. Pouco a pouco, inteirando-se de qualquer coisa, entrou a manifestar sinais de inquietação, jogando-nos de soslaio olhadelas descontentes. Tínhamos ido incomodá-lo, impacientava-se, murmurava uma recusa teimosa, falando para dentro, sem deixar de mastigar a torrada. O movimento dos queixos e o som abafado e monótono casavam-se de tal jeito que a recusa e a torrada pareciam confundir-se. E as migalhas economizadas voltavam à boca, juntavam-se às sílabas indecisas, tudo se moía num ron-rom asmático. Não me chegava uma palavra, e o desagrado apenas se revelava no gesto arrepiado, no resmungo cavernoso. O moço fez nova continência, meia-volta, veio dizer-nos que não havia ali acomodações para nós.

Saímos, reembarcamos, outra vez nos largamos pelas ruas estreitas e sombrias. Segunda parada, e mergulhamos num casarão, subimos e descemos numerosos degraus de cimento, dobramos esquinas, fomos acordar o sujeito que dormia num quarto pequeno situado no fim de um alpendre. Levantou-se bocejando, a cara enferrujada. E travou-se um diálogo de que nada consegui entender. Expressões técnicas soavam inutilmente, pessoas agora esquecidas por inteiro entravam, saíam, colaboravam na conversa, e, não me sendo possível distinguir a posição social delas, ordens e evasivas se confundiam, para diferençá-las havia apenas o tom, o gesto, a postura humilde ou arrogante.

Na verdade me achava num mundo bem estranho. Um quartel. Não podia arrogar-me inteira ignorância dos quartéis, mas até então eles me haviam surgido nas relações com o exterior, esforçando-se por adotar os modos e a linguagem que usávamos lá fora. Aparecia-me de chofre interiormente, indefinido, com seu rígido simbolismo, um quadro de valores que me era impossível recusar, aceitar, compreender ao menos. Tinha-me livrado em poucos meses do serviço militar, numa linha de tiro, sem nenhum patriotismo, apenas interessado na ginástica. Habituara-me cedo a considerar o exército uma inutilidade. Pior: uma organização maléfica. Lembrava-me dos conquistadores antigos, brutos, bandidos, associava-os aos generais modernos, bons homens, excelentes pais de família, em todo o caso brutos e bandidos teóricos, mergulhados numa burocracia heroica e dispendiosa. Mais tarde, numa prefeitura da roça, percebera que os melhores trabalhadores, os mais capazes, tinham sido soldados — e aquele ninho de parasitas se revelara incongruente. Uma ideia preconcebida, rigorosa, esbarrava com a observação. Nada mais besta que as generalizações precipitadas. A antipatia que os militares me inspiravam com certeza provinha de nos separarmos. Eu achava as fórmulas deles, os horríveis lugares-comuns, paradas, botões, ordens do dia e toques de corneta uma chatice arrepiadora; se algum deles atentasse nas minhas ocupações, provavelmente as julgaria bem mesquinhas.

Das frases rápidas e obscuras, das idas e vindas, percebi vagamente que também ali não havia lugar para nós. Isto me espantava. Como era possível em tão grande estabelecimento não haver cela onde se alojassem dois indivíduos? Não se tratava disso, foi o que me pareceu: não se procurava uma cela, mas uma determinada espécie de cela. No papel que nos dava ingresso estávamos classificados, etiquetados, e só nos poderíamos recolher a local previamente estabelecido. Perplexo, perguntava a mim mesmo se esse rigorismo nos seria vantajoso ou desvantajoso. Não me seria possível recordar as feições do homem que se levantara, bocejando estremunhado. Certamente o vi nos dias seguintes, mas confundi-o com outros, não consegui identificá-lo. Recordo-me, porém, de um pormenor desprezível, o sentimento desarrazoado que me assaltou ao vê-lo chateado, indeciso a respeito do ponto onde nos devia guardar: acusei-me, não de tentar subverter a ordem, mas de perturbar o sono de um desconhecido. Evidentemente isso era estúpido — e reconhecendo a estupidez, continuava a censurar-me, tinha desejo de me desculpar, livrar-me do enleio absurdo. Enfim, ao cabo de meia hora, venceu-se a dificuldade: o homem resolveu ceder-nos aquele aposento e mudar-se: mandou buscar outra cama e saiu depois de nos fazer algumas advertências incompreensíveis. O moço que nos acompanhara despediu-se também.

— Obrigado, tenente.

— Não senhor, sou apenas sargento.

— Perdão. Com essa luz tão fraca, difícil notar.

Aleguei a falta de luz como alegaria outra coisa qualquer, pois de fato, ignorante de uniformes, nem procurara distinguir o posto do rapaz. Imaginara-o tenente — e surpreendia-me que houvesse inferiores tão bem-educados. Julgava-os ásperos, severos, carrancudos, possuidores de horríveis pulmões fortes demais, desenvolvidos em berros a recrutas, nos exercícios. E aquele, amável, discreto, de aprumo perfeito e roupa sem dobras, realmente me desorientava. Surpresa tola, por causa das generalizações apressadas.

Quando nos vimos sós, abri a valise, retirei objetos necessários, despi-me lentamente, os braços pesados, estendi a roupa no encosto de uma cadeira, vesti um pijama. O capitão Mata vencera a loquacidade e acomodava-se à pressa, metódico, cochichando-me reparos, porque tinha chegado a hora do silêncio e as expansões se tornavam impossíveis. Ultimados os arranjos, estabelecidas as coisas nos lugares convenientes, despediu-se, apagou a luz, deitou-se na cama de feno posta a um canto da sala estreita, ao pé da entrada, e adormeceu logo. A minha cama, do outro lado, ao fundo, ficava junto a uma janela aberta sobre um pátio cheio de sombras Na parede onde o meu companheiro se encostava, uma porta fechada; em frente, uma janela, também fechada. Não sei onde lavei as mãos e o rosto, esqueci pormenores, ignoro se havia água encanada ou lavatório com jarro. Uma mesinha, duas cadeiras, só.

Deitei-me, fiquei a virar-me e a revirar-me no lençol dobrado, tentando em vão chamar o sono. Realmente não posso dizer se dormia ou velava: feriam-me os sentidos uma faixa alvacenta que me banhava os travesseiros, o vulto indeciso do capitão, a mesinha, as cadeiras, a sentinela encostada ao fuzil, no alpendre, nova sentinela a amofinar-se no serviço cacete; mas às vezes tudo se embrulhava, entre as visões concretas esboçavam-se fantasmagorias — e era-me impossível saber onde me achava, porque me estirava no colchão alheio, depois de solavancos infinitos em estrada de ferro. A minha vida anterior se diluía, perdia-se além daquele imenso espaço de vinte e quatro horas. Um muro a separar-me dela, a altear-se, a engrossar, e para cá do muro — nuvens, incongruências. Entre esses farrapos de realidade e sonho, era doloroso pensar numa inteira despersonalização. Como iria reagir às ocorrências imprecisas que me aguardavam? As imagens vagas misturadas aos móveis sumiram-se, despertei completamente e foi impossível conservar, no calor, a posição horizontal.

Ergui-me, tateei a roupa no encosto da cadeira, tirei dos bolsos cigarros e fósforo, debrucei-me à janela, fiquei longamente a olhar o pátio escuro, fumando. Como iria comportar-me? Se me dessem tempo suficiente para refletir, ser-me-ia possível juntar ideias, dominar emoções, ter alguma lógica nos atos e nas palavras, exibir a aparência de um sujeito mais ou menos civilizado. Mas na situação nova que me impunham, fervilhavam as surpresas, e diante delas ia decerto confundir-me, disparatar, meter os pés pelas mãos. Ali embaixo, a alguns metros de distância, dois vultos, ladeando um portão, semelhavam pessoas embuçadas, gigantes embuçados. Que seriam? Pilares? Deviam ser pilares. Afastei-me, passeei cauteloso, abafando os passos, temendo esbarrar nas cadeiras.

Experimentei dormir. A sentinela continuava sob o alpendre, na firmeza inútil, vendo-me ocupar e abandonar a cama inútil. Avizinhei-me da jaula, arredei-me, estive longas horas a mover-me à toa na janela sombria.

O peso que a princípio sentira nos membros desaparecera: agitava-me agora desordenadamente, em vão procurava atordoar-me e cansar. Aguçavam-me a curiosidade os vultos que guardavam o portão. Seriam guaritas? Não: para guaritas eram muito altos e muito esguios. Que significavam pois? Essa pergunta me arreliava. Se não conseguia divisar aqueles objetos volumosos expostos aos meus olhos, como adivinhar as sutilezas provavelmente escondidas em toda a parte, como alçapões? Naquela vida era preciso em certo momento um homem virar-se para a direita, virar-se para a esquerda, levantar-se, baixar-se, e a falta de um gesto implicava censura.

Esquecera-me desses movimentos aprendidos em poucos meses de exercício relaxado e capenga. Na presença de um oficial superior, derrear-me-ia, uma perna bamba, a outra a aguentar o corpo todo, pregaria o cotovelo num peitoril. Envergonhar-me-ia ao notar o desconchavo, encolher-me-ia, largaria sandices comprometedoras. Em horas de perturbação era-me impossível dominar a língua: dizia coisas impensadas, às vezes contrárias ao que era preciso dizer. Receava prejudicar alguém. Iria qualquer informação doida transformar-me em delator, levar à cadeia rapazes inofensivos que tencionavam eliminar a burguesia distribuindo às escondidas nos cafés papéis mimeografados? Um deles, Jacob, figurava no meu último livro, com o nome de Moisés. Encarregava-se de receber as prestações na venda do tio, judeu verdadeiro. Não recebia nada: dava aos fregueses opiniões incendiárias, folhas volantes vermelhíssimas, o que lhe rendia, segundo afirmavam, abundantes surras do patrão. Talvez Jacob estivesse guardado a chave. E meus filhos mais velhos, da Juventude Comunista, pichadores de paredes, provavelmente andavam perseguidos, a esconder-se. Ultimamente, haviam arranjado uma espécie de revista, enviado cem números para Moscou e cinquenta para Madrid. Um escândalo. E como Plínio Salgado recebera uma vaia formidável no Teatro Deodoro e fugira pelos fundos do palco sem piar, enquanto a milícia verde se alvoroçava no saguão, saltava grades, deixava camisas em pontas de ferro, um ressentimento amargo se concentrava nessas alminhas, contra rapazes do liceu, operários, soldados e cabos do exército. Eram todos agora denunciados, com certeza. Apavorava-me supor que uma indiscrição minha poderia fornecer aos carcereiros uma pista. Realmente não me informara de quase nada, eles deviam saber muito mais que eu, mas talvez uma indicação lhes fosse útil. O pormenor insignificante reforçaria provas, constituiria o elo necessário a uma cadeia interrompida. É desses pequeninos grãos que a polícia constrói os seus monumentos de misérias. Qual seria a minguada contribuição que exigiriam de mim? Esforçava-me por adivinhá-la e guardá-la com avareza: no interrogatório, desviar-me-ia das ciladas, referir-me-ia com ar culposo, misteriosamente, a casos diversos e inofensivos. Difícil era descobrir aonde me queriam levar, que valor me atribuíam. Inadmissível achar-me ali por vingança de um energúmeno qualquer: isto seria antieconômico, disparatado, e sem dúvida o país ainda não chegara a tal grau de estupidez e malandragem.

Aquela mancha indistinta, lá embaixo, entre as duas colunas, era provavelmente um portão. Seriam colunas? Na verdade a iluminação do Recife, vacilante, deixava-me na ignorância. Conservei-me longamente arrimado ao peitoril, interrogando as trevas, aguçando o ouvido à procura de seus informadores: pedaços de conversas, pancadas de relógio. Nenhum sinal me orientava; a noite preguiçosa a arrastar-se; impossível saber se me achava no princípio ou no fim dela. Na verdade o tempo não era o que havia sido: tornara-se confuso e lento, cheio de soluções de continuidade, e nesses hiatos vertiginosos perdia-me, escorregava, os olhos turvos, numa sensação de queda ou vôo. Náuseas, aperto no diafragma. Evidentemente se tudo em redor me parecia vago e incompreensível, se até a noção de tempo se modificava, cá dentro deviam as coisas passar-se de maneira lastimosa, esta velha máquina emperrava. Sem dúvida, inquietava-me perceber que me havia tornado, naquela pausa singular, estúpido em demasia. A atenção embotada saltava frequentemente de um assunto para outro, sem conseguir estabelecer a mais simples relação entre eles, e às vezes ficava a doidejar, a rodear pormenores, como peru, tentando decifrar insignificâncias.

Que seriam os dois vultos que vigiavam lá embaixo o portão? Esta pergunta, reproduzida, chateava-me; contudo não podia desembaraçar-me dela, misturava-a sem propósito às complexidades imponderáveis que me atenazavam. Naquela desordem, naquele cipoal de pensamentos emaranhados, avultava uma incongruência, mas isto só mais tarde foi percebido: sentia-me vítima de injustiça, queixava-me de inimigos indecisos, parecia-me descobrir nos lençóis, no peitoril da janela, na água da moringa e no ar corrupção e veneno; contraditoriamente, achava-me em segurança, considerava a existência anterior bem mesquinha, pior talvez que a prisão. Quando me viesse calma, aventurar-me-ia a fazer um livro, lentamente, livre das aporrinhações normais. Viria a calma? E quantos dias ou meses me deixariam naquela situação? Era disparate desejar permanecer nela, mas assaltava-me uma grande covardia, o receio de voltar a assumir responsabilidades, a certeza de que o meu trabalho de indivíduo solitário, na ditadura mal disfarçada por um congresso de sabujos, seria pouco mais ou menos inútil. Preferível o cativeiro manifesto ao outro, simulado, que nos ofereciam lá fora. A ideia de escrever o livro voltava com insistência. Cada vez mais, porém, me convencia de que, persistindo aquela enorme burrice, não escreveria coisa nenhuma. Mas observaria fatos e pessoas que me despertavam curiosidade. Agora estava certo de que não me largariam dentro de uma semana, como havia suposto As vaidadezinhas malucas de pequeno-burguês sumiam-se. Decerto me guardariam, possivelmente me poriam em contato com alguns criminosos, pessoas que, interessando-me demais, até então me haviam aparecido em tratados ou de longe. Conhecimento imperfeito, sumário. E mostrar-me-iam os revolucionários de Natal, do 3.º Regimento, da Escola de Aviação. Até certo ponto podia considerar-me uma espécie de revolucionário, teórico e chinfrim. Sorria-me a perspectiva de olhar de perto revolucionários de verdade, que ultimamente eram presos em magotes.

Clareou o dia, lá embaixo as manchas esquisitas sobressaíram, ganharam contornos, afinal surgiram dois canhões apontando o céu. Realmente não me seria possível dizer se eram canhões, obuses ou morteiros; duas peças de artilharia, de nome incerto e descalibradas, limitavam o portão e produziam bom efeito decorativo, sugeriam força. Esta verificação me satisfez. Passara a noite intrigado, e agora, alheio ao despertar do quartel, apenas reparava no insignificante pormenor, como se o resto não tivesse importância.

Nem vi capitão Mata erguer-se. Quando me afastei da janela, o homem se escovava e lavava, retomando a alegria comunicativa e barulhenta da véspera. Éramos antípodas Enquanto me ocupava numa única miudeza, ele apreendia muitas, relacionava-as e alcançava rápido o conjunto; falava em demasia, sem se incomodar com os meus silêncios, de ordinário informando, quase nunca fazendo uma pergunta; e devia estranhar a minha valise de dois palmos, pois a sua mala grande e pesada era um armazém, tinha tudo: agulhas, botões, linha, canivetes, lixa. Nunca vi pessoa mais precavida. Nem mais econômica. Tinha necessidades muito escassas, não fumava, e enquanto vivemos juntos creio que se absteve de qualquer despesa. De nenhum modo se julgava humilhado, suponho: naquela segurança, naquele bom humor sempre a mexer-se parecia exercer uma função militar e necessária. Acabando as lavagens e as penteadelas matinais, notei-lhe a observação:

— O comandante chegou

— Como é que o senhor sabe? estranhei.

Ora! muito fácil: tinha ouvido a corneta. Como o toque me passara despercebido, imaginei-o a divagar. Admitindo, porém, que ele tivesse considerado um som, tirado consequência dele, não me interessava esclarecer-me a respeito da presença do comandante àquela hora. Julguei isto e enganei-me: ao cabo de meia hora entrou na sala e apanhou-me de surpresa um velho calmo, polido, ar de fria dignidade, o rosto magro. As estrelas, o gesto, o apuro, identificaram-no — e diante dele o meu companheiro entesou-se em posição de sentido. O homenzinho cumprimentou-nos, examinou o aposento, quis saber se nos faltava alguma coisa e permaneceu de pé junto à mesa uns três ou cinco minutos, os minutos aplicáveis à nossa situação, dizendo com lhaneza palavras da hospitalidade regulamentar. Referiu-se à má qualidade da alimentação e desculpou-se.

— Oh! Comandante! Não se preocupe. Tudo está bem. — Não senhor. A comida é ruim, sem exagero. Vai achá-la muito ruim. Tenha paciência: é a que usamos. Não seria difícil mandar buscar outra no restaurante, mas isto é irregular.

Mortificaram-me aquelas minúcias sobre matéria insignificante, desejei mudança de assunto, em vão; o negócio culinário encheu quase toda a pequena entrevista.

— Enfim, como os senhores estão aqui de passagem, podem aguentar uns dias de maus tratos.

Aludiu outra vez, num vago oferecimento, às coisas que nos faltavam, despediu-se e retirou-se. Bem. Tínhamos uma indicação: estávamos ali de passagem. Para onde? Não nos atreveríamos a perguntar isso: a cortesia solene e burocrática revelava claramente que seguíamos os trâmites normais e o despacho viria no momento preciso. Certo o comandante não era responsável pela nossa estada no quartel; julgava-a talvez perturbadora. Mas achava-se no dever de nos visitar pela manhã e dizer algumas frases de pessoa educada. Agradecíamos. Quem era o responsável então? Provavelmente havia muitos, tantos que a responsabilidade se diluía — e ali, trancados, não divisávamos ninguém. Trouxeram-nos uma bandeja. Tomei o leite e o café, mastiguei um pedaço de pão, constrangido, sem notar nessa primeira refeição as deficiências da cozinha, mencionadas em excesso. Levantava-me quando entrou um moço grave, de olhos vivos ligeiramente estrábicos, fumando por uma longa piteira.

— Capitão Lobo.

Passeando da mesa para a janela e da janela para a mesa, deu-nos esclarecimentos:

— Os senhores ficam alojados aqui. Na sala vizinha há um oficial preso. Os senhores prometem não comunicar-se com ele.

Olhei a porta cerrada, o tabique baixo. Facilmente estabeleceríamos comunicação, mas que nos interessava isso, se nem sabíamos quem estava do outro lado? Faríamos sem custo a promessa, mas capitão Lobo não se importou com ela: não nos perguntou se prometíamos, afirmou que prometíamos e encerrou a questão. Esteve meia hora a conversar com volubilidade, afirmativo, às vezes sublinhando a frase com movimentos enérgicos. Não ria, não sorria: as ideias deviam parecer-lhe coisas terrivelmente sérias. Parava para escutar. atento, aprovando ou desaprovando com a cabeça, retomava depois o discurso e o passeio, ambos em linha reta. Curioso que apenas se movesse da mesa para a janela, onde fazia uma ligeira parada, e da janela para a mesa, onde novamente se detinha. Era como se a mesa constituísse uma barreira e o separasse da porta: os seus passos percorriam exatamente metade da sala. Também a fala tinha pequenas pausas, correspondentes àquelas estações, embora o interlocutor se mantivesse calado. Não me animaria a convidá-lo a sentar-se, pois ele figurava o dono da casa, mas puxei uma cadeira, desembaracei-a da roupa e da valise ali postas na véspera, joguei à cama estes objetos. Ele fingiu não perceber o oferecimento mudo e continuou o exercício invariável.

O comandante se conservara de pé cinco minutos. Agora colaborando na palestra longa, convencia-me de que esses homens não se sentavam na minha presença para eu não me resolver a sentar-me diante deles. Esta certeza me levava a usar cautela, medir as palavras — e a conversa se reduzia quase a um solilóquio.

Impossível qualquer aproximação. Pouco inclinado a desabafos, certamente não ia expandir-me a um desconhecido, talvez disposto a analisar-me. De minha parte observava-o e a observação não me induzia a desconfiança. A linguagem clara, modos francos, às vezes estabanados, a exceder os limites da polidez comum, diziam-me que ali se achava um homem digno. O gesto rijo martelava a ideia, o olho brilhante, ligeiramente oblíquo, donde parecia desprender-se uma faísca de insensatez, fixava-se na gente, insensível e frio. Devia ser um tormento para criaturas dissimuladas suportar aquela dureza metálica de verruma. Não deixou de fumar um instante: deitava fora a ponta de cigarro, introduzia outro na piteira comprida em excesso. Súbito parou o monólogo, ofereceu-nos toalhas e convidou-nos a acompanhá-lo. Atravessamos um corredor, descemos uma pequena escada, chegamos ao pátio interno, paramos, abriu uma porta:

— Os senhores usam este banheiro. Só este.

Chamou um tipo graduado, com duas ou três divisas, e concluiu:

— Podem vir aqui acompanhados por um sargento ou cabo. Adeus.

Eu queria saber se havia inconveniência na compra de alguns troços miúdos que me faltavam. Não havia nenhuma. — Dê as suas encomendas ao faxina. Até amanhã. Entrei, e à porta ficaram capitão Mata e o sujeito das fitas. Lá dentro havia um aparelho sanitário, uma banheira, dois ou três chuveiros. Depois de me banhar, Mata substituiu-me — e passeei algum tempo no pátio, vigiado pelo guarda, vendo rapazes atirarem bolas a cestas presas ao muro. Em seguida regressamos à sala. Dei ao faxina uma pequena lista de coisas necessárias: papel, lápis, cuecas, lenços, fósforos. cigarros, muitos cigarros e fósforos, pois isto se consumia com grande rapidez. Pedi também um rolo de esparadrapo e iodo: um abscesso debaixo da unha do indicador começava a latejar e doer muito. E tentei acomodar-me àquela monotonia. Cheguei uma cadeira à janela, mergulhei no romance de José Geraldo, consegui ler umas cinquenta páginas e entendê-las. Mas entendia pouco, a atenção fraquejava, os olhos se desviavam da folha para os dois canhões ornamentais. Além disso capitão Mata me interrompia com frequência oferecendo-me observações. Tinha entrado rapidamente em contato com soldados e oficiais, falando a gíria deles, usando truques do ofício, informara-se de casos que lhe pareciam interessantes e se apressava a comunicar-me. Sabia que Sebastião Hora, o advogado Nunes Leite e diversos operários se recolhiam numa prisão de sargentos, situada numa esquina próxima. O indivíduo preso na sala contígua à nossa era Xavier, tenente embrulhado em Maceió, com alguns inferiores do 20.º Batalhão. Avizinhando-se do meu companheiro, estrelas e fitas, para mim símbolos mortos, num instante se humanizavam. Os rostos se abriam, sinais imperceptíveis ao observador comum traziam revelações. Por outro lado certas arrogâncias passavam carrancudas no alpendre, atirando-nos de soslaio olhadelas rancorosas.

— Integralistas, afirmava seguro capitão Mata. Admirava-me da conclusão precipitada e acabava admitindo-a. Eram possivelmente integralistas aqueles viventes miúdos, de rostos inexpressivos, quase microcéfalos. Esse caso me insinuou, a respeito da disciplina militar, uma opinião, talvez falsa, que ainda hoje conservo. Nela o rigor é superficial, imagino. Indispensável estarem os sapatos cuidadosamente engraxados, os fuzis brilhantes à custa de lixa e azeite, os colarinhos mais ou menos limpos, todos os botões metidos nas casas, os espinhaços tesos. As pernas direitas devem mover-se simultaneamente, depois as pernas esquerdas, e nenhum dedo se afasta dos outros na continência. É preciso olhar vinte passos em frente, e os passos, em conformidade com a marcha, têm o mesmo número de centímetros. Certo, há outros deveres, mas desse gênero, tendentes à mecanização do recruta. Decoradas certas fórmulas, aprendidos os movimentos indispensáveis, pode o soldado esquecer obrigações, até princípios morais aprendidos na vida civil. O essencial é ter aparência impecável. Desapareceu-lhe o cinturão? Falta grave, embora ele em vão remexa os miolos para saber como a desgraçada correia se sumiu. É obrigado a apresentar-se com ela na formatura. Com ela ou com outra qualquer. Nesse ponto convém desapertar, isto é, agarrar o cinturão do vizinho, que, sendo inábil, será punido, pois o maior defeito do soldado é ser besta. Desenvolvem-se a dissimulação, a hipocrisia, um servilismo que às vezes oculta desprezo ao superior, se este se revela incapaz de notar a fraude ou tacitamente lhe oferece conivência. As minhas observações foram completadas pelos informes do capitão Mata, que, percebendo-me a ignorância, desvendava paciente mistérios simples. Divergimos à hora do almoço, mas logo chegamos a acordo. Diante da bandeja, recuei: diabo, a comida era pavorosa, o comandante tinha razão. Impossível que na mesa dos oficiais pusessem aqueles pratos medonhos.

— Como não? replicou Mata com a boca cheia. A alimentação deles é esta, não tenha dúvida. E está muito boa. Aconselhou-me depois seriamente a engolir aquilo, porque a abstinência poderia ser tomada como desfeita. Consentiu afinal em receber três quartos da minha ração, devorou tudo, enquanto me resignava a mastigar pedaços de carne preta desenxabida, o feijão-preto, duas bananas pretas. De fato ignoro se a boia era tão ruim como parecia: dois dias de jejum quase completo me embotavam o paladar: a garganta seca se contraía; difícil ingerir a massa desagradável. — Isto deve ser rancho de tropa. Os oficiais não comem semelhante horror.

Novamente o meu companheiro dissentiu — e afirmou que estávamos sendo tratados com muita consideração. Passou a tarde recitando versos, contando anedotas, rindo, mexendo-se, cantarolando, abreviando as horas com a excessiva alegria desarrazoada. Aproveitava-me dos momentos de pausa folheando as brochuras. Decidi ler as três simultaneamente. Marcava a página lida com um fósforo e pegava outro volume. Decerto não havia ali complicações, mas achava-me cada vez mais obtuso, nem chegava a entender bem as pilhérias do capitão.

À noitinha, olhando o jantar, de novo me assaltou a repugnância. Nada me preocupava em excesso. Considerava o futuro, se não com serenidade, pelo menos com indiferença. Contudo o enorme fastio não findava e o apetite do capitão me produzia invencível enjoo. Vinha talvez daí a impossibilidade alarmante de fixar atenção na leitura. E a perda de memória também. As lembranças me apareciam juntas, confusas, sumiam-se de repente, deixando-me no interior dolorosos sulcos negros. Esses hiatos sucediam-se, afastavam-me da realidade, com certeza me davam ar esquisito e vago. Que estaria dizendo o capitão? Porque se animava e se mexia tanto? Ria-me às vezes como um idiota, alheio e distante, receando que ele percebesse a minha fraqueza mental. Além disso a vista escurecia, manchas dançavam-me diante dos olhos, dificultavam-me a leitura. Aquilo devia ser efeito da idade. Envelhecia, provavelmente envelhecia muito depressa. Quando me soltassem, ver-me-ia forçado a trabalhar com óculos. Trabalhar. Trabalhar em quê? Achava-me vazio, imprestável. Desânimo, burrice. Lá fora não conseguiria fazer nada.

Esses acontecimentos de três dias foram relatados mais ou menos em ordem, apesar de apresentarem falhas, os lugares surgirem imprecisos, as figuras não se destacarem bem no ambiente novo. A 6 de março, porém, íamos entrando na rotina — e daí em diante não me seria possível redigir uma narração continuada. Menciono a visita do comandante porque ela se tornou um hábito: pela manhã, antes de qualquer outra pessoa, esteve de pé um instante na sala, grave, digno, informou-se a respeito das nossas necessidades e de novo se referiu à comida má, no que foi contestado hipocritamente. Quando ele saiu, chegou capitão Lobo, como sempre aconteceu enquanto ali permanecemos, e renovou o passeio da mesa para a janela da janela para a mesa, a discutir, a pegar-me uma palavra e alargá-la, às vezes a ameaçar-me com a longa piteira. Foi nesse segundo encontro, suponho que me disse umas coisas duvidosas:

— Respeito as suas ideias. Não concordo com elas, mas respeito-as.

Olhei-o desconfiado e logo serenei. Tinha-me comprometido em excesso durante largos anos e nada valia tentar desdizer-me, ainda que tivesse este desejo. Desagradava-me pensar que aquele homem vinha falar-me com o intuito de extorquir uma confissão, mas desviei o pensamento malévolo. A sinceridade transparecia no rosto claro, no olhar um tanto vesgo, que se cravava na gente como prego, no gesto amplo. A piteira movia-se continuamente, parecia um martelo a fazer pontas em sílabas duras. Nenhuma razão para desconfiança.

— Quais são as minhas ideias? sorri. Ainda não me expliquei. Estamos a comentar as suas.

— Ora! ora! ora! resmungou o capitão num tom indefinível.

E nada acrescentou. Escusavam-se explicações. A minha estada ali marcava-me. Sem alegar motivos, emprestavam-na certo número de qualidades e tendências. Poderiam, se quisessem, medi-las e pesá-las, mas contentavam-se com afirmações, pelo menos até aquele momento. Com certeza iriam especificar tudo e redigir um processo em regra. Por enquanto apenas a vaga censura, que propriamente nem tinha jeito de censura: uma interjeição repetida. O meu companheiro Mata ia muito além: confessava-me a sua ignorância em revolução (fora preso injustamente, não se cansava de afirmar isto), considerava-me um técnico neste assunto e pedia-me que o instruísse com rapidez. Se me acontecia alegar incompetência, achava-me discreto e modesto. Um fato nesse dia 6 abalou-me, o único de que tenho lembrança clara. A hora do café abri um jornal do Recife e li, em telegrama do Rio, a notícia arrasadora: Prestes havia sido preso na véspera.

— Com todos os diabos!

Eu não tinha opinião firme a respeito desse homem. Acompanhara-o de longe em 1924, informara-me da viagem romântica pelo interior, daquele grande sonho, aparentemente frustrado. Um sonho, decerto: nenhum excesso de otimismo nos faria ver na marcha heroica finalidade imediata. Era como se percebêssemos na sombra um deslizar de fantasma ou sonâmbulo. Mas essa estranha figura de apóstolo disponível tinha os olhos muito abertos, examinava cuidadosamente a vida miserável das nossas populações rurais, ignorada pelos estadistas capengas que nos dominavam. Defendia-se com vigor, atacava de rijo; um magote de vagabundos em farrapos alvoroçava o exército, obrigado a recorrer aos batalhões patrióticos de Floro Bartolomeu, ao civismo de Lampião. Que significava aquilo? Um protesto, nada mais. Se por milagre a coluna alcançasse vitória, seria um desastre, pois nem ela própria sabia o que desejava. Sabia é que estava tudo errado e era indispensável fazer qualquer coisa. Já não era pouco essa rebeldia sem objetivo, numa terra de conformismo e usura, onde o funcionário se agarrava ao cargo como ostra, o comerciante e o industrial roíam sem pena o consumidor esbrugado, o operário se esfalfava à toa, o camponês aguentava todas as iniquidades, fatalista, sereno. Com certeza essa gente arregalava os olhos espantada — e nos de cima o espanto se mudava em ódio, nos de baixo começava a surgir uma indecisa esperança. Às portas das farmácias, nas vilas, discutia-se com entusiasmo o caso extraordinário. Meu tio Abílio, matuto rude, proprietário de caminhões no alto sertão de Pernambuco, estivera uns dias a serviço dos revoltosos, lá para as bandas de Mariana. Assistira a combates, caíra numa emboscada, fugira precipitadamente, levando alguns defuntos no carro. Abílio me havia falado com ardor na disciplina, na ordem, no espírito de justiça que observara no bando foragido. O depoimento desse sertanejo bronco valia mais, para mim, que as tiradas ordeiras da imprensa livre, naturalmente interessada em conservar privilégios, fontes de chantagem, e pouco disposta a esclarecimentos perigosos. Bom que alguns repórteres tivessem rodado nos carros de meu tio. Como isto não sucedera, pouco valiam as mofinas das gazetas. Aceitávamos, pois, as notícias orais, e estas começavam a envolver o guerrilheiro teimoso em prestígio e lenda.

Depois de marchas e contramarchas fatigantes, o exílio, anos de trabalho áspero. E quando, num golpe feliz, vários antigos companheiros assaltaram o poder e quiseram suborná-lo, o estranho homem recusava o poleiro, declarara-se abertamente pela revolução. Lembrava-me dos manifestos em que o lutador fugia às divagações estéreis, largava os aproveitadores, se dizia comunista, pronto a seguir para a União Soviética. Bem. Agora essa criatura singular, incapaz do retrocesso ou hesitação, possuía um roteiro — e, sem olhar atalhos e desvios, andaria seguro para a frente, insensível a estorvos e fadigas, sacrificando-se por inteiro e em consequência nenhum escrúpulo tendo em sacrificar os outros. A experiência obtida na marcha quixotesca muito lhe iria servir Que desgosto causaria aos nossos governos apáticos e cegos quando se decidisse a entrar novamente em ação, dirigido por uma certeza?

De repente voltava; a Aliança Nacional Libertadora surgia, tinha uma vida efêmera em comícios, vacilava e apagava-se. Estaria essa política direita? Assaltavam-me dúvidas. Muito pequeno-burguês se inflamara, julgando a vitória assegurada, depois recuara. Provavelmente dedicações enérgicas iriam esfriar, amigos ardentes se transformariam depressa em rancorosos inimigos. Seria possível uma associação, embora contingente e passageira, entre as duas classes? Isso me parecia jogo perigoso. Os interesses da propriedade, grande ou pequena, a lançariam com certeza no campo do fascismo, quando esta miséria ganhava terreno em todo o mundo. Em geral a revolução era olhada com medo ou indiferença. Os habitantes da cidade contentavam-se com discursos idiotas, promessas irrealizáveis e artigos safados, animavam-se à toa e depressa desanimavam, seriam capazes de aplaudir demagogos como os que, no princípio do século, defendiam a peste bubônica, a febre amarela e a varíola; as populações da roça distanciavam-se enormemente do litoral e animalizavam-se na obediência ao coronel e a seu vigário, as duas autoridades incontrastáveis. Muitos anos seriam precisos para despertar essas massas enganadas, sonolentas — e a propaganda feita em alguns meses naturalmente fora escassa. Organização precária. Agitação apenas, coisa superficial. Reuniões estorvadas pela polícia, folhas volantes, cartazes, inscrições em muros, pouco mais ou menos inúteis. Lembrava-me de um desses conselhos, negro, a piche: "Índios, uni-vos." Nunca vi maior disparate, pois naquele arrabalde de capital pequena não vivia nenhum índio. Difícil que essas criaturas analfabetas, espalhadas nos cafundós de Mato Grosso e do Amazonas, tomassem conhecimento da legenda. E para que nos serviria a união dos índios, santo Deus? Absurdos semelhantes pressupunham desorientação. Também me parecia que certas palavras de ordem da Aliança Nacional Libertadora haviam sido lançadas precipitadamente. A divisão da terra, por exemplo, seria um desastre na zona de criação do nordeste. Aí a terra vale pouco e praticamente não tem dono; a riqueza é constituída por açudes, casas, currais, gado. O espaço que um animal necessita para alimentar-se na vegetação rala de cardo e favela que veste a planície queimada é enorme. E a madeira indispensável para estabelecer limites escasseia: as raras cercas são de ordinário feitas de ramos secos ou de pedras soltas. Quase nenhuma lavoura: apenas touceiras de milho peco, um triste feijoal e aboboreiras amarelando na vazante dos rios periódicos. Se se oferecesse ao vaqueiro a divisão da terra, ele se alarmaria: o seu trabalho se tornaria impossível. E não podemos admitir, como se tem feito, o regime feudal nesses lugares: o que por lá existe é ainda o patriarcado bíblico. Concebendo essas restrições, tentava convencer-me de que estava em erro. Desejava que me demonstrassem isto: havia talvez falha num ou noutro pormenor, mas na generalidade isto se compensava e desaparecia. Esperava enfim um triunfo casual. Viera a derrota — e agora queria persuadir-me de que findara um episódio e a luta ia continuar. Certamente haveria mais precaução no desempenho do segundo ato. E aquele revés tinha sido conveniente, pois não existia probabilidade de se aguentar no Brasil uma revolução verdadeira. Se ela vencesse internamente, os nossos patrões do exterior fariam a intervenção. Uma escaramuça, portanto.

Os ensinamentos adquiridos seriam úteis mais tarde. De qualquer modo era necessário que nos preparássemos. Incluindo-me nesse plural, intimamente me obrigava, embora me reconhecesse um soldado bem chinfrim, jogado à peleja em condições especiais. Realmente não me envolvera em nenhum barulho, limitara-me a conversas e escritas inofensivas, e imaginara ficar nisso. A convicção da própria insuficiência nos leva a essas abstenções; um mínimo de honestidade nos afasta de empresas que não podemos realizar direito. Mas as circunstâncias nos agarram, nos impõem deveres terríveis. Sem nenhuma preparação, ali me achava a embrenhar-me em dificuldades, prometendo mentalmente seguir o caminho que me parecia razoável.

Aquela notícia de poucas linhas num jornal do Recife me abalava. Ainda não dispunha de meios para avaliar com segurança a inteligência de Prestes: dois ou três manifestos, repreensões amargas aos antigos companheiros, eram insuficientes. Admirava-lhe, porém, a firmeza, a coragem, a dignidade. E sentia que essa grande força estivesse paralisada.

— Com os diabos!

Certamente outros iriam cair, as prisões se encheriam, a ditadura mal disfarçada que humilhava um congresso poltrão grimparia. Anos perdidos. E se a agressão fascista continuasse lá fora, teríamos aqui medonhas injustiças e muita safadeza.

Capitão Mata relacionou-se com a sentinela, um rapazinho. quase garoto, que gesticulava como um macaco e fazia caretas engraçadas. Chamava-se Leite. Resistiu uns dois dias, ouvindo, porém, a gíria da caserna, viu que não estava diante de um paisano, abrandou a desconfiança e entregou os pontos. A passagem de um oficial, entesava-se em demasia, com seriedade cômica. Em seguida examinava os arredores e, afastado o perigo, derreava-se, punha-se a conversar baixinho, como se monologasse. Atirava olhadelas maliciosas ao interlocutor e largava a informação, indiretamente, sem comprometer-se. Ao ser rendido, pilheriava com o substituto: — "Já sabe as ordens. pegar no sono e deixar que estes moços vão para casa; são inocentes, coitados." Num arrependimento burlesco, emendava-se: — "Estou brincando. Tolice. Daqui não sai nem rato." Afastava o médio e o indicador da mão esquerda, juntava a eles, em sentido contrário, o médio e o indicador da mão direita, formava uma grade, levava-a à altura dos olhos, para significar que estávamos isolados e era indispensável muito rigor na vigilância. — "Nem rato." Num instante se militarizava, emproado. No dia seguinte escorregava de novo nos sussurros, familiar, fazendo momices e engolindo o riso. Aparentemente as nossas relações com o exterior findavam na soleira do porta. — "Daqui não saí nem rato." Às vezes, porém, transpúnhamos essa linha divisória, e a sentinela não se mexia.

Foi o que sucedeu quando Sebastião Hora surgiu numa esquina próxima, de toalha ao ombro, em companhia de um soldado, subiu alguns degraus de cimento, obliquou num pátio miúdo, passou junto a nós. Saltamos a fronteira, pisamos no alpendre, desejosos de comunicar, mas Hora negou-nos a palavra, afastou-se em silêncio, grave, caminho do banheiro. Voltamos à gaiola, apreensivos. Que diabo seria aquilo? Discutimos, procuramos achar qualquer falta nossa que motivasse tal frieza, recusa a um cumprimento. Nada percebendo, entregamo-nos às pequenas distrações que se iam tornando hábitos e suavizavam a monotonia das horas longas. Embrenhei-me na leitura maquinal dos três volumes difíceis.

O faxina trouxe-me as encomendas, entre elas cuecas ordinárias, provavelmente iguais às usadas na caserna, duras como pau. Como vestir aquele suplício? Resignei-me. E decidi compor uma narrativa dos casos diários, contar a viagem a trem, a luz escassa do Recife, as noites de insônia, descrever a figura do capitão Lobo, que ia crescendo em demasia. Além das cuecas, agora havia papel, havia lápis. Mas a composição saía chocha, pingada, insignificante: as pontas dos lápis se quebravam a cada instante e era preciso recorrer aos canivetes do meu companheiro providencial. Bem. Os lápis diminuíam, pontudos e inúteis. daquelas notas arrumadas com esforço grande não sairia uma história. Desinteresse: a inteligência baixava, era uma inteligência distraída, vagabunda, indolente. Valeria a pena excitá-la? Como? Se me fosse possível conseguir um pouco de álcool, talvez desse verossimilhança a Benon Maia Gomes, a Baptista, ao sujeito que mastigava torradas e comia os beiços.

O cigarro era insuficiente. Vivia a encher-me de fumaça e arrancava a custo algumas linhas por dia, em letrinhas acavaladas, economizando papel, utilizando o espaço todo, para que o manuscrito fizesse um volume pequeno e pudesse esconder-se em momento de busca. A atenção se desviava do trabalho moroso, buscava o abscesso que se desenvolvia debaixo da unha do indicador.

Largando a literatura, ocupava-me horas num curativo desastrado com a tesourinha; o dedo, amarelo de nicotina, avermelhava-se de iodo, enrolava-se em esparadrapo. A secura da boca e a dormência do estômago desapareciam, o aspecto desagradável da comida já não me provocava náuseas. Tentei alimentar-me, venci a tontura, a memória ressurgiu, o nevoeiro mental se adelgaçou e as figuras em redor se destacaram. Mas a deficiência interior persistia, desânimo, indecisão e a certeza de que os papéis laboriosamente rabiscados não teriam préstimo. Além disso capitão Mata parecia multiplicar-se, não tinha um minuto de sossego — e em companhia dele era impossível concentrar-me. Ria, cantava, resolveu fazer também exercícios de composição literária. Como eu lhe censurasse um período cacofônico pelo excesso de quês, resolveu suprimir esta palavra. Com habilidade escreveu à mulher uma carta onde não havia um quê. Contava anedotas, declamava sonetos. Dizia a significação dos toques de corneta, explicava-me que, para fixá-los, os recrutas decoravam versos grotescos. Estes correspondiam à meia-volta:

Quantos dentes tem sagui
Na boca?

E também estes:

Nunca vi mulher parir
Sem homem.

Havia alguns obscenos. Interrompia às vezes as facécias e ensombrava-se; afinal percebi que a corneta lhe produzia verdadeira inquietação. Estremecia ouvindo-a, traduzia-me a linguagem dela, depois serenava, escorregava na palestra, numa cantiga sem pé nem cabeça, repetida sempre. Justificava-se:

— A letra é idiota, mas gosto da música. Bonitinha. Perturbava-se de novo, enrugava a cara, apreensivo:

— Chegou o major fiscal. Chegou o comandante da companhia.

Difícil imaginar porque o agitava a chegada do major fiscal ou do comandante da companhia. Não se tratava, porém, disso. E arrancando palavra aqui, palavra ali, notei a causa da ansiedade: Mata receava o aparecimento de um general no quartel. Apenas. Estranhei ver homem tão loquaz, tão alegre, amofinar-se à toa. Não havia razão, supus. Em seguida modifiquei o juízo. Para um capitão de polícia a vista de um general, em carne e osso, deve ser caso importante demais. As esferas, o regulamento, a ordem do dia esmagam o pequeno oficial deformado pela disciplina, e se este indivíduo se ataranta numa cela, tentando adivinhar os rumores externos e decifrar as gatimônias de uma sentinela condescendente, a imagem do superior enorme torna-se obsessão dolorosa. Essa autoridade invisível, remota, com um rápido mandado nos cortara a vida social, nos trancara, a nós e a Sebastião Hora, que a alguns passos mofava numa prisão de sargentos, com vários outros. Começávamos a perceber que dependíamos exclusivamente da vontade desse cavalheiro. O interrogatório, as testemunhas, as formalidades comuns em processos não apareciam. Nem uma palavra de acusação. Permaneceríamos talvez assim. Com certeza havia motivo para nos segregarem, mas aquele silêncio nos espantava. Porque não figuramos em autos, não arranjavam depoimentos, embora falsos, num simulacro de justiça? Farsas, evidentemente, mas nelas ainda nos deixariam a possibilidade vaga de mexer-nos, enlear o promotor. Um tribunal safado sempre vale qualquer coisa, um juiz canalha hesita ao lançar uma sentença pulha: teme a opinião pública, em última análise o júri razoável. É esse medo que às vezes anula as perseguições. Não davam mostra de querer submeter-nos a julgamento. E era possível que já nos tivessem julgado e cumpríssemos pena, sem saber. Suprimiam-nos assim todos os direitos, os últimos vestígios deles. Desconhecíamos até o foro que nos sentenciava. Possivelmente operava nisso uma cabeça apenas: a do general. E capitão Mata, ouvindo a corneta, se alvoroçava.

Tentei convencê-lo e convencer-me de que não havia razão para sustos. A presença desse homem não nos poderia causar dano: dar-nos-ia algum esclarecimento. Falaríamos a uma pessoa educada, sem dúvida. No desembarque fôramos recebidos por um subalterno — e eu o tomara por oficial, tão cortês se revelara. Todas as manhãs recebíamos a visita do comandante e escutávamos, com ligeiras alterações, as mesmas palavras de amabilidade fria. Capitão Lobo continuava a divergia das minhas ideias, que nunca cheguei a mencionar. Também não consegui, entender bem as dele. Agradava-me, porém, vê-lo, sentir-lhe a franqueza meio rude, a voz clara, o gesto rápido e incisivo, no olhar agudo uma faísca a indicar tendência para descarrilamentos e doidices necessárias. Sob o alpendre passavam figuras rijas e automáticas. Mas as que tinham estado em contato conosco eram compreensivas e humanas. Até a sentinela, a criança galhofeira e estouvada que simulava uma grade com os dedos e resmungava: — "Daqui não sai nem rato." Até o faxina. Ao desembrulhar as encomendas, eu lhe pedira que aceitasse o troco. O rapaz recusara essa gorjeta sem se formalizar, sem me ofender. Se esses viventes se comportavam assim, porque recearíamos a presença de um general? Certamente o meu companheiro devaneava. Às vezes estava cantarolando:

Onde vais tu, infante (falta um adjetivo), Com teu fuzil a pelejar?

Uma estridência de corneta perturbava-o. E durante minutos, apreensivo, de cara amarrada, abandonava a canção, o almoço, o corte das unhas, os exercícios de estilo em que se esmerava em não usar partículas motivadoras de cacofonias. Eu buscava distraí-lo:

— *Quantos dentes tem sagui na boca?*

A verdade é que também principiava a inquietar-me. Tenho em geral uma espécie de indiferença auditiva, mas aquele desassossego me apanhava.

— Quem foi que chegou?

Não tinha sido ninguém. Era o rancho, o silêncio, a alvorada. Esses sons não tinham para mim nenhuma significação. E todos eles entravam a anunciar inimigos invisíveis.

Um dia capitão Lobo entrou carrancudo e falou-me:

— O senhor ontem cometeu uma falta muito grave.

—Uma falta grave, capitão, respondi aturdido. Não entendo.

— Muito grave. Na sua chegada eu lhe disse que usasse o banheiro dos oficiais. O senhor ontem tomou banho no banheiro dos sargentos.

Era verdade, mas achei graça na repreensão e sosseguei:

— Ora, capitão! Foi essa a falta grave? Julguei que se tratasse de coisa séria, assustei-me.

O oficial acolheu minha resposta com indignação muda, repetiu depois o que havia dito, enérgico. Tentei justificar-me

— Encontrei um banheiro ocupado e entrei noutro.

— O senhor não podia fazer isso.

Esforcei-me por manifestar que, no meu parecer, culpa seria utilizar um banheiro de categoria superior ao permitido a mim, um banheiro de generais, por exemplo; contentando-me com um de sargentos, não praticava nenhum ato censurável. Mas o meu parecer nada valia: responsabilizavam-me por uma infração, desenvolviam-na, e era inútil querer defender-me. Quanto mais me desculpava mais o capitão se arreliava evidentemente a minha resistência ofendia as normas Em certo ponto, finda a paciência, bradou:

— Se o senhor fosse militar, seria punido e compreenderia o que fez.

— É possível.

— Dificuldade meter qualquer coisa na cabeça desses paisanos, rosnou. Em seguida propôs:

— Se não está satisfeito aqui, posso arranjar-lhe transferência para uma prisão de sargentos.

— Obrigado, não se incomode.

Surpreendente nesse diálogo foi que de modo nenhum me susceptibilizei. Em geral me envergonhava por objeções vagas, qualquer dito que revelasse a mais leve censura me tocava melindres bestas. Talvez isso fosse consequência de brutalidades e castigos suportados na infância: encabulava sem motivo e andava a procurar intenções ocultas em gestos e palavras. O certo é que em tempo de adulto não me lembrava de ter ouvido semelhante linguagem. Pois o que ela me produziu foi um desejo enorme de rir. Achava-me em situação realmente singular, advertido como uma criança, e isto não me vexava, talvez por julgar aquilo estapafúrdio, talvez por estimar a franqueza nua. Se me falassem lá fora de tal maneira, provavelmente me zangaria, mas não sentiria o acanhamento que avermelha o rosto e esmorece o coração. De fato o que mais nos choca não é a sinceridade, às vezes impertinente: é a arranhadela feita com mão de gato, a perfídia embrulhada num sorriso, a faca de dois gumes, alfinetes espalhados numa conversa. Agra não podia molestar-me.

Finda a surpresa, contida a explosão de riso motivada pela extravagância aparente, aceitei a reprimenda, considerei que devia existir uma razão para ela. Haveria bazófia nisso, vaidade por me alojarem perto da gente de cima? Creio que não: tinha ido misturar-me involuntariamente aos outros, arriscando-me a degradar-me. Essa degradação era convencional. De nenhum modo me supunha diminuído na companhia de sargentos. Numa prisão deles, a alguns passos de distância, agasalhavam-se um médico e um advogado — e seria tolice imaginar-me com mais direitos que esses homens. Ofereciam-me na verdade uma cela confortável, mas isto era casual e, para ser franco, nunca desejei conforto: suponho até que ele nos prejudica. Possivelmente eu devia essa vantagem, esse acidente, à influência de alguém desejoso de beneficiar-me: capitão Lobo, neste caso: o despropósito dele era uma indicação. E também era presumível que, deixando-me na superfície algum tempo, quisessem dar-me um súbito mergulho nas profundidades, submeter-me a variações dolorosas. Mais tarde esta segunda hipótese pareceu confirmar-se, embora eu hesite em afirmar que na modificação operada tenha havido um desígnio. Provavelmente não houve: a nossa presunção é que nos leva a enxergar nos casos intuitos referentes a nós. Numa perseguição generalizada, éramos insignificâncias, miudezas supressas do organismo social, e podíamos ser arrastados para cima e para baixo, sem que isto representasse inconveniência. Informações vagas e distantes, aleivosias, o rancor de um inimigo, deturpações de fatos de repente nos causariam choques e mudanças. Dependíamos disso. E também dependíamos do humor dos nossos carcereiros. Aquele que me falava, irritado, era um homem justo:

— O senhor não podia fazer isso. Dificuldade meter qualquer coisa na cabeça desses paisanos.

Evidentemente eu me comportara mal: introduzira-me num lugar reservado a outros indivíduos, comprometera a ordem. Inútil argumentar que me reduzia por gosto: aquilo não me pertencia. E estava acabado — era como se eu tivesse agarrado o quepe ou o cinturão de um sargento. Com certeza foram essas considerações que me induziram a suportar resignado a objurgatória. Realmente ela viria de qualquer modo: a minha resignação tinha pouco valor, mas evitou-me constrangimento, ideias de revolta, ingratidão. Um homem justo.

— Se o senhor fosse militar, seria punido e compreenderia o que fez.

Esta frase, porém, se referia à justiça da tarimba, que prende um sujeito para convencê-lo. Garantiria eu que, fora daí, capitão Lobo era um homem justo? Não garantiria. Tanto quanto posso julgar, a justiça dele se assemelhava à de Benon Maia Gomes, à do bacharel José da Rocha, deputado e usineiro. Sem investigação, o primeiro desses cavalheiros me reprovara os intentos desordeiros; o segundo se afastara resmungando o fastio: — "Comunista!" Desconhecendo-me o interior, capitão Lobo dissera: — "Não concordo com as suas ideias, mas respeito-as." E mandara buscar em casa, para nós, roupa de cama e toalhas. Porque se capacitava ele de que eu merecia tanta condescendência? Juízo precipitado, como o do agrônomo e o do bacharel, embora as atitudes se dessemelhassem. Se eu fosse um elemento pernicioso, haveria grande erro naquela generosidade Na semana anterior ali se ignorava completamente a minha existência. Quem dizia que eu não me dedicava então a perigosos exercícios conspirativos? Nem eu próprio dizia isso: guardava silêncio, evitava defender-me de acusações imprecisas. Fora do regulamento, pois, capitão Lobo se desviava da justiça. E era isso talvez que me prendia a ele, me fazia baixar a cabeça, sem me considerar humilhado, ouvindo-lhe os propósitos rabugentos. Desejo de ir além das aparências, tentar descobrir nas pessoas qualquer coisa imperceptível aos sentidos comuns. Compreensão de que as diferenças não constituem razão para nos afastarmos, nos odiarmos. Certeza de que não estamos certos, aptidão para enxergarmos pedaços de verdades nos absurdos mais claros. Necessidade de compreender, e se isto é impossível, a pura aceitação do pensamento alheio.

— Não concordo com as suas ideias, mas respeito-as. Irreflexão discordar do que não foi expresso? Em todo o caso tolerância, uma admirável tolerância imprudente que, sem exame, tudo chega a admitir. Era o que me levava a admirar capitão Lobo. Isso e a suspeita de me achar diante de uma criatura singular. Observava-lhe a máscara expressiva, esforçava-me também por ultrapassá-la, divisar lá no íntimo embriões de atos generosos.

Pela manhã, de volta do banheiro, atravessando um corredor, avistamos o comandante em companhia de um homem alto, magro, sério. Enviamos-lhe um cumprimento, e ele nos deteve, nos apresentou:

— General, estes senhores...

Finda a apresentação, o homem alto pregou-me um olho irritado:

— Comunista, hem? Atrapalhei-me e respondi: — Não.

— Não? Comunista confesso.

— De forma nenhuma. Não confessei nada. Espiou-me um instante, carrancudo, manifestou-se:

— Eu queria que o governo me desse permissão para mandar fuzilá-lo.

— Oh! General! murmurei. Pois não estou preso?

E calei-me prudente: o diabo da frase podia ser interpretada como um desafio, que eu não estava em condições de lançar. Felizmente o homem não ligou importância a ela, deu-me as costas, voltou-se para o meu companheiro e interrogou-o com dureza. Capitão Mata aprumou-se, declarou-se vítima de calúnias e perseguições, como tinha por hábito fazer. De pijama e com a toalha ao ombro, a posição de sentido se tornava cômica.

— Ainda hei de provar a v. ex.ª que sou um bom patriota.

Estava ali um período conveniente, dos que devemos emitir num quartel. Não me aventuraria a semelhante declaração. Poderia julgar-me um bom patriota? Realmente nem me considerava patriota, seria desonestidade falar daquela maneira. Mas determinadas palavras acalmam determinados espíritos, sem que seja necessário demonstrar a veracidade delas. Capitão Mata nada referia como indício da virtude que se imputava: oferecia exibir provas no futuro. E isso bastou. O general, sem desenrugar a sobrancelha, apreciou devidamente a fala e a postura do acusado. Gastou mais algumas energias e afastou-se, digno, seguido pelo comandante. Foi pouco mais ou menos o que se deu, suponho. Tiramo-nos dali, entramos na gaiola, vagarosos e encabulados. Eu, por mim, ia com as orelhas pegando fogo.

— Puxa!

Capitão Mata, abalado, afirmava que me havia comportado lastimosamente. Ora essa! E porquê? Não era aquele o modo próprio de me dirigir a um general. De fato eu ignorava tudo nessa matéria, mas convencia-me de não haver praticado nenhuma inconsideração. Afirmara não ser comunista — e dissera a verdade estava fora do Partido. Se estivesse dentro, não iria confessar atividades ilegais, claro, mas não estava. Quanto ao mais, apenas aquela referência a um fuzilamento improvável. Ninguém tinha intenção de fuzilar-me, pois isto não representava nenhuma vantagem.

Eu era bem insignificante e a minha morte passaria despercebida, não serviria de exemplo. E se me quisessem elevar depois de finado, isto seria talvez prejudicial à reação: dar-me-iam papel de mártir, emprestar-me-iam qualidades que nunca tive, úteis à propaganda, embrulhar-me-iam em folhetos clandestinos, mudar-me-iam em figura notável. Não, ninguém tinha interesse em fuzilar-me. Além disso quando um vivente quer extinguir outro, não lhe vai revelar este desejo: extingue-o, se pode. Recurso ingênuo ameaçar as pessoas à toa, sem saber se elas se apavoram. No Brasil não havíamos atingido a sangueira pública. Até nos países inteiramente fascistas ela exigia aparência de legalidade, ainda se receava a opinião pública. Entre nós execuções de aparato eram inexequíveis: a covardia oficial restringia-se a espancar, torturar prisioneiros, e de quando em quando se anunciavam suicídios misteriosos. Isso se aplicava a sujeitos mais ou menos comprometidos no barulho de 1935. Mas que diabo tinha eu com ele? Certamente não me pregariam agulhas nas unhas nem me fariam saltar de uma janela de andar alto. Quanto a mim achava-me tranquilo. E não me recordava de haver piado uma sílaba que ofendesse a autoridade.

O meu companheiro julgava a minha observação a respeito do fuzilamento uma leviandade. Imaginativo, adicionava-lhe vocábulos não proferidos, dava-lhe inflexões que lhe proporcionavam sentido temerário. Divagava: seguramente aquilo teria consequências desagradáveis. Tolice. Decerto eu desconhecia a maneira de tratar com a farda: não deviam esperar que me apresentasse de mão na testa, espinhaço vertical, as pernas tesas. E se a minha última resposta encerrava alguma impertinência, isto pouco significava: o cidadão importante não lhe dera atenção: desviara-se, voltara-me as costas, fora ocupar-se em negócio diferente. Naquele jogo infantil de se mostrar papão, enferrujando a cara, engrossando a voz, talvez me considerasse mais ou menos fuzilado. Provavelmente se contentaria com isso. Tinha casos de vulto para resolver, e naquele momento as nossas fisionomias lhe desbotavam na memória. Não corríamos risco, era o que eu supunha. E não corremos, durante alguns dias tudo andou sem novidade.

Voltamos à rotina, comemos a boia de tabuleiro, recebemos as visitas do comandante, ouvimos as longas falas do capitão Lobo, tentamos encher as enfadonhas horas ocas amolando-nos reciprocamente. Lá embaixo, junto aos dois canhões, uma fila de soldados, de roupas leves, marchava; um tenente risonho, de apito, desenvolvia-se em gestos largos. No outro lado, no pátio interno, rapazes se esforçavam por jogar uma bola no cesto preso ao muro. E defronte dos banheiros, longe, esfumadas, abriam-se as goelas escuras das baias. A corneta soava, queria saber quantos dentes tem sagui na boca, e o amigo capitão Mata já não se alvoroçava com a pergunta. Findaram os sustos: agora não havia razão para temer que, entre coisas dessa espécie, ela anunciasse a presença de um general. A sentinela nos observava de esguelha, soltava remoques engraçados e, na ausência de testemunhas, cavaqueava num sussurro. o faxina vinha pedir-nos a lista de encomendas A mala do capitão se abria, a agulha e o carretel de linha vinham à luz, um minuto se consumia na tarefa de repregar o botão solto de uma cueca. O meu indicador esquerdo supurava, coberto de iodo, pouco a pouco a unha se desprendia. Os três volumes lidos a custo, diluíam-se no ramerrão do serviço, nas vozes de comando, nas estridências da meia-volta, do rancho, do silêncio.

Escrevi a lápis uma carta a minha mulher renovando o pedido que lhe havia feito de enviar um conto a Buenos Aires. Permitiria o correio, obediente à censura a exportação dessas letras? Era uma história repisada, com voltas infinitas em redor do mesmo ponto, literatura de peru. Como arte e como política valia bem pouco, mas talvez enxergassem nela dinamite. A crítica policial era tão estúpida que julgava a produção artística não pelo conteúdo, mas pelo nome do autor. Eu vivera numa sombra razoável, quase anônimo: dois livros de fôlego curto haviam despertado fraco interesse e alguma condescendência desdenhosa. Era um rabiscador provinciano detestado na província, ignorado na metrópole. Iriam analisar-me os romances, condená-los, queimá-los, chamar para eles a atenção da massa? Ou lançar-me-iam, tacitamente culpado, no meio de criminosos, indivíduos que sempre desejei conhecer de perto? O mais provável era jogarem-me entre rebeldes de Natal, do 3.º Regimento, da Escola de Aviação. De qualquer jeito me apresentariam sociedade nova, me proporcionariam elementos para redigir qualquer coisa menos inútil que os dois volumes chochos encalhados nas prateleiras dos editores. Essa afirmação presunçosa esbarrava com as dificuldades imensas que me surgiam quando buscava utilizar o papel trazido pelo faxina. Sempre compusera lentamente: sucedia-me ficar diante da folha muitas horas, sem conseguir desvanecer a treva mental, buscando em vão agarrar algumas ideias, limpá-las, vesti-las; agora tudo piorava, findara até esse desejo de torturar-me para arrancar do interior nebuloso meia dúzia de linhas: sentia-me indiferente e murcho, incapaz de vencer uma preguiça enorme subitamente aparecida, a considerar baldos todos os esforços.

A minha decisão de traçar um diário encolhia-se, bambeava, sem nenhum estímulo fora ou dentro. Os fatos, repisados, banalizavam-se. Apenas quatro ou cinco sobressaíam, mas, ao dar-lhes forma, vi-os reduzidos, insignificantes. Difícil enxertar neles alguma circunstância que lhes desse relevo e brilho: saíam naturalmente apagados, chatos — e irremediáveis. Prosa de noticiarista vagabundo. Tropeços horríveis para alinhavar um simples comentário. Ora comentário! Se até a narração e o diálogo emperravam, certo não me iria meter em funduras. Havia chumbo na minha cabeça. E eu imaginara fabricar uma novela na cadeia, devagar, com método, página hoje, página amanhã. Lembrava-me da opinião lida anos antes sobre a arte dos criminosos, arte ruim. E vinham-me dúvidas. Seriam essas criaturas naturalmente insensíveis, brutas, lerdas? Talvez o cárcere lhes roubasse as energias, embotasse a inteligência e a sensibilidade.

Debruçado à janela interna, vi Sebastião Hora e o advogado Nunes Leite deixarem a sala, atravessarem o pátio, entrarem numa espécie de secretaria, à esquerda. O primeiro ia bastante preocupado e não me avistou; o segundo chorava. Estranhei novamente a frieza de Hora, a indiferença ao aceno que lhe fiz, mas logo desviei a atenção para o homem que o acompanhava. Passou a um metro de distância e pude observá-lo. Eu nunca havia notado coisa assim, nem imaginava que alguém chorasse daquela maneira. Para bem dizer não havia lágrimas: era um borbotão a rolar no rosto, a cair na roupa, como se torneiras íntimas se houvessem relaxado, quisessem derramar todo o líquido do corpo. À luz forte do sol, o jato brilhava. Nenhum pudor, nem o gesto maquinal de pôr as mãos na cara, tentar esconder a imensa fraqueza. Um soluço, único soluço, uivo rouco; não subia nem descia; enquanto durou a passagem ressoou monótono, invariável: parecia que o homem não tomava fôlego.

Essa imagem de completo desespero me causou sombrio mal-estar. Desapareceu — e algum tempo o desgraçado queixume ainda me feriu os ouvidos, e diante dos olhos me ficou a máscara luminosa, que semelhava tênue camada de parafina. Não evitei uma sensação de repugnância e desprezo: difícil supor uma criatura humana a acovardar-se de semelhante jeito. Em seguida modifiquei e venci a reação molesta e acusei-me de precipitação: Nunes Leite devia estar doente, devia ser doente. Não era senão isso. O lençol de água a correr como fonte e o brado lamentoso indicavam desequilíbrio, pois não havia razão para tais excessos. Obrigavam-nos ao repouso, impossibilitavam-nos qualquer ação considerada prejudicial à ditadura. Só. Injustiça dizer que procediam duramente conosco. Tratavam-nos até muito bem. Excetuando-se a ameaça de fuzilamento, reduzível, com esforço e boa vontade, a um conselho enérgico, fórmula viva para nos reeducar, tudo corria numa chateação razoável. As caretas da sentinela, o serviço do faxina, o alimento desenxabido na hora certa, idas e vindas de oficiais no alpendre, os toques da corneta, as vozes de comando. Tudo se mexia como impulsionado por um aparelho de relógio, de algum modo nos mecanizava, tornava inconcebível aquela manifestação de dor furiosa. Anulando a sensaboria da caserna, as visitas de capitão Lobo nos mergulhavam numa onda de calor humano. Da janela do pátio, muitas vezes o víamos descer os degraus de cimento, entrar no cárcere vizinho. Com certeza aí gastaria meia hora nas suas viagens de cinco passos, desdobraria monólogos sisudos, agitaria a piteira, firme e condescendente.

— Não concordo com as suas ideias, mas respeito-as. Vinha-me ao espírito a figura inquieta de Sebastião Hora, a desenvolver, loquaz, as suas convicções moderadas de presidente da Aliança Nacional Libertadora em Alagoas. A um canto, o advogado Nunes Leite se encolhia, isento de pensar, surdo à bondade áspera do capitão.

Nem percebera a roupa de cama e as toalhas que ele mandara trazer. Um pobre vivente cheio de pavor. Ouvira falar decerto em fuzilamento, sentira as balas penetrarem-lhe a carne trêmula, o desmaiado coração. Agora, envolto em fria mortalha de medo, perdera a consciência, era um fantasma choroso e automático, sem dignidade.

Tive pena. Porque martirizavam aquele homem, santo Deus? Realmente não martirizavam, mas se o olhassem de perto, conhecer-lhe-iam o pavor, a morte na alma. Duas ou três palavras rápidas, a baldeação, o cheiro da caserna, a cor das paredes, ordens rápidas, sinais imperceptíveis, tinham ocasionado um desmoronamento. Isso pouco influía em tipos ordinários, mas desconchavava nervos demasiado sensíveis. Enfim deviam perceber que estavam praticando uma iniquidade: o bacharel Nunes Leite não suportava a cadeia. Horrível sujeitar-se ao mesmo regime naturezas diversas. Capitão Mata nada sofria. Findos os sobressaltos produzidos pela corneta, manifestava alegria, dedicava-se a exercícios de composição literária, referia-se, ligeiramente vaidoso, aos meses de estágio no Rio, recitava-me sonetos e nenhuma preocupação lhe diminuía o apetite voraz. Diante do tabuleiro, expandia-se à vontade, como se estivesse em casa, e o tique nervoso dava-lhe aparência estranha. O riso lhe aprofundava uma ruga, e vinha-me a impressão de que ele se achava ao mesmo tempo zangado e satisfeito. Riso severo, enérgico. Em contraste, ali perto, um pobre ser esmagado, avizinhando-se da loucura. Um longo terror, um longo pranto, um longo gemido. Arrepiava-me comparando os dois, notando a ligeira punição de um e o tremendo castigo do outro. A administração pública não atenta nessas ninharias, tende a uniformizar as pessoas. Somos grãos que um moinho tritura — e ninguém quer saber se resistimos à mó ou se nos pulverizamos logo.

Finda a repulsão causada por aquele desabamento, pus-me a refletir sério na origem dele. Covardia apenas, doença? Talvez houvesse ali coisa mais grave: a repentina supressão de uma certeza, mergulho na treva, impossibilidade de achar qualquer luz. O advogado Nunes Leite impetrara habeas-corpus a favor de alguns presos políticos. Vistas as razões, etc., o juiz lançara no requerimento uma penada benigna. Em consequência, fugira, os suplicantes mofavam à sombra e Nunes Leite, embrulhado, necessitava habeas-corpus. Recurso inútil, evidentemente: agora a toga não se arriscaria, considerando isto ou aquilo, a assinar um mandado de soltura. Seria irrisório pretender ela mandar qualquer coisa, mas essa reviravolta desorientava uma alma serena, habituada à petição, à audiência, ao despacho. Certo as ordens sempre tinham sido aparentes: a judicatura servia de espantalho, e na farda havia muque bastante para desobediência. Apenas isto não convinha. E os atores representavam seus papéis, às vezes se identificavam com eles. A repetição de minúcias, a sisudez, a lentidão, a redundância, a língua arcaica davam àquilo um ar de velhice e estabilidade. E Nunes Leite se sentia bem requerendo ao poder competente, ao colendo tribunal, ao meritíssimo juiz. Se essas coisas se houvessem dissolvido aos poucos, ele se acomodaria a novas formalidades legais, dirigir-se-ia a forças diversas, meritíssimas e colendas. Isto não se dera. Nunes Leite se movera entre firmes pedregulhos, julgara-os eternos; esses blocos não se haviam liquefeito: tinham-se evaporado — e ele se achava num deserto. A estampilha, a fórmula, as razões, necessidades venerandas, sumiam-se. Isto o desvairava. Uma prepotência desabusada surgira — e aluíam muralhas de papel. Como seria possível viver se se afastavam da vida o embargo, a diligência, a precatória? Como admitir o desrespeito a uma sentença? Quebra dos valores mais altos, cataclismo. Todos os caminhos fechados. E o infeliz soluçava, no desabamento da sua profissão. Impossível defender o direito de alguém. Propriamente, já não havia direito. A lei fora transgredida, a lei velha e sonolenta, imóvel carrancismo exposto em duros volumes redigidos em língua morta. Em substituição a isso, impunha-se uma lei verbal e móvel, indiferente aos textos, caprichosa, sujeita a erros, interesses e paixões. E depois? Que viria depois? O caos, provavelmente. Se os defensores da ordem a violavam, que devíamos esperar? Confusão e ruína. Desejando atacar a revolução, na verdade trabalhavam por ela. Era por isso talvez que o bacharel Nunes Leite chorava.

Mandaram-me comparecer na sala à esquerda, situada em frente ao cárcere de Sebastião Hora e Nunes Leite. Vesti-me à pressa, num minuto me achei no pátio, amarrando a gravata, dirigi-me ao lugar que, por falta de termo próprio, batizei como uma espécie de secretaria. Entrei atarantadamente e divisei, no topo de uma mesa coberta de papéis, um moço de farda. Já me ia habituando aos distintivos: apesar de confuso, examinei as estrelas e percebi um capitão. Ofereceu-me uma cadeira, estendeu-me um envelope. Para que sentar-me, se apenas viera ali receber a correspondência? Desejei agradecer e conservar-me de pé, mas a semana de permanência naquele meio já me havia feito compreender que tais recusas significavam indisciplina. Executei o movimento exigido, recebi a carta, ia metê-la no bolso e levantar-me quando o rapaz me deteve com um gesto:

— Sou forçado a pedir-lhe que abra o envelope na minha presença.

— Perdão, perdão, murmurei atrapalhado, recebendo a espátula que ele me entregou. Sem dúvida.

Obedeci, apresentei-lhe a folha de papel. Tomou-a, virou rapidamente para cima o lado branco, escondendo as letras. Volveu igualmente para o dorso algumas fotografias que se espalharam na mesa e desviou discretamente os olhos:

— Estou satisfeito. Desculpe. É uma formalidade.

Ergui-me, retirei-me com agradecido espanto, a duvidar um pouco dos olhos e dos ouvidos. Esquisito. Era realmente levar muito longe o ramerrão obrigar um sujeito a fazer qualquer coisa e logo afirmar que aquilo não tinha valor, era uma exigência à-toa. Desperdício de tempo. Com semelhante proceder, chegaríamos a supor que ali não havia ocupação e se desmandavam inutilmente. Quereriam apenas dar-me a entender que me poderiam obrigar a comportar-me desta ou daquela maneira, sentar-me ou levantar-me. romper ou deixar intacto um sobrescrito? Não, seria um jogo tolo de gato com rato. Um gesto blandicioso de pata macia me indicava uma cadeira; de repente uma garra cor-de-rosa surgia na flacidez amável: — "Sou forçado a pedir-lhe... Desculpe É uma formalidade." Aquilo não me entrava no entendimento. Poderiam julgar que no quadrilátero de vinte centímetros, de espessura insignificante, houvesse armas, dinamite ou veneno, disfarçados numa escrita e em pedaços de cartão? Se o bilhete e os retratos não despertavam curiosidade, parecia-me desnecessário exibi-los. Com tais exigências burocráticas desarrazoadas, a censura degenerava. Depois de tudo, ficava-me a certeza de que o funcionário dela incumbido era pessoa muito amável. Isto e nada mais.

— Faça o favor de sentar-se. Bem. Estou satisfeito. Desculpe. Formalidade.

Boa educação, perfeitamente, mas seria mais compreensível que ela se aplicasse em cargo produtivo. Daquele jeito, podiam fazer-me supor que lhe davam função parasitária. Embora o meu juízo não tivesse ali nenhum valor, o fato permanecia, e quem o observasse concordaria comigo. Quase me agastava por não ter o homem visto o recado de minha mulher, olhado as caras distantes que ela me enviava pelo correio. Nenhum dano me causaria tomarem conhecimento de algumas páginas destinadas a jornal ou revista de Buenos Aires. Talvez houvesse uma inconfessável e besta vaidade nisso, talvez o desejo pusilânime de mostrar que ali nada havia de comprometedor. Não tive, porém, consciência de semelhantes baixezas e menciono-as como possibilidades. Sei lá o que se passava no meu interior? Difícil sermos imparciais em casos desse gênero; naturalmente propendemos a justificar-nos, e é o exame do procedimento alheio que às vezes revela as nossas misérias íntimas, nos faz querer afastar-nos de nós mesmos, desgostosos, nos incita à correção aparente. Na verdade, vigiando-me sem cessar, livrava-me de exibir sentimentos indignos. Afirmaria, porém, que eles não existiam? Tudo lá dentro é confuso, ambíguo, contraditório, só os atos nos evidenciam, e surpreendemo-nos, quando menos esperamos, fazendo coisas e dizendo palavras que nos horrorizam. De fato ainda não me assaltara o medo, faltava razão para isto; vinha-me, porém, às vezes o receio de experimentá-lo. Sensação angustiosa e absurda: medo de sentir medo. Aparentemente nada nos ameaça, estamos calmos; súbito nos chega uma inquietação que nos domina, cresce e nos dá suores frios: — "Se um perigo surgir, de que modo me comportarei? Reagirei como um sujeito decente ou sucumbirei, trêmulo e acanalhado?" Resistimos a essa dolorosa incerteza fingindo segurança, que realmente conseguimos obter, falamos à toa, largamos opiniões temerárias. Bazófias. Pouco importa que nos julguem nocivos e nos conservem no isolamento. As nossas cogitações afastam-se daí, têm sentido muito diverso: — "Revelei acaso fraqueza, conformismo? Pensarão que me quero vender?" Essa prostituição nos aterroriza — e o terror nos força a proceder de maneira razoável. Capitão Lobo é homem direito. Bem. Ficaríamos com ele se as nossas ideias não brigassem com as dele. Mas quais são as ideias de capitão Lobo? Temos certo número de ideias, firmes, e recusamos fórmulas desacreditadas. Boas há um século, hoje nada valem. Vendo-o, escutando-o, precisamos saber que ele está do outro lado e é consequentemente um inimigo. Percebendo-lhe a retidão, ficamos em guarda.

Certo não refleti nisso ao voltar da secretaria, vendo nos cartões as figuras de pessoas de minha família e inteirando-me de notícias rápidas. O conto, vagabundo e mal escrito, havia sido enviado a Benjamin Garay, que, francamente, eu nem sabia quem era. Um indivíduo que se oferecera para lançar na Argentina negócios do Brasil. Quem diabo seria Benjamin Garay? Amolava-me em cartas amáveis, mas agora, se me visse a olhar a sentinela, as duas peças de artilharia que adornavam o portão, deixaria de escrever-me, prudente e encolhido. Referia-se a tradutores qualificados, supondo-me talvez bicho razoável, propenso à glória, à Academia. Certamente a prisão suprimiria Garay, os tipos qualificados, etc. Isso passara despercebido ao capitão que me afastara minutos antes com um gesto amável: — "Formalidade". Porque era que ele havia procedido assim? Julgar-me-ia uma natureza plástica, moldável por qualquer político, qualquer general? Devia ser isso. Provavelmente não houvera ali somente a repetição enfadonha de gestos convencionais e palavras burocráticas. Percebera em mim um sujeito da sua classe, desviado, facilmente conversível, e resolvera ser cortês. A promessa de fuzilamento não era aplicável à situação: nem podia simular autoridade para semelhante exagero. Assim, enquanto eu me confundia, manejando a espátula, ele me observava, considerava-me inofensivo, provavelmente complicado por engano, indigno de fiscalização. Se houvesse notado um gesto suspeito, não afetaria condescendência: leria o papel, atento, rigoroso, buscando propósitos reservados nas mais simples notícias. Nada. Afastara os olhos, num desinteresse quase humilhante. Eu não era capaz de jogar bombas, sublevar quartéis. Estava ali apenas para dar ao burguês a impressão de que havia muitos elementos perniciosos e o capital corria perigo.

Certo dia capitão Lobo me comunicou: — O senhor viaja amanhã.

— Para onde?

Hesitou um instante e respondeu: — Não sei. Depois corrigiu:

— Não posso responder.

— Diga ao menos se é para o norte ou para o sul. Recusou-me a informação e logo sugeriu:

— Veja a lista dos navios e o destino, homem. Abra um jornal.

— Muito obrigado. Enfim para qualquer parte vou bem. O que desejo é ir-me embora.

O oficial encarou-me ressentido:

— Não devia falar desse jeito. O senhor aqui tem amigos. — Desculpe, capitão. Ofendi-o sem querer. Mas esse plural vem fora de propósito.

Ao cabo de alguns minutos, a conversa findou com uma proposta que me assombrou, ainda me enche de espanto. Não a mencionaria se, anos atrás, num encontro inesperado, o homem estranho, já coronel grisalho, não a confirmasse, vago e indiferente, enquanto me censurava por me haverem fugido da memória as roupas de cama e as toalhas. Sem esse depoimento, não me abalançaria a narrar o caso singular. Difícil acreditarem nele, e talvez eu próprio chegasse a convencer-me de que tinha sido vítima de uma ilusão. Tento reproduzi-lo, ainda receoso, perguntando a mim mesmo se se deu aquela inverossimilhança. Cumpridas algumas formalidades, capitão Lobo despediu-se. Ao sair, estacou junto à mesa:

— Ia-me esquecendo: quero fazer-lhe um pedido.

Estranhei: não me achava em condições de ser-lhe útil em coisa nenhuma. Hesitou um instante e jogou-me de chofre este discurso:

— Bem. O tempo é curto para explicações e cerimônias. Trata-se disto: eu pus aí num banco algumas economias que não me fazem falta por enquanto. Ignoro as suas posses, mas sei que foi demitido inesperadamente. Caso as suas condições não sejam boas, eu lhe mostro daqui a pouco uma caderneta, o senhor põe num cheque a importância que necessita, eu assino e à tarde venho trazer-lhe o dinheiro. Convém?

Pedido realmente curioso: nunca me passara pela cabeça que alguém pudesse fazê-lo. Perturbei-me em excesso e no primeiro momento nem pude responder: tive a impressão de que me estavam a mistificar, julguei-me objeto de uma pilhéria cruel. Pouco a pouco me desengasguei, consegui enfim murmurar uma recusa chocha e um agradecimento rápido e sumido:

— Não preciso. Estou bem. Muito obrigado.

Ainda não me convencia de que o rapaz falara sério, a mesquinha ideia do logro continuava a perseguir-me.

— Não lhe estou oferecendo dinheiro, bradou capitão Lobo, adivinhando-me talvez o sentimento infeliz. Não se oferece dinheiro a homem. Estou facilitando-lhe um empréstimo. E não é lá grande coisa, as minhas reservas são pequenas. Se aceita, o senhor mesmo determina, vê quanto lhe posso emprestar. Naturalmente não há prazo: paga-me lá fora quando se libertar. Sai logo, isso não há de ser nada. Também já estive preso e vivi no exílio: viajei num porão de São Paulo à Europa.

Foi pouco mais ou menos o que ele me disse. Tornei a agradecer e a recusar, as orelhas em fogo, na tremenda confusão que me causava a enorme surpresa. Teria realmente ouvido bem aquelas palavras? Apesar de se haverem prolongado longos instantes, entre pausas e gestos enérgicos, não me decidia a admiti-las; de fato eram claras, irrecusáveis, mas nos últimos dias ia-me habituando a perceber coisas aparentemente destituídas de senso Achava-me atordoado, como se tivesse recebido um murro na cabeça, e só sabia repetir as mesmas frases curtas e insossas:

— Estou bem, não falta nada. Ora essa! Muito obrigado. Não é necessário. Horrível mal-estar, o desejo inútil de arrancar do interior qualquer coisa, evitar ao homem a deplorável impressão que naturalmente lhe causava. Pedia a Deus que ele se retirasse logo, pusesse termo à situação embaraçosa. Deixar-lhe-ia recordação infeliz, sem dúvida. Grosseiro, descortês. Nem me ocorria um lugar-comum besta, recurso entorpecedor. Frequentemente me surgiam na alma sulcos negros, hiatos, e as ideias se embaralhavam, a fala esmorecia, trôpega; havia agora, porém, espessa névoa e, através dela, muito longe, uma figura confusa a apertar-me rijo a mão, a desaparecer no alpendre, com certeza julgando-me estúpido e ingrato. E achei-me só: a presença do meu companheiro não diminuiu a solidão; algum comentário dele acaso feito sobre aquela derradeira visita passou despercebido. Das afirmações do oficial uma, exposta dias consecutivos, verrumava-me o espírito, fora do assunto principal:

— Não há de ser nada.

Isto se repetira muitas vezes, tornara-se um refrão, intercalava-se entre dois períodos afastados, e, habituando-me às palestras, era-me possível adivinhar, pelo movimento da piteira, interrupção da marcha no soalho, simples mover de beiços, que um silêncio iria quebrar-se deste jeito:

— Não há de ser nada.

Pouco me importava realmente o futuro, mas a alegre confiança, a amável insinuação de coragem, fazia-me sentir uma firmeza absurda. Mais absurda era aquela oferta largada ali de chofre, da mesa para a janela, da janela para a mesa, sem aviso, sem preparação. Considerei-a devagar, tentando recompor-me. Bem. Surgira como fato ordinário, entre gestos vulgares, no mesmo tom de voz com que, ainda na véspera, se emitiam conceitos mais ou menos agrestes sobre a questão social. Aparentemente não diferia dos sucessos normais: um ligeiro parêntese, logo encerrado, e regressamos à vida comum. Vinte e quatro horas depois me enviariam para lugar distante, e o meu interlocutor pensaria no regulamento, no ofício, na ordem do dia. Esquecer-nos-íamos, era como se nunca nos houvéssemos visto. Cada qual para o seu lado, tratando de negócios diferentes, alimentando esperanças diferentes. Uma proposição insensata encaixada em diálogo curto. Apenas. Conseguiria, porém, desembaraçar-me dela, misturá-la às amofinações da cadeia, aos toques de corneta e à vigília da sentinela, recuperar, depois de solto, os pequenos tédios e as pequenas alegrias, completamente livre? Não. Decerto não me libertaria de todo. Já ali começava a sentir uma nova prisão, mais séria que a outra, a confundir-me terrivelmente as ideias. Não imaginara poder testemunhar semelhante ação. Pessimismo? De forma nenhuma. Não supunha os homens bons nem maus: julgava-os sofríveis, pouco mais ou menos razoáveis, naturalmente escravos dos seus interesses. Sem dúvida: uma razão miúda, variável com as circunstâncias e o egoísmo natural: dormir, comer, amar, reproduzir-se; um pouco acima disto, avaliar quadros e livros, inspirar respeito, mandar.

Ora, a minha observação daquela manhã era desarrazoada e prejudicial ao seu agente. Isto me causava dolorosa surpresa: chocava exames anteriores, contradizia opiniões firmes — e experimentei uma sensação molesta, devo ter involuntariamente malsinado a criatura que me abalava. Era possível então alguém proceder de tal maneira? Porquê? Não conseguia orientar-me, agarrar um móvel qualquer, justificar o disparate. Sem dúvida um homem que resolvia prejudicar-se em benefício de um estranho não estava no seu juízo perfeito. Razoável, normal, não me comportaria nunca de tal modo. Não me comportaria? Nem sequer imaginava que alguém pudesse ter aquele procedimento. E chocava-me em demasia ver a insensatez realizada por um cavalheiro grave afeito à regra, de aspereza firme e autoritária. Realmente nem me dera a impressão de oferecer: parecera determinar, comandar: a proposta louca tinha feição de ordem. Resguardara-me, é claro. Estava certo de que me seria impossível readaptar-me lá fora, achar trabalho, eximir-me da terrível dívida. Não me sobrecarregaria com tal peso, ainda que me privasse de cigarros. De forma nenhuma, porém, me considerava livre: uma ideia nova me verrumava, brigava com outras ideias, e isto era intolerável. A quanto subiria o empréstimo? Pouco importava saber. Pequeno ou grande, consumado ou não, abalava-me noções que pareciam seguras. Porque se tinha dado aquilo? Se eu vestisse farda, pensasse em conformidade com o regulamento, andasse olhando vinte passos em frente, vertical, na cadência — um, dois, um, dois, — o caso teria explicação, duvidosa, mas enfim poderia ter explicação. As conveniências de um grupo social conduzem às vezes um indivíduo a sacrifícios. Eu não vestia farda, esquecera a exígua disciplina formal e desatenta adquirida em alguns meses, varrera da memória alguns conceitos mal entrevistos, já não saberia desmontar as peças de um fuzil, ensurdecera ao mais simples toque de corneta e, enquanto o oficial rigoroso, de vinco na testa e olho fixo, media com pernadas iguais metade da sala, arriava-me bambo junto à mesa, firmava-me ora numa perna, ora noutra, o espinhaço curvo.

Capitão Lobo usava uma língua diferente da minha — e enquanto repisava o discurso, martelando a expressão, limitava-me a atiçar o monólogo com alguma frase desfavorável, sorrir, contrariá-lo com movimentos de cabeça. Não me ocorrera apoiá-lo. Aceitava-lhe um reparo e negava a conclusão. Natural que ele me odiasse. Estávamos em pólos opostos, era como se pertencêssemos a espécies diversas. Espécies diversas? Isto não é uma razão. Gostamos de um gato, de um cachorro, de um papagaio, mas não suportaríamos esses bichos se eles pensassem de maneira diferente da nossa. Sei bem que sou ilógico, pois o pensamento é consequência; a consequência tornou-se causa, leva-me a proceder desta ou daquela maneira, desejar mortandades. Se o capitalista fosse um bruto, eu o toleraria. Aflige-me é perceber nele uma inteligência, uma inteligência safada que aluga outras inteligências canalhas. Esforço-me por alinhavar esta prosa lenta, sairá daí um lucro, embora escasso — e este lucro fortalecerá pessoas que tentam oprimi-me. É o que me atormenta. Não é o fato de ser oprimido: é saber que a opressão se erigiu em sistema. O general manifestara desgosto por não poder fuzilar-me: revelara fraqueza. Se ele embirrasse comigo e quisesse matar-me, comportar-se-ia animalmente, honestamente. Não embirrara, deixara-se levar por informações, obedecera às conveniências da classe detestada. Tinha uma consciência, e isto nos incompatibilizava. Era inegável, porém, que ele procedia consequentemente e não devia espantar-me. Numa explosão de franqueza, expusera um intuito irrealizável certamente escondido em numerosos espíritos.

Não acharíamos em capitão Lobo semelhante candura. Pessoa educada, embora vivendo a aspereza da caserna, abafaria propósitos violentos: queria talvez ver-me fuzilado sem espalhafato. Improvável achar disposições diversas num militar, esteio da ordem. Generais e capitães com certeza julgariam indispensáveis a rápida sentença obscura, o pelotão fúnebre, um corpo a cair junto a um muro. Iniquidade? Não se trata disso. O exemplo é necessário, a prisão serve de prova, pelo menos é indício forte, e a opinião pública se contenta com as aparências. Infelizmente não havia a pena de morte — e o general se lastimava por não conseguir usá-la a torto e a direito. Aquela derradeira entrevista me desconcertava. Contentar-me-ia se percebesse no capitão Lobo indiferença. Às vezes ela nos chega como um favor. Se um indivíduo está em condições de nos causar dano e passa distraído, finge não nos enxergar, revela boa índole e agradecemos a desatenção. Esforçamo-nos por tornar-nos imperceptíveis: só assim temos probabilidade de evitar perigos.

Não me havia esquivado. Ouvira os solilóquios do capitão e discordara; censuras imprecisas tinham ficado sem resposta. Como não se formulava acusação regular, era impossível defender-me; pusilanimidade inútil viver a declarar-me vítima; em consequência encorpavam suspeitas vagas, talvez me responsabilizassem pelos motins do ano anterior.

Pois no momento de se despedir o homem seco me lançava a proposta alarmante. Não me cansava de examiná-la, revirá-la por todos os lados, sem alcançar entrever nela vestígio de senso comum. Um cidadão aparentemente normal decidia ferir os seus interesses e, coisa mais grave, os interesses da sua classe, envoltos em mantos sagrados. Obrigara-se a defender isso, por meios pacíficos ou com armas. Em tempo ordinário bastavam as paradas, tanques a rolar, discursos patrióticos, exibição de força; se, apesar de tudo, surgiam descontentamentos, alguns sacrifícios se tornavam indispensáveis. O general estava certo. Para isso nós lhe pagávamos. Sem dúvida, arruinando os músculos ou espremendo o cérebro, largávamos a contribuição, dávamos sangue ao Estado, à tropa. E não devíamos esperar procedimento diverso.

Capitão Lobo, portanto, fugia ao preceito. De certo modo havia no caso uma espécie de deserção. Impossível explicá-la. Se ele condenava as minhas ideias, sem conhecê-las direito, porque me trazia aquele apoio incoerente? Insolência e brutalidade com certeza me atiçariam ódio, mas seriam compreensíveis, e nada pior que nos encontrarmos diante de uma situação inexplicável. Admitimos certo número de princípios, julgamo-los firmes, notamos de repente uma falha neles — e as coisas não se passam como havíamos previsto: passam-se de modo contrário. A exceção nos atrapalha, temos de reformar julgamentos. Qual seria a razão daquilo? Afinal aceitamos as defecções. Conflitos internos, zangas, ressentimentos levam muitas vezes um indivíduo a combater os amigos da véspera. Difícil era conceber que alguém se despojasse voluntariamente, em benefício de um adversário. Essa renúncia da propriedade me entontecia. Metemo-nos em briga política, afrontamos a polícia, berramos nos meetings e, se uma bala nos alcança, arriamos na padiola, entramos no hospital, aos solavancos, possivelmente no cemitério. Está certo. A nossa vida não tem muito valor, às vezes se encrenca e desejamos a morte; faltando-nos coragem para o suicídio, exibimos outra forma de coragem; queremos desaparecer: é uma perda individual. Mas ninguém, de senso perfeito, joga fora os seus bens, pois nisto repousa o organismo social — e o sacrifício constitui prejuízo coletivo. Afinal capitão Lobo devia ser muito mais revolucionário que eu. Tinha-me alargado em conversas no café, dissera cobras e lagartos do fascismo, escrevera algumas histórias. Apenas. Conservara-me na superfície, nunca fizera à ordem ataque sério, realmente era um diletante.

O oferecimento do oficial tinha sentido mais profundo: revelava talvez que a classe dominante começava a desagregar-se, queria findar. Não me chegavam, porém, tais considerações. Achava-me diante de uma incrível apostasia, não me cansava de admirá-la, arrumava no interior palavras de agradecimento que não tinha sabido expressar. Realmente a desgraça nos ensina muito: sem ela, eu continuaria a julgar a humanidade incapaz de verdadeira nobreza. Eu passara a vida a considerar todos os bichos egoístas e ali me surgia uma sensibilidade curiosa, diferente das outras, pelo menos uma nova aplicação do egoísmo, vista na fábula, mas nunca percebida na realidade. Para descobri-la não era muito aguentar algumas semanas de cadeia. Seriam apenas algumas semanas?

O tempo corria; a sentinela continuava firme, encostada ao fuzil; agora me comunicavam de supetão uma viagem. De qualquer forma valia a pena a experiência. O diabo é que, se me decidisse a narrar por miúdo a conversa do capitão, tachar-me-iam de fantasista. Ou dar-me-iam crédito indivíduos que andassem no mundo da lua, idiotas. Ou românticos.

Capitão Mata consultou o jornal, estudou o movimento do porto e decidiu que viajaríamos para o sul. Insensatez. Tinham-nos jogado para o norte; de repente, sem razão concebível, atiravam-nos em sentido contrário. Corridas de automóvel, doze horas a rolar num trem, quinze dias de repouso forçado para ouvir as ameaças de um general. E meia-volta: andar para o sul, depois de ter andado para o norte. Ausência de interrogatório, nenhum vestígio de processos. Porque se comportavam daquele jeito? Pareciam querer apenas demonstrar-nos que podiam deixar-nos em repouso, em seguida enviar-nos para um lado ou para outro. Exatamente como se estacássemos no exercício militar, depois volvêssemos à direita ou à esquerda, em obediência à voz do instrutor. Porque à direita? Porque à esquerda? O sargento não sabe: indicou uma direção por ser preciso variar: fazia dois minutos que marchávamos em linha reta e não devíamos continuar assim, indefinidamente. Haverá proceder mais estúpido? Estúpido, na verdade. Mas não tencionam apenas revelar-nos a própria estupidez: querem possivelmente forçar-nos a entender que nos podem tornar estúpidos, executar ações inúteis, divagar como loucos, ir andando certo e sem mais nem mais torcer caminho, mergulhar os pés num atoleiro. Um, dois, um, dois. Se as nossas cabeças funcionavam, é bom que deixem de funcionar e nos transformemos em autômatos: um, dois, um, dois. Dentro em pouco o sargento exigirá meia-volta e tornaremos — um, dois, um, dois — a meter os sapatos na lama. Ou reclamará marcha acelerada. Não perceberemos o sentido dela, naturalmente, mas teremos de executá-la, pois isto é a nossa obrigação. Claro. Não estamos aqui para discutir. Temos superiores, eles pensarão por nós. Talvez não pensem, mas é como se pensassem: as estrelas, a voz grossa, de papo, bobagens ditas a repórteres em doidas entrevistas, emprestam-lhes autoridade.

Afinal íamos ser transferidos para o sul. Que lugar nos destinavam? Rio de Janeiro, Bahia, São Paulo? Ou qualquer cidadezinha do interior? Quando lhes desse na veneta, mandar-nos-iam fazer meia-volta, desembarcar-nos-iam no Amazonas, obrigar-nos-iam à convivência dos jacarés. Nenhuma lógica nessas reviravoltas, nenhum senso. Arranha-céus ou seringueiras e tartarugas. Estúpido. Nada nos chamava ali ou acolá. Os nossos interesses se fixavam no nordeste, o sangue e as observações — os filhos, a terra plana, poeirenta e infecunda. Tudo pobre. Não seria mais conveniente obrigarem-nos a cavar açudes ou ensinar bê-a-bá aos meninos empalamados? Os nossos músculos renderiam pouco, os nossos cérebros entorpecidos eram como limões secos; com esforço espremeríamos da carne e dos nervos alguma coisa — e enfim teríamos a certeza de não sermos uns miseráveis parasitas imóveis. Onde estava a nossa utilidade? Para que servíamos? Saltar da cama pela manhã, escovar os dentes, pentear os cabelos, ouvir dois minutos, em pé, o interrogatório do comandante, dar as respostas adequadas; em seguida papaguear meia hora com o excelente capitão Lobo, contrariá-lo. Que proveito achavam nisso? Lá fora tínhamos funções, representávamos de qualquer modo certo valor. Pelo menos julgávamos representar. Agora nos faltava o mínimo préstimo, e o pior é que sabíamos isto. Arrastávamos as pernas ociosas; uma vez por dia deixávamos a gaiola, — um, dois, um, dois — alcançávamos o banheiro, o limite do mundo; regressávamos à sonolência e à imobilidade. Conversas repetidas, graças e anedotas repetidas, o abandono de hábitos sociais indispensáveis. Permaneceremos civilizados vestindo pijama, calçando chinelos, deixando a barba crescer, palitando os dentes com fósforo? Pouco a pouco vamos caindo no relaxamento. Erguemos a voz, embrutecemos, involuntariamente expomos a rudeza natural. Ignoramos que isto acontece, suprimem-nos meios de comparação — e quando voltarmos estaremos transformados. Afinal a transferência não era ruim: quebrava a monotonia.

Uma viagem ao sul por conta do governo. Quando me soltassem, aguentar-me--ia na cidade grande, readaptar-me-ia, mudaria de ofício no fim da vida. Afirmava isto a mim mesmo sem muita convicção, tentando inocular-me gotas de confiança. Um governador de Alagoas me dissera anos atrás: — "Você escrevendo literatura de ficção, morre de fome. Os romances lhe renderão duzentos mil-réis por mês. Faça artigos sobre economia e ganhará contos." É verdade que esse amigo se dedicara à mamona, ao algodão, às galinhas, enchera com estatística diversas resmas — e isto lhe trouxera escassa vantagem. Não me capacitava de que as letras dele fossem bem pagas, na livraria ou no jornal, mas as minhas deviam ser mais baratas. Duzentos mil-réis por mês, bela perspectiva. Dois romances quase desconhecidos, o terceiro inédito, um conto, vários produtos inferiores — de fato isso me daria duzentos mil-réis mensais. E não me sentia capaz de progresso; talvez nem chegasse a fazer coisa igual. Esforçava-me por julgar que a mudança me desentorpeceria, me sacudiria. Ao cabo de vinte e quatro horas achar-me-ia alojado na segunda classe. Haviam-nos tratado bem até aquele momento: o vagão-restaurante da Great Western, automóveis, uma prisão de oficiais, gestos e palavras corteses. Era como se fôssemos sujeitos importantes. Mas certamente havia equívoco na classificação: perceberiam que não estávamos no lugar próprio e mandar-nos-iam descer um degrau. Pensava assim e resistia em convencer-me de qualquer rebaixamento: nenhum motivo para não nos darem um camarote de primeira classe.

As minhas reflexões sobre esse ponto foram interrompidas por uma bola de papel que, arremessada por cima do tabique, veio cair no meio do quarto. Apanhamo-la, abrimo-la, desamarrotamo-la: uma carta enviada pelo oficial preso na saleta vizinha. Poderíamos dar resposta? Vieram-me escrúpulos: tínhamos combinado, logo ao amanhecer da vida nova, não falar ao homem detido além da parede baixa, certamente cumprindo pena disciplinar. Nenhuma relação haveria entre nós, claro: a promessa nada me custava. Ignorava o nome dele, a figura, o sentimento e o pensamento. Porque infringiria o convênio? Tínhamos ficado em silêncio duas semanas, indiferentes ao que sucedia ali perto, a alguns passos. Súbito nos chegava um apelo: alguém sentia o peso da solidão e, pressentindo a nossa partida, esvaziava o espírito numa folha de papel, desordenadamente. Numerosos lugares-comuns a respeito da liberdade. A que liberdade aludia Xavier? Era tenente do exército e chamava-se Xavier. Referir-se-ia à liberdade, em geral, ou pensaria na dele próprio, encolhida em alguns metros de soalho, olhos vigiando portas e janelas? A comunicação era bastante vaga. Relendo-a, julguei perceber que estávamos embrulhados pelas mesmas razões. Desumanidade e grosseria deixar de enviar algumas linhas ao rapaz. Refletindo, lembrei-me de que não nos tínhamos obrigado. Capitão Lobo apenas afirmara que nos comprometíamos. Uma ordem, somente. Se decidíssemos transgredi-la? De qualquer modo havia acordo tácito — e aí notei pela primeira vez um dos horrores sutis em que é fértil a cadeia: pretendem forçar-nos, sob palavra, a ser covardes. A princípio não distinguimos a cilada. — "Está ali um sujeito com "quem o senhor não se pode entender." — "Perfeitamente. Aceitamos a imposição sem divisar nenhuma inconveniência. Mais tarde um infeliz nos abre a alma e hesitamos em solidarizar-nos com ele. Haverá maior covardia? Obedeceremos à frase a que não demos a necessária atenção ou escutaremos a voz interior? Naquele caso, para ser franco, não existiu em mim voz interior. E, além da primeira interdição, duas outras me vieram impossibilitar a correspondência com Xavier. Que espécie de resposta lhe daria? A literatura dele, confusa, estendia-se em conceitos banais, polvilhados de patriotismo. Naturalmente essa verbiagem não achava ressonância cá dentro, pois tenho horror aos patriotas, aos hinos e aos toques de corneta. Sem dúvida essas coisas são indispensáveis, por enquanto, mas isto não me levava a gostar delas.

Horríveis. Enorme preguiça me endurecia a munheca; a burrice persistia; desânimo, longos bocejos; a leitura emperrava, entre cochilos; as observações das notas chochas pingavam a custo, pareciam mijadinhas blenorrágicas. Ora, nesse estado, não me seria fácil garatujar chavões em bilhetes. O derradeiro impedimento se ligava à prudência. Quem seria Xavier? Segundo o escrito, um indivíduo atrapalhado por ideais semelhantes aos meus. Mas esses ideais não se especificavam e talvez nem existissem nele.

Existiriam em mim? Não sou de ideais, aborreço empolas. O que eu desejava era a morte do capitalismo, o fim da exploração. Ideal? De forma nenhuma. Coisa inevitável e presente: o caruncho roia esteios e vigas da propriedade, de pouco serviam os meus livros e as divagações de Xavier. De qualquer maneira rebentaria uma revolução de todos os demônios, seríamos engolidos por ela. Haveria, porém, a certeza de que o vizinho pensava nisso, esperava o cataclismo? Não havia: tratava-se de um patriota, e essa gente me inspira desconfiança. Se o tenente estivesse ali para fiscalizar-me, apanhar-me em falta? Se lhe houvessem ditado a carta e aguardassem o nosso comportamento, além do tabique? Por esses motivos ou por outros ignorados, achava-me indisposto a confabular.

Em capitão Mata não havia os mesmos receios, as mesmas inibições. Pessoa de caserna, devia saber que a ordem se contenta com as aparências. Se ele fosse apanhado em flagrante, certo não conseguiria eximir-se da culpa; operando à socapa, com mão de gato, era como se a culpa não existisse. As obrigações não passavam de formalidades: tolice exagerá-las, transformá-las em casos de consciência. Além disso capitão Mata escrevia com rapidez notável, admitia sem aversão a prosa de Xavier e, usando linguagem mais ou menos correta, disfarçava perfeitamente a vacuidade dos períodos sonoros. Afinal conhecia o rapaz, se não me engano, e o temor de perfídia se eliminava. O certo é que abriu a mala, apanhou o bloco de papel e forjou uma regular mensagem, com boa dose de entusiasmo e civismo. Direitinho um orador de comício.

Introduziu a lenga-lenga por baixo da porta. Minutos depois recebemos uma réplica sem pé nem cabeça. E assim decorreu o dia: bilhetes de um lado para o outro. A sentinela se distraía observando a inofensiva brincadeira. Se um intruso surgisse no alpendre, ela daria aviso. Evidentemente a proibição só se fizera para ser violada.

Chamaram-nos, ingressamos na confusão dos corredores, subimos, descemos, viramos esquinas, chegamos ao portão do quartel, juntamo-nos aos nossos vizinhos da prisão dos sargentos. Apenas reconheci dois: Sebastião Hora, bastante apreensivo, e Manuel Leal, empregado no balcão de d. Maroca Prado no meu tempo de colégio, depois caixeiro-viajante, um rapaz moreno, de olhos vivos, arrasado em poucos anos. Essa criatura tivera negócio comigo em época de prosperidade; sumira-se e, ao cabo de longa ausência, reaparecia, com rugas e cabelos brancos, em medonha decadência, transportando a bagagem pesada. Examinei o resto do grupo, notei a falta do advogado Nunes Leite. Bem, certamente haviam percebido que a dureza do regime carcerário não convinha a natureza tão sensível. Chamou-me a atenção um negro coberto de calombos, que se espalhavam nas mãos, no rosto luzidio, davam ao sujeito a aparência de um pé de jabuticaba As outras figuras passaram despercebidas: com certeza me achava preocupado, incapaz de observar direito.

A saída fizeram-nos entrar num caminhão, onde se arrumavam caixotes, as nossas maletas, numerosos troços miúdos. Os oficiais, os automóveis de luxo, as conversas amáveis tinham-se evaporado. Dávamos um salto para baixo, sem dúvida, mas por muito que sondasse o terreno, não me era possível adivinhar onde iríamos cair. A nossa escolta se compunha de tipos silenciosos, mal-encarados. Não vi as divisas do comandante; devia ser cabo: naquela mistura de homens, trouxas e caixões, aos solavancos, espremidos como galinhas em jacás, não seríamos confiados a sargento. Alguns presos bazofiavam, riam, procurando ambientar-se; os risos e as bazófias esmoreciam, sem ressonância, dominados pelo barulho do motor, as pilhérias tinham estridências lúgubres.

Partimos. Ignoro se chegamos logo ao destino, se nos demoramos a rolar nas ruas estreitas, que não nos despertavam curiosidade. Certamente ninguém se lembrava de observar o trajeto e consultar relógio. Tínhamos vivido num quartel do exército, separados: talvez nos houvessem oferecido tratamento diverso para semear discórdia. Reuniam-nos agora, transferiam-nos à polícia — e os ressentimentos iam explodir. Devia ser essa a razão do afastamento, embora só a tenhamos percebido muito depois. Naquela hora, sacolejados no carro de molas duras, entre fuzis ameaçadores e carrancas, éramos um pequeno rebanho apático. A vontade e o entendimento murchavam; ditos espaçados, vestígios da ruidosa despreocupação do começo, soavam falso como rachar de vidros.

Alcançamos o porto, descemos, segurando maletas e pacotes, alinhamo-nos e, entre filas de guardas, invadimos um navio atracado, percorremos o convés, chega-

MANAUS

mos ao escotilhão da popa, mergulhamos numa escadinha. Tinha-me atarantado e era o último da fila. Ao pisar o primeiro degrau, senti um objeto roçar-me as costas: voltei-me, dei de cara com um negro fornido que me dirigia uma pistola parabellum. Busquei evitar o contato, desviei-me; o tipo avançou a arma, encostou-me ao peito o cano longo, o dedo no gatilho. Certamente não dispararia à toa: a exposição besta de força tinha por fim causar medo, radicalmente não diferia das ameaças do general. Ridículo e vergonhoso. Um instante duvidei dos meus olhos, julguei-me vítima de alucinação. O ferro tocava-me as costelas, impelia-me, os bugalhos vermelhos do miserável endureciam-se, estúpidos. Em casos semelhantes a surpresa nem nos deixa conhecer o perigo: experimentamos raiva fria e impotente, desejamos fugir à humilhação e nenhuma saída nos aparece. Temos de morder os beiços e baixar a cabeça, engolir a afronta. Nunca nos vimos assim entalados, ainda na véspera estávamos longe de supor que tal fato ocorresse. O absurdo se realiza e não vamos discuti-lo. Irrisório, na verdade. No atordoamento, no assombro imenso, temos a impressão de que não nos toca a roupa um tubo de aço, mas um pouco de lama. Exatamente: lama. Aquilo decorreu num ápice: o tempo necessário para voltar-me, enxergar o instrumento, a cara tisnada e obtusa, procurar afugentar a intimidação, verificar a inutilidade do gesto, virar-me de novo. Alguns segundos. Avancei, um bolo na garganta, o coração a estalar, venci a pequena distância que me separava dos companheiros. Chegamos ao fim da escada, paramos à entrada de um porão, mas durante minutos não compreendi onde me achava. Espaço vago, de limites imprecisos, envolto em sombra leitosa. Lá fora anoitecera; ali duvidaríamos se era dia ou noite. Havia luzes toldadas por espesso nevoeiro: uma escuridão branca. Detive-me, piscando os olhos, tentando habituar a vista. Erguendo a cabeça, via-me no fundo de um poço, enxergava estrelas altas, rostos curiosos, um plano inclinado, próximo, onde se aglomeravam polícias e um negro continuava a dirigir-me a pistola. Era como se fôssemos gado e nos empurrassem para dentro de um banheiro carrapaticida. Resvaláramos até ali, não podíamos recuar, obrigavam-nos ao mergulho. Simples rebanho, apenas, rebanho gafento, na opinião dos nossos proprietários, necessitando creolina. Os vaqueiros, armados e fardados, se impacientavam.

Desviando-me deles, tentei sondar a bruma cheia de trevas luminosas. Ideia absurda, que ainda hoje persiste e me parece razoável: trevas luminosas. Havia muitas lâmpadas penduradas no teto baixo, ali ao alcance da mão, aparentemente, mas eram como luas de inverno, boiando na grossa neblina.

Arrisquei alguns passos, maquinalmente, parei meio sufocado por um cheiro acre, forte, desagradável, começando a perceber em redor um indeciso fervilhar. Antes que isto se precisasse, confuso burburinho anunciou a multidão que ali se achava. Agora já não éramos pequeno rebanho a escorregar num declive: constituíamos boiada numerosa; à

ideia do banheiro carrapaticida sucedeu a de um vasto curral. Certamente a perturbação visual durou um instante, mas ali de pé, sobraçando a valise, a abanar-me com o chapéu de palha, tentando reduzir o calor, afastar o cheiro horrível, mistura de suor e amoníaco, um pensamento me assaltou, fez-me perder a noção do tempo. Que homens eram aqueles que se arrumavam encaixados, tábuas em cima, embaixo, à frente, à retaguarda, à esquerda, à direita? Imaginei-os criminosos e vagabundos. Os contornos das pessoas e das coisas lentamente se precisavam. Aglomeração incalculável, aglomeração desordeira Uma figura amável vista de relance não abalou esta certeza O homem louro, tranquilo, gordinho, se levantou da rede, acolhedor, fumando cachimbo, disse-nos palavras que não entendi. Impossível fixar a atenção em qualquer ponto, a memória se embotava, observações imperfeitas se atabalhoavam desconexas, deixando largos espaços obscuros. Outras pessoas me falaram, inutilmente. O cachimbo do homem louro trouxe-me ao espírito uma relação — e contentou-me verificar que não me havia tornado completamente imbecil. A fumaça dos cachimbos e dos cigarros enchia o ar, produzia a garoa em que os focos luminosos nadavam. De repente ouvi gritos. Um rapaz veio lá do fundo, acercou-se dos policiais, gesticulando, esgoelando-se:

— Companheiros, vão separar-nos. Desembarco. Se não nos tornarmos a ver, ficam vocês sabendo o lugar da minha morte. Adeus.

— Adeus, Valadares, responderam algumas vozes.

O rapaz subiu a escada e sumiu-se. No calor horrível, senti um arrepio. Apesar da firmeza espetacular daquela despedida fúnebre, continuei a julgar que me haviam reunido a criminosos e instintivamente me achegava ao grupo escasso de alagoanos. Só havia ali duas pessoas conhecidas, as outras se diluíam no fumaceiro, mas o transporte no caminhão e o arremesso à furna medonha ligavam-nos em destino comum. Vivêramos uma quinzena próximos e impossibilitados de comunicar; até a saudação à passagem deles no alpendre ficava sem resposta. Impossível identificá-los. Talvez me houvessem deixado no espírito sinais fisionômicos. Não me capacitava disto, e apenas as jabuticabas esquisitas, as excrescências vistas uma hora antes tornavam reconhecível a cara inexpressiva do negro. Avançamos à toa, evitando corpos úmidos. No zunzum de feira nenhuma frase perceptível; os meus pés machucavam coisas moles, davam-me a impressão de pisar em lesmas. O terrível fedor sufocava-me, a quentura de fornalha punha-me brasas na pele, e a certeza de encontrar-me cercado de imundícies levava-me a proteger a valise, resguardá-la debaixo do braço. Aguentar-me-ia em semelhante lugar? Conseguiria resistir?

— Já se viu numa situação como esta? — Nunca, respondeu Mata furioso.

Sempre manifestara despreocupação, afirmara que estávamos bem e era tolice esperar coisa melhor, referira-se com minúcias a prisões anteriores: nenhuma lhe havia deixado mossa. Vira-se em dificuldades sérias, nada ignorava; nos momentos de aperto sabia tirar vantagem de insignificâncias, mudava os obstáculos em utilidades. Consultando-o, desejava certificar-me de que não havia motivo para alarme e o porão ignóbil estava previsto. A negativa indignada acabava de aniquilar-me. Evidentemente eu não suportaria a temperatura de caldeira; sentia-me num banho a vapor, o colarinho empapava-se, a camisa aderia ao peito e às costelas, as meias afundavam num charco ardente, do rosto caíam gotas sem descontinuar. Abanava-me com o chapéu e arfava. Não era a degradação moral que me oprimia. Tinha capitão Mata alcançado bem a minha pergunta? A cólera dele desalentava-me a nova interrogação. Nem me sentia humilhado, no atordoamento; não buscava saber se me restariam forças na alma dentro da realidade inconcebível. A alma fugia-me, na verdade, e inquietava-me adivinhar que a resistência física ia abandonar-me também, de um momento para outro: jogar-me-ia sobre as tábuas sujas, acabar-me-ia aos poucos, respirando amoníaco, envolto em pestilências. Algumas horas depois atirar-me-iam na água o cadáver. Inquirindo o oficial, pretendia insinuar-me coragem, supor, baseando-me na experiência alheia, que a vida ali era possível. Experimentei com a resposta verdadeira decepção, realmente insensata. Pois não via muitos indivíduos, talvez centenas de indivíduos, no curral flutuante? Escapou-me a observação e lá fui ziguezagueando num labirinto de redes, altas, baixas, do solo ao teto, a emaranhar-se, a balançar com o movimento do navio.

Alguém cochichou-me, atraiu-me a um canto; ouvi o nome de Miguel Bezerra, um moço de casquete, moreno e magro, que se pôs a falar com abundância. No começo não entendi o que ele dizia, recordo somente uma declaração repetida:

— Não somos comunistas.

Bem, eu os supunha vagabundos; surgiam-me dúvidas agora.

— Donde vêm os senhores?

Tinham embarcado no Rio Grande do Norte.

— Mas não somos comunistas.

— Perfeitamente.

Porque a insistência? Entrei a conversar — e logo duas surpresas me assaltaram Miguel parecia alegre, as minhas palavras soavam-me aos ouvidos como se fossem pronunciadas por outra pessoa. Doidice rir em semelhante inferno. Ou então me sensibilizara em demasia, os horrores que estivera a desenvolver tinham existência fictícia. Possivelmente o meu enjôo e a raiva do capitão Mata provinham da mudança repentina: se nos houvessem feito percorrer escalas, não nos abalaríamos tanto. Lembro-me de ter afirmado isto mentalmente. De qualquer modo nos arranjaríamos, chegaríamos a um porto. Assim falava no interior e dizia coisas diferentes,: pausadas, maquinais; pareciam gravadas num disco de vitrola. Deviam ter significação, pois o diálogo se prolongou, mas não me seria possível reproduzi-lo. A declaração inicial voltava com frequência:

— Não somos comunistas.

Porque inocentar-se? A certeza de que estavam ali os revoltosos de Natal acirrou-me a curiosidade, embora não me arriscasse a pedir informações ao desconhecido cauteloso.

Duas mulheres achegaram-se, uma branca, nova, bonita, uma pequena cafuza de olhos espertos. Fiquei sabendo que a primeira se chamava Leonila e era casada com Epifânio Guilhermino.

— Esta é a nossa amiga Maria Joana. Se o senhor tiver negócio com ela, pode procurá-la no camarote lá do fim. Maria Joana desdenhou a pilhéria, sem se escandalizar, mostrou os dentes alvos, contraiu num sorriso infantil as pálpebras oblíquas E afastaram-se em silêncio. Em frente a uns beliches toscos haviam estendido cobertas, e ali as infelizes criaturas se torravam, no mormaço invariável. Coitadas. Envergonhei-me do desânimo que me invadira Notaria alguém vestígios dele?

Uma dualidade, talvez efeito da cadeia, principiava a assustar-me: a voz e os gestos a divergir de sentimentos e ideias cá dentro, uma confusão, borbulhar de água a ferver.Por fora, um sossego involuntário, frieza, quase indiferença. A fala estranha me saía da garganta seca.

Não me ocorreu descansar: entregue a mim mesmo, teria passado a noite a vagar entre as redes como um sonâmbulo, arriaria em qualquer parte, dormiria sentado.

Ignoro quem me conseguiu alojamento numa espécie de jirau onde havia prateleiras. A minha ficava em cima. Ausência de colchão, naturalmente. Subi, alonguei-me na tábua suja, vestido e calçado, fiz da valise travesseiro, deixei ao alcance da mão o chapéu de palha, que me servira de leque. E entrei a fumar, ou antes continuei a fumar, pois desde a chegada não tirara o cigarro da boca. Por isso os beiços estavam gretados e a língua ardia. Não, não era por isso: era por causa da sede, que provavelmente durava horas e passara despercebida.

Conveniente descer, andar à toa no porão até descobrir água, beber muito, mas a iniciativa fugira, nenhum estímulo seria capaz de vencer a prostração. Em caso de incêndio a bordo, nem sei se me decidiria a levantar os ossos bambos. A camisa e a cueca molhadas grudavam-se ao corpo, e a calça e o paletó molhados colavam-se à madeira, dissolviam espessa crosta de imundície; despegando-me, afastando-me um pouco, deixava ao lado uma grande mancha escura. As gotinhas perversas animavam-me, corriam, fervilhavam-me como bichos miúdos nas virilhas e no pescoço. Liquefazia-me, evaporava-me, reduzia-me a bagaço, limão espremido. Enquanto estivera a mexer-me, de algum modo me integrara na turba, operações confusas se realizavam no meu cérebro; agora as reduzidas associações mentais deixavam de produzir-se. E em redor tudo se paralisava.

Nos cantos figuras indecisas se abatiam, como trouxas, e do ponto em que me achava não me era possível distinguir o movimento leve das redes. Centenas de pulmões opressos, ressonar difícil, perturbado por constante rumor de tosse. Punha-me a tossir também, erguia-me sufocado, em busca de ar, levantava os braços e quase alcançava o teto baixo, a tampa da nossa catacumba. Provavelmente o fumo agravava a dispnéia; não me resolvia a deixá-lo, e como os fósforos escasseassem, adotei o recurso de fumar sem intervalo, acendendo um cigarro no outro que se acabava.

O sono fugia. Estirava-me, às vezes me alheava em modorra agoniada: as coisas em redor sumiam-se, e apenas restava, aborrecedora, uma torpe visão. Aquilo era repugnante e descarado. Fechava os olhos, tornava a abri-los, cheio de raiva e nojo. Nessas rápidas fugas o cigarro se apagava. Mais um fósforo perdido; inquietava-me vendo a caixa esvaziar-se. Impossível dormir — e não conseguia despertar de todo e economizar o fogo. As comichões seriam picadas de pulgas? Ou seriam efeito de ar que entrava pelas vigias e me salgava a pele queimada?

A imagem repulsiva me atormentava: num estrado vizinho, inteiramente nu, um negro moço arranhava os escrotos em sossego. Indignava-me; pragas interiores vinham à tona e eram engolidas; lampejos de bom-senso impediam-me gritar, pedir ao tipo que tomasse vergonha. Efetivamente eu não tinha o direito de reclamar: se estivesse dormindo, o caso, para bem dizer, não existiria. Que me importava a coceira do homem? Talvez ele padecesse dartros. São medonhos: em horas de aperto desejamos triturar, rasgar a carne, suprimir de qualquer jeito a coisa insuportável, transformá-la num farrapo ensanguentado. Não, não era isso. O negro se coçava tranquilamente, como se ali não estivesse ninguém, e obrigava-me a espiá-lo. Quando me determinava a fechar os olhos, os restos de personalidade se atropelavam, fugiam, no fervedouro interno se agitavam confusões, a brasa do cigarro esmorecia, findava. Um sobressalto: necessário riscar outro fósforo. Alarmava-me o desaparecimento deles. Seis, cinco, quatro, um somente. Conseguiria poupá-lo até o amanhecer? Não conseguiria. Ligeiras pausas, cochilos, nenhum meio de avaliar em que ponto da noite me achava. Os relógios me desagradam: em geral a marcha dos ponteiros, o tique-taque, a indicar a urgência de concluir um capítulo, me desarranjam o trabalho; assando, porém, no horrível forno, em vão tentava adivinhar, explorando os arredores, abrindo os ouvidos, o pingar lento dos minutos. Queimou-se o último fósforo.

Rumores vagos na coberta, diluídos nos tormentos da tosse, dos roncos agoniados. O pesadelo obsceno continuava a perseguir-me. O saco escuro, repuxado a unha, alongava-se; os testículos grossos davam à porcaria o jeito de uma cabaça de gargalo fino. Cachorro. Indignava-me como quando ouço garotos a assobiar num bonde, mas naquele momento experimentava indignação multiplicada. As minúcias ignóbeis — a cor, a forma, a transudação — enfureciam-me contra mim mesmo. Quem me obrigava a fixar a atenção nelas? Se me decidisse a virar a cabeça para os pés da miserável cama, a coisa indigna e afrontosa se dissiparia, o embalo vagaroso das redes me ofereceria talvez algum sossego. Provavelmente não pensei nisso. E a fadiga terrível me segurava. O patife jazia a dois passos de mim, quase me tocava, e procedia como se estivesse inteiramente só: a cara imóvel, a tromba caída, as pálpebras meio cerradas, as pernas abertas e curvas, na posição de uma parturiente. Não se notava ali desprezo à opinião pública: notava-se indiferença perfeita. O animal nem tinha consciência de que nos ofendia. E os dedos esticavam sem cessar a pelanca tisnada. No clima de inferno tudo se evaporava e sentia-me sujo: certamente partículas da imundície me alcançavam. O meu desejo era gritar injúrias pesadas, finalizar por qualquer meio a sórdida exposição. Não me atrevia a desabafar: o hábito de coibir-me, a fraqueza, o cansaço amarravam-me — e sobre o monturo oscilante o que de mim restava era um morno fastio, desejo de acabar-me.

O cigarro apagou-se, levei ao bolso a mão, inutilmente, alarguei a vista pelos beliches próximos. Haveria ali náuseas também, repugnâncias invencíveis embrulhando estômagos?

Distingui confusamente rostos esmorecidos, prostrações dolorosas. A visão que me atenazava nenhuma influência exercia nos arredores; possivelmente cada um se reservava o direito de exibir sem pejo as suas mais secretas particularidades. Natural. Não me resignava a isso, um ódio surdo me crescia na alma. Ao resfôlego penoso, ao ruído cavo da tosse, uniam-se gemidos, falas desconexas, arquejar de vômitos. Outras cenas descaradas estariam revolvendo vísceras, manchando o soalho. Busquei em redor uma cara desperta, curvei-me, dirigi-me ao andar inferior do jirau

— Faz o obséquio, de me emprestar uma caixa de fósforos?

Respondeu-me um grunhido, instantes depois um braço curto se levantou, escuro, peludo. misericordioso: a rápida trégua no vício ia-me alucinando. Restituí os fósforos:

— Muito obrigado

O pensamento se obliterou, supondo que delirei, uni a minha voz às divagações estertorosas dos prisioneiros. As sensações amorteceram — e na aspereza de tábua ficou um feixe de fibras secas. A língua dura, língua de papagaio, não mais se agitou, procurando umidade, os dentes deixaram de catar películas nos beiços ardentes. E as figuras em roda aumentavam, diminuíam, aproximavam-se, afastavam-se, fundiam-se, desagregavam-se, numa dança de fogos-fátuos, isentas de significação. Somente os quibas do negro permaneciam inalteráveis, mas por fim deixaram de impressionar-me: vi-os como se visse um pouco de matéria inorgânica. Susceptibilidades, retalhos de moral, delicadezas, pudores, se diluíam; esfrangalhava-se a educação: impossível manter-se ali.

— Faz o obséquio de me dar fósforos?

Novamente se levantava o braço curto, robusto, cabeçudo em excesso.

— Muito obrigado.

Seria razoável pedir ao sujeito invisível que me deixasse conservar a caixa de fósforos. Não me lembrei disto: devolvia-a, certo de que, acendendo um cigarro no outro, poderia dispensá-la. Ao cabo de meia hora lá estava a incomodar o vizinho. Não reparei no egoísmo, na incivilidade que o procedimento revelava. Acordar alguém várias vezes por uma bagatela, que estupidez! Sem dúvida eu me comportava pior que o negro: este apenas exibia o pelame nojento, não amolava as pessoas com exigências. Enfim naquele infame lugar todos nos importunávamos. Os roncos, a tosse, borborigmos, vozes indistintas, vômitos eram incessantes. Acavalavam-se no espaço exíguo camas e redes. E como o ar escasseava, a nossa respiração constituía dano recíproco. Está aí o máximo requinte de perversidade, enquanto os verdugos repousam, as vítimas são forçadas a afligir-se mutuamente.

Por volta da madrugada uma ideia me surpreendeu: imaginei-me louco. Chegar-me-iam realmente aos ouvidos os sons estranhos? Seriam verdadeiros os rostos brancos, em desalento, vermelhos, nas convulsões da tosse, os vultos esmorecidos pelos cantos, cabeças erguendo-se à toa, desgovernadas, bocas escancarando-se no horror da sufocação? Talvez me achasse de novo no hospital, com o ventre rasgado, a queimar de febre. Talvez me visse num manicômio, a criar fantasmas. A incerteza pouco a pouco esmoreceu — convenci-me de que estava doido. Um doido manso, arriado numa tábua, a confundir imagens e ruídos. Provavelmente não me vestiriam camisa de força. Recordei-me dos meus velhos amigos Chico de Beca e Argentina. Argentina desenvolvia histórias sisudas e explicava-me no fim: — "Isto se deu quando eu tinha juízo." Chico de Beca, em horas de maluquice aguda, considerava-se apóstolo e dava-me o título de Jesus Cristo. Libertava-se da religião — e voltávamos a ser viventes ordinários. Reminiscências da juventude alarmavam-me. As cordiais relações com dementes agora me pareciam significativas: era possível que houvesse entre nós alguma semelhança. Um doido lúcido.

A preocupação encheu a madrugada longa. Que horas seriam? Faziam-me falta as pancadas de um relógio, os cantos de galos que me abrandavam as insônias na minha casa de arrabalde. Esquisita insensatez. Achava-me a bordo, a vacilar numa tábua estreita, e não queria persuadir-me disto. Como iria comportar-me? Extravagaria sem perder a memória, diria ao concluir um disparate: — "Quando eu tinha juízo..." Recusa dos fatos evidentes, sombras, lacunas, o espírito a divagar à toa; e o exame disto, a análise do desarranjo, a convicção de que nos vamos achegando, passo a passo, da treva completa. O enjoo me livraria da angústia, desejei experimentá-lo, desamparar-me como um saco vazio, eximir-me da consciência e ignorar que a perdia. Nada disso. Os olhos arregalados, sempre a fumar, serenamente. Absurdo. Havia uma queda, vertigem, torvelinho, que nenhum gesto revelava. Parecia-me observar o interior de outra pessoa. Julgo na verdade que estive doido. Nessa loucura fria indivíduos e objetos diluíram-se, inconsistentes. E afinal apenas distingui um braço escuro, cabeludo, grosso, um negro bestial, de focinho dormente, a coçar os escrotos.

Somos animais bem esquisitos. Depois daquela noite, o primeiro contato com a vida me provocou uma gargalhada. Não o riso lúgubre dos doidos, manifestação ruidosa e divertida, que me causava espanto e era impossível conter. Foi este o caso. Logo ao clarear o dia, saltei do estrado, busquei o vizinho do compartimento inferior, para agradecer-lhe os fósforos, e percebi um caboclo baixo, membrudo, hirsuto, a camisa de algodão aberta, deixando ver um rosário de contas brancas e azuis misturadas à grenha que ornava o peito largo. Esse instrumento devoto me produziu a hilaridade:

— O senhor usa isso, companheiro?

O sujeito endureceu a cara, deitou-me o rabo do olho, formalizou-se e grunhiu:

— Quando a nossa revolução triunfar, ateus assim como o senhor serão fuzilados.

Esqueci os agradecimentos e afastei-me a rir, dirigi-me ao ponto onde, na véspera, tinha ouvido o rapaz de casquete: esperava tornar a vê-lo, pedir informações a respeito do estranho revolucionário. Logo soube que se chamava José Inácio e era beato. Homem de religião, homem de fanatismo, desejando eliminar ateus, preso como inimigo da ordem. Contra-senso. Como diabo tinha ido ele parar ali? Vingança mesquinha de político da roça, denúncia absurda, provavelmente — e ali estava embrulhado um eleitor recalcitrante, devoto bisonho do padre Cícero. Com certeza havia outros inocentes na multidão, de algumas centenas de pessoas.

A luz do dia, várias figuras começavam a delinear-se, nomes próprios chegavam-me aos ouvidos, mas tudo se confundia — e era-me impossível distinguir João Anastácio de Miguel Bezerra, duas criaturas muito diferentes. Miguel Bezerra, o moço de casquete, exibia inquietação constante no rosto fino como um focinho de rato; João Anastácio tinha a cara imóvel, de múmia cabocla: sério, os olhos miúdos, parecia muito novo ou muito velho, não tinha idade. O primeiro se mexia demais e falava com exuberância, desdizendo-se: falava como se quisesse inutilizar o efeito de palavras largadas inconsideradamente; o segundo me examinava em silêncio, desconfiado — uma coruja. Essas coisas só foram percebidas muito depois. Naquela manhã tudo se atrapalhava, a luz que vinha de cima e entrava pelas vigias era escassa. E perturbado, no meio novo, esforçava-me por achar um canto onde pudesse respirar.

Cheguei-me ao escotilhão. O homem louro, de cachimbo, acolhedor e risonho, sentado numa rede, conversava com Sebastião Hora. Fiquei sabendo que a personagem se chamava José Macedo e fora, durante dois dias, secretário da Fazenda, na rebelião de Natal. Também fui apresentado ao secretário do Interior, Lauro Lago, rapaz grave, simpático, um ligeiro estrabismo disfarçado por óculos escuros.

De fato nem se haviam empossado — e os cargos decorativos apenas lhes serviram para agravar as torturas na cadeia. Estive a ouvi-los meia hora. Tinham-se aguentado quarenta e oito horas, esperando em vão que o resto do país se revoltasse. Depois viera o pânico.

Afastei-me, marchando nos calcanhares, tentando evitar as coisas moles pisadas na véspera e percebendo claramente donde vinha o cheiro forte de amoníaco. Aquelas pessoas urinavam no chão, a um canto; o mijo corria, alagava tudo, arrastando cascas de frutas, vômitos, outras imundícies. Com as oscilações da infame arapuca, a onda suja não descansava, dificilmente se acharia um lugar enxuto. Necessário arregaçar as calças e fazer malabarismos de toda a espécie para evitar a ressaca nojenta.

Viajávamos no Mansas, um calhambeque muito vagabundo. Naquela manhã chegamos a Maceió. Examinei atentamente, por uma vigia, a praia de Pajuçara, tentei localizar a casa onde morei. Que estariam fazendo as crianças? A mais nova ainda não falava direito. Arriado numa caverna, o rosto na abertura, não desviava os olhos daquele ponto. Estava ali a minha gente. O resto da cidade não me despertava o mínimo interesse. Voluntariamente nunca mais poria os pés naquela terra. O navio fundeou, mas não atentei nisto; não percebi a azáfama dos botes rente ao costado, o burburinho dos passageiros novos, carregadores e visitantes. Ter-me-ia conservado ali, imóvel se não me chamassem lá de cima.

Larguei a observação demorada, transpus o labirinto das redes, subi a escadinha, achei-me no convés, meio encandeado, revi os policiais, a cara facinorosa do negro que me havia apontado a pistola. Um conhecido, a quem dávamos a alcunha de Passarinho, chegou-se à pressa, muito pálido, entregou-me um pacote, sussurrou que minha mulher estava a bordo, mas não lhe tinham permitido ver-me. Despediu-se e afastaram-me, desci novamente à cova, atordoado, o embrulho na mão. Desatei o barbante, achei no papel alguma roupa, meti-a na valise, que se empanzinou.

Defendi os meus trastes contra a inundação de mijo e regressei à vigia, mas agora não olhava a praia distante; a atenção se fixava nas canoas e escaleres que se arredavam do navio. Capitão Mata, mais feliz, conseguira descobrir algumas senhoras de sua família, trocara algumas palavras com elas. Não me desesperançava de avistar uma figura amiga, receber notícias, um gesto ao menos. O excelente padre José Leite, que só aparece quando é necessário e tem habilidade notável para comprometer-se, bordejava talvez por ali, buscando oportunidade. Anos atrás acompanhara-me ao hospital, amolara-se quarenta noites horríveis; fugia-me a vida terrena, e de nenhum jeito me dispunha a acomodar-me à vida eterna; corpo e alma se comprometiam lastimosamente. Em ocorrência tão difícil a santa criatura abandonava os seus negócios e ficava tempo sem fim tentando, com histórias de papas, minorar-me as dores: quando me supunha tranquilo, visitava as enfermarias dos indigentes. Com certeza andava ali perto. Não distingui nenhuma pessoa conhecida. Tilintaram correntes, anunciando o levantamento da escada; os rumores da coberta esmoreceram; as velas das pequenas embarcações escassearam, dispersaram-se.

O Manaus desancorou, sumiram-se pouco a pouco as dunas, os coqueiros, os tetos de armazéns acaçapados. Longamente me conservei ali, trepado na costela do cavername, evitando o abafamento e o calor da furna lôbrega, vendo a água bater na madeira velha recebendo salpicos na cara. Experimentava uma vaga mistura de alívio e decepção. As pessoas lá de fora pareceram-me indiferentes e covardes. Medo de comprometer-se, julguei severo e injusto, esquecendo que muitos esforços deviam ter sido feitos inutilmente e nenhuma visita chegara aos outros alagoanos. Um pacote de roupa branca, meia dúzia de palavras sumidas. Afinal que valíamos nós? Estávamos ali mortos, em decomposição, e era razoável evitarem o contágio. Bom que se conservassem longe. Ninguém nos poderia oferecer uma dessas mesquinhas lisonjas indispensáveis na vida social; estávamos diante de uma verdade muito nua e muito suja, e qualquer aproximação nos originaria vergonha e constrangimento. O resto da humanidade se afastava; no marasmo e no assombro, sentíamos que se afastava em excesso. Impossíveis os entendimentos: muros intransponíveis nos separavam. Se amigos conseguissem aproximar-se de nós, ficariam em silêncio, de vista baixa, confusos e vazios, receando molestar-nos. Uma palavra à toa, largada com bom propósito, avivaria suspeitas, provocaria situações intoleráveis: enxergaríamos nela remoque, alusão velada. Certamente nos atribuíam culpas graves; na melhor das hipóteses, éramos levianos e desastrados. E o pior é que nos sentíamos infratores, éramos levados a admitir isto. Sinais intempestivos de compaixão, simples referência ao ambiente sórdido, à horrível miséria, mais nos reforçariam a certeza. Tínhamos delinquido, sem dúvida. Muitas daquelas criaturas ignoravam que delito lhes imputavam. Na verdade não imputavam: mantinham-nas em segregação, e isto devia bastar para convencê-las. Com o andar do tempo, chegariam a dar razão à justiça nova. Ninguém iria prendê-las e maltratá-as sem motivo. Algumas, como capitão Mata, recalcitrariam exibindo-se vítimas de um equívoco. Outras se deixariam arrastar, fugindo às explicações. E José Inácio desfiaria as contas brancas e azuis do seu rosário, peloso e carrancudo, sonhando com uma revolução que liquidasse todos os ateus.

Ignoro onde me escondi para mudar a roupa. Na véspera, dentro da escuridão leitosa, ter-me-ia podido arranjar facilmente. Fugindo às luzes do centro, buscando as margens obscuras onde fervilhavam sombras vivas, teria conseguido meio de arrancar do corpo os medonhos constrangimentos de lã, insuportáveis naquela temperatura. Com o dia, a vista habituando-se na indecisa claridade que vinha das aberturas superiores e laterais, todos os recantos se devassavam. Pouco a pouco me livrei das peças incômodas, tirei a gravata, o colarinho, o paletó, enquanto prosseguia a conversa com Miguel Bezerra, iniciada à noite, interrompida muitas vezes. Certamente pude expressar-me direito, pois o moço não pareceu descobrir nas minhas palavras nenhum desconchavo; de fato não me inteirava do assunto, as ideias baralhavam-se de maneira lastimosa. O que retive bem naquela manhã foi a causa do desassossego do meu novo camarada ao avistar-me: supusera-me funcionário da polícia. Piquei-me. Ora essa! Nunca me passara pela cabeça que tal confusão fosse possível, a franqueza do rapaz me aborrecia. Sim senhor, um tira. Bem vestido, com valise, chapéu de palha, originara desconfiança, e daí a frase repetida sem propósito: — Não somos comunistas.

Agora a suspeita se desfazia. Sebastião Hora parolava com José Macedo e Lauro Lago a respeito da Aliança Nacional Libertadora, a princípio sufocada, afinal posta no xadrez; os meus companheiros de Alagoas, apenas entrevistos no quartel, mal examinados nos sacolejos do caminhão, desconhecidos quase todos, começavam a entender-se com a gente do Rio Grande; e, sem chapéu, sem valise, exibindo-me em camisa, despojava-me da feição policial. Naquele momento o meu desejo era evitar a presença de Leonila e Maria Joana, livrar-me dos restos do vestuário pesado. Em tal situação, o recurso melhor seria pedir aos passageiros machos que formassem diante de mim uma espécie de cerca humana e, protegido por ela, despir-me, arranjar-me convenientemente. Devo ter feito isso, não me lembro. Sei que me achei metido no pijama. Dobrei cuidadosamente a calça e o paletó, arrumei-os sobre a maleta e conservei os meus troços à vista, pois eram tudo quanto eu possuía e ali dentro começavam a representar enorme valor.

Alguém me preveniu de que viajavam conosco vagabundos e ladrões. Retirei da carteira as cédulas, dobrei-as, ocultei-as num compartimento do porta-moedas, guardei a pequena fortuna no bolso do pijama, debaixo do lenço. Ali estava em segurança. Mas não queria desviar-me dos outros bens: de quando em quando precisava certificar-me de que existiam os blocos de papel, os lápis, as cuecas, as meias, as camisas. Tentava-me o desejo de recomeçar as notas interrompidas no quartel, jogar na folha as últimas impressões, atabalhoadas, continuamente dissolvidas.

Como era impossível o trabalho, servia-me desses instantes para tirar o frasco e a tesourinha, curar o dedo ferido, pôr no abscesso uma gota de iodo.

Afastava-me, acercava-me dos grupos, imiscuía-me neles: esforçava-me por decifrar certas particularidades de linguagem e em vão buscara reter as fisionomias, sempre renovadas. Não havia jeito de casar às figuras incompletas os nomes que me chegavam aos ouvidos. João Anastácio. Bem. Esse conseguiu fixar-se. Anteriormente fundia-se com Miguel Bezerra, mas agora se distanciava, e não sei como baralhei pessoas tão diversas. Julgo que me surgiram simultaneamente na atrapalhação da chegada, falaram as duas ao mesmo tempo, quando não. me era possível estabelecer a distinção: olhos vivos, modos inquietos, rosto fino como um focinho de rato; pele macerada, feições imóveis de múmia cabocla. Tipos inconfundíveis, caracteres diferentes. Miguel Bezerra tinha um modo escorregadio de negar, de justificar-se; o outro afirmava, lento e seguro, como se batesse em pregos: nunca vi homem tão afirmativo.

Essas duas figuras me ficaram gravadas profundamente na lembrança, não por haverem exercido qualquer influência na minha esquisita aventura, mas porque avultaram no rebanho indistinto, durante algumas horas. Depois se afastaram, se diluíram: os hábitos de classe me aproximaram do sujeito gordo e louro que fumava cachimbo, sentado na rede, a sorrir, do rapaz estrábico, de óculos. Importantes, um secretário da Fazenda, outro secretário do Interior, no governo revolucionário de Natal. Propriamente não fora governo, fora doidice: nisto, embrulhados, concordavam todos. Estavam ali dois figurões, dois responsáveis, dois criminosos, porque tinham sido pegados com o rabo na ratoeira. Não me arriscaria a dizer como se chamavam. Macedo e Lauro Lago. Isso, repetido com frequência, me permanecia na memória, mas, se me dirigisse a qualquer deles, trocaria as designações. Falavam-me também num terceiro chefe da sedição, o mais importante, conservado em Natal por não se poder ainda locomover: seviciado em demasia, aguentara pancadas no rim e, meses depois da prisão, mijava sangue. Arrepiava-me pensando nisso. Achava-me ali diante de criaturas supliciadas e, consequentemente, envilecidas. A minha educação estúpida não admitia que um ser humano fosse batido e pudesse conservar qualquer vestígio de dignidade. Tiros, punhaladas, bem: se a vítima conseguia restabelecer-se, era razoável andar de cabeça erguida e até afetar certo orgulho: o perigo vencido, o médico, a farmácia, as vigílias de algum modo a nobilitavam. Mas surra — santo Deus! — era a degradação irremediável. Lembrava o eito, a senzala, o tronco, o feitor, o capitão-de-mato. O relho, a palmatória, sibilando, estalando no silêncio da meia-noite, chumaço de pano sujo na boca de um infeliz, cortando-lhe a respiração. E nenhuma defesa: um infortúnio sucumbido, de músculos relaxados, a vontade suspensa, miserável trapo. Em seguida o aviltamento. É assim na minha terra, especialmente no sertão. Vivente espancado resiste: em falta de armas, utiliza unhas e dentes, abrevia o suplício e morre logo, pois, se sobreviver, estará perdido. Nunca mais o tomarão a sério. É possível que ele esqueça o chicote, precisa esquecer: cá fora tenta reaver os seus insignificantes direitos de cidadão comum. Os outros não esquecem. Aquilo é estigma indelével, tatuagem na alma. Quando estiver desprecatado, julgando-se normal e medíocre, um riso, um gesto, um olhar venenoso o chamarão à realidade, avivarão a lembrança do pelourinho, do rosto cuspido, das costas retalhadas. Afinal aquele tratamento não foi infligido senão para isso. Indispensável aniquilar um inimigo da sociedade. Quem é ele? O assassino? Evidentemente não. Na minha terra uma vida representa escasso valor. A população cresce demais, a agricultura definha na terra magra. Eliminar um cristão significa afastar um concorrente aos produtos minguados, em duros casos serve para restabelecer o equilíbrio necessário. Enfim, cedo ou tarde, a morte se daria; em última análise o matador foi instrumento da Providência. Por isso ela é tabu. Na cadeia da roça não o maltratam, e o júri sem dificuldade o absolve. O que passou passou, a condenação não ressuscita ninguém. O delito máximo é o que lesa a propriedade. Nesse ponto o fatalismo caboclo desaparece: não foi certamente Deus que mandou furtar, o ladrão é responsável. Está visto que não se punem os grandes atentados, mais ou menos legais, origem das fortunas indispensáveis à ordem, mas os pequenos delinquentes sangram nos interrogatórios bárbaros e nunca mais se reabilitam. Não me ocorrera a ideia de que prisioneiros políticos fossem tratados da mesma forma: a palavra oficial dizia o contrário, referia-se a doçura, e não me achava longe de admitir pelo menos parte disso. Um jornalista famoso asseverava que os homens detidos no Pedro I bebiam champanhe. Com certeza na doçura e no champanhe havia exagero; não me viera, contudo, a suspeita de que a imprensa e o governo mentissem descaradamente quando isto não era preciso. Provavelmente existia nas prisões certa humanidade, relativa humanidade. Capacitara-me disso, por não me parecer que os atos ferozes fossem úteis. Talvez não estivesse aí o motivo da minha credulidade. Habituara-me de fato, desde a infância, a presenciar violências, mas invariavelmente elas recaíam em sujeitos da classe baixa. Não se concebia que negociantes e funcionários recebessem os tratos dispensados antigamente aos escravos e agora aos patifes miúdos. E estávamos ali, encurralados naquela imundície, tipos da pequena burguesia, operários, de mistura com vagabundos e escroques. E um dos chefes da sedição apanhara tanto que lá ficara em Natal, desconjuntado, urinando sangue.

Não me abalancei a indiscrições relativamente aos outros— evitei melindrá-los. Teriam pudor, certamente, calar-se-iam se possuíssem as terríveis chagas incuráveis. Meias-palavras, referências vagas, ambiguidades trouxeram-me a convicção de que todos ali, ou quase todos, haviam sido torturados e não conservavam disso nenhuma vergonha. Espantei-me no começo, depois busquei uma explicação. Provavelmente a autoridade considerava os meus novos companheiros pouco mais ou menos iguais aos ladrões. Queriam eliminar os ricos, suprimir a exploração do homem na lavoura e na fábrica. Certo não alcançariam esse objetivo, por enquanto desejavam apenas a distribuição razoável da terra, melhores condições de vida para o trabalhador. Um roubo. E, pegados com armas na mão, nivelavam-se aos bandidos e recebiam suplícios infamantes. Não se julgavam, contudo, humilhados. Porquê? Talvez não supusessem completamente desarrazoada essa justiça bruta e sumária. Eles, como os escravos indolentes e os salteadores, minavam a fortuna, pelo menos pretendiam miná-la. Natural que os proprietários, senhores do Estado, os estigmatizassem, cobrissem de ignomínia. Não lhes feriam somente o corpo tentavam, encharcando-os na lama, no opróbrio, embotar-lhes os espíritos, paralisar-lhes a vontade. Conhecida, porém, essa intenção, muito se reduzia o efeito dela. Realmente havia as dores físicas. E findas as torturas, os corações se desoprimiam.

Os meus amigos do porão falavam dessas coisas como de fatos normais, distantes, relativos a outras pessoas: de nenhum modo pareciam atingidos por elas. Na verdade, para que o rebaixamento moral se realizasse, deveriam aplicar os castigos a um número pequeno de indivíduos. Alcançando a maioria ou a totalidade, o labéu se atenuava, perdia enfim a consistência Reportavam-se àquilo como se narrassem um desastre de automóvel, uma operação cirúrgica, sucessos que não poderiam desonrá-los.

Arriado numa costela do cavername, o rosto colado à vigia, ausentava-me do porão olhando o mar. Algumas pessoas, ali perto, conversavam comigo, arejavam-se um pouco, fugindo ao calor da fornalha, mas não me apercebia direito da conversa. As palavras me chegavam quase destituídas de significação, às vezes me surpreendia lançando respostas a perguntas indefinidas. Sem querer, me insinuava aos poucos no ambiente novo, na sociedade esquisita. Fumava sem descontinuar. Ainda possuía cigarros; os fósforos tinham-se esgotado à noite, e não sei como pude obter uma caixa. Perceber-me-iam em redor a desatenção? Talvez não me achasse desatento: ocupava-me de muitas coisas, misturava-as, confundia-as, desorientava-me em avanços e recuos no tempo e não me era possível fixar nada no espírito.

Dava mostra de examinar a água escura, as algas, filamentos estranhos; alongando a vista, percebia uma praia distante, verde e branca, povoada de coqueiros. Para distinguir essa faixa de terra, precisava curvar-me, esperar que o navio se inclinasse para o outro lado. Fatigava-me da posição forçada, voltava a recostar-me — e o horizonte se reduzia, alguns metros mais largo ou mais estreito, conforme as oscilações do calhambeque. Nenhum objeto, asa ou vela, perturbava a monotonia. Filandras, apenas, a confusão das tripas vivas, fosforescências pálidas, revérberos do sol no marulho, uma tira de espuma rente ao costado. Brisas ásperas batiam-me na cara, ali a temperatura baixava, era suportável. O pesadelo noturno se distanciava, parecia-me acontecimento velho; o braço peludo e a visão obscena esmoreciam-me no espírito. A língua já não estava seca; os beiços rachados ardiam, era-me preciso umedecê-los a cada instante, livrá-los de películas incômodas. Salgados, a ponta do cigarro também tinha sal, os dedos, presos à borda da abertura, cobriam-se de suor pegajoso.

Cansava-me, aborrecia-me dos filamentos invariáveis, dos reflexos na onda, tirava-me dali, passeava aos tombos, as pernas entorpecidas, reacostumando os olhos piscos a magotes agachados na sombra. Voltava o calor medonho. Não era, com precisão, calor: era abafamento. Insuficiência de ar para tantos pulmões. Os grupos arquejavam, tossiam, engrossavam debaixo da escotilha. Metido na roupa leve, mexia-se devagar, cautelosamente. Não me arriscaria a calçar chinelos: conservava os sapatos, e, embora tivesse os pés resguardados, repugnava-me em certos pontos encostar as solas na tábua: andava sobre os calcanhares, banzeiro como um papagaio, receoso de pisar nas imundícies, cada vez mais abundantes. As cascas de frutas, restos de comida, detritos de toda espécie, aumentavam. Aquela gente escarrava no chão, vomitava no chão; a um canto, perto da escada, havia sempre alguns indivíduos de costas, molhando a parede; corria desse mictório improvisado um filete que desaguava no charco movediço. A vaga se avolumava, prometia varrer o soalho inteiro, a evaporação nos afligia com o horrível fartum, sem descontinuar. Nenhum escoadouro.

Movendo-me a custo, examinando, ouvindo, perguntando, consegui diferençar e nomear várias peças da carga viva, contrabando humano. Com Sebastião Hora, vizinho ao portaló, estabelecera-se o preto encaroçado, semelhante a um pé de jabuticaba. Fora contínuo da Aliança Nacional em Alagoas e davam-lhe a alcunha de Doutor. Em atitude canina, mastigando qualquer coisa, parecia continuar no exercício do seu cargo, esperando ordens do Presidente, que discutia com José Macedo e Lauro Lago, todos eles muito consideráveis. Havia mais, além do capitão Mata e de Manuel Leal, três figuras alagoanas: Vicente Ribeiro, rapaz franzino, cabo do 20.º Batalhão de Caçadores; Benon, negro esgalgado, risonho, de voz estridente; Ezequiel Fonseca, louro, míope, de óculos. Parece que este último tivera a ideia infeliz de se meter numa cooperativa — e isto o marcara aos agentes da ordem como elemento pernicioso. Também conheci diversos rio-grandenses. O estivador João Francisco Gregório, robusto em demasia, construção de torre, deslocava-se devagar; pachorra imensa na voz, nos gestos, longa desconfiança nos olhos astutos. Concordava facilmente com as coisas mais absurdas: — "An! Bem!" Na cidade o julgariam tolo. Quem tivesse observado as manhas dos mestiços nordestinos logo lhe perceberia a dissimulação. Paulo Pinto, ex-cabo de polícia, cafuzo sifilítico, era especialista em sambas. Epifânio Guilhermino, terrivelmente sério, falava baixo e rápido, sublinhando com movimentos de cabeça afirmações categóricas, sem pestanejar. Ferido em combate, ficara meses entre a vida e a morte; uma bala o atravessara, deixando-lhe duas cicatrizes medonhas, uma na barriga, outra nas costas. Livrara-se por isso do espancamento. E restabelecido, até gordo, ali se achava, em companhia da mulher, apanhada a mexer num fuzil-metralhadora. Havia um cabra de Lampião entre nós. Chamava-se Euclides e não tinha nada de cabra: um sertanejo vivo, alourado, notável desempeno em todo o corpo, olho de gavião. Depois do beato José Inácio, apareceu-me um espírita, Sebastião Félix, pessoa incolor. Guardo a vaga lembrança de que era baixo, moreno e usava óculos escuros, mas não estou bem certo disso: sei apenas que se exercitava nas preces e na invocação das almas do outro mundo. Nem ali, no infecto desvão, essas criaturas de sonho o abandonavam. A queimadura de Gastão, horrível, destruíra a peie numa parte do rosto e no pescoço, talvez houvesse lesado músculos. Por isso a boca se repuxava num riso constante e inexpressivo. Havia um estudantezinho de preparatórios, João Rocha, mulato, franzino, inconsequente, falador; um chauffeur doente, Domício Fernandes, que não aguentaria aquela vida; um pequeno dentista, Guerra, petulante, de bigodinho. Ramiro Magalhães era uma criança estouvada e ruidosa, a quem tinham conferido insensatamente o cargo de prefeito de Natal. Esse disparate indicava bem que a sedição não representava de fato nenhum perigo. Vencida a força pública facilmente, conquistado o poder precário, os rebeldes se haviam julgado seguros: divertiam-se fazendo a tiros desenhos nas fachadas, queriam voar em aeroplanos, entregavam negócios públicos a meninos. Ao primeiro ataque rijo — fuga precipitada, rendição. E o prefeito de Natal se embrulhara também. Com desembaraço de colegial afoito, não se inteirava da situação, presumo, via nela uma espécie de brincadeira. Chamou-me a atenção um sujeito silencioso, Carlindo Revoredo, que tinha aparência de estátua. Alto, robusto, mexia-se devagar, os traços fisionômicos inalteráveis. Naquele desarranjo, tudo se acavalando e agitando, não lhe percebi os movimentos: dava-me impressão de imobilidade perfeita. E não me lembro de o ter ouvido falar. Os cabelos de Mário Paiva começavam a escassear, o rosto cansado alegrava-se num sorriso amável, permanente. Dizia-se ator, mas nunca vi pessoa tão sem jeito para representações. Engajara-se talvez nessas companhias vagabundas que circulam raro pelas cidadezinhas do interior, a exibir dramalhões ingênuos quase suprimidos pelo cinema. Passava meia hora a chatear-nos:

Lobato tinha uma flauta. A flauta era de Lobato. Minha avó sempre dizia:
— Toca flauta, seu...
Lobato tinha uma flauta. A flauta era de Lobato.

Uma lenga-lenga infindável. Nunca nos revelou outra habilidade, e suponho que o talento cômico de Mário Paiva não ia além disso. O indivíduo que mais me impressionou ali foi Carlos Van der Linden, não porque manifestasse qualquer particularidade vultosa, mas por me haver começado a expor uma das coisas mais dolorosas engendradas pela cadeia. Era um rapaz magro, de rosto fino e pálido, a exprimir resignação, a irradiar simpatia. Uma dor profunda e serena. Estou a vê-lo sentado na bagagem, os braços cruzados, os lábios entreabertos, a arfar. Cobria-lhe o peito débil uma blusa fina, azul-marinho, de mangas curtas, à altura dos cotovelos. Chegaram-me, em pedaços de conversa, em frases incompletas, insinuações malignas a respeito dessa personagem. Não inspirava confiança. Porquê? Afirmaram-me vagamente que Van der Linden de certo modo se ligava à polícia, pelo menos se ligara. Acusação de tal monta, lançada sem prova, alarmou-me. Considerei que eu próprio ainda na véspera fora tomado como espião. E agora me faziam confidência de tanta gravidade. Qual o motivo da reviravolta? Despropósito na suspeita e na segurança com que me falavam, especialmente na segunda. Afinal os receios se justificavam, defesa natural. A mudança repentina me sobressaltou: nenhuma razão para me virem contar segredos. Busquei evitá-los, contrafeito. Como as informações se multiplicassem, tentei saber em que se baseavam. Nada de concreto: sugestões malévolas apenas. Indícios confusos encorpavam ali dentro, ganhavam relevo, mudavam-se em provas. Fora do mundo, aqueles espíritos caíam em forte impressionabilidade, gastavam as horas longas criando fantasmas ou admitindo, ingênuos, inventos alheios, as informações mais disparatadas. Só mais tarde percebi como embustes grosseiros nos enleiam no cárcere e esforcei-me com desespero por vencer o rebaixamento mental, a credulidade estúpida.

Ouvindo pela primeira vez semelhantes acusações, procurei reagir, mas talvez já houvesse em mim um esboço de alma selvagem. Escorregava pouco a pouco, involuntariamente dava crédito aos boatos. Seria injustiça? Faltavam-me elementos para julgar; no meio novo, a repetição da crueldade verrumava-me na cabeça. Talvez houvesse alguma verdade nos rumores. Enfim que me importava que houvesse ou não? Era ali um estranho, e buscava refugiar-me nos meus pensamentos, olhar pela vigia o litoral branco, as pequenas ondas luminosas; os pensamentos embrulhavam-se, partiam-se, voltavam às murmurações insidiosas, levianas, e a vista se desviava da paisagem uniforme, ia fixar-se na criatura serena, melancólica, de braços cruzados, a um canto, respirando mal. Preocupava-me notar o isolamento de uma pessoa na multidão. De fato não era bem isso. Dirigiam-se a Van der Linden, aparentemente ele não se distinguia dos outros; mas observavam-no, alguns remoques deviam chegar-lhe aos ouvidos. Se se inteirava da vigilância e das picuinhas, o nosso inferno era insignificante comparado ao dele. É uma desgraça necessitarmos esses pontos de referência para aguentarmos uma situação difícil: vemos que alguém sofre mais que nós e deixamos de julgar-nos muito infelizes. E quem sabe se torturamos os outros simplesmente com o fim de experimentar-lhes a resistência? Em última análise estamos experimentando a nossa. Ainda não suportamos aquilo, mas vemos que é suportável.

Bem: não chegamos a posição desesperadora. Ideias assim, fragmentos de ideias embrulhadas, machucadas, cortadas ferviam-me no interior. E vinha-me também a recordação de Horácio Valadares a despedir-se fúnebre, agoureiro:

— Se não nos tornarmos a ver, ficam vocês sabendo o lugar da minha morte.

Por volta de meio-dia trouxeram-nos caixões com marmitas e o almoço foi distribuído. Olhei de longe a comida feia, mas não foi o aspecto desagradável que me fez evitá-la. Reaparecera-me a inapetência, e só a vista do alimento me provocava náuseas. Voltei-me para o exterior, fui embeber-me na monotonia das ondas, até que a refeição terminasse. Espantava-me conseguir uma pessoa mastigar qualquer coisa diante das imundícies que se agitavam e decompunham na vaga de mijo. O fedor horrível, confusão de cheiros com predominância de amoníaco, já não me afligia: habituara-me a ele e envenenava-me sem perceber isto. Fumava sem descanso, e temia que me chegasse o momento de abandonar o vício.

No escotilhão estabelecera-se um pequeno comércio. Foi ali com certeza que achei meio de renovar a minha provisão de fósforos e cigarros. Não me recordo. Também não sei como nos forneciam água. Lembro-me de que ela se achava à entrada, perto do camarote do padeiro, mas esqueci completamente se estava em balde ou ancoreta, se vinha de encanamento. Afasto a última suposição, estou quase certo de que não existia nenhuma torneira. Esta lacuna me revela o desarranjo interno, pois a sede era grande, estávamos sempre a beber. Findo o rumor das colheres nas vasilhas de lata, arrastados os caixões, reingressei na vida escura da furna, um espinho na consciência.

Inútil, ocioso, a vagar à toa, ouvindo a parolagem dos grupos, tentando familiarizar-me — e o trabalho abandonado. Nunca me vira sem ocupação: enxergava na preguiça uma espécie de furto. Necessário escrever, narrar os acontecimentos em que me embaraçava. Certo não os conseguiria desenvolver: faltava-me calma, tudo em redor me parecia insensato. Evidentemente a insensatez era minha: absurdo pretender relatar coisas indefinidas, o fumo e as sombras que me cercavam. Não refleti nisso. Havia-me imposto uma tarefa e de qualquer modo era-me preciso realizá-la. Ou não seria imposição minha esse dever: as circunstâncias é que o determinavam. Indispensável fatigar-me, disciplinar o pensamento rebelde, descrever o balanço das redes, fardos humanos abatidos pelos cantos, a arquejar no enjoo, a vomitar, as feições dos meus novos amigos a acentuar-se pouco a pouco. Não nos encontramos todos os dias em tal situação; de alguma forma devia considerar-me favorecido. Ao chegar, sentira-me atordoado, mas nem uma vez me viera a ideia de estar sendo vítima de injustiça. Lá fora comportava-me automaticamente. A repartição, o despacho, o bonde, o horário, conversas bestas com indivíduos que se mexiam como se fossem puxados a cordões. Ali me exibiam aspectos inéditos da sociedade. Avizinhei-me dos meus troços, afastei a calça e o paletó, dobrados cuidadosamente, abri a valise, retirei o bloco de papel e um lápis, arrumei tudo de novo, sentei-me num caixão, pus-me a escrever à luz que vinha da escotilha. Provavelmente fiquei horas a trabalhar, desordenadamente. Queria atordoar-me, sem dúvida. As letras se acavalavam, miúdas, para economizar espaço, e as entrelinhas eram tão exíguas que as emendas se tornavam difíceis. Realmente nem me lembrava de corrigir a prosa capenga. Faltava-me a certeza de poder um dia aproveitá-la. Os guardas viam-me entregue a ela; quando mal me precatasse, viriam examiná-la, destruí-la; ou talvez eu mesmo a inutilizasse. À hora do jantar não me foi preciso levantar-me, vencer a náusea a olhar as ondas: continuei sentado, jogando na folha os desarranjos que me fervilhavam no espírito. Convidaram-me com insistência, quiseram levar-me para junto dos caixões e das marmitas. Algumas pessoas estranharam a recusa. Um dia inteiro em jejum.

Escrevi até à noite. Se houvesse guardado aquelas páginas, com certeza acharia nelas incongruências, erros, hiatos, repetições. O meu desejo era retratar os circunstantes, mas, além dos nomes, escassamente haverei gravado fragmentos deles: os olhos azuis de José Macedo, a contração facial de Lauro Lago, a queimadura horrível de Gastão, as duas cicatrizes de Epifânio Guilhermino, o peito cabeludo e o rosário do beato José Inácio, a calva de Mário Paiva, os braços magros de Carlos Van der Linden, o rosto negro de Maria Joana iluminado por um sorriso muito branco.

Escureceu, acenderam-se as lâmpadas. Afizera-me ao ambiente e já não me impressionavam o cheiro de amoníaco e o burburinho de feira. Também a sombra leitosa em que boiavam luzes tinha desaparecido. Agora se destacavam os focos elétricos pendentes do teto. No centro o lago de urina estava bem iluminado; as margens se envolviam em penumbra, e no ponto em que me achava as figuras desmaiaram, as letras pouco a pouco se sumiram. Levantei-me, os beiços rachados, a língua ardente, com sede. Fumava o dia todo e assaltavam-me às vezes ligeiras vertigens. Encaminhei-me ao lugar onde bebíamos e não achei água, fiz demoradas buscas inutilmente. A lembrança da noite, do pesadelo extenso, do calor, do negro a coçar as pelancas nojentas, afligiu-me. Naquele estado, o estômago vazio, a garganta seca, ia estirar-me novamente na tábua suja, asfixiar-me, ouvir gemidos, roncos, pragas, borborigmos, delirar, avizinhar-me outra vez da loucura. À medida que o tempo se passava os meus receios cresciam. Tentava iludir-me: ambientado, não experimentaria as ânsias da véspera; na verdade as causas do tormento haviam sido o colarinho, a gravata, a roupa grossa de lã; metido no pijama leve, ser-me-ia possível talvez dormir.

Adiava a hora de recolher-me. Muitos prisioneiros já se haviam entrouxado pelos cantos, e não me decidia a aproximar-me da valise posta em cima do estrado onde me deitara. De repente um mulato de cara enferrujada apareceu, querendo vender-me uma rede por quinze mil-réis. Aceitei-a sem regatear, mas surgiu uma dificuldade: não havia lugar para armá-la, e assim ela não representava nenhum valor. O negociante, engenhoso, cortou o embaraço: milagrosamente se guindou com agilidade de macaco, e em dez minutos o objeto salvador se estendia, amarrado firme a duas colunas, a grande altura, na boca da escotilha. Admirei a perícia do homem e entreguei-lhe uma cédula de vinte mil-réis. Foi buscar o troco. Num momento estaria de volta. Fiquei a esperá-lo, conversando com João Anastácio e Miguel, os dois passageiros que se haviam relacionado comigo. Os outros ainda estavam nebulosos e distantes. Como se chamava aquele sujeito? Não souberam informar-me, e, como o tipo não regressasse, desisti da espera, despedi-me aborrecido por me haver deixado lograr, tentei alcançar o ninho que se agitava muito acima das nossas cabeças. Era uma difícil escalada. Sem tirar os sapatos, utilizando como degraus os punhos das outras redes, consegui chegar à minha, afastei as varandas, operação complicada, e mergulhei no seio de pano com um suspiro de consolo. Não havia travesseiro nem cobertas. Arranjar-me-ia sem eles. O calor diminuíra bastante: findava o receio de congestionar-me, sufocar-me; o ar, porém, ainda era espesso, e voluntariamente me privaria de cobertura. Conseguiria dormir, apesar da sede; esta ideia afugentava as preocupações e dava-me paz. Ligeiras picadas no estômago faziam-me pensar nos caixões e nas marmitas, enojado. Nenhuma fome: com certeza não me seria possível engolir nada. As goelas queimavam, os beiços rachados ardiam, e achava-me tranquilo. Realmente não era tranquilidade perfeita. Inclinando-me um pouco, via lá embaixo, numa ponta do estrado, a valise, a calça, o paletó, o chapéu; de quando em quando me voltava para vigiar estes bens. Algumas cédulas, níqueis e pratas estavam em segurança, no porta-moedas, escondido no bolso do pijama, por baixo do lenço. Achava-me bem e adormeceria logo se uma insignificância não me perturbasse: a recordação do mulato enfarruscado que me abafara cinco mil-réis. Eu lhe teria dado cinquenta sem hesitar. Aperreava-me a safadeza estúpida. Porque não me havia o idiota pedido mais, em negócio? Porque se contentava com um furto pequeno, descoberto em minutos? Ladrão indecente. Enfim aquilo era juízo temerário: possivelmente o homem andava a procurar-me para restituir a diferença. No dia seguinte regularizaríamos a transação. Zangava-me por estar perdendo tempo com semelhante niquice, buscava livrar-me dela, considerar friamente os absurdos que me rodeavam. Impossível: diluíam-se, atrapalhavam-se, figuravam retalhos de sonhos. Nesse estado, meio inconsciente, de costas as mãos cruzadas no peito, distingui a pouca distância um polícia negro junto à amurada. Despertei num instante, pensei na criatura bestial que me fizera descer a escada fixando-me uma pistola às costelas. A suspeita e o calafrio de repugnância num momento cessaram. O indivíduo ali próximo não se assemelhava ao bruto corpulento: era um rapaz alto, magro, de feições humanas; debruçado, parecia examinar o interior do porão. Encarei-o, pedi:

— Faz o obséquio de me dar um copo de água? Balançou a cabeça, hesitou:

— Difícil. Será que o senhor pode subir até aqui?

Sem esperar resposta, saiu, voltou com um copo de água, curvou-se para dentro; engatinhei, segurando-me ao punho da rede, à corda, ergui-me no suporte oscilante, cheguei aos varões da amurada, agarrei-me, alcancei o braço estendido, bebi sôfrego. Mas aquilo não bastava: repetimos a operação quatro ou cinco vezes. Não sei como agradeci: murmurei com certeza algumas palavras convencionais e vazias. E escorreguei no fundo da cova movediça, abriguei-me nela arquejante, de barriga para o ar, os olhos presos no soldado.

Estranho, estranho demais. A fadiga alquebrava-me, impedia-me esboçar um sorriso de reconhecimento. Precisamos viver no inferno, mergulhar nos subterrâneos sociais, para avaliar ações que não poderíamos entender aqui em cima. Dar de beber a quem tem sede. Bem. Mas como exercer na vida comum essa obra de misericórdia? Há carência de oportunidade, as boas intenções embotam-se, perdem-se. Ali me havia surgido uma alma na verdade misericordiosa. Ato gratuito, nenhuma esperança de paga; qualquer frase conveniente, resposta de gente educada, morreria isenta de significação. Na véspera outro desconhecido, negro também, me havia encostado um cano de arma à espinha e à ilharga; e qualquer gesto de revolta ou defesa passaria despercebido. Esquisito. Os acontecimentos me apareciam desprovidos de razão, as coisas não se relacionavam. A violência fora determinada apenas pela grosseria existente no primeiro negro; o ato caridoso pela bondade que havia no coração do segundo. Ausência de motivo fora isso, eu não merecia nenhum dos dois tratamentos. Era razoável observá-los com frieza, alheio e distante. Impossível. Insensibilizava-me à brutalidade, encolhera os ombros indiferente, como se não fosse comigo; tinha-me habituado a ela na existência anterior, dirigida a mim e a outros. Não podia esquivar-me àquela piedade que ali espreitava o fundo do porão, em busca de sofrimentos remediáveis. Nunca percebera, em longos anos, casos semelhantes. As ideias desmaiaram, fugiram, e, aos embalos doces da rede, caí num sono de pedra.

No dia seguinte descobri em Sebastião Hora uma extravagância: expôs, quando nos avizinhávamos da Bahia, o projeto de comunicar-se com o governador, que certamente iria visitá-lo a bordo. A princípio julguei que se tratasse de brincadeira e resolvi colaborar nela. Perfeitamente: um chefe de governo entrando no porão, com ajudante de ordem coberto de alamares e troços dourados, para entender-se com um prisioneiro — muito bem, nada mais natural. Em seguida alarmei-me. O homem falava sério. Conhecera anos atrás Juraci Magalhães, que certamente iria vê-lo, prestar-lhe auxílio. Lauro Lago sorriu e murmurou:

— Ilusão pequeno-burguesa.

Esse reparo foi insuficiente para chamar o nosso amigo à realidade: forjara uma convicção oposta aos fatos, queria firmar-se nela, cegar voluntariamente, confessar aos outros a cegueira e receber confirmação, pelo menos apoio tácito que lhe preservasse o engano. Tencionei divergir, indicar a degradação, a miséria em que nos achávamos. O desacordo seria inútil: ninguém ali precisava que lhe avivassem os sentidos. Loucura imaginar um político influente descendo àquela profundeza; antes de cair a noite Sebastião Hora se decepcionaria. Claro, intuitivo. Mas não desejava convencer-se e tinha fome de consideração. Quando a miragem se dissipasse e o estado lastimoso novamente lhe surgisse, maquinaria outros fantasmas, embalar-se-ia noutros sonhos. Fora isso, revelava-se perfeitamente lúcido examinando, com José Macedo e Lauro Lago, as causas do insucesso do movimento de Natal. Refugiava-se no passado ou entretinha-se a adornar um futuro improvável; não queria ver o presente. Acomodara-se junto à escada, a mala ao alcance da mão, parecia aguardar um esclarecimento, o fim do equívoco, mudança para um camarote de primeira classe. Repugnando a triste boia das marmitas, entendera-se com a despensa e recebia numa bandeja alimento de passageiro decente. Desfazia-se em prodigalidades as gorjetas lhe minavam certamente os recursos. Convidou-me para tomar parte nessa ostentação e nesses banquetes. Sempre recusei: se me fosse possível mastigar qualquer coisa, resignar-me-ia à comida ordinária. Qualquer modificação no tratamento de um de nós significava, no meu entender, ofensa aos outros. O nosso pobre amigo isolava-se deles, conservava-se arredio, e isto devia ser-lhe particularmente doloroso; a impossibilidade clara de amoldar-se à vida suja, admitir a convivência fortuita com pessoas humildes, infelizes, até ladrões, perturbava-o. Entendia-se com os dois chefes e acolhia a submissão do ex-contínuo Doutor, encalombado e retinto, que ali, de cócoras, recebia do presidente ordens e pedaços de carne.

Os outros alagoanos, capitão Mata, Benon, Ezequiel Fonseca, Vicente Ribeiro, Manuel Leal, se haviam dissolvido na multidão rio-grandense. Os lineamentos dos homens pouco a pouco se iam definindo; às vezes se misturavam, e em roda surgiam figuras desconexas, uma balbúrdia. Fiz uma lista de nomes; para dirigir-me a alguém, precisava consultá-la, e atrapalhavam-me, confundia os indivíduos. Eram duzentos ou trezentos, vários abatidos pelo enjoo. Não haveria lugar para tantos se as redes não se superpusessem, umas quase tocando o chão, outras alcançando o teto. Dia e noite encerravam corpos: enervadas, ociosas, muitas pessoas viviam deitadas, só se levantando à hora da comida. Tínhamos de andar em ziguezagues e curvaturas, evitando os choques dos balanços, passando por baixo dos punhos. A porcaria aumentava consideravelmente. Se não viessem fazer baldeação, dentro em pouco não teríamos um pedaço de tábua limpa. Mexia-me cauteloso, as calças arregaçadas, examinando cuidadosamente o chão. O sujeito que me ficara a dever cinco mil-réis desapareceu, não sei como achou meio de ocultar-se. Às vezes eu o enxergava de longe. Aproximava-me, e o focinho escuro, carrancudo, se desviava, baixava, tinha jeito de farejar-me para dissimular-se nos grupos. Não consegui perguntar como se chamava o desgraçado porque nunca me foi possível indicá-lo. Miserável. Em semelhante apuro, ralar-se ainda mais escondendo-se por causa de um furto miúdo.

Em dois dias aquela gente começava a familiarizar-se comigo. No quartel, eu e capitão Mata vivêramos quase duas semanas a tratar-nos cerimoniosamente; guardávamos recordações que eram travancas e nos distanciavam. Agora criaturas anônimas falavam-me como se tivéssemos estado sempre juntos. Nenhum receio de molestar-nos suprimindo cortesias de fato ridículas nas situações em que nos achávamos. Lá fora tínhamos ocupações diversas, usávamos linguagens diferentes e nos distinguíamos pela roupa; ali, no calor, mal vestidos, meio nus, usando vocabulário escasso, fundindo as gírias da caserna e da estiva, parolávamos na inércia forçada e nos íamos depressa nivelando. E nenhum esforço fazíamos para isso: era a autoridade que nos juntava, suprimia de golpe barreiras por ela própria conservadas e reforçadas. Operários e militares sediciosos, pequeno-burgueses detidos por suspeita, socialmente valíamos tanto como o ladrão que me vendera a rede. Entender-me-ia com ele, seríamos talvez amigos, se o animal não preferisse lesar-me da maneira mais estúpida. Enfim, pela primeira vez, pessoas de outra classe manifestavam-se com franqueza diante de mim. Certas discrepâncias faziam-me pensar em nossas vidas anteriores: um vosmicê me chocava, me empurrava para lugar estreito, em demasia preenchido, onde não me era possível caber. Não havia à beira do lago nauseabundo espaço para nenhum senhor. Esquecíamos diferenças sem querer. Se quiséssemos esquecê-las, seríamos falsos, postiços, intrusos, não conseguiríamos entendimento: estaríamos de sobreaviso, aguardando a qualquer momento manifestações desagradáveis. Evitávamos contrafazer-nos, exibíamos honestamente qualidades naturais e qualidades adquiridas, fugíamos a interpenetração impossível. Evidentemente a minha sintaxe divergia da de Miguel e de João Anastácio, mas isto não constituía nenhum óbice: compreendemo-nos e fomos amigos alguns dias. Isso diminuiu o horror daquela infame travessia, enchemos tarde e manhã com palestras hoje perdidas. Estarão realmente perdidas? Guardaram-se no papel afanosamente rabiscado enquanto as colheres rangiam raspando as marmitas. As notas desapareceram. Os dois homens permanecem, vivos, um agitado, contraditório, modos inquietos de rato, outro sereno e fosco, sem idade, a pele curtida, múmia. O beato José Inácio entrou a desviar-se de mim. Nunca mais tive necessidade de lhe pedir nenhum favor. Lembrava-me dos fósforos oferecidos na primeira noite, do braço curto, peludo e escuro, do rosário de contas brancas e azuis a aparecer pela abertura da camisa grossa de algodão. A ameaça que me dirigia transparecia às vezes no olhar torvo, rancoroso. A habilidade cênica de Mário Paiva expunha-nos com frequência a flauta do Lobato. A tagarelice desenxabida amolava-me. Contudo habituei-me a ela: estranhava os rápidos silêncios do homem e buscava importunar-me novamente:

— De quem era a flauta, Mário Paiva? E a resposta vinha pronta, mal cantarolada. A flauta era de Lobato. Minha avó sempre dizia:

— Toca flauta, seu... Lobato tinha uma flauta. A flauta era de Lobato. Em certa ocasião a voz estridente de Benon chamou-me longe:

— Fulano.

Avizinhando-me dele, percebi a indignação resmungada e furiosa de Manuel Leal:

— Ah! negro! Isso tem cabimento? E apostrofou-me severo:

— A culpa é sua. Dá ousadia a esse moleque.

Pobre Manuel Leal. Recordava-se de me haver conhecido menino, filho de proprietário da roça, proprietário na verdade bem chinfrim, e espantava-se daquela mudança. De algum modo se sentia alcançado pelo rebaixamento que me atribuía. Caixeiro-viajante, fizera muito negócio com meu pai, gabara-lhe provavelmente as virtudes: a exatidão rigorosa em pagar contas, vintém por vintém, e a avareza excessiva, a ambição de arrancar exorbitâncias do freguês. Considerando-se pouco mais ou menos igual a mim, afligia-se por me ver aceitar a camaradagem de raça impura e classe inferior, temia ser induzido a nivelamentos perigosos. Desejava talvez formar ali um pequeno grupo diverso da canalha suja e mal vestida, sem banho. De fato não nos lavávamos nem mudávamos a roupa, estávamos imundos, sem dúvida; mas não tínhamos vivido sempre assim. Víamos a porcaria nos corpos dos outros, iríamos percebê-la nas almas dos outros, e seria horrível supor que também estivéssemos imundos. Essa impossibilidade de auto-observação levaria com certeza vários de nós a buscar um isolamento impossível, avivaria susceptibilidades, provocaria desavenças, choques, rixas, motivaria ódio ou desprezo, faria de companheiros inimigos ferozes. Logo no começo me surgiam aquelas incompatibilidades de mau agouro. Se pudesse abrir-me com Manuel Leal, dir-lhe-ia que as nossas pequeninas importâncias antigas não valiam nada. Viagens, mostruários, lábias de cometa, vendas, recibos, tudo se diluía nas sombras de um passado morto. Não conseguiria explicar-me — e isto me causava surpresa. Entendia-me com João Anastácio, Miguel, Epifânio Guilhermino, gente estranha, e deixava a um canto o meu velho conhecido de basta cabeleira negra e olhos vivos. Agora os olhos esmoreciam cansados e os cabelos estavam completamente brancos.

A tarde chegamos à Bahia. Vi a cidade emergir pouco a pouco do nevoeiro, ganhar contornos, crescer, avizinhar-se. O calhambeque passou a barra, cortou as águas calmas do porto e atracou. Agora não me achava como na manhã da véspera, enxergando coqueiros, dunas, telhados de armazéns longe, procurando localizar na praia a minha casa de arrabalde: com o rosto encaixilhado na vigia, em atenção forçada, cheia de fugas, observava o trabalho dos carregadores, o movimento dos carros a rodar nos trilhos, as funções de um guindaste, a lingada a balançar, a descer, ondas pequenas lambendo o molhe verde. Faziam-me falta as veias da minha terra, botes e canoas a jogar desesperados, sumindo-se aqui, surgindo além, galgando a crista da vaga. Perto, a azáfama, o cruzar de passageiros e visitantes, risos, abraços, despedidas, lágrimas. Recordei-me de haver pisado aquelas pedras vinte anos atrás, em viagem para o sul, buscando cavar a vida. A noite embrenhara-me em diversas ruas, sem conseguir chegar ao telégrafo. Um desconhecido solícito se propusera a ensinar-me o caminho. Dobrava esquinas, avançava, recuava, oferecia-me esta informação desconsoladora:

— Acho que devia ser por estes lados.

De volta a bordo, achara-me no salão repleto. Uma estrangeira velha se acamaradara comigo: dizia-me casos do Rio, dava-me conselhos, e eu lhe respondia num francês que ela se esforçava terrivelmente por entender. Havia dança e o piano desafinava. Um viajante besta queria recitar. Despertara-me a curiosidade uma família de mulatos, cinco irmãos de cores variadas: havia um sujeito mascavo, de carapinha, beiçudo, e uma louraça bonita, perfeitamente branca. Essas coisas chegavam-me à lembrança enquanto me detinha observando a agitação do cais. Mudança completa em vinte anos.

Ociosos, basbaques interrompiam o trânsito, e um moleque dava mostras de examinar cuidadoso o interior do porão: mais de uma hora em pé, indo e vindo sem se afastar muito do mesmo lugar, esticando o pescoço magro, a vista fixa nas caras estranhas, nas cabeças que se metiam pelos buracos e pareciam guilhotinadas. O interesse manifestado pelo negrinho originou-me a idéia de que ele desejava comunicação: talvez um amigo de qualquer de nós o enviasse ali para colher notícia, dar-nos esperanças. Espigado na roupa nova, o sujeitinho inspirou-me confiança: fiz-lhe sinais, pedi-lhe que se aproximasse. Naquele apuro, esforçando-nos embora por conservar o juízo, a reflexão, tornamo-nos crédulos em demasia: tudo em redor de nós se altera, os sentidos nos dão impressões esquisitas, o pensamento se embrulha, pára, ou se atira em cabriolas insensatas. Poucos objetos, fatos escassos, nos arrastam a conclusões pasmosas. E às vezes, na carência dos objetos e dos fatos, criam-se fantasmas. Sebastião Hora, pela manhã, não tivera nenhum indício de que Juraci Magalhães iria visitá-lo: admitira uma hipótese gratuita e logo a mudara em certeza. O meu caso era menos grave: estava ali um negrinho bem vestido a espiar-nos, curioso, a beiçorra contraindo-se num sorriso infantil. Não nos trazia nenhum aviso, claro: afastei a possibilidade remota e vacilante. Certifiquei-me, porém, de que ele poderia mostrar lá fora pedaços da nossa existência no sepulcro. Aferrei-me à convicção e, não sei por que extravagância, imaginei-o próximo de Edison Carneiro, capaz de se avistar no mesmo dia com este amigo, com quem me correspondia. Depois de muitos acenos, gritei com toda a força dos pulmões débeis:

— Conhece Edison Carneiro?

A interrogação abafada perdeu-se; repeti-a diversas vezes, até julgá-la compreendida. O tipinho balançou a cabeça afirmativamente. Considerei absurdo jogar semelhante frase numa cidade populosa e sobrestive; passados minutos, inquiri novamente:

— Sabe onde fica a Rua dos Barris?

Outra afirmação, o risinho inexpressivo colado nos beiços grossos. Bem. Nenhum disparate: pisávamos o terreno firme das probabilidades: andar nas vias públicas, olhar as placas, era exercício de qualquer transeunte. Do navio para a terra estabeleceu-se um diálogo que supus bastante claro: berros de um lado, gestos, aprovações silenciosas do outro. Perguntei ao sujeito se ele queria ser portador de uma carta. Consentiu. Sem dúvida: agitava o crânio mirim com doçura a tudo quanto ouvia, e nem me vinha a suspeita de não me fazer entender. Fui abrir a valise, retirei o bloco de papel, escrevi a lápis um bilhete narrando o miserável estado em que nos achávamos. Evitava pensar que o escrito não chegaria ao destino; e caso chegasse, o meu distante camarada nenhum recurso tinha para auxiliar-nos; contudo afligia-me a necessidade urgente de enviar-lhe aquela exposição. Rabisquei à pressa, interrompendo-me a cada instante para examinar o negrinho, receando que ele se ausentasse. Falava-lhe nesses intervalos, embaralhava explicações. Descasquei em seguida uma laranja, cuidadosamente. Lancei na água o fruto, e a casca. uma longa fita em espiral, foi enrolada com jeito, afinal se tornou uma esfera oca. No interior pus a folha dobrada. Fiz algumas recomendações ao negro, medi atento a distância que nos separava, meti o braço pela vigia, arremessei a bola com vigor desesperado. Atingiu o cais, rolou, estacou a dois metros da borda. Apesar de haver traçado o endereço bem nítido, em caracteres graúdos, comecei a esgoelar-me, repetindo com insistência:

— Edison Carneiro. Rua dos Barris — 68

O rapaz olhava-me perplexo e interrogava-me sacudindo a cara chata. Só então me veio a certeza de que ele não havia percebido as minhas falas. Expliquei-lhe aos berros que ali havia um papel e continuei a dar-lhe as indicações precisas: o nome e a residência do escritor baiano. Mas já não tinha nenhuma confiança no resultado: ou a minha voz fraca desfalecia no burburinho, nos rumores da carga e da descarga, ou me achava diante de uma estupidez maciça.

Trabalho perdido. Inúteis os brados e os acenos. Calei-me zangado comigo, por me haver iludido à toa, furioso com o animal, que não me entendera e, alheio ao guindaste, aos visitantes, aos passageiros, aos carregadores, continuava a farejar o porão, como um rato, erguendo o focinho, dirigindo-nos os bugalhos claros. O risinho insignificante, a hesitação, os modos oblíquos, tinham-se esvaído. Evidentemente não me ligava importância: espalhava a atenção pelos outros rostos, pelas aberturas desertas. Estivera imóvel uns minutos, fingindo escutar-me, a face obtusa contraída numa careta. Recomeçara o passeio. Alguns passos para um lado, alguns passos para outro, demora curta, e novamente se deslocava, sem despregar a vista do costado da embarcação. Nessas idas e vindas passava perto da laranja — e persuadia-me quase de que ia baixar-se e apanhá-la. Tudo se sumiu. Numa das viagens encontrou no caminho o objeto dos meus cuidados. Parou, deu-lhe um pontapé, jogou-o na água. Durante algum tempo o bilhete e o invólucro meio desfeito boiaram na onda, sacudiram-se, bateram no muro esverdeado. E desapareceram.

Recolhi-me, fui entregar-me à redação das minhas notas, mas não consegui fixar-me nelas: a atenção se desviava, fugia para uma figura negra que da coberta nos examinava com insistência. Era um eclesiástico moreno e robusto, de expressão enérgica. Ficava tempo esquecido a pesquisar o fundo do porão, como se procurasse pessoas conhecidas; metia a mão direita na manga esquerda da batina, parecia indicar ter ali qualquer coisa para enviar-nos. Nunca o tendo visto antes, conservei-me arredio, mas fiquei sabendo o nome do homem. Padre Falcão embarcara na véspera, em Maceió; provavelmente estava ali buscando meio de ser útil aos viajantes de Alagoas. A autoridade experimentaria dura surpresa se conhecesse aqueles manejos. Excelente padre Falcão. Durante o resto da viagem notei-o mais de uma vez em ronda ao nosso curral. O olhar grave se adoçava, os lábios firmes se entreabriam num sorriso bom, exibindo enormes dentes. Era pouco mais ou menos o que poderíamos desejar, ver alguém interessar-se por nós, demonstrar-nos uma solidariedade comprometedora. Isso lá fora passaria despercebido; ali tinha valor imenso: é de coisas semelhantes que fazemos as nossas construções subterrâneas.

A verdade é que não consegui escrever. Deitei-me cedo, sem tirar os sapatos, como no dia anterior. Realmente não havia lugar onde colocá-los: se os largasse no chão, amanheceriam com certeza molhados de mijo; ou talvez o gatuno de cara enferrujada os levasse. Necessário vigiar a maleta, a calça e o paletó bem visíveis na ponta do estrado. A chavezinha estava comigo, dentro do porta-moedas; nos bolsos da roupa não havia nada suscetível de furto. Apesar disso, a bagagem não me parecia segura. Se não fosse o receio de molestar os companheiros, tê-la-ia levado para dentro da rede. Ser-me-ia então possível dormir livre de cuidados. A vigilância pouco a pouco se tornava maquinal: embrenhando-me em pensamentos confusos, às vezes despertava erguendo-me sobre o cotovelo, curvando-me sobre a varanda para examinar os troços, a esquina da tábua suja. Esforçava-me por distinguir nos rumores o som de um piano. As redes imóveis: o calhambeque permanecia atracado, provavelmente. Àquela hora visitantes e passageiros estariam dançando no salão; um cretino desejava recitar; diversos irmãos mulatos exibiam coloração muito variada; uma francesa velha, experiente, dava conselhos a um provinciano ingênuo, interrompia-se para resmungar a frase percebida vinte anos atrás: — "Quel pays, mon Dieu!" Haveria um piano a bordo? Talvez não. Viajávamos num traste horrível, caduco, ótimo para naufrágio. Contudo a recordação da antiga viagem me perseguia. A qualquer momento me chegariam compassos de valsa aos ouvidos. Três ou quatro indivíduos, no bar, se distraíam bebendo e jogando poker.

Um casal novo se encostava à amurada, em ponto obscuro. Algumas mulheres alegres, em cadeiras de vime e espreguiçadeiras, se expandiam com sujeitos ruidosos, numa grulhada internacional. Bem. Essas observações de vinte anos não tinham significação. Tolice imaginar ali perto o imbecil do recitativo, a família mulata, a francesa idosa, os jogadores do poker, o enlevo de um par jovem; provavelmente argentinas e polacas airadas já não vinham cavar a vida no Brasil.

Fumei o último cigarro, lembrei-me de haver esgotado o sortimento da valise. Calculara mal as exigências do vício e achava-me em dificuldade. Passaria o resto da noite sem fumar, não me chegaria o sono. Levava a mão ao bolso, mecanicamente, irritava-me, quando vi, por cima da minha cabeça, o negro que me havia matado a sede. Sem refletir, fiz o pedido:

— O senhor me arranja, por obséquio, três maços de cigarros e fósforos?

— Que marca? perguntou o soldado.

— Qualquer uma.

Pareceu-me que indicar a marca era demasiada exigência. Quis designar a que habitualmente usava; talvez não fosse achada, e acanhar-me-ia ver o rapaz ir duas vezes ao bar por encargo tão insignificante. Julgava-me sem direito de escolher, temia que o homem se impacientasse. Era um acaso feliz encontrar quem me valesse em tal dificuldade. Retirei uma cédula da carteira, segurei-me à corda, alcancei os varões de ferro, como na véspera, entreguei o dinheiro ao polícia, jurando no íntimo não tornar a incomodá-lo, voltei a estirar-me, cansado. Em consequência da inércia obrigatória, ou por falta de alimentação, qualquer esforço me abatia. Ao cabo dez minutos o misericordioso preto ressurgiu:

— Abra a rede.

Afastei as varandas, recebi em cima do peito os objetos da encomenda, as pratas e os níqueis do troco.

— Muito obrigado.

Pus-me a fumar, embalado por uma doce tontura. Com o navio atracado, as oscilações que experimentávamos eram quase insensíveis. Sentia-me realmente bem. As pessoas e as coisas em redor esmoreciam na fumaça do cigarro, as ideias escassas decompunham-se, volatizavam-se, e afinal eu já nem sabia se aquela tênue neblina estava dentro ou fora de mim. Adormecia, acordava, a brasa do cigarro cobria-se de cinza e avivava-se. As pálpebras uniam-se, descerravam-se penosamente, nos vaivéns dos cochilos a figura do negro desaparecia, reaparecia, e isto me reconciliava com a humanidade. Uma grande paz me envolvia, ausência completa das complicações que me aperreavam. A dorzinha aguda que o abscesso da unha me causava extinguia-se, era apenas um leve torpor. Nem picadas no estômago nem contrações nos intestinos: era como se estes órgãos não existissem. Nada havia ingerido ultimamente, impossível até pensar em comer. Ia com certeza prolongar-se a medonha sitiofobia, mas a perspectiva de nenhum modo me assustava.

Indiferença. Tanto rendia estar ali como acolá, viver de uma forma como de outra, ou não viver. Não me desgostava acabar suavemente, escorregar aos poucos na eternidade, envolto em sentimentos generosos. levar comigo a recordação do negro que velava a minha fraqueza. firme e sério, de braços cruzados. A visão benigna desmaiou e sumiu-se, as trevas do sono cobriram-me, foram-se adensando.

Ligeiras pancadas no corpo despertaram-me súbito Estremeci, depois me revoltei: da coberta jogavam no porão cascas de tangerina, que me vinham cair dentro da rede. Procediam exatamente como se as lançassem num chiqueiro. Protestei furioso, mas o protesto e a fúria desanimaram, a voz fraca deve ter morrido a poucos metros. Resignei-me em seguida. Inútil gritar. Um chiqueiro, evidentemente. Era como se fôssemos animais.

— Covardes.

Não xingava, não desabafava: reconhecia somente um fato. Aliás dependia de nós enxergar naquilo um vilipêndio. Não me supunha aviltado. Por instantes imaginei que ignoravam na tolda a nossa existência de tatus. Impossível. Os ruídos, o falatório de algumas centenas de pessoas, o fedor que se exalava da infame cloaca facilmente nos revelavam. As cascas de tangerina caíam-me sem cessar na rede Tencionei apanhá-las, atirá-las no charco de urina. Contive-me— desprendiam cheiro agradável, e isto obliterou os últimos resíduos da cólera, fez-me esquecer o intuito ruim que as tinha enviado. Esmaguei-as entre os dedos, aspirei o odor acre e espesso; o sumo embebia-se nas mãos, impregnava-se na roupa. Não queria julgar-me tão desgraçado como as aparências indicavam. Um negro boçal me dirigira a pistola à espinha, à ilharga, ao peito. Um negro compassivo me exibira cantos secretos da alma, belezas nunca suspeitadas. Agora indivíduos ocultos, inacessíveis, tentavam ofender-me, insultar-me. As ofensas e os insultos esfumavam-se no ar, convertiam-se em presente amável. Aqueles fatos não encerravam, possivelmente, a significação que eu lhes atribuía. O selvagem de bugalho vermelho me encostara sem raiva a arma ao corpo: ação repetida, profissional, movimento de bruto impassível. Entregando-se ao comportamento bestial, conservava longe o espírito, numa cama de meretriz vagabunda, num botequim sujo de arrabalde. E a criatura solícita que me favorecera duas vezes comportara-se levada pelo hábito, nem avaliava a grandeza do benefício. Proceder mecânico de funcionário. Arreliava-me essa conjetura, confessava-me ingrato. Para justificar o primeiro soldado, reduzia a benevolência do segundo. O infeliz jogo mental nos despoja, nos rouba os impulsos mais sãos. Contingência miserável. Nessa tentativa de nivelamento, precisava esquivar-me às injúrias que vinham da coberta, me batiam nos braços e no rosto, me coloriam de uma camada amarela verdoenga. Loucura ressentir-me. Aquilo era bom. A fadiga crescia, atava-me os membros. E resvalei na escuridão, tranquilo, absorvendo as emanações das cascas de tangerina, que me vieram perfumar os sonhos.

Vendo-me a redigir as notas difíceis, sentado no caixão. enxergando mal na sombra densa, o nariz junto à folha, a valise sobre os joelhos servindo-me de escrivaninha, o padeiro ofereceu-me o seu camarote, perto do escotilhão e do mictório improvisado. Não me lembro do oferecimento — e isto revela a minha perturbação. Nem consigo reconstituir a figura do padeiro. Sei que era um homem baixo, moreno, de mangas arregaçadas. O resto perdeu-se. O indivíduo que me livrou daquele inferno e me facultou algumas horas de silêncio e repouso sumiu-se e poucos traços me deixou no espírito. Esqueci as conversas que tive com ele. Provavelmente não houve conversa. Algumas palavras apenas.

E achei-me num cubículo onde havia um beliche, mesa estreita e cadeira. Havia-me em dois ou três dias esquecido completamente desses confortos. Agora podia utilizar móveis, arriar no assento gasto, alongar o braço em cima de uma tábua, escrever direito; a luz que entrava pela vigia, às minhas costas, iluminava parte do papel. Fechava-me, aturdia-me na composição. O espírito estava lúcido, mas era lucidez esquisita: percebia tipos, ocorrências, em fragmentos; quando se tratava de estabelecer relação, surgiam cortes, hiatos, falhas alarmantes. Um inseto a zumbir-me nos ouvidos. Seria efeito do ar denso ou do longo jejum? Fatigava-me, saía, andava a escutar pedaços de conversas. Notariam a minha confusão? Pouco provável. Exteriormente devia ser um sujeito de senso; não me capacitava disto e media cuidadoso palavras e gestos. Precaução desnecessária: nenhum desejo de falar, preguiça de juntar as ideias mais singelas, impossibilidade total de meter-me em qualquer discussão: largariam na minha presença os maiores absurdos, e calar-me-ia, aprová-los-ia tacitamente. Aborrecia-me, contendo bocejos, até ouvir o arrastar dos caixões, o tinir das colheres nas marmitas; recolhia-me, cerrava a porta. Insuportável o cheiro da comida. Se me fosse possível mastigar um bocado, a zoeira deixaria de perseguir-me. No calor, despojava-me do casaco, punha-me a arquejar, expondo-me ao vento morno e salgado que entrava pela vigia. Tinha licença para estirar-me na cama e não hesitava em servir-me dela. Ausência de susceptibilidades: não me importava encostar-me em lençóis alheios, umedecê-los de suor, manchá-los, manchar-me. Agora os meus trastes se arrumavam num canto: ali estavam resguardados, longe do sujeito que me furtara cinco mil-réis. Não me fora possível reencontrar esse canalha: tinha um jeito de escapulir-se, agachar-se, mergulhar, por causa de uma insignificância. Fizera-me enorme favor — e esgueirava-se com medo. Eu pretendia dizer-lhe que estava muito agradecido; o miserável fugia e culpava-se. Tais desencontros amargam em demasia, enchem-nos de fel: queremos expressar agradecimento sincero — e verificamos que o nosso salvador é um patife. Somos forçados a reconhecer que os valores estabelecidos se modificam. Precisamos viver, embora não seja certo que a nossa vida represente qualquer utilidade. Procuramos aguentar-nos de uma ou de outra maneira, adquirimos hábitos novos, juízo diverso do que nos orientava lá fora.

Antes de me entocar naquele abrigo, desculpava-me da inércia alegando a mim mesmo ser difícil combinarmos frases com decência entre duas ou três centenas de pessoas, ouvindo pragas, gemidos, roncos, vômitos. Falavam-me a cada instante, perturbavam-me. A feição misteriosa e inquieta de Miguel, a pachorra, a frieza, os olhos agudos de Anastácio, a parolagem frívola do estudantezinho João Rocha afastavam-me do trabalho. Esses estavam perto de mim. Mas não me era possível deixar de atentar noutros mais distantes. A cicatriz medonha de Gastão repuxava-lhe os músculos do rosto, estampava-lhe um sorriso sarcástico, invariável, e isto me dava a impressão de que o rapaz zombava dos meus desesperados esforços para agarrar-me a um assunto. Paulo Pinto, sifilítico, exibia umas canelas pretas finas demais. Era ele que tinha uma bala na perna? Várias vezes busquei examinar esse ponto; as informações perdiam-se. Bem. Se não era ele, seria talvez o chauffeur Domício Fernandes. Um dos dois. A verdade é que não cheguei a distinguir Domício Fernandes de Paulo Pinto. Confusão desarrazoada: juntos, notava-se que diferiam bastante; vendo um deles, sempre me aconteceu trocar-lhe o nome. Os olhos vermelhos do cabra de Lampião indicavam malvadez. Bicho sarará, arrepiado, os fogachos duros brilhando na alvura sardenta, Euclides era feroz, sem dúvida. Impossível fixar a atenção no período riscado, emendado, incompleto. No camarote do padeiro a insuficiência permanecia — e já não tinha recurso para justificar-me. Vergado no caixão, quase de cócoras, o braço encolhido, limitar-me-ia a reproduzir sem comentários cenas próximas: seria uma espécie de fotógrafo ou repórter; agora, isolado, necessitava arrumar pensamentos, e eles recalcitravam. Defendia-me dizendo a mim mesmo não me achar inteiramente só: aqueles berros, ali próximo, rebentavam-me os tímpanos. Quem estaria a vociferar com tanta violência? Ramiro, com certeza. Ia-me acostumando aos seus furores. Tinham-lhe causado lá de cima algum incômodo, batera-lhe talvez no corpo uma casca de tangerina, e o garoto se danava em gritos roucos a inimigos invisíveis, parecia que o estavam estrangulando. A coragem doida do menino encantava-me. Com certeza não tinha consciência do nosso estado. Enquanto os outros se moviam cautelosos, falando baixo, ele pisava firme, dirigia-se aos soldados em destampatórios, excedia-se em exigências ásperas, verdadeiras ordens. Depois ria num estouvamento feliz, alheio à imundície, corria por todos os cantos, exibindo as bochechas coradas, e à noite repousava calmo, como se o protegesse o sorriso doce da mamãe. A bulha de Ramiro não me deixava escrever. Levantava-me, satisfeito por achar explicação para o meu desarranjo interior, abria a porta. Mário Paiva se avizinhava, remoía uma verbosidade insípida, cantavam pela centésima vez a flauta do Lobato. Nunca vi pessoa mais pau. Contudo eu gostava dele. Uma caceteação original, caceteação amável. Víamos daquele ponto o grupo que se estabelecera à entrada e quase nunca se afastava dali. José Macedo fumava placidamente o cachimbo, vermelho e gordinho, entendia-se com os companheiros de Natal, dava-lhes conselhos, fazia contas, sentado na rede. Suponho que era o caixa, andava sempre cochichando negócios de dinheiro. Ex-diretor do tesouro, dois dias Ministro da Fazenda revolucionário, habituara-se ao ofício e prolongava-o. Sebastião Félix, amigo dos espíritos, ia adquirindo uns modos fúnebres de espírito; desdenhava a existência terrena e acolhia-se no outro mundo. Operação lastimosa, com luz fraca, tentou ali realizar o pequeno dentista Guerra no queixo do estivador João Francisco Gregório, que estava feroz, de cara túmida, aperreado com um molar. Guerra manejou o paciente conforme as regras e meteu-lhe o boticão na boca; desprezou o dente cariado e, com destreza, segurou um perfeito; como a vítima reclamasse, agitou o instrumento, fez finca-pé, bradando enérgico:

— Doente comigo não tem conversa.

Houve um rugido. Uma garra prendeu-lhe a mão, tomou-lhe o ferro. E o largo pé do estivador plantou-se no peito magro do dentista, que foi cair longe. Sebastião Hora continuava junto à escada, a mala ao alcance da mão. Lugar inconveniente. A latrina ficava lá em cima e havia sempre gente a subir e a descer. As duas mulheres passavam, depois desapareciam além das cortinas estendidas ao fundo. Nenhuma comunicação conosco. O riso acolhedor de Maria Joana banhava-lhe o rosto negro, mas Leonila tinha uma sisudez fria de metal. Sertaneja, provavelmente, educara-se e vivera no horror ao homem. Ausência de palestras, de familiaridade. Escondia--se, levava a outra para a fornalha, iam assar, frigir-se, derreter-se na temperatura medonha. Coitadas. Entre nós distrair-se-iam, respirariam por baixo da escotilha, abreviariam as horas, esqueceriam as misérias e as privações; refrearíamos as nossas línguas, os operários deixariam de contar anedotas obscenas e insulsas. Penalizavam-me em excesso as pobres mulheres, atormentava-me ver Maria Joana, tão viva e tão fresca, estiolar-se no retiro e no mormaço. Comparado à furna delas, o camarote do padeiro significava luxo e ostentação. Afligia-me ocupá-lo, sentar-me em cadeira, firmar os cotovelos em mesa, quando a alguns passos homens acabrunhados vergavam sobre malotes e trouxas. Envergonhava-me. Talvez essa vergonha fosse um pretexto para esquivar-me, abandonar o lápis e o papel.

A verdade é que não me trancava muitas horas. Ordinariamente deixava a porta aberta, em minutos o cubículo se enchia. Como prosseguir na tarefa diante daqueles indiscretos que me vinham examinar a escrita por cima do ombro? Além de tudo era-me indispensável observar as pessoas, exibi-las com relativa fidelidade. Outra razão para vadiagem. Os meus desesperados esforços rendiam menos que nos primeiros dias. Tinham-me servido para alhear-me, esquecer as fisionomias decompostas no enjoo e na febre, a imundície, o calor. Representavam de fato um refúgio. Agora podia ocultar-me, dispensar aquele recurso. E não sossegava, tinha remorso por achar-me inútil. Erguia-me, chegava-me aos novos camaradas. Necessário conhecê-los bem. A sinceridade patenteava-se no rosto de Lauro Lago, na voz breve, sacudida, incisiva. Capitão Mata, furioso na chegada, ambientara-se rapidamente conservara o apetite, animava-se, ria satisfeito, como se tivesse vivido sempre num porão; abandonara os toques da corneta, os dentes de sagui, usava palavras subversivas e ia-se tornando um revolucionário perigoso. Van der Linden arfava penosamente, a resignação no rosto pálido. Carlindo Revoredo, nome esquisito. Tudo nele era esquisito. Porque não falava, não se mexia? Intrigava-me aquele gigante imóvel e silencioso.

Mandaram-nos subir à coberta, apinhamo-nos em magote ao pé de um mastro. Que diabo estaríamos fazendo ali? Desejava informar-me, apesar de saber que a pergunta seria inútil. Nenhum dos companheiros estava em condição de satisfazer-me a curiosidade, e evidentemente os sujeitos que nos davam ordens não iriam explicar-se. Esse automatismo, renovado com frequência nas cadeias, é uma tortura; as pessoas livres não imaginam a extensão do tormento. Certo há uma razão para nos mexermos desta ou daquela maneira, mas, desconhecendo o móvel dos nossos atos, andamos à toa, desarvorados. Roubam-nos completamente a iniciativa, os nossos desejos, os intuitos mais reservados estão sujeitos a verificação; e forçam-nos a procedimento desarrazoado. Perdemo-nos em conjeturas. Será que, trazendo-nos para aqui, tiveram a intenção de melhorar-nos a saúde, fazer-nos respirar um pouco de ar puro, mostrar-nos o sol? Porque não pensaram nisso antes? Não, com certeza estamos em erro: ninguém vai inquietar-se com os nossos miseráveis pulmões. Porque nos trouxeram, pois? Talvez tenham querido mostrar-nos aos passageiros virtuosos, expressar-lhes indiretamente que é possível coagi-los, equipará-los a réprobos como nós, se não se comportarem bem. As suposições nos atordoam, falhas todas, enxergamos enfim uma causa imprevisível ou permanecemos na ignorância.

Naquela manhã ficamos duas horas entre fardos e caixas meio encandeados à luz. Formávamos juntos um acervo de trastes, valíamos tanto como as bagagens trazidas lá de baixo e as mercadorias a que nos misturávamos. Em redor de nós uma cerca invisível se erguia: não nos aventurávamos a afastar-nos dali, ignorávamos se nos restava o direito de chegar à amurada O mar tinha-se tornado vermelho, um vermelho carregado tirante a negro. Longe surgia a coloração natural, perturbada por manchas escuras, indecisas; perto uma dessas nódoas se alargava e definia, viajávamos nela, curiosa esteira de algas cor de ferrugem. Durante algum tempo aquilo nos interessou e prendeu; como nada se alterava, depressa nos cansamos, ali permanecemos indiferentes, ao desabrigo, buscando em vão pelos arredores uma nesga de sombra Um sujeito acocorado a alguns metros, oferecia mangas. Achei-lhes boa aparência, comprei uma, descasquei-a com o instrumento que o vendedor tinha no cesto: canivete ou faca. Nenhum apetite, as entranhas sempre inertes; o que me tentou foi a beleza amarela. Cortei um pedaço da polpa, tentei mastigá-la. Súbita contração paralisou-me o queixo, arrepiou-me— teria cuspido se a boca não estivesse inteiramente seca. Azedume incrível. Repeli com ódio o amaldiçoado fruto. O arremesso violento jogou-o na água, serviu-me para medir a distância que me separava da amurada. Não me abalançava a transpô-la, andar cinco ou seis passos, ir debruçar-me, examinar a ferrugem viva que o navio sulcava. Nenhum sinal de terra, nada alterava a monotonia. Em vão pesquisávamos o horizonte, buscando jangada de pescador ou asa de gaivota. Enervado, sentei-me num caixão, estúpido, em duro silêncio, os olhos e os ouvidos inúteis. Suponho que ninguém me dirigiu a palavra, e se isto sucedeu, mostrei-me surdo: o assunto mais interessante não dissiparia o longo marasmo. Enojava-me ter as mãos sujas e não poder lavá-las: o suco da manga colava-me os dedos, a umidade pegajosa me desagradava em excesso. Impossível obter um caneco de água. O meu desejo era descer livrar-me da viscosidade, entrar no camarote do padeiro ia-me habituando àquela existência de bicho em furna, as desgraças, repetindo-se, deixam de impressionar-nos, mudam-se em fatos normais. Excetuando-se a figura do excelente padre Falcão, um soldado a aparecer na escotilha, os portadores do almoço e do jantar, não víamos lá dentro pessoa que nos recordasse a liberdade. Ganhávamos calos na alma, atenuavam-se as misérias por falta de comparação. Realmente infeliz era o pobre Manuel Leal, que resistia, se esforçava por estabelecer entre nós diferenças impossíveis. Em geral nos acomodávamos, de qualquer jeito.

A mudança daquele dia nos agravou o desassossego. A gente da primeira classe matava o tempo rondando no convés, agrupava-se, estacionava; enchia-me de vergonha, imaginava estarmos a servir de motivo a pasmaceira; com certeza olhares oblíquos, gestos de rancor e desprezo, se dirigiam a nós. Achavam-me objeto de análise e cotejos humilhantes: viam-me nos olhos baços, na cara pálida, na magreza, no encolhimento, sinais de criminosos. O desespero de Manuel Leal por não se poder manifestar, declarar-se vítima, dizer aos passageiros bem vestidos que gostava deles e abominava revoluções devia ser tremendo. A luz crua feria-me a vista, engelhava-me as pálpebras, molhadas como se por baixo delas corressem argueiros; ofuscava-me e não poderia afirmar se realmente excitávamos curiosidade: suposição e nada mais. Sobre as costas fervilhavam brasas. Nenhuma cobertura. Se andássemos alguns metros, acharíamos teto. Impossível retirar-nos: havia em torno de nós um muro invisível. Necessário ficarmos ali em pé, sentados, deitados, imóveis, expostos àquele terrível sinapismo luminoso. E não avistávamos faixa de praia, ave ou barco. A imensidão vazia, o alto céu azul, as plantas invariáveis, vermelhas, ferrugentas, espalhando na água o estranho lençol cheio de rasgões.

Duas horas de compridos bocejos. E obrigaram-nos a descer. Recebemos então uma agradável surpresa: durante a nossa ausência haviam feito baldeação na cafua, as porcarias tinham desaparecido, esgotara-se o poço de mijo, nas tábuas úmidas espalhava-se uma camada fina de areia. Bem. Alargava-se o espaço transitável, conseguíamos agora mexer-nos sem receio da onda pútrida. Acomodaram-se as bagagens, corpos fatigados estenderam-se com desafogo no chão limpo. E destravaram-se as línguas. Já não nos sufocávamos respirando amoníaco, estávamos quase alegres. Um operário de Rio Grande pôs-se a cantar uma lenga-lenga chatíssima que findava neste pavoroso estribilho:

Chenhenhen, chenhenhen, chenhenhen, chenhenhen.

Risos, anedotas. Naquele ambiente desmanchar-se-ia talvez o bolo que me subia à garganta, voltar-me-ia a saliva à boca ardente. Mas foi um breve intervalo. À hora do almoço novos resíduos se acumularam no chão. E como havia sempre alguns homens de costas junto ao camarote do padeiro, o líquido marejou, filetes engrossaram na areia.

Tinha-me recolhido ao anoitecer. E olhava lá de cima o balanço vagaroso das redes, ouvia o burburinho confuso da multidão vaga. Pensava em muitas coisas indefinidas ou não pensava. Queria segurar-me a casos pessoais, remotos e inconsistentes: filandras, tolice pensar neles. Partiam-se a cada instante, deixavam-me diante dos olhos a realidade chinfrim: homens exaustos, uns tentando erguer-se, outros sonolentos e febris.

Algumas dúzias de criaturas vivas agitavam-se, falavam, davam-me a impressão de passear num cemitério. Eram as que me interessavam. As trouxas humanas abatidas pelos cantos, a arquejar, nada significavam. Felizmente a visão obscena o preto sem-vergonha a coçar, a repuxar as pelancas nojentas dos quibas, desaparecera. A tromba safada e lorpa sumira-se; às vezes me aborrecia voluntariamente a procurá-la em vão José Inácio, o caboclo do rosário, me evitava sempre, continuava a ameaçar-me de longe com olhares maus, sintomas da revolução beata que lhe fervia no interior O mulato enfarruscado, ladrão de cinco mil-réis, agachava-se pelos cantos, exibia furtivo um pedaço de focinho. Desviava-me dessas chateações próximas, refugiava-me noutras distantes. O mundo se tornava fascista. Num mundo assim, que futuro nos reserva riam? Provavelmente não havia lugar para nós, éramos fantasmas, rolaríamos de cárcere em cárcere, findaríamos num campo de concentração. Nenhuma utilidade representávamos na ordem nova. Se nos largassem, vagaríamos tristes, inofensivos e desocupados, farrapos vivos, velhos prematuros; desejaríamos enlouquecer, recolher-nos ao hospício ou ter coragem de amarrar uma corda ao pescoço e dar o mergulho decisivo. Essas ideias, repetidas, vexavam-me; tanto me embrenhara nelas que me sentia inteiramente perdido. Afligia-me especialmente supor que não me seria possível nunca mais trabalhar; arrastando-me em ociosidade obrigatória, dependeria dos outros, indigno e servil. Naquela noite devo ter remoído essas coisas, a agitar-me levemente, as varandas servindo-me de cobertas.

Do lugar em que me achava distinguia-se metade do alojamento; o sorriso e a barriguinha de Macedo, os óculos de Lauro Lago, as listas do pijama vistoso de Sebastião Hora e o acaçapamento do negro Doutor, estavam invisíveis. Não me seria possível ouvir a flauta de seu Lobato. De repente me feriu um som lento e queixoso, semelhante a um longo gemido. Curvei-me, observei os arredores. Estaria alguém a morrer? Ausência de anormalidade; figuras esquivas pelos cantos, bagagens, sombras, vultos caídos, o ramerrão de todos os dias; apenas o lago do centro, esgotado e varrido pela manhã, ainda não se refizera. O lamento chegou-me de novo, mais próximo, arrastado e nasal. Que seria? A voz dorida saía da treva e arrepiava-me a carne. Tentei discernir alguma palavra, inutilmente; só aquilo, o extenso brado lastimoso a avizinhar-se. Esboçaram-se pouco a pouco as modulações de um canto, na verdade bem estranho. Quem se abalançaria a executá-lo em semelhante lugar? Apurei os olhos e os ouvidos, percebi lá embaixo Paulo Pinto a iniciar um samba. Estava de pé e gesticulava, fingindo mover um ganzá inexistente; aproximava-se devagar, curvava-se, passava sob os punhos das redes. A princípio aquilo se engrolava num resmungo confuso; prudência e receio com certeza: não fossem passageiros e soldados achar que o porão se desarranjava e descomedia. As precauções desapareceram, as notas elevaram-se, ainda vacilantes, ganharam nitidez, o queixume pareceu transformar-se em dura exigência. Por mais que tentasse, não me era possível distinguir a letra da composição, e isto a valorizava. Sem dúvida versos insignificantes e errados. Não os discriminando, apenas me interessava pelo clamor que subia da escuridão. Algumas vozes se uniam à do sambista, formava-se um áspero conjunto, e a torrente sonora engrossava, transbordava, novos afluentes vinham juntar-se a ela, mudar-lhe o curso. Nada se combinara. Um murmúrio plangente, em seguida o rumor de cólera surda, e logo as adesões imprevistas, corpos a levantar-se nas redes, figuras aniquiladas a surgir da noite, espectros ganhando carne e sangue, pisando o solo com firmeza. Tinham estado em perfeita indiferença, numa resignação covarde e apática; a disciplina dos encarcerados, implícita e fria, ordenara as conversas zumbidas, o gesto vago, o passo discreto, respeito a autoridades invisíveis, general atrabiliário ou soldado preto boçal. Em minutos isso desaparecera. As espinhas curvas aprumavam-se; as expectorações e a tosse haviam cessado: os pulmões opressos lançavam gritos roucos, a animar a toada monótona do coro. Já não eram contribuições esparsas: dezenas de trastes humanos se erguiam, marchavam, os braços para cima, florestas de membros nus, magros e sujos, e o canto ressoava como profunda ameaça.

Ergui-me, sentei-me na rede. Um frêmito nos sacudia; agitavam-se todos em redor do grupo, cada vez mais numeroso; curvando-me um pouco, via-o perto, a alguns passos, e ainda se avizinhava, numa decisão imprevista. Perguntava a mim mesmo as consequências da rebeldia. A polícia iria descer e restabelecer a ordem, sem dúvida; o preto volumoso encostaria a pistola ao débil arcabouço de Paulo Pinto; algum indivíduo resistente aguentaria safanões e logo se acomodaria. Dormiríamos em paz, como bichos. Evidentemente aqueles homens não pensavam nisso: a música os enfurecia e cegava; com certeza haviam esquecido o perigo e o lugar onde vivíamos.

Súbito percebi movimento desusado no exterior. Desviei do bando ruidoso a atenção e fixei-a na coberta. Várias pessoas ali se achavam, curvadas sobre o parapeito que limitava a abertura; passageiros de primeira classe investigavam a nossa furna, curiosos; provavelmente iam reclamar contra o barulho, que chegara ao salão e os aborrecia. Agora Paulo Pinto e os companheiros estavam parados, exatamente por baixo da escotilha. Assistíamos a uma singular representação, arranjada sem ensaios, de improviso. A plateia comprimia-se num círculo, entusiasmava-se; lá no alto um público superior afluía àquela espécie de camarote que semelhava a boca de um poço. Aguardei os protestos algum tempo, em vão. Novas figuras surgiam na tolda, vivo interesse nas fisionomias: começavam certamente a contagiar-se. Os soldados da escolta vieram engrossar o número de espectadores — e nenhum se lembrou de conter a manifestação prejudicial: o negro da pistola não incomodaria Paulo Pinto. As vozes se espalhavam e cresciam, expunham raiva e desespero, as mãos se levantavam, os dedos se moviam, tinham jeito de garras, queriam despedaçar, rasgar, quebrar. Em resposta, difundiam-se lá em cima sorrisos de aprovação. Aquilo era absurdo, incoerente. Como vinham pessoas medianas, razoáveis, tranquilas, animar semelhante desconchavo? Tinham admitido a segregação, ninguém a considerava injusta: havia qualquer motivo para estarmos ali como bichos em toca. Pela manhã formáramos um rolo confuso, entre caixas, malotes, engradados; não nos podíamos afastar; espreitavam-nos e não se avizinhavam, temiam inficionar-se com a lepra moral que nos consumia.

De repente soaram palmas. Que se havia passado? Hesitava em persuadir-me, desconfiava dos ouvidos e dos olhos: os indivíduos suspeitosos e hostis vinham aplaudir a violência e o ódio que ferviam no porão. E o tumulto se desenrolava, sob uma chuva quente de louvores. Um sussurro a princípio, lamento quase inaudível, mudara-se em vociferação exaltada. No dia seguinte deslizaríamos, taciturnos e oblíquos, falaríamos baixo, alarmar-nos-íamos com o estouvamento infantil de Ramiro; naquela noite, porém, largávamos as cautelas, desabafávamos, livres de receios. A arte de Paulo Pinto nos dava força às almas tristes, aos corpos fatigados. E comovia espíritos indiferentes, arrancava deles a aclamação que estrugia por cima das nossas cabeças.

Fumando em excesso, resolvi, por economia, usar cigarros ordinários: três, quatro maços por dia abalavam-me as finanças curtas. Quase todos ali nos inquietávamos com essas pequenas despesas: se esgotássemos a reserva mesquinha, estaríamos desarmados e a vida se tornaria insuportável. Nada produzíamos e gastos insignificantes nos causavam apreensão; o dinheiro adquiria um valor que lá fora estranhariam. Assim pensando, chegaríamos a desculpar o mulato que se escondia nos lugares piores, longe da luz e do ar: os cinco mil-réis lhe eram talvez indispensáveis.

Apenas dois homens, suponho, se mostravam alheios ao assunto que nos preocupava: capitão Mata e Sebastião Hora, o primeiro por ser criatura parcimoniosa em demasia, o segundo por desejar manter no porão os seus hábitos ordinários. As relações de Hora com a despensa deviam sair-lhe caras. Não atentava nisso e abria-se em oferecimentos com liberalidade extrema. Depois de sucessivas recusas, aceitei dele um biscoito, que mastiguei e não pude engolir: tive de cuspi-lo pela vigia, nada me entrava na garganta. Fascinou-me, porém, uma garrafa de aguardente que o despenseiro trouxe às escondidas. O destinatário recusou-a, abstêmio. Examinei o papel colorido, a cor do líquido: era exatamente aquilo que eu bebia enquanto laborava no romance difícil, interrompido várias vezes, entregue à datilógrafa ainda bastante sapecado Informei-me do preço. Como o vendedor se negasse a indicá-lo, esperando com certeza paga generosa, dei-lhe o triplo da quantia exigida em minha terra. De nenhum modo o homem pareceu comover-se: o negócio de álcool nas prisões, clandestino e perigoso, requer lucro extenso, coisa que me passara despercebida. Desarrolhei o contrabando e em redor percebi numerosos canecos a ameaçá-lo. Fiz uma distribuição avara, contando os pingos, o que não me livrou de uma perda avaliada em trinta por cento. Considerei o dever de solidariedade e o prejuízo, tomei um copo e fui trancar-me no camarote do padeiro. Mas não me achei só: Mário Paiva se sentiu de repente meu amigo íntimo e, julgando imprudência abandonar-me em semelhante situação, acompanhou-me. Sem dúvida essa camaradagem me serviu muito: se me arriscasse, debilitado, com o estômago vazio, a ingerir tudo aquilo, provavelmente me arrasaria. O ator se dispunha a não me deixar a probabilidade mais ligeira de adoecer: pelos modos, queria afrontar sozinho todas as inconveniências; mas aí fiz valer o meu direito de propriedade, decidi efetuar um racionamento enérgico. Media atento as duas porções, enganando-me algumas vezes contra o hóspede. Na cama do padeiro, arriado, Mário Paiva beijava o copo, bebericava chuchurreando, embrenhava-se numa parolagem vaga; pouco a pouco iam surgindo nela hiatos e repetições. Na cadeira, o cotovelo sobre a mesa, distraía-me a ouvi-lo sem perceber nada; via-lhe no rosto as nuvens da embriaguez a acentuar-se; os olhos iam ficando vítreos, as pálpebras cerravam-se, erguiam-se, tornavam a descer. Aparecia-me como um espelho: sentia-me também assim, os bugalhos duros e inexpressivos, gotas de suor a espalhar-se na testa, umedecendo a raiz dos cabelos. Mantinha-me em silêncio; comportar-me-ia daquele jeito se falasse, embrulharia assuntos, divagaria à toa. Não me inclinava a papaguear: a sombra interior obscurecia os fatos e os conhecidos próximos: Mário Paiva, inconsistente, perdia a significação.

O rótulo de tintas vivas, colado ao vidro, forçava-me a um lento recuo no tempo. A sala de jantar da minha casa em Pajuçara reconstituía-se. Era noite. Sentado à mesa, entranhava-me na composição de largo capítulo: vinte e sete dias de esforço para matar uma personagem, amarrar-lhe o pescoço, elevá-la a uma árvore, dar-lhe aparência de suicida.

Esse crime extenso enjoava-me. Necessários os excitantes para concluí-lo. O maço de cigarros ao alcance da mão, o café e a aguardente em cima do aparador. Estirava-me às vezes pela madrugada, queria abandonar a tarefa e obstinava-me nela, as ideias a pingar mesquinhas, as mãos trêmulas. Rumor das ondas, do vento. Pela janela aberta entravam folhas secas, um sopro salgado; a enorme folhagem de um sapotizeiro escurecia o quintal.

Perto, a garrafa de aguardente. Duas porções minguadas. Dentro em pouco iria mexer-me de novo, deitar outras nos copos, maquinal. Mário Paiva discorria, com abundância, naturalmente presumia estar sendo agradável. Seria melhor que ele se calasse, mas na verdade a tagarelice não me perturbava a recordação; nem me decidia a fazer a mínima tentativa para compreendê-lo. Se ele me descobrisse a inadvertência, conservar-me-ia distante, indiferente; não me importava o juízo de um estranho loquaz. Conjetura absurda: Mário Paiva não estava em condições de ter juízo e descobrir coisas. A voz dele, um burburinho, desmaiava no som das ondas, do vento; as ondas não quebravam no costado velho da embarcação, o vento não entrava pela vigia: eram ruídos longínquos a embalar-me o trabalho, na minha sala de jantar.

O braço, estendido sobre a tábua nua, movia-se em direção à garrafa, que já não estava no aparador. A toalha e os papéis tinham desaparecido. Bem. Era certo achar-me no camarote do padeiro; algumas horas depois iria estender-me na rede, por baixo da escotilha. Centenas de homens cochichavam além da porta, lembrando minúcias de uma revolução gora. Esquisito. Um mês antes isso não tinha realidade, ou tinha uma realidade confusa vista nos telegramas dos jornais. Agora me ligava a fatos pouco mais ou menos ignorados, esquecia casos a que dera muita importância. Não os esquecia, realmente: jogava-os num desvão, onde se empoeiravam, cobriam de teias de aranha; ressurgiam, sobrepunham-se ou subpunham-

-se aos outros, afinal se nivelavam, misturavam todos, e já não me era possível saber o que estava dentro ou fora de mim. Paulo Pinto, na véspera, entusiasmara a gente da primeira classe. Dificuldade enorme para assassinar o homem, passar-lhe a corda ao pescoço, deixá-lo pendurado a um galho, na escuridão. Que iriam pensar daquilo? Abrira-me com o editor: afirmara-lhe, em carta, que ele não venderia cem exemplares da história.

As ondas, o vento, os ramos do sapotizeiro, a garrafa de aguardente, o maço de cigarros, o bule de café. Um enterro, sem dúvida, enterro literário. Se me agradassem as confidências, trataria disso, interromperia Mário Paiva, embora ele não me compreendesse. Também não conseguiria explicar-me. As minhas ideias deviam ser tão indecifráveis como as que ele extraía do espírito nublado, fragmentárias. Resignava-me com certeza, levado pelo hábito, a simular interesse: sorria, balançava a cabeça aprovando, balbuciava uma interjeição animadora. Procedi evidentemente assim. Tomava-lhe o copo e aumentava-lhe, consciencioso, a desordem mental. Enfim, a garrafa de aguardente se esvaziou. Emergimos do sonho, erguemo-nos, fomos ver de perto as imundícies do porão, o lago de urina, que se havia reconstituído.

Tive uma forte hemorragia intestinal, coisa rápida, imprevista. Nenhuma dor, nenhum indício de que um vaso fosse rebentar. O estômago e a barriga não funcionavam desde a minha chegada: provavelmente estavam secos, as glândulas preguiçosas recusando-se ao trabalho. Era como se esses órgãos não existissem: admirava-me de achá-los entorpecidos, de não sentir neles um movimento, uma ligeira contração. Insensibilidade completa. Ainda se mexiam no começo, uma picada me fazia pensar no alimento, ocasionava a repulsa invencível; estavam agora em repouso de morte. Havia em mim, do tórax ao abdômen, uma sepultura. A boca estava queimada, as gengivas ardiam, o cigarro colava-se aos beiços, arrancava películas, deixando marcas de sangue; necessário escovar os dentes com muito cuidado: o dentifrício, chegando-me às feridas, semelhava cautério. A falta de salivação produzia-me a necessidade frequente de molhar a língua e as mucosas: refrescava-as com bochechos de água, depois gargarejava.

Inquietação vaga não me permitia ficar muito tempo num lugar. Entrava no camarote, saía, ouvia com fingido interesse as conversas de Sebastião Hora, Macedo e Lauro Lago. Tinha de cor diversas minúcias da rebelião de Natal; contudo, por mais que me esforçasse, não me era possível entendê-las.

De pé, encostado ao umbral, confundindo pessoas e acontecimentos do Rio Grande, as pernas abertas para evitar alguma cambalhota, distraía-me olhando a escada. as viagens incessantes dos companheiros à latrina. Foi a curiosidade que me fez imitá-los Isso e também a lembrança de viver entre eles cinco ou seis dias, sem ter ido ali uma só vez A imobilidade esquisita das vísceras começava a alarmar-me.

Subi, entrei num quarto imundo. Paredes nojentas, papéis sujos a amontoar-se, a espalhar-se no chão, ausência de água, o ambiente mais sórdido que se possa imaginar. Difícil tratar desse ignóbil assunto, nunca em livro se descerram certas portas. Arrisquei-me a abrir àquela porta por me haver surgido o acidente: quando menos esperava, um jato de sangue. Num minuto estancou; mas o líquido viscoso, os coágulos, provocaram-me a necessidade urgente de banhar-me. Infelizmente era até impossível desejar isso O meu pijama aderia ao corpo, fazia-me cócegas repugnantes; andavam-me pruridos na pele, davam-me a sensação de ser agredido por multidões de pulgas.

Afastei-me perplexo, desci a escada perguntando a mim mesmo se o caso seria grave. Talvez se houvesse quebrado alguma peça valiosa, sentia-me com o interior em cacos. A minha primeira ideia foi consultar Sebastião Hora, mas, e isto é incrível, o acanhamento que hoje não tenho de narrar a porcaria tolheu-me a fala. Melindre estúpido. Justifiquei-me alegando intimamente que Hora não estava em condições de prestar-me auxílio: reduzir-se-ia a fazer o diagnóstico, usaria expressões complicadas, evitaria assustar-me: rompera-se uma veia e logo se fechara, nenhum perigo. Dar-me-ia conselhos inúteis. Se pedisse um remédio à farmácia de bordo, era possível não o atenderem. Não atenderiam, firmava-me nesta convicção e tranquilizava-me. Acabada a surpresa, ia-me invadindo uma agradável apatia. Era realmente como se aquilo não fosse comigo. Nem uma vez tinha pensado no suicídio; não me inquietava, porém, a conjetura de adoecer, piorar, acabar-me ali ou ser transferido para uma enfermaria de indigentes. Embora não conseguisse alimentar-me, não me iria convencer de que o instinto de conservação desaparecera: tinha-me alvoroçado ao notar o jorro vermelho; refletira um pouco e o sobressalto esmorecera. Continuava a ocupar-me da unha escalavrada, fofa, a despregar-se: cortava-lhe pedaços e aplicava uma gota de iodo na carne; omitia às vezes o tratamento, insignificante, e escrevendo sentia dificuldade em segurar o lápis. Vinha agora uma complicação interna. Desejaria saber se ela iria agravar-se ou findar logo. Curiosidade apenas. Não podendo informar-me, resvalava em morna indiferença. Não me afligia achar-me fisicamente arruinado; desgraça era a certeza de nada significar a prosa lenta, composta com enorme preguiça. Escasseava a matéria, fugia a expressão. Dois volumes publicados e um inédito eram mesquinhos, o primeiro um horror, o último precisando emendas e cortes, o bom-senso me afirmava isto, mas a literatura atual, guardada na valise, era muito pior. Talvez a falta de alimento me enfraquecesse o espírito, queria persuadir-me de que a inapetência era transitória e logo me consertaria. Evasiva. Afastando-a, julgava todas as vísceras definitivamente estragadas, inferiores e superiores. Nunca me restabeleceria. Que diabo iria fazer lá fora quando me soltassem, desgraçado organismo carunchoso? Impossível fixar a atenção em qualquer coisa, a horrível estupidez a enevoar-me, fragmentando os pensamentos. Inércia, necessidade urgente de repouso. Não me contentava o descanso na rede, o sono pesado, livre de sonhos: esperava um sossego completo e sem fim.

Não recorri, pois, às luzes de Sebastião Hora: conservei-me na ignorância e não tentei elucidar o caso. Mas obtive, por intermédio dele, nova garrafa de aguardente com o despenseiro. Arrisquei-me a comprá-la. Tencionava experimentar-me, saber se a máquina combalida suportaria segunda carga de álcool A prova falhou. Distribuí, como da primeira vez, uma parte da aguardente com várias pessoas, tomei porção razoável e escondi a garrafa debaixo do colchão do padeiro. Uma hora depois achei-a vazia: Mário Paiva, aquele ingrato, abusando torpemente da minha hospitalidade, tinha bebido o resto.

Ao despertar, ouvi dizer que íamos entrando na baía de Guanabara. Desci da rede, tentei olhar as ilhas e os montes, quase esquecidos na distância longa de vinte anos; como todas as vigias estivessem ocupadas, limitei-me a relacionar as informações dos observadores, imaginar por elas os pontos que tocávamos. Algumas pessoas curiosas pretendiam, com o exame, orientar-se a respeito do nosso destino, largavam palpites desarrazoados. Isso me enfadava. Capitão Mata supunha que desceríamos na Colônia Correcional de Dois Rios, na ilha Grande. A ilha, segundo as minhas lembranças meio apagadas, ficava fora da baía, já devíamos ter passado por ela. Essa reflexão nenhum efeito produziu no espírito do rapaz: mantinha-se no erro, alardeando contentamento absurdo. As notícias da colônia eram indefinidas e agoureiras, talvez mais alarmantes por não se determinarem; a mais simples referência ao desgraçado lugar gelava as conversas e escurecia os rostos. A opinião de Mata cheirava a bazófia: aparentemente ele se manifestava assim por saber que havíamos atravessado a barra e o perigo desaparecera. Mas não devia ser isso, com certeza estava confuso. Apesar de se haver adaptado ao meio, rir, pilheriar, comer sem repugnância a triste boia dos caixões imaginava decerto que, vivendo como vivíamos, qualquer mudança nos traria vantagem.

Depois de longa espera, consegui apoderar-me de uma vigia. Na terra, próxima, elevavam-se enormes blocos de cimento armado. Alguém, estirando um braço por cima do meu ombro, falou em Copacabana. Havia-me inteirado longe das modificações ali existentes; contudo não reconheci a velha praia, onde agora crescia a dura vegetação dos arranha-céus. Desviamo-nos, surgiram na costa pontos familiares; outros me haviam fugido completamente da memória; além, novos edifícios altos me ocasionavam dúvidas; perturbado, não me seria possível orientar-me.

Embrenhava-me na contemplação vaga quando me puxaram a manga: voltei-me, ouvi um sussurro, distingui na sombra um sujeito desejoso de comprar-me a rede. Em torno havia um burburinho de maribondos assanhados. Preparavam-se todos para o desembarque, arrumavam caixas, entrouxavam roupa, afivelavam as correias dos malotes. O ruído surdo, o movimento e a proposta feita num cochicho levaram-me à realidade: necessário arranjar-me, também, pôr as coisas em ordem. Só então me lembrei de que possuía uma rede; estorvava-me, certamente não iria acompanhar-me. Sem inquirir se ela me seria útil no futuro, larguei-a descuidoso ao freguês inesperado e, embora o dinheiro me preocupasse, recusei pagamento. Não achei que esse prejuízo voluntário significasse um disparate.

Fui recolher-me pela derradeira vez ao camarote, agradeci ao padeiro, vesti-me para sair. Dobrei as folhas do manuscrito, uni-as ao solado, tentei prendê-las ao pé com tiras de esparadrapo. Aquilo formava grande chumaço que ia rebentando a meia. Não podia calçar-me. Se pudesse, amarraria com dificuldade o cordão do sapato, caminharia mal, uma perna mais comprida que a outra. A andadura capenga iria denunciar-me. E repugnava-me esconder literatura daquele modo: o suor a estragaria, sujaria, tornaria ilegível. Descalcei-me pesaroso, desfiz-me do trambolho injurioso, alisei o papel amarfanhado, sepultei-o na valise, sob cuecas e lenços. Se o descobrissem, livrar-me-ia daquela aparência de contrabando. Caso natural redigido sem malícia, por hábito, com longa preguiça e infinitos bocejos. Logo reconsiderei: com certeza a maleta seria varejada, as miseráveis folhas corriam perigo. Retirei-as, tornei a dobrá-las, mergulhei-as no bolso interno do paletó: escapariam ali talvez da busca. Despedi-me do padeiro e, segurando a leve bagagem, fui reunir-me à gente que se comprimia junto ao mictório.

Enquanto haviam durado os preparativos, as idas e vindas no camarote, a troca da roupa, a colagem, a descolagem dos esparadrapos, voara o tempo, o navio atracara. Aguardávamos ordens, apreensivos. Iam sem dúvida separar-nos, e no porão tinham começado a esboçar-se camaradagens, apoiávamos nelas a nossa fraqueza.

Chamaram-nos, subimos a escada, revi o negro boçal da pistola e o que me prestava favores na escotilha; andamos no convés em linha, entre duas filas de polícias, descemos ao cais. Aí nos fizeram entrar em diversos ônibus grandes, as aberturas laterais guarnecidas por longas hastes paralelas de metal branco. Não observei os arredores, impossível dizer em que parte da cidade me achava. Presumivelmente havia numerosos basbaques a espionar-nos; não os vi nem atentei nos companheiros que se instalaram comigo no carro.

Sentado no banco, junto às varas metálicas, apenas distingui, fora, a pequena distância, um rosto conhecido. Conhecimento vago, que um instante me aperreou. Onde me havia aparecido aquela moça morena? Interroguei-me em vão, percebendo nos gestos da mulher o desejo de falar-me. Aproximou-se, disse coisas imperceptíveis, em seguida murmurou que o dr. Esdras ia bem. Dr. Esdras. Quem seria dr. Esdras? Vascolejei o cérebro, enderecei à informante um sorriso chocho, constrangido. Súbito me lembrei de haver conversado com ela, meses atrás, em Alagoas, no consultório de Esdras Gueiros. Bem. Experimentei certo alívio, decifrava-se a notícia; mas como podia alguém supor que tal comunicação, naquele momento, me interessava? Nenhuma palavra me ocorreu; acanhado, as orelhas a arder, evitei o olhar da criatura que, de pé no asfalto, me examinava a degradação. Era como se me vissem nu e sujo. Queria afastar-me depressa, fugir à curiosidade humilhante. Enfim o veículo se moveu. Atrapalhado, joguei um aceno à conterrânea, perdi-a logo de vista. Serenando um pouco, julguei que a frase dela encerrava talvez uma significação até ali oculta ao meu desarranjo mental.

— Dr. Esdras vai bem.

Provavelmente Esdras Gueiros estava sendo perseguido e conseguira escapar. Devia ser isto. Rodamos longo tempo, não sei por onde. Inerte, deixava-me levar. Enorme fadiga cerrava-me as pálpebras, dificilmente erguia o braço para levar à boca o cigarro.

Dobrávamos esquinas, e nem me lembrava de ver as ruas, ler as placas. Em volta zumbiam conversas mutiladas, cochichos pessimistas. Iam conduzir-nos à Polícia Especial, à Polícia Central, capitão Mata afirmava sempre, teimoso, que nos mandariam para a colônia correcional da ilha Grande. Essas opiniões aéreas me irritavam; em seguida vinha o sossego, o torpor, o sono Para que debater coisas imprevisíveis?

Estacamos diante de uma prisão, esperamos que nos mandassem descer ao cabo de meia hora partimos: não havia espaço ali para nós. Passado algum tempo, nova estação, igual resultado; não nos podiam alojar. Novamente nos pusemos a caminho. Insensível, nem tentei informar-me a respeito daquelas paragens: em roda as conjeturas diminuíam. Apesar da indiferença, espantava-me ignorarem completamente onde ficaríamos, andarem à toa em busca de cárceres para nós. Essa desordem me causou vago prazer. A tarde paramos em frente à casa de detenção, ainda uma vez nos amolamos espiando grades e sentinela. Depois de extensa demora, afinal desembarcamos, transpusemos o portão largo. Nessa altura um caso me despertou a curiosidade: o capitão Mata, que marchava junto a mim, dirigiu-se ao comandante da guarda, apresentou-se, mencionou antiga camaradagem feita no estágio referido no quartel do Recife.

— Não tem receio de falar a um preso?

O oficial arredondava os bugalhos, atordoado, e revolvia a memória. Achou provavelmente uma recordação aceitável: finda a surpresa, chegou-se a Mata, segredou qualquer coisa, rápido, e afastou-se. Aquilo foi breve, passaria despercebido a quem se distanciasse um pouco na fileira. Minutos depois estávamos na secretaria. em pé, de cócoras, sentados em malotes, arriados em bancos; alguns se aproximaram de mesas sujas de poeira, ouviram as perguntas de três funcionários hábeis dispostos a caracterizar-nos, arrumar-nos convenientemente no papel. Bem. Agora nos personalizavam. Tínhamos sido aglomeração confusa de bichos anônimos e pequenos, aparentemente iguais, como ratos. Decidiam, em meia dúzia de quesitos diferenciar-nos. Trabalho sumário, poucas linhas para indivíduo; como éramos duas ou três centenas e às vezes as indicações se atrapalhavam, minguavam, permanecemos ali até o anoitecer. O sujeito que me interrogou escuro e reforçado, certamente estrangeiro, exprimia-se a custo, numa prosódia de turco ou árabe. Nome. Profissão.

— Qual era o cargo que o senhor tinha lá fora? indagou o tipo.

Sapecou a resposta e acrescentou, à margem, uma cruz a lápis vermelho.

— Que significa isso?

— Quer dizer que o senhor vai para o pavilhão dos primários.

— Porquê? Não entendo.

— É uma prisão diferente.

Aludiu ao meu emprego, realmente bem ordinário, na administração pública:

— Os outros vão para as galerias.

Difícil calcular se a mudança me daria vantagem ou desvantagem. Religião.

— Pode inutilizar esse quesito.

— É necessário responder, engrolou, na sua língua avariada, o homem trigueiro.

— Bem. Então escreva. Nenhuma.

— Não posso fazer isso. Todos se explicam.

De fato muitos companheiros se revelavam católicos, vários se diziam espíritas.

— Isso é lá com eles. Devem ser religiosos. Eu não sou.

— Ora! Uma palavra. Que mal faz? É conveniente. Para não deixar a linha em branco.

A insistência, a ameaça velada, a malandragem, que utilizariam para conseguir estatística falsa, indignaram-me.

— O senhor não me vai convencer de que eu tenho uma religião qualquer.

Faça o favor de escrever. Nenhuma.

A declaração foi redigida com lenta repugnância e concluiu-se o interrogatório. Ao levantar-me, divisei numa folha outro sinal vermelho, junto ao nome de Sebastião Hora. Cheguei-me à porta, onde se juntavam os que haviam cumprido aquela exigência, observei um pátio, o esvoaçar de pardais estrídulos em ramos de árvores, muros altos a cercar numerosos edifícios, já mergulhados em sombras. Surgiram luzes. Findo o arrolamento, levaram-nos à casa fronteira.

— É aqui o Pavilhão dos Primários? informei-me

— Não, respondeu o sujeito de fala turca. O pavilhão dos primários a esta hora está fechado. E amanhã, domingo, não se faz transferência O senhor fica, até segunda-feira, com os outros.

— Está bem.

Percebi que haviam pretendido conferir-me uma distinção, balda possivelmente por teimar em considerar-me ateu. Lembrei-me da advertência injuriosa: — "É conveniente." Se me acanalhasse afirmando possuir um Deus, mandar-me-iam para lugar razoável, uma espécie de purgatório. Sebastião Hora, marcado também a lápis vermelho, estava conosco: sem dúvida se prejudicara dando resposta semelhante à minha.

Entramos. Enxerguei prateleiras carregadas de embrulhos, avizinhei-me de um balcão estreito, depus nele a valise. Alguém disse que nos achávamos na rouparia. Busquei em redor um móvel para sentar-me: nada vendo, permaneci de pé, o cotovelo sobre a tábua, ora a firmar-me numa perna, ora noutra. Fadiga, torpor nas coxas, dor aguda no ventre, a recordar-me o hospital, médicos, enfermeiros. Desfizeram-se os malotes, desdobraram-se as redes, retiraram-se as cordas, provavelmente receavam que um de nós quisesse enforcar-se. Tudo se revistou cuidadosamente, salvo as roupas do corpo; certo ninguém admitia que tivéssemos armas, objetos perigosos; as minhas folhas, guardadas no bolso interno do paletó, não seriam descobertas. Os músculos dormentes obrigaram--me a tentar ligeiro exercício.

Afastei-me, dei alguns passos na sala, encostei-me a uma parede, sentei-me na valise: como a posição fosse incômoda, ergui-me, procurei instalar-me noutro lugar Apesar do cansaço, não me era possível ficar imóvel Uma coisa me chamava a atenção, era talvez que ela me fazia andar para aqui, para ali, a vista fixa, armando suposições. O empregado responsável por aquele serviço tinha como ajudante um moço franzino, risonho, amável, falador, metido em vestimenta clara, de listas verticais, meio invisíveis, a farpela dos encarcerados. Provavelmente a cor desmaiara à força de lavagens, de ácidos e o fato ignominioso tinha aparência vulgar, escapar-me-ia se o antebraço do rapaz não viesse despertar-me o interesse. Aí se percebia, tatuado, um esqueleto, ruína de esqueleto: crânio, costelas braços, espinha; medonha cicatriz, no pulso, havia comido a parte inferior da carcaça. Desejando livrar-se do estigma, o pobre causticara inutilmente a pele; sofrera dores horríveis e apenas eliminara pedaços da lúgubre figura. Não conseguiria iludir-se, voltar a ser pessoa comum. Os restos da infame tatuagem, a marca da ferida, iriam persegui-lo sempre; a fatiota desbotada conservava o sinal da tinta. Era-me impossível desviar os olhos da representação fúnebre. Em vão queria distrair-me. Tinha pena do infeliz e zangava-me. Para que fizera aquilo? A vistoria na minha bagagem durou pouco. Abri a valise, despejei-a sobre o balcão. O varejador sacudiu rapidamente os panos, não ligou importância aos lápis, ao papel, aos troços miúdos, retirou o frasquinho.

— Que é? — Iodo.

— Não entra com isto. — Porquê?

— Proibido, foi a lacônica explicação.

— O senhor julga que pretendo suicidar-me? Não está vendo que isso não dá para matar um homem?

— Proibido, volveu a criatura impassível. Mostrei o dedo avariado:

— O senhor não vai obrigar-me a recorrer à farmácia da prisão para curar esta insignificância. O frasco de iodo foi comprado num quartel onde estive, no Recife. Lá isso não infringia o regulamento. Acho que o senhor não quer tomar-me também o esparadrapo.

— Bem, murmurou o sujeito.

Largou as miudezas, recebeu-me o chapéu, voltou-me as costas. Enchi a valise e coloquei-a no chão. Respirei aliviado, esforçando-me por adivinhar a razão da insistência em reter o vidro quase vazio: interessavam-me somente os lápis e o papel. Bocejei meia hora, a passear, zonzo. Findou a investigação, vimo-nos diante de uma porta. As reminiscências da operação picavam-me a barriga. As névoas do meu espírito se diluíam num ponto, deixavam na claridade uma blusa de riscas indecisas, vestígios da queimadura grave, pedaços de esqueleto.

Subimos uma escada, penetramos extensa galeria onde cárceres desembocavam. De quando em quando uma grade silenciosa se abria, algumas dezenas de companheiros mergulhavam na sombra, continuávamos a viagem. Na terceira ou quarta parada chegou a minha vez. A chave correu leve na fechadura, a porta de ferro se descerrou, achei-me num quadrângulo nu. Completa ausência de móveis. Tentei desembaraçar-me do chapéu e da valise, mas o chão vermelho estava molhado. Fiquei de pé, conversando com os vizinhos, experimentando pouco mais ou menos uma sensação de embriaguez. Apesar da confusão, devia aparentar calma, pois o carcereiro me indicou, largou uma frase que me feriu como chicotada:

— Este parece um candeeiro velho. Estremeci:

— Hem?

— Entra como se estivesse em sua casa.

Cheio de vergonha, nada respondi, pois me faltavam elementos para refutar a opinião do homem. Se ele, observador profissional dos delinquentes, me via assim, teria lá as suas razões. Ponderei, extingui melindres. Tinha motivo para escandalizar-me? Não. Em duros casos, a observação podia ser considerada elogiosa. Consigo realmente ambientar-me de pressa, acomodar-me às circunstâncias. Percorrendo o sertão, muitas vezes, quando a noite descia, amarrei o cavalo a uma árvore, envolvi-me na capa, estirei-me na terra e dormi, tranquilo e só. Não seriam piores que as cobras e outros bichos do mato os habitantes da prisão. Mas que teria eu feito para o indivíduo confundir-me com eles? Muitos ali aparentavam serenidade, riam, falavam naturalmente, e a preferência me tocara. Esquisito. Éramos quarenta pessoas, a maioria aquela gente amorfa que, durante a viagem, se arrumava pelos cantos do porão, no anonimato e no enjoo. Lembro-me apenas de Sebastião Hora, capitão Mata, Lauro Lago e Macedo. Num instante abriram-se os malotes, desdobraram-se e estenderam-se as redes no pavimento úmido. Se não houvessem tomado as cordas, seria possível armar algumas nos varões de grades opostas. Agora serviam de camas. Sobre a de Macedo, muito larga, foi aberto espesso cobertor de lã; em seguida apareceram lençóis e um travesseiro de penas.

Sentado na valise, encostado ao muro, distraía-me seguindo os movimentos vagarosos e o capricho do homenzinho gordo, envolto na fumaça do cachimbo; as mais insignificantes pregas se desfaziam, alisava-se cada peça com rigor. Despojara-me voluntariamente, pela manhã, de um objeto necessário: passaria a noite mal. Onde estaria o sem-vergonha carrancudo que me furtara cinco mil-réis e estivera uma semana a esconder-se? Talvez não nos tornássemos a ver. Éramos ali quarenta desordeiros, quase todos espíritas e católicos, segundo os papéis oficiais escritos à tarde — sobra do refugo humano acumulado no porão. Dispersavam-nos, rompiam-se camaradagens alinhavadas à pressa; a inquietação de Miguel e a energia imóvel de João Anastácio iriam morrer-me no espírito. Novas caras surgiriam, novos hábitos — e não teríamos tempo de fixar-nos. Se Miguel e João Anastácio reaparecessem, seriam criaturas diferentes, procuraríamos em vão qualquer coisa nas suas fisionomias apagadas. Instintivamente buscávamos associar-nos; a associação precária num momento se desmancharia. E vivíamos a receber choques na alma. Relações impostas, desfeitas, mentes diversas agrupando-se, repelindo-se; ajustamentos difíceis, súbitas explosões de incompatibilidades. Nessa altura o excelente Macedo me fez um gesto, cochichou oferta generosa, imprevista: havia espaço ali para dois corpos.

— Obrigado.

Arriei perto, senti a maciez fofa de panos: aquilo parecia colchão. Ignoro se veio comida, suponho que todos ficaram sem alimento. De cócoras, deitados, zumbiam à luz fraca da lâmpada muito alta. Exposição humilhante era a sórdida latrina, completamente visível. Sobre o vaso imundo havia uma torneira; recorreríamos a ela para lavar as mãos e o rosto, escovar os dentes. As dejeções seriam feitas em público. A ausência de porta, de simples cortina, só se explicava por um intuito claro da ordem: vilipendiar os hóspedes. Nem cadeiras, nem bancos, inteiro desconforto, o aviltamento por fim, a indignidade. Alguém teve ideia feliz: conseguiu prender uma coberta em frente à coisa suja, poupou-nos a visão torpe. Isso nos deu alívio: já não precisávamos fingir o impudor e o sossego de animais. Sebastião Hora resignou-se a pernoitar ao desamparo. Obteve um jornal, desdobrou-o no solo frio, despiu-se e, de cuecas, pôs a roupa cuidadosamente em cima da mala. Depois de longo estudo e experiências infrutíferas, deixou a camisa a secar nos ferros da grade. Um sorriso malicioso vincava o rosto do capitão Mata, aprofundava-lhe a cicatriz.

— Dr. Hora, avisou ele, essa camisa aí corre perigo. Vão levá-la, não tenha dúvida.

Hora, teimoso, desdenhou o conselho e deitou-se no papel. — Está bem, murmurou capitão Mata. Eu preveni. Amanhã o senhor arranja outra.

E apontava o corredor sombrio, onde transitavam guardas, a fiscalizar, faxinas entregues a qualquer serviço. Quando viu o médico a dormir, levantou-se, retirou a camisa e guardou-a: — Realmente ela não estava em segurança.

Fez os seus meticulosos arranjos noturnos e foi repousar; as astúcias da caserna lhe tinham conseguido lugar cômodo. Sem mudar a roupa, sentado à beira dos panos de Macedo, acompanhei o decrescer das vozes e dos gestos em redor; ao cabo de meia hora havia na sala um estranho calçamento de figuras abatidas. Pareciam numerosas em excesso: difícil mexer-nos entre elas. Era como se me achasse numa vala, único sobrevivente no meio de cadáveres, e nas grades do cemitério surgia de quando em quando um rosto de demônio, a vigiar-nos, talvez o mesmo tipo que me associara aos habitantes da cadeia. A turba imóvel crescia, vultos remotos e confusos vinham juntar-se a ela, povoar-me a insônia.

Havia na parede uma larga barra azul de quase dois metros, e acima curiosa legenda em letras nítidas, muito bem desenhadas: "Fulano, Beltrano, Sicrano estiveram aqui presos, em tal data, como comunistas." Eram oito, dez ou doze nomes, guardei somente os de Medina e Bagé. Quem seriam? Impenetráveis, desconhecidos, talvez menos desconhecidos e impenetráveis que a maior parte dos homens ali juntos. A inscrição me insinuou duas ideias. Em primeiro lugar julguei-a fanfarronada, quixotice. Realmente, se o partido comunista era ilegal, tais linhas só renderiam desgosto: não encerravam confissão; também não protestavam; davam mostra, sem esboçar defesa, de aceitar o juízo da polícia. Imaginei que, entre os indivíduos arrolados, alguns, de fato responsáveis, tentavam, por aquele meio, nivelar-se a outros, alheios à política. Estes consentiam em figurar na lista, receosos de mostrar-se covardes. Pensei no capitão Mata, em Manuel Leal, em José Inácio. A segunda ideia que me veio foi uma pergunta: como haviam conseguido escrever a tão grande altura, onde o braço não chegava? No compartimento nem vestígio de mobília. A falta de escada, o pintor subira com certeza aos ombros dos amigos e caprichara no desenho da informação. E tinta? Bem. A cor das letras era igual à da faixa. Levantei-me, raspei com a unha a parede, num instante os dedos se cobriram de pó azul. Vinda a explicação, pus-me a indagar como tinham obtido pincel.

Voltei, esgueirando-me em ziguezagues para não despertar os companheiros, sentei-me de novo. Não desviava do muro os olhos, chamava o sono em vão, lembrava-me de trabalhos de paciência feitos por ingênuos artistas da roça: um crucifixo dentro de uma garrafa; à primeira vista achamos impossível o instrumento de suplício e Jesus na posição ruim atravessarem o gargalo. As juntas doíam-me; a barriga, no lugar da operação, devia ter qualquer coisa a rasgar-se; certificava-me da insensibilidade das coxas beliscando-as. Deitei-me, a valise servindo-me de travesseiro. Mas não dormi logo. A noite se prolongava. Venciam-me cochilos perturbados: falas de gente adormecida, passos na galeria, caras juntas à grade, o tilintar de chave em fechaduras.

De manhã pessoas animosas descerraram a cortina improvisada, molharam-se no esguicho da torneira. Desviei-me cauteloso receando salpicos imundos; resignei-me a não lavar o rosto e suportar sede: impossível utilizar aquela água. Distraí-me vendo Sebastião Hora procurar a camisa, largar as esperanças, amuar percebendo em volta olhares e sorrisos maliciosos. Recebeu-a, desanuviou-se. Ao cabo de minutos conversava junto à grade com alguém invisível e divertia-se em excesso. Chamou-me de lá:

— Venha ouvir isto, uma confissão que pode servir para as suas notas.

Acerquei-me, vi no corredor um mulato claro vestido no uniforme de riscas, a zebra dos penitenciários. Tinha um dente de ouro, ar de suficiência e pimponice. Ao ver-me, declarou, a fala branda, mole, viscosa:

— Estava aqui dizendo. A princípio dediquei-me ao conto de vigário, mas deixei logo: é arriscado. Ultimamente explorava mulheres.

Nunca me viera a ideia de que um indivíduo se acanalhasse tanto, expondo aquela vaidade besta. Diversas pessoas me revelaram com franqueza vícios e crimes; não se orgulhavam disso, era como se narrassem fatos determinados por uma força qualquer, interior ou exterior. A gabolice descarada me enojava: permaneci frio, aguardando a continuação da torpeza; era só aquilo: evidentemente o malandro não iria fazer-nos a descrição das suas aventuras. Convenci-me de que ele desejava apenas iludir-nos e iludir-se. As mulheres fugiriam à triste carne do pulha, ao canino amarelo, à voz cantada e bamba. Talvez me equivocasse. Alguma velha doente, no fim de todas as quedas, apodrecera um pouco ali, antes de resvalar para a última cova, e isto ocasionara a exibição parva. Refleti, moderei-me. O caso não merecia atenção, o que o realçava era o prazer do tipo ao narrá-lo.

Desviei-me, fui encomendar cigarros a um faxina. Recebi o pacote, larguei a pequena gorjeta, virei-me para dentro da jaula. Agora, à luz do sol, o dístico azul avultava na parede.

Efetivamente era bem feito, devia ter custado longo esforço, muita paciência. Onde estariam as criaturas mencionadas nele? De repente ouvi gritos, logo notei que se dirigiam a nós. Longe, noutro cárcere, tinham recolhido informações, pediam notícias da viagem no porão, queriam saber se precisávamos qualquer coisa. Estudamos as respostas, escolhemos um locutor e estabeleceu-se breve diálogo. Recusamos os obséquios e agradecemos. Bem. Estávamos diante de uma organização. Nada sabendo a respeito dela, fomos cautelosos nas respostas. Obrigados. Viajáramos regularmente no Manaus, e não sentíamos necessidade. O certo é que muitos se imaginavam numa tocaia, longa reserva encolhia os nordestinos suspeitosos. Não nos fiaríamos em gente desconhecida. Veio-me à lembrança a opinião de Miguel Bezerra quando apareci a bordo: vendo a roupa de casimira e o chapéu de palha, julgara-me instrumento da polícia. As esfregações ao pé da torneira haviam findado; a cortina improvisada baixara, ocultando o vaso imundo; as redes estavam dobradas e as figuras encostavam-se às paredes, sentavam-se em trouxas; zumbiam conversas. Nesse ponto chamaram-me do corredor. Aproximei-me, vi junto às vergas de ferro o tipo que me supusera habituado à prisão.

— Sair.

— Para onde? perguntei confuso.

O homem ficou em silêncio, notei que a interrogação era idiota. Não me concediam, certo, o direito de informar-me. Esperei um instante: outros nomes, pensei, viriam juntar-se ao meu. Prolongando-se a mudez do sujeito, fui buscar a valise, despedi-me dos companheiros, voltei. A chave gemeu na fechadura, a porta se abriu, tornou a fechar-se, mergulhamos na galeria. A nossa passagem, vultos surgiam à direita, à esquerda, além das grades, falavam-me. Percebi-os vagamente e não lhes entendi as palavras. Descemos a escada, chegamos à rouparia, sentei-me num banco, exausto: o mais ligeiro exercício me consumia o resto das forças. Lá estava o rapaz amável, decente, limpo, as linhas verticais da blusa infamante quase invisíveis.

— O senhor estava muito nervoso ontem.

A afirmação e a data me surpreenderam. Ontem? Parecia-me reconhecer o moço risonho, mas achava absurdo havê-lo encontrado no dia anterior. Arrepiei-me vendo-lhe a cicatriz do pulso, a horrível tatuagem meio decomposta. Bem. Estavam ali os pedaços do esqueleto, o homem delicado que surgira na véspera, sem dúvida.

— Porque diz isso? estranhei. Fiz algum disparate?

— Não. O senhor fingia calma, falava, ria, pilheriava com os seus amigos. Notei a agitação porque mexeu na valise mais de vinte vezes. Não achava lugar para ela.

Admirado, felicitei o astuto observador. Nenhuma consciência daqueles movimentos houvera em mim. Julgava-me tranquilo explicando-me ao funcionário a respeito do frasco de iodo. E o guarda me supusera à vontade, em casa, afeito à cadeia. Todos se enganavam, só a criatura estigmatizada me via por dentro; o hábito de examinar minúcias, em permanência longa na prisão, certamente lhe desenvolvera a sagacidade. Vencida a surpresa, perguntava a mim mesmo porque me demorava tanto ali na sala, quando Lauro Lago desceu a escada, vestindo a calça por cima do pijama, o paletó no braço. Acabou de arrumar-se cá embaixo. Em seguida vieram Sebastião Hora, Macedo, capitão Mata, vários outros. Avizinhei-me de um guarda velho, que se dispunha a conduzir-nós:

— Faz favor de me dizer para onde vamos?

— Pavilhão dos Primários, informou o sujeito.

— Melhor ou pior que isto aqui?

— Melhor, melhor. Vivem lá cantando e berrando como uns doidos.

II

PAVILHÃO DOS PRIMÁRIOS

Saímos andamos um pedaço do pátio, alcançamos o nosso destino, alto edifício de fachada nova. Entramos. Salas à esquerda e à direita do vestíbulo espaçoso. Uma grade ocupava toda a largura do prédio. No meio dela escancarou-se enorme porta. Introduzimo-nos por aí, desembocamos num vasto recinto para onde se abriam células, aparentemente desertas: era provável terem todos os inquilinos vindo receber-nos. Avançamos entre duas filas de homens que, de punhos erguidos, se puseram a cantar, na música do hino nacional:

Do norte, das florestas amazônicas, Ao sul, onde a coxilha a vista encanta,
A terra brasileira, d luz dos trópicos...

Ri-me interiormente, pensando no que me havia dito o guarda pouco antes: — "Vivem cantando e berrando como uns doidos." Fora da manifestação ruidosa, alguns indivíduos nos observavam, entre eles um moço pálido, ligeiramente curvo, e um gigante sério, trigueiro, de calça escura, sapatos lustrosos, camisa de seda, colarinho, gravata e suspensório. Esse esmero contrastava com a simplicidade excessiva dos vestuários em redor: quase todos ali vestiam pijamas ou apenas traziam cuecas; usavam tamancos. Eram trinta ou quarenta pessoas. Notei um rapaz franzino, quase nu, muito simpático; um vigoroso, de blusa russa, cachimbo, dentes maus; um negro reforçado e lento, de grande barriga. Um sujeito moreno, de cabeleira anelada, perguntou:

– Qual é deles?

Outro, peludo, baixo, indicou-me erguendo o braço. Findo o canto, dispersamo-nos e informações incompletas zumbiram nos grupos. Enquanto faxinas de roupa zebrada nos arranjavam cômodos, procurei o banheiro. Fui achá-lo ao fundo, à esquerda, junto à escada que levava ao andar superior. Não consegui abri-lo: pelos ferros da grade, vi com desânimo os chuveiros inúteis. Mais um dia de sujeira e comichões. Notei uma singularidade: a casa tinha dois pavimentos, mas entre eles não havia soalho; rente ao segundo corna uma plataforma acanhada, passadiço com um metro de largura; lá em cima outros cárceres, perfeitamente visíveis, nos pareciam muito elevados. Cheguei-me a um atleta vestido em calção:

– Faz favor de me dizer onde posso arranjar um banho?

– Difícil, respondeu. Só amanhã. A esta hora o banheiro não se abre.

Convidou-me a entrar no seu cubículo, apresentou-se, Renato do Rego Barros, e apresentou o companheiro, Adolfo Barbosa, de ar doentio, feio, amável em excesso, o rosto de formado por terrível prognatismo. Pus a valise no chão, sentei-me à beira de uma cama:

– Será realmente impossível achar água? Estou imundo. Faz uma semana que não me lavo.

Renato cortou a dificuldade. A um canto, disfarçando a latrina, havia um guarda-vento. Colocou-o diante da pia, agarrou um caneco:

– Dispa-se.

Nem me deu tempo de recusar. Minutos depois achava-me coberto de espuma a receber açoites líquidos em todo o corpo. Enxuguei-me com a toalhinha de rosto, encabulado por incomodar o solícito homem, que passava a borracha no chão molhado. Restava-me um pijama limpo. Vesti-o, sentei-me de novo, procurando ambientar-me. Dispunha-me a observar e escutar as duas pessoas quando o moço pálido e curvo, de relance percebido, entrou no quarto. Deram-lhe o nome de Sérgio, anunciaram a lição de matemática. Encolhido e jovem, o visitante devia ser o aluno. Enganei-me: era o professor. Acomodou-se em frente de Adolfo Barbosa, pôs-se a falar vagaroso e, abundante, a voz áspera, baixa, pronúncia exótica cheia de fortes aspirações. Usando língua estranha, não se detinha: deturpava as palavras mas achava-as com singular facilidade. Aquilo não tinha jeito de lição: assistíamos a uma conferência inacessível a mim. Enquanto ela durou, Adolfo permaneceu mudo. Anulei-me, experimentando pouco mais ou menos o vexame dos analfabetos diante de papel escrito. Quem seria o monstro familiar à teoria da relatividade, aos horrores onde a minha escassa inteligência naufraga?

Despedi-me, carregando a bagagem crescida: a maleta, a calça e o paletó, os livros; busquei refúgio noutro cubículo, onde um sujeito de pijama vermelho se ocupava em devorar uma penca de bananas, respirei com alívio nessa companhia. João Romariz. Bem. Conversando com ele, sentia-me à vontade. Era um nacional de fala dormente, alheio às ideias abstratas. E decidir afastar-me cuidadoso de Sérgio, bruxo amigo de Einstein e do infinito: a presença dele seria um alfinete para minha ignorância. Firmava-me nesse propósito, divagava singelamente com Romariz, e ao cabo de minutos surgiu o perigo, inevitável. O matemático deslizou para nós como sombra, sentou-se junto a mim, envolveu-me na sua delicadeza fria. E entorpeceu-me a prevenção. Agora adotava linguagem natural e cristã, a aspereza gutural da prosódia ia-se pouco a pouco adoçando. Veio-me a ideia de pedir-lhe esclarecimentos a respeito dos habitantes daquela prisão. Desmanchei uma carteira de cigarros, tirei de um dos lados o cartão que tenho aqui sobre a mesa, tomei o lápis e escrevi alguns nomes: Romariz, Adolfo, Renato, Sérgio.

– Sérgio de quê? perguntei. Qual é o seu sobrenome?

– Isto é pseudônimo. Eu me chamo Rafael Kamprad.

– Alemão? Pelo jeito de falar, parece alemão.

– Russo, do Cáucaso.

Ainda criança, perdera a família na Guerra Civil, conseguira chegar à Alemanha, onde estranhara o silêncio, a falta dos tiros de canhão. Estudante de filosofia e matemática numa universidade, fugira perseguido pelo nazismo, fora terminar o curso na Estônia. Daí o expulsaram. Tinha parentes na China e no Brasil: uma avó no Rio de Janeiro, um tio em Cantão, rico em negócios de petróleo com os americanos.

Optara pelo Brasil. E vivia de ensinar quando rebentara a bagunça de 1935. Previdente, desviara de casa objetos nocivos, confiara a um aluno cartas de Trotski, mas com tanta infelicidade que num instante haviam caído os papéis nas mãos da polícia. No interrogatório quisera defender-se:

– Por essa correspondência, os senhores vêem a minha posição. nada tenho com o barulho daqui.

– Pois sim. Nós gostamos tanto de uma coisa como da outra.

E haviam-lhe deformado os pés na tortura. Rafael Kamprad, ou Sérgio, contava-me isso com um sorriso plácido. Não se alterava, não gesticulava, percebi nele uma natureza glacial. Na brancura doentia de nata, no olho azul cinzento, serenidade completa. Indiquei figuras que divisávamos dali; algumas já me haviam provocado a atenção. O sujeito de blusa russa e cachimbo era José Mediria, com certeza o mencionado na inscrição vista na parede, em cima da barra. O rapaz simpático e franzino, de cueca e tamancos, era Rodolfo Ghioldi.

– Italiano?

– Argentino. Secretário do Partido Comunista Argentino.

Sim senhor, achava-me entre indivíduos importantes, que me espicaçavam a curiosidade. Percebi um moço alto, magro, de cabeça pequena, vago feitio de pernalta, escrevi o nome dele: Benjamin Schneider. Sérgio corrigiu a grafia: Snaider. Achei esquisita a emenda:

– Não é alemão?

– É um judeu romeno.

Capitão Mata veio interromper-nos: escolhera para nós aposento no andar de cima. Agarrei os troços, despedi-me, saímos, percorremos a sala, galgamos os dois lanços da escada negra de ferro, viramos à esquerda, ganhamos o passadiço, entramos no cubículo 35. Exatamente como os outros. o guarda-vento escondendo a latrina, a pia, duas camas junto à porta. Pos uma alta janela gradeada, no muro ao fundo, vinha luz do exterior. Homem prático, o meu excelente companheiro reatava a convivência do Recife: tínhamo-nos dado bem lá, decerto continuaríamos assim. Examinou a peça e considerou-se bem alojado. Achou um pedaço de sabão, e o seu primeiro ato foi abrir a mala, encher a pia e mergulhar na água a roupa suja.

– O senhor vai lavar isto?

– E então? Eu sou da caserna. O senhor vai ver que fica muito bem lavado e engomado.

– Engomado? Não pode ser.

– Eu lhe mostro.

Nunca deixamos de tratar-nos cerimoniosamente. Sérgio, apesar da circunspecção, da algidez, quase se familiarizara comigo em vinte minutos de conversa, e Mata, alegre e buliçoso, ainda era a mesma, criatura distante que declamava poesia num carro da Great Western. Dedicava-se à barrela quando entraram dois tipos: o baixo, piloso, e o trigueiro, de cabelos encaracolados, que pareciam interessar-se por mim, ao chegarmos. Logo resvalamos na intimidade. O primeiro se chamava Enzmann Cavalcante; o segundo, Newton Freitas.

– Em que é que vocês se ocupavam lá fora? indaguei.

– Eu trabalhava com ele, respondeu Newton designando o outro.

– E ele?

– Ele trabalhava comigo.

– Sim. Mas que é que faziam?

– Ah! Não fazíamos nada.

E soltou uma gargalhada imensa. Ria sem descontinuar, o vivente mais alegre do mundo.

– Quem diria? exclamou. Que diferença! Eu pensava que você fosse novo e preto.

– Novo e preto? inquiri. Porque julgou isso?

– Sei lá! Era o que eu imaginava.

E a risada estalou.

– Onde foi que nos vimos? perguntei a Cavalcante. Não me lembro. Acho que me conhece.

– Já nos encontramos em Alagoas. Eu sou de Penedo.

– Ah! Sim.

E ficamos nisso. Ouvimos o som de numerosos tamancos no pavimento inferior, tropel na escada.

– A boia.

Descemos, tomamos lugar na fila organizada para o almoço. Junto à grade, mexendo em caixões e sacos, faxinas se atarefavam na distribuição da comida. Examinei-a de longe, considerei-a suportável. O apetite não me vinha, contudo achei-me capaz de engolir qualquer coisa. Afastadas as marmitas de folha e a horrível imundície do porão, o torpor do estômago iria desaparecer. Avizinhei-me, recebi um prato, uma laranja e uma banana, voltei ao cubículo. Ofereceram também aos recém-chegados canecos de alumínio. A falta de mesa me atrapalhava, servi-me com dificuldade, na cama. Não havia faca nem garfo, uma colher apenas. Mas o juízo de capitão Mata, que achava, como sempre, o alimento muito bom, animou-me. Consegui tragar uns bocados. Arroz insípido, carne misturada com peixe. Deixamos a louça na soleira. Na ausência de móveis, arrumei sobre o guarda-vento os livros, a valise, a roupa dobrada. E estendi-me para repousar. Deitava-me afinal como gente, na aparência. O colchão era tão delgado que não me deixava em sossego, um varão do lastro magoava-me o espinhaço. Virei-me para um lado e para outro, avancei, recuei, e sempre a infeliz haste de metal a chocar-me os ossos. Alojei-a por fim entre as últimas costelas e o ilíaco, adormeci ouvindo a esfrega nas camisas do capitão, o esguicho da torneira.

Despertaram-me pancadas de tamancos. Ergui-me, fui ao passadiço, vi aglomeração lá embaixo, desci, agreguei-me ao semicírculo que se formava junto à escada. Rodolfo Ghioldi subiu alguns degraus. Tinha de pano em cima do corpo uma cueca e um lenço. Começou a falar em espanhol, de quando em quando lançando os olhos a um cartão de cinco centímetros, onde fizera o esquema da palestra. Referiu-se à política sul-americana, e logo no princípio tomei-me de verdadeiro espanto: nunca ouvira ninguém expressar-se com tanta facilidade. Enérgico e sereno, dominava perfeitamente o assunto, as palavras fluíam sem descontinuar, singelas e precisas. Admiravam-me a rapidez do pensamento e a elegância da frase. Curvado sobre o papel, a suar na composição, emendando, ampliando, eliminando, não me seria possível construir aquilo.

– Excelente orador, segredei ao vizinho.

Esquisito um homem quase nu causar tal impressão. Afizera-se à tribuna, achava-se à vontade, a governar os nervos dóceis, consultando o papel da sinopse, dobrando-o para ocultar as linhas percorridas, movendo o lenço como se tirasse recursos dele. O gesto de prestidigitador firme no seu ofício. Conservou-nos atentos meia hora, o prazo marcado para a conferência. Tê-la-ia, como depois notei, desenvolvido em sessenta minutos ou resumido em quinze, expondo a matéria toda, sem esquecer um ponto. Capaz de, com destreza, analisar ou sintetizar.

Algumas pessoas se afastavam de nós: Sérgio, Adolfo Barbosa, o gigante sério e trigueiro, de colarinho e gravata no desmazelo geral. Quem era esse tipo que se desviava dos outros, dava mostra de esperar sair logo? Informei-me quando terminou o discurso. Valdemar Birinyi, húngaro, dizia-se ex-oficial de Bela Kun. Tinha propriedades na Inglaterra e na Argentina. Viajava da Europa a Buenos Aires, em companhia de uma bonita mulher, e tivera a infeliz ideia de saltar no Rio de Janeiro. Aqui se hospedara em hotel de luxo, comprara um automóvel e resolvera prosseguir a viagem por terra. Preso no Rio Grande do Sul, fora recambiado à pressa, em avião, e no interrogatório da polícia, mal se explicando numa gíria internacional, deixara sem clareza as razões secretas que o haviam trazido ao Brasil. De nada lhe serviram o passaporte e fotografias de imóveis no Prata. Oito malas e vinte e cinco mil francos suíços tinham desaparecido. O que mais o agoniava era o extravio de uma coleção de selos, a terceira do mundo, orgulhava-se disto. Em momento de desespero tentara cortar os pulsos com uma gilete, ainda conservava pedaços de esparadrapo colados à pele. Enfurecera-o talvez o sumiço daquela preciosidade, ou o isolamento em que vivia. Exprimia-se a custo, embaralhando línguas; entendia-se em alemão com Sérgio, fazia dele intérprete. Chegando ao Pavilhão dos Primários, fora recebido com o *Hino do Brasileiro Pobre*:

Do norte, das florestas amazônicas,
Ao sul, onde a coxilha a vista encanta... E resmungara chateado:

– Fui oficial de Bela Kun. Iam fazer aqui revolução com estas bestas?

Caíra, pois, em desagrado, embora possivelmente não tivesse querido ofender ninguém: mastigava um português horrível, nunca dizia o que desejava. Pascoal Leme, um professor moço, de fisionomia aberta, contou-me pedaços desse desastre; colhi diversas minúcias aqui e ali, passeando no vasto recinto, chamado Praça Vermelha. Na cadeia sobra-nos tempo, acumulamos as notícias mais insignificantes; às vezes as imaginações trabalham fora da realidade, surgem construções absurdas, e nem sabemos quando nos relacionam fatos verdadeiros ou quando sonham. Visitei Adolfo Barbosa e Renato, busquei aproximar-me de alguns outros. Os meus novos amigos chegados pela manhã rapidamente se ambientavam; a cadência lenta dos nordestinos casava-se a ríspidas vozes estrangeiras. Havia ali pequeno-burgueses e operários, homens cultos e gente simples. De um lado Rodolfo Ghioldi e Sérgio, engenheiros, médicos, bacharéis; do outro lado Bagé, companheiro de Medina, e o negro forte, barrigudo, visto ao chegarmos, o estivador Santana. Na célula de Romariz conheci um tipo curioso, Agrícola Baptista. Furara um lençol cor de sangue e andava metido nesse poncho medonho, que nos feria a vista. Servira na Coluna Prestes, recebera uma bala na perna e por isso claudicava. Davam-lhe a alcunha de Tamanduá, realmente bem aplicada: tinha os olhos pequenos, barba espessa, o rosto se alongava, inquieto, num sorriso frio e doloroso. Outra figura me chamou a atenção, Amadeu Amaral Júnior, arcabouço de torre, olhos profundamente azuis, cabeleira anelada cobrindo-lhe as orelhas, prometendo chegar aos ombros. Vestia uma cueca preta e calçava enormes tamancos ruidosos que pezunhavam como cascos. Jornalista, desenfastiava-se na prisão redigindo novelas. Exibiu-me um conto bem chocho, amostra das suas possibilidades literárias. Devolvi-o constrangido, esforçando-me em vão por indicar nele ideia ou forma razoável, mas o autor eximiu-me da cortesia falsa: indiferente a elogios, asseverava, na palavra e no gesto, o grande valor do seu trabalho. Isso me afligia, embaraçava; o desejo de ser amável findou; descobria uma vaidade espessa e vinha-me a tentação, enérgica e irrealizável, de grosseiramente afirmar que a história não prestava. Necessário afastar-me, livrar-me da situação penosa. Amadeu Amaral Júnior deve ter-me adivinhado recantos do interior: excedeu-se no juízo fátuo, com estridência e aspereza. Vexava-me sobretudo achar-me livre de simpatia, inclinando talvez a ser injusto, não poder de nenhuma forma solidarizar-me com o rapaz, negar fugitivos indícios de beleza acaso existentes na sua literatura. Ao deixá-lo, perguntava a mim mesmo se o havia magoado ou se ele me ofendera. Com certeza eram exatas as duas suposições.

Percebi entre os meus companheiros uma esquisita amabilidade– antes de pedir, ofereciam. Alguém me veio perguntar se necessitava qualquer coisa, dinheiro, cigarros. Nada me faltava, agradeci. A resposta era infalível: os meus escrúpulos me levariam a recusar assistência, ainda que me achasse em penúria. Bem. Tratava-se então de saber se me era possível contribuir para o Coletivo. Sem dúvida, mas que vinha a ser aquilo? Um organismo a funcionar, com excelentes resultados, em prisão política. A oferta e o pedido me revelavam de pronto um dos seus fins: estabelecer o equilíbrio. A testa dele, uma comissão de cinco membros, eleitos por alguns meses, zelava a ordem, a higiene, entendia-se com o mundo lá de fora utilizando as visitas, levava à administração do estabelecimento exigências e protestos. Como o diretor não aparecia, a autoridade próxima era o Coletivo. Fundara cursos de línguas e ambicionava instituir uma Universidade Popular. Benjamin Snaider ensinava russo.

– Contribuição mensal?

– Não, semanal.

Com minguados recursos, impossível dar mais de dez mil-réis. Larguei-os. Dentro em pouco, certamente, nem disso iria dispor. Estremeci ouvindo perto um canto de galo Quem teria metido ali o animal? Procurei-o, guiando-me por outros cocorocós muito agudos e trêmulos. Percebi o engano. Lá em cima, um sujeito de bugalhos imóveis e expressão lorpa estirava o pescoço e esgoelava-se daquele modo

– Idiota! bradaram furiosamente na vizinhança.

O tipo, insensível à ofensa, continuou a descomedir-se exibindo o seu talento galináceo. Era português e anarquista, disseram-me; desde a chegada vinha-se entregando ao exercício irritante: quando menos se esperava, erguia-se nas pontas dos pés, lançava o duro grito rolado. Fora isso, declamava com insistência um período que principiava assim: "Por causa de uma aventura galante..."

A tardinha surgiram novamente os caixões e organizou-se a fila para o jantar. Devolvidos os pratos, percebi um tilintar de chaves; fui ao passadiço, vi no pavimento inferior um guarda trancando portas; iam-se pouco a pouco dissolvendo os grupos. Os tinidos aproximaram-se, recolhi-me, um instante depois achava-me enclausurado, um livro nas garras, tentando ler à luz escassa da lâmpada. Canitão Mata se acomodava, divagando por assuntos vários. No cubículo à direita haviam-se alojado Macedo e Lauro Lago; à esquerda estavam Benjamin Snaider e Valdemar Bessa, médico, cearense, bicudo. Julguei distinguir a voz de Renato:

– Alô! alô! Fala a Rádio Libertadora.

Não era apenas um divertimento arranjado com o fim de matar tempo e elevar o ânimo dos presos: vieram notícias de jornais, comentários, acerbas críticas ao governo, trechos de livros, o *Hino do Brasileiro Pobre*, algumas canções bastante patrióticas, sambas.

– A Beatriz não vai querer cantar? disse alguém.

Ir querer, fala estranha, feriu-me o ouvido nordestino. Palmas, aclamações, gritos exigindo o canto de Beatriz Bandeira. Um sussurro doce flutuou longe:

As granadas vêm caindo, Incendiando o meu quartel

Diabo! Havia mulheres ali. Onde se escondiam elas? Finda a queda suave das granadas, morto o agradável incêndio no quartel, vibraram aplausos vários minutos. As vozes se espaçaram, arrefeceu o entusiasmo, afinal a Rádio Libertadora encerrou o seu programa daquele dia.

Agora tínhamos água abundante, recuperávamos as necessidades corriqueiras de limpeza. A roupa de capitão Mata secava, estendida no guarda-vento nos pés e na cabeceira da cama. Sem achar repouso no colchão delgado, estive muitas horas a cochilar um sono cheio de perturbações. A trave de ferro deslocava-se, magoava-me a ilharga, de quando em quando era preciso fixá-la entre as costelas e o osso do quadril; bichos miúdos picavam-me; os passos regulares do guarda soavam na plataforma; um surdo rumor de máquina zumbia monótono. Pelo meio da noite, distingui um chamado próximo, insistente. Ergui-me, cheguei à porta, vi em frente um rapaz que tentava comunicar-se com as outras células num aviso misterioso:

– A metralhadora está comendo, macacada.

Surpreendi-me e interroguei-o com a cabeça.

– Revolução, tornou. Não está ouvindo a metralhadora?

Voltei à cama, atônito. Era o ruído enfadonho que o tinha levado a semelhante conclusão. O trabalho de um cata-vento, devia ser isto. E o homem se desvairava, facilmente mudava em realidade o seu desejo, resolvia-se a acordar as pessoas para transmitir-lhes a convicção e a demência.

Levantei-me cedo. E acabava de lavar-me e escovar-me na pia quando ouvi rumor no passadiço e o alimento da manhã chegou à porta. O longo bico de um bule enorme passou entre os ferros da grade. Fomos buscar os canecos de alumínio recebidos na véspera, um homem de roupa zebrada encheu-os, a cada um de nós ofereceu um pão, afastou-se. Sentado na cama, que servia de mesa, de cadeira, substituía outros móveis, mastiguei pedaços de crosta dura, sentido a manteiga rançosa, bebi o café adocicado, enjoativo. Movimento na Praça Vermelha anunciou que estavam abrindo os cubículos. Pisadas, tinir de chaves, a nossa porta se escancarou. Peguei o sabão e a toalhinha, fiquei ainda um instante a negociar com o faxina, comprando-lhe um par de tamancos. Livrei-me dos sapatos, acomodei os pés na madeira tosca, saí devagar e cauteloso. O peitoril que cercava a plataforma estreita não nos defendia. Ausência de balaústres. Um escorrego infeliz no mosaico nos faria passar por baixo da trave e nos lançaria ao rés do chão. Desci.

No patamar, em voz baixa, capitão Mata conferenciava com um guarda, recebia notícias do oficial a quem se dirigira ao chegar. Hábil criatura: sem perder tempo, alcançava ligação proveitosa; certamente o largariam depressa. Pude enfim lavar-me direito, receber no corpo o jato forte de chuveiro. Em seguida visitei cubículos, reforçando alguns conhecimentos esboçados. Benjamin Snaider conseguira subir a uma das janelas altas que abriam para o exterior e, seguro às grades, mantinha uma discussão política, dando a alguém invisível o nome de Valentina. Percebi a voz da mulher, mas não lhe distingui as palavras. O diálogo, reduzido à metade, interrompeu-se: anunciaram perto o banho de sol e Benjamin Snaider despencou-se lá de cima, num salto perigoso.

Ganhamos a Praça Vermelha. A um canto muitos indivíduos se comprimiam, alguns inteiramente nus, enxugando-se, vestindo-se à pressa. Findos esses arranjos, subimos batendo os cascos nos degraus de ferro, em seguida encaracolamos por uma escadinha espiral, desembocamos lá em cima num grande terraço. Deixando a sombra, recebemos de chofre uma inundação de luz. Montes, arranha-céus, a agitação rumorosa da Central, trechos do Mangue, o enorme gasômetro da Light, a massa dura da Favela, muros altos a rodear-nos, a casa de correção, vizinha. Estávamos ali umas sessenta pessoas, várias conhecidas no porão do Manaus: depois de nós, outros haviam chegado, em pequenos grupos bisonhos, e os faxinas andavam numa azáfama, transportando camas e colchões, arrumando células. Afeito à solidão no quartel, à promiscuidade animal na viagem, habituara-me com surpresa à vida nova. Homem rural, desconfiado e silencioso, propenso a estender-me em compridos monólogos, admirava-me do Coletivo, das lições, especialmente da perícia daqueles citadinos na exposição de ideias em conversas simples e claras. Não conseguiria manifestar-me assim De ordinário a expressão me fugia, decompunha-se o pensamento, e era uma tortura vencer a estupidez, procurar dizer qualquer coisa gaguejando um vocabulário escasso, miserável. Na manhã luminosa, olhando postes e fios, prédios cinzentos, arvoredo e morro, ainda uma vez me aniquilei no pasmo que a palavra falada sempre me causa.

Rodolfo Ghioldi fez uma conferência. Meio despido, como no dia anterior, discorreu exuberante, a manejar o lenço, ora consultando o papelzinho do esquema, ora deitando os olhos ao relógio de pulso. Desenvolveu com precisão a matéria, ajustou-a seguro ao tempo, sem se alargar, sem se restringir em nenhuma das partes. Não raro metia no assunto grave minúcias picarescas, até palavrões – a evitava o cansaço do auditório. Operários atentos esforçavam-se por entendê-lo, pedindo às vezes a significação de um termo.

– Que quer dizer terrateniente?

Em geral discursos de quinze minutos me dão sono e bocejos Tenho uma espécie de indiferença auditiva, só compreendo bem o que vejo escrito. Ali, porém, estive uma hora a escutar o argentino, remoendo a excelente lição. Em seguida Mediria rezingou um protesto descabido: referiu-se à dureza do regímen carcerário e julgou conveniente fazermos a greve da fome. Houve sussurro e o desagrado estampou-se nos rostos.

– Provocação, murmurou Renato.

– Acha? perguntei.

– Sem dúvida. Que é que vamos reclamar? Estamos bem E aqui há diversos estrangeiros. Se concordarmos nisso, eles serão mandados para lugar pior.

Muitos opinavam certamente assim; contudo nenhuma objeção pública se articulou. Na surpresa, ficamos a olhar-nos uns aos outros, esperando que alguém se manifestasse: receávamos talvez ser considerados conformistas ou débeis. Quem se expressou foi Bagé, mascando uma intervenção de apoio difícil à proposta de Mediria. Sem debate, levou-se o caso imediatamente a votação e a maioria levantou o braço concordando, numa anuência desanimada e chocha. Os nordestinos, confusos, não alcançavam direito o motivo da exigência, vinham do porão infame, da galeria molhada, nenhum supusera dormir em lençol, comer em prato, e quase todos se deixavam arrastar, carneiros dóceis, temendo ferir o desejo comum. Provavelmente se justificavam alegando no íntimo que uma simples discordância não influiria na decisão. E evitavam comprometer-se. Aquilo foi rápido; se alguém quis opor-se, não teve tempo de revelar-se.

– Bem, disse Rodolfo Ghioldi.

Aceitava a resolução, naturalmente, faria a greve como os outros: nenhuma vantagem, porém, ela nos traria. Esses movimentos nada significavam se não repercutiam lá fora, e nós estávamos isolados. Nenhum meio de chegar a massa a interessar-se por nós, e assim buscávamos somente iludir-nos. A observação de Rodolfo causou-me vivo mal-estar. Resolvera-se, para não mostrar covardia. Praticar uma tolice. Pensei na afirmação de Renato, vaga desconfiança mordeu-me. Assistiríamos apenas a uma fanfarronada inconsequente ou haveria ali inimigos disfarçados? A suspeita iria prolongar-se, confirmar-se às vezes, outras vezes fazer-nos aceitar sem exame duras injustiças. Enleava-se, perplexo, quando Bagé voltou a gaguejar, a explicar-se entre avanços e recuos, mastigando o risinho mole e insignificante: a princípio a ideia lhe parecera boa, mas agora compreendia o erro e atacava-a. Ninguém a defendeu, outra decisão rejeitou-a por unanimidade. Essa reviravolta alarmou-me, de repente considerei o sufrágio coisa débil: afirmativas enérgicas, lançadas por duas ou três pessoas, bastavam para fingir um julgamento coletivo.

Regressamos. Na descida apresentaram-me um rapaz gordo. Campos da Paz Júnior.

– Médico, especialista em blenorragia. Se precisa dos meus serviços, estou às ordens.

– Obrigado.

Recolhi-me, entretive-me admirando a pachorra de capitão Mata no ofício de engomador. A roupa estava seca, exposta no guarda-vento, e o homenzinho recolhia as peças, dobrava-as cuidadoso, Arrumava-as no colchão, desfazendo com perícia todas as pregas. Quando as julgou bastante lisas, pôs a mala em cima delas.

– Acha que isso dá certo? inquiri.

– O senhor vai ver.

Chamaram-me da porta: uma das mulheres recolhidas à sala 4 desejava falar comigo. Estranhei. Quem seria? E onde ficava a sala 4? Um sujeito conduziu-me ao fim da plataforma, subiu o corrimão e daí, com agilidade forte, galgou uma janela. Esteve alguns minutos conversando, gesticulando, pulou no chão e convidou-me a substituí-lo. Quê? Trepar-me àquelas alturas, com tamancos? Examinei a distância, receoso, descalcei-me, resolvi tentar a difícil acrobacia. A desconhecida amiga exigia de mim um sacrifício; a perna, estragada na operação, movia-se lenta e pena; se me desequilibrasse, iria esborrachar-me no pavimento inferior. Não houve desastre. Numa passada larga, atingi o vão da janela; agarrei-me aos varões de ferro, olhei o exterior, zonzo, sem perceber direito porque me achava ali. Uma voz chegou-me, fraca, mas no primeiro instante não atinei com a pessoa que falava. Enxerguei o pátio, o vestíbulo, a escada já vista no dia anterior. No patamar, abaixo de meu observatório, uma cortina de lona ocultava a Praça Vermelha. Junto, à direita, além de uma grade larga, distingui afinal uma senhora pálida e magra, de olhos fixos, arregalados. O rosto moço revelava fadiga, aos cabelos negros misturavam-se alguns fios grisalhos. Referiu-se a Maceió, apresentou-se:

– Nise da Silveira.

Noutro lugar o encontro me daria prazer. O que senti foi surpresa, lamentei ver a minha conterrânea fora do mundo, longe da profissão, do hospital, dos seus queridos loucos. Sabia-a culta e boa, Rachel de Queirós me afirmara a grandeza moral daquela pessoinha tímida, sempre a esquivar-se, a reduzir-se, como a escusar-se de tomar espaço. Nunca me havia aparecido criatura mais simpática. O marido, também médico, era o meu velho conhecido Mário Magalhães. Pedi notícias dele: estava em liberdade. E calei-me, num vivo constrangimento.

De pijama, sem sapatos, seguro à verga preta, achei-me ridículo e vazio; certamente causava impressão muito infeliz. Nise, acanhada, tinha um sorriso doce, fitava-me os bugalhos enormes, e isto me agravava a perturbação, magnetizava-me. Balbuciou imprecisões, guardou silêncio, provavelmente se arrependeu de me haver convidado para deixar-me assim confuso. Uma rapariga loura surgiu perto dela e se ausentou logo. Tentei avaliar o tamanho da sala 4, observar o espaço restrito visível obliquamente. Vigorosa conversa política ali se desenvolvia, a pouca distância, dominada por um vozeirão de instrutor. Quem seria aquela mulher de fala dura e enérgica? Um rapaz subiu à janela, arrumou-se junto de mim, chamou Haydée Nicolussi, e a lourinha tornou a aparecer. Travaram conversa loquaz; forçado a comparação desagradável, confessei-me obtuso e chinfrim. Vi no passadiço alguns tipos a aguardar vaga no miradouro improvisado; com certeza adoçavam ali as horas a parolar com as vizinhas.

Despedi-me de Nise e desci, uma pergunta a verrumar-me, insistente, os miolos: quem seria a criatura feminina de pulmões tão rijos e garganta macha? Nenhum interesse me animava a descobrir isso; refugiei-me na questão para fugir à lembrança de me haver conservado inerte e frio diante da psiquiatra. Foi Valdemar Bessa quem me satisfez a curiosidade: a mulher de voz forte era Eneida. E apertava-se uma dúzia delas na sala 4. Olga Prestes, Elisa Berger, Cármen Ghioldi, Maria Werneck, Rosa Meireles, outras.

O dia correu sem novidade apreciável. Capitão Mata desfez a prensa arranjada sobre a cama e exibiu-me a roupa sem dobras, serviço decente que lhe proporcionava economia de dez tostões. Não me ocorreu imitá-lo, as minhas mãos ineptas falhariam naquele trabalho. Recorri ao faxina para a lavagem dos panos imundos empacotados na valise, fui matar o tempo a andar no rés do chão. Com um estremecimento de repugnância, vi Sérgio embrenhado na leitura do meu primeiro romance.

– Pelo amor de Deus não leia isso. É uma porcaria.

Ingênuo, tentei explicar-me, em grande embaraço. A publicação daquilo fora consequência de uma leviandade. Escrita dez anos antes, a miserável história passara às mãos do editor Schmidt e emperrara. Já revistas as provas, tinham surgido obstáculos, demora, cartas, desavenças e a entrega dos originais a amigos meus do Rio. Em 1935 Jorge Amado me visitara em Alagoas, dissera que Schmidt queria editar o livro; mas não me convinha o negócio: julgava-me então capaz de fazer obra menos ruim, meses atrás concluíra uma novela talvez aceitável. Jorge se conformara com a recusa.

Deixando-me, apossara-se dos malditos papéis e dera-os ao livreiro. Essa justificação nada valia – e era impossível oferecê-la a todos os leitores. Sérgio teve o bom senso de não me atribuir falsa modéstia. Com um sorriso frio, voltou à leitura; ia chegando ao fim do volume e acolhia tacitamente a minha opinião desalentada. O Coletivo organizara uma pequena biblioteca desordenada, brochuras circulavam nos cubículos, entre elas a narrativa medonha que eu não gostava de mencionar. Almocei, jantei. Sem fome, pude ingerir a desagradável boia da prisão: o fastio desaparecera. A noite, fechadas as células, capitão Mata alcançou ruidoso triunfo. A Rádio Libertadora anunciou o programa, iniciado com o *Hino do Brasileiro Pobre*, que já se ia tornando maçador. As florestas amazônicas, a coxilha, o sul, o norte, a luz dos trópicos começavam a bulir-me com os nervos. Findaram as notícias, os comentários, e a hora de arte chegou, como na véspera. Ouvimos os sambas, as canções, as granadas caíram novamente, incendiaram com vigor o quartel, impelidas pela voz poderosa de Eneida. Capitão Mata, num lampejo, muniu-se de lápis e papel, rabiscou algumas linhas sobre a mala, avizinhou-se da grade e lançou, com ligeiras modificações, o princípio do canto guerreiro diversas vezes murmurado no quartel do Recife:

— *Onde vais tu, infante ousado, Com teu fuzil a pelejar?*

Era assim em Pernambuco. Agora, por causa da Aliança Nacional Libertadora, a belicosidade resultava nisto:

— *Onde vais tu, libertador, Com teu fuzil a pelejar? — Vou para...*

Esqueci o resto, já não sei aonde se dirigia o sujeito armado, mas os desígnios funestos dele excitaram vivamente os cubículos. Palmas, gritos:

– Continua.

Ouvindo a exigência da massa, o poeta resolveu terminar a composição, redigindo com extrema velocidade.

– Continua, berrava o auditório.

– Um minuto, pedia o moço interrompendo-se, chegando à porta. Está em preparação.

Concluído o trabalho, passou-me a folha:

– Veja se está bom. Apontei um dos versos:

A burguesia, a burguesia...

– Esse ataque não fica direito. Os burgueses progressistas são nossos amigos.

– O imperialismo então?

– Exatamente, concordei rindo. O imperialismo serve. E não ofende a métrica.

– Não, dá oito sílabas. Trauteou:

O imperialismo, o imperialismo...

Voltou-se para a invisível plateia, jogou a produção e recebeu uma chuva de aplausos. Em seguida fomos dormir. A vara de ferro tocou-me de novo os ossos, acomodou-se entre as costelas e o quadril. E outra vez bichos miúdos vieram picar-me. Ergui-me, olhei os panos, descobri uma quantidade razoável de percevejos.

Capitão Mata alcançou parabéns ardentes, e várias pessoas vieram pedir-lhe cópia da cantiga. Andou em voga uma semana, depois foi abafado pela numerosa produção de sambas e não tornou a evidenciar os seus talentos. Correspondia-se com o oficial visto à nossa chegada, certamente achou amparo nessa camaradagem, pois, findas algumas lavagens de cuecas e matanças de percevejos, fomos privados da sua amável companhia discreta. Julgo que teve uma cidadezinha do sul por menagem. Senti a ausência do capitão, lembrava-me dele vendo o caneco de alumínio deixado em cima do guarda-vento. Essa vasilha me foi útil. Os doentes recebiam pela manhã, à hora do café, uma garrafinha de leite. Fui incluído entre eles: sem exame, perceberam-me a ruína interior: com certeza a viagem no porão me havia deixado marcas visíveis em demasia. O caneco me serviu para transformar o leite em coalhada.

Novos magotes chegavam, em pouco tempo havia três, quatro camas em cada célula. Dias antes de sair o capitão, Sérgio me procurou envolveu-me na sua polidez glacial. Queria saber se me convinha que ele viesse habitar o cubículo 35, mas a consulta simples tinha quase a feição de uma cerimônia diplomática. Na verdade o assunto exigia cautela: a prisão modificava as índoles, em certos indivíduos apareciam fundas alterações, gênios incompatíveis se chocavam sem motivo aparente. Indispensável selecionar os companheiros com atenção.

– Acho que nos daremos bem, opinou o rapaz.

– Sem dúvida.

Essa anuência divergia do meu pensamento: inclinava-me a supor que não nos entenderíamos. A delicadeza fria do russo dificilmente se harmonizaria com os meus hábitos vulgares de sertanejo; a minha ignorância compacta iria experimentar dura humilhação junto ao saber forte daquele homem doutorado em Leipzig, íntimo de Einstein e de Hegel. Enganei-me. As diferenças evidentes não nos afastaram, vivemos alguns meses em concordância perfeita, nunca um palavrão esotérico, dos ouvidos no encontro inicial, nos separou. Sérgio notou-me rápido a insuficiência e acomodou-se a ela. Nenhuma ideia transcendental: conversas fáceis, corriqueiras, acessíveis ao nordestino iletrado. Sempre nos conservamos na superfície – e por isso admirei e estimei aquele espírito sagaz. Reduzia-se, confessava-se leigo em história e literatura, embrenhava-se em longas dissertações sobre arte grega e arte egípcia. Desprezando a Europa, detinha-se em louvores minuciosos à sabedoria asiática. Não se julgava europeu. Nascido no Cáucaso, mestiço de eslavo e tártaro, só achava firmeza e vida no Oriente. Quando me falou pela primeira vez nos *canados*, não o entendi: a pronúncia gutural deformava inteiramente a palavra. Atentando na alvura transparente de louça, no azul cinzento dos olhos, nos cabelos fulvos, divertia-me a pôr em dúvida a origem dele:

– Você, com esse tipo, seria recusado nas hostes de Tamerlão. É branco demais para tártaro.

Outras vezes atacava-lhe a dureza da língua:

– Vamos deixar de *egzagero*, não existe *egzagero*, o que há é exagero, e-za-ge-ro.

Sérgio franzia um sorriso, endireitava a prosódia lentamente, para resvalar depois noutro desconchavo. Fora isso, aprendia o português com facilidade incrível. Desdenhando gramáticas e dicionários, entrava na sintaxe e enriquecia o vocabulário por meio de leituras e consultas. O que entrava ali ficava, não repetia perguntas. Fez uma síntese da filosofia de Hegel, num caderno, a lápis, o começo em alemão, o fim em português. Leu-me esse trabalho, emperrando às vezes, buscando a expressão, convencendo-se de que o pensamento era intraduzível e usando circunlóquios. Esforçava-se por trasladar-me versos de Puchkine, desistia:

– É inútil. Só podemos sentir e compreender esta balada em russo.

Não simulava nenhuma espécie de consideração às nossas letras, pouco mais ou menos inexistentes. Falava-me com franqueza e isto não me susceptibilizava, é claro: o meu novo amigo vinha de grandes culturas, não iria fingir apreço às miudezas nacionais. Um dia, como ele desacatasse rijo os sonetos, nada mais enxergando na poesia brasileira, interrompi-o:

– Vou recitar-lhe um soneto, Sérgio.

E atirei-lhe *O sorriso* de Manuel Bandeira. Sérgio ouviu-me atento, murmurou com espanto:

– Oh! Vocês aqui têm disso? E, noutro tom:

– Ainda não conheço o Brasil. Leviandade manifestar-me sobre ele.

A percepção, a compreensão e a memória do rapaz me assombravam. Uma vez encontrei-o agarrado ao meu segundo romance. Virou a folha, avizinhei-me, entrei a rever pedaços da minha terra. Ia chegando ao fim da página esquerda, e o moço voltou a folha de novo.

– Não é possível que você tenha lido essas duas páginas, afirmei.

– Porquê?

– O autor dessas drogas sou eu, e apenas li uma. É absurdo que você, estrangeiro, chegado há pouco, mal conhecendo a nossa fala e as nossas coisas, tenha conseguido pegar as duas.

Sérgio entregou-me, sorrindo, a brochura:

– Vamos ver se me lembro. Não digo as palavras, mas acho que posso mencionar as ideias, como estão colocadas. E reproduziu as duas páginas, com ligeiras alterações.

– Incrível, exclamei atordoado, largando o volume. Sou na verdade uma criatura bem estúpida. Ou então você é um monstro.

Sem despregar dos beiços pálidos o sorriso débil, Sérgio me condenava frouxamente os *egzageos*. O meu espanto crescia, a delicadeza glacial do russo me exaltava:

– Sem dúvida, somos bichos de espécies diferentes. Faço um livro, gasto meses a espremer os miolos, compondo, eliminando, consertando, fico a remoer cada frase com paciência de boi, e consumo para entender isso o duplo do tempo necessário a você. É inacreditável.

Afirmava-me não ser difícil percorrermos um texto, apreendendo a essência e largando o pormenor. Isso me desagradava. São as minúcias que me prendem, fixo-me nelas, utilizo insignificâncias na demorada construção das minhas histórias. Aquele entendimento rápido, afeito a saltos vertiginosos e complicadas viagens, contrastava com as minhas pequeninas habilidades que pezunhavam longas horas na redação de um período. Julguei Sérgio isento de emoção, e isto me aterrou. Comovo-me em excesso, por natureza, e por ofício, acho medonho alguém viver sem paixões. Imaginei-me diante de um cérebro, cérebro enorme. O resto do corpo minguava, tinha fracas exigências, funcionava para levar um pouco de sangue à poderosa máquina. A voz calma narrava-me cenas de arrepiar – e não se elevava, escorria dos beiços finos, banhava o sorriso permanente como um fio de água gelada. Ao deixar a sala de tortura, Sérgio mexia-se a custo: andava nas pontas dos pés feridos, arrastando os sapatos, os calcanhares fora dos tacões: a rigidez do couro magoava-lhe a carne viva, sangrenta. Num corredor enxergava de longe a cabeça da mulher. E enviara-lhe um aceno, tentara apagar no rosto qualquer vestígio de padecimento. Ouvindo isso, falei no ódio que ele devia experimentar. Olhou-me atônito:

– Ódio? A quem?

– Aos indivíduos que o supliciaram, já se vê.

– Mas são instrumentos, sussurrou a criatura singular.

– Aos que os dirigem. Aos responsáveis por isso.

– Não há responsáveis, todos são instrumentos.

Na verdade ele tinha razão. Contudo, se me houvessem atormentado, não me livraria da cólera, pediria todas as desgraças para os meus carrascos.

– Se lhe aparecesse meio de vingar-se, não se vingaria?

– Que lembrança! Guardei silêncio um instante, depois tornei:

– Sou um bárbaro, Sérgio, vim das brenhas. Você é civilizado, civilizado até demais. Diga-me cá. Admitamos que o fascismo fosse pelos ares, rebentasse aí uma revolução dos diabos e nos convidassem para julgar sujeitos que nos tivessem flagelado ou mandado flagelar. Você estaria nesse júri? Teria serenidade para decidir?

– Porque não? Que tem a justiça com os meus casos particulares?

– Eu me daria por suspeito. Não esqueceria os açoites e a deformação dos pés. Se de nenhum modo pudesse esquivar-me, nem estudaria o processo: votaria talvez pela absolvição, com receio de não ser imparcial.

O russo não agasalhava tais escrúpulos: absolveria ou condenaria, insensível, examinando os autos.

– Se você acaso chegasse ao poder, conservaria os seus inimigos nos cargos, Sérgio?

– Não tenho inimigos. Conservaria os que se revelassem úteis.

– Bem. Essa impassibilidade me assusta. Apesar de sermos antípodas, fizemos boa camaradagem. Mas suponho que você não hesitaria em mandar-me para a forca se considerasse isto indispensável.

– Efectivamente, respondeu Sérgio carregando com força no c. Boa noite. Vou dormir.

Estendeu-se na cama agreste, enfileirada com a minha junto ao muro, cruzou as mãos no peito. Ao cabo de um minuto ressonava leve, a boca descerrada a exibir os longos dentes irregulares. Nunca vi ninguém adormecer daquele jeito. Conversava abundante, sem cochilos nem bocejos; decidia repousar e entrava no sono imediatamente. O domínio sobre o corpo, a vontade rija, a ausência de sentimentos quase me apavoravam. Deixando a Alemanha, Sérgio casara e enviuvara, na Estônia. Não lhe notei saudade, era como se casamento e viuvez se referissem a outra pessoa. Agora a segunda mulher o visitava com regularidade, trazia-lhe pijamas e abacates. O marido falava nela com simpatia, achava Emilie companheira excelente. A moça da Estônia fora colega de universidade, e Emilie, suponho, dera-lhe as primeira lições de português. No começo presumi Sérgio indiferente à beleza física, só interessado nas relações intelectuais, a carecer de sexo. Depois modifiquei o juízo. Também comigo se passava qualquer anormalidade. Surgiu-me de repente anafrodisia completa. Súbita desaparição dos desejos eróticos e um resfriamento geral, espécie de anestesia; órgãos se embotavam, paralisavam; a esquisita impressão de haver em mim pedaços mortos. Porque diabo me vinha aquilo de chofre? Deram-me um princípio de esclarecimento, e não liguei importância a ele. Eu abusava do café. Certa manhã, fornecendo-me o segundo caneco, o faxina me proporcionou este aviso:

– Se o senhor soubesse o que há nisto, não bebia tanto. Indaguei, o tipo encolheu os ombros e ficou por aí. Desatento ao conselho, não me abstive do líquido enjoativo, adocicado. E nem de longe suspeitei que o gostinho de formiga tivesse ligação com o prolongado esmorecimento.

Votos de boa viagem, manifestações de alegria, o *Hino do Brasileiro Pobre* seguiram capitão Mata, na Praça Vermelha. E, depois de curto abandono, a cama fronteira à minha, junto à porta, foi ocupada por Sebastião Hora. No cubículo à esquerda, além de Benjamin Snaider e Valdemar Bessa, vivia agora Pedro Luís Teixeira, um repórter magro que raro nos falava, não nos cedia lugar ao atravessarmos o passadiço estreito. Míope em excesso, piscava os olhos, encarquilhava as pálpebras e não nos distinguia a três passos. A direita os nossos vizinhos eram Macedo, Lauro Lago, um terceiro, provavelmente do Rio Grande também, pois aquela gente vivia sempre junta. Perdidas as cordas na rouparia, Macedo arranjara outras, muito longas, e conseguiria armar a rede em varões das grades. Ficava sentado nela horas extensas, calmo, risonho, fumando cachimbo. De pé, gordinho, barrigudinho, amável e resoluto, parecia-me deslocado.

Alguns passageiros do Manaus iam ressurgindo. A careta medonha de Gastão, fixa na carne em rugas, na costura vermelha a estender-se da boca ao pescoço, voltou a zombar involuntariamente de nós. O pequeno dentista Guerra alojou-se no segundo andar, perto da escada. Mário Paiva chegou silencioso, triste, com ar doentio; nunca mais tornamos a ouvir a flauta de seu Lobato. Revi Carlindo Revoredo, imóvel como no porão, o estudantezinho João Rocha, Van der Linden. Remiro Magalhães, estabanado, sempre em correrias e gritos, achou ali companheiros, dois garotos presos quando pintavam muros. Essas crianças nem tinham nomes: para nós eram simplesmente os pichadores. Sebastião Félix encontrou sectários e decidiu realizar à noite sessões de espiritismo, bastante animadas. Esquecia os viventes, estimava a companhia dos mortos. Em semelhante convivência, não sei como se interessou pela rebelião de Natal. É possível que não tivesse entrado nela. Capitão Mata e Manuel Leal estavam alheios à bagunça de 35. E o beato José Inácio desejava uma revolução que fuzilasse todos os ateus.

Leonila e Maria Joana foram recolhidas à sala 4. Do terraço, no banho de sol, vi-as lá embaixo, num pátio, em companhia das outras mulheres. Eram dez ou doze, formavam círculo e faziam exercício atirando uma à outra, a desenferrujar os braços, uma bola de borracha. Todas as manhãs passavam ali uma hora. Na ida e na volta, demoravam-se às vezes no patamar, afastavam a lona que disfarçava a Praça Vermelha, detinham-se alguns minutos a conversar com os homens. Sinais de relance percebidos serviram-me para distinguir várias delas: os lábios vermelhos de Valentina, os cabelos grisalhos de Elisa Berger, os olhos verdes de Eneida. Olga Prestes era branca e serena. Rosa Meireles, forte e enérgica, tinha voz rija, decidida. No rosto ardente de

Maria Werneck, no corpo magro, onduloso, adivinhava-se de longe intensa vibração. A figura de Nise entrara-me fundo no espírito. Apesar de havermos ficado momentos difíceis um diante do outro, confusos, aturdidos, em vão buscando uma palavra, aquela fisionomia doce e triste, a revelar inteligência e bondade, impressionava-me. Não me arriscaria a dirigir-me a ela. Se isto acontecesse, emudeceríamos outra vez, permaneceríamos no constrangimento horrível, a catar ideias incompletas e espalhadas. Contentava-me perceber-lhe à distância a palidez, o sossego fatigado, a viveza dos enormes bugalhos. Numa dessas passagens matinais deu-se coisa burlesca. Diversas pessoas no Pavilhão, sem querer, entregavam-se ao nudismo. Saíam do banheiro, iam secar preguiçando nos cubículos, andando na Praça Vermelha, e esqueciam-se de vestir-se. Estava assim Newton Freitas, oferecendo a um magote ocioso conversa loquaz e gargalhadas imensas, quando se entreabriu a cortina de lona e a figura de Eneida apareceu. Com impudência tranquila, o homem deu um passo e cumprimentou.

– Você está decente para falar com senhoras, murmurei tocando-lhe no ombro.

– Puxa! Com os diabos!

Recuou, quis envolver-se na toalhinha de rosto, mudá-la em tanga, acocorou-se rapidamente por detrás dos companheiros, morta a alegria num instante, encabulado em excesso.

Depois desse dia os habitantes do Pavilhão foram cautelosos, e Eneida nos trouxe uma exigência: deveríamos pelo menos usar cuecas. Dispensavam-se os pijamas, nem todos os possuíam. Rodolfo Ghioldi, por exemplo, estava desprevenido: ainda não lhe chegara a roupa tomada na polícia, e de manhã, no degrau da escada, fazia a conferência quase em pêlo, tirando efeitos do lenço, como um pelotiqueiro, do relógio de pulso, do cartão pequeno onde arrumara o esquema da palestra. Mais ou menos cobertos havia dois homens: Valdemar Birinyi e um sujeito cabeludo, baixinho, que me apareceu na fila da comida, lendo um romance inglês. Despojara-se do paletó, mas a calça de casimira bem vincada, sapatos, meias, camisa fina, colarinho, gravata, suspensório discordavam muito dos nossos hábitos. Cumprimentei-o, busquei puxar conversa. Evidentemente os meus tamancos e o pijama sovado lhe inspiravam desconfiança. Em poucas palavras, confessou-me que se chamava Anastácio Pessoa, era recém-chegado e estava ali por equívoco. Talvez julgasse comprometer-se falando comigo: encerrou o assunto e mergulhou na leitura do seu inglês. Mais tarde informei-me. Era alto funcionário de um Banco. Chamado à polícia, tomara o automóvel, fora prestar declarações, meio intrigado. Que diabo queriam com ele? Ao chegar, recomendara ao chauffeur que esperasse. As horas se tinham passado, os dias – e nenhuma pergunta. Quando supunha esclarecer o negócio e voltar à sua carteira, transferência para a Casa de Detenção. Anastácio Pessoa, atordoado, ainda esperava desfazer o engano, ouvir explicações e gentilezas. A qualquer momento o chamariam. Por isso estava ali metido na calça azul, de meias e gravata, os olhos na página, a afrontar a nudez escura de Newton Freitas. Não se resignava a largar a roupa e acomodar-se.

Muito diferente era Isnar Teixeira, médico cearense, franzino e miúdo, que apareceu descalço, com bagagem reduzida: um pijama e uma escova de dentes. Vinha com ele Otávio Malta, jornalista pernambucano, risonho e pequeno, a quem deram logo a alcunha de Cabeça-de-porco. Imitaram-lhe a pronúncia nordestina e inventaram sobre ele uma anedota absurda. Na Ordem Política e Social o delegado lhe dissera:

– Pode entrar, seu Matoso. E Malta respondera:

– Perdão, doutô. Esse é o meu nome ilegá. O verdadeiro é Otávio Marta.

A pilhéria, repetida, nunca enfadou o rapaz. Divertia-se com ela, depois se fechava, escrevia artigos que à noite eram divulgados na Rádio Libertadora. Outros indivíduos iam surgindo. Um me impressionou, alto, magro, ligeiramente curvo, grave demais, severidade imensa a estampar-se no rosto. Vi-o de longe, à noite, no extremo do passadiço fronteiro, ao pé da cortina. Ofereceram-lhe uma salva de palmas; agradeceu com um gesto, apresentou-se:

– Lourenço Moreira Lima.

Devia ser o coronel que, anos atrás, governara o Ceará, julguei. No dia seguinte, ao cumprimentá-lo, dei-lhe a patente. Recusou-a:

– O senhor está me confundindo com meu irmão Filipe. Eu sou Lourenço.

– Também militar?

– Não, advogado.

Nascera decerto para usar farda. Rijo, anguloso, afirmativo, grande energia exposta na cara onde se cavavam rugas duras, infundia respeito. Recebeu por isso a alcunha de Bacharel Feroz. Injustiça: conheci-lhe depois o coração de ouro. Foi um dos sujeitos mais dignos que já vi. Com duas hérnias contidas numa funda complicada, viajara longas distâncias pelo interior, a pé, a cavalo, subira e descera rios, como secretário da Coluna Prestes.

A chegada mais rumorosa foi a de Apporelly. Estávamos recolhidos, e a Rádio Libertadora, em meio do programa, comunicou o sucesso

– Fala o Barão, exigiram de vários cubículos.

Sem demora, uma voz pastosa, hesitante, anunciou a teoria das duas hipóteses. Risos contagiosos interromperam com frequência a exposição. Consegui entendê-la por alto. *Otimis ta panglossiano.* Apporelly sustentava que tudo ia muito bem. Fundava-se a demonstração no exame de um fato de que surgiam duas alternativas; excluía-se uma, desdobrava-se a segunda em outras duas; uma se eliminava, a outra se bipartia, e assim por diante, numa cadeia comprida. Ali onde vivíamos, Apporelly afirmava, utilizando o seu método, que não havia motivo para receio. Que nos poderia acontecer? Seríamos postos em liberdade ou continuaríamos presos. Se nos soltassem, bem: era o que desejávamos. Se ficássemos na prisão, deixar-nos-iam sem processo ou com processo. Se não nos processassem, bem: à falta de provas, cedo ou tarde nos mandariam embora. Se, nos processassem, seríamos julgados, absolvidos ou condenados. Se nos absolvessem, bem: nada melhor, esperávamos. Se nos condenassem, dar-nos-iam pena leve ou pena grande. Se se contentassem com a pena leve, muito bem: descansaríamos algum tempo sustentados pelo governo, depois iríamos para a rua. Se nos arrumassem pena dura, seríamos anistiados, ou não seríamos. Se fôssemos anistiados, excelente: era como se não houvesse condenação. Se não nos anistiassem, cumpriríamos a sentença ou morreríamos. Se cumpríssemos a sentença, magnífico: voltaríamos para casa. Se morrêssemos, iríamos para o céu ou para o inferno. Se fôssemos para o céu, ótimo: era a suprema aspiração de cada um. E se fôssemos para o inferno? A cadeia findava aí. Realmente ignorávamos o que nos sucederia se fôssemos para o inferno. Mas ainda assim não convinha alarmar-nos, pois essa desgraça poderia chegar a qualquer pessoa, na Casa de Detenção ou fora dela. De manhã, ao lavar-me, notei, que alguém se esgoelava no chuveiro próximo, recitando *Os Lusíadas*:

As armas e os barões assinalados...

A água jorrava com forte rumor, alagava o chão; diversas torneiras abertas, resfôlegos, gente a esfregar-se, magotes conversando à porta, aguardando vaga. O vozeirão dominava o barulho: *E também as memórias gloriosas Daqueles reis que foram dilatando A fé, o império, a uretra...*

Dei uma gargalhada, ouvi este comentário:

– Hoje não se dilata império nem fé. Essas dilatações vão desaparecendo.

Agora o que se dilata é a uretra.

Saí. E enquanto me enxugava, conheci Apporelly, nu, um sujeito baixo, de longa barba grisalha, o nariz arrebitado, que uma autocaricatura vulgarizou. Vestimo-nos, subimos para o banho de sol. Algumas dezenas de homens faziam ginástica. Fomos sentar-nos longe do exercício, prudentes e capengas, ele hemiplégico, eu com a perna entorpecida, mal me equilibrando, pontadas constantes no lugar da operação. A viagem a bordo me arrasara. Talvez essa coincidência no desarranjo físico nos tenha aproximado. Familiarizamo-nos depressa. Confiou-me Apporelly o plano de um trabalho concebido ultimamente, ia dedicar a ele os ócios da prisão. Tencionava compor a biografia do Barão de Itararé.

– Volume grosso, um calhau no formato dos de Emil Ludwig. No frontispício, a divisa, o escudo, as armas do ilustre fidalgo: uma garrafa, um copo, um talher cruzado, um frango em decúbito dorsal. É a história completa do homem, a ampliação dos ridículos que publiquei na Manha. Veremos os princípios do barão, a vida política, os negócios, a maneira como adquiriu o título. Agraciou-se naturalmente e fez esta confidência aos amigos: "Se eu fosse esperar que me reconhecessem o mérito, não arranjava nada. Concedi a mim mesmo carta de nobreza."

– Boa ideia, concordei. Vai arranjar uma crítica social oportuna.

– Claro, anuiu o motejador feroz. Você conhece Itararé jornalista. Depois que ele se tornou popular, esmoreceram aqui na imprensa as manifestações de sabujice ao nosso querido diretor. Um dia Itararé descobriu uma volumosa ladroeira oficial e denunciou os responsáveis numa longa campanha moralizadora. Aos íntimos explicou-se: "Patifes! Canalhas! Para uma transação como essa não me convidam." Enfim quinhentas páginas grandes. Acho que terei o volume pronto num ano, com certeza não nos largarão antes.

Correram semanas. Repetidamente ouvi Apporelly desenvolver o seu projeto, modificá-lo, narrando minúcias. Não se resolvia, porém, a iniciar a obra, coordenar as ironias abundantes que fervilhavam no interior. Absorvia-se na improvisação, exibia fragmentos já lançados no hebdomadário. Impossível dedicar-se a tarefa longa, julguei. Depois imaginei-o vítima de incapacidade transitória. Na extensa inércia, o pensamento esmorecia, os desígnios murchavam. Raros ali conservavam a lucidez e a firmeza de Sérgio, de Rodolfo Ghioldi. Trabalhos descontínuos, aulas vagas falhando, recomeçando sem programa, tudo me fazia supor que desejávamos atordoar-nos. Tentei aprender russo com Benjamin Snaider: peguei o alfabeto e meia dúzia de palavras. Exigiram de mim uma conferência a respeito do nordeste. Alarmei-me:

– Estão doidos?

Tinha graça aventurar-me a falar na presença de Rodolfo. Com certeza viram inépcia ou má vontade na recusa. As folhas e os lápis dormiam na valise. O abscesso da mão secou e cicatrizou, a unha caiu, veio outra: findava o pretexto com que me iludia para ficar inativo. Decidia-me a custo. Necessário retomar o papel e escrever algumas linhas.

Valdemar Birinyi introduziu o jogo de xadrez no Pavilhão dos Primários. Vivia num isolamento profundo, necessitava comunicar-se. Por desgraça menoscabara os hinos e largara a frase inconveniente à chegada: "Querem fazer revolução com essas bestas?" Em consequência o antigo oficial de Bela Kun fora posto de banda. Tentava conversar e ninguém o compreendia direito. Quis dizer-me qualquer coisa um dia. Ouvindo algumas palavras italianas, fixei a atenção, mas a pronúncia horrível, idiomas diversos a misturar-se, em balbúrdia, atrapalhavam desesperadamente o discurso. Mais tarde perguntei ao russo:

– Que diabo de língua fala Birinyi, ó Sérgio? O italiano dele é medonho.

– E o alemão também, respondeu o matemático. Não entendo o que ele diz.

Na falta de intérprete, Valdemar Birinyi necessitou recorrer a um português miserável. Com ele, expressões da sua algaravia internacional e gestos significativos, chegou a manifestar-se. Nessa linguagem, referiu-me que na polícia lhe haviam tomado oito malas, vinte e cinco mil francos suíços e, perda irremediável, uma preciosa coleção de selos, a terceira do mundo. Fora anos atrás à Inglaterra exibir essa maravilha ao rei, também filatelista. Narrou-me a viagem com segurança, a visita, bastante vaidoso. Certo dia traçou numa folha de almaço um tabuleiro de xadrez, fabricou peões, torres, cavalos, bispos, reis e rainhas com miolo de pão, coloriu de azul as peças e as casas pretas. Desde então aquele divertimento nos encheu as horas, venceu as lições, as cantigas da Rádio Libertadora. Ao cabo de algum tempo houve um desastre. Entrando no cubículo de Birinyi, fomos encontrá-lo a mexer-se, agitado:

– Bicho

Levou a mão à boca muito aberta:

– Bicho.

Mostrou-nos as peças roídas, várias inutilizadas, arreganhou de novo os queixos, moveu os beiços. Percebemos a intenção dele:

– Comeu?

– É, comeu. Bicho comeu xadrez.

– Que bicho, Birinyi?

O homenzarrão ficou um instante indeciso, revolvendo a memória. Nada achando, estirou-se no chão de barriga para baixo, sacudiu à toa os braços e as pernas, enfim descreveu como pôde os movimentos de uma barata. Concluímos facilmente que as baratas haviam estragado as figuras. Esse contratempo não causou prejuízo sério. Valdemar Birinyi utilizou segunda vez o miolo de pão e o tinteiro. E na manhã seguinte, ao descer do banho de sol, vi junto à escada um rapaz moreno, barrigudo, com feitio de pote, demolindo a canivete um cabo de vassoura. Concentrado e paciente escavacava a madeira rija. Admirei-lhe a pachorra, informei-me:

– Que é que o senhor está esculpindo?

– Uma torre, explicou o moço em voz gemida, suspendendo o trabalho e fitando-me os olhos mansos.

– Quê? Tenciona arrancar daí as peças todas?

– Claro. Já dividi o cabo da vassoura em trinta e duas partes. Olhe os riscos.

– Esse pau é duro como o diabo. Será difícil arranjar os cavalos.

– Não há pressa, volveu o sujeito. Vou fazê-los inteiriços. É mais fácil, sem tarugo.

Foi assim que travei conhecimento com Vanderlino Nunes, homem útil, de numerosas habilidades, inalterável nas situações mais infelizes. O trabalho dele recebeu elogios, andou em diversos lugares e chegou, suponho, à República Argentina, mas naquele momento quase passou despercebido. Havia por semana uma hora de visitas. As giletes saíam das malas, o barbeiro estabelecido numa saleta, além da grade, tinha serviço, desenrolavam-se as roupas envoltas em jornais, as pessoas surgiam de rosto liso, penteadas, cobertas de pano, em decência escandalosa, transpunham a larga porta, sumiam-se no pátio, como se reconquistassem a liberdade. Pouco depois voltavam, despojavam-se do luxo rápido, entravam na condição anterior. Os faxinas iam e vinham, conduzindo embrulhos; sobre as camas expunham-se objetos numerosos, com predominância de peras e maçãs. Entre essas coisas veio o primeiro tabuleiro de xadrez, aparecido no cubículo de Benjamin Snaider. Em seguida vieram muitos, grandes, pequenos, de papelão, de tábua, afinal uma assustadora mesa rica, o tampo de quadrados vermelhos e negros, duas gavetas onde se arrumavam peças enormes.

Depressa nos acamaradamos no jogo, esmoreceram bastante algumas divergências políticas. Entre um roque e um xeque fiz amizade com Rodolfo Ghioldi. Longamente lhe escutei a exposição clara, sem tentar aproximar-me dele. Mandaram-lhe a roupa tomada na polícia. No degrau de ferro, agora metido num pijama, discorria sobre a América do Sul, explicava os motivos da rebelião de 1935: muitos indivíduos que tinham figurado nela precisavam esclarecimentos. Os guardas passavam, detinham-se. E a voz calma não se alterava, as ideias afluíam rápidas, o contexto me dava a impressão viva de prosa armada laboriosamente, no papel. Outras pessoas se manifestavam: Medina, Pascoal Leme, Valério Konder, médico alto, louro, de olhos enérgicos, Benigno Fernandes, advogado tuberculoso. Lauro Lago narrou o barulho de Natal, Sebastião Hora mostrou pedaços de Alagoas. Quem mais se arriscava, porém, era Rodolfo. Secretário do Partido Comunista Argentino, homem de responsabilidade, certamente o vigiavam de perto. Receávamos que o mandassem para lugar pior: Prestes e Berger estavam no isolamento, e o segundo perdia a razão sob torturas multiplicadas. Rodolfo se dirigiu a mim pela primeira vez, meio descontente. Soubera que eu o considerava bom orador e aborrecia-se:

– Não faço discursos. Apenas converso.

– É o diabo. Certas palavras se acanalham imerecidamente, respondi. Gosto de dar a elas o sentido exato. Não julgo oradores os que declamam solecismos e lugares-

-comuns. Aqui no Brasil há uma birra como a sua: ninguém quer ser literato, não sei porquê. Eu me confesso literato, literato ordinário.

Findo o equívoco, tornamo-nos amigos jogando xadrez. Pexotes, movíamos as pedras desazadamente, alheios, palestrando.

– Você acha que Birinyi foi realmente oficial de Bela Kun, Rodolfo?

– Talvez. Quem sabe? Os oficiais de Bela Kun não deviam ser muito diferentes daquilo.

Nas conferências Rodolfo continuava a exprimir-se em espanhol, mas intimamente, no cubículo, debulhava um português razoável. Pobre de Birinyi, criatura gigantesca. Uma vez chegou-se a mim, pediu-me o tabuleiro com que me entretinha.

– Um instante, Birinyi. Estou acabando a partida.

– Eu queria logo.

– Bem.

Despedi-me do parceiro e contentei o húngaro. No dia seguinte, à hora do almoço, procurou-me na fila, apreensivo:

– Senhor, está zangado comigo?

– Zangado? Não. Porquê?

– Está sim. Por causa do xadrez.

– Que idéia, Birinyi! Quem lhe falou nisso?

– Snaider.

– É brincadeira dele.

O colosso ficou um momento indeciso, estendeu-me o braço peludo:

– A mão.

Apertei-lhe os dedos, rindo.

– Agora, exclamou desanuviado. Agora sim. Amigo.

Tempo depois convidou-me a visitar-lhe o cárcere, mostrou malas abertas e fotografias das suas propriedades em Buenos Aires e em Londres. Abriu álbuns fornidos onde se pregava a famosa coleção de selos. Faltavam diversos, os maiores, os mais bonitos, mas isso não representava prejuízo sério.

– Ainda é a terceira coleção do mundo, murmurou com alívio.

A terceira, levada à Inglaterra preciosamente, para o rei ver

– Senhor pensava que era mentira.

– Que lembrança, Birinyi! Eu não disse tal coisa.

– Não disse, mas pensou. Verdade, senhor, verdade.

Apresentou-me, risonho, uma revista inglesa. Vi uma ilustração: ele e o príncipe de Gales contemplavam absortos um daqueles grossos volumes que enfeitavam a cama estreita, cheios de papelinhos coloridos. Lá estava a notícia: a chegada a Londres, a audiência custosa, o valor dos símbolos examinados com atenção pelos dois homens.

– A terceira do mundo. Verdade, verdade.

– Naquele tempo ele não era rei.

– Mas hoje é, respondeu Birinyi orgulhoso, tomando-me a revista.

Os percevejos da Detenção eram na verdade uma praga, e em vão tentávamos saber onde se escondiam. No prédio novo, de muros lisos, chão encerado, parecia não haver ambiente para a medonha proliferação. Deviam alojar-se nos ferros das grades, nas juntas das camas, nas gretas dos guarda-ventos. Examinávamos pacientemente os lugares suspeitos, esmiuçávamos a roupa, as cobertas, os colchões, os travesseiros. Nenhum sinal dos miseráveis; durante o dia era possível esquecê-los, jogar xadrez, ler, escrever, ouvir discursos, lições, hinos, sambas. À noite deixavam-nos repousar alguns minutos: era como se calculassem o tempo, soubessem a hora de atormentar-nos. Quando íamos adormecendo, uma ferroada nos despertava, sentíamos carreirinhas na pele, cócegas, comichões. A trave de ferro já não me incomodava: habituara-me depressa a arrumar os ossos no colchão. Agora o tormento era aquele, picadas, o teimoso fervilhar. Virava-me, coçava-me, erguia-me afinal desesperado, sacudia os panos, em busca dos terríveis inimigos. Invisíveis, pertenciam com certeza ao organismo policial, realizavam fiéis a tarefa de importunar-nos da melhor maneira.

Impossível conservar-me deitado. Recorria a um dos três volumes, remoídos inutilmente na viagem, sentava-me, procurava entender um capítulo. Sebastião Hora agitava-se, adormecia e despertava agoniado. Sérgio permanecia imóvel, a boca entreaberta exibindo os largos dentes escuros, as mãos cruzadas no peito magro, a respiração leve, quase imperceptível; indiferença espantosa, calma de morto. Difícil entregar-me ao livro. O pensamento fugia, partia-se, emaranhava-se em lembranças da sociedade nova que me impunham, confusa, heterogênea, sempre a alterar-se, a recompor-se. E a luz era escassa, a lâmpada muito alta iluminava fracamente a página. Sem dúvida a leitura me arruinaria a vista. Assim me conservava, bocejando, fumando, até não resistir ao sono. Acolhia-me na fadiga pesada, insensível às sangraduras, despertava coberto de salpicos vermelhos.

Os médicos do Pavilhão, atentos à higiene muito se preocuparam com o flagelo: Valdemar Bessa, Isnar Teixeira, Sebastião Hora, Campos da Paz novo e Campos da Paz velho, magro e taciturno, que se assinava Campos da Paz M. V. Essas iniciais significavam Manuel Venâncio, e ignoro porque o doutor as colocava no fim. A sabedoria deles, conjugada, nenhuma vantagem nos trouxe. E nesse ponto Valério Konder resolveu, com energia, mover guerra constante e ordenada aos infames insetos. Alcançou, por intermédio do Coletivo, as armas necessárias, forneceu os cubículos de creolina e grandes nacos de sabão. Contrabandearam-se jornais, guardaram-se invólucros. E todos nós, válidos e doentes, fomos convocados para o serviço. Um dia por semana, engolido o café, abertas as grades, iniciávamos a campanha: fazíamos tochas de papel, desocupávamos a reduzida mobília e ficávamos algum tempo a sapecá-la. A chama lambia o metal, a madeira, parava nas juntas, buscava as reentrâncias, asilos possíveis de bichos, ovos e larvas. A tinta azul dos guarda-ventos, o verniz branco das camas velhas, meio descascadas, apresentavam manchas negras; o solo se cobria de carvão, a cinza nos sujava os corpos nus, a fumaça nos sufocava. Depois examinávamos a roupa – o direito, o avesso, os mais ocultos esconderijos de pregas e costuras; esvaziávamos caixas e malas; sobre os móveis chamuscados empilhavam-se livros, panos, travesseiros, colchões, minuciosamente revistos. De calção de banho, Valério Konder se encarniçava, feroz e ubíquo, subia e descia a escada, estava na Praça Vermelha e no passadiço, comandando a refrega. Nenhum repouso, os tamancos batiam com o surdo rumor de cascos de bois acossados. Varríamos os detritos. E principiava uma extensa barrela. Abríamos as torneiras, a água se derramava nas pias, transbordava, alagava o chão; utilizando os canecos, atirávamos nas paredes jatos enérgicos. Ensaboávamos tudo com rigor, as vassouras chiavam desesperadamente, agitando espuma escura. Os chuveiros não tinham férias: sem diminuir o trabalho, caíamos num banho ruidoso, violentas esfregações nos livravam do suor e da tisna. O declive do terreno impedia escoamento: ainda o líquido não chegava à porta e a poucos metros, ao fundo, tínhamos os pés mergulhados. Chapinhar confuso, dezenas de canos abertos, vasilhas frenéticas lançando jorros sem descontinuar. Os quartos se enchiam, principiávamos o combate à inundação. As torneiras se fechavam, moviam-se furiosamente as vassouras, a arrojar no exterior espadanas largas. Do passadiço uma cachoeira se derramava no rés do chão, espalhava-se, recebia afluentes, dirigia-se ao esgoto descoberto para receber o aguaceiro. Finda a lavagem demorada, esfregávamos com estopa o solo vermelho, jogávamos nele borrifos de creolina, que se alargavam na umidade, formavam nódoas leitosas. Em seguida obturávamos com sabão as gretas dos guarda-ventos, as bases dos pregos metidos nos muros, as articulações das grades e das camas; todos os buracos e ângulos suspeitos eram calafetados.

A arrumação dos troços concluía a dura labuta. E os corpos, afeitos à inércia, estiravam-se cansados, perdiam-se em leve modorra, logo interrompida. Ainda não estavam secos os tamancos deixados a aquecer numa faixa de sol, e uma lancetada rija nos despertava. A indignação nos enchia de raiva. Trabalho perdido. Como se defendiam aqueles miseráveis resistentes ao incêndio, ao dilúvio? Patifes. Zombavam dos nossos desgraçados esforços e vingavam-se. Iriam assanhar-se, não nos deixariam tranquilos. Canseiras inúteis, aniquilados os desígnios mortíferos de Valério Konder.

Isolados ou em pequenos grupos, novos indivíduos surgiam no Pavilhão dos Primários, havia ali um fervedouro de cortiço. Em geral demoravam pouco: sem razão aceitável, desapareciam, os novatos se embebiam na esperança de reconquistar a liberdade. Era como se se evaporassem, não recebíamos a mais leve notícia deles. De repente alguns tornavam e, antes de acomodar-se, retiravam-se de novo, na contradança infindável, incompreensível. Essa mobilidade nos causava receio constante Não nos permitiam conhecer-nos bem; relações imprecisas, camaradagens mal esboçadas, estavam sempre a desfazer-se. As figuras nos apareciam vagas, incompletas; só os caracteres mais fortes conseguiam definir-se. Comunicação difícil, quase impossível: operários e pequeno-burgueses falavam línguas diferentes. Não nos entendíamos, não nos podíamos entender. Além disso corriam boatos com insistência, desagradáveis, e isto nos minava o relativo sossego; cessaram os cochichos do capitão de nariz comprido – e germinaram suspeitas numerosas.

Foi quando começaram a chegar os homens de Pedro I. Hercolino Cascardo apresentou-se, lacônico, piscando os olhos furiosamente, metido num roupão escuro. A voz metálica de Agildo Barata nos arrepiou. Era um sujeito moreno, miúdo, insignificante, e parecia-me difícil que houvesse conseguido, preso, sublevar um regimento. A força dele se manifestava no olhar vivo e duro, na fala breve, sacudida, fria, cortante como lâmina. Tavares Bastos, nervoso, inquieto, com jeito de pássaro, veio encarregar-se da classe de francês. Ensinava gramática, e pensava em mulher. No banho de sol, desprezava a ginástica, debruçava ao parapeito, olhando o pátio onde as vizinhas mexiam a bola de borracha.

– Quem me dera ter asas, suspirou num dos seus madrigais.

– Desça pendurado nos cabelos do seu companheiro, respondeu Eneida mostrando a cabeleira enorme de Alcântara Tocci.

O professor de inglês, substituto de Sérgio, foi Lacerda, Lacerdão, que vivera na Inglaterra e se orgulhava da sua pronúncia de Cambridge. Vi-o pela primeira vez à noite, seguro aos ferros da grade, a soltar gritos, excedendo-se na execução furiosa de uma cantiga. No dia seguinte, num cubículo do rés do chão, novamente lhe admirei os braços musculosos, os dentes de selvagem, a bocarra medonha, o vigor com que martelava sílabas exóticas:

– The tree grows.

Na larga barra escura da parede escrevia a giz as palavras. Baixava-se, ia pouco a pouco subindo enquanto falava, tentando figurar o crescimento da árvore; as mãos se agitavam simulando galhos; os sons, repetidos, gravar-se-iam no espírito dos alunos.

Lembrei-me de Valdemar Birinyi deitado no chão de barriga para baixo, imitando barata. Vi de novo Lacerda no exercício de uma rija lição vociferada a Adolfo Barbosa. Abri os ouvidos, atento, e, percebendo-me o interesse, a verbosa criatura dispôs-se logo a prodigalizar-me os seus conhecimentos. Agradeci comovido e segurei a ocasião. Bem. O meu desejo era ler, apenas; a língua perra e a orelha dura me impossibilitavam relação verbal com estrangeiros. Desviando-se da letra, o meu juízo murchava; inútil procurar saber como as árvores se desenvolviam, com os sons perfeitos – e os ruídos exatos de Cambridge. Lacerda pegou um livro, indicou a página, pediu leitura e tradução. Mastiguei numerosas barbaridades e ouvi no fim este comentário:

– É. Parece que o senhor já viu uma gramática, um dicionário inglês. Mas essa articulação, francamente, é horrorosa. Ninguém adivinha o que o senhor lê, não sabemos se isso é inglês ou tupi.

Algumas pessoas chegaram juntas, depois de uma aventura infeliz, entre elas Roberto Sisson, desenvolto, brilhante, amigo de polêmicas; Ivan Ribeiro, alegre, espadaúdo, loquaz; um mulato ríspido, estrábico, bilioso, o estivador Desidério. Haviam tentado fugir do Pedro I. Cúmplices no exterior, a luz vermelha de uma barca a indicar asilo. Submetendo o plano a exame rigoroso, eliminando com paciência os obstáculos, julgavam quase certo o êxito. E uma noite, nus, as roupas em rolo preso às costas – a silenciosa operação: vultos esquivos rastejando na coberta inferior, salto na água, mergulho, o deslizar de sombras, lenta busca do auxílio prometido. Nem barco, nem sinal vermelho. Desperdício de tempo, cansaço. O ajuste era ninguém deter-se, cada um se aguentaria como pudesse. O embaraço imprevisto desarranjava a combinação. Idas e vindas na baía, longe da terra, procura desesperada, o crescente receio de perseguidores invisíveis, o frio intenso a paralisar membros, afinal um desastre em perspectiva: Sisson, justamente Sisson, oficial de marinha, não resistira às cãibras e ia morrendo afogado. Os outros, dispersos, tinham conseguido abrigar-se numa ilha. Desidério se atrasara, sustentando o companheiro desfalecido; esquecera o ajuste, regressara ao navio, deixara a carga pendurada a um cabo e dirigira-se ao continente. A liberdade precária se extinguira em poucas horas: agarrados na praia, achavam-se no Pavilhão, alguns rapazes do exército, o marinheiro inábil, péssimo nadador, o mulato zarolho. Todos exibiam nos ombros riscos sangrentos, vestígio das cordas que tinham segurado as trouxas de roupa. Além dessas marcas, outras, numerosas, grassavam no corpo do estivador, causadas pelo chicote da polícia.

A presença dos novos hóspedes aumentou consideravelmente a oratória da prisão. Sisson estendia-se em afirmações enérgicas, às vezes sustentava paradoxos, detinha-se em minúcias insignificantes, resistindo com unhas e dentes se alguém o contrariava. A linguagem fluente, vigorosa, coloria-se de expressões cabeludas. Ivan Ribeiro me causou forte surpresa. Iniciou o primeiro discurso com um período de légua e meia, que me fez pensar:

– Quero ver como o soldadinho se desembrulha. Durante o meu solilóquio o rapaz se emaranhava, metia orações na lenga-lenga e cada vez mais se complicava.

– Coitado. Não sai do atoleiro.

Enganei-me. Chegou naturalmente ao fim: arrumou caprichoso o montão de frases e pôs o verbo indispensável no momento preciso. O resto da arenga foi dito com absoluta correção.

– Muito bem. Temos aqui um militar esquisito. Admirei Ivan. E, enquanto não lhe soube o nome, ele foi, para mim, apenas o tenente que sabia sintaxe. O estivador exibiu sem disfarce ódio seguro aos burgueses, graúdos e miúdos. Todos nós que usávamos gravata, fôssemos embora uns pobres-diabos, éramos para ele inimigos. Houve eleição no Coletivo, e lá nos introduziram, a ele e a mim. Na primeira reunião levei cinco propostas. Lida a primeira, Desidério levantou o dedo e manifestou-se:

– Besteira.

– Como?

Estremeci, apertei as mãos com raiva. Anos atrás encolerizava-me facilmente, cegava, fazia imenso esforço para não me perceberem a zanga, a violência interior, movimentos dos punhos contraídos no desespero. Frequentemente explodia a fúria bestial e desmandava-me em desatinos que me enchiam de vergonha. Sentia-me fraco, bicho inferior, invejava as pessoas calmas, não conseguia iludir-me com a manifestação parva de coragem falsa. Às vezes me dominava, recompunha-me, a tremura desaparecia, os dedos se estiravam. Sinais de unhas nas palmas suadas, as juntas a doer; a respiração era um sopro cansado. Naquele dia a ira velha, recalcada nos subterrâneos do espírito, veio à luz e sacudiu-me: desejei torcer o pescoço do insolente. Na surpresa, recusei o testemunho dos olhos e dos ouvidos. Ter-me-iam dito a palavra rude? Estaria a censurar-me o bugalho torto e imóvel, a desviar-se de mim, zombeteiro, superiormente fixo na parede, num ponto acima de minha cabeça? O rombo sujeito, carregador de sacos, não seria tão grosseiro com uma pessoa habituada a manejar livros. Devo ter pensado nas conveniências amáveis e tolas, nas perfídias gentis comuns na livraria e no jornal.

– Como?

– Besteira, confirmou Desidério. Para que serve isso? Para atrapalhar. Só para atrapalhar. O companheiro é um burocrata e está querendo meter dificuldades no trabalho.

Essa firmeza brutal esfriou-me a irritação, os escrúpulos vaidosos esmoreceram. Tentei defender-me, escorar-me em razões fracas, inutilizadas facilmente pelo estivador. Examinei as outras figuras do Coletivo: uma resistência muda indicou-me a vantagem de renunciar à discussão. O segundo projeto foi também fulminado. O terceiro agradou.

– Esse é bom, disse o vesgo. E impediu-me expor motivos:

– Conversa. A gente está vendo que isso é bom. Não vale a pena estragar tempo. Vamos adiante.

As duas proposições finais obtiveram recusa unânime. Essa deplorável estreia varreu-me certas nuvens importunas: sempre me excedera em afirmações categóricas, mais ou menos vãs; achava agora uma base para elas. Evidentemente as pessoas não diferiam por se arrumarem numa ou noutra classe; a posição é que lhes dava aparência de inferioridade ou superioridade. Evidentemente. Mas evidentemente porquê? A observação me dizia o contrário. Homem das brenhas, afeito a ver caboclos sujos, famintos, humildes, quase bichos, era arrastado involuntariamente a supor uma diversidade essencial entre eles e os patrões. O fato material se opunha à ideia – e isto me descontentava. Uma exceção rara, aqui, ali, quebrava a monotonia desgraçada: o enxadeiro largava o eito, arranjava empréstimo, economizava indecente, curtia fome, embrenhava-se em furtos legais, chegava a proprietário e adquiria o pensamento e os modos do explorador; a miserável trouxa humana, batida a facão e a vergalho de boi, resistente ao governo, à seca, ao vilipêndio, resolvia tomar vergonha, amarrar a cartucheira à cinta, sair roubando, incendiando, matando como besta-fera. Essas discrepâncias facilmente se diluíam no marasmo: era como se os dois ladrões, o aceito e o réprobo, houvessem trazido ao mundo a condição inelutável: pequenas saliências no povo imóvel, taciturno, resignado. Naquele instante a aspereza do estivador me confirmava o juízo. Lá fora sem dificuldade me reconheceria num degrau acima dele; sentado na cama estreita, rabiscando a lápis um pedaço de papel, cochichando normas, reduzia-me, despojava-me das vantagens acidentais e externas. De nada me serviam molambos de conhecimentos apanhados nos livros, talvez até isso me impossibilitasse reparar na coisa próxima, visível e palpável. A voz acre me ofendera os ouvidos, arrancara-me exclamações de espanto, abafadas nas preocupações do Coletivo: ninguém ali estava disposto a lisonjear-me. Aceitei o revés como quem bebe um remédio amargo. Afinal a minha opinião se confirmava.

O capitão de nariz comprido esteve conosco dois ou três dias. Nunca lhe ouvi uma palavra, mas vi-o falar em excesso a grupos pequenos, afirmativo, açodado, a examinar os arredores com jeito de conspirador. Sem revelar em público nenhuma opinião, estava sempre a sussurrar um cacarejo indistinto, passeava na assistência minguada os inexpressivos olhos de ave, erguia o bico longo, baixava-o, reproduzia movimentos sacudidos de galinha a colher grãos. Os cochichos permanentes aborreciam-me, os gestos ambíguos, o proceder furtivo, o conluio visível de meia dúzia de pessoas. Afinal o tipo se sumiu. Na verdade estivera a sumir-se constantemente, a esgueirar-se de um cubículo para outro. Findos esses manejos, bateu as asas na fuga definitiva, nem nos deu tempo de gravar-lhe o nome: para mim ficou sendo o capitão de nariz comprido.

Não deixou rastro, mas a sombra dele permaneceu entre nós. Murmúrios, inquietação, olhadelas oblíquas, retalhos de frases sibilinas, inexplicável desconfiança a contaminar as almas. Foi Lauro Fontoura, um tenentezinho falador e estabanado, quem me deu a chave do enigma. Sem conhecer-me direito, prodigalizou-me um dia vasta parolagem confusa, misturando assuntos como se o tempo lhe escasseasse para ordená-los e quisesse esgotá-los depressa. Interrompeu-se no meio da arenga e inquiriu de chofre:

– Você não tem receio de conversar comigo? Eu sou da polícia.

– Que história é essa? indaguei frio.

Imaginava uma pilhéria à toa e escapava-me o alcance dela; contudo não me achava de nenhum modo curioso. Se o rapaz se tivesse calado, esquecer-me-ia facilmente da revelação absurda. Não se calou – e súbito compreendi que me ia enlear numa série de embrulhos dolorosos. Recebi um choque imprevisto, coisa semelhante a dura paulada no cocuruto, passo temerário e queda em vala profunda, jorro de luz na treva a encandear-me.

– Sou um espião, tornou Lauro Fontoura. É o que esses moços espalham por aí. Não lhe disseram? Pois fique sabendo. Um sujeito andou cochichando nos cubículos e encheu as cabeças desses idiotas. Reparou no oficial da venta grande?

Fiz um gesto afirmativo e desviei-me do caso desagradável. Muito desagradável. Impossível adivinhar se Lauro Fontoura pertencia realmente à polícia ou se servia de ante paro a maquinações safadas. Mal-estar, sorrisos murchos endereçados a um tipo nervoso, estabanado.

– Não entendo. Não sei aonde o senhor quer chegar. Esse capitão narigudo...

– É claro, respondeu Lauro Fontoura. Você o conhece? Nem eu. Ninguém o conhece. Não entrou em nenhum barulho. Donde veio? Apareceu de repente, semeou brigas e escapuliu-se. Nem sabemos se o excluíram do exército. Excluir, tinha graça. Veio aqui desempenhar uma tarefa e será promovido.

O moço vociferou pouco mais ou menos isso, andando agitado, a transbordar indignação. Não achando terreno propício a desabafos, retirou-se de humor brusco, deixando-me enojado e perplexo, foi expandir além a sua zanga. Lembrei-me da viagem, das suspeitas que a bordo zumbiam sobre Van der Linden. Forjavam-se ali perigos inverossímeis, injustiças alargavam-se – e a vítima afinal vivia num ambiente hostil, percebia navalhas nos espíritos, gelo nas fisionomias, isolava-se na multidão. Agora se acusava sem disfarce, um indivíduo sentia os ataques e vinha explicar-me a origem deles. Impossível conjeturar se a explicação era verdadeira ou falsa; de qualquer modo o homem se mostrava leviano fazendo comentários imprudentes a um desconhecido. Surpreendera-me, logo ao chegar, ver Sérgio, Adolfo Barbosa, alguns outros, fecharem-se: fugiam às discussões rumorosas e atrapalhadas que nos desgastavam a paciência, subiam raro ao banho de sol, desertavam a Praça Vermelha à hora dos discursos. Consideravam-nos trotskistas, ofensa máxima imputável a qualquer de nós. Sem se examinar ideia ou procedimento conferia-se o labéu a torto e a direito, apoiado em motivos frívolos ou sem nenhum apoio. Difamavam-se os caracteres arredios, infensos ao barulho, às cantigas, às aulas interrompidas, recomeçadas, ao jogo de xadrez; as índoles solitárias, propensas à leitura, à divagação, inspiravam desconfiança. As palavras tomavam sentidos novos; vagas, imprecisas, tinham enorme extensão; aplicadas sem discernimento, produziam equívocos.

Certa vez entretinha-me com Sérgio a falar sobre o casamento. Pensava na minha vida, alinhava os pequenos desgostos infalíveis na monotonia conjugal: atritos inesperados e reconciliações inúteis; corpos deformando-se no resvalar para a velhice; o desleixo, ausência de véus, todas as precauções abandonadas; dois egoísmos a conjugar-se, a ferir-se. Entretanto não nos era possível suprimir a monogamia. Onde achar remédio contra as mesquinharias pingadas na rotina como gotas de azeite? Numa sucessão de estados monogâmicos, talvez. Os norte-americanos estavam certos. Um basbaque nos ouvia atento, no fim da conversa intrometeu-se nela:

– Mas isso não é dialético.

– Que diabo vem aqui fazer a dialética? resmungou Sérgio espantado.

– Sei lá.

Outro dia uma das nossas cavaqueiras foi interrompida quando me embrenhava no internacionalismo.

– Você é trotskista? inquiriu alguém.

– Eu? Que lembrança! Afirmei que sou internacionalista. Por isso me embrulharam. Quem falou em trotskismo? Internacionalismo foi o que eu disse.

– É a mesma coisa.

– Está bem.

Esses desacordos me deixavam perplexo. Imputavam-me convicções diferentes das minhas, e nem me restava meio de explicar-me na algaravia papagueada ali: quanto mais tentasse desembaraçar-me, dar às coisas nomes exatos, mas me complicaria. Quase todos se julgavam revolucionários, embora cantassem o Hino Nacional e alguns descambassem num patriotismo feroz. Ouvindo-os, lembrava-me de José Inácio, o beato desejava fuzilar ateus.

Onde estaria José Inácio? Esconder-se-ia, mais ou menos selvagem, num subterrâneo social, enquanto expúnhamos sabedorias convencionais, desinteressantes. Necessário ouvir a opinião de José Inácio: provavelmente ele tinha razões para querer suprimir-nos: em momentos de aperto ficávamos contra ele, materialistas de meia-tigela, camada flutuante, sem nenhuma consistência: as nossas ideias não lhe melhoravam a situação desgraçada. Sebastião Félix realizava sessões espíritas. Na verdade essa gente me parecia estranha: insatisfeita, desejava impossíveis reconstruções, mergulhando no sonho, restaurando velharias. Devia recolher-me, evitar choques inúteis. Ouvidas as excelentes conferências de Rodolfo, limitar-me-ia a parolar com duas ou três pessoas, encaracolar-me-ia depois. Não alcançava desvencilhar-me dos pequenos aborrecimentos. Embora usando pijamas e cuecas, vivíamos em público, éramos obrigados a familiarizar-nos com indivíduos muito diferentes de nós. O desleixo na indumentária de algum modo nos nivelava. Quinta-feira, à hora das visitas, uma apressada civilização, de sapato e meia, colarinho e gravata, usava modos urbanos, do pátio à secretaria. No regresso anulavam-se as distinções, a meia nudez suprimia as conveniências, amortecia o respeito – e os homens se tratavam com sem-cerimônia pasmosa.

Às vezes me dirigia a Rodolfo, a Sérgio; achava-me à vontade falando a eles, sentava-me numa cama de ferro, expunha dúvidas, permutava informações. De repente me via fiscalizado: um bisbilhoteiro empurrara devagar a porta, escorregara manso para junto de nós e ali estava a espiar, a ouvir. Quando mal me precatava, uma objeção irrespondível, estranha ao assunto, alarmava-me. A princípio não conjeturei malícia: certamente aquilo significava apenas falta de educação e embaraço em compreender-nos. Agora me entrava na alma o espinho de uma suspeita. Os quiproquós repetidos não eram talvez casuais: obstinavam-se em modificar-me as ideias mais claras. Porquê? O rompante de Lauro Fontoura abalou-me: julguei evidente haver inimigos entre nós.

Enquanto os dissídios giravam em tomo da interpretação de uma frase, era fácil enganar-me, não enxergar neles aleivosia, achar nos outros entendimento escasso. A denúncia grave, subitamente revelada, abriu-me os olhos, forçou-me a considerar atento o meio. Os modos arredios do capitão de nariz comprido, os intermináveis conciliábulos, na ausência dele os fuxicos a germinar, depois um ataque rijo e o destampatório do acusado jogavam alguma luz sobre fatos anteriores, inexplicáveis, reforçavam dúvidas, mostravam a conveniência de precaver-me. Pensei na lista de nomes exposta na galeria, em tinta azul, na instigação à greve da fome, inútil e perigosa, na figura aniquilada e sombria de Van der Linden, no porão do Manaus. Isso me vinha aos pedaços e não se entrosava bem. Mas quando Pais Barreto chegou, achei-me diante de uma realidade, caso concreto, insofismável. Era um rapaz alto, desempenado, falador, transbordante. Veio ocupar a célula fronteira à minha. Vi-o dias inteiros curvado sobre papéis, escrevendo. Escrevendo informações à polícia, cochicharam-me – e não disseram em que se baseavam, nenhum fato mencionaram. Às vezes nem se manifestavam claramente: jogavam a malícia de passagem, ofereciam-nos avisos sibilinos:

– Cuidado, cuidado. Não se abra com certas pessoas. Um olhar de esguelha concluía o aviso, indicava o perigo. As insinuações venenosas produziam efeito: usávamos cautela, pouco a pouco nos desviávamos da criatura visada. As alusões a Pais Barreto não me fizeram mossa a princípio. Casos semelhantes tinham-me chegado aos ouvidos, era-me impossível examiná-los, só me restava guardar silêncio e suspender qualquer juízo. As pessoas acirradas no ataque procediam de boa-fé, pareceu-me: o contágio, excessiva credulidade e rebaixamento do nível mental as levavam a admitir sem exame qualquer observação. Receava deixar-me arrastar, afirmar leviandades, alucinar-me a ponto de confundir o barulho de um motor com descarga de metralhadora. Esse temor me roía constantemente, e o pior de tudo era não saber se já me havia contaminado, se iria também criar fantasmas, ver perigos inexistentes e revoltas absurdas, comportar-me ingênuo como criança. Possivelmente essa incerteza me aconselhou resistência às insinuações malévolas. Sentia-me enervado, propenso a aceitar qualquer boato. Preguiça de refletir. Em consequência, afirmei a mim mesmo o contrário do que me diziam: Pais Barreto não era traidor. Mas em nada me baseava para assim pensar. De fato não pensava, faltavam-me recursos indispensáveis a uma conclusão, desconhecia os antecedentes daqueles homens e era forçado a orientar-me pelas aparências. Revoltavam-me as picuinhas, as frases incompletas e tendenciosas, o labéu jogado a ausentes indefesos. Pisávamos terreno movediço e cheio de emboscadas. E não conseguíamos discernir se as acusações tinham fundamento ou não, quais os divulgadores sinceramente convencidos e quais os provocadores de suspeita e balbúrdia. Em tal situação invade-nos um mal-estar desconhecido cá fora, vivemos à espera de ameaças indeterminadas e, reconhecendo ser impossível conjurá-las, não nos resignamos a capacitar-nos disto: buscamos isolar-nos na multidão, permanecemos de sobreaviso, reduzimos o vocabulário e estudamos as caras e os gestos. Por assim dizer adquirimos uma segunda natureza. Essa contensão do espírito afinal se mecaniza: jogando xadrez, remoendo as consequências de um lance arriscado, estamos sem querer a observar os movimentos do parceiro. Com certeza ele notará isso e nos julgará indiscretos, fará conosco o jogo que fazemos com ele Todos se espionam, divulga-se o constrangimento o ar se envenena. A recordação de um nariz bicudo persegue-nos, a toda hora esperamos vê-lo ressurgir, farejando.

Rodolfo Chioldi foi chamado à polícia. Essas ordens periódicas me causavam sobressalto e estranheza. A polícia estávamos entregues, exibia-se a presença dela em tudo: na zebra dos faxinas, no uniforme dos guardas, nas manobras do capitão narilongo. O pleonasmo era de mau agouro. significava mudança para lugar pior, e vivíamos inquietos, à espera dele. Rangia a chave na fechadura, abria-se a grade larga do vestíbulo – e ficávamos de orelha em pé, aguardando o aviso. Às vezes era apenas visita, ida à secretaria, correspondência, um presente. Mas o grito medonho nos abalava:

– Polícia.

Olhávamos pesarosos a vítima, imaginávamos compridos interrogatórios, indícios, provas, testemunhas, acareações, um pobre vivente a defender-se às cegas, buscando evitar ciladas imprevisíveis. Depoimentos longos partidos, recomeçados, pedaços de confissão arrancados sob tortura. Abracei Rodolfo, apreensivo, em silêncio, vi-o descer a escada, atravessar a Praça Vermelha, segurando a bagagem, vestido numa roupa leve cor de creme. Não voltaria, supus: aquilo era consequência das exposições diárias feitas no degrau; tinham reconhecido nele com certeza uma responsabilidade nociva e afastavam-no dentro em pouco estaria incomunicável, sujeito a vigilância rigorosa. Enganei-me. Voltou no terceiro dia à noite, conversou comigo um instante à porta do meu cubículo. Vinha da Polícia Central, bastante apreensivo. Numa inquirição minuciosa, afirmara, negara, envolvera-se em fundas incoerências, afinal já nem sabia o que dissera.

– Papeles, mais papeles.

Bilhetes apócrifos, recados a lápis, documentos verdadeiros ou falhos em mistura, referências a fatos incompletos refutados aqui, aceitos ali, em trapalhada infernal. Ignorando até que ponto os carrascos estão seguros, os padecentes se desnorteiam nessa brincadeira de gato com rato, deixam escapar um gesto, uma imprudência necessária à clareza do processo. E o embuste avança, pouco a pouco se fabricam as malhas de uma vasta rede, outras pessoas vêm complicar-se nela, trazer novos subsídios ao inquérito.

Depois de lançada a informação leviana, impossível recuar, e o pior é serem imprevisíveis as consequências dela. Aquilo se junta a casos ignorados, estabelece uma relação só perceptível a uma das partes em luta. Na verdade não é luta: é caçada cheia de tocaias e mundéus traiçoeiros. Agarrado, o infeliz volta-se para um lado e para outro, inutilmente: a declaração estampou-se na folha, sem o emprego de violência física. Contudo as violências estão próximas, e talvez a frase inconveniente seja o reflexo de gritos e uivos causados por agulhas a penetrar unhas, maçaricos abrasando músculos. Não pensamos nisso. A palavra solta entre o suplício material e o suplício moral tem semelhança de voluntária, e se prejudicou alguém, podemos julgá-la delação. Emergiu de nervos exaustos e carne moída; ao sair do pesadelo, o miserável feixe de ruínas conjuga uns restos de consciência e horroriza-se de si mesmo. Teria dito realmente aquilo? Jura que não. Mas a frase foi composta, redigida com bastante veneno, alguns acusados a ouviram, patenteiam-se logo os penosos efeitos dela. É um passo definitivo na escarpa lisa onde o sujeito não se detém, nada encontra a que se agarre. Pisa ali, enrija os tendões, busca firmar os calcanhares no solo, mas é obrigado a marchar, a correr, até chegar ao lodaçal, lá embaixo. Já não inspira nenhuma confiança. Se, com desesperado esforço, em arrecuas violentas, dá alguns passos, consegue chegar-se ao ponto de partida, os antigos camaradas o empurram. Está de costas voltadas para eles, não se equilibra, forçam-no a descer, em pouco tempo se acha longe. Ninguém procura saber se ele tem culpa ou não, se o seu organismo era capaz da resistência precisa. Tinha obrigação de resistir. Antes de se arvorar em dirigente, devia balancear as suas forças, avaliar se elas eram suficientes para guardar um segredo em qualquer circunstância. Teve a desgraça de ser fraco e isto o inutiliza. É um desertor, tem de asilar-se no campo inimigo; aí lhe darão as tarefas mais repugnantes.

Isto explica as vagarosas desconfianças e as injustiças profundas existentes na cadeia. Impossível reconhecer todos os que se deixam subornar e os que estão a caminho disto. Em qualquer parte enxergamos trânsfugas. Desviamo-nos precipitadamente das pessoas interessadas em fazer-nos comunicações misteriosas, ligeiras indiscrições nos causam sobressalto. Porque vêm parolar conosco assuntos reservados? Em casa, na rua, no bonde, lendo o jornal, uma notícia nos enche de curiosidade, tentamos imaginar a vida estranha das organizações ilegais: pequenos grupos deslizando em caminhos desertos; casos discutidos, ruminados à luz da candeia mortiça, numa casa de subúrbio; vigias atentos sufocando receios, sondando a escuridão, no frio cortante da madrugada, o sono a custo vencido; trabalhos arriscados, terríveis coragens, ações heroicas e anônimas; justiça implacável, a necessidade a impor-se, recalcando sentimentos. Como será a linguagem dessas criaturas? Se assistíssemos às suas discussões, provavelmente entenderíamos pouco: escapar-nos-iam intuitos embrulhados em palavra técnica. Almas diferentes das vulgares, com certeza: amor ao perigo, desprezo ao conforto, nenhuma confiança nas verdades oficiais, desdém a venturas póstumas, falência de valores antigos, criação de novos. Medonhas legendas negras em paredes nos causam admiração a remotas e confusas vidas românticas; fragmentos de conversa murmurados em cafés nos acirram a fantasia: as cenas devagar supostas ganham verossimilhança e nitidez. As pessoas que se demoraram junto de nós cochichando expressões cabalísticas aparecem-nos grandes em excesso. De repente nos afastamos do mundo: esquecemos o serviço, o estudo, os negócios, e penetramos os bastidores da revolução. Vamos informar-nos, será satisfeita a nossa longa curiosidade. Percebemos então, com assombro, que ela já não existe. Não é indiferença, é exatamente o contrário: a necessidade imperiosa de não saber; estamos de olhos e ouvidos muito bem abertos para fechá-los às mais simples inconveniências. Se uma delas nos chega, estremecemos e mudamos de assunto; se persevera, receamos o interlocutor e arredamo-nos. Porque nos veio comunicar tais coisas? Foi inepto ou queria sondar-nos, ver até onde nos comprometíamos, alinhavar um relatório à noite, confiá-lo ao chefe dos guardas na manhã seguinte? De qualquer forma, é indispensável guardarmos reserva. O que antigamente nos seduzia agora é motivo de calafrios. Desconhecemos o nosso valor e evitamos sobrecarregar-nos com pesos demasiados. Se passarmos três dias sentados, sem comer, sem dormir, sujeitos a um interrogatório cheio de circunlóquios, suspenso, recomeçado, não nos calaremos, sem dúvida. E nem e preciso usarem conosco rigores de técnica: não ficaremos três dias pisando em cima de alçapões: em menos de uma hora largaremos diversas incongruências, esvaziar-nos-emos por inteiro, soltaremos a frase de relance ouvida, que não compreendemos bem e talvez vá causar a ruína de outras pessoas.

Sem pensar nisso, devo ter percebido a consternação de Rodolfo ao abraçá-lo à porta do cubículo 35. Uma palavra expunha-lhe o tormento, a serenidade habitual desaparecera.

São tremendas essas incertezas. Vemo-nos irresponsáveis, tropeçamos, caímos, e não nos poderemos levantar; mas o pior é não sabermos se isso aconteceu, ignorarmos as nossas ações, sermos um joguete das circunstâncias. Fizemos acaso a revelação funesta? Desejaríamos saber isso, esquadrinhamos o interior, debalde; olhamos em redor, nenhum indício no ramerrão quotidiano: estamos incomunicáveis e ninguém nos diz se mostramos covardia ou bravura.

O meu bom amigo demorou-se alguns dias perplexo, recobrou dificilmente a calma. Depois, às novas inquirições, notou que se havia conservado perfeitamente digno: as suas palavras não causariam dano a outros indivíduos. Guardei, porém, a lembrança daquela incerteza agoniada:

– Menti demais e já nem sei o que disse.

Resistência inconsciente, defesa instintiva, imensa teimosia a escorar a vontade unânime – depois a supressão da memória, nenhuma resposta à pergunta ansiosa: — "Terei pra ticado uma infâmia?" Admiramos a coragem alheia, e nem pensamos que em difícil conjuntura ela própria se ignorou: viu-se numa encruzilhada, marchou, sem saber se andava para a direita ou para a esquerda. Ligeiras incongruências, um sobressalto, algumas sílabas teriam determinado caminho diverso. E as inevitáveis consequências. Imaginei naquela situação e naquela angústia alguém que houvesse fraquejado no torniquete: — "Nem sei o que disse. Terei cometido infâmia?" Sim ou não. Como no jogo do cara-ou-cunho, a moeda oculta debaixo da palma. Súbito a descoberta medonha – sim, e está um homem perdido, coberto de opróbrio, inteiramente impossível a reabilitação. Num caso ou noutro, ausência de culpa, ausência de mérito. Pensamos assim. E não evitamos o desprezo ou o entusiasmo. Rodolfo cresceu muito aos meus olhos. A energia involuntária deu-lhe maior prestígio que a inteligência revelada nos discursos longos.

Quase simultaneamente me vieram algumas surpresas. Na manhã seguinte Rodolfo Ghioldi me deu notícia de Jorge Amado, com quem se avistara na sala de detidos da Polícia Central. Rodolfo me trazia um recado: por intermédio de Jorge, o editor José Olímpio me oferecia a publicação do romance inédito e propunha um adiantamento: informava-se da importância necessária e perguntava como deveria entregá-la.

Em vez de me alegrar, experimentei com essa proposta vivo embaraço. Apesar de minguarem os recursos, não me achava disposto a contrair dívidas. Não conseguiria desembaraçar-me delas, inerte, bambo, a invencível preguiça mental a dominar-me. Um entusiasmo de fogo de palha às vezes me levava a retirar os papéis da valise, insinuava-me a esperança de arrumar observações razoáveis sobre a vida na cadeia, mas o trabalho avançava lento demais, o jogo de xadrez e a vagabundagem nos cubículos me absorviam. Era o livro difícil, mais de um mês a capengar do quartel do Recife ao chiqueiro do Manaus, daí à Casa de Detenção, que deveria negociar, caso me fosse possível dedicar-me a ele. A publicação do romance me parecia leviandade. Havia nele muito defeito, eram precisos cortes e emendas sem conta. Sem falar em mutilações e enganos infalíveis, cometidos pela datilógrafa. Indispensável examinar, rever tudo, comparar o original à cópia: Eu nem sabia onde paravam essas coisas enterradas em algum buraco de Alagoas; talvez já nem existissem: uma denúncia anônima as teria revelado, jogado ao fogo. Não me preocupava em demasia a perda, realmente pequena. Se o livro se salvasse, ocupar-me-ia mais tarde em corrigi-lo, sobretudo amputar-lhe numerosas excrescências. Antes disso, consideravam-no objeto de comércio, desejavam transformá-lo em dinheiro. Recruta literário da província, acostumara-me a buscar nele algum valor artístico, embora fraco; economicamente seria um desastre, como os anteriores, dois naufrágios. Súbito me fortaleci um pouco, sentime dono de uma possível mercadoria, descoberta pelo comprador. Meses atrás José Olímpio me falara da edição, em cartas, e eu lhe respondera que ele não venderia cem exemplares. Admirava-me a insistência, em momento de perseguição, quando o aparecimento da história poderia causar prejuízos e aborrecimentos ao livreiro. No íntimo agradeci essas boas intenções, embora as julgasse irrealizáveis, pelo menos por enquanto, na dura incomunicabilidade. Entrei, porém, a verrumar o espírito curioso. Se os papéis escapassem à tormenta, quanto valeriam? Qual seria a tiragem? Uma ligeira brecha clara abria-se no horizonte nebuloso, as desgraças futuras, consideradas certas, diluíam-se um pouco. Embalava-me em frágeis e duvidosas esperanças, quando o chefe dos guardas me berrou o nome, ao pé da escada:

– Seu Fulano, um presente.

Cheguei-me ao parapeito do passadiço, vi lá embaixo o sujeito olhando para cima, um pacote na mão. Estranhei a comunicação repetida:

– Um presente.

– Não é para mim. Há engano.

O velho examinou o endereço, leu devagar.

– É impossível.

Desci, intrigado. Um equívoco, evidentemente. Nenhuma camaradagem no Rio de Janeiro; antigos companheiros de trabalho, conhecimentos superficiais no café, na pensão escura do Largo da Lapa, tinham-se esvaído na ausência de vinte anos. Assim parafusando, tomei o volume, desconfiado; lá estavam no papel de cor as letras bem visíveis, graúdas, formando uma linha sinuosa. Aquilo era meu, sem dúvida.

– Bem, muito obrigado.

Não havia pretexto para recusar. Subi, desatei os cordões do embrulho, um sortimento de peras, maçãs e uvas espalhou-se no colchão

– Quem diabo se lembrou de mandar-me isto?

Nem um bilhete, nem uma palavra indicativa. Ainda relutava em convencer-me, analisava debalde o papel róseo, esforçando-me por identificar o remetente, de qualquer modo pessoa que se arriscava. Porquê? Na estupidez nacional, fazer aquilo, interessar-se por uma criatura sumariamente condenada, revelava imprudência. Quem era o imprudente? Nada explícito, caracteres irregulares indo para cima, para baixo, curva esquisita, a adelgaçar, a engrossar, com certeza lançada por mão diversa das ordinárias, mão discrepante. Recordei-me de várias, masculinas, femininas, em vão. Grafia incaracterística, assexual, de pessoa educada, mas de educação estranha. Alguém que estivera perto de mim, que estava perto e não conseguia manifestar-se, falar, abraçar-me. Quem? Amigo indeterminado, enigmática dedicação gratuita. Sim, gratuita. Observando-me por dentro, virando-me pelo avesso, tentei ver se em qualquer circunstância me tornara merecedor daquilo; e perguntei a mim mesmo se me achava capaz de tal delicadeza com outro indivíduo. Respondi pela negativa. Nada fizera, provavelmente nada faria, não me achava inclinado ao altruísmo, e a exposição colorida – maçãs vermelhas, peras douradas, enormes uvas brancas – quase me ofendia.

É necessário viver ali para compreender certas ações. Na existência comum nem atentamos nelas: são pequenos favores recebidos, anotados, pagos e logo postos no esquecimento; na prisão falta-nos meio de compensá-los, perdê-los da memória, sabemos isto, e as pessoas que nos obsequiam nem esperam compensação vindoura. Quando nos abrirem as portas, chegaremos à rua machucados, bambos, secos, acharemos a vida amarga, cansar-nos-emos facilmente, qualquer esforço nos parecerá vão. Se alguma coisa nos prender, serão resquícios dessa estranha solidariedade. Certamente eles nos acompanharão sempre.

Quem seria aquele homem, ou aquela mulher? Ter-me-ia visto, falado, ou me distinguira ao acaso, folheando as listas da secretaria? Dois espantos sucessivos. O livreiro devia reputar-me um desconhecido, pouco mais ou menos. Algumas cartas, uma proposição, agora renovada inesperadamente. Mau emprego de capital. Romance desagradável, abafado, ambiente sujo, povoado de ratos, cheio de podridões, de lixo. Nenhuma concessão ao gosto do público. Solilóquio doido, enervante. E mal escrito. A edição encalharia no depósito, a amarelar, roída pelos bichos. Não se venderiam cem exemplares; repisei esta convicção, quis transmiti-la de novo ao editor, antes que ele se arriscasse.

A terceira e última surpresa me abalou em demasia, arrancou interjeições de raiva, incompreensíveis e desarrazoadas na opinião de Sebastião Hora. Tinham-se fechado os cubículos, anoitecia, os hinos e as canções já principiavam a mexer-me os nervos, interrompidos pelo cocorocó do português. Um guarda surgiu à porta, deu-me uma carta. Não a recebi, esperei que um dos companheiros a tomasse. Ninguém se moveu, o funcionário continuou de braço estirado. Perplexo, tomei o envelope. Era realmente para mim, rasguei-o, vi um cartão, a fotografia dos meus três filhos mais novos. Num assombro, olhei as figurinhas distanciadas por tantos sucessos imprevistos; devo ter ficado minutos sem nada entender, suspenso. Esqueci a presença de Hora e Sérgio, num instante as crianças me apareceram vivas e fortes: tinham deixado a praia, a areia branca de Pajuçara, feito longa viagem, transposto diversas grades – e estavam no cubículo 35. Uma delas usava boina, um laço de fita ornava os cabelos da segunda; as camisinhas leves deixavam à mostra as pernas afeitas às correrias ao sol; ao centro, o garoto carrancudo, com jeito de homem. Pouco mais ou menos me achei como um vidente de fantasmas. De que jeito me haviam chegado aquelas almas do outro mundo? Se fiz a pergunta, não percebi durante algum tempo que a explicação se amarfanhava entre os meus dedos trêmulos. Recompus-me devagar, procurei debalde a carta. Nada. Examinei o sobrescrito. Nem selo nem carimbos do correio: alguém da minha família arriscara-se a meter a mão na engrenagem policial e deixara na secretaria aqueles retratos, sem nenhuma indicação. Quem teria sido o intermediário? Não atinei com amigo ou parente capaz de aceitar a incumbência. Um viajante animoso viera do nordeste, aproximara-se da ratoeira onde fervilhávamos, ouvíamos discussões, farrapos de línguas estrangeiras, sambas, hinos e o canto galináceo do português. Surdo a esses rumores, alheio à presença dos companheiros de célula, perdia-me em reflexões inúteis, mirando o cartão de quinze centímetros. Não me ocorreu observar-lhe o dorso: foi por acaso que o virei.

Distingui dez ou doze linhas a lápis, uma data, uma assinatura – e explodiu a cólera bestial:

– Que diabo vem fazer no Rio essa criatura?

Era uma quinta-feira, princípio de maio: algumas letras e algarismos me trouxeram de relance a noção do tempo esquecido. Minha mulher chegara e prometia visitar-me na segunda-feira, entre dez e onze horas.

– Que estupidez!

Percebi no aviso a ameaça de aborrecimentos e complicações inevitáveis. Imaginei-a pobre, desarmada e fraca, a mexer-se à toa na cidade grande, a complicar-se no aparelho burocrático, enervando-se nas antecâmaras das repartições, mal se orientando nas ruas estranhas, fiscalizada por investigadores. Nada me seria possível dar-lhe. E dela me chegariam decerto preocupações insolúveis, novas cargas de embaraços. Alarmava-me sobretudo o esgotamento dos recursos guardados no porta-níqueis. Às vezes retirava as notas escondidas no compartimento mais secreto, desamassava-as, contava-as, recontava-as e nessas operações assustava-me com freqUência a falta de alguns mil-réis. Dois meses de cadeia. Sem a última linha escrita no verso da fotografia, esse tempo, decorrido em ambientes diversos, numerosos imprevistos a cortá-lo, parecer-me-ia talvez mais longo. Realmente não me fixava nele, a adaptação rápida a qualquer meio fazia suportável a vida na Praça Vermelha e nos cubículos. Na rotina, as coisas desagradáveis – canções repisadas, mordeduras de percevejos, o grito do português – diminuíam, talvez acabasse por insensibilizar-me a elas. Quando me afastassem dali, afligir-me-ia a ausência de alguns companheiros. De fato receava ser afastado; qualquer movimento anormal, chegada ou saída, me fazia pensar em viagens imprevistas para cá, para lá, envoltas em mistério, impossível adivinhar quantos dias, meses, anos, me separavam da liberdade; e realmente a idEia de ser posto na rua, sem armas, sem defesa, me causava arrepios. Medonho confessar isto: chegamos a temer a responsabilidade e o movimento, enervamo-nos a arrastar no espaço exíguo os membros pesados. Bambos, fracos, não nos aguentaríamos lá fora; a menor desgraça é continuarmos presos, inertes, descomedindo-nos em longos bocejos. Arrisco-me a falar no plural, mas na verdade ignoro se os outros se achavam também ociosos, designando-se à imobilidade e à sombra dos cubículos. Provavelmente não. Pesavam sobre mim condições particulares. O horror ao trabalho insípido, mecânico, às miudezas burocráticas. Dormência na perna, efeito do bisturi no hospital, a coxa e o pé da barriga insensíveis a beliscões e alfinetadas. E havia também aquele desalento, a enervação na carne e na alma, depois que, surdo ao aviso do faxina, me acostumara a beber diariamente dois canecos do café adocicado e enjoativo, com saibo de formiga. Ruína física e moral, ausência de energia e de membros. Em semelhante situação, a chegada imprevista de minha mulher me concentrava as últimas forças do organismo débil e a violência transbordava:

– Que estupidez!

Achava-me inútil: não serviria para nada à criatura. Para nada, para nada. Movia-me talvez menos a certeza de não poder auxiliá-la nas dificuldades e tropeços que o desaparecimento inexplicável dos desejos sexuais. Para nada, para nada. Repetia esta convicção obtusa. Nenhuma recordação amável. Lembrança de contas, ignóbil sujeição à ladroeira legal, covardia.

– Estupidez.

E a mesa de operações, o escalpelo, um médico indiferente a dizer: — "Não adianta. Vamos fechar isto." Um páreo entre Clemente Magalhães e dr. José Carneiro. Morrerá, viverá? Clemente afirmava, dr. José Carneiro negava, queria, chateado, coser aquilo e mandar-me logo para o necrotério. Afrânio Jorge me segurava a cabeça e não consentia o homicídio.

– Porque não cortam logo isto, dr. Afrânio? Porque me rasgam à unha?

– É que a artéria femural está descoberta, meu filho. Se metessem o canivete, você era um homem perdido. Horrível saber anatomia. Se Afrânio não me tivesse dito aquilo, deixar-me-ia tranquilamente operar, morreria ou viveria, confiado na ciência. Não morrera. Dr. José Carneiro fora pago, indevidamente, na minha opinião. Quarenta dias numa cama, um tubo de borracha atravessando-me o ventre, o coração fatigado a subir, a descer, padre José Leite velando, oferecendo-me livros, contando, para entreter-me, histórias de Rodrigo Bórgia. Colapso de uma hora. O coração velho ia aquietar-se, dias longos de névoa, Mário Marroquim a discutir política, só. Minhas primas Alena e Lica sussurravam. Alena me estendia o braço:

– Tome.

– Agradecido.

– Tome. Doente não tem vontade.

– Bem.

Recebia a xícara e bebia, sensível à brutalidade generosa. Um livro em cima do colchão, um homem loquaz a fatigar-me, alheio aos meus desesperados esforços para entendê-lo.

Sombras, nuvens, escuridão, um relógio fanhoso a bater, cochichos, o deslizar de vultos amarelos, bichos moles e fosforescentes enroscando-se. Era o que me vinha ao pensamento. Desagregação, um tubo de borracha furando-me as entranhas. A dorzinha no lugar da operação, o torpor na coxa faziam-me ouvir de novo as pancadas do relógio, gritos e gemidos na enfermaria dos indigentes, tinir de ferros na autoclave. Depois a convalescença, a vida estreita, a composição de um romance na sacristia de uma igreja do interior. A garota que ali estava no cartão, de pernas à mostra e fita no cabelo, nascera quando se findava essa história rude e agreste. Dois filhos gêmeos – uma criança viva, de olhos claros, e um fazendeiro rijo, assassino e ladrão. Rememorar isso não me dava prazer. Existência vã, fastidiosa, canseiras, eternas desavenças conjugais, absurdas e inevitáveis. Regressar àquilo, afundar outra vez na água espessa, amarga.

– Que estupidez!

A frase repetida me agravava o desalento. Os hinos e canções esmoreceram, morreram, o silêncio caiu, perturbado pela marcha regular do guarda na plataforma. Sérgio desviou-se de mim, discreto, alongou-se na cama e adormeceu logo. Sebastião Hora observava-me curioso a agitação. Exibi a fotografia, indiquei o aviso a lápis:

– Que diabo vem fazer aqui essa mulher?

Hora arregalou os olhos, num assombro: eu devia estar satisfeito, sem dúvida. Resmunguei uma tentativa de explicação, desisti: não me compreenderia, naquele momento com certeza pensava horrores de mim. Egoísta, ingrato, ideias deste gênero, pouco mais ou menos. Percebi-lhe no rosto uma longa censura e não tentei desculpar-me. Em vão me irritaria, sem conseguir expressar o desarranjo imenso. Nem eu próprio me entendia. E desgostava-me expor aos outros as minhas desgraças interiores, ver nas fisionomias traços de piedade superficial. Encolhi-me, sentado na cama, a acender cigarros, verrumando o futuro, revolvendo o passado, numa confusão. Impossível dormir.

Segunda-feira pela manhã vieram chamar-me à secretaria. Arranjei-me à pressa e desci, escorreguei entre os magotes que fervilhavam ao rés do chão, transpus o vestíbulo, achei-me no pátio arborizado. Àquela hora os pardais se escondiam nas ramagens curtas e mofinas, educadas a tesoura. Passei diante da rouparia, vi à direita a casa onde, no meio de redes e malotes, o sujeito de fala turca havia querido forçar-me a adotar uma religião. Para ali me encaminharam. De longe, num dos bancos largos, conhecidos no dia da inquirição enfadonha, bocejada, avistei minha mulher a renovar o choro manso, tranquilo, da silenciosa despedida, na estação da Great Western. Resolvera-me a censurar a viagem precipitada, mencionar embaraços e tropeços, insinuar a conveniência de regresso imediato à província. A raiva e o desatino causados pelo súbito aviso em alguns dias se haviam decomposto, substituídos por uma expectativa ansiosa. Agora temia ofender a criatura: não lhe jogaria a exclamação e a pergunta do solilóquio brutal. Um conselho, apenas: era necessário voltar, voltar logo. A presença dela não serviria para nada, esforçara-me por arranjar meio de explicar-lhe isto sem molestá-la. O pranto silencioso me baralhava as ideias, consumia a resolução.

Enxerguei ali perto um vulto de homem, esboçaram-se nele vagamente as feições de Luccarini. Aproximei-me, numa confusão vagarosa, a duvidar dos meus olhos, perguntando se era de fato Luccarini que se levantava para receber-me, junto a minha mulher, e não achei palavras, com certeza fiquei algum tempo a jogar monossílabos a um e a outro. Sentamo-nos; o princípio da conversa mecânica atabalhoou-se.

– Por aqui, seu Luccarini?

Esta frase impõe-se, mas não me lembro dela, e a resposta se obliterou. As lágrimas fáceis desciam leves na brancura sem rugas; nenhuma contração indicava esforço interior; evidentemente o diafragma baixava, subia, normal; as glândulas funcionavam como torneiras frouxas.

– Que tolice! murmurei aflito com aquele choro bem comportado, isento de soluços.

Os conselhos forjados com vagar atropelaram-se, fugiram, achei-me vazio, incapaz de resistência, deixando-me colher nas malhas de um embuste sentimental, reconciliando-me de chofre, a inutilizar num minuto as aparências de firmeza compostas em dois meses, íamos resvalar na familiaridade, tentar uma conjugação improvável: estaríamos em breve a semear desgostos na vida chata, a ofender-nos à toa. Nenhuma censura velada, consenso implícito, apenas a observação chocha:

– Que tolice!

As goteiras pouco a pouco estancaram, na umidade brilhou um raio de sol pálido. Informava-me precipitadamente e recebia pedaços de notícias, de um e de outro lado; não conseguia fixar a atenção e voltava a indagar. Interessava-me saber como a pobre arranjara meio de viajar e surpreendia-me ver Luccarini em companhia dela. Veio a calma, estabeleceu-se a palestra regular. A absurda visita de Luccarini me sensibilizava. Coitado. Tivera-me forte birra. Impontual no serviço, despropositara comigo uma vez, na presença dos funcionários:

– Eu também já mandei. Mas quando precisava dizer a alguém isso que o senhor me está dizendo, chamava o sujeito de parte e repreendia-o em voz baixa. Desde então era o primeiro a chegar, o último a sair. Sentava-se à banca – e não fazia nada. Irritava-me a pontualidade malandra. Se me via na rua, fechava a cara, voltava a cabeça. Vários meses de ausência com os vencimentos integrais haviam-me parecido vantajosos: livrava-me por algum tempo daquele trambolho. Finda a licença, renovara, entrara-me no gabinete:

– Venho agradecer e ver se pago o favor que lhe devo. Leia isto.

Era um relatório em meia folha de papel. De acordo com as observações dele, feitas no Recife, tínhamos reorganizado o registro das escolas e a estatística. Agora ficávamos às vezes na repartição até meia-noite, eu a pezunhar no meu romance encrencado, Luccarini a escriturar fichas, a compor em nanquim, numa letrinha miúda, a história pública das professoras. Saíamos quando o guarda nos vinha dizer que iam fechar o portão do Palácio. Imprevista camaradagem. Meses atrás eu o julgava um preguiçoso, ele me supunha uma besta cheia de fumaças, de vaidadezinhas cretinas. Virava-me o rosto, e fazia bem. Tínhamos errado. A inteligência e a capacidade de trabalho de Luccarini espantavam-me. Para que servia isso? Estávamos ali, sentados num banco, na Casa de Detenção, na capital grande, sem achar palavras, ele arrasado, filhos pequenos a ameaçá-lo de longe, cheios de necessidade, eu a resmungar sílabas idiotas:

– Obrigado, seu Luccarini. Muito obrigado. Para que veio? Ora essa!

Realmente, para que tinha vindo? Não poderíamos reconstituir o registro e a estatística. Luccarini se abatia. Os meses de licença não lhe tinham servido, estava arriado e bambo, doente, sempre doente, desejando fazer coisas impossíveis. A sinusite persistia, necessária nova operação. Perdida a confiança nos médicos pernambucanos, desesperado apelo aos cirurgiões do Rio. No meio de atropelos sem conta, as economias e as esperanças a minguar, lembrara-se de ver-me, dirigira-se à polícia. Arriscara-se debalde, mas soubera a entrevista de minha mulher naquela segunda-feira pela manhã, fora esperá-la à porta da cadeia e conseguira entrar fingindo-se meu parente.

– Obrigado.

E algumas frases sumidas, a atrapalhar-se, em balbúrdia. Não havia jeito de expressar o meu reconhecimento. Preocupava-me ver que ele se expusera cometendo uma fraude para chegar ali; isto poderia causar-lhe desgostos. Imprudência ter vindo.

As palavras de minha mulher abalaram-me. Consumira-me a julgá-la enfrentando obstáculos invencíveis. Mocinha exígua, criada em rua modesta de capital vagabunda, com certeza se atarantava na cidade grande, encolhia-se muda. Enganei-me. Estancado o pranto leve, enxutos os olhos, fez um resumo dos seus atos, na aparência convicta de uma aprovação que não existia em mim. Ofereci-lhe concordância tácita. Que havia de fazer? Tudo aquilo era disparate, mas estava realizado e tornei-me cúmplice dele.

A criatura tinha vendido os móveis e o resto, cedera tudo às cegas e naturalmente se embrulhara. As suas contas andavam sempre numa complicação. O dinheiro tinha para ela uma significação muito relativa. Ouvindo-a, inteirava-me daquele negócio. Compreendia que estávamos pelados, reduzidos à penúria. Bem. Não valia a pena discutir. As nossas desavenças não tinham base econômica: a causa ordinária delas era um ciúme desarrazoado que a levava ao furor.

Naquele momento os dissídios malucos distanciavam-se, esbatiam-se, e as nossas relações se adoçavam. Inclinava-me a concordar, perceber na mulher energia e resolução, qualidades imprevistas a revelar-se na hora difícil. Parecia-me estimar o perigo e o desconforto, dava-se bem com as mudanças, o movimento, possuía o instinto da direção, começava a gravar na cabeça o mapa do Rio, e isto era indelével. Tinha sangue de cigano, provavelmente. Essa capacidade estranha de orientar-se, como observei depois, de algum modo a aproximava também dos ladrões. Desconhecida e insignificante, iniciara em seu favor um trabalho de aranha, estendendo fios em várias direções, e ainda hoje não sei se a impelia o desejo de me ser útil ou o prazer de mexer-se, avançar, recuar, preparando a sua teia. Hospedara-se em casa de uns tios, no Méier. Estivera no Ministério da Guerra, no Ministério da Justiça, no Palácio do Catete, na Chefatura de Polícia, falara a deputados e a generais, largava rápido a língua do nordeste e começava a adotar uma gíria burocrática singular, enganando-se às vezes no sentido de algumas expressões. Estabelecera rapidamente comunicação com a família de José Lins. Entendera-se com José Olímpio e combinara com ele mandar buscar por via aérea uma das cópias do romance. Aquela hora a papelada estava decerto voando para o Rio.

Essa confirmação da proposta que Rodolfo me trouxera da Polícia Central, na semana anterior, sobressaltou-me. Era-me indispensável rever aquilo, emendar os erros cometidos pela datilógrafa. E erros meus também. Temeridade a publicação– Tencionei contrabandear os papéis, corrigi-los antes de serem remetidos à tipografia, mas afastei logo a ideia. Com a fiscalização rigorosa, não conseguiria recebê-los. E se entrassem, não sairiam. Agildo Barata e outros andavam sempre a redigir misteriosos resumos das longas discussões murmuradas nos fundos do cubículos; folhas de almaço acumulavam-se. De repente um boato surgia, tomava corpo: iam dar busca ao Pavilhão. Ignorávamos donde vinha a notícia, badalada com certeza. Afinal a ameaça não se realizava: esmorecia, dissipava-se, deixando no solo montes de cinza. Trabalho perdido. Quem teria semeado as notícias alarmantes? Agildo Barata e Sisson não desanimavam, escreviam sem cessar. A correspondência com pessoas insuspeitas lá fora engordava debaixo dos colchões; emagrecia à hora das visitas: cartas e relatórios, escondidos em bolsas de mulheres, passavam as grades, espalhavam-se em ônibus e bondes, chegavam à Câmara dos Deputados. Nova balela, novo escarcéu, baldava a matéria semanal dessa fadiga sub-reptícia: papéis queimados, carvões leves pulverizando-se no chão vermelho. As minhas notas difíceis acumulavam-se na valise. Não me resolvera a inutilizá-las. Pouco me importava que as vissem. Indiferença. Resistira, esperara que as viessem descobrir e inutilizar; persistiam, mal escritas, a lápis, em cima do guarda-vento, narrando a figura burlesca do general, as conversas longas de capitão Lobo, a asfixia no porão do Manaus. Preguiça. Não me arriscaria a trazer para o cubículo, por intermédio de minha mulher, o romance falho. Embora ele valesse pouco, era-me desagradável perdê-lo. O original e a outra cópia recomendada existiriam? Afinal o romance valia pouco. Ser-me-ia talvez possível, com dificuldade, fazer outro menos ruim. Ali a personagem central estava parada, revolvendo casos bestas, inúteis: um sujeito a aporrinhar-se porque uma fêmea safada lhe fugia das garras, outro a encher dornas, uma criatura cansada a lavar garrafas. Onde me haviam aparecido aquelas duas figuras, um homem triste a encher dornas, uma mulher a sacolejar-se em ritmo de ganzá? Bem. Anos antes, quando eu metia preposições em telegramas, consertava sintaxe na Imprensa Oficial, via lá embaixo, sob um telheiro, o indivíduo magro a mover-se entre pipas, a encher domas, a mulher sacudindo-se, lavando garrafas. Perto, montes de lixo e cacos de vidro. Essas coisas se repetiam no livro com insistência irritante. Inconveniência imprimi-las, fazê-las circular sem as emendas necessárias.

Falei do bilhete confiado ao investigador, no carro da Great Western, do conto deixado na gaveta no dia da prisão. Conforme eu pedira, essa história capenga fora remetida a Benjamin Garay, que a lançaria em jornal de Buenos Aires.

– Há uma cópia disso?

Havia.

– Bem. Dá essa droga a José Lins, depois que ela aparecer em espanhol. Vamos ver se ele arranja publicação numa revista daqui. Sempre são alguns cobres.

Arriscava-me. Mais tarde, lá fora, endireitaria aquela miséria e exibi-la-ia de novo. Remoí a proposta de José Olímpio. O conserto do romance, no futuro, estava excluído, pois ele nunca se reeditaria: a convicção de que não se venderiam cem exemplares cada vez mais se firmava. Prejuízo certo para o editor. Eu o tinha prevenido. Enfim me resignava a aceitar a proposta, os recursos minguavam no porta-níqueis, impeliam-me à temeridade. Que se havia de fazer? Esse acordo se estabeleceu por gestos e monossílabos, entre assuntos baralhados.

Afastei com enjoo as notícias de Alagoas. Os meninos gozavam saúde, o resto não me interessava. Esse encontro me deixou impressão de balbúrdia. O choro perturbou-me em excesso, muitas informações se atrapalharam, difíceis de entender; indispensáveis as repetições.

Findou a meia hora de visita, o guarda se aproximou. Furtamos ainda alguns minutos na despedida. Recomendei a minha mulher que procurasse os editores Schmidt e Gastão Cruls, recebesse o dinheiro relativo aos direitos autorais dos meus dois primeiros romances.

Abraços, novos agradecimentos a Luccarini, coitado. Não nos tornaríamos a ver. Pouco depois o infeliz amigo iria acabar-se em penúria, como se esperava.

Naquele dia a comida veio muito ruim, de aspecto mais desagradável que o ordinário. No caixão, ao pé da grade, empilhavam-se os pratos – e o alimento se comprimia formando uma pasta onde se misturavam carne, peixe, arroz e batatas esmagadas. Entramos na fila, passo a passo nos avizinhamos dos faxinas ocupados na distribuição, recebemos a boia enjoativa e a sobremesa: uma laranja murcha, uma banana preta, meio podre.

Afastei-me, pegando a louça imunda, a sentir nos dedos grãos machucados e gordura, subi os degraus de ferro. Lá em cima iria repetir-se a dificuldade comum nas refeições. À falta de mesa ou cadeira, forrávamos a cama com jornais guardados para as tochas com que se queimavam os percevejos. Evitávamos assim o contato da coisa repugnante com as cobertas. Mas a imprensa ali era clandestina, só tinha livre curso à noite, nos resumos badalados pela Rádio Libertadora. Minguava o papel – e, depois da queima dos insetos, procedíamos como bichos, segurando a comida, num embaraço horrível.

Naquela tarde, no cubículo, antes de lavar as mãos besuntadas, ouvi perto uns gritos finos. Cheguei-me à porta, vi a pequena distância Agildo Barata no passadiço, junto aos varões do parapeito, formulando uma arenga bastante arrepiada. A voz álgida não se detinha, derramava-se num fio invariável. Escutando-o, às vezes me assaltava a doida impressão de que o regato sonoro deixava de correr, era gelo cheio de arestas cortantes, onde se assanhavam aranhas caranguejeiras e outros viventes da umidade. Também me vinha à ideia um miar de gato comedido, vagaroso, a esconder mal as garras. Esses disparates – água tranquila, gelo, caranguejeiras, gatos – associavam-se, emprestando a Agildo uma personalidade estranha, complexa em demasia. Agora estava a a alguns metros, na plataforma, escorrendo um protesto de maciez aguda. Calou-se – o ato surgiu. A corrente fluida estancou, exibiram-se os cristais do gelo, os olhos maus da caranguejeira e as unhas do gato.

O caso era simples. Tínhamos em vão, por intermédio do Coletivo, reclamado talheres; surda à exigência, a diretoria supunha que nos bastava uma colher. Não nos deveríamos conformar, achava Agildo alinhando frases suaves e resolutas. Como as nossas razões não tinham produzido efeito, convinha, no parecer dele, adotarmos a última. Finda a exposição curta, jogou o prato cheio no pavimento inferior.

Nem tive tempo de pensar. Entrei na célula, apanhei o jantar nojento, arremessei-o por cima do parapeito. Mais tarde uma pergunta me verrumou: como sucedeu que, tendo sido tão rápida a minha ação – entrar no cubículo, apanhar a boia, num instante jogada no andar térreo – diversas criaturas houvessem feito o mesmo anteriormente? Acompanhei durante um minuto a ruidosa manifestação. Figuras ativas apareciam nas soleiras; de toda a parte, em cima, embaixo, projéteis saíam, rebentavam com fragor no cimento. Avolumaram-se depressa as ruínas; houve silêncio – e fiquei longo tempo debruçado à viga negra do parapeito a indagar como o excessivo estrago se tinha realizado e quais seriam as consequências dele. Estranho contágio: a inesperada proposta se erguera, breve, firme, crespa, aceita sem exame, por unanimidade.

Esquisita pessoa, Agildo. Minguado, mirrado. A voz fraca e a escassez de músculos tornavam-no impróprio ao comando. A sua força era interior. Dizia a palavra necessária, fazia o gesto preciso, na hora exata. Economizava ideias e movimentos Para utilizá-los com segurança; moreno, rosto impassível, tinha uns bonés de esportista japonês: ligeiro desvio, avanço ou recuo oportuno assegurava-lhe a vitória. Preso, dirigira a sublevação do 3 º Regimento, e tão bem se comportara que, após breve luta, estava no cassino, vigiando os oficiais legalistas vencidos. Faltava um major, e ninguém dera pela ausência dele: provavelmente sucumbira na peleja. Súbito o desaparecido invadira a sala, gigantesco, chegara-se ao carcereiro, uma pistola em cada mão. Às desvantagens naturais Agildo somava então inconvenientes acessórios: apanhavam-no de surpresa, sentado, via um sujeito enorme, em pé diante dele, manejando armas.

— "Estou frito", dissera por dentro. E levantara-se para morrer. O colossal major, rubro e afobado, largara as duas pistolas em cima de uma banca e expressara-se veemente:

– Rendo-me. Contra a força não há argumento.

Bem. O convite nos achava predispostos à bagunça, à desordem. Ninguém se lembraria de fazer tal coisa, mas a incitação nos impelia ao ato correspondente aos nossos desígnios íntimos e apresentado como necessário e justo. Na verdade não recebíamos insinuação: havia ali uma equivalência de mando. Espantei-me depois, tranquilo e em pleno juízo, da facilidade com que havíamos obedecido ao homem fraco, isento de aparências convenientes. Andava entre nós, imperceptível, mesquinho, e revelava-se de chofre, dominador. Porquê? Revolvi os miolos indagando a causa do poder tão inesperadamente revelado, julguei enxergar uma clareira no fato obscuro. Segundo imaginei, Agildo conseguia discernir a alma alheia. Individualmente isso não constitui nenhum dom especial. Em convivência prolongada, as caras das pessoas, uma ruga, piscadelas, sobressaltos, lábios contraídos, sorrisos, palidez, rubor, ligeiros sinais quase indistintos, conjugam-se, combinam-se com situações anteriores, oferecem-nos a instantânea percepção de sentimentos e pensamentos. Não se tratava disso. Pareceu-me que o sujeitinho moreno e exíguo possuía a qualidade rara de apreender num instante as disposições coletivas; rancores indeterminados, esperanças, receios, desejos, comprimidos nos subterrâneos das consciências, chegavam-lhe às antenas. Esse radiotelegrafista recebia estranhas comunicações, relacionava-as, concluía, marchava direito a um fim desconcertante: ignorávamos tudo e, surpresos, executávamos ordens, mas isto era tão normal, tão razoável, como se nos dirigíssemos pelas nossas cabeças. Tudo estava em regra, não nos poderíamos comportar de outro modo. Apenas ninguém havia pensado nisso, era preciso alguém articular vontades bambas e aspirações vagas, usar esses elementos esparsos e instáveis com segurança. Do material gasto pela ferrugem da cadeia saía obra coerente.

Em seguida àquela explosão, ninguém mostrou arrepender-se: era como se houvéssemos realizado um projeto. Não iríamos, por fraqueza, responsabilizar o capitão moreno de voz frágil: ele apenas descobrira as nossas tendências, empregara o meio conveniente para transformá-las em ação. Reside nisso talvez o domínio que certos indivíduos exercem sobre a turba; o seu prestígio vem da faculdade quase divinatória de conhecer aspirações e interesses escondidos, juntar grãos de pólvora derramados nos espíritos, chegar-lhes um fósforo em cima. Certo não nos mexermos à toa: o mais longo discurso incendiário, profuso de razões, não ressoa cá dentro – e permaneceremos calmos, frios; meia dúzia de palavras curtas nos arrastam.

Debruçado ao parapeito, descuidava-me a observar os faxinas que recolhiam destroços no rés do chão. As vassouras chiavam no cimento, os cacos tiniam. Dançavam-me na mente as consequências da nossa brutalidade. Com certeza nos iriam dar comida em horríveis marmitas de folha, como as do porão do Manaus. Privar-nos-iam das visitas, da correspondência, do banho de sol. E os estrangeiros seriam os mais lesados; transferência de Rodolfo Ghioldi, Sérgio, Birinyi, Benjamin Snaider para as galerias.

Anoiteceu. Fui dormir imaginando castigos e aviltamentos. Nada veio. No dia seguinte, à hora do almoço, a grade se descerrou como se o acontecimento da véspera não tivesse nenhuma importância; a refeição, menos ruim que as habituais, surgiu em louça nova. As colheres velhas e ordinárias haviam desaparecido. Junto aos sacos de laranjas e bananas percebi uma grande caixa. Abriram-na. E na distribuição da comida ofereceram-nos talheres decentes.

Pouco depois de nos haverem chegado os fugitivos do Pedro I, Sisson, Desidério, Ivan, presos ao cabo de horas de liberdade precária, uma estranha personagem surgiu no Pavilhão. Antecedera-a a grande fama. Organizador de mérito singular, altamente colocado no Partido Comunista, homem de saber e tato, viera do campo; notabilizara-se pela experiência conseguida no interior. Aliando a teoria à pratica, subira rápido. Um dos mais notáveis influentes na sublevação de 1935.

Achava-me desejoso de conhecê-lo. Ouvia quase diariamente as palestras de Rodolfo, espalhadas em geral sobre toda a América do Sul, e interessava-me escutar o dirigente nacional: com certeza nos apresentaria o Brasil, bem conhecido em lentas observações, nas viagens e fugas arriscadas. Em seguida ao panorama, vinham dar-nos o pormenor. Esse indivíduo me acirrava a curiosidade. Chamava-se Miranda. O verdadeiro nome era Antônio Maciel Bonfim, mas na vida ilegal adotara o pseudônimo, vulgarizado na prisão, e por ele o conheciam. Veio doente, consequência de maus tratos recebidos na Polícia Central, e ficou algum tempo na enfermaria, a sala à esquerda, além da grade. Isso desenvolveu a simpatia curiosa das células e indignou-as: nunca os métodos brutais da reação, pareceram, invisíveis e ampliados, tão bárbaros. Ferimentos vários cicatrizavam à nossa vista e não nos sensibilizavam, as próprias vítimas pareciam esquecê-los. As torturas infligidas a Miranda, arriado numa cama ali perto, conjugavam-se a aventuras e perigos, romantizavam-no, quase o glorificavam. Tínhamos enfim matéria suficiente para um esboço de herói.

Pouco durou a expectativa, correram dois ou três dias, e o mistério desfez-se: a anunciada figura abandonou o choco e surgiu de repente na Praça Vermelha. Era um rapaz forte, de bonita cabeleira e olhos vivos, alegre, risonho, falador. Sem paletó e sem camisa, exibia no peito e nas costas indícios vagos dos tormentos referidos: ligeiras equimoses, traços azulados a custo perceptíveis. Essa exposição me intrigou. Sérgio me dissera que lhe haviam magoado e ensanguentado os pés, mas falara meio indiferente, como se aquilo fosse um caso alheio. As unhas de Benjamin Snaider tinham caído, nasciam outras: sabíamos a causa e guardávamos silêncio. Assunto realmente desagradável. Ninguém se inferiorizava lembrando as violências animais; seria absurdo, porém, imaginar uma pessoa vangloriar-se com elas. Víamos agora um sujeito alardear os sinais do vilipêndio, tão satisfeito que supus achar-se entre nós um profissional da bazófia. Aquela impudência me revoltou, especialmente por não enxergarmos no corpo do homem coisa merecedora de ostentação. Enjoei num instante a nossa piedade, fácil e imaginosa: estivéramos a conceber suplícios longos, requintes de malvadez, agulhas penetrando carnes, nádegas queimadas a maçarico, e aparecia-

-nos uma criatura jovial, buliçosa, a envaidecer-se de pequenas manchas azuis, traços insignificantes na pele clara.

Aquela ninharia acanalhava os suplícios. Desidério também apresentara no busto nu lanhos vermelhos, vestígios do chicote, mas não afetava prazer nisto: descobria-se por não aguentar pano em cima dos ferimentos. O novo companheiro nos insinuava a idéia de singular exibicionismo. Convenci-me por fim de que isso não é raro: à míngua de títulos, revolucionários bisonhos chegam a converter as marcas afrontosas em honrarias, equiparam-se provavelmente a guerreiros feridos. A princípio essa confusão de valores nos atordoa, afinal nos habituamos. É possível, afirmaram-me, conseguir-se o estigma artificialmente. Comprime-se a pele, em continuados beliscões, e provoca-se a hemorragia superficial necessária às equimoses prolongando-se o exercício, despontam linhas róseas, avivam-se, estendem-se, cruzam-se numa viva carta geográfica onde se estampam os vestígios de golpes inexistentes.

A impressão que Miranda me deixou persistiu e acentuou-se no correr de dias: inconsistência, fatuidade, pimpanice. Vivia a mexer-se, a falar demais, numa satisfação ruidosa, injustificável. Incrível haver ganho fama, inspirado confiança e admiração. Com o tempo deixei de espantar-me, julguei entrever o mecanismo que impulsiona esquisitas celebridades vazias. O louvor de várias formas, em vários tons, cargas sucessivas de elogios, impressionam a massa, levam-na a enxergar numa personagem a grandeza conveniente. Virtudes escassas aumentam, desenvolvem-se até o absurdo, os defeitos esmorecem, obliteram-se. Prepara-se desse modo uma personagem destinada a figurar como síntese de qualidades alheias, voluntariamente ocultas. É um cabide onde se penduram os trabalhos de um organismo completo; nele se refletem a coragem, a firmeza, o talento, a paciência dos outros. As ações dispersas do conjunto agregam-se, tomam corpo, individualizam-se – e isto lhes empresta autoridade. Supondo enaltecer uma pessoa, estamos na verdade a exaltar o grupo. Em público, medido, pesado, a expor falhas no comício e no jornal, facilmente um sujeito desce do pedestal onde o colocaram. Na ilegalidade, envolto em mistério, é possível aguentar-se, esconder insuficiências, cultivar algum mérito. O essencial é desconfiar das lisonjas, representar de olhos abertos e com sangue frio o seu papel de símbolo; se se atribui valores duvidosos, se se enche de soberba, pode rebentar como um pneumático.

Iria provavelmente acontecer isso a Miranda. O seu primeiro discurso, fluxo desconexo, me surpreendeu e irritou. Depois das palestras sérias de Rodolfo, aquilo fazia vergonha, uma palavrice infindável, peca, de quando em quando interrompida com uma frase boba, transformada em bordão: — "Isto é muito importante." Em vão buscávamos a importância, e o aviso tinha efeito burlesco. Ausência de pensamentos e fatos, erros numerosos de sintaxe e de prosódia. Essas incorreções não se deviam apenas à ignorância do orador, realmente grande. O singular dirigente achava que, para ser um bom revolucionário, lhe bastava conhecer o ABC de Bukharin. Solecismos e silabadas também se originavam de um preconceito infantil em voga naquele tempo: deformando períodos e sapecando verbos, alguns tipos imaginavam adular o operário, avizinhar-se dele. Sentiam-se à vontade usando a estúpida algaravia: isto lhes facilitava a arenga e encobria escorregos involuntários, impingidos por conta da linguagem convencional. Esnobismo de algum modo semelhante ao dos nossos modernistas, vários anos no galarim, a receber encômios deste gênero: — "Como eles sabem escrever mal!"

Miranda sabia dizer tolices com terrível exuberância. Se lhe faltava a expressão, afirmava a torto e a direito, desprezando o contexto, vago e empavonado. — "Isto é muito importante". Isso me incomodava e aborrecia Pois aquele animal do interior, sertanejo baiano, estava assim vazio, não tinha nada para comunicar-nos além da importância cretina? Larguei o discurso antes do fim, outros o abandonaram. Mas a loquacidade rumorosa continuou dias e meses, aflitiva.

Adolfo Barbosa tinha deixado o rés do chão e residia agora em cima, no cubículo 50, o último à direita, pegado à sala 4. Essa vizinhança das mulheres o decidira a transferir-se. Instalando-se, pusera a cama atrás do guarda-vento e, defendido por ele, escavacara a parede a faca ou tesoura, persistente, conseguira abrir um buraco no tijolo delgado e avistar-se com Valentina. Era uma abertura circular de poucos centímetros, que peças de roupa disfarçavam, pendentes num prego. No outro lado, igual disfarce. Evitava-se a indiscrição dos faxinas e guardas; enquanto ali vivi, nenhum suspeitou do tráfego irregular. Algumas pancadas no muro, e afastavam-se as máscaras de pano, estabelecia-se a cavaqueira. Fui apresentado assim a Valentina, ou antes a pedaços dela, numa cerimônia bastante ridícula o marido, junto a mim, indicou-me gastando amabilidades, e através do pequeno túnel enxerguei um olho, brancura de pele, uns beiços muito vermelhos. Esse comércio clandestino encheu as horas de Adolfo. Pálido, feio, prognato, isolava-se numa delicadeza excessiva e entregava-se à leitura. Dissidente, considerado trotskista, fugia às discussões, aos banhos de sol, ao jogo de xadrez, simulava não perceber remoques e grosserias. Anteriormente subia com frequência o parapeito sem descalçar os tamancos passava à janela num pulo ágil, segurava-se aos ferros da grade chamava a companheira e embrenhava-se em dissertações políticas. Já não precisava adotar esses difíceis exercícios de macaco intelectual. Arredava a cama, dava algumas palmadas na caliça, retirava do prego a toalha, agachava-se nos travesseiros e caía na prosa. Isso o indenizava de guardar compridos silêncios, ouvir picuinhas de garotos, ver na fila da comida fisionomias hostis. A inimizade coletiva não impediu aproveitarem-lhe a invenção. Rodolfo Ghioldi às vezes me atraía ao fim do passadiço:

– Amigo, peça ao Adolfo que se retire. Eu preciso falar à Cármen.

Inteirado, o inquilino sumia-se discreto; Rodolfo entrava na célula, escondia-se atrás do guarda-vento, dava o sinal, instantes depois entretinha-se com a mulher num cochicho espanhol. Depressa Miranda invadiu o segredo e o cubículo. Insinuava-se familiar, chegava ao locutório miúdo, chamava Elisa Berger, desdobrava-se em conceitos num francês vagabundo. Coisas imprecisas, indigência interior, o cacoete repisado a substituir expressões inacabadas na língua estranha: — *C'est três important.*

Conversava também com Eneida. Realmente não era conversa, era ensino: com autoridade, aprumo e abundância, desenvolvia teorias colhidas no ABC de Bukharin; deixando essas alturas, explicava o meio de se aproveitarem na luta as mulheres e as crianças. Aí não deixava de afirmar convicto:

– Isto é muito importante.

A imensa frivolidade e a pavonice alegre sumiram-se um dia – e julguei de relance distinguir o avesso daquela natureza. Era noite, haviam trancado os cubículos, a Rádio Libertadora funcionava. De repente, modificação no programa: uma rapariga entrava na sala 4. Dada a notícia, o locutor, segundo o costume, se animou e exigiu:

– Uma salva de palmas à companheira Fulana.

O entusiasmo vibrou, em conformidade com a exigência, acalmou-se, resolveu aguentar os percevejos e dormir. De repente a voz de Miranda se elevou, oferecendo-nos a seguinte informação:

– Essa novata é uma que na vida ilegal se chamava... E atirou-nos a alcunha da recém-chegada. Uma interjeição de pasmo ecoou. Com todos os diabos! Uma criatura cheia de responsabilidade largava tal denúncia a estranhos, aos faxinas e aos guardas. Sim senhor! Leviano apenas? Afastei essa fraca atenuante. As maneiras desagradáveis do homem, a desfaçatez, a exibição dos golpes infamantes, as arengas vazias e palavrosas, ligavam-se à coisa recente, convenciam-me de que não nos achávamos diante de um simples charlatão. Em quem deveríamos confiar? Felizmente aquele se revelava depressa.

As visitas de minha mulher durante algum tempo quebraram a monotonia da prisão e ligaram-me com inesperados laços ao exterior. Uma vez por semana trinta minutos nos aproximavam na secretaria. Separados, nos bancos, tentando esconder-se em vão, casais segredavam. Impossíveis as efusões conjugais. No espaço exíguo e no tempo minguado, falavam graves, numa atenção concentrada, remoendo assuntos para que não se perdesse nenhuma palavra. As mulheres funcionavam como agentes de ligação, traziam notícias minuciosas, levavam relatórios, cartas, recados. Naquela meia hora realizava-se uma prestação de contas, liquidavam-se tarefas, surgiam outras, das ninharias individuais às arrojadas combinações políticas.

Na cidade estirava-se uma cadeia invisível, da oficina ao quartel e ao Congresso. Engenheiros, médicos, advogados, oficiais do exército, conspiradores antigos de alguma forma comprometidos, relacionavam-se com o nosso organismo secreto, recebiam incumbências, avançavam no desempenho delas, sem arriscar-se muito. De tempos a tempos uma delação, mensagem duvidosa, bilhete em cifra – e um desses era agarrado, vinha mofar conosco, à sombra. Novos elementos se articulavam, na sala cheia de móveis uma desconhecida aparecia, familiarizava-se; crescia o número das portadoras de informações e pedidos.

As bolsas das mulheres se pejavam. O trabalho invariável das células, o fruto das longas discussões subterrâneas, redigidas com vagar, cada palavra ruminada ali desaguava, ia lá fora distribuir-se. Revistas improvisadas interceptavam frações da arriscada e numerosa correspondência; grande parte dissimulava-se nos vestidos, submergia-se na roupa íntima e escapava. Na rua as incansáveis intermediárias, fugindo à perseguição dos investigadores que farejavam pistas, desdobravam-se ativas: iam para aqui, para ali, viravam esquinas, subiam e desciam elevadores, entravam em ônibus, saltavam, metiam-se em bondes, novamente mudavam, ingeriam-se nos cinemas, achavam sempre meio de entrar por uma porta e sair por outra. Chegando a casa, podiam examiná-las com rigor as fêmeas da polícia infiltradas no serviço secreto: os papéis tinham levado sumiço em vãos de portas, escadas, apartamentos, consultórios.

Impossível avaliar o trabalho dessas lançadeiras de estranha máquina de costura, bem azeitada, a funcionar sem rumor. Entre elas avultava Maria Barata, decidida e rápida, olho vivo, palavra fácil, engenhosa, fértil em expedientes. Percebendo-lhe a agilidade física e mental, podíamos esquecer o corpo gordo e moreno, o rosto vermelho, brilhante de suor, imaginá-la delgada e própria aos movimentos excessivos. Tinha feito um casamento razoável, casamento adequado. Pessoas resolutas e corajosas, mas eram coragens diferentes: Agildo frio, calculista, jogando os seus trunfos seguro, com oportunidade; Maria exuberante e explosiva, aceitando provocações e dando a resposta necessária, alheia ao perigo, desprezando consequências. O marido sutil, a enroscar-se na sombra, largando o bote na hora conveniente, elástico e venenoso; a mulher sempre visível, a andar firme e direto, a voz forte, impelida às resoluções violentas, numa alegria sã. Entendiam-se à maravilha.

Todos precisavam entender-se bem. Na meia hora resumida os casais segredavam notícias e resoluções, graves, atentos ao pormenor. A entrega dos envelopes exigia prestidigitação: ligeiros, diante de funcionários, deixavam as mangas dos presos, mergulhavam entre páginas de revistas, escondiam-se por baixo de lenços pequenos caídos no cimento. É possível que os guardas percebessem esses manejos e encolhessem os ombros com indiferença, não sendo obrigados a intervir; em alguns achei mais tarde cegueira voluntária e conselhos oportunos.

Minha mulher ambientava-se depressa, naqueles encontros semanais estabelecia com as outras uma camaradagem barulhenta. Expunha-me notícias de ordem geral e entrava logo nas informações particulares. Modificava-se no meio estranho a filha do reacionário pobre e inconsequente, apêndice da justiça, temente a Deus e ao tribunal. Ignorando política, alheia à questão das classes, a devotinha das procissões, amiga de escapulários, torcia caminho, solidarizava-se com as companheiras e entrava resoluta a colaborar no serviço postal clandestino. Sapecava-me observações desanimadoras. O homem da rua nos julgava com severidade imensa, aceitava sem exame balelas forjicadas sobre os rapazes do 3.º Regimento, ampliava-as, estendia-as; enfim, nos considerava a todos uns monstros. A pequena burguesia ainda se arrepiava, imaginando os perigos de que se livrara em noite de bombardeio e sangueira, e os vencedores lhe surgiam como heróis, a monopolizar a gratidão nacional. Um governo corrupto disfarçava as mazelas e restaurava-se, coloria-se de novo, expunha-se a luz favorável. Todos os meios de publicidade a articular-se contra nós, nenhuma defesa. Inteirava-me disso e pensava no desvario de sujeitos emperrados no otimismo, a sonhar conspirações, enormes forças mobilizando-se a nosso favor; lembrava-me do moço que ouvia, no silêncio da meia-noite, rajadas impossíveis de metralhadoras. As nossas esperanças cada vez mais se encolhiam; aniquilavam-se os interesses acesos pelos acordos sub-reptícios.

A minha situação não melhorava nem piorava. Ausência de processo, nenhuma testemunha; adiava-se, provavelmente não se realizaria o interrogatório longamente esperado. Minha mulher andava pelas repartições, a inquirir debalde; em falta de esclarecimentos, enviavam-na de um lugar para outro. Não se descobriam sinais de crimes, mas pelo jeito eles deviam existir em qualquer parte; conservar-me-ia longe do mundo até que aparecessem. Essa reles inocência provisória de nenhum modo me satisfazia. No Pavilhão achava-me inútil, olhado com indiferença, talvez com algum desprezo. Recusara-me a fazer uma conferência, lançara no Coletivo propostas chochas facilmente arruinadas por Desidério; e ausente da massa, declarando-me artesão, incapaz de entusiasmos e amigo do internacionalismo, sentia fervilharem suspeitas em redor. Já um fanático me havia chamado trotskista. A ordem pública julgava-me inofensivo, tanto que nem me afligia com perguntas, mas não revelava o intuito de mandar-me embora. Não a censurei por isso. Comparando-me a outros, a Manuel Leal, ao beato José Inácio, admiti que para mim havia até certa benignidade. Não iria lamentar-me, por ser de índole avesso a queixas e por enxergar no caso uma relativa justiça. Inimigos em chusma atacavam a sociedade, éramos cupim no edifício burguês e aplicavam-nos inseticida. A nossa prisão constituía evidência de numerosas ameaças à ordem; atribuíam-nos força e simulavam combater-nos; na verdade esmagavam-nos. Se nos soltassem, ponto final no embuste; o proprietário se indignaria vendo que o tinham alarmado sem motivo. Despojava-me de ilusões, resignava-me a encolher-me nos bastidores, comparsa anônimo e feroz, na opinião da plateia excitada.

Alheava-me disso e recolhia-me nas insignificâncias individuais. Um mês antes, de passagem pelo Rio, padre José Leite perdera alguns dias procurando avistar-se comigo; tentara vencer a resistência da autoridade jurando que eu não era comunista. Essa imprudência me comoveu e assustou. Se o meu excelente amigo tentasse de novo aproximar-se da ratoeira, arriscar-se-ia a ficar nela. O extemporâneo juramento me surpreendeu. Porque se havia comportado assim? Busquei a razão, supus encontrá-la. Padre José Leite era um místico, uma espécie de santo, ligado por inteiro às coisas espirituais e eternas. Na pureza completa, na bondade anormal, enxergava talvez nos outros as suas qualidades. O mal existia, sem dúvida, mas era abstrato. O comunismo, um fato mau, ideia má, desligava-se dos homens, criaturas de Deus, pelo menos das pessoas conhecidas, em que padre José Leite se espelhava. Achava-me entre esses viventes, real e físico, à espera de um raio de graça; impossível distinguir em mim um comunista; o meu admirável refúgio de misérias do hospital firmava-se nesta certeza sem repugnância. Explicava-se o presente misterioso recebido um mês atrás. Lembrei-me das peras, maçãs e uvas espalhadas em cima da cama, do endereço no papel róseo, formando uma curva larga e esquisita: recordei a letra incaracterística do meu velho camarada.

– Bem. Se ele tornar a aparecer, convém pedir-lhe que não se exponha, não se arrisque. Não vê onde pisa, vive no mundo da lua.

Estendia-me em semelhantes recomendações e receava causar involuntariamente prejuízo a alguém. Nada me concederiam além da licença contida no passaporte de minha mulher. Um cartão de vinte centímetros, com as iniciais D.E.S.P.S. no alto e em seguida estes dizeres: "Sr. diretor: o portador do presente, cujo retrato se vê ao lado, sra. Fulana de Tal, tem autorização desta Delegacia Especial para visitar o sr. Sicrano." Uns garranchos ilegíveis serviam de assinatura; à esquerda, a fotografia de minha mulher, revelando que a permissão era intransferível. Aquilo se utilizava às sextas-feiras, ao meio-dia; a direção do estabelecimento, ranzinza e mesquinha, só nos permitia uma conversa de trinta minutos. Escolhíamos os assuntos principais com antecedência, buscávamos não perdê-los, mas isso era difícil: esquecia-me de pontos necessários, baralhava tudo, punha-me a divagar e a repetir. Uma deficiência curiosa perturbava: fugia-me a significação das notícias; esforçava-me por entendê-las, algumas pareciam-me inacreditáveis.

Diversos escritores começavam a interessar-se por mim; exagerando padecimentos, declarando-me vítima de iniquidade, caíam num sentimentalismo propício a deformações. Tal vez nunca me houvessem lido; isto impedia juízo seguro, favorecia o logro involuntário, proporcionava-me um êxito fácil, impossível na província e na liberdade. Nesse lugar e nessa condição, penso não me haver de nenhum modo imposto aos homens da capital; agora tencionavam enxergar-me e avolumar-se, acabariam admitindo as próprias falácias e emprestando-me valor. Além de ignorar-me a literatura, esses intelectuais não me conheciam pessoalmente. O meu único amigo entre eles era José Lins que, em Maceió, me desenvolvia planos de romance, produzia a jato contínuo e passara um mês a ler-me um, dois capítulos por dia. Com certeza era José Lins o móvel da propaganda subterrânea. Sem dúvida. Enviava-me recados, aludia ao trabalho de pessoas solidárias comigo, tinha uma singular delicadeza em esquivar-se, responsabilizar os outros. Bem. Se não me achasse na cadeia, faltar-me-ia recurso para distinguir-lhe essas qualidades. Provavelmente influíra em José Olímpio. Com aqueles gestos imensos, explosões cheias de adjetivos excessivos, construíra-me uma pequena reputação; antes da minha aventura chocha, já ele me havia escrito exigindo a remessa de originais e falando-me no entusiasmo do editor. Isso não existia, claro. As insinuações discretas, as ligeiras esperanças incutidas na sombra indicavam-me o autor da maquinação. Impossibilitados de usar a imprensa, discutiam baixo, escreviam cartas a políticos, ao Presidente da República. Mas o Presidente da República era um prisioneiro como nós; puxavam-lhe os cordões e ele se mexia, títere, paisano movido por generais. Forte. Lá fora o viam forte e risonho, achando tudo bom; ali dentro o sabíamos um pobre diabo manejado pela embaixada alemã, pela embaixada italiana, por intermédio da chefatura de polícia. A mulher do embaixador italiano fazia e desfazia, mandava e desmandava, isto era, na verdade, uma colônia bastante difícil. Essa boa vontade que principiava a mexer-se na sombra não me afastaria dali, pelo menos por enquanto. Sensibilizava-me, contudo, esquecia ressentimentos, evaporavam-se às vezes os meus furores de misantropia. A convicção da própria insuficiência em meio hostil pouco a pouco ia minguando.

Continuava apático e vazio; momentos de otimismo fugaz davam-me, entretanto, a esperança de concluir um dia a lenta redação das folhas pesadas. A cópia da história nebulosa e medonha chegara do nordeste, fora enviada à tipografia. Os críticos iriam arrasar-me. Ou não arrasariam; o mais certo era não dizerem nada. Os direitos relativos a duas edições pequenas dos livros anteriores haviam sido pagos. Dinheiro curto, o indispensável aos gastos de minha mulher. Respirei. Era-me possível recusar o adiantamento oferecido pelo editor.

De repente foram suspensas as visitas, findaram as notícias e até as comunicações entre nós se dificultaram. Isso originou-se de um grande barulho em que nos metemos sem nenhuma preparação; aquilo veio de surpresa, em condições normais não nos teríamos comportado assim; contudo, recebemos as consequências, e nenhum, suponho, deu sinal de arrependimento.

Estávamos recolhidos, eram pouco mais ou menos oito horas da noite, ouvíamos a prosa de jornais contrabandeados pelos guardas. Uma das tarefas de Malta era debulhar essa literatura inimiga, resumi-la, comentá-la, pregá-la a sabão em folha de papel. Antes de irmos para a cama escutávamos numerosas calúnias em linguagem de hidrofobia; a liberdade de imprensa funcionava atacando-nos com violência e desespero.

Naquela noite suspendeu-se a leitura e espalhou-se um burburinho nos cubículos; expectativa, informações desencontradas, afinal soubemos que Benigno Fernandes se esvaía numa hemoptise. Ansiosos, aguardamos providências, e ante a hesitação dos carcereiros, os primeiros gritos se elevaram reclamando. O médico! O médico! Ninguém veio. Onde estava aquele bandido? A nossa cólera subia, aguçávamos os olhos e os ouvidos à cata de indícios do socorro; perguntas se cruzavam, perdiam-se numa grande balbúrdia; os minutos se passavam, longos, aumentando os protestos. Lá embaixo, à entrada, um rumor de chaves suspendeu a ruidosa manifestação; algum tempo ficamos esperando o sujeito. Nada. Apenas falas no vestíbulo, indecisas, portas abrindo-se, fechando-se, viagens inúteis de guardas a atarantar-se. As delongas nos enfureceram, a impaciência recalcada um instante rebentou de novo. Onde se escondia aquele miserável? Depois de meia hora circulou o aviso de que o doutor ia chegar. Calamo-nos, permanecemos voltados para o exterior, numa observação apreensiva.

Enfim um tipo surgiu, fúnebre, de roupa escura, atravessou o rés do chão, galgou a escada e foi examinar a causa do enorme desconchavo. Pouco se demorou: reapareceu de cara fechada, a resmungar coisas ininteligíveis: aborrecia-se com certeza de o terem ido incomodar sem razão. Houve um instante de perplexidade. Distingui a voz de Agildo. O homem parou; voltando-me para a direita, vi-o a pequena distância, no passadiço, respondendo a um interlocutor invisível. Não lhe distingui as palavras, o diálogo breve reduzia-se à metade, mas esta nos revelou a situação: o funcionário se retirava deixando o nosso companheiro sem nenhuma assistência. Não havia perigo, tudo em ordem – a visita rápida e bocejada terminava. É possível que o caso não fosse grave; Benigno precisava repouso; os nossos gritos para nada lhe serviam. Mas era horrível permanecermos trancados, imaginando uma criatura a sufocar-se ali perto, hemorragia abundante a extingui-la pouco a pouco. Se pudéssemos ir vê-la, a expectativa ansiosa diminuiria; mexendo-nos, julgaríamos prestar algum serviço, não teríamos consciência da nossa inutilidade. E diante de uma figura real, pálida, em sossego, livrar-nos-íamos das ideias lúgubres que nos assaltavam. Necessário agitar-nos, buscar um remédio qualquer; a insensibilidade, a tranquila indiferença, a rotina profissional enchiam-nos de horror indignado. A reclamação de Agildo chegava-me bem clara; as respostas do médico eram apenas um morno zumbido; não enxergando o primeiro, distinguindo o outro em pé junto à barra do passadiço, valia-me da audição e da vista, conjugava sons e gestos para traduzir a ácida conversa.

– Isso é crime! vociferava o militar. Não faz nada? O senhor é um monstro. Deixa uma pessoa a perder sangue, à míngua.

Julguei perceber a réplica: os nossos receios eram exagerados e além disso, não estava na hora de fazer exigências. Isso me arrepiou: o burocrata se mecanizava, cumpria funções mínimas, entrincheirado no regulamento.

– Vai sair? esganiçava-se Agildo. Abandona a criatura esvaindo-se? Nem uma injeção!

A farmácia estava fechada, foi a última desculpa. – O senhor é um assassino, bradou o oficial.

Diversas invectivas se seguiram, enérgicas, inúteis. O indivíduo, impassível, deu as costas, alcançou o fim da plataforma, desceu a escada, sumiu-se. Ranger de chave na porta da frente foi o sinal para um charivari louco.

Principiamos a sacudir as grades com desespero. Ajustavam-se mal aos batentes, as linguetas folgavam nos encaixes; segurando os varões de ferro, agitando-os, produzíamos bulha infernal. Poucos se eximiram do contágio, suponho, da fúria de bichos excitados e impotentes. Sérgio, imune e sem nervos, acompanhou o desenvolvimento da bagunça, esperando ensejo para repousar; como isto não viesse, murmurou as boas noites, alongou-se na cama, engarfou os dedos no peito magro e dormiu logo. Era exceção: os outros, pilhas doidas, queriam esgotar-se, acabar-se. Em frente a mim, Lacerdão exibia violência profética: ligava-se às varas, formava corpo com elas; o inglês erudito de Cambridge desaparecia; tínhamos ali um feixe de músculos encrespando-se, tentando rebentar a prisão a carne engrossava, matéria bruta igual ao ferro; a barba espessa voava, a boca enorme se escancarava largando insultos indeterminados. Isso me atraía. Às vezes não queremos saber se nos comportamos bem ou mal; procedemos assim por não nos ser possível proceder de outra maneira; a violência animal nos impele e domina. Naquele instante, máquina, peça de máquina, desprezei a inteligência de Sérgio; vi-o miúdo e chinfrim; se ele me alegasse razões, apresentar-lhe-ia argumentos vigorosos: músculos rijos, fortaleza alheia, conclusivos. Lacerdão, seguro às traves, alargando a bocarra sinistra. Nalgumas células os ocupantes se revezavam na balbúrdia, poupando forcas mas não havia descanso: usavam alternadamente os braços ou os pulmões; noutras conjugavam-se as violências, todos se esfalfavam agitando as grades aos berros. Em consequência duas ou três fechaduras rebentaram, e surgiram rebeldes no passadiço e no rés do chão, a animar a desordem As portas avariadas, desengonçadas,, começaram a bater rijo nos umbrais, faziam depois de abertas um estrondo. horrível.

Ignoro o tempo que nos entregamos a esse delírio. Enfim talvez já nem soubéssemos a causa dele; também não pensávamos nos efeitos possíveis. Instintos livres queriam partir metal. Nos prédios vizinhos ninguém conseguiria dormir naquela noite. Isto deve ter inspirado sentimentos humanos ao diretor; isso e os prejuízos materiais e morais: peças arruinadas, cubículos vazios, a indisciplina a generalizar-se, a invadir talvez as galerias próximas.

Súbito o motim dos diabos esmoreceu e extinguiu-se no pavimento inferior. De cima choveram perguntas, vozes exigiram a suspensão do tumulto. Informações incompreensíveis, berros.Houve silêncio, perturbado por um leve rumor que se estendia. Vinham buscar Benigno, a inesperada vitória correu depressa no Pavilhão.

Naquele momento não me compenetrei dessa vitória: surgiu-me como fato casual, sem nenhuma relação com os nossos despropósitos; absurdos, manifestações de um pesadelo demorado. Impossível refletir. A transferência de Benigno chamava-me à realidade. Estivéramos a desatinar por causa dele. Bem. Agora o transportavam cuidadosamente, numa padiola. Os indivíduos que tinham vergado linguetas, quebrado fechaduras, formavam grupos, encostavam-se ao corrimão, debruçavam-se ao parapeito baixo do passadiço, descreviam todas as fases da mudança. Benigno saía, flácido, exangue, na maca vagarosa, caminho do hospital; a grade larga do vestíbulo se descerrava para a passagem dele; depois se trancava; e não nos tornaríamos a ver. Achava-me contente. Na fadiga enorme, os ossos meio desconjuntados, a carne moída, felicitava-me e queria dormir. Mas tudo era confuso. Difícil admitir que, tão poucos, isolados, separados por varões de ferro, houvéssemos batido, ao menos por enquanto, um médico infame, um diretor safado e invisível.

Pela manhã bebi o café enjoativo, comi um pedaço de pão sem manteiga. O caneco de coalhada tinha sido suspenso. Num cubículo do andar superior viera alojar-se um padeiro tuberculoso chamado França, encolhido, enfezadinho, sempre a morder um sorriso insignificante; podíamos contar-lhes as costelas. O ofego e a tosse levaram-me a oferecer-lhe a garrafinha de leite que me traziam diariamente. Agora me resignava ao pão seco, ao líquido repugnante adocicado. Engoli isso, peguei a toalha, disposto a marchar para o banheiro. Decorreu meia hora, e ninguém veio destrancar a porta; aguçei o ouvido: nenhum sinal de chave no Pavilhão.

– O senhor não vai abrir isso? perguntei a um guarda. Balançou a cabeça negativamente:

– Vão ficar trancados uma semana por causa da bagunça de ontem.

Era justo, confessei no interior. Uma semana acaba logo. E tínhamos na véspera cometido excessos, um sarapatel horrível.

– Em todo o caso precisamos tomar banho. Como é? O funcionário não deu explicações e afastou-se. Pouco depois descerraram lá embaixo um renque de células, várias pessoas foram lavar-se; de regresso, novamente se trancafiaram, e chegou a vez dos habitantes do outro lado; em seguida as mesmas operações no andar de cima; a quarta parte dos homens saía, voltava, enclausurava-se. Tolheram-nos os banhos de sol; durante o castigo usaram minuciosa cautela para reduzir os perigos da sublevação. Era razoável, disse comigo. Se nos deixassem soltos, pegaríamos uma reivindicação qualquer, outra em seguida, e nunca estaríamos satisfeitos. A comunicação se tornava difícil.

Por esse tempo caiu-me entre as unhas um jornaleco ordinário, e surpreendeu-me ver nele o meu retrato, miudinho, numa coluna, encimando esta legenda fera, em grifo: o bagunceiro de Alagoas. Embaixo, uma diatribe em quinze centímetros me arrasava. Não me dizia os feitos, mas expunha-me à execração pública num ataque medonho. Um desordeiro, a prisão era justa. Burrice, pensei vendo no caso apenas um desconchavo. Onde me havia descompassado? E como diabo tinham descoberto aquela fotografia? Escarafunchei a memória, lembrei-me de que, meses atrás, a indignada folha me estampara a carranca noticiando o aparecimento de um livro, com abundância de elogios chinfrins. O mesmo clichê servira à prosa literária e ao desadoro político, de igual valia. Que estupidez! Esse ligeiro caso não me perturbou os cochilos e os bocejos do recolhimento forçado. Adotaram-se recursos para vencer a monotonia. Imaginou-se uma espécie de telégrafo, e os pichadores ficavam tempo sem fim batendo nas paredes; a entender-se com outras células, em barulho infernal.

Jogávamos xadrez a distância, eu e Sérgio contra Benjamin Snaider. Arrumávamos as peças no tabuleiro, iniciávamos a partida.

– Peão do rei quatro, anunciávamos.

– Cavalo da dama três do bispo, gritava-nos o parceiro do cubículo vizinho.

Fora isso, longas conversas, alguma leitura, o almoço e o jantar recebidos à porta; as filas da comida foram suspensas: estabelecer-se-iam nelas contatos propícios à indisciplina. Sexta-feira perdemos a visita: as mulheres deixaram pacotes na secretaria, e não conseguimos vê-las.

Uma noite chegaram numerosos indivíduos, quase todos militares. Vinham do Pedro I, o navio donde Ivan, Sisson e Desidério haviam tentado fugir um mês atrás. Agora essa prisão flutuante desaparecia, a carga humana era distribuída: novas figuras nos chegavam, caracteres diversos a atrair-se, repelir-se, na contradança que não nos deixava em sossego no mesmo lugar. Pouco antes haviam feito numerosas transferências em pequenos grupos, desafogara-se o Pavilhão. Mas o espaço minguava; os recém-chegados, muito numerosos, iriam alojar-se mal, três ou quatro na mesma célula. Surgiam de relance no pavimento inferior, mergulhavam nos covis estreitos, que se povoaram logo. Outros vieram, subiram a escada, formaram dois renques, invadiram as plataformas. Junto à grade, vi esse leque humano avançar. Defronte do meu cubículo, um sujeito de barba espessa, cabelos crespos, farda e insígnias de capitão, parou um momento, sorriu, apresentou-se com voz áspera:

– Rollemberg.

Tive apenas o tempo de manifestar-lhe prazer em conhecê-lo. Mas gravei o nome e a fisionomia. Um homem baixo, membrudo, também capitão, ergueu o braço ao passar, arrogante, o punho cerrado. O locutor da Rádio Libertadora indicava os novos prisioneiros, advogados, médicos, oficiais do exército, e salvas de palmas acolhiam essa gente; à medida que a lista se prolongava a manifestação ruidosa decrescia; afinal foram apenas algumas pancadas surdas e convencionais. O rumor apagou-se, as últimas fechaduras se calaram, fomos dormir ouvindo os passos leves das sentinelas.

No dia seguinte duas camaradagens me surpreenderam, rápidas, quase fulminantes; nem tive tempo de observar as estranhas personagens, ou talvez a observação tenha sido instintiva; não usamos cerimônias: num instante empolgou-nos a intimidade. Na reclusão dura, imposta pela celeuma, consequência da hemoptise de Benigno, alguns minutos o rigor abrandava: à hora do banho, indo aos chuveiros ou voltando, indivíduos estacionavam diante dos cubículos fechados, entretinham conversas. Os guardas agitavam as chaves, impacientes. Fingíamos não perceber a exigência e arrastávamos a parolagem, a afrontar a administração. Naquela manhã, depois do café, ouvi alguém chamar-me, no passadiço. Avizinhei-me da grade, vi diante de mim um belo rapaz de ar tranquilo, voz lenta, risonho:

– Quem de vocês é Fulano?

– Eu. Que é que há?

Estendeu a mão através dos varões:

– Vim conhecê-lo. Sou Hermes Lima.

– Oh! Diabo! exclamei sacudindo-lhe o braço, num espanto verdadeiro. Um professor de universidade, tão novo! Eu o supunha velho.

Contenho-me ao falar a desconhecidos, acho-os inacessíveis, distantes; qualquer opinião diversa das minhas choca-me em excesso; vejo nisso barreiras intransponíveis – e revelo-me suspeitoso e hostil. Devo ser desagradável, afasto as relações. Aquela, iniciada entre barras de ferro, colhia-me de surpresa. Não usamos a cortesia necessária em tais ocasiões; o tratamento familiar veio súbito; nenhum constrangimento. Referi-me a alguns artigos de Hermes, lidos numa revista, meses atrás. E admirei-me de vê-lo:

– Não esperava encontrá-lo aqui. Ignorava a sua prisão.

– Mas não estou preso, respondeu Hermes, arranjando uma farsa que se prolongou enquanto vivemos afastados do mundo. Vim fazer-lhe uma visita.

Mais tarde, narraria a história burlesca deste modo:

– Sou uma vítima da literatura. Li um romance, desejei conhecer o autor, descobri-o no Pavilhão dos Primários. Consentiram-me entrar, mas impediram a saída. — "Como os senhores se dão bem, disse o diretor, podem ficar juntos."

Colaborei na burla atacando Hermes, responsabilizando-o pela minha reclusão:

– Foram aqueles malditos artigos que me desgraçaram. Respeitei um professor de universidade, não enxerguei nele um inimigo da ordem. Enchi-me de letras nocivas sem querer. Por isso me prenderam.

Hermes Lima foi a pessoa mais civilizada que já vi. Naquele ambiente onde nos movíamos em cuecas, meio nus, admitindo linguagem suja e desleixo, vestia pijama – e parecia usar traje rigoroso. Amável, polido, correto, de amabilidade, polidez e correção permanentes.

O segundo vivente com quem naquele dia me relacionei foi o capitão fornido que atravessara a plataforma pisando rijo, erguendo o punho forte. Declarou chamar-se Walter Pompeu e dirigiu a Sérgio algumas frases num pretenso alemão absurdo. Não se fez entender e confessou que não sabia alemão.

– Está claro, resmungou Sérgio espantado. Não é preciso dizer.

Esse intróito nos revelava o curioso indivíduo, meio destrambelhado, inconsequente, palrador. Apesar disso, quebrando louça, metendo os pés pelas mãos, era simpático.

Logo se pôs a discursar a respeito do marxismo, evidenciando completa ignorância da matéria. Sem se confundir, pulou noutro assunto, em seguida noutro, deixando-os mais ou menos sapecados. Os minutos que esteve ali no passadiço, indiferente ao carcereiro, ao tilintar das chaves, foram bastantes para uma exibição de leviandade. A indiferença diante do guarda, segundo notei depois, originava-se de uma tendência irresistível à provocação. Ia direto às vias de fato, alardeava prazer nelas; a coragem física desenvolvida na caserna servia-lhe para tomar o pião na unha sob qualquer pretexto, não tolerar a mais insignificante ofensa, voluntária ou involuntária. Tinha o coração perto da goela: segredo que ali chegasse num instante se espalhava. Eram engraçadas as suas indiscrições. Revelou-me que se havia metido a conspirar estupidamente com dois figurões do exército. No dia da revolta se dirigira ao ponto combinado para receber ordens dos chefes. Um estava inteiramente bêbedo, o outro chorava como um desgraçado.

– Mas não era choro metafórico não, explicou. Era choro de menino, as lágrimas correndo na cara, choro de medo.

Com a maior naturalidade, soltou-me os nomes dessas altas patentes. Não sei porque, de início, a franqueza estapafúrdia de Walter Pompeu me agradou. Talvez por se haver manifestado pouco depois de Hermes Lima e contrastar com ele. Dificilmente imaginaríamos duas criaturas mais diversas. A inteligência educada, fria; o instinto explosivo, solto. Discrepavam – e não tinham semelhança comigo. Prendiam-me, contudo. E imaginei que poderia tornar-me amigo desses dois tipos.

Decorreu uma semana, e os cubículos permaneceram trancados, suspensas as visitas. Reclamei, e obtive do guarda esta explicação: o diretor achava inconveniente soltar na Praça Vermelha os homens do Pedro I, gente reimosa, propensa à desordem. Ficaríamos sob chave por tempo indeterminado.

– Mas isso é uma safadeza. Nós não temos culpa da transferência deles. A razão que os senhores nos deram foi a bagunça daquela noite.

Protestos desse gênero perderam-se, e continuamos a ver-nos de longe, jogando xadrez em tabuleiros afastados, ouvindo a telegrafia ruidosa dos garotos, prolongando a hora do banho para as conversas diante das células. Assim nos indignamos inutilmente cerca de um mês. Tínhamos achado o castigo razoável: era consequência de ato nosso, devíamos responsabilizar-nos por ele. Agora esse abuso de poder nos ofendia o sentimento de equidade. Os patifes exorbitavam e por isso tornavam-se odiosos. Vivêramos a admitir a ideia burguesa de pagar as nossas dívidas honestamente. Haviam-se imposto uma de sete dias – e estiravam-na, quadruplicavam-na. Esse roubo me enfurecia. Não me sentia lesado no porão do Manaus. Apesar daquela miséria, o jejum completo, a asfixia, o calor do inferno, a imundície, não percebera ali nenhum dolo: a desgraça atingia todos como praga ou inundação. Ninguém se revolta contra essas forças brutas. A dispneia, a escuridão leitosa, o horrível cheiro de amoníaco, o soldado negro empurrando-me com a pistola, ao descer a escada, eram coisas fatais, no medonho pesadelo. Na verdade éramos bichos. Regressávamos à condição humana, impunham-nos um castigo – e percebíamos que ele era embuste. Esse procedimento insidioso me atormentava mais que as humilhações e o desconforto. Ouvindo-me falar no esbulho de um direito Walter Pompeu troçou comigo:

– Donde diabo vem você, homem? Ainda acredita nessas bobagens? Vai sair daqui marcado. E lá fora, quando houver uma greve de barbeiros, agarram-no.

– Pois sim. Eu embrulhar-me no sindicato dos barbeiros. Tem graça.

– Porque não? Antes que você prove que não é barbeiro, corre o tempo.

Um fato, pouco depois, convenceu-me de que ali domina o capricho despótico, e as sentenças dos tribunais são formalidades inconsequentes: cumprem-se, e os réus não se desembaraçam da culpa. Certos crimes não desaparecem nunca; um infeliz ajusta contas com o juiz e fica sujeito ao arbítrio policial. Inteiramente impossível a reabilitação, pois não o deixam em paz. E dá-se o caso de um indivíduo não querer ser solto, porque essa liberdade precária finda logo: tiram-no de uma prisão e mandam-no para outra pior. Foi o que me disse o faxina ao narrar um homicídio praticado naquele dia. Um ladrão concluíra pena leve. Na véspera da saída amanhecera abatido e sombrio.

Pegara uma colher de sopa e entrara a aguçar-lhe o cabo no cimento, improvisando um estilete, a resmungar:

– Hoje não me arrancam daqui.

Alguns companheiros tinham tentado acalmá-lo, obtendo esta ameaça:

– É bom não chegarem perto de mim.

E o metal arranhava o chão, convertera-se em lâmina fina. Os veteranos desviavam-se prudentes; um novato buscara puxar conversa, desprezando o aviso. O homem se levantara raivoso e pregara-lhe o estoque na barriga:

– Tinha de ser qualquer um. Vai você mesmo.

Ao cabo de horas a vítima se finava. Sendo-me impossível enxergar as causas da ação, acomodei-me na preguiça mental e perguntei se o preso estava doido. Um acesso de loucura, devia ser isso. A resposta do faxina, curta, revelou-me de súbito um mundo singular, nunca imaginado. Não me forneceu explicações: falou como se mencionasse. fatos normais, e nem de longe pareceu notar o meu assombro. Aquela simplicidade me contagiou: não precisei refletir para compreender a situação, achar que o desgraçado tinha tido procedimento razoável. Uma palavra de gíria me confundiu, a princípio não lhe abarquei o sentido:

– É um tipo escrachado.

Depois de ligeira dúvida, o nome estranho se definiu: o ladrão estava nas fichas da polícia, tinha deixado lá o retrato e as marcas digitais, de nenhum modo chegaria a livrar-se disso. Escrachado. Bem. Era ladrão, escrunchante ou ventanista. Estas designações novas me perturbavam. O escrunchante é um técnico, arromba cofres e tem recursos para não deixar lá os sinais dos dedos; o ventanista nem sequer sabe meter a gazua numa fechadura: se encontra janelas abertas, salta-as, abre ligeiro as gavetas, leva o que lhe aparece; abaixo dele, no degrau inferior da escada, há o descuidista, um pobre-diabo: fica tempo sem fim diante de uma exposição, olhando os arredores de esguelha, a ver se o observam, empalma um objeto de pequeno valor, e agarram-no facilmente. Essa corja é registrada na polícia. Conhecem-lhe os hábitos, distinguem-na de longe por indícios imperceptíveis ao olho comum, obrigam-na a mobilidade constante, vigiam-na e simulam esquecê-la numa brincadeira de gato com rato; na hora própria deitam-lhe a mão. Tem uma existência dupla, ora a esconder-se, ora na cadeia. Aí vive em relativo sossego. Dão-lhe a comida em hora certa, obrigam-na a trabalho regular, pouco a pouco se embota a vigilância inquieta necessária à profissão. Ao voltar à rua, mais difíceis se tornarão as fugas, a vida oblíqua, permanente resvalar de um lado para outro. Acha-se um infeliz em estado paradoxal: deseja sair dali, imagina planos de evasão impossível, e receia afrontar de novo os perigos antigos, agora muito ampliados: mecanizaram-no, quase o imobilizaram, incutiram-lhe dúvidas sobre as suas aptidões. Conseguirá mexer-se, andar furtivo, pisar leve, entrar numa casa e percorrê-la direito, sem acordaras pessoas? A certeza da própria insuficiência é horrível. Exclui-se a ideia de arranjar outro ofício. Em primeiro lugar nada sabe fazer além de abrir portas ou embromar otários repisando velhas, estafadas parolagens; valoriza enormemente as suas pequenas habilidades, gosta delas, aos íntimos agrada-lhe referi-las com vaidade e exagero. E depois, ainda que desejasse trabalhar, não o conseguiria: negam-lhe a mínima confiança, ninguém lhe aceita os propósitos de regeneração, em qualquer parte julga perceber olhares suspeitosos. Cumprida a sentença, verrumam-lhe o espírito esses desajustamentos, a liberdade chega a apavorá-lo. De fato não é liberdade. Liquida as suas contas com a justiça, e mandam-no embora. Mas não está quite com a polícia: esta não o largará nunca. Arruma os picuás e sai; ao chegar à primeira esquina um sujeito lhe surge e prende-o, naturalmente, à ordem do chefe.

– À ordem do chefe? inquiri espantado.

Que diabo significaria aquela expressão? À ordem do chefe, sim senhor, repetiu o faxina, como se aquilo fosse coisa simples, estabelecida, clara a todas as inteligências. À ordem do chefe. É a fórmula mágica, o jeito de aniquilar os miseráveis nascidos no subsolo social. Cometeram falta e pagaram-na duramente, não lhes exigiram mais porque isto não seria possível, exigiram tudo. Satisfeita a exigência, a vítima quer libertar-se – e isto é impossível. À ordem do chefe. Qualquer policial tem o direito de usar isso, uma espécie de chave; o nome do chefe de polícia tem efeito mágico: os direitos alcançados na obediência, na dureza do regime carcerário, de repente findam. Essa autoridade imensa e incontrastável paralisa sonhos e desejos, suprime as iniciativas: esperando ouvir as palavras funestas, um homem se muda em trapo. E o pior é saber que, novamente agarrado, não se reabrirá para ele o portão de ferro transposto meia hora antes; não lhe darão a célula escura, onde a existência, apesar de tudo, é suportável. Com certeza o mandarão para a Colônia Correcional. Aí são medonhas torturas físicas e morais: a porcaria, a mistura ignóbil, a fome, o gasto das energias escassas no transporte de vigas pesadas. Essa perspectiva o desorienta, invade-o singular angústia: por muito que se esforce, não enxerga lugar onde possa viver mais ou menos tranquilo; o mínimo de tranquilidade possível existe na cadeia, no ramerrão da faxina, estigmatizado na roupa de listras. Consumiu-se no desejo de sair – e a realização desse desejo o apavora. Ainda o cultiva, pois nada mais lhe resta, mas agarra-se à esperança de adiar o momento dessa libertação temerosa. Afinal vislumbra nela uma possibilidade remota. O essencial é permanecer ali mais algum tempo, fugir aos perigos exteriores, ao transporte de vigas pesadas na Colônia Correcional. Não suporta a ideia de se saber perseguido, farejado, estremecer ao virar uma esquina, ouvir a intimação fatal: — "À ordem do chefe." Necessário por qualquer meio afastar esse pesadelo. E insinua-se o pensamento absurdo. Um pequeno delito originará uma nova sentença. Ferida leve num companheiro significa outra sentença. Daremos o golpe – e ficaremos. Mais alguns dias de tapeação. Sairemos, por não nos poderem reter – e isto será nova desgraça.

– Porque foi que você fez isso?

– Sei lá porque fiz? Precisava ficar. Ficar porque não tinha para onde ir. Outro julgamento. Juízes amolados e distantes lançando a decisão formal.

Mais alguns anos, alguns meses, na faxina, as riscas do uniforme aviltante a clarear, esfregadas com ácido cítrico; depois de muitas lavagens, as nódoas ignominiosas estariam quase imperceptíveis – e isto o avizinharia da humanidade. Além disso há razões profundas que nos amarram fortemente aos hábitos adquiridos, e às vezes nem sabemos porque nos apegamos a situações indesejáveis. No estado normal, afeitos a ocupações ordinárias, ouvindo farrapos de conversas na multidão, viajando no estribo do bonde, no aperto dos pingentes, assimilamos opiniões comuns, nem adivinhamos que, em circunstâncias imprevistas, cheguemos a praticar desatinos. Na verdade não são desatinos, mas às vezes sofremos buscando em vão no interior a causa deles. Perceberia aquele homem as origens do seu crime? Perguntei isto a mim mesmo, tentando relacionar pedaços da informação. Mais tarde o caso me pareceu explicável: acima dos motivos expostos, surgiu outro, mera possibilidade, mas que, admitida, nos fazia julgar a conclusão razoável. Certo o infeliz não desejara cometer um assassínio. Ferimento ligeiro, um arranhão, o suficiente para justificar nova pena, moderada. Ladrões têm horror ao sangue, desviam-se das criaturas impulsivas, formam grupos sossegados. Aquele, no momento da agressão, recuara talvez o braço, numa piedade extemporânea. O estilete perfurara intestinos, um sujeito aguardava autópsia. Muitos anos de cadeia, trinta anos de cadeia. Esfumavam-se o terror, a agonia, prognósticos medonhos: um policial na esquina, a ordem do chefe, sujeira, fome, o transporte de vigas pesadas na Colônia Correcional.

Uma noite ouviram gritos desesperados. Que eram? donde vinham? Não tínhamos o menor indício. Confinados, fechados, cambiando impressões rápidas à hora do banho, tentamos realizar um inquérito sondando faxinas e guardas. Estes se encerraram num mutismo desconfiado; os outros deixaram escapar informações vagas, cochichos, na verdade traições a compromissos – e daí conseguimos entrar naquele subterrâneo. É sujo e infame. De supetão divisamos hábitos inimagináveis, relações estranhas, uma esquisita moral, sensibilidade muito diversa da que revelam as pessoas comuns. Além disso paixões violentas, negócios escusos, inadmissíveis.

Essas coisas nos surgiam pouco a pouco, insinuavam-se, venciam resistência, mas, embora tentássemos explicá-las, aceitá-las, a dúvida permanecia. A força de repetições, chegávamos a admiti-las, pelo menos como possíveis à natureza humana, contingente e vária, capaz de tudo, até que viessem negá-las, enviar-nos à sociedade razoável, acomodada, sóbria, ignorante daqueles horríveis desvios. Cá fora passamos involuntariamente a raspadeira neles. Houve um momento em que nos vieram narrá-los, comentá-los, ou são produtos de fantasia desvairada, vestígios de sonho? Vacilamos em transmiti-los: não nos darão crédito, e isto nos deixará perplexos.

Estaremos a forjar mentiras, resvalaremos na credulidade antiga, a engrossar boatos, adorná-los, emprestar-lhes movimento e vida? Procuramos velhos companheiros, atiçamos as reminiscências deles, obtemos confirmação. Foi o que me aconteceu. Informei-me de novo, procurei afastar as possibilidades de erro ou exagero, mas ainda me ficou uma vaga incerteza. O essencial é verdadeiro, causou espanto no começo, depois foi observado e nos pareceu natural. Não examinamos, porém, as circunstâncias: temos conhecimento delas por indivíduos confusos, propensos à divagação. Verdades? Não sei. Narro com reservas o que me narraram, admito restrições e correções.

Os gritos daquela noite eram de um garoto violado. Essa declaração me estarreceu. Como podia suceder tal coisa sem que atendessem aos terríveis pedidos de socorro? Muitos guardas eram cúmplices, ouvi dizer, e alguns vendiam pequenos delinquentes a velhos presos corrompidos – vinte, trinta, cinquenta mil-réis, conforme a peça. Esse comércio é tolerado, desemboca nele parte dos lucros obtidos na indústria mirim da cadeia – fabricação de pentes, caixas, numerosas bagatelas de chifre e osso. E há também o jogo, rigorosamente proibido e nunca suspenso, o contrabando de álcool, as gorjetas, a venda de cigarros, prestação de serviços miúdos aos políticos. O dinheiro circula, às vezes serve para amaciar funcionários. Na ausência de mulheres, consente-se o homossexualismo tacitamente.

A administração finge castrar aqueles homens, insinua hipócrita que o trabalho e o cansaço tendem a suprir necessidades profundas, e ali se movem autômatos puxados para um lado e para outro. Percebemos o dolo e pouco a pouco nos habituamos a ver entrar a anormalidade na existência comum. Achamo-nos longe daqueles indivíduos, conhecemos apenas os que vêm trazer a comida, fazer a limpeza, mudar a roupa das camas, e a princípio relutamos em conceber veracidade nas informações. Perguntamos em seguida como poderia ser de outra forma num meio onde só vivem machos. Os assassinos, criminosos fortuitos, em geral os sujeitos chegados maduros, conseguem livrar-se do contágio: têm a preservá-los costumes diversos, princípios, a repugnância que nos leva a desviar os olhos se vemos uma dessas criaturas, lavar as mãos se a tocamos. Esse nojo e esses escrúpulos esmorecem com o tempo: refletindo, alinhando motivos, inclinamo-nos a uma indecisa piedade, afinal até isto míngua e desaparece: achamos aqueles invertidos pessoas vulgares submetidas a condições especiais: semelhantes aos que perderam em acidente olhos ou braços. Certo são desagradáveis quando neles predomina a linha curva, afetam ademanes femininos, têm voz dulçurosa, gestos lânguidos e caminham rebolando os quadris. Nem todos são assim, de ordinário não se distinguem por nenhum sinal particular. Nada que mereça desprezo. Como se iniciaram? Os angustiosos e inúteis apelos noturnos davam a resposta.

Depois nos vieram noções complementares. Meninos abandonados, vagabundos, pivetes, cedo se estragam, não experimentam surpresa ao ser metidos nas células de pederastas calejados. Mas há reações, incompatibilidades – e se os meios suasórios falham, o casamento se realiza com violência. É o recurso extremo. Antes de usá-lo, o agente emprega blandícias, numerosos processos de sedução, e se não tem êxito, recorre às ameaças. Toma a comida do outro, joga-a na latrina, arrebata-lhe das mãos o caneco de água, proíbe-lhe o cigarro, vigia-o sem descanso, requinta-se em afligi-lo. Dois ou três dias de fome, sede e maus tratos anulam a funda aversão; a relutância esmorece, finda – e o idílio principia às escondidas: nem gritos nem oposição obstinada, uns restos de vergonha impedem a exibição tumultuosa. Sobrevém largo período de ternura, áspera, cega, exclusiva, de um calor desconhecido nas relações heterossexuais. De fato não ternura: é desejo absorvente, furioso, quase a encher a vida com uma única necessidade. O macho oferece ao amigo uma dedicação exaltada, respeita-lhe os caprichos, defende-o, trabalha com vigor e economiza para satisfazer-lhe as instâncias. Mas exige correspondência, espreita-o sem descontinuar e, dominado por ciúme feroz, não lhe consente expansões duvidosas; os excessivos cuidados, o amparo e as desconfianças permanentes tornam-se verdadeira tirania. Qualquer suspeita origina rixas, e nascem daí muitos dos crimes realizados nas prisões.

Ao ter conhecimento disso, refleti na cena de sangue dias antes anunciada pelo faxina, revi os motivos adquiridos em fragmentos e enxerguei mais um, talvez o essencial. As causas expostas enfraqueceram de repente, julguei-as laterais e secundárias: imaginei que o sujeito recusara a liberdade por não lhe ser possível afastar-se de um companheiro. Devia ser isso.

Pelo menos é fácil admitirmos que um sentimento obsessor, vizinho da monomania, leve alguém a lesar os seus próprios interesses.

As minhas conclusões eram na verdade incompletas e movediças. Faltava-me examinar aqueles homens, buscar transpor as barreiras que me separavam deles, vencer este nojo exagerado, sondar-lhes o íntimo, achar lá dentro coisa superior às combinações frias da inteligência. Provisoriamente, segurava-me a estas. Porque desprezá-los ou condená-los? Existem – e é o suficiente para serem aceitos. Aquela explosão tumultuária é um fato. Estupidez pretender eliminar os fatos. A nossa obrigação é analisá-los, ver se são intrínsecos à natureza humana ou superfetações. Preliminarmente lançamos opróbrio àqueles indivíduos. Porquê? Porque somos diferentes deles. Seremos diferentes, ou tornamo-nos diferentes? Além de tudo ignoramos o que eles têm no interior. Divergimos nos hábitos, nas maneiras, e propendemos a valorizar isto em demasia. Não lhes percebemos as qualidades, ninguém nos diz até que ponto se distanciam ou se aproximam de nós. Quando muito, chegamos a divisá-los através de obras de arte. É pouco: seria bom vê-los de perto sem máscaras.

Penso assim, tento compreendê-los – e não consigo reprimir o nojo que me inspiram, forte demais. Isto me deixa apreensivo. Será um nojo natural ou imposto? Quem sabe se ele não foi criado artificialmente, com o fim de preservar o homem social, obrigá-lo a fugir de si mesmo?

Ao cabo de um mês abriram-se os cubículos, as visitas ressurgiram e pudemos circular na Praça Vermelha, entender-nos com os homens chegados do Pedro I, a maior parte desconhecida, apenas entrevista durante a reclusão. Eram muitos, e quase todos haviam perdido bons lugares sem respeito às conveniências jurídicas. Sumariamente despedidos, julgavam com rancor silencioso, cochichado, às vezes explosivo, o governo arbitrário e a revolução frustrada, que os havia exposto. Difícil perdoar a esta ter-se deixado vencer num instante. Se se tivesse alargado e subido, numerosas convicções se arraigariam, tendências vacilantes ganhariam consistência. Isto não se dera. E aqueles intelectuais burgueses, funcionários, médicos, advogados, engenheiros, tinham razão para indignar-se. Ausência de estabilidade, posição neutra, rejeitados pelos extremos, de alguma forma achando-se vítimas de perfídias e traições. Não se haviam ingerido em mazorca. Um artigo em jornal, uma conferência, uma assinatura em manifesto – e desabavam.

Com essa gente de gabinete e sossego contrastavam diversos militares, implicados na sublevação do 3.º Regimento e da Escola de Aviação, alguns estranhos a ela, em geral considerados suspeitos. Tinham sido eliminados do exército, mas ainda vestiam fardas, guardavam hábitos da caserna; eram assíduos na ginástica, não se tinham eximido à hierarquia e à disciplina: deram-me a impressão de olhar os paisanos com desdém, julgá-los fracos e imóveis: o espírito de casta permanecia. Crédulos, admitiam sem esforço que estavam cercados de espiões. O major Alcedo Cavalcante, professor no Estado-Maior, homenzinho de voz calma e sentimentos fortes, aferrado a certo número de ideias, sempre a sustentá-las com argumentos rijos e invariáveis, revelou-se aparteando um discurso de Ivan. O tenente falou de estratégia. O major interveio: não era caso de estratégia, mas de tática; embrenhou-se em definições, numa linguagem braba, com avanços e recuos, misturou tudo e acabamos sem entender nada. Walter Pompeu ligava-se a dois sujeitos, cearenses, capitães, explosivos, como ele: José Brasil e Moésia Rolim. Formava a trinca do Ceará, meio destrambelhada, o coração perto da goela, ora pelos pés, ora pela cabeça. Atleta, vestido num calção de banho, moreno, de olhos espertos, a voz áspera, José Brasil começou a dirigir os exercícios físicos, que desceram do terraço, vieram substituir as conferências no rés do chão, espantando guardas e faxinas. Falava com exuberância entremeando na conversa pilhérias engraçadas. Envaidecia-se um pouco de ser parente de Jesuíno Brilhante, o cangaceiro romantizado em livro, autor de consideráveis proezas. Não me parecia que alguém tivesse razão para contentar-se com isso. Nem contentar-se, nem descontentar-se. Era um acidente. E agradava-me pensar que o bandido representasse um desvio na família dele. Aborrecia-me nessas criaturas desgarradas o procedimento desleal: nunca se expunham, usavam a tocaia, a traição.

– Mas está certo, disse-me Walter Pompeu, grave, sentado na cama de Sérgio. É assim que se deve fazer.

A solidariedade na trinca era perfeita.

– Todos nós procuramos evitar esforços inúteis e riscos. Se desejamos liquidar um inimigo, não vamos oferecer-lhe ocasião de suprimir-nos. O importante é matá-lo de qualquer jeito. A emboscada, sim senhor, a surpresa. Na guerra achamos isso virtude: não sei porque fora dela vamos abandonar vantagens. O homem sensato e prudente não se arrisca à toa.

Moésia Rolim nunca estava em repouso. Escrevia, estudava, sobretudo falava, erguendo a voz abafada cheia de hiatos e gargalhadas roucas. Passava depressa da zanga superficial à alegria estouvada perceptível em todo o Pavilhão.

– Bacharel feroz! gritava a assanhar-se.

Pequeno, sacudindo os braços curtos, lembrava um periquito a maquinar bicoradas em Moreira Lima, que o ouvia tranquilo, com dignidade mansa de boi. Moésia Rolim, Walter Pompeu e Lauro Fontoura, expulsos da Escola Militar em 1922 ou 1924, tinham-se metido em leis e eram advogados. Com o movimento de 1930 haviam regressado ao exército. Insatisfeitos, embrulhados em nova conspiração, outra vez eram demitidos.

Nessas idas e vindas, ora triunfantes ora derrotados, havia um número regular de indivíduos a oscilar de uma profissão para outra. Picolés, milicos. Não se ofendiam com esses epítetos. Milico no extremo sul é qualquer soldado. Aplicando-lhes a designação de picolés, talvez quisessem dizer que eles tinham na caserna a resistência do sorvete, iam derreter-se depressa. Alguns, como Agildo, eram considerados mortos para a vida militar; Maria Barata recebia no tesouro o dinheiro das viúvas, e visitava o defunto uma vez por semana.

José Gay da Cunha, segundo-tenente de aviação, era uma enorme criança muito branca e muito forte, alegre, viva, sempre a mexer-se e a rir. Figura internacional. Nemo Canabarro Lucas fora tenente no exército brasileiro e capitão no Paraguai: combatera no Chaco. Por causa da sua pronúncia castelhana, chamavam-lhe *mi capitan*. Mais tarde seria major na Espanha e correspondente de jornais em Londres. Afastava as intimidades com uma delicadeza fria, a voz baixa, os olhos impassíveis; raramente um débil sorriso lhe perturbava o arranjo sereno; vivia recolhido, estudando matemática. Apporelly meteu-lhe o nome numa daquelas combinações esdrúxulas que provocavam risadas imensas no Pavilhão. Começou um discurso perfeitamente sensato, chegou a vencer a expectativa de pilhéria, intrigando o auditório. Com firmeza e gravidade, lançou um começo de frase latina:

— *Quod natura dat...*

Pausa. O homem torcia caminho: abandonava os gracejos e enveredava na circunspeção. Temperou a goela, olhou firme a assistência, repetiu:

— *Quod natura dat*... Nemo Canabarro Lucas.

José Gutman, baixinho, lourinho, cantava sambas. Joaquim Santos, o Quincas, tinha perdido um olho no combate do 3.º Regimento. Era radical e assinava-se: Joaquim Santos, Segundo-Tenente do Exército Popular Nacional Revolucionário. Esse radicalismo nacional comportava os hinos e as canções patrióticas. Outros oficiais, Agliberto Vieira, Benedito de Carvalho, Durval de Barros, Apolônio de Carvalho, Dinarte Silveira, à primeira vista não me impressionaram. O capitão Álvaro de Souza era um catálogo de sangues: mistura de branco, chinês, preto. Uma cicatriz de navalhada a estirar-se do rosto ao pescoço, marcas de bala e faca na barriga e nas pernas indicavam-lhe as disposições, originavam boatos: diziam que tinha sido picotado a metralhadora. O bulhento homem negava essa balela – e esquivava-se.

Entre os civis, notei, além de Hermes Lima, dois professores universitários. Castro Rebelo, meia-idade, nariz semítico, falava martelando o pormenor e detestava as conclusões apressadas. A erudição acompanhava-o nos casos mais simples. Precedera-o forte publicidade. Encontrei-o na fila do almoço, metido num largo pijama de listras, e, em meia dúzia de palavras, conheci-lhe a independência violenta. O outro era Leônidas Resende. Vivia retraído, murcho, deitado, a engordar, logros e desânimos ocultos debaixo da coberta; distinguiam-se apenas um olhar cansado e um sorriso fraco.

Dois médicos judeus. Raul Karacik nascera no Brasil. Divergia das opiniões dominantes no Pavilhão e defendia-se com gestos ambíguos, num silêncio teimoso. Inquieto, miúdo, indiferente a um rasgão no paletó, parecia querer fugir dali a caminhar sem descanso no rés do chão, da entrada ao banheiro, movido por tendências ambulatórias da raça. Febus Gikovate era polonês. O faxina se embaraçava e traduzia-lhe o nome, ao levar-lhe pacotes, nas sextas-feiras. — "Seu Chico Vargas!" Hermes Lima corroborava a tradução, com ênfase brincalhona. — "Chico Vargas!" Assim, estive dias sem saber como se chamava aquele indivíduo simpático e arredio, míope, de voz calma, ciciada, cheia de rr guturais. Um dia toquei-lhe em política; respondeu vago e desconfiado, com circunlóquios evasivos: provavelmente era considerado trotskista. Pessoa de teoria, permaneceu nas generalidades, aniquilando as minhas preocupações objetivas, mesquinhas, imediatas.

A respeito de Gastão Prati, rapagão de cabelos grisalhos, quase brancos, de fala doce e lenta, corria uma anedota. Preso e interrogado, Miranda falara em excesso e elucidara o conteúdo obscuro de numerosos papéis. Um deles se referia a uma entrevista na casa Pratt. Isso não causara suspeita: encontro sem importância num estabelecimento comercial onde se vendem máquinas de escrever. Findas as perguntas a autoridade se erguera. Insatisfeito, Miranda achava não haver prestado as declarações todas:

– Um instante, doutor. Essa casa Pratt que está no bilhete é a residência do engenheiro Gastão Prati Aguiar.

Em consequência, Prati se entalara. Um sujeito baixo e barbado, o advogado e jornalista Moura Carneiro, vivia a discutir investigações de petróleo. Muitas figuras, entrevistas na confusão, só mais tarde iriam caracterizar-se: Luís Lins de Barros, Orlando Melo, Maurício Lacerda, Flávio Poppe, Francisco Mangabeira, Plínio Melo, Barreto Leite, Süssekind de Mendonça.

Uma se notabilizou depressa, o engenheiro Pompeu Accioly, um grande rapaz amável, campeão de xadrez. Jogava três partidas simultâneas, sem ver os tabuleiros. Num cubículo do andar superior, sentado na cama, sob vigilância, de olhos fechados, ditava as marcações, que um sujeito, no passadiço, transmitia ao rés do chão, onde se juntavam mirones em torno dos jogadores. Vinham as respostas, ordenadas com apuro e vagar; Pompeu lançava rápido, imóvel, a mão em pala na testa, os lances vistos na imaginação: — "Tabuleiro número 1, número 2, número 3." Vi-o entregue a esse exercício. Ganhou facilmente duas partidas, empatou uma.

Certa manhã, à porta de uma célula vizinha ao banheiro, um moço lento, a revelar perfeita arrumação interna, me convidou a ensinar-lhe português. Assim conheci Aristóteles Moura, bancário, embrulhado em reivindicações de sindicato. Vacilei: as minhas lições não lhe deveriam servir para grande coisa. Mas evitei descontentá-lo. Pois não, algumas informações, em conversa; nada de encrencas pedagógicas. Falamos dez minutos – e desisti: Moura sabia gramática melhor que eu.

Naquela barafunda os caracteres se diluíam. As conferências matinais, o orador quase nu segurando o esquema, num degrau da escada, esmoreceram. Um dia interpelei Ghioldi:

– Ó Rodolfo, porque é que você deixou de falar? Que é que há?

– Eu sou estrangeiro, amigo, respondeu frio o argentino.

– Que linguagem, Rodolfo! Há isso entre nós?

– Para você não há. Para outros há.

Guardei silêncio e compreendi. Estava ali a consequência do patriotismo idiota badalado à noite na Voz da Liberdade. O *Hino do Brasileiro Pobre* era melhor que esse que berram nas escolas e noutros lugares, levanta as pessoas, descobre as cabeças. Palavras diferentes, música igual. Essas ondas humanas, a crescer, a desfazer-se, resvalavam num estreito nacionalismo A presença ruidosa dos militares perturbava o sossego dos homens de pensamento, e não quadrava aos operários. "Joaquim Santos, Segundo-Tenente do Exército Popular Nacional Revolucionário." Tudo vago, nebuloso – ideias, sentimentos, aspirações. As criaturas perdiam-se na multidão, como desenhos incompletos. Umas começavam a esboçar-se, outras viviam um instante e desmaiavam. Saíam, voltavam, tornavam a sair. E várias, ali perto, ausentavam-se, dividiam-se em grupos; as diferenças sociais, cultura e ignorância, profissões diversas, originavam atritos, ofensas involuntárias.

Os nordestinos formavam, silenciosos, uma sociedade arredia. As aulas de inglês, francês e russo espaçaram-se, afinal foram suspensas: Lacerdão, Tavares Bastos e Benjamin Snai der tiveram descanso. João Romariz não nos repelia nem nos atraía, amável e neutro. As gargalhadas de Newton Freitas buscavam motivos, perdiam a significação. A barriga negra do estivador Santana, sempre descoberta, crescia, na engorda. José Medina mordia o cachimbo com os dentes estragados. Bagé mastigava, sorna, o sorriso impudente. Trinos doidos de pardais fora, ao amanhecer; a algazarra dos pichadores e de Ramiro Magalhães dentro, o dia inteiro. A voz suave de Beatriz Bandeira, à noite, o acompanhamento rijo de Eneida, cantos aspirados, de Olga Prestes ou de Elisa Berger. Valdemar Birinyi continuava a amolar Sérgio na sua gíria inconcebível, produto de várias línguas. Por não lhe reconhecerem a literatura, composição de noticiário, psicologia de nota policial, Amadeu Amaral Júnior, ressentido e quase nu, a barba loura mais longa, a cueca mais escura, tinha rompantes ásperos, estridências de pavão, um grande pavão solitário. Insistente, o cocorocó do português rolava no Pavilhão, arrancando pragas.

Vi na Praça Vermelha um rapaz de cabelos negros, nariz adunco, olhos vivos. Recém-chegado, ainda não se despojara da roupa nova bem feita. Vestia com apuro, e foi o indivíduo mais elegante que me apareceu naquelas viagens subterrâneas, elegância condenada a sumir-se em pouco tempo. Chamava-se Francisco Chermont e era filho do senador Abel Chermont, dias antes arrancado violentamente de casa, entrado em luta física desigual, levado a braços como um fardo resistente, metido no cárcere e aguentado sevícias, por se haver oposto, no Senado, aos desmandos selvagens da ditadura policial reinante. Francisco Chermont assistira à cena vergonhosa, e, antes de recobrar-se do susto, fora preso e encafuado entre nós, por causa dos discursos do pai; iria interromper o seu curso de direito, no último ano. Não chegou a largar o fato de casimira bem talhado, calçar tamancos, desamarrar a gravata, aclimar-se aos nossos hábitos simples em demasia. Ficou ali talvez uma semana.

De repente veio a degringolada metódica, primeira de uma série que nos iria causar graves inquietações. As mudanças até então se faziam sem alarde, quase sub-reptícias: pareciam atos ilegais, determinados e executados na sombra por malfeitores. Os cubículos enchiam-se, esvaziavam-se moderadamente, e às vezes nem percebíamos a ausência de algum hóspede incolor; em conversas, lembrávamos o sumiço de indeterminadas feições; e com frequência nos causava espanto o regresso desses fantasmas. A retirada em massa nos surpreendeu, nos mergulhou em presságios escuros. Era noitinha, andávamos à toa depois do jantar, esperando a hora de recolher. A porta da frente se escancarou e um funcionário surgiu com um papel na mão.

– A lista, a lista.

Por toda a parte essa palavra foi cochichada num momento, sem percebermos direito a significação dela. Não sabíamos donde tinha partido, víamos rostos apreensivos e ficávamos suspensos, sem buscar informar-nos. Encostado à barra negra da plataforma, observei um fervilhar inquieto lá embaixo, vi o sujeito desdobrar o papel e começar a leitura, num rol de nomes apenas:

– Agrícola Baptista, Newton Freitas, Anastácio Pessoa, José Medina.

A princípio não atinei com o motivo daquela chamada improvisa; notei depois movimento nas células, homens atarantados a preparar bagagens. A leitura prosseguia, lenta, monótona. Sem dúvida transferência, para desafogar a prisão superlotada com a gente do Pedro l. Tínhamos rebentado pratos e caído em grande fuzuê por causa da hemoptise de Benigno. Desarticulando-nos, quereriam evitar que tais cenas se reproduzissem.

– Vão mandá-los para a Colônia Correcional, segredou-me alguém.

Recusei admitir isso, mas era uma recusa ingênua, sem base. Apenas desejava afastar a previsão funesta: sem termos ideia segura da Colônia Correcional, enxergávamos nela a miséria, a degradação completa.

– Francisco Chermont, leu claramente o sujeito da lista. Bem. A conjetura desgraçada esmoreceu e desvaneceu-se: não iriam meter entre vagabundos e malandros aquele moço inofensivo, alheio à política, membro da classe dominante. Se fizessem isso, estariam a destruir-se. Achei também que Anastácio Pessoa, alto funcionário de banco, aparentado com indivíduos fortes, mandões na política, se isentava do mergulho infamante. Um mês atrás, de colarinho, gravata e suspensório, lia o seu inglês, atento, e se lhe falávamos, respondia com monossílabos, para não comprometer-se. Estava ali por equívoco; chamado à polícia, deixara c automóvel à porta; a qualquer momento receberia explicações, voltaria ao trabalho. Despojara-se a custo dessas considerações falsas, largara o romance inglês, o colarinho, a gravata e o suspensório, vestira pijama e calçara tamancos. Mas continuava a julgar-se vítima de um engano.

– Provavelmente serão soltos, opinaram junto de mim.

– Provavelmente, concordei perplexo e incrédulo, tentando apagar o escuro palpite anterior.

Era um parecer chocho, lançado à toa, apenas para dizer algumas sílabas; esforçava-me por admiti-las.

No rés do chão havia um burburinho. Os homens chamados se arranjavam à pressa, vestiam-se lançando ao acaso pedaços de recomendações, entravam e saíam dos cubículos, a despedir-se. Foram em seguida, carregando maletas e embrulhos, postar-se em linha diante da grade larga do vestíbulo. O funcionário consultava a lista, conferia os nomes, verificava a identidade.

A fila se estirava, numa composição heterogênea: operários, elementos do jornal e do banco, tipos de emprego incerto. O poncho vermelho de Tamanduá se agitava, uma grande nódoa inquieta, cor de sangue. França, o padeirinho tuberculoso a quem ofereci durante um mês a garrafa de leite dos doentes, juntou-se ao grupo, tímido, insignificante, imperceptível no movimento e no rumor. Vieram muitos, foram convocados retardatários, e a leva se dispôs a sair: Mediria, Tamanduá, Anastácio Pessoa, Newton Freitas, Desidério, Chermont, o padeiro, outros esquecidos, trinta ou quarenta indivíduos, entre eles Mamede, cafuzo de olhar ardente e cabeleira revolta, marcado àquela hora por uma opinião que logo recebeu contradita enérgica.

Eram necessárias algumas palavras de solidariedade aos companheiros que se retiravam naquele ambiente de perspectivas más. Rodolfo Ghioldi fez um ligeiro discurso. Não lhes insinuou a esperança de serem transferidos para lugar melhor. Encoivarou rápido as tristezas da separação e entrou, como fazia sempre, em matéria política. Aludiu à conveniência de estarmos unidos, em quaisquer circunstâncias, ao rigoroso cumprimento das tarefas, assim por diante. Em seguida falou Sisson. Verboso, desejou boa viagem à turma e expressou a convicção de que ela seria posta em liberdade. Parecia não ter nenhuma dúvida sobre isto: iriam todos ali direitinho para a rua.

Essa arenga produziu efeitos discordantes naquela gente: uns se reanimaram, com certeza, outros devem ter caído em desânimo ou irritação. E as duas respostas divergentes, inesperadas, vieram sacudir-nos. Mamede jogou a primeira, exaltado, uma luz viva a aquecer-lhe o rosto moreno, a grenha a derramar-se na testa e a refluir para a nuca, na agitação afirmativa da cabeça. Tinha-se enganado, vivera a imaginar desacordos essenciais entre as classes, e agora notava que elas se podiam combinar. Todos os atritos esmoreciam, necessidades urgentes de conciliação vibravam na fala untuosa. Era idílico e profético. Os cabelos, agitados por excessivos ímpetos, rijas ventanias interiores, vinham adiante, iam atrás, naquela terrível mansidão quase furiosa. O trabalhador rude convertia-se em missionário. A paz reinaria sobre a terra, um novo reino de Deus nos envolveria, e os lobos, perdido o instinto, abraçariam, as ovelhas. Terminou – e Desidério ergueu o braço. Foi breve e incisivo, tão incisivo e breve que me aventuro a copiar-lhe as palavras sem receio de engano!

– Ah! an!

Um risinho sarcástico e azedo, um brilho mau no bugalho torto.

– Esse negócio de liberdade é conversa. Vamos deixar de tapeação.

Lembrei-me da aspereza dele, no Coletivo: — "Isso não vale nada. Besteira." A mesma raiva fria e demolidora, o mesmo horror aos intrusos no seu mundo.

– Eu sei para onde vou, sim senhores. Vou para a Colônia, que é o meu lugar. Estive aqui por descuido, não é possível viver muito tempo com os senhores.

E rematou, cheio de fel e veneno, um fulgor de ódio no olho que se ausentava de nós:

– Estes braços estão cansados, estão magros de carregar farinha para burguês comer.

A réplica brutal à harmonia fervorosa de Mamede produziu um silêncio de constrangimento. Depois de tal clareza, as tentativas de acomodação eram inúteis. Desidério nos julgava parasitas, os nossos trabalhos demorados e complexos não tinham para ele nenhuma significação. Arrepiei-me ante aquela antipatia, agressiva, a desviar possíveis entendimentos, a excluir habilidades proveitosas. Jogava-nos a todos o labéu. Exploradores e inimigos. Na verdade a maioria não era burguesa. Pertencíamos a essa camada fronteiriça, incongruente e vacilante, a inclinar-se para um lado, para outro, sem raízes. Isso determinava opiniões inconsistentes e movediças, fervores súbitos, entusiasmos exagerados, e logo afrouxamentos, dúvidas, bocejos. Naquele momento a revolução monopolizava os espíritos, e alguns a desejavam com fervor religioso. Mais tarde iriam surgir numerosas apostasias, e é possível que homens ásperos como Desidério tenham influído nelas.

Debruçado ao passadiço, achei-o grosseiro e injusto. Aos votos amáveis de Sisson respondera com quatro pedras na mão, como se nos responsabilizasse por sua desdita. Pensei depois com frequência naquele rompante, esforcei-me por explicá-lo. Quem sabe se o estivador não tinha alguma razão? Opusera um dique ao otimismo torrencial de Mamede. Contivera as explosivas manifestações da coqueluche vermelha. Tarimbeiro antigo, desdenhava os recrutas. E talvez percebesse ali as falhas em consciências, perfídias, embustes e ciladas. Viviam a cochichar que estávamos cercados de espiões. Desidério se defendia, encaramujava-se no seu grupo social, retraía-se na desconfiança como numa carapuça. Farejava denúncias. E os denunciantes eram burgueses, provavelmente. Em silêncio, constrangidos, vimos o sujeito conferir de novo a lista. Em seguida a leva pôs-se em marcha e a grade se fechou.

Decorreu uma semana. Certa manhã, à porta do banheiro, aguardando vaga, notei ali perto um desconhecido muito diferente dos moradores do Pavilhão. Chegou-se, falou-me. Retribuí a saudação, confuso, perguntando a mim mesmo onde e quando me avistara com semelhante indivíduo. A presença dele me trazia agouros maus: certamente iam degradar-nos. Tínhamos vivido meses entre pessoas de aparência mais ou menos decente, e mandavam-nos agora um vagabundo sórdido. Evidentemente procedia do morro, esfomeara-se, estragara-se a malandrar nas favelas. A roupa imunda e sem cor amarfanhava-se, coberta de placas de lama seca: sem dúvida o homem se deitara no chão molhado e não pensara em recompor-se. Não lhe precisaríamos a idade – vinte ou cinquenta anos. Um ar de fadiga inquieta, a pele baça, o olhar esgazeado, e completo desleixo, indiferença de quem desceu muito e já nem tenta causar boa impressão. A barba atestava ausência regular de navalha e sabão; no crânio rapado a máquina, de lividez cadaverosa, protuberâncias avultavam. A fala abafada entrecortava-se de hiatos. Lembrei-me vagamente de já ter ouvido aquela voz, mas, por muito que esquadrinhasse a memória, não me seria possível reconhecer a figura lastimosa. Percebendo-me na cara o pasmo e a interrogação, o homem apresentou-se:

– Francisco Chermont.

Não entendi, fiquei um minuto a examiná-lo, sem atinar com o motivo daquela referência ao estudante de cabelos negros e olhos vivos, o fato de casimira a envolvê-lo naturalmente, como se tivesse nascido com ele. Atônito, aguardei esclarecimentos, e quando ele veio, aos pedaços, recusei admiti-lo:

– O senhor?

Impossível distinguir na desgraçada ruína vestígios do moço elegante.

– O senhor?

E atentava na palidez suja, nas órbitas cavadas, nas crostas imundas presas ao tecido ignóbil, semelhante a estopa. Como as pessoas se alteram depressa! Os modos eram outros, diversa a fisionomia. Busquei um traço revelador. Bem. Lá estava o nariz curvo, de papagaio. Novos indícios lentamente surgiram, romperam a custo a máscara vergonhosa; a linguagem polida afastou. Chermont dos mocambos.

Em vivo constrangimento, remoí palavras difíceis, baixando a vista, procurando abafar a terrível impressão, morto por desviar-me dali. Falávamos com muitas pausas. Vali-me de uma e interrompi a conversa, fui lavar-me. Em seguida me recolhi, em desassossego, buscando na leitura e na escrita apagar o caso desagradável, receando minúcias, informações penosas. Vieram à noite.

Arriado no colchão magro, os ferros da cama a raspar-me o espinhaço e as costelas, ouvi sucumbido o relatório de Chermont. Era extenso e medonho. Hora comprida uma voz monótona rolou contando sem rodeios, às vezes descendo a pormenores ignóbeis, fatos vários daquela negra semana de ausência. Havia coisas inconcebíveis nos sucessos largados de supetão dentro das nossas cabeças, nas cenas de realismo nojento, nos diálogos torpes, em gíria. Fumando, as pálpebras caídas, penetrei no mundo confuso da narração lenta e pesada; vi mentalmente a fila transpor o vestíbulo, marchar no pátio, demorar-se na rouparia, dar respostas a perguntas secas e receber pacotes numerados, arrumados nas prateleiras. Saiu, ziguezagueou algum tempo no recinto de muros altos, sem saber para onde o levavam, juntou-se a novos grupos, dissolveu-se neles. Encaixaram-se todos em carros fechados, os tintureiros da polícia, e rodaram longamente na escuridão que manchas de luz perturbavam, pequenas réstias causadas por furos abertos nas paredes de ferro. Desembarcaram entre fuzis e pistolas, foram metidos no porão de um navio.

Não tive dificuldade em imaginar a transferência. Enxerguei-os a descer das tocas ambulantes, pisar no asfalto, indecisos, como ratos encandeados, atravessar alguns metros de cais, um convés, mergulhar numa escadinha estreita, desembocar no espaço vago cheio de trevas leitosas. Era-me inútil a descrição, nem atentei nela: provavelmente calor horrível, beiços gretados, sinais de asfixia, o insuportável cheiro de amoníaco, suor abundante, coisas moles a esmagar-se debaixo dos sapatos, imundícies ocultas na fumaça dos cigarros. A lembrança viva do Manaus assaltou-me; a sede, imagens desconexas, receio de enlouquecer, dispneia, sitiofobia e um jato de sangue a anunciar morte esperada como libertação chegaram de repente: na cama dura, a escoriar-me no metal, de costas para não esconder uma das orelhas no travesseiro exíguo, não perder sílaba do relatório, achei-me de novo deitado numa costela do cavername, o rosto colado a uma vigia, respirando em haustos curtos ar salino. Essas recordações esmoreceram diante de casos novos, imprevistos e imprevisíveis.

No porão do Manaus, tinha-me visto na companhia de pessoas aviltadas, e o ambiente físico me atormentara a princípio. No entanto conseguira habituar-me. Era possível escapar dali refugiando-me no camarote do padeiro, na rede a balançar embaixo da escotilha. E a convivência de Lauro Lago, Macedo, Mário Paiva, Benon, João Anastácio, Manuel Leal de nenhum modo me desagradava. Ligeiras incompreensões anulavam-se. Ofícios vários, o sertão e o litoral reunidos, ocasionavam certas divergências de prosódia e semântica, mas essas bagatelas não conseguiam separar-nos. O porão do Campos era muito diverso. Justapuseram-se ali duas sociedades inconciliáveis: uma afeita às ideias e aos costumes regulares, mais ou menos confessáveis e permitidos; outra incursa em velhas censuras, em desprezos e temores públicos, dirigindo-se por normas ignoradas cá fora, regras absurdas. A primeira, centena e meia de políticos, aglomerava-se à entrada, em silencioso assombro, a atividade morta; a segunda, quatrocentos ou quinhentos malandros, vagabundos, ladrões, refugo tumultuoso, fervilhava e zumbia naquele esgoto social como um formigueiro assanhado. O número superior e adaptação completa ao meio tinham suprimido nos últimos qualquer vestígio de constrangimento ou pejo: mexiam-se à vontade, expondo os seus costumes, horríveis mazelas, não parecendo sentir a abjeção. Coisas duvidosas, vagamente suspeitadas, surgiram nuas à luz das lâmpadas, patenteavam-se em voz alta, com a mais perfeita naturalidade. Haviam organizado uma espécie de governo. A polícia, lá de cima, incumbira disso Moleque Quatro, indivíduo reimoso, forte na capoeira e no samba, presumível autor de mágoas em verso dedicadas a um ingrato: "Implorar só a Deus..." Esse poder se exercia discricionário, simultaneamente justiça e execução, regido por leis próprias, reconhecidas e inapeláveis. No movimento e na balbúrdia realizou-se um processo. Moleque Quatro nomeara alguns assessores: mantinham, com ameaças e rasteiras, a ordem singular das cloacas humanas e, em caso de necessidade, incorporavam-se em tribunal. Essa guarda temerosa reconheceu um alcaguete a dissimular-se na multidão, pegou-o, levou-o rápida ao chefe e logo se transformou em júri. O alcaguete é um delator – e para ele os criminosos são inexoráveis. O descoberto naquela noite veio trêmulo e mudo, com duras contas a agravar-se em depoimentos medonhos de testemunhas furiosas, num instante convertidos num libelo coletivo. Nenhuma defesa. Ouvidas as culpas, Moleque Quatro refletiu, coçou a carapinha e decidiu:

– Vai morrer.

No estranho julgamento o carro andava diante dos bois: proferia-se a sentença e depois os jurados se manifestariam; confirmavam-na ou recusavam-na, mas não seria fácil absolverem um sujeito sumariamente condenado, esmagado por acusações tremendas. Aceitaram a decisão, unânimes.

– Vai morrer

Nesse ponto o infeliz, aturdido, pareceu despertar. Caiu de joelhos, balbuciando súplicas abjetas:

– Seu Quatro, pelo amor de Deus. Eu sou casado, sustento família. Tenha pena de meus filhos, seu Quatro

O negro ouvia impassível:

– Não tem jeito não. Vai morrer.

Causava assombro a ideia de que fosse possível realizar-se ali, perto de homens fardados e armados, uma execução. Provavelmente queriam apenas intimidar o desgraçado. A firmeza dos juízes, a curiosidade ansiosa da assistência, as covardes lamúrias do réu desviavam essa conjetura. A gente da superfície via a máquina subterrânea a funcionar – e arrepiava-se. Imaginara a existência dela, uma existência vaga, apanhada em jornais e em livros. A realidade não tinha verossimilhança. Estava, porém, a entrar pelos olhos e pelos ouvidos. Mãos a torcer-se no desespero e o rogo choroso:

– Tenha pena de meus filhos, seu Quatro.

Esboçou-se uma horrível piedade na cara do negro. E veio comutação da pena:

– Está bem. Não vai morrer. Vai sofrer trinta enrabações.

É medonho escrever isso, ofender pudicícias visuais, mas realmente não acho meio de transmitir com decência a terrível passagem do relatório de Chermont. A nova sentença foi aprovada com alvoroço. Desfez-se a assembleia. E a um canto, cercado por exigências numerosas, trinta vezes o paciente serviu de mulher. Não era o único: outros já se estavam dedicando a esse exercício. Um político esbarrou num casal, não conteve exclamações de surpresa.

– É besta? exclamou o passivo entortando o pescoço, erguendo a cabeça, indignado. Nunca viu um homem tomar...

As incursões naqueles domínios tinham perigo, sujeitavam pessoas incautas a ofensas graves e equívocos vergonhosos. Notando isso, alguns imprudentes recuaram num sobressalto, foram agrupar-se junto à escada, na luz que vinha da escotilha. Mas não se acharam em segurança; rondas agoureiras mostravam claro o intuito de subordiná-los à regra ordinária; com certeza seriam forçados a defender-se em luta física. Não chegaram às vias de fato. Percebendo a situação, Moleque Quatro exibiu prestígio e força, amorteceu os intentos agressivos com diversos rabos de arraia:

– Em comuna aqui ninguém toca.

Alongou o braço, indicou uma linha indecisa, a limitar os dois campos:

– Este pedaço é dos comunas, o resto é nosso. Aqui ninguém bole com eles.

Agora se algum passar para lá, não garanto nada.

A imaginária fronteira impediu atritos; o esboço de rixa extinguiu-se, e durante a viagem as duas facções detiveram-se ali, a alguns centímetros uma da outra, como se um muro as separasse. As mais altas autoridades lá de cima não teriam meio de fazer-se respeitar assim. Capoeiragem sábia, um gesto – e a resolução clara. Não se falava mais nisso. Castigos horríveis – e obediência. Provavelmente se achavam longe da costa quando um sujeito daqueles foi morto. Agora, apinhados em alguns metros de soalho, operários e burgueses viam de longe a efervescência de cortiço e não souberam se se tratava de um novo julgamento. Rebuliço, desordem, correria, gritos, e um pedaço de tábua feriu uma cabeça, esmigalhando ossos, descobrindo miolos. Movimento de recuo, e na clareira aberta no rolo a vítima apareceu a estrebuchar nas últimas convulsões. Em minutos ficou em sossego. Uma corda baixou da coberta; amarrado, o cadáver se levantou, subiu, sumiu-se na boca da escotilha. Nenhum inquérito. Indiferença, esquecimento. Na verdade Moleque Quatro não bazofiara ao condenar friamente o delator: se o tivesse liquidado, não lhe viriam pedir contas, pois a eliminação de uma vida pouco influiria no cadastro policial: uma ficha a menos. E as sindicâncias não teriam resultado: o crânio partido e o cérebro exposto serviam de exemplo, atavam as línguas, a indicar as represálias em caso de traição. Ninguém se arriscaria a depor. Insignificância. Iriam remeter o corpo ao necrotério ou jogá-lo na água?

Na comprida noite, alcançaram afinal o destino Manobras, falas e gestos equívocos; perceberam a custo que haviam chegado, iam sair da gaiola movediça e recolher-se noutra, fixa. Ordens ríspidas a conjugar-se, anular-se, barulho; não sabiam onde se achavam. Iam e vinham, maquinais. Pegaram as bagagens, subiram, como sonâmbulos, a escada e mergulharam na treva, rodeados de polícias. Demora, formalidades incompreensíveis, depois a marcha vagarosa em caminhos ásperos, a galgar e a descer morros. Criaturas invisíveis, coléricas, desferiam golpes e insultos, e era absurdo que a sombra e o silêncio provocassem tais brutalidades. A ausência de reação, embotamento, pancadas em falso aumentavam a sanha dos agressores.

Nessa altura a narração embrulhou-se, perdi a sequência dos acontecimentos. Dois ou três se haviam alargado, crescido muito – e inclinava-me a julgá-los produto de imaginação doente. A aparência estranha de Chermont fazia-me supor que ele estava a devanear. Contudo esse desarranjo possível no juízo, a metamorfose realizada tão depressa, a coisa interna e a externa a conjugar-se deviam ser consequência da vida anormal descrita. As marcas horríveis não eram fantasia. Tinham-se originado no porão, ganho relevo nos padecimentos físicos e morais consecutivos. As causas deles chegavam-me aos ouvidos, fora do tempo, desconexas. Riachos a gemer no escuro. Os guardas ocupavam as pontes estreitas e forçavam a multidão cansada a meter-se na corrente fria. Enorme galpão coberto de zinco, um milheiro de criaturas famintas a dormir em esteiras podres, monturo de chagas e vícios, a mucurama a roer carnes, os ladrões a apossar-se de objetos miúdos. Essa piolheira esvaziava-se pela manhã. Seguiam turmas para trabalhos diversos, e num cercado próximo os inválidos arriavam, no desânimo e no silêncio, entre panos imundos a secar ao sol. Duas vezes por dia extensa fila transpunha o portão, movia-se devagar num pátio branco, dirigia-se ao refeitório, que tinha um cheiro de carniça. Os braços cruzavam-se na obediência humilhante, as cabeças rapadas curvavam-se diante de um polícia bêbedo. Fome. A horrível comida insuficiente arruinava estômagos e intestinos. Nenhuma relação com o exterior, ausência do mundo, abandono completo. Além das grades, o destacamento policial, a direção percebida na figura nanica de um anspeçada irascível e mau; no alojamento ignóbil, a predominância dos vagabundos e malandros, os sequazes de Moleque Quatro a vigiar. Era terrível e burlesco. Homens aniquilados, na dependência arbitrária de um anão irresponsável, de um criminoso boçal. Essas duas potências harmonizavam-se. Na imensa porcaria, duzentos indivíduos postos fora da sociedade achatavam-se numa prensa, ódio em cima e embaixo.

A voz lenta e grave calou-se. E o Pavilhão caiu num sossego lúgubre. O resto da noite os farrapos sujos de notícias loucas me perseguiram, picaram e moeram, associando-se aos percevejos e às traves duras da cama.

A aparência de Enzmann Cavalcante me surpreendeu. Os olhos baços, frios, a boca entreaberta, o rosto longo, inerte, como se os músculos se houvessem distendido, bambos e sem força. Caminhava devagar, arrastando as pernas com dificuldade. Tentei puxar conversa, examinar as causas da murchidão; resmungou monossílabos difíceis, contrafeito: era evidente que não se achava de nenhum modo propenso a falar. Respeitei-lhe a depressão e a reserva, julgando inútil qualquer interesse: os dois Campos da Paz, Valério Konder e outros médicos iriam com certeza dar-lhe remédio.

Passeando na Praça Vermelha, entre relações de graus diversos, dos companheiros nordestinos à gente do Pedro I, meio desconhecida, parei diante de um cubículo, vi lá dentro uma pessoa encolhida na cama, a tiritar debaixo da coberta. Avizinhei-me, distingui Gikovate, o doutor judeu recém-chegado:

– O senhor está doente?

A minha curiosidade solícita e indiscreta foi recebida com um gesto de agradecimento pesado, um sorriso dúbio, um lento volver das pálpebras caídas. A mesma frouxidão observada pouco antes, o desânimo esquisito – e impossíveis as explicações. Fugia ao polonês a maneira razoável de acolher me e despedir-me logo; embaraçava-me nas conveniências que me diziam ser estúpido ir perturbá-lo – e estávamos como dois brutos. Não devia ter-me insinuado ali. Queria reduzir a impertinência, oferecer os meus préstimos e sair, mas o esforço do Gikovate em deter-me, fingir compreensão, aumentava-me o desassossego. Necessário retirar-me, e não me ocorria a despedida trivial.

Fiquei minutos compridos a observar a devastação na fisionomia do homem, a procurar em vão ideia ou fórmula, sentindo vagamente que principiava a contagiar-me. Pensava na máscara de Cavalcante, vi-a pregada no rosto de Gikovate, e a coincidência me agravava a disposição mórbida. O receio de tornar-me assim jogou-me fora da célula.

O pavimento inferior estava quase deserto. Outras figuras pálidas encolhiam-se, esgueiravam-se, deram-me a impressão de moscas envenenadas a debater-se a custo, a esmorecer num sussurro. Faltavam-me a palavra e o desejo de comunicar; provavelmente aquelas pessoas também se desviavam de mim, precisavam isolar-se.

Recolhi-me atenazado pelas recordações que me haviam feito deixar a cama cedo, procurar distrair-me aderindo aos grupos, aperuando o jogo de xadrez. Mas a gente se dissociava, os tabuleiros dormiam. Um logro. Fora desanuviar-me e regressava pior. As caras de palmo e os vultos piongos levaram-me a supor-me também desfigurado.

Talvez já me houvesse levantado a exibir os mesmos sinais. Apenas não tinha consciência disto. Agora me revia nos outros, como em verídicos espelhos, e assaltava-me o desânimo, a quebreira. Era possível que o meu desarranjo se refletisse neles – e reciprocamente nos desconchavávamos.

Cansaço, gastura, a carne e os nervos a embotar-se. Consequência da noite horrível, sem dúvida, a trave a roçar-me as costelas, os dentes dos percevejos, as cenas do porão e da Colônia Correcional. O relatório de Chermont nos demolia. No sono inquieto ou na vigília da noite extensa não calculávamos o estrago, buscaríamos em nós mesmos força bastante para restaurar-nos. O dia, abertas as grades, nos revelava de chofre o desmantelo e nos desarmava. Estávamos fracos e incapazes.

O abafamento. Esta palavra circulou, batizando a morrinha coletiva – e pensei no banzo dos negros, no mal-triste do gado. Era um nome apenas, mas com ele nos vinha um começo de explicação. A história desgraçada nos contaminava. Abafamento. Não me haviam falado nisso, a moléstia me pegava de surpresa. Conhecia-lhe os primeiros efeitos, via de longe viventes combalidos tentando livrar-se do singular enjoo. Lembrei-me do porão do Manaus, das trouxas vivas a arfar, a vomitar, na porcaria extrema. Não me abatera: uma semana de jejum me deixara lúcido, a mover-me aos solavancos entre as redes oscilantes, a redigir notas a lápis no camarote do padeiro. Agora não me seria possível andar ou escrever. Reminiscências da estúpida viagem me perseguiam: o cachimbo e a placidez de Macedo, o estrabismo de Lauro Lago, as mangas curtas de Van der Linden, a cicatriz de Epifânio Guilhermino, a careta medonha de Gastão, Leonila e Maria Joana a torrar num beliche improvisado. Evidentemente isso eram correlações a que pretendia segurar-me. Um novo porão anexava-se ao primeiro, sobrepunha-se a ele, enchia-se de minúcias temerosas, horríveis por não terem sido vistas por mim: Se aquelas misérias me passassem diante dos olhos, decerto não me impressionariam tanto; observadas por outro, lançadas no papel, não queriam fixar-se, prestavam-se a exageros e interpolações. O abafamento progredia, rápido; agora o conhecíamos – e nos tornávamos por isso mais vulneráveis. A ideia de moscas tontas a desfalecer no inseticida, batendo as asas lânguidas, vinha-me com insistência. Algumas procuravam resistir à sonolência mortal. Em cima, no terraço, os militares excediam-se na ginástica.

– Pelo amor de Deus, seu Quatro. Tenha pena de meus filhos.

Nem todos se impressionariam com a súplica nojenta babada por um infeliz cheio de pavor: o quartel amortece demasias de sensibilidade.

– Vai morrer. Não tem jeito não. Vai morrer.

Walter Pompeu se eximiria facilmente da prostração. Homem sólido, a divagar pelos assuntos com intemperança e leviandade, sem deter-se em nenhum, aceitava o homicídio e ria-se dos nossos escrúpulos, bobagens, teias de aranha. Na verdade a morte do vagabundo não me preocuparia. Com frequência, eles por aí se acabam, em rolos sangrentos. Os jornais tentam comover-nos espichando brigas, e viramos a folha, impassíveis. As facadas e os tiros não nos abalam. Mas o acessório brutal, as formalidades esquisitas, as frases absurdas e insubstituíveis desarrumavam-me conceitos mais ou menos estabelecidos. Isso e a troca infame da pena. Torturavam-me aqueles fatos imprevistos e inverossímeis. Ou não seriam eles que me torturavam: era talvez o reconhecimento da minha insuficiência mental, da incapacidade manifesta de enxergar um pouco além da rotina. Acomodava-me a ambientes novos – e quando neles surgia uma brecha, alarmava-me. Articuladas as peças da narrativa, via-me forçado a achá-la natural. Porque não fizera isso antes, não admitira sem auxílio os casos vergonhosos e medonhos? Evidentemente não podiam ser de outro modo. Afirmava que não podiam ser de outro modo, mas na véspera estivera longe de supor tal coisa. Notava a deficiência e perguntava como diabo me atrevia, a fazer obra de ficção. Nada me interessava fora dos acontecimentos observados. Insignificâncias do ramerrão. Umas se reduziam, quase se anulavam, outras avultavam, miudezas ampliadas. Restava saber se era exequível uma aparência de realidade isenta da matéria que nos cai debaixo dos sentidos. Essa questão me perseguia, muitas vezes me desviava do trabalho maçador, das conversas ociosas na Praça Vermelha. Conseguiria um sujeito livre, em casa, diante de uma folha de papel, adivinhar como nos comportávamos entre aquelas paredes escuras? Tipos iguais a mim seriam incapazes disso. Não se tratava, porém, da minha incapacidade; outros dispensariam exames e sondagens, criariam mentiras de vulto, superiores ao que me caía na pena, mentiras também, povoadas de minúcias rigorosas, exatas.

– Seu Quatro, pelo amor de Deus, tenha pena de meus filhos.

Meses atrás, se me houvessem repetido esse miserável rogo, exposto as consequências dele, afastar-me-ia incrédulo A existência anormal obrigava-me a considerar verdadeiro o relato singular, a princípio com relutância, depois a dizer comigo mesmo que as coisas não se poderiam passar de maneira diferente. O jejum, a sede, a asfixia no porão do Manaus, e uma noite a julgar-me vizinho da loucura, davam-me perfeita ideia do meio estranho. As personagens mencionadas não difeririam muito dos faxinas, do rapaz amável que tinha uma lúgubre tatuagem no antebraço, do rufião da galeria, vaidoso e besta, a descobrir, num sorriso fixo, o dente de ouro. Uma voz martelara-me os ouvidos. Se eu tivesse visto a cara do leitor, divisaria nela a sombra de passagens fugidias, inexistentes na exposição. Uma voz apenas – e era o bastante. A violação do garoto, o assassínio involuntário cometido por alguém que desejava permanecer na cadeia aproximavam-me daquele mundo. Os rumores enfraqueciam, em redor numerosos indivíduos se alquebravam parafusando o relatório. Convencia-me disso, mas nada me provava que o abafamento fosse geral. Estaria possivelmente a equivocar-me atribuindo aos vizinhos cogitações, divagações, produtos do meu desassossego. Percebera fadiga em diversos rostos, alguns traços deformados – e apressava-me a estender ao grupo mudanças individuais, emprestava-lhes caráter epidêmico. E teria realmente observado aqueles sinais? A vista perdia a segurança, efeito com certeza da luz escassa; difícil ler à noite; quando me soltassem, ver-me-ia obrigado a usar óculos. Os objetos surgiam trêmulos. Sulcos, hiatos. Quem sabia lá se isso não me levara a conclusões falsas? O resto do Pavilhão não se impressionava com o relatório. Ou estaria a impressionar-se de maneira diversa. Um grito me perturbou a inércia. Virando-me a custo, vi no outro lado, à porta de um cubículo, Dinarte Silveira, sacudindo os braços, a esgoelar-se:

– Queremos ir para a Colônia Correcional. Queremos. Um instante fiquei apalermado, mal acreditando na exigência idiota. Um riso satisfeito, a barba ruiva a agitar-se confirmando a energia do verbo repetido:

– Queremos ir para a Colônia Correcional. Queremos.

Donde provinha semelhante explosão? Conjeturei que Dinarte se abalava em excesso, queria eliminar do pensamento aqueles horrores entrando neles. Era meio de apagá-los, meio desgraçado. Pelo menos adquiririam proporções razoáveis, não continuariam a desenvolver-se, alterando-nos a vida trivial, empeçonhando as conversas e o jogo de xadrez. Anulei essa possibilidade. Nenhum indício de abatimento em Dinarte. Alegria; confiança, todas as sílabas da pretensão doida articulando-se com firmeza. Tínhamos então ali bazófia em demasia, supus.

Estranha fanfarronice. Aquilo me fazia temor e raiva. Deviam obrigá-lo a calar-se, avisá-lo de que não tinha o direito de falar no plural, como se nos representasse:

– Queremos.

Prosápia estulta. Claro que nos faltavam recursos para desafiar a polícia. Ninguém reclamou: evitavam revelar fraqueza. Nesse dia e noutros Dinarte vociferou o desconchavo, estragando-nos a leitura, o jogo e a comida. Capacitei-me enfim de que ele não receava a Colônia Correcional. Capitão do exército, firmava-se em prerrogativas: não iriam misturá-lo com vagabundos, ladrões e pederastas. Abusava, assim, do privilégio de casta para exceder-se numa provocação inútil. Seria apenas inútil?

– Queremos ir para a Colônia Correcional. Queremos.

Evidentemente ele não queria ir. Mas aparentava desejar que os outros fossem. Não podia esquivar-me de atribuir-lhe esse desejo. Calava-se – e era um sujeito amável em excesso: delicadeza fria, sacudida, cheia de pausas, ângulos, sorrisos. Lançava de novo o brado irritante. Essa necessidade ostensiva de se tornar desagradável não parecia vir de homem tão cortês. De alguma forma distinguíamos ali uma espécie de compensação. Que interesse tinha o oficial em prejudicar-nos? Em alguns meses quatro levas foram mandadas para a Colônia. É possível que o pedido insistente não haja contribuído para isso; as listas viriam de qualquer jeito, as filas atravessariam em silêncio a grade larga. Mas Dinarte manifestava prazer.

– Queremos.

As levas sucessivas ainda não o contentavam. O grito nos perseguia, cascava-se ao canto de galo do português.

Desci a escada, alinhei-me na fila, à hora do almoço. Os militares do Pedro I haviam modificado um pouco os nossos hábitos. Agora um oficial recebia os caixões da comida à porta, examinava tudo com rigor e fazia a distribuição, os faxinas de parte, reduzidos a simples carregadores ou ocupados em trabalhos auxiliares. Qualquer reclamação seria efetuada na ordem, já não precisávamos rebentar louça em protestos furiosos.

Encarregava-se do serviço naquele dia um rapaz alto e encorpado, terrivelmente sério, cuidadoso em minúcias; parecia executar uma tarefa na caserna. Movimentos regulares, precisos, a fila a mover-se com exatidão, como uma corda de relógio. Dois passos à frente – e um indivíduo se despachava: recebia o talher, a refeição; dava mais dois passos e cedia o lugar ao companheiro subsequente. Aquilo durava um minuto. E para o moço grave e meticuloso significaríamos talvez, nessa pontualidade, minutos apenas. Sucedeu-me não ter consciência de que me resumia a uma fração de tempo – e, sem querer, determinei ligeiro atraso no mecanismo. Quando a minha vez chegou, avancei os dois passos necessários, tomei o prato, a faca, o garfo, a colher, a banana e a laranja.

– Faz o obséquio...

Desviei-me para não incomodar o sujeito que vinha atrás de mim.

– Faz o obséquio de trocar esta sobremesa? Pode arranjar-me duas bananas? O rapaz assentiu:

– Está bem.

Devolvi as frutas e aguardei a substituição. Demorei-me ao pé da grade, junto aos caixões, estorvando a passagem. O oficial dedicou-se ao trabalho, quis depois com um gesto despedir-me:

– Que é que há?

– Estou esperando a sobremesa. – Já dei.

– Perfeitamente. Deu, mas concordou em trocá-la. Eu restituí, não se lembra?

– Já dei.

– O senhor está equivocado. Ora essa!

Faltaram-me as palavras. E ouvindo a reafirmação de que me haviam atendido, enchi-me de vergonha e cólera, perdi os estribos:

– O senhor julga que lhe venho furtar duas bananas? Que é isso?

Lembro-me de haver feito essa pergunta, mas não me lembro do resto. Devo ter falado muito. Ignoro o que disse, o que me responderam. Sentia-me duramente ofendido – e ar reliava-me em despropósitos cegos. Esforçara-me longos anos por vencer esses impulsos; conseguira abafar a voz estridente e coibir o pestanejar excessivo; a obrigação de escrever levara-me a expressar-me com atenção, analisar as frases antes de largá-las. Os efeitos custosos da paciência demorada num instante se perdiam.

Retirei-me, subi os degraus de ferro, entrei no cubículo, joguei o prato ao chão, sentei-me na cama, atordoado, buscando relacionar pedaços do infeliz acontecimento. O essencial era uma injúria sem motivo. O resto não tinha grande valor. Certamente o rapaz, de músculo rijo afeito ao exercício, me replicara com violência, mas isto não me deixara vestígio na memória. O que me indignava era alguém supor-me capaz de uma ridícula safadeza e, em conseqüência, obrigar-me a desatinar, esquecer disfarces penosamente adquiridos. Afligiam-me as irreflexões escapadas, logo desfeitas, a aspereza, o gesto desabrido. Julgava-me livre disso. Que estupidez! Curtia amarguras quando vi chegar Walter Pompeu, cheio de reservas, uma admoestação engatilhada:

– Você foi muito grosseiro com Euclides lá embaixo. – Que Euclides?

Soube então que o rapaz se chamava Euclides de Oliveira. Vejam só.

Despropositara com uma pessoa e nem lhe sabia o nome.

– Não é verdade. Ele é que foi grosseiro comigo. Entrei a explicar-me, tentando espalhar o ressentimento. Walter não se convenceu. Mastigando um sorriso manhoso, negava-me as razões, deturpando o caso. Tinha prazer em atormentar-me.

– E depois ele é um capitão do exército. Você devia pensar nisso.

Ergui-me entalado, a respiração presa, cólera doida a fechar-me a garganta. Invadia-me de novo a fúria de besta. Walter Pompeu me examinava com ar malandro. Contive-me, tomei fôlego, rosnei mais ou menos este discurso, rouco e em fragmentos:

– Não pensei. Realmente não pensei. Um capitão do exército, sim senhor. Devia ter pensado. Você também é capitão. Na sua presença ficamos de pé, firmes, em posição de sentido, fazendo a continência. Somos cabos. "Pronto, seu capitão!" É o que vocês desejam. Capitães. Gente horrorosa. Vocês são todos umas pestes.

Foi esse desgraçado momento que Euclides de Oliveira escolheu para entrar:

– Fulano, venho pedir-lhe desculpa. Fui injusto com você há pouco.

Digno e frio, de vista baixa, ofereceu-me duas bananas. Demorou-se um instante em silêncio; vendo-me incapaz de falar, deu meia-volta e sumiu-se na plataforma.

Não me fugia apenas a voz: aniquilava-se o entendimento: era como se me houvessem golpeado a cabeça, desarranjado os miolos. Veio-me depois a horrível impressão de ter sido humilhado por alguém muito forte, que me impedia todos os meios de defesa. Se Walter Pompeu continuasse a provocar-me, não me viria à boca a mais ligeira réplica. Doía-me reconhecer-lhe o direito de aconselhar-me, importunar-me: revelara sensatez, e eu me excedera em despropósitos. O meu juízo a respeito dos militares desmoronava-se, um sujeito de farda aplicara-me lição bem rude.

A princípio não enxerguei a súbita generosidade: impressionaram-me a solidez, o modo correto do homem, a presteza com que avaliara a situação, reconhecera o próprio erro e decidira eliminá-lo confessando-o e desprezando os meus excessivos melindres. O espinhaço erguido, surgira mecânico e rijo, marcial; parecia executar uma ordem, obedecer à voz do comando; isto suprimia da confissão qualquer vestígio de rebaixamento. A fala breve, sacudida, ríspida; os olhos permaneciam baixos. Viera liquidar uma dívida. Ajustara as contas, pagara, saíra sem levar o troco, deixando-me estarrecido e imóvel, na situação miserável de quem se resigna, a embolsar uma gorjeta. Havia crueldade na excepcional retratação; o procedimento sincero, improviso, contundia-me.

– Desculpe. Fui injusto com você.

Rápido e seco, libertara-se de um dever, como se aquilo se determinasse no regulamento. Não me ocorrera ver um homem reconhecer-se em culpa de semelhante maneira. No caso dele, eu me embrulharia em divagações, inutilmente buscaria a forma razoável de vencer a dificuldade. Não, não me sucederia tal coisa. Nem sequer chegava a imaginar-me nesse apuro, alheando-me em avanços e recuos infelizes: recearia mostrar-me covarde, esforçar-me-ia por justificar-me só, engenhando motivos, dando-lhes consistência. Se esses pretextos falhassem, o mais certo era afastar-me do contendor, empregar todos os meios para esquecê-lo. Não seria a ausência de bons propósitos, mas a impossibilidade física de realizá-los. A fraqueza me inibir expor uma falta, livrar-me dela como Euclides, leal e aprumado, a voz áspera, uma ruga na testa. Findo o assunto, voltara-se, dera alguns passos, volvera à esquerda e sumira-se na plataforma.

Restava-me o consolo chinfrim de asseverar a mim mesmo que não me podia comportar como soldado. Habituara-me às perfídias e às maranhas, e era preciso a gente afastá-las com mão de gato, não mostrar as garras sem a certeza de usá-las bem. Gestos oblíquos, sorrisos falsos, dentadas de morcego – educação de criaturas débeis. Nunca ninguém se acusara na minha presença. Necessário ambientar-me, não cair em novas indiscrições.

Sentei-me, olhando o prato cheio entregue às moscas, no chão. Vendo-me arrasado, Walter Pompeu quis prender-me o interesse noutra coisa. Mas não me achava em condições de entendê-lo.

A segunda leva que partiu para a Colônia Correcional não nos impressionou tanto como a primeira. Em seguida foram outras, mas agora não havia surpresa: sabíamos pouco mais ou menos o que nos podia acontecer, e quando a porta da frente se escancarava e o funcionário desdobrava a lista, começava a chamada, ficávamos de orelha em pé, cheios de apreensões. Aquilo realmente não alcançaria todos: a lembrança de posições anteriores, antigos privilégios de classe ainda não se haviam extinguido: alguns sujeitos conservariam restos de influência. Ignorávamos, porém, até que ponto essas vantagens permaneciam e quais os indivíduos alcançados por ela. Tínhamos de contentar-nos com suposições, não raro desmentidas pelos fatos. Certas figuras de algum prestígio eram levadas, enquanto miudezas sociais escorregavam no meio superior, mantinham-se dias e meses boiando na superfície, como se fossem leves demais. De repente afundavam. Outras subiam. Quanto a mim, refugava ilusões: a qualquer momento viriam buscar-me, jogar-me entre vagabundos e malandros. Não havia motivo para isso, mas era bom evitarmos apurar motivos. Por acaso me achava ali, por acaso me afastariam, firmava-me neste pensamento. Já me haviam feito andar em três Estados e conhecer cinco prisões. Novas mudanças arbitrárias, inexplicáveis, chegariam. Via-me submetido a cegos caprichos de inimigos ferozes, irresponsáveis, causadores de males inúteis. Essas trapalhadas obedeciam certamente a um plano; em vão me esforçava por entendê-las e propendia a julgá-las estúpidas. Sem dúvida tencionavam provar-nos que eram fortes, podiam fazer conosco um jogo de gato com rato. Ao mesmo tempo, em notas oficiais e em discursos badalados no Congresso, tentavam abafar tênues rumores, notícias vagas de maus tratos. A liberdade de imprensa funcionava contra nós, achava o governo excessivamente generoso, e essas mentiras me davam a certeza de que a reação ainda precisava enganar o público e não dispunha de muita força, como nos queria fazer supor. O interesse dela, pensei, estava em conservar-nos longe dos porões e da Colônia Correcional. Pretendia decerto causar-nos medo, oferecer-nos duro escarmento. Se não aguentássemos a prova, se rebentássemos, para que lhe serviria isso? E, se resistíssemos, iríamos divulgar lá em cima fatos ocultos aos contribuintes do imposto, da missa, do carnaval e do cinema.

As idas e vindas entravam pouco a pouco na rotina. Quando a lista aparecia, chegava-me à grade, atento à leitura, esperando que me chamassem. Isso não se dava – e despedia-me dos homens postos em fila, a bagagem no chão, de banda, recolhia-me, isento das incertezas da primeira noite. Não me aventurava a oferecer-lhes prognósticos de liberdade: ninguém me acreditaria. Bem. Dentro de algumas semanas bateria a minha hora, firmava-me nesta convicção e eximia-me ao abafamento. Não me agarrariam de surpresa. Até lá, seria bom atordoar-me, varrer da lembrança os pormenores ignóbeis do relatório. Aquilo estava previsto. Para que chocar probabilidades agoureiras?

Outros se achavam também nas minhas disposições, e em consequência organizamos um jogo de poker no cubículo 35, a ficha a quatrocentos réis. Ignoro donde veio o baralho.

Chegou numa sexta-feira, oculto numa bolsa de senhora, ou foi contrabandeado pelo faxina. Eram cartas novas. E com elas vários sujeitos, Sebastião Hora, Macedo, José Brasil, Ventura, eu, arriscamos as nossas fortunas cautelosamente, no full-hand e no four. Na opinião dos jogadores os gentlemen são homens que sabem perder como se sentissem prazer nisto, indiferentes ao dinheiro, entregando-o com um sorriso aos adversários felizes. Sendo assim, o mais perfeito gentleman que vi foi Álvaro Ventura, homem lento e gordo, estivador em Santa Catarina, o primeiro comunista eleito para a Câmara federal. Tinham-lhe suprimido o mandato, e vivia conosco, aguardando lugar na Colônia Correcional. Aproximávamos duas camas, entre elas colocávamos a mala de Sebastião Hora, e essa ponte nos servia de mesa. Sentávamo-nos aos cantos, buscávamos anestesiar-nos violando o regulamento da prisão. O diretor estava longe, os guardas fingiam ignorar que os miseráveis quadrinhos de papel, disputados com avidez, representassem valor. Para nós eram preciosos. Em dias infelizes perdíamos dez, vinte mil-réis. Ociosos ou entregues a ocupações infrutíferas, víamos de repente naquilo perda sensível. Éramos parasitas do Estado, e para os gastos miúdos com cigarros, fósforo, lavagem de roupa, outras insignificâncias, dependíamos do exterior. Alguns tinham recursos lá fora, outros se endividavam; na hora de visita havia longas prestações de contas, chegava moeda, que necessariamente seria repartida.

Um dos meios de distribuição era o Coletivo: sangrava-nos em quotas regulares para evitar desigualdades excessivas lá dentro. Mas certas pessoas envergonhavam-se de recorrer a ele, não queriam revelar penúria e aventuravam no jogo as últimas cédulas. Não me achava nesse extremo. As minguadas tiragens de dois livros pouco mais ou menos desconhecidos tinham rendido o suficiente às fracas exigências de minha mulher, e no porta-moedas ainda havia uns restos da pequena soma trazida do Nordeste. Além disso a publicação de um novo romance incutia-me vagas esperanças, de algum modo me afastava o pessimismo teimoso. Possibilidades tênues despontavam, cresciam, reduziam-se, embaralhavam-se. Vinha-me o receio de cultivá-las: podiam enganar-me. Via-me em segurança provisória, calçando tamancos, fumando cigarros ordinários, contribuindo regularmente para o Coletivo. Se isso me faltasse, chegar-me-ia o desespero.

Foi o que se deu com Sebastião Hora. Tinha-se alargado no porão do Manaus, espalhara gorjetas, recebera alimentação de primeira classe, na certeza de sair logo. A ilusão se dissipava, morriam as prodigalidades, e o meu imprevidente amigo, cortadas as relações com o mundo, envolvia-se em duras sombras. Esforçava-se por extingui-

-las, na conversa afetava delicadeza excessiva, alegria descuidosa. Mas isso era postiço e findava no jogo. Qualquer prejuízo o irritava, e não conseguia disfarçar a avidez. Alarmava-me ver aquele moço generoso abandonar a pele civilizada, entregar-se a excessos de azedume e cobiça. Era preciso conhecer-lhe o desarranjo econômico, a ausência de negócios, emprego, ofício, um corte na vida por tempo indeterminado, para compreender-lhe o desassossego, a febre, a ânsia de possuir ninharias. As dificuldades dele superavam as nossas, por enquanto não via saída. Punha-me a recusar a precariedade manifesta da educação. Apêndices adquiridos em largos anos num instante se soltavam, e o rapaz amável tornava-se rude e seco.

Espantava-me de perceber em Ventura, um estivador, as maneiras corretas e a afabilidade que me habituara a distinguir no médico. Esquisito. A prisão nos sujeitava a duros abalos e surpresas constantes. Observadas nos outros, certas mudanças me assustavam; depois descobria em mim mesmo sinais de anormalidade – e tornava-me apreensivo. O enxurro de palavras insensatas numa rixa imprevista, à hora do almoço, vinha-me ao pensamento. Walter Pompeu me dissera o que não me atrevia a dizer a Sebastião Hora.

O ambiente novo nos transformava, éramos grosseiros. Queda enorme, o instinto nos dominava. Comparando-nos ao militar e ao estivador, certamente nos despojaríamos de qualquer vaidade. As marchas regulares e o transporte de fardos lhes haviam fortalecido os nervos. Afaziam-se à comida ruim, às camas ásperas, tinham poucas exigências e a ginástica diária os forçava a manter ali o equilíbrio anterior. Assim refletindo, esforçava-me por averiguar se também não me excedia em rompantes e queixas absurdas no jogo. Involuntariamente. Às vezes cometemos uma falta, e é necessário que nos venham apontá-la com a franqueza tarimbeira de Walter Pompeu. É raro acharmos essas indiscrições salutares: em geral nos recebem os defeitos com muda censura, reserva fria, olhares de esguelha, sorrisos franzidos, e não temos consciência da reprovação. Se notamos isso nos outros, perdemos a naturalidade, entramos a fiscalizar os nossos atos, receando igual procedimento.

O certo é que o poker não nos deu nenhuma tranquilidade. Além desses inconvenientes, a ameaça não queria desfazer-se. Cochilava, adormecia um instante, e Dinarte vinha despertá-la, piando a exigência lúgubre: — "Queremos ir para a Colônia." O pior de tudo era a repetição do extravagante desafio, lançado com pimponice alvar: — "Queremos." A arrelia continuava, impossível fixar a atenção murcha no passatempo; voltávamos a pensar na viagem provável, éramos obrigados a pensar nela: aos poucos deixava de ser probabilidade, ia-se transformando em certeza. Um apelo constante nos alvoroçava, estávamos sempre a esperá-lo. À noitinha, depois do jantar, uma voz se erguia na plataforma: – Companheiros...

E vinha a notícia: num cárcere próximo definhavam alguns homens sujos e famintos, de volta da Colônia. Surgiam caixões no pavimento inferior, num instante se organizava um serviço de assistência. Pressuroso movimento nos cubículos, gente a entrar e a sair, depois a jogar coisas dos lados, de cima, de todos os cantos, a dois ou três sujeitos zelosos na arrecadação. Esse apedrejamento, esse curioso bombardeio de ofertas, logo pejava os caixões. Eram frutas, conservas, latas de goiabada, biscoitos, guloseimas várias em pacotes, abundância recebida na secretaria em dias de visita. As reservas de alimento esgotavam-se, estômagos delicados e paladares exigentes iam cair em rigorosa frugalidade, contentar-se com a boia da prisão. Até sexta-feira. Chegariam então novas remessas, nos guarda-ventos e nas camas apareceriam caixas de figo, vidros de compota, maçãs, peras, abacates. No consumo disso haveria parcimônia, e quando outra exigência viesse, choveriam provisões.

A minha contribuição era insignificante. Aquela rixa idiota suprimira-me o desejo de alterar a sobremesa. Agora recebia o que me davam, e depois de cada refeição punha de parte uma laranja. No fundo escuro do quarto, junto à pia, formava-se aos poucos um monte delas. Quando o aviso chegava, e o auxílio era preciso, rolavam para o rés-do-chão, verdes, amarelas, fanadas. A noção do tempo ia-se apagando. Se não me caísse nas mãos um número de jornal entrado clandestinamente, desorientar-me-ia, perdido no calendário. Em que mês nos achávamos? Esquecia-me às vezes. Mas contando as laranjas era-me possível saber quantos dias mediavam entre duas turmas que vinham da Colônia Correcional.

Peguei os maços de cigarros ordinários, entreguei uns níqueis ao faxina, quando ouvi rumor de tamancos, anunciando o almoço. Corria a agregar-me ao rebanho que descia a escada, avizinhei-me da fila, mas antes de entrar nela percebi a falta do porta-moedas no bolso do pijama, embaixo do lenço. Diabo. Devia tê-lo deixado em cima da cama, ao pegar os cigarros. Recuei cheio de susto. Se um dos homens encarregados da limpeza me visitasse o cubículo nos minutos de ausência? Para não perder o lugar, pedi a Sebastião Hora que recebesse o meu prato. O pobre amigo estava mal disposto, a cara fechada. Sem olhar-me, resmungou:

– Não recebo prato de ninguém não.

Afastei-me engasgado, atordoado, subi os degraus de ferro, mergulhei no quarto. Bem. Sobre as cobertas achei o porta-moedas. Abri-o, examinei o compartimento das cédulas, retirei-as, desdobrei-as, contei-as. Bem. Tudo certo, era pouco mais ou menos o que eu imaginava possuir. Recolhi o dinheiro, guardei-o no bolso, por baixo do lenço. Uma parte das inquietações se desvanecia; a outra aumentava.

Regressei ao pavimento inferior, meti-me na fila ruidosa. Mas não me achava propenso a falar: se me disseram qualquer coisa, provavelmente não respondi. Sem querer, tinha ofendido um companheiro. Desastrado. Para não me atrasar um pouco fora susceptibilizá-lo, dar-lhe incumbência por desgraça mal interpretada. Se lhe houvesse exposto o caso, a urgência de voltar ao quarto, ele me compreenderia, varreria do pensamento o intuito mesquinho que me atribuíra: supunha-me capaz de pretender rebaixá-lo. Infelizmente não me detivera nas explicações necessárias: o tempo era curto, a lembrança do faxina a descobrir a pequena bolsa, arrecadá-la, deixar-me fraco e desarmado, estorvara civilidades. Na pressa, não me ocorrera formular o pedido em regra, e o ligeiro favor tomara feição de exigência brutal. Quis avizinhar-me de Hora, desculpai-me, afirmar-lhe que não tinha pretendido incomodá-lo. Acanhei-me, porém, de mexer novamente naquilo, e temi não atinar com as palavras convenientes, dar por paus e por pedras e acabar fortalecendo aquela disposição malévola. Era melhor calar-me, tentar esquecer o desgraçado equívoco. Mas não podia esquecer. Esforçava-me por anular a incompreensão – e zangava-me.

Uma pergunta me vinha com insistência: qual seria o meu comportamento se alguém ali me solicitasse um minúsculo obséquio? Eriçar-me-ia, coberto de melindres? Não, decerto, nem indagaria motivos. Excluía-se a hipótese de qualquer indivíduo tencionar reduzir-me confiando-me um serviço. Meus Deus! Como era possível cultivarmos tais vaidades? Seria ridículo. Miseráveis bagatelas sociais a flutuar no enxurro, aproximando-nos, separando-nos, buscávamos amparar-nos uns aos outros.

Difícil viver sem isso. De repente uma decepção, barreira a erguer-se na familiaridade obrigatória. Dirigia-me crédulo a uma pessoa, julgava encontrar solidariedade – e batia num muro de gelo. Convenções exteriores, preconceitos, nos separavam. Na verdade nunca me havia ocupado em atentar nessas tolices; ali não existiam, era insensato imaginar que existissem. Inútil inchar, engrossar o papo, tentar crescer alguns centímetros estirando-nos, pisando nas pontas dos pés. Uns pobres-diabos, nada mais. O terreno se aplainava, nenhuma saliência onde nos trepássemos e nos desse a impressão de nos tornarmos salientes. Pobres-diabos. Não tínhamos viajado no porão do Manaus, dormido uma noite na galeria molhada? Estávamos ali de passagem. Mandar-nos-iam sem formalidades para a Colônia Correcional, apodreceríamos na esteira, cabeças rapadas, sujos, doentes, famintos. Nessa perspectiva, era demência pensar em vantagens ocasionais, evaporadas. Certo não nos iríamos acanalhar; em qualquer meio faríamos o possível para conservar a dignidade. Magoava-me notar que me supunham capaz de atentar contra a dignidade alheia. Acusei-me, tinha andado mal, devia ter feito o pedido a Sérgio: ele não se arrepiaria comigo. Em seguida reagi. Para o diabo. Nunca me viera o intuito de reduzir ninguém. Se um homem via em mim desígnios tão bestas, era ele que se reduzia. E transferi a acusação. Prosápia, fumaça.

O dinheiro escasso, dobrado, desdobrado, contado, recontado, para bem dizer não me pertencia: esbagaçava-se no Coletivo, nos empréstimos, no jogo. Resignava-me a fumar cigarros ordinários, mas os dez mil-réis necessários à caixa comum pingavam todas as semanas. Essa contribuição me desorganizava as finanças. Hora não desconhecia os meus deveres pesados. Entrei a censurá-lo, como se ele soubesse o desaparecimento do porta-moedas. Seria bom narrar-lhe o caso, expor tudo com franqueza, dissipar nuvens. Desgraçadamente isso era impossível. Ardiam-me as orelhas, envergonhava-me de mexer no assunto desagradável. Não conseguiria justificar-me: embrulharia razões atrapalhadas com jeito de evasivas. Cheguei-me à grade, peguei a comida, subi. E findava o almoço quando Sebastião Hora entrou no cubículo e ofereceu-me um prato. Depois de um longo silêncio confuso, murmurei à toa:

– Obrigado. Já almocei.

Não me inteirava da situação, a reviravolta me deixava perplexo, sem atinar com as palavras. Notei apenas que o rapaz vinha de ânimo acerbo, propenso a discutir por eu lhe haver dado um encargo inútil. Meu Deus! Coisas chatas, mesquinhas. Aludi à recusa, livre de ressentimento: não era ela que me desgostava, mas a minha impertinência. Hora impugnou a recusa. Não tinha havido recusa. Assombrei-me, olhei-o esbugalhadamente. Não tinha havido? Lembrava-me das palavras: — "Não recebo prato de ninguém não." O desconchavo inteiro vinha dali; arrependera-me da inconveniência: molestara-o sem querer. Súbito a declaração estapafúrdia: não me dera aquela resposta. Examinei-me por dentro. Parecia-me ter distinguido bem todas as sílabas. E reproduzias. Vascolejei a memória, firmei-me na convicção. Apesar de rosnada, a negativa permanecia com muita clareza. E o moço queria suprimi-la, anular o testemunho dos meus ouvidos.

O constrangimento me impedia a fala. Com esforço, tentei recompor-me, fingir serenidade, conter os dedos trêmulos. Não valia a pena altercar. Havia-me enganado, era possível que me houvesse enganado. Lamentava a ocorrência, pretendia encerrá-la confessando um erro inexistente. Hora não contemporizava; de humor insuportável, revolvia a triste insignificância, e conjeturei de chofre que ele tinha vindo com o fim exclusivo de afligir-me e provocar-me. Julguei-o inconsequente e malicioso. Vira-me lá embaixo receber o almoço e resolvera desdizer-se, questionar sem necessidade. Imaginei isso e calei-me. Receava manifestar esse juízo temerário. Não estaria sendo injusto? A resolução pacífica baldou-se. O solilóquio irritava-me, pouco a pouco me deixei arrastar, lancei apartes secos, desorientei-me, e resvalamos num bate-boca estúpido. Fomos duros, arrebatamo-nos lançando ao acaso objurgatórias amargas.

Retirei-me desesperado. Não conservava na memória nenhuma daquelas frases ásperas. Que idiotice! Indignava-me contra Sebastião Hora, increpava-lhe a má-fé, e repreendia-me furioso. Imbecil. O culpado era eu. Se não lhe tivesse bulido os melindres, nenhuma contenda nos desuniria. Agora não podíamos recuar, suprimir os doestos, embora eles nada significassem. O tempo se encarregaria de amortecê-los. Por desgraça, logo no dia seguinte, um caso miúdo, uma ninharia, cortou as possibilidades de reconciliação. Finda a lavagem do rosto na pia, enxugava-me. Desazado, bati no guarda-vento; um objeto caiu de lá, espatifou-se no chão. Baixei-me, vi junto aos meus tamancos o pincel de barba de Sebastião Hora; o cabo de louça branca estava partido em vários pedaços. Com um estremecimento, agarrei aqueles destroços, fiquei a virá-los, revirá-los, achando-me pouco mais ou menos vítima de um destino safado, inteligência maligna que se aprazia atormentando-me. Projetos em chusma fervilhavam-me na cabeça, misturados e incompletos. Ainda não alcançava a importância do caso, e sentia-me impelido a uma decisão. Afligia-me a ideia de não se haver quebrado apenas um minúsculo utensílio, mas qualquer coisa imponderável, de muito valor. Evidentemente era impossível consertá-la, reduzida a cacos, esfarelada. Pensei na substituição. Embalei-me durante algum tempo na esperança de obter um pincel como aquele, do mesmo tamanho, o cabo de louça branca. Daria a encomenda a um guarda, pedir-lhe-ia exatidão rigorosa na forma, na cor.

Cheguei-me ao passadiço; nenhum sinal de farda pela vizinhança. Desci à Praça Vermelha, investiguei as celas, fiquei meia hora junto à grade, olhando o vestíbulo. Porque não aparecia um dos malditos carcereiros? Devagar o desânimo surgiu. Quando não eram precisos, os miseráveis andavam por ali; de repente se sumiam, canalha imprestável. A indiferença à minha terrível necessidade causava-me tremuras. Acossava-me a urgência de pôr um traste igual ao outro em cima do guarda-vento, colocá-lo depressa, antes que o meu companheiro notasse a falta. O guarda não vinha. E se viesse, recusar-se-ia talvez a satisfazer-me a exigência, espantar-se-ia dos excessivos pormenores, faria a compra desatento. Assombrava-me ver uma desgraçada miudeza assumir tais proporções, inquietar-me assim, varrer-me do espírito os cuidados normais. Tinha dez centímetros, menos de dez centímetros: pus-me a afirmar e repetir isto. Como era possível semelhante exiguidade transtornar uma pessoa? O guarda não aparecia. O caminho certo era avizinhar-me de Sebastião Hora, levá-lo para junto da pia e dizer-lhe tudo: reproduzir os movimentos, a esfregação da toalha, a pancada no móvel, a consequência, o prejuízo. Era o que eu devia fazer. E não achava força para isso. Atrapalhar-me-ia, embaralharia a exposição e enxergando uns olhos suspeitosos, um sorriso franzino e irônico, baixaria a cabeça, em silêncio, mostrando culpa. Este horrível encolhimento vedava a franqueza.

Afastei-me da grade, caminhei sem rumo, apertando nas mãos úmidas o feixe de pelos, atado por um cordel, e os fragmentos de louça. Porque não me decidia a jogar fora aquilo, desembaraçar-me do vexame desarrazoado? Os faxinas entregavam-se à baldeação. Tinham removido a cobertura do esgoto, varriam, lavavam, atiravam jatos escuros para dentro do canal estreito. Demorei-me a vê-los trabalhar, em pé, junto às pranchas amontoadas à borda. Porcarias rolavam no enxurro. O meu intuito era jogar nele as outras porcarias que estavam a sujar-me os dedos. E não me aventurava a isso. Talvez os faxinas me observassem a furto, me adivinhassem o propósito nos modos esquivos. Outras pessoas estariam a examinar-me, a contar-me os passos, medir-me os gestos. Achavam-me com certeza esquisito, ali parado, o braço pendente sobre o riacho negro. Se me resolvesse a abrir a mão, livrar-me-ia daquele peso.

Retirei-me, subi a escada, meio disposto a encarar Sebastião Hora, explicar-lhe o incidente. Minguava-me a coragem. Na véspera isso não teria sido muito difícil, mas agora, depois da nossa contenda absurda, como narrar-lhe o fato, convencê-lo de que se tratava de um acaso estúpido? Conservava-se arredio, espinhoso e agreste. Não me daria crédito; em vão se esforçaria por ocultar os espinhos e a dureza; a máscara cortês mal disfarçaria a contrariedade. Para o diabo. Entrei no cubículo. Era idiota mortificar-me naquela horrível indecisão. Estava claro que não havia recurso, nenhum recurso. Livrei-me do calçado, equilibrei-me em cima da pia, atingi a grade que dava para o exterior, arremessei por ali os restos do pincel. Quando Sebastião Hora notasse a ausência dele, iria acusar-me intimamente. Desci, fui sentar-me na cama. Num instante essa conjetura desagradável se mudou em certeza. Ia responsabilizar-me, imputar-me ação canalha, vingança mesquinha. Paciência. Antes isso que a dolorosa justificação, as palavras mastigadas, o esforço para varrer-lhe da alma tendências hostis. Não compreenderia a minha longa aflição. E de nenhum modo me aventuraria a mencioná-la. Estávamos separados. Os desejos de conciliação esfriavam.

Nesse mesmo dia Adolfo Barbosa veio dizer-me que existia uma vaga no cubículo 50, junto à prisão das mulheres. Convidou-me. Aceitei o convite, levei para a nova morada a cama, os percevejos e os trastes. Despedi-me de Sérgio. Mas não me foi possível despedir-me de Sebastião Hora.

O cubículo 50 de algum modo se afastava da prisão. Como era o último do renque, não tínhamos ali o trânsito forçado na plataforma, conversas à porta, a invasão dos intrusos. Essas inconveniências repetidas ocasionavam desacordos e atritos; para evitá-las, Valério Konder amarrara um lençol nos ferros da grade e pendurara nela um cartaz expondo o seu direito mínimo: precisava dormir e exigia que não fossem acordá-lo. Agora me distanciava um pouco das familiaridades indiscretas: já não seria obrigado a conter a língua para não me perceberem nas palavras o avesso das intenções.

O barulho dos tamancos nos chegava surdo. Não era só a posição do quarto que originava relativo sossego. Também as ideias políticas de Adolfo Barbosa influíam nisso: discrepantes, punham de quarentena o moço pálido, feio e prognato; raro um sujeito vacinado, livre do contágio, se decidia a entrar naquela espécie de lazareto, na verdade próspero, cheio de superfluidades, até cadeiras e uma escandalosa mesinha redonda. Provavelmente esse luxo vinha de gorjetas liberalizadas para amortecer a vigilância. Os objetos miúdos e caros eram trazidos pelo avô de Adolfo, um velho senador pernambucano, respeitável em demasia. Na segregação e no conforto, o meu novo companheiro esfalfava-se em leituras, rabiscava notas; em seguida precisava discutir a matéria: desviava a cama e, protegido pelo guarda-vento, agachava-se nos travesseiros, alcançava o buraco da parede e caía num largo debate com Valentina. Achando obstáculos às suas ideias irritava-se – e surgia uma estranha desavença conjugal motivada pela economia política. No outro lado a mulher se afligia docemente, sem querer convencer-se, e as razões chocavam-se através do muro, prolongavam-se. Finda a controvérsia, o homem se desanuviava, ia aos poucos readquirindo a excessiva delicadeza fria, policiando os gestos, as palavras, os sorrisos. Inclinei-me a supor, baseado em rápida observação, que a vida comum não tinha para ele grande interesse; mergulhando nas teorias, nas hipóteses, aquecia-se, mostrava uma vivacidade curiosa em pessoa de aparência tão débil e enfermiça; a mais ligeira impugnação, nesse terreno, originava-lhe zanga de avarento espoliado. Estivemos juntos um mês, e só o vi expandir-se com Valentina, mergulhar nas profundezas onde se guardavam coisas de valor; para usar outra linguagem: apenas ela teve o direito de amolar-se. Dois bichos de pensamento não se deviam casar, refleti mais de uma vez notando pedaços da conversa longa.

O terceiro habitante da cela era Américo Dias Leite, primo de Valentina, um moço esgrouviado, gênio excelente, cuidadoso em arrumar ações, ideias e os numerosos trastes que se espalhavam pelos cantos.

– Precisamos ordem nessa tralha, dizia sempre.

Nas matanças de percevejos não descansava. À noite jogávamos poker, surdos à Voz da Liberdade. Agora os sambas, o *Hino do Brasileiro Pobre*, as notícias resumidas por Malta abafavam-se a distância; só havia clareza nas canções das vizinhas da sala 4. A linguagem gutural de Elisa Berger e Olga Prestes adoçava-se nas estrofes da Bandeira Vermelha. As cartas chiavam de leve na mesinha redonda, as fichas de papelão circulavam; quase sem palavras, o jogo prosseguia, lento e mecânico. Junto a dois homens aparentemente insensíveis ao prejuízo e ao ganho, esforçava-me por fazê-los julgar que isto não tinha para mim nenhuma importância, mas com certeza não cheguei a simular aquela sagaz indiferença.

Na verdade estava bastante apreensivo. Não era apenas o súbito valor adquirido pelos tentos miúdos; perseguia-me a lembrança dos estorvos ordinários a acumular-se, a estender se, estragando-me a vida. Em certos momentos essas dificuldades me produziam verdadeira angústia. Anos atrás, numa cama de hospital, com a barriga aberta, achara-me próximo ao desespero, sem saber como pagar a operação e o tratamento longo; necessário endividar-me, e esta ideia fixa agravava as dores atrozes da ferida. Minúcias dessa época voltavam-me com insistência, talvez por me ver em dificuldade semelhante: desemprego, inércia obrigatória, longínquos deveres a perturbar-me o sono. As visitas do médico uniam-se a visões de pesadelos; gemidos e choros próximos avivavam-me a recordação de uma horrível figura sem olhos, coberta de esparadrapos, vista à porta da enfermaria dos indigentes; o tique-taque de um relógio crescia, abafando o rumor de ferros na autoclave. Se não fosse a preguiça, resolver-me-ia a jogar no papel essa impertinência, livrar-me dela; mas havia a redação das notas guardadas na valise, perras e a desviar-me de outros assuntos. Desde a prisão que o hospital me apoquentava, mas só agora me vinha consciência disto. Naquele tempo duas obsessões persistiam no delírio teimoso: as pancadas do relógio tomavam forma, ganhavam nitidez e mudavam-se em bichos; supunha-me dois, um são e outro doente, e desejava que o cirurgião me dividisse, aproveitasse o lado esquerdo, bom, e enviasse o direito, corrompido, para o necrotério. Essa parte direita, infeccionada, era um hóspede sem-vergonha e chamava-se Paulo. Se Clemente Silveira quisesse, poderia facilmente operar-me de novo e desembaraçar-me do intruso. Bem. Se essa maluqueira insistisse em aperrear-me, decidir-me-ia a narrá-la de qualquer jeito: daria dois contos, ruins com certeza, como os deixados na gaveta e remetidos a Buenos Aires, sem correções.

O poker não me servia de refúgio: associavam-se nele os obstáculos presentes e os passados. As felicitações de Adolfo ao parceiro feliz, calorosos em excesso, animavam-lhe a face pálida, e quase me inclinei a supor que ele realmente se despojava com alegria. Esses requintes de educação aliavam-se rigorosos na fala, no gesto, forçando-me a rasurar os limites entre falsidades e sentimentos nobres. Enfim nada me provava que o moço fosse hipócrita. A ligeira perda nenhuma significação tinha para ele.

A delicadeza obsequiosa e o desinteresse ostensivo do homem rico marcavam-me a inferioridade social. Sentia-me deslocado na sela estreita, os modos corteses feriam-me, atenciosas manifestações de condescendência. Aliás não me sentiria à vontade em nenhum lugar, foi o pensamento que me ocorreu naqueles dias. Usava roupa e linguagem de burguês, à primeira vista não nos distinguíamos; o mais simples exame, porém, revelaria entre nós diferença enorme. Também me distanciava dos operários; se tentasse negar isto, cairia na parlapatice demagógica. Achava-me fora das classes, num grupo vacilante e sem caráter, sempre a subir e a descer degraus, a topar obstáculos. Impossível fixar-me no declive longo da vida estreita. Repelido em cima e embaixo: aqui os modos afáveis e protetores de Adolfo; ali a brutalidade rija do estivador Desidério. Isso me excitava a desconfiança, levava-me a examinar as pessoas com frieza, e qualquer mostra de solidariedade me surpreendia. Causava-me espanto ver aquela gente despojar-se por gosto, guardar comida para os famintos em retorno da Colônia Correcional. Certamente, pensei, as numerosas dádivas eram consequência da organização do Coletivo; nenhuma simpatia as ocasionara; os conjuntos humanos continuavam fechados e impenetráveis.

Mais tarde, em condições diversas, notei o engano, e arrependi-me de haver julgado mal as criaturas. Descendo muito, fraco e inútil, recebi favores que não poderia retribuir. Necessitamos conhecer a miséria para descobrir ações desinteressadas. Provavelmente elas existem na vida comum. Falta-nos, porém, meio de percebê-las.

Pouco a pouco a isolar-me no fim da plataforma, via de longe as constantes mudanças, figuras a surgir e a desaparecer, como se estivéssemos num hotel. Alguns hóspedes iam ficando: impossível sabermos porque Rodolfo Ghioldi, Sérgio, Adolfo, Benjamin Snaider, Valdemar Birinyi se estabilizavam naquela sociedade incongruente e movediça. O Pavilhão se enchia, desafogava-se, tornava a encher-se.

Ultimamente as celas regurgitavam. Demorando-me à porta do cubículo 35 para falar com Sérgio, percebi ao fundo três rapazes de cócoras junto a colchões estendidos no pavimento. Eram da marinha e dois vestiam farda. O terceiro, quase criança, tinha o busto nu, escoriado e contuso; manchas alargavam-se, lanhos cruzavam-se no peito, no dorso, nas costelas, sinais vermelhos, com certeza novos, outros violáceos, azuis, negros, a revelar que o garoto havia sido maltratados várias vezes. Discutiam em voz baixa, rabiscando a lápis anotações em pedaços de papel. Devia tratar-se de alguma questão obscura, mastigada, pois se manifestavam devagar, cuidadosos na escrita, embebidos no assunto, parecendo não enxergar as pessoas que transitavam no passadiço. Um grito lá embaixo nomeou alguém – e o moço das feridas estremeceu, muito pálido. Suspendeu-se o debate, houve um momento de ansiosa expectativa, e a voz do guarda se repetiu no andar inferior:

– Fulano de Tal. Polícia.

Entre o chamado e a última palavra uma pausa se alargara, talvez com o intuito perverso de dar ao infeliz uma esperança tênue. Pata macia de gato acariciando um rato. Em horas assim este se encolhe cheio de pavor, agarra-se a ilusões fugitivas, busca imaginar ocorrências vulgares: ida à secretaria, visita inesperada, uma carta improvável. Engana-se voluntariamente, esforça-se por afastar a lembrança das torturas, ali visíveis na pele, desalenta-se ouvindo as sílabas fatais, e a significação delas surge clara: perguntas invariáveis multiplicadas, a exigir denúncias, a teimosia silenciosa do paciente punida com sevícias: golpes de borracha, alicate nas unhas, o fogo do maçarico destruindo carnes. Quando a horrível ordem soou, o rapaz se ergueu aflito, o rosto lívido crispado:

– Ah! Meu Deus! Não aguento mais. Vão matar-me. A custo, auxiliado pelos outros, conseguiu ocultar as pisaduras sangrentas na camisa grosseira. Vestiu a blusa, despediu-se, agarrou a bagagem, saiu.

Entre os novatos do Pavilhão notei uns indivíduos robustos e corados, de fala curiosa, metidos em grandes capotes. Certamente vinham de clima frio. Diversos tinham nomes exóticos, e na verdade imaginei-os estrangeiros quando um deles seu Eusébio, um velho astuto, murmurou lento e fanhoso.

— Nos disseram...

Supus ter ouvido mal, não chegava a capacitar-me a estranha combinação. Tornou a empregá-la, e convenci-me de que não me equivocava. "Nós fizeram". Que diabo pretendia ele com esse disparate? Vendo-o na companhia de latagões membrudos e louros, julguei-o europeu do norte, a enganchar-se no português. Eram brasileiros, do Paraná, umas duas dezenas. Explicava-se a singularidade pela articulação do pronome oblíquo, de vogal aberta, a confundir-se com sujeito. A prosódia justificava o esquisito discurso, mas sempre que me aparecia aquele verbo na terceira pessoa, vinha-me o desejo de corrigir a frase. A linguagem do nordeste habituara-me a essa sintaxe, usada apenas no singular, não prejudicando o sentido; no plural surgia-me pela primeira vez, e a confusão pronominal me abalava.

Os meus companheiros do Manaus, em geral miúdos e escuros, muito diferiam dessa gente de outra raça e de outra latitude; vários circulavam no Pavilhão, esquivos, silenciosos, a aparentar desconfiança, vendo provocadores em toda a parte. Fora as discrepâncias no físico, na expressão nas maneiras, persistia nos dois grupos a utilização de objetos aparentemente desnecessários. Intrigavam-me os capotes, verdadeiros suadouros em dias quentes, as redes inúteis entre aquelas paredes lisas. Pouco depois chegou o inverno e esses trastes, na ausência de camas, estiraram-se no chão, serviram de cobertores.

Herculano se distinguia dos outros paranaenses, um estudante enfermiço, pequenino, amarelo como enxofre; provavelmente não tinha mescla de sangue polaco ou alemão. Essa criatura amável, tímida, cheia de sorrisos, veio instalar-se no cubículo 50, onde algum tempo escondeu notável disposição para as cantigas revolucionárias e grande falta de pecúnia. Logo entrou no poker, e esteve mais de uma semana a equilibrar-se, ganhando ou perdendo insignificâncias, exibindo sempre a mesma cédula de vinte mil-réis. Comprava as fichas e aventurava-se com prudência, que me parecia avareza. No fim do jogo, feitas as contas, recebia ou entregava alguns níqueis e pratas e guardava a cédula. Um dia o caiporismo chegou e venceu todas as cautelas: no frigir dos ovos o homenzinho recolheu duas ou três moedas e deixou a nota no cacifro. Daí em diante não tornou a arriscar-se. Olhava as cartas de longe e, enquanto ali vivemos, eximiu-se a qualquer despesa.

Embaixo, no último cubículo à esquerda, ao pé da grade, surgiu um tipo gordo, tranquilo, silencioso, de calça cáqui e suspensório. Ganhou a alcunha de Farroupilha, por ter sido preso no aniversário da revolução gaúcha de 1835. Dois ou três dias depois da sua chegada, boatos fervilharam, cresceram e se transformaram em verdades: Farroupilha era ladrão, pederasta e delator. Além de tudo, covarde. Citavam-se fatos horríveis, apareciam testemunhas – e ninguém tinha dúvida. Farroupilha era o maior patife do mundo. José Gay, ótimo rapaz, queria enforcá-lo na viga do passadiço – e quando expunha esta ideia horrível, os outros faziam enorme berreiro, exigindo a cabeça de Farroupilha. E o infeliz, em pé, junto à grade do cubículo, os braços cruzados, olhava as coisas e as pessoas, impudente e alheio, como se aquilo não fosse com ele.

Não parecia covarde. Talvez tivesse defeitos medonhos, mas é certo que os aceitaram sem exame. Esforçava-me por vencer a credulidade infantil.

Tinham dali saído quatro levas de presos. Iam para a Colônia Correcional, sabíamos isto perfeitamente, mas quando uma lista surgia falávamos em liberdade. Buscávamos razões bem frágeis para justificar esperanças, caíamos num otimismo exagerado. A frente popular francesa, Largo Caballero e Assava foram o nosso grande recurso. E quando chegava o desânimo, procurávamos Rodolfo Ghioldi, que tinha obrigação de ser forte, não podia fraquejar nunca. Certas situações, invejáveis na aparência, são de fato coisas duras e pesadas. Meses antes, com saúde, risonho e de cuecas, aquele moço baixinho empoleirava-se num degrau da escada, o tronco nu, as canelas nuas, um lenço no cós da tanga que lhe cobria alguns centímetros da barriga. Um discurso em tais condições facilmente se podia tornar ridículo. Quarenta pessoas em redor sobressaltavam-se, um olho no orador, outro na porta, e quando a grade larga se abria, esperavam novidades funestas. Com certeza Rodolfo se inquietava também, mas não queria deter-se, continuava a falar seguro e frio. A frieza e a segurança davam-lhe enorme prestígio. Nas conversas embrulhava uma algaravia meio espanhola, meio portuguesa, ia usando pouco a pouco o nosso vocabulário. Ultimamente andava mal, silencioso, magro, sem apetite. Caíam-lhe os dentes. Era Rodolfo que nos amparava no desânimo. Os telegramas dos jornais transformavam-se, lidos por ele. Traduzia as notícias, ligava-se a casos anteriores, num instante fazia uma síntese – e era como se na barra escura da parede surgisse de repente um mapa. Enquanto ele discorria, eu lhe examinava as gengivas pálidas, banguelas, os dentes escassos. E zangava-me. Estupidez invalidar uma criatura assim, matar uma inteligência. Fraco e doente, Rodolfo nos animava. O abafamento decrescia, chegava o otimismo. Tudo lá fora estava bem. E relacionávamos com essas coisas, que estavam bem lá fora, as nossas pessoas insignificantes.

Depois do café, entretinha-me a ler uma brochura, desatento, ouvindo o burburinho distante de conversas na Praça Vermelha, vozes mais próximas, som de tamancos no passadiço. Gente a entrar no banheiro, a sair, ruído seco de grade a chocar nos batentes, a doida exigência do capitão Dinarte:

– Queremos ir para a Colônia. Queremos ir para a Colônia de Dois Rios.

Queremos.

Evidentemente ele zombava dos operários e dos outros que nos tinham deixado, zombava do português, incluído numa das levas. Emudecera o desagradável canto de galo, e às vezes me vinha o desejo de que a estridência viesse irritar-nos de novo, abafar o desafio insensato do oficial. Quinze minutos naquela horrível brincadeira. Se ao menos Dinarte variasse um pouco, usasse palavras diferentes, não me abalaria tanto. O modo como ele gritava queremos pela terceira vez era desacato e ordem. Eu tapava os ouvidos, a provocação chegava-me abafada; a cadência arrasava-me os nervos. Vinha o silêncio, e não nos tranquilizávamos, à espera do brado agoureiro. Preferível o canto de galo. Pobre do português, enviado para a Colônia, sem amigos, aborrecido por toda a gente. Surpreendia-me a lamentar a ausência daquela estupidez enorme. — "Por causa de uma aventura galante..." Não se cansava de repetir isso. Tentara aprender francês com Tavares Bastos, mas enganchara-se nas regras, não houvera meio de entrar na conjugação. E desabafara comigo — "Non. Gramática non. Ne pas. Je deseje faler. Faler français. Não é assim que se diz?" Pouco antes de o transferirem, vivera algum tempo em companhia de um espanhol careca, de olho vivo, uma daquelas aves de arribação que nos apareciam e desapareciam constantemente. Por assemelhar-se ao último rei de Espanha, demos a esse tipo o nome de Afonso XIII. E o apelido pegou. À noite, na Voz da Liberdade, o locutor enxertava pilhérias no programa, achava que os dois vizinhos peninsulares ficavam bem no mesmo cubículo. E Afonso XIII indignava-se, aos berros, por o haverem posto junto àquele animal.

Dessas figuras sumidas restavam lembranças vagas, gestos, frases, a esmorecer, a confundir-se com gestos e frases de outras pessoas. Os caracteres diluíam-se. Naquela manhã, depois do café, sentado na cama, um volume entre os dedos buscava distrair-me – e espalhava a atenção por várias coisas: a prosa lida, os rumores externos, recordações instáveis. Próximo, além do guarda-vento, agachado nos travesseiros, Adolfo segredava com Valentina pelo buraco aberto na parede. Lá embaixo a porta do banheiro se fechou. Em seguida houve um tropel surdo, choque de madeira nos degraus de ferro: a gente válida ia fazer exercício no terraço. Nas celas ficavam apenas homens enfermiços, caídos em ócio obrigatório, e alguns que se isolavam, prudentes, envolvendo-se no silêncio como numa carapaça. As divergências políticas iam-se acirrando, ódios cresciam, estalavam. Com certeza Rodolfo estava dispondo, meticuloso, o esboço de uma conferência; Sérgio lançava no caderno um estudo que, principiando em alemão, se alargava num português bastante razoável; Apporelly, hemiplégico, arrastava na sombra a perna trôpega. Doía-me o pé da barriga, a dormência na coxa direita anulava o desejo de mexer-me, agUentar-me ao sol, ver lá de cima o formigar dos veículos, árvores e prédios, a massa rija da Favela, o gasômetro enorme. Tilintar de chave na sala 4. O sussurro das mulheres passou a pequena distância, elevou-se no patamar, desceu a escada e sumiu-se.

O cochicho de Adolfo e Valentina prosseguia. Não era discussão. Em geral os dois se embrenhavam na política, divergiam, falavam alto, e as discrepâncias perdiam-se no barulho do Pavilhão. Alarmava-me a esquisitice do rapaz. Como diabo se desperdiçavam momentos preciosos debatendo a questão social com uma pessoa tão bonita? Se ele tivesse bom senso, limitar-se-ia a admirar pedaços da moça: um olho brilhante, uma nesga de bochecha corada, os beiços muito vermelhos. Agora a conversa tornava-se indistinta, era um murmúrio.

Levantei-me para não ser indiscreto, saí, encostei-me à barra do passadiço, vi no rés do chão, junto à grade aberta, o chefe dos guardas, um faxina a varrer o cimento. Na aparência os quartos se haviam despovoado. Criaturas doentes invisíveis. Valdemar Birinyi cada vez mais se isolava; punham-no de parte, não esqueciam a sinceridade infeliz que manifestara ao chegar ali: — "Querem fazer revolução com essas bestas?" Àquela hora o antigo oficial de Bela Kun, alheio à versão, folheava o seu tesouro, os grossos volumes da coleção de selos. Faltavam diversos espécimes abafados na polícia, mas isto não tinha importância. — "Ainda é a terceira coleção do mundo." A terceira, pois não, elogiada pelo rei da Inglaterra. E Valdemar Birinyi devia sentir-se feliz. Já não havia motivo para tentar suicidar-se. Os cortes dos pulsos, na tentativa falha de abrir as artérias, quase se apagavam, e provavelmente não tinham deixado cicatrizes no interior.

Fiquei debruçado na viga da plataforma, pensando em coisas assim, vendo o guarda fiscalizar o serviço do faxina, ouvindo o chiar da vassoura no cimento. Afinal o homem zebrado terminou as varredelas e sumiu-se. Agora só se percebia um zumbido, qualquer ajuste do casal. Procurei fixar a atenção noutro rumor. Nenhum me veio distrair, no Pavilhão deserto aquele avultava em demasia. Súbito Adolfo calou-se, abandonou o refúgio, saiu, ficou um instante perto de mim, observando o pavimento inferior. Em grande alvoroço, estranhava sem dúvida que as circunstâncias lhe favorecessem a realização de um projeto absurdo. E agarrando a ocasião, provavelmente sem refletir, pediu-me auxílio, o olho brilhante, a voz trêmula. Queria que eu lhe facilitasse meio de sair dali, visitar a mulher. Necessário ir falar ao carcereiro lá embaixo, entretê-lo, impedir-lhe o exame das coisas em redor.

– Você está maluco. Eu sou lá capaz disso?

A gaiola vizinha estava aberta, e as companheiras de Valentina esvoaçavam todas no pátio, desenferrujando os músculos no jogo da bola. A combinação feliz de acasos induzia o moço a executar o plano temerário. Indispensável e urgente a minha interferência. Recusei-me, tonto, receando que um som de lingueta viesse frustrar a comunicação. Na verdade lamentava não me ocorrer um expediente, ver aquele enorme desejo baldar-se.

– É uma loucura.

E resistia, fazendo tenção de recolher-me, pegar o livro abandonado. Mas, em vez de proceder assim, afastava-me da cela, pouco a pouco me acercava da escada. Nenhum desígnio; evidentemente não me abalançaria a colaborar na aventura doida. Contudo os movimentos se opunham à decisão e às palavras. Alguma ideia imprecisa devia andar-me no interior; mexia-me talvez guiado por ela.

Nesse automatismo desci os degraus, alcancei a Praça Vermelha. Aí me veio a certeza de que ia tratar com o sujeito de farda, armar uma conversa longa, embora não houvesse nenhum assunto para ela. Não me espantava desse comportamento, julgava-o razoável, apesar de tudo; na hora precisa um diálogo se arrumaria, natural, réplicas e tréplicas a alargar-se com muitos circunlóquios, enchendo tempo, acirrando o homem, impedindo-lhe observar os arredores. Em condições normais balanceamos as nossas possibilidades, e não vemos além delas; a sociedade nos determina com rigor os atos possíveis, e às vezes, para nos movermos, necessitamos um papel selado, assinado, carimbado; sem isso, encrencamos, certamente. Ali dentro essas limitações desaparecem, anulam-se as fronteiras, vemos que nos podemos mover para um lado e para outro, indiferentes às restrições, alheios às conveniências. Movemo-nos até bater com o nariz numa porta de ferro. Mas esse obstáculo é transitório. Descerra-se a porta, queremos transpô-la, sem perguntar se havia para isso uma proibição. Os deveres incutidos lá fora não existem: vamos até onde podemos ir. Há uma porta aberta – e Adolfo precisa atravessá-la, passar o vestíbulo, trepar alguns degraus, meter-se na sala 4 e abraçar Valentina, roxa. Os lábios rubros, as maçãs do rosto, cor-de-rosa, mãos, braços, pernas, estariam roxos. Moésia Rolim, alto e rouco, afirmava que ali tínhamos liberdade; era o único lugar no Brasil onde havia liberdade.

Perfeitamente. Agarrava-me a esse paradoxo. Gritávamos, cobríamos de baldões a polícia assassina de Filinto Müller. Tínhamos essa liberdade. E havia outra. Andar nus, não escovar os dentes, falar à toa, admitindo ou recusando farrapos de noções obrigatórias noutra parte. Íamos e vínhamos, perfeitos animais. — "Abaixo a polícia assassina." Esquisito não nos havermos apavorado, não estarmos ali como bichos passivos e medrosos.

Cheguei-me ao guarda como se tivesse uma reclamação na ponta da língua. Ainda não tinha, mas isto de nenhum modo me embaraçava: com certeza ia surgir e desenrolar-se no momento oportuno. Foi o que sucedeu. Essa confiança no imprevisto é talvez a base dos pequenos talentos ali desenvolvidos. Quando entrei a falar, notei que nos faltavam diversas coisas. Peguei-me a uma, exagerando a importância dela, os olhos na cara do tipo, com gestos e loquacidade contrários ao meu temperamento. Enquanto me expandia, Adolfo saltou os degraus com passos de gato, colou-se à parede, escorregou até a grade, meteu-se no vestíbulo, subiu a escada. No decurso dessa manobra, executada num momento, ia-me virando, forçando meu interlocutor a dar as costas ao fugitivo. Bem. O meu companheiro tinha realizado uma façanha. Estava na sala 4, beijando Valentina, e provavelmente ia demorar pouco. Sem dúvida. Um rápido encontro de galo. Isso mesmo. Reclusão demorada, sonhos, necessidades permanentes, a imaginação criando cenas vivas. Regressaria logo, certamente. O pior é que o diabo do guarda me atendera sem discutir: achara justo o pedido, e isto me desconcertava. Sumia-se o pretexto, e um instante fiquei a vasculhar o íntimo, repisando a solicitação, pouco a pouco transformada em exigência, com pormenores redundantes, avanços e recuos, forcejando por torná-la inaceitável. O funcionário não me havia compreendido bem, mortificava-me para explicar isto, e, durante a lenga-lenga, estirava os olhos por cima de um ombro dele, via um lanço da escada. Afligia-me a ausência longa de Adolfo. Porque se demorava tanto? Na verdade não se demorava. Dois minutos ou três. Na minha horrível situação, porém, isso parecia tempo excessivo. Certamente a empresa ia falhar. Estupidez meter-me nela. Tudo se descobriria de repente e haveria um escândalo medonho. Perguntei a mim mesmo se o guarda já não tinha percebido a maranha, não estava ali a enganar-me, pronto a divulgar a falta na hora conveniente. Fez um gesto, e alarmei-me, supondo que ia trancar a porta, deixar lá fora o rapaz em situação injustificável. Precipitei a parolagem, lançando-me a novas instâncias, em desordem, perfeitamente embrulhado. Representava muito mal o papel difícil. Uma criança me enxergaria o transtorno, a desesperada busca de motivos. Pensando assim, admirava-me de não distinguir no indivíduo qualquer indício de suspeita. Bem. Possivelmente meu desempenho não era tão mau como eu julgava; a conversa mastigada, os rodeios fatigantes, não revelavam desarranjo; achava-me ali a reclamar sem astúcia creolina e sabão para liquidar os percevejos. Ou então o homem se fingia cego, pactuava conosco: farejara uma necessidade urgente e levaria a condescendência até o fim. E se uma das mulheres regressasse do pátio, fosse testemunhar o caso estranho? Aborrecia-me conjeturar isso. Porque me entretinha a imaginar dificuldades, interessar-me em negócios alheios?

Afinal o desertor ressurgiu, desviando-se do corrimão, agachando-se, colando-se ao muro. Desceu, executou uma curva larga, alcançou a grade, insinuou-se como um rato na Praça Vermelha. Findei a exposição capenga, lancei um agradecimento chocho e recolhi-me, surpreso do êxito. Nunca me supusera tão hábil. No cubículo achei Adolfo a restabelecer-se, pálido em excesso, grandes manchas de suor no pijama. Felicitei-o:

– Muito bem.

Resvalou na confidência:

– Foi um sacrifício para ela, coitada. Assim de chofre! Estava fria como uma defunta.

Veio-me o capricho malicioso de chamar Valentina. Pus-me a conversar com ela, observando, através da parede, migalhas de beleza: dentes magníficos, um olho vivo, alguns centímetros de bochecha, os lábios sangrentos, uma sobrancelha. Admirava-lhe a vivacidade. Nenhum vestígio do susto horrível que tivera pouco antes. O marido, perto, mordia as cobertas, numa crise de riso.

De volta do banho, fui à barbearia, confiar-me à perícia do homem de zebra que nos cortava os cabelos e pelava o rosto com tesouras e navalhas bastante cegas. Melhorado o frontispício, recolhi-me, despendurei do guarda-vento a roupa envolta em jornais, por causa da poeira, abri a valise, entrei a arrumar-me devagar.

Faltavam ainda algumas horas para a visita. Findos os arranjos, desci. Os pés haviam crescido e os sapatos magoavam-me os dedos.

No pavimento de baixo, Valério Konder, sério, pilheriou comigo, deu-me um título cerimonioso, referiu-se aos trabalhos na repartição. Livres dos tamancos e dos pijamas, apertados em colarinhos e gravatas, éramos pouco mais ou menos irreconhecíveis.

Achei aberta a grade, passei ao vestíbulo, entrei na enfermaria, à esquerda. A mesa de Sisson, ostentando enorme tabuleiro de casas vermelhas e negras, convidou-me. Para encher tempo, sentei-me a ela, dispus as peças, busquei parceiro, embrenhei-me numa partida, insensível aos xeques, esperando que me viessem chamar à secretaria.

Demorei-me longamente, as ideias a afastar-se dali, em busca de possíveis casos de interesses ocorridos na semana. Como andariam lá fora os meus negócios? A imaginação capengava, tentando vencer obstáculos. Em redor, sentados nas camas, outros indivíduos se entretinham a jogar, e os comentários dos lances chegavam-me remotos e confusos. Os vestuários civilizados, a discrepar do ambiente, com certeza me desviavam para o exterior, levavam-me a forjar notícias prováveis. Agildo Barata avizinhou-se, entregou-me um envelope, recomendando-me que o fizesse chegar ao destino. Li o endereço de um político e meti o papel no bolso, regressei aos cavalos e aos peões.

À voz de um guarda, abandonei as combinações desatentas, ergui-me, passei ao vestíbulo, fui agregar-me no pátio a uma dúzia de companheiros bem vestidos. Puse-mo-nos em marcha. Em vez de nos dirigirem à secretaria, encaminharam-nos ao pavilhão fronteiro a ela. Aí surgiram fardas e alguém anunciou:

– Revista.

Achava-me à frente do bando. Com todos os diabos. Iam examinar-me em primeiro lugar, descobrir a infeliz correspondência, prejudicar Agildo, talvez embrulhar o destinatário. Nenhum meio consciente de fugir ao embaraço. Estava fora dos meus recursos conceber uma defesa, tentar embair a polícia, que, a dois passos, ali na calçada, pretendia vasculhar-nos as algibeiras. A minha reação foi maquinal. Desviei-me, recuei, distingui Euclides de Oliveira e empurrei-o, escondi-me por detrás dele. Retirei o contrabando e mergulhei-o debaixo da camisa. Seria descoberto, sem dúvida: escorregou-me na pele, fez um chumaço volumoso na barriga, preso no cinto.

Azaranzado, abotoando-me, vi Euclides próximo, submetido à busca; notei-lhe as rugas da testa quando ligeiramente o despojaram de uma fraude como aquela. Afastou-se indignado, chegou a minha vez. Não me ocorria a suposição de que o miserável trambolho ficasse em meu poder. Eximiram-me de cautelas; ingenuidade querer burlar os sentidos espertos da fiscalização. Avancei. Num minuto iam desmascarar-me, devolver-me ao grupo, as orelhas em brasa. Mas não me indignaria como Euclides, não teria no rosto as pregas duras, coléricas. Tudo previsto. Subi um degrau, afastei as abas do paletó. Dedos ágeis correram no pano, investigaram esconderijos e dobras, fizeram-me cócegas, deram-me a impressão de que pernas de baratas me andavam sobre o peito, num fervilhar muito desagradável Estancaram, recolheram-se.

Desorientado, imobilizei-me: com certeza os gadanhos hábeis iam de novo esquadrinhar-me os sovacos, arrepiar-me, tateando culpas. Lentamente percebi que a operação estava finda, o assombro me tolheu a fala e o gesto; recompus-me e desci, grato ao acaso e desdenhando um pouco os farejadores ineptos. Malucos. Essa opinião fortalecia-se enquanto me desanuviava, procurando orientar-me. Enxerguei à direita a sala aberta e dirigi-me para lá. Esboçaram-se as fisionomias de pessoas vagamente conhecidas, distingui o rumor das conversas e o rápido exame dos pacotes familiares nas sextas-feiras. Num banco, junto à porta, minha mulher sorria, segredou quando me sentei:

– Que é da carta?

Em silêncio mudo, interroguei-a com os olhos; referiu-se ao objeto pouco antes escondido, no momento de aperto. Com os diabos! E modifiquei o juízo desfavorável aos pesquisadores. Certamente não eram cegos nem idiotas. Simplicidade julgar-me capaz de enganá-los, visto de perto, se à distância de dez metros alguém me observara os movimentos e tirara a conclusão razoável. Possível não haverem tencionado ir além de certos atos formais, necessários à rotina. Cumpridas as exigências mínimas, à pressa, como se executassem um ritual enfadonho, evitavam complicações estranhas ao serviço. Ausência de curiosidade, nenhum propósito de exceder os limites de uma função maquinal e burocrática. Devia ser isso. E voltou-me a suposição de que o guarda, a escutar com pachorra a minha conversa fatidiosa, percebera a fuga de Adolfo e aguardara, paciente e humano, o regresso dele. Essas dúvidas nos suavizam a prisão, levam-nos à certeza de não haver no aparelho policial o rigor suposto lá fora. Notamos quebra de uniformidade, e isto nos satisfaz. Em qualquer parte achamos indivíduos propensos a simular inadvertência, cochilar no momento preciso, se tais escorregos não lesam o texto do regulamento. A princípio nos admiramos da nossa perícia. Hesitamos depois em admiti-la, mas fingimo-nos sagazes para não causar prejuízo à vigilância que relaxou, desviar a suspeita de conivência. Bem. Examinei os arredores. Só divisei casais mergulhados em seus negócios particulares. Sem respeito aos circunstantes, mal-educado, entrei a coçar-me. Abri a camisa, estive a mexer lá por dentro; afinal consegui introduzir o envelope na manga.

– Deixa cair o lenço.

Novo reparo na vizinhança – e o pedaço do pano chegou-me aos pés. Baixei-me, fiquei um instante procurando levantá-lo. Na verdade sou um infeliz prestidigitador. Operação difícil retirar os papéis da manga, escondê-los no lenço, metê-los na bolsa da visitante. Mas ninguém testemunhou essa burla, e aproveitamos a meia hora disponível.

Recebi as últimas notícias, enxerguei a liberdade muito longe, cada vez mais a distanciar-se de mim. Conservar-me-iam fora do mundo, sem processo; não me vexariam com interrogatórios nem ouviriam testemunhas. Segregação isenta de formalidades. Tínhamos chegado a isso, eliminavam-se as praxes, o simulacro de justiça, como se fôssemos selvagens. Facilmente me ajustariam, considerando indícios e razões, em artigos e parágrafos. Se quisessem, legalizariam a situação; não tentavam esconder violências e arbítrio – e algumas pessoas inquietas por minha causa batiam em portas fechadas. Como de outras vezes, devo ter pedido a minha mulher que não importunasse esses homens de bons propósitos. Afinal o meu caso era semelhante a dezenas de outros; parecia-me estulto desviar para ele a atenção de viventes ocupados nos seus negócios. Capitão Mata e Manuel Leal tinham-me aborrecido em demasia a alegar inocência, a falar em perseguições, iniquidades. Essas lamúrias egoístas enraiveciam-me.

Agarrava-me impaciente a assuntos vários, temia perder os últimos vestígios de solidariedade àquelas vítimas indiscretas. Esquivara-me sempre a mencionar particularidades: não desejavam conhecê-las, iriam bocejar ouvindo-me. Agora José Lins procurava militares e políticos, mandava cartas a figurões, empenhava-se em favorecer-me com simpatias várias indeterminadas. Essa interferência podia causar desgosto, originar suspeitas e afligia-me a ideia de prejudicar alguém. Bom que os amigos inesperados se aquietassem: era-me suficiente saber os intuitos deles. José Olímpio mandara o romance para a composição. Temeridade igual à de José Lins. Afinal o editor nunca me vira, nada o aconselhava a expor um livro de autor excomungado pelas normas vigentes. Perigo, impossível adivinhar as consequências. Iam talvez chamá-lo à delegacia para esclarecimentos, depois enviá-lo à Casa de Detenção. Em segredo, com certeza: os jornais guardariam silêncio. Os originais estavam salvos, na oficina. Difícil escaparem os volumes: seriam apreendidos, julgados nocivos, queimados. Perdiam-se os gastos de impressão, o negociante de escritos metia o rabo na ratoeira. Asilava-me uma esperança débil: a narrativa era medíocre, tão vagabunda que passaria facilmente despercebida. Os sujeitos da ordem não esbanjariam tempo com ela. Desgraçado alívio. E apoquentava-me outra vez não poder corrigir a história, suprimir as repetições e os desconchavos. Alguns pedaços não eram ruins de todo. Se me deixassem trabalhar uns meses, livrar-me-ia dos receios, das tremuras que a publicação me dava.

Naquela noite, depois de fecharem os cubículos, Nise bateu na parede e ofereceu-nos, através do buraco, uma notícia: iam ser postas em liberdade cerca de vinte pessoas.

Isso não me interessou: havia-me habituado às listas, e a ideia da Colônia deixara de apavorar-me. Mas quando o guarda surgiu à porta e gritou o meu nome, estremeci, quis ver o papel datilografado que ele trazia na mão. Satisfeita a exigência, vesti-me à pressa, atarantado, arrumei os troços da bagagem leve.

Os preparativos consumiram tempo enorme porque os objetos desapareciam, a cada instante era preciso abrir e fechar a maleta. Impossível achar a escova de dentes, jaguar dada, entre cuecas e lenços. Herculano preparava-se também para saí. Américo e Adolfo auxiliavam-me na arrumação. Eu perguntava a mim mesmo:

– Estarei muito confuso? Terei as mãos frias e úmidas?

Pouco tempo antes Adolfo tinha sido mandado a um hospital, ficara lá vários dias. Ao receber o chamado, ignorava para onde iam levá-lo. Aparentava grande calma e ria cochichando com Valentina, que falava tremendo, numa agonia, além da parede. O sossego dele espantava-me. Ao despedir-se, tinha as mãos úmidas e frias. Com certeza as minhas deviam estai assim agora.

Nise chamou-me da sala 4. Encostei o ouvido ao buraco, percebi um recado para alguém lá de fora. impacientei-me: não se tratava de liberdade; mas Nise insistiu, disse coisas ininteligíveis, deu-me um endereço. Confessei não entender nada e busquei um lápis para escrever o que ela dizia. Difícil encontrar o lápis. Aborrecia-me o trabalho inútil. O homem da lista já me chamara duas vezes. Receei que ele viesse de novo apressar-me, visse a cama afastada, o guarda-vento fora do lugar, e me surpreendesse a conversar com uma vizinha, infringindo o regulamento. Encontrei o lápis, mas a linguagem de Nise era confusa e extensa: impossível agarrar o sentido, resumir aquilo em duas ou três linhas. Depois de numerosas repetições, garatujei zonzo letras e algarismos na carteira de cigarros, pois o bloco de papel se ausentara. Esforço enorme escrever; irritava-me, na desgraçada situação, o desperdício de energias necessárias na viagem à Colônia. Nise estava sendo ingênua: habituada por ofício aos desarranjos mentais, ignorava-me o alheamento, a fuga das ideéias: com certeza não me diferençava muito dos clientes dela, imbecis ou idiotas. Seria tão difícil verificar isto? A insistência da moça fez-me supor que não me descomedia, não revelava nenhum distúrbio. Se ela continuava a falar sem dar mostra de conhecer a minha estupidez excessiva, os outros se enganariam também, evidentemente. Enfadava-me o longo zumbido misterioso, procurei interrompê-lo: mudança de prisão, somente.

Nise não se convencia: ouvira referência a liberdade e acreditava nisto, apesar de terem as liberdades anteriores acabado na ilha Grande.

Américo e Adolfo estendiam-me esperanças débeis – cordas ao náufrago. Fingiam-se crédulos, julguei, e irritava-me a piedosa hipocrisia. Notavam-me no rosto e nas maneiras atrapalhação e medo, sem dúvida. Estaria realmente com medo? Transtorno, perplexidade, lentos arrepios, e os beiços a contrair-se num riso convulso. Na verdade aquilo tinha graça. Ir para a Colônia! Absurdo mandarem-me para semelhante lugar. Vinham-me à cabeça o relatório de Chermont e pedaços da minha vida anterior. Mas porque diabo me mandavam para aquele inferno? Pergunta néscia. Dispensavam-se razões: ia, como numerosas insignificâncias da minha laia, fátuas e vazias, tinham ido. Assim pensava, e tinha vergonha de falar, desejava que me enganassem, mentissem. Uma pequena adulação me agradaria. Burrice misturar com vagabundos e malandros um sujeito razoável, mais ou menos digno, absolutamente alheio a essas criaturas. Tencionariam corrigir-me na Colônia? Havia lá uma escola. Iriam meter-me nessa escola, coagir-me a frequentar as aulas dos vagabundos e malandros? O pensamento burlesco afastou-me para longe: imaginei-me vestido em zebra, folheando um caderno sujo, decorando a lição, cantando rezas e negócios patrióticos. As minhas mãos deviam estar frias como as de Adolfo naquela noite, ao despedir-se de mim. Não estavam, prendia-me com desespero à negação. Tinha escrito seguro o recado de Nise. As letras com efeito eram rabiscos ilegíveis, a ponta do lápis rasgara o cartão fino. Mas tinha escrito. Não me lembrava do que tinha escrito. Desejava ser animado e queria livrar-me das esperanças ridículas. Era alguma criança?

Afastara-me da parede e estava em pé no meio do cubículo, a valise fechada, pronto, ouvindo frases amáveis. Herculano, junto a mim, sobraçava a bagagem; o corpo mirrado engrossara um pouco, envolto no largo sobretudo espesso. Para onde nos iam levar? Em voz alta referia-me à Colônia, mas interiormente esforçava-me por desviá-la – e a interrogação me atenazava. Se nos deixassem quietos, percevejos a sugar-nos, camas de ferro a escoriar-nos, tudo ficaria bem. Mas sempre nos removem, sem explicações, mostrando que não temos direito ao sossego e tanto podemos ir para a sala da capela, reclusão de burgueses e professores da universidade, como para a Colônia Correcional, onde guardam a canalha, o enxurro, vidas sórdidas.

O molho de chaves tilintou, o guarda apareceu pela terceira vez, a porta se abriu. Ainda me retardei um instante, examinando os objetos em redor. Teria guardado na maleta a escova de dentes, os lenços todos? Abracei os companheiros e saí. Atravessei o passadiço, demorando-me em frente aos cubículos, apertando mãos que se estendiam; fui em seguida fazer novas estações apressadas na ala fronteira. Os mesmos gestos e as mesmas frases mecanizaram-me no pavimento inferior. À entrada, cerca de vinte pessoas em fila carregavam-se de malas e embrulhos. Na friagem da noite, longos capotes indicaram-me a gente do Paraná. E redes a tiracolo, dobradas em rolos, como enormes serpentes grávidas, chamaram-me a atenção para algumas figuras do

Rio Grande do Norte. Enfileirando-me à pressa, distingui Macedo, João Rocha, Van der Linden, José Gomes, o pequeno dentista Guerra.

Pusemo-nos em marcha, alcançamos o vestíbulo. Deixei a fila, dei um rápido adeus ao pessoal da enfermaria. Depois virei à direita, galguei a escada, achei uma exposição de mulheres a enfeitar a grade da sala 4, umas embaixo, outras empoleiradas nas travessas. Com os pés metidos em tamancos, podiam equilibrar-se nas barras estreitas, seguras aos varões, as saias entaladas entre as coxas. Um minuto papaguearam. Naquela arrumação de corpos, notei apenas os beiços vermelhos de Valentina, a brancura de Olga Prestes, os olhos arregalados de Nise. Voltei.

Deixamos o Pavilhão, dirigimo-nos à rouparia, onde recebi o meu chapéu. Tornei a ver a horrível tatuagem no antebraço do rapaz que lá trabalhava: um esqueleto sem pernas.

– O senhor aqui? murmurou descobrindo-me. Ainda não saiu?

O espanto dele certamente não foi igual ao meu. Estranha memória. Achara-me ali uma noite. E no dia seguinte pela manhã tínhamos conversado meia hora. Decorridos quatro meses, de novo nos encontrávamos, e súbito o moço me identificava num grupo numeroso. Essa possibilidade esquisita de gravar fisionomias talvez houvesse influído na escolha do perigoso ofício que o levara à cadeia. Era simpático: a vergonhosa profissão de nenhum modo nos afastava dele. Avivaram-se lembranças daquele domingo já velho. Tinham-me chamado, retirara-me da galeria sem saber o destino, sentara-me num banco, à espera dos acontecimentos. O rapaz se chegara, amável, e fizera uma observação risonha: — "Ontem o senhor estava inquieto." Aludira à minha calma aparente e aos cuidados excessivos com a valise: mexera nela mais de vinte vezes, não achava lugar para colocá-la. Surpreendera-me ver alguém reparar em tais minúcias e tirar consequências justas. A tatuagem meio desfeita era medonha. Esforçara-me em vão por desviar dela a vista, o homem delicado aventurara uma confidência assombrosa: acabava de cumprir sentença e temia ser solto. Para onde havia de ir? Acostumara-se ao serviço leve na rouparia. Dentro de dois anos mandá-lo-iam embora. E perguntava aflito: — "Para onde?" Essas palavras tinham-me impressionado e não me cansava de repeti-las. Ao deixar a sala, fazia a mim mesmo a pergunta do rapaz do esqueleto:

– Para onde?

Para onde me enviavam com aquela gente desconhecida? Pensei no gracejo de Walter Pompeu: — "Liberdade? Nunca mais. Quando houver uma greve de barbeiros, agarram você."A Colônia Correcional, uma desgraça. Mas se por acaso me lançassem na rua, seria desgraça também. Em que me iria ocupar? Sentia-me incapaz de trabalho, a vida se estragara. Camaradas antigos voltariam a cara, dobrariam esquinas ao ver-me, receosos de comprometer-se. Havia em mim pedaços mortos, ia-me, aos poucos, habituando à sepultura; difícil ressurgir, vagar na multidão, à toa, como alma penada.

Algum tempo ziguezagueando entre as árvores, viramos becos, subimos e descemos calçadas, mas não transpusemos os muros da prisão. Diante de um cárcere fumarento e sujo retardei o passo, vi mulheres de cócoras. Uma preta velha encarou-me, fingiu desapontar-se, exclamou com simpatia burlesca:

– Meu filho, que foi que você fez?

O bom humor da negra, caricatura de afeição, desviou tristezas, sacudiu-me numa ruidosa gargalhada. Pouco adiante estacamos, abriu-se uma porta. Dormiríamos ali, disse um guarda, sairíamos no dia seguinte.

– Para onde?

Respondeu que não sabia.

III

COLÔNIA CORRECIONAL

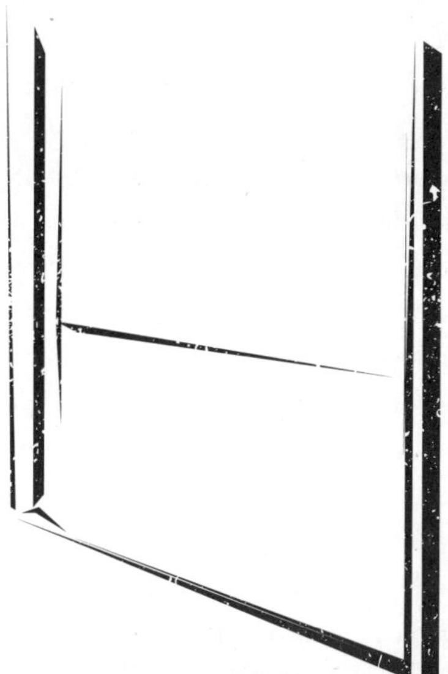

Entramos num salão bastante limpo, de pintura nova, ainda com cheiro de tinta fresca, mas desprovido inteiramente de móveis. Era o Pavilhão dos Militares. O chão liso, as paredes nuas valorizavam demais o conforto escasso perdido uma hora antes: o colchão magro, a cama dura, o guarda-vento. Iríamos para a Colônia? Essa pergunta muitas vezes se repetiu; uns aos outros os homens em redor avivavam receios, queriam suprimi-los, enquanto se ambientavam, de cócoras pelos cantos, sentados nas bagagens. Macedo não tinha dúvida. Iríamos, claro. Dizia isso tranquilo, indiferente à miserável perspectiva, arrumando os troços com pachorra, a concentrar o engenho no problema de armar a rede. Trouxeram-nos esteiras e lençóis. Bem. Davam-nos agasalhos, a situação era melhor que nas prisões das galerias, molhadas, cheias, a gente mal conseguindo estirar-se no espaço exíguo.

Despi-me, busquei nos muros um prego que me servisse de cabide; em falta disto, dobrei a roupa, coloquei-a em cima do chapéu de palha. Retirei da maleta o pijama, vesti-me, arriei na esteira a carcaça, junto à porta, Macedo abriu o saco de lona e ofereceu-me um travesseiro. Homem arrumado e previdente. Com o saco de lona parecia fazer mágicas: extraía dele os objetos necessários e requintes de luxo, até fronhas. Agora exteriorizava contentamento: achara meio de pendurar a rede entre duas grades. Sentou-se nela e acendeu o cachimbo. Tentei repousar, mas um burburinho confuso e as idéias fragmentárias impediam-me o sono. Impossível conservar-me em posição horizontal. Ergui o espinhaço, encostei-me à parede, entretive-me a examinar os companheiros; contei-os várias vezes, sem atinar com o número certo; mexiam-se demais, entregues à arrumação, e atrapalhavam-me a contagem.

Findos os arranjos, atenuada a lufa-lufa, convenci-me afinal de que éramos dezessete pessoas, cinco nordestinos e doze paranaenses. Fixei a atenção nestes, quase todos rapagões fortes e brancos, já percebidos vagamente no andar térreo do Pavilhão dos Primários, envoltos em largos sobretudos espessos. Tinham prosódia esquisita, e sobrenomes exóticos feriam-me os ouvidos: Petrosky, Prinz, Zoppo, Garrett, Cabezon. A minoria, vulgar e mais ou menos cabocla, usava designações caseiras, expressas na fala arrastada, familiar no porão do *Manaus*, quatro meses atrás: Guerra, Macedo, João Rocha, José Gomes.

Entre os sujeitos ali reunidos, atentei num velho encorpado, vermelho, de óculos, muito sério, visto dias antes na fila, à hora da bóia. Conversamos essa noite, e descobri que ele se notabilizava por vários motivos: falava polaco, citava com abundância versículos da Bíblia e era danadamente reacionário. Precisava desabafar e segredou-me confidências: fora preso por engano; sim senhor, engano, calúnia de inimigos. Via em mim uma pessoa de consideração — e julgava por isso que não iríamos para a Colônia Correcional. Chamava-se apenas Eusébio. Tinha um cargo público (ou não tinha: provavelmente o haviam demitido) e era pequeno proprietário. Em desassossego, evitando convivências prejudiciais, buscava no ambiente insalubre um homem de posses, conservador, esforçava-se por segurar-se a ele e tranquilizar-se. Iriam mandar-nos para a Colônia Correcional? E porquê? Francamente, seria possível que nos mandassem para lá? A viagem me parecia certa — e o velho Eusébio desesperava. Não senhor, grunhia aflito e encatarroado. Não nos fariam semelhante desacato. Arregalava os olhos, querendo enxergar em mim qualquer coisa além das aparências, elevar-me e salvar-se:

— Uma pessoa de consideração.

Desenganei-o. Conhecendo-me a pobreza, desanimou, sentiu-se desamparado. Extinta a fugidia importância, em vão buscava em roda um sustentáculo, o ar de cólica, o sorriso mofino, uma longa tremura a envolver-se no capote. No descampado social nenhuma saliência. E a criatura infeliz continuou a chatear-me remoendo o seu caso, arrepiando-se em cochichos por ver-se misturado a indivíduos suspeitos. Vivera sempre longe de confusões, gemia fanhoso, terminando os períodos numa interjeição demorada e asmática

— "An!" Explicava-se, defendia-se, pegando-se à religião, utilizando pedaços do Velho Testamento, como se isto lhe proporcionasse vantagem. Apesar da minha franqueza, teimava em não julgar-me inteiramente pobre. E afastou-se rosnando com segurança fraca:

— Uma pessoa de consideração. Acha que mandam? É impossível. An!

Essa despedida não me trouxe o isolamento necessário ao arranjo das idéias e ao sossego. As idas e vindas no cubículo, à toa, a ouvir palavras sem nexo, a procura de objetos miúdos na arrumação da bagagem, a dificuldade em amarrar a gravata e calçar-me, enfim a mudança de gaiola tinham-me fatigado em excesso. Que distância havíamos percorrido? Cem metros, duzentos, no máximo uns trezentos. Isso me parecia uma caminhada extensa, e o meio novo, as fisionomias indistintas, vozes a confundir-se exigiam-me grande esforço para simular calma, apreender a significação de uma pergunta e dar a resposta conveniente. A covardia obtusa do velho Eusébio causava-me desgosto profundo. Largos dias, talvez meses, as lamúrias bambas iriam importunar-me, endurecer-me o coração. Nenhuma simpatia, absoluta ausência de piedade. Receava impacientar-me, suprimir com raiva as lamentações pegajosas que nos sujavam, lavar-me delas. Queria dormir, mas sempre estavam a reclamar-me a atenção. A imobilidade e o silêncio adquiriam de repente enorme valor. Dificuldade pensar, e obrigavam-me a isto.

Um paranaense loquaz avizinhou-se, entabulando camaradagem fácil, esteve meia hora a narrar-me as divergências existentes no seu grupo, intelectuais de um lado, operários de outro, abominando-se ou desprezando-se. A curiosa revelação desanuviou-me um instante e despertou ligeira curiosidade. Intelectuais? Que diabo significava isso? Inteirei-me a custo. Designavam-se desse jeito os indivíduos alheios a qualquer ofício manual: Herculano, estudante de músculos débeis e rosto enxofrado, o velho Eusébio, alguns pequenos funcionários de uma estrada de ferro. Mais essa. Iam forçar-me a conviver, tempo indeterminado, com pessoas que se justapunham, sem chegar a entender-se. Não me eximiria de muitos erros: certamente esqueceria as diferenças e a minha linguagem feriria suscetibilidades.

A fadiga me entorpecia a carne, mas o fervedouro de pensamentos desconexos não me deixaria repousar. Livre do informante, alonguei-me na esteira, fechei os olhos, envolvi me no lençol curto demais. Os pés ficaram descobertos, o ar frio da noite picava-me as orelhas. Encolhi-me, tentei defender-me das ferroadas penetrantes, vencer os arrepios. A umidade atravessava o tecido fino, e não havia meio de aquietar-me. Escolhera por desgraça o pior lugar, junto à grade; um ventinho insinuante e velhaco trazia-me a garoa de julho. Se o esgotamento não me prendesse, iria alojar-me noutra parte. Nem me lembrei disso, provavelmente, e na sala não havia canto disponível.

Descerrando as pálpebras pesadas, inteirava-me de minúcias que não se articulavam; o conjunto era uma aglomeração de tipos reconhecíveis um instante e logo a esfumar-se em neblina; envoltórios de redes e capotes davam-lhes a feição vaga de fardos instáveis. A fraqueza visual impedia-me identificar as pessoas mais distantes. Necessário usar óculos quando me soltassem: à luz escassa dos cubículos, durante alguns meses as letras haviam dançado no papel. Falas vagarosas me arrastavam de chofre ao porão do *Manaus*, e três figuras ressurgiam: João Rocha, o pequeno dentista Guerra, José Gomes. De que modo iria comportar-se o pobre Guerra, dias antes acometido por um acesso de terror, a urinar-se e a tremer, querendo a presença de mamãe? Garrett e Petrosky, encostados ao muro, estavam silenciosos e carrancudos. Tinham esses nomes, sem dúvida, mas não consegui saber qual dos dois era Garrett, qual era Petrosky. Incomodavam-me as frases soltas, para mim vazias como tagarelar de papagaios. Descobri aos poucos sentido nelas: os operários arredavam preocupações contando anedotas escabrosas. José Gomes ria-se demais das próprias histórias, repisando minúcias, como se desconfiasse da inteligência dos outros. Não alcançando o resultado previsto, de nenhum modo se alterava: divertia-se imenso com as narrativas insípidas. A gente do sul procedia de igual maneira, pouco lhe importando o juízo do auditório. A ausência de espírito, a monotonia, a pobreza de concepção, a linguagem perra, tudo indicava falta de exercício mental, insinuava-me cautela, a precisão de acomodar-me ao conceito simples e direto: um paradoxo ali originaria incompatibilidades inevitáveis. Desagradável naquele meio o diálogo curto que tive com um trabalhador. O homem falava-me nas vantagens da autocrítica. E eu, sem refletir: — "Exato. Devo conhecer os meus defeitos, para conservá-los todos com muito cuidado." Surpresa viva, interjeições — e este desgraçado remate incompreensível ao interlocutor honesto: — "Claro. Se os meus defeitos se sumirem, deixarei de ser eu, mudar-me-ei noutro. Quero guardá-los, não perder um." Opiniões desse gênero alarmariam as criaturas singelas ocupadas em remoer facécias estultas.

Súbito uma pilhéria cheia de sal arrancou-me uma gargalhada, abriu-me os olhos, virou-me na esteira, ergueu-me sobre o cotovelo. Fora Cabezon que me provocara esses movimentos, o indivíduo a quem davam tal nome, com certeza um dos intelectuais mencionados pouco antes, amanuense oficial administrativo, ou funcionário pequeno de uma estrada de ferro. A situação dele era mais ou menos igual à minha. Revelava-se num trocadilho obsceno, mas isto não causou grande efeito na assistência. Os casos insulsos continuaram. O velho Eusébio tentava levar a conversa para assuntos graves. E Macedo, balançando-se na rede, cachimbava e sorria.

No dia seguinte pela manhã, Herculano trepou-se a uma janela e, agarrado aos varões, ficou lá de poleiro como papagaio, buscando entender-se com as outras celas. Gritos nos deram a notícia de que uma turma viera dias antes da Colônia e estava ali perto. Desejei saber os nomes dos recém-chegados; como a voz fraca me impedia comunicação, o estudante amarelo encarregou-se de transmitir a pergunta. Berraram-nos uma lista, abafada e incompleta; algumas pessoas reduziam-se a sílabas escassas, não havia meio de reconhecê-las; quatro ou cinco surgiam claramente, quase todas enviadas na primeira leva, naquela noite em que Desidério levantava o braço com raiva, entortando mais o bugalho vesgo, e Tamanduá se empavonava, metido no poncho vermelho.

Trouxeram-nos o café, muito ralo, e um pão sem manteiga. Aí notaríamos uma advertência, se ela fosse precisa. O pão era exatamente igual ao fornecido no Pavilhão dos Primários, mas tiravam-nos o pouco de manteiga rançosa, obrigatória lá. Com certeza não procediam assim por economia: a supressão visava a um fim, aliava-se às esteiras, ao ajuntamento em local exíguo, aos lençóis curtos e finos em tempo frio, a indicar-nos uma degradação. Iam impor-nos outras mudanças, apagar de chofre os restos de conforto ainda conservados na véspera e forçar-nos a contrair novos hábitos. Esses choques nos perturbam em demasia, e o pior é não sabermos até onde nos levarão: a instabilidade nos impede entrever qualquer limite.

Mandei comprar pelo faxina um litro de leite. Dias compridos o meu alimento seria esse litro de leite, o pão e alguns canecos da lavagem turva, de gosto adocicado, que eu insistia em beber, esquecendo o aviso misterioso de um preso velho e experiente. Em geral nos davam essa refeição com a porta fechada: o bico do bule se encostava a uma travessa, estirávamos os canecos e recebíamos os pães através dos ferros. Nos cubículos era assim que faziam. Mas naquela manhã destrancaram inopinadamente a grade, os faxinas entraram com o saco de pães e o vaso enorme de folha, e o guarda nos permitiu andar no pátio.

Engoli o café, abalamos todos em busca do Pavilhão onde se aboletavam refugos da Colônia. Encontrei um bando a comprimir-se numa abertura estreita, e nos espaços que havia entre os corpos surgiam rostos magros e desbotados. Outras fileiras deviam empurrar-se, invisíveis, pois do fundo, escuro, fumacento e fuliginoso, partiam vozes percebidas em qualquer parte. Os homens da frente, quase nus, cabeças lisas, tinham muita sujeira, muita amarelidão, órbitas cavadas, bochechas murchas. Deixavam provavelmente a enfermaria. À primeira vista não reconheci nenhum. Quando principiaram a falar, depressa, em desordem, como se o tempo não desse para todos, fui notando aqui e ali sinais guardados inconscientemente. Sorriam, descobrindo as gengivas pálidas. O esqueleto que o moço da rouparia tinha no punho voltou-me ao espírito. Os ácidos não haviam desfeito a medonha tatuagem. Por cima da cicatriz que repuxava a pele e se estendia num desenho róseo, sobressaíam costelas, vértebras, o riso da caveira. As figuras estranhas apinhadas ali riam. Riam para mim, como se eu fosse uma carcaça também. Quantos meses fazia que tinham vivido comigo no Pavilhão dos Primários? Dois meses. Era, dois meses, pouco mais ou menos. E estavam assim. Talvez ignorassem que estavam assim. Estremeci. Não me acharia daquele jeito? Olhei o pijama curto e rasgado. Ultimamente dormia pouco, alimentava-me com dificuldade. Extingui a comparação desagradável. Farrapos. Regressavam da Colônia, farrapos. Iriam reconstituir-se, renascer, mas ali eram farrapos. Examinei-os. Bem. Aquele devia ser o Newton Freitas, o camarada alegre e ruidoso que no Pavilhão soltava risadas enormes, com ou sem propósito. Era ele, pensei descobrindo nos ossos do rosto lívido sinais do antigo Newton. Sem dúvida, lá vinha a gargalhada, uma fria gargalhada sem ânimo. E o sujeito baixo, de cuecas, barbudo em excesso, a mexer as mandíbulas com jeito de caititu? Seria o Pessoa? Com os diabos! Anastácio Pessoa, tipo neutro, alheio à questão social, posto em liberdade, supúnhamos. Inofensivo e discreto.

— Você também, Pessoa?

Recordei-me dele, vi-o na fila, manejando um romance inglês, à espera da comida, num apuro escandaloso. Não se decidia a vestir pijama, nivelar-se aos outros, pois ia de morar pouco entre nós. Um equívoco, tinham-no agarrado por engano. Com certeza iam chamá-lo, explicar-se, mandá-lo embora, com desculpas. E nesta convicção isolava--se, de meias, sapatos lustrosos, calça de casimira, suspensório, camisa de seda e gravata. Havia de ficar ali sem saber porquê? Saíra — e por isto recebera abraços e parabéns. Agora voltava da Colônia Correcional sujo, magro, hirsuto, de cueca e tamancos. No risinho insignificante e nos modos encolhidos logo distingui Bagé. O nome dele me surgira pela primeira vez na galeria. Distraía-me a olhar as paredes e o teto, um dos poucos meios de encher o tempo ali. As paredes estavam cobertas de inscrições e desenhos; no teto oscilavam penduricalhos feitos com essas lâminas finas de metal usadas em carteiras de cigarros. No meio dos letreiros, alto, onde não chegava braço de homem, uma lista de presos, em tinta azul. Embaixo, uma data e o motivo da prisão. Alguns indivíduos expostos no rol tinham-me aparecido mais tarde. Numerosas voltas e viravoltas arbitrárias — e diante de nós se achavam dois: Bagé e Medina. Também reconheci Agrícola Batista, o Tamanduá, que, em briga da Coluna Prestes, recebera uma bala na perna e claudicava. Um guarda veio abrir a porta, reunimo-nos à sombra de uma árvore no pátio. E as notícias choveram, em pedaços, de cambulhada.

— Bichos, exclamou Tamanduá. Vivemos como bichos.

Um Tamanduá diferente, sórdido e escuro, sem a cabeleira arrepiada. E o poncho, que fim levara o poncho vermelho, afrontoso e ostensivo como bandeira de guerra?

— Num curral de arame farpado, como bichos, prosseguiu Tamanduá.

Disse mais coisas a respeito de latrinas, banheiros, disenteria e falta de papel, mas o rebanho de criaturas humanas em curral de arame farpado buliu comigo e afastou o resto da exposição. As minúcias embaralhavam-se, perdiam-se.

— Para onde vão mandar vocês? perguntou Medina.

Para a Colônia, evidentemente; isto me parecia claro. Medina espalhou a vista em redor, analisou-me a cara, refletiu e moveu a cabeça discordando: não nos meteriam na Colônia. Aborreci-me. Quereria tapear-nos com emolientes? De nenhum modo; interpretei mal as disposições do moço: não nos enviariam à ilha Grande, infelizmente. Procurou exibir-me a vantagem de permanecer lá umas semanas.

— Não digo meses, que você não aguentaria. Algumas semanas apenas.

Muito instrutivo.

Era um rapaz frio, risonho, desdentado. No Pavilhão dos Primários tinha uma cabeleira vasta e barba longa, mas isto desaparecera. A boca murcha dava-lhe um ar insignificante e avelhantado.

— Boa experiência, creia; material abundante. Seria magnífico você estudar aquilo.

Em seguida à estridência e aos arrepios de Tamanduá, não me entusiasmei com as palavras de Medina; achei-as realmente absurdas: se resolvessem matar-me, a abundância de material seria inútil. Newton Freitas anunciou o propósito de narrar em livro a viagem no porão do Campos. Excelente idéia. Eu é que desejo nenhum de escrever. O guarda surgiu com o molho de chaves. Fizemos as despedidas e novamente nos trancaram.

Agora na prisão havia mais espaço: deixaram aberta uma grade e nosso mundo se estendeu alguns metros, pudemos andar na sala vizinha. Estive ali parte do dia, a contar os passos de uma a outra parede, a imaginação presa no curral de arame, as palavras insensatas de Medina fervilhando-me na cabeça. Esforçava-me por varrer essas coisas aflitivas, um minuto conseguia amortecê-las, embalar-me numa vaga impressão de esquecimento; logo se reavivavam, eliminando recordações, a insinuar-se nos fatos da vida nova. Caso singular: a desgraçada perspectiva me dava prazer. Não era talvez isso, pois ao mesmo tempo sentia o coração desmaiar numa espécie de angústia, e alarmava-me servir de campo ao medonho jogo de emoções incompatíveis. As notícias me arrefeciam, animavam terrores latentes, e em vão queria livrar-me de uma horrível curiosidade malsã. Na verdade Medina tinha razão: pus-me a afirmar isto sabendo que afirmava uma estupidez: as minhas observações no lugar infame não valeriam nada. Mas a sujeira imensa, a disenteria, a falta de água, um milheiro de homens a apertar-se num curral de arame não me deixavam sossegar. Aquilo merecia ser visto, pelo menos serviria para indicar a nossa resistência, de algum modo fortalecer-nos. Havia nesse desejo mórbido quase um desafio aos maus tratos, às humilhações, e se de repente nos largassem na rua, nem sei se me consideraria em liberdade ou vítima de um logro.

O velho Eusébio veio trazer-me a sua camaradagem mofina, entrou a passear comigo, a voz bamba a sumir-se na pergunta ansiosa mastigada na véspera. Estivera no pátio, debaixo da árvore, os olhos e os ouvidos atentos, e os molambos de esperança guardados preciosamente iam-se esgarçando.

— Nós vão mandar para a Colônia? Será possível?

Novamente a confusão pronominal, observada no Pavilhão, me chocou; não havia de acostumar-me ao diabo da sintaxe encrencada. Isso conjugava-se aos receios e à moleza da criatura, aos gestos ambíguos, às citações do Velho Testamento, e uma forte repulsa me enchia o coração. Impacientei-me, acho que fui grosseiro; nenhuma piedade me levava a minorar os sustos do menino grisalho. Respondi com monossílabos ásperos, continuando a absorver-me nas impressões de Tamanduá, na extravagância de Medina. Restar-me-iam forças para aguentar-me na piolheira infame? Essa pergunta já me viera ao pensamento ao aniquilar-me no porão do Manaus, respirando a custo, andando sobre porcarias, meio desfeito em suor no calor de fornalha. Na primeira noite julgara-me perto de enlouquecer; depois me habituara: uma semana a ver as algas pela vigia, trepado numa costela do cavername; a fumar na rede presa à boca da escotilha; a redigir notas a lápis no camarote do padeiro. A gente se acostuma depressa às mais inesperadas situações. O que me alarmava era ter vivido muitos dias em jejum. Provavelmente ia agora suceder o mesmo; enjôo à comida, a língua seca, os beiços a rachar; o estômago já se entorpecia, como a bordo. Certamente me acabaria de inanição.

— Sim. É. Claro. O senhor tem dúvida?

Essas concisões faziam brechas na arrepiada lenga-lenga do paranaense, queriam destruí-la, mas o esguicho de lamúrias não cessava, atingia-me, dissolvendo-me a estranha demência. Idiota. Nenhum sujeito normal deseja rebaixar-se e arriscar-se a morrer de fome. Que me importavam as figuras tristes consumidas no curral de arame? Preferível não conhecê-las. Para quê? Ladrões, vagabundos, malandros. Tinha-me arrastado mais de quarenta anos longe deles, sem cogitar da existência deles, e surgia-me de chofre a necessidade besta de uma aproximação inútil. Idiota. Injuriava-me por dentro, mas a zanga exterior convergia para o velho Eusébio, revelada nas sílabas cortantes:

— Isso. Pois não. Claro, claro. Todos. Não está vendo?

Receava exceder-me, engolia impropérios. Afastei-me, a arrasada personagem me seguiu ronronando o seu caso, inocentando-se. Desculpava-se usando o plural, envolvendo-me na justificação. Havia qualquer suspeita contra nós? Não havia. Tínhamos entrado em desordem? Não tínhamos. Éramos inimigos de barulhos. E então? Porque estávamos ali? Hem? E porque essa história de Colônia Correcional? Os lamentos enfureciam-me, e atazanava-me por evitá-los; a maneira hostil e as passada largas frustravam-se: em qualquer parte achava-se ao pé de mim a sombra queixosa. Essa convivência de naturezas inconciliáveis, prolongando-se, chega a ser tortura, e explica brutalidades, rompantes de que não nos julgamos capazes e nos envergonham.

Afinal, depois de muitos ziguezagues nas duas salas, refugiei-me num vão de porta, busquei distrair-me olhando o pátio, jogando miolo de pão às aves residentes na árvore próxima. Eram pardais sem conta e devoravam tudo com rapidez enorme. Algum tempo isolei-me; o rumor das asas, os chilros e o verde-claro dos ramos na manhã luminosa acalmaram-me. Vencidas as idéias malucas, resolvi descansar na esteira, decifrar a conversa dos operários, mas não consigo lembrar-me do que eles diziam. Os pardais tinham-me dado uma tranqüilidade aparente. Levantava-me, deitava-me, bebia goles de leite e canecas do pretume doce e repugnante que o faxina vendia à grade. O futuro já não me inquietava; esvaíam-se as tremuras do velho Eusébio, o desconchavo de Medina, e a viagem para a Colônia deixava-me indiferente; impacientava-me, porém, ficar sentado, imóvel, na incerteza. Difícil desenovelar tais incongruências. Experimentamos isto, suponho: os acontecimentos de amanhã não nos interessam, são como se se referissem a outra pessoa; hoje não encontramos paz, as horas longas enchem-se de fatos desagradáveis, necessitamos fingir paciência e isto cada vez mais nos enerva.

Herculano, em rápida arenga, despertou-me a atenção. Arrolou as nossas dificuldades, exprimiu a conveniência de mutuarmos auxílio e acabou sugerindo que esvaziássemos os bolsos, contássemos o dinheiro e o dividíssemos equitativamente. A inesperada proposta não causou entusiasmo. O velho Eusébio franziu o nariz e arredou-se; os homens da estrada de ferro e os operários fizeram-se desentendidos; os nordestinos encolheram-se reprovando. Ante a negativa fria e silenciosa, chamei de parte o estudante:

— Ó Herculano, se não é indiscrição, quanto é que você possui?

— Eu? Nada, cochichou o rapaz. Tinha vinte mil-réis, que perdi no jogo.

Diabo! Um truque infantil. E eu havia ganho a pobre cédula do companheiro, deixando-o mais fraco e mais pálido.

— Porque não me disse, homem? Dei-lhe esse prejuízo, sem querer.

Abri o porta-níqueis, retirei uma das poucas notas lá escondidas:

— É uma restituição. Talvez seja a mesma que recebi naquela noite.

Aliviada a consciência, pus em ordem os meus troços, coloquei-os junto à esteira, ao alcance do braço, o chapéu em cima da valise, a roupa dobrada em cima do chapéu. As notas redigidas em vários meses davam-me receio. Apesar dos longos intervalos de marasmo e preguiça, alargavam-se em quarenta ou cinquenta páginas cobertas de letra miúda, as linhas tão próximas que as emendas se tornavam impossíveis. Ocultavam-se entre cuecas e lenços, mas com certeza não conseguiriam entrar na Colônia. Não cabiam dentro dos sapatos; imaginei guardá-las por baixo da camisa, enfaixar as pernas com elas; necessitava barbante para amarrá-las. Escapariam à revista?

Os diálogos em roda iam-me descobrindo alguns indivíduos. Petrosky era o sujeito louro, grande, forte, de rosto severo. O moço de cabeça redonda e fala doce e engrolada chamava-se Zoppo. Como se arranjaria na viagem desgraçada o pequeno dentista Guerra? Um dia caíra da cama, esperneara gritando por mamãe. Coitado. Iam arrasá-lo. Agora havia sossego no pátio; o calor e a claridade recolhiam entre as folhas os pássaros mudos.

Um guarda de olhar manhoso destrancou a porta e os faxinas entraram com o almoço Fugi, um aperto na garganta, examinei o exterior deserto, para não ver a comida, não podia evitar o cheiro dela, e a náusea me atormentava. Sensação igual à experimentada meses atrás, no porão do Manau. A língua seca, os beiços iam rachar-se, a ponta do cigarro se colaria à pele sangrenta. Agachados nas esteiras, diversos homens sentiam prazer em mastigar, e o apetite deles me causava uma estranha indignação. O som das colheres nas marmitas feria-me os ouvidos, era insuportável.

Passou-se o dia, outros dias se passaram, quatro ou cinco, talvez mais. Uma notícia entrou a circular: embarcaríamos para o sul. Os paranaenses, em maioria, admitiram logo o boato, sem procurar saber quem o trouxera. Ninguém, provavelmente; originara-se ali, mas o curso, a repetição, complementos anônimos, davam-lhe prestígio, mudavam-no quase em certeza, e Petrosky, Zoppo, Cabezon, Garrett esperavam ler num jornal impossível a passagem de um navio para o sul. Guerra, José Gomes e Rocha tinham a certeza de que viajaríamos para o norte. Esforçava-me por fechar os ouvidos e isolar-me, e não conseguia deixar de contaminar-me, ver nos desejos ambientes realidades possíveis, aceitar a informação chegada a nós sem veículo, atravessando muros. Essa credulidade me desgostava; busquei afastá-la pensando em Sebastião Félix, mudo e sombrio, ausente do mundo, em contato com os espíritos num cubículo do Pavilhão dos Primários. Deixava-me levar, contra vontade; as fisionomias mostravam convicção, e por minutos incorporava-me a um dos grupos. Em seguida reagia, certamente por não querer deslocar-me para cima ou para baixo. Não me tentava o regresso à minha terra. E que diabo iria fazer no Paraná?

Livre do contágio, Macedo sorria e cachimbava na rede, falava sobre a permanência na Colônia, sereno, como se isto figurasse nos seus planos. Continuava a servir-me do travesseiro dele, macio, de penas, mas tão miúdo que, para erguer a cabeça, tive de colocá-lo em cima da valise. A calça e o paletó, dobrados, formando um volume pequeno, ficaram sobre o chapéu de palha, junto à parede. Não me incomodava a aspereza da esteira, mas, na friagem da noite, enrolando-me no lençol curto, adormecia, acordava, as orelhas e as mãos geladas. Arrepios, desânimo na carne. A apatia sexual, notada meses atrás, depois esquecida, novamente me causava surpresa. Tentei vencê-la enchendo as horas de insônia com cenas lúbricas; isto se convertia depressa num exercício mental penoso, e era como se me faltassem partes do corpo. A lembrança das mulheres não me dava nenhum prazer. Porque me havia aparecido aquilo de repente? Chegara-me a impotência completa. Bem; se fosse definitiva, não valia a pena mortificar-me; iria talvez eximir-me de excessivos tormentos, da horrível necessidade insatisfeita, que me perturbava o trabalho. Iria comportar-me direito, como um frade, relacionar idéias fugitivas, obrigá-las à disciplina; as histórias se arrumariam no papel sem as freqüentes suspensões inevitáveis. Para ser franco, esse entorpecimento me agradou; se não fosse ele, a reclusão demorada se tornaria dolorosa em extremo. E continuei a beber café, muitas canecas de café, não percebendo nisto sombra de inconveniente.

Das funções orgânicas permitiam-nos apenas assimilar, desassimilar. Abundante e ruim, a comida nos chegava em marmitas de folha amolgada, a empanturrar um caixão que varais ladeavam. Agarrando esses apêndices, os faxinas do transporte pareciam animais atrelados a uma liteira. Grandes nacos de carne, farinha de mandioca e arroz, de mistura nas gamelas sujas, causavam repugnância. Com o material existente ali um cozinheiro teria podido sem esforço arranjar pratos regulares. Desperdício e desleixo. Convidavam-me em redor, insistiam, afirmando que a bóia não tinha mau gosto, mas a minha fraqueza arrepiada contentava-se com o pão seco oferecido pelo governo e um litro de leite comprado por mim. Ao cabo da refeição gorda, os homens se estiravam nas redes, nos capotes, ressonavam pesada sesta. A um canto, à esquerda, não longe da porta, duas paredes baixas angulavam, formando um compartimento exíguo, que escondia a latrina e uma torneira. A carência de pia tornava as mais simples necessidades de higiene muito difíceis.

Uma tarde, ao cair da noite, subitamente nos achamos em situação embaraçosa; diante do imprevisto, embuchamos, a surpresa nos cortou a fala e escureceu o espírito. Como de ordinário, os meus novos amigos haviam devorado o almoço, lavado as mãos no esguicho mesquinho, repousado; findos os cochilos, entregaram-se aos exames das probabilidades, ao corte das unhas, à arrumação e desarrumação das bagagens. Quando o jantar veio, ainda estavam fartos. Alguns olhavam a comida com indiferença e afastavam-se bocejando; outros pegaram as marmitas e depressa as largaram. Inapetência contagiosa, recusa geral. Os faxinas jungiram-se aos varais, o caixão desapareceu, a chave tilintou na fechadura. Passou-se meia hora, e o guarda velho de cara manhosa surgiu com uma indagação desconcertante. Porque havíamos devolvido o rancho? O diretor queria saber se estávamos sem fome ou se se tratava de insurreição. Longos minutos ficamos desorientados. Espantava-me ver um caso tão insignificante engrossar, exigir sindicância. Ninguém tencionara rebelar-se, era evidente, mas todos se fechavam, com receio de confessar isto, de qualquer forma revelar covardia. Chateavam-se, resmungavam. Para o diabo. Não se explicariam, não dariam a impressão de recuar; dispunham-se a assumir responsabilidade por uma falta inexistente. Isso manifestava-se em pedaços de frases, em gestos desabridos; e havia também um mudo assombro, dificuldade em compreender a exigência impertinente. O guarda insistia na pergunta, mas falava a dezessete indivíduos; e nenhum se julgava na obrigação de responder. Ouvido em particular, cada homem diria sem esforço a verdade: ausência de apetite, apenas. No conjunto a confissão esmorecia, quase se desagregava, era difícil alguém arriscar-se à iniciativa de expor intuitos alheios. Aguentaríamos as consequências, iam mandar-nos para as galerias, provavelmente. Em situação normal temíamos isso; agora se atenuava o perigo, dividido por muitas pessoas. Com certeza ainda pensávamos nele; mais grave, porém, seria uma afirmação irrefletida, em desacordo talvez com os sentimentos do grupo. Com as melhores intenções, engendramos ali dentro incompatibilidades insolúveis, em vão tentamos explicar-nos, e isto é pior que todos os vexames causados pela polícia. É temeroso arvorar-se um homem, sem mandato, em representante de uma sociedade fluida, a vacilar entre opiniões e interesses opostos, ora pelos pés, ora pela cabeça. Um momento julgamos interpretá-la, decidimos por conta própria enfeixar as aspirações coletivas, e sucede esvaírem-se os desencontros, uma súbita unanimidade surgir contra nós; imaginamos ser úteis — e somos imprudentes.

Não refleti nisso. Indispensável uma consulta rápida, supus. O guarda, amolado, esperava a resposta, uma sílaba apenas. Sim ou não? Houvera bagunça, intuito subversivo? Se a questão se formulasse de outro modo, permitisse delonga, recursos, os meus companheiros não se engasgariam, a sílaba atravessada na garganta, como um osso. Mas o diretor exigia uma dificuldade: sim ou não? Achamos resistência, o guarda se dispunha a retirar-se.

— Um instante.

Veio-me a tentação de lançar-me ao jogo, exatamente como quando, no bacará, arrojava todas as fichas numa cartada:

— Vamos resolver isto. Vocês estavam no propósito de esculhambar a administração? Se estavam, porque havemos de calar-nos? É arriar a trouxa e esperar. Se não estavam, parece bobagem mostrarmos uma valentia que não tivemos. Penso haver falado pouco mais ou menos assim. Em redor me afirmaram disposições pacíficas. Bem. E dirigi-me ao funcionário de rosto manhoso:

— Diga ao diretor que não tencionamos fazer revolução aqui dentro. O jantar voltou porque era demais. É impossível, deitados, sem exercício, digerirmos tanta carne, tanta farinha: não temos estômagos de jibóia. Ignoro se a comida é ruim, nunca toquei nela, a minha parte sempre foi devolvida intacta. Não é protesto, é que não posso engolir isso.

A intervenção produziu bom efeito. Arrancando exíguas palavras, limitara-me ao essencial: os companheiros conservavam-se dignos, um diretor invisível recebia explicação razoável. Depois refleti na inquirição. Iam tratar-nos com dureza, submeter-nos a uma justiça diversa da usada no Pavilhão dos Primários. Lá rebentáramos a louça toda, e ninguém se lembrara de indagar motivos; em consequência tínhamos recebido talheres e pratos novos. Agora tencionavam descobrir malevolência em ninharias Pesos e medidas diferentes. Queriam talvez desforrar-se, obrigar-nos a ajustar contas com dois meses de atraso. Na verdade os paranaenses estavam alheios à bagunça. Mas isso não tinha importância. Rigor para todos.

Uma novidade nos chegou, retalhos de novidade; não houve meio de cosê-los. Ouvimos um barulho grande, vozeria para os lados do Pavilhão dos Primários, e o faxina preto nos cochichou que a polícia especial tinha aparecido lá e quebrado muita cabeça. Porquê? O informante erguia os ombros; tinham-lhe dito apenas aquilo: várias cabeças partidas. Como o rumor distante se prolongasse, apertei o guarda com perguntas vãs: o patife baixava o rosto, mordia os beiços, com ar de inocência muito safado. Não sabia. Por detrás dele, o negro arredondava o bagulho cor de leite, fazia caretas, negando a ingenuidade sorna. O grupo era burlesco e irritante. Embora não houvesse dúvida sobre as escapatórias do homem, os gestos simiescos e a zombaria silenciosa às costas dele estorvavam-nos a possibilidade vaga de por um instante enganar-nos.

Desordem no Pavilhão, gritos e pancadaria; certamente Agildo se comprometera elevando no fuzuê a voz fina e o gesto macio de gato. Não me podiam dar uma notícia, dizer ao menos se houvera transferência? Nesse caso, os estrangeiros iriam roer o osso mais duro: Ghioldi, Sérgio e Snaider gramariam tormentos físicos e morais; a coleção de selos de Birinyi desapareceria, e o pobre homem, desesperado, tentaria de novo abrir as artérias. Onde estavam Ghioldi, Sérgio, Benjamin Snaider e Valdemar Birinyi?

O guarda sacudia a cabeça, bonachão, na maior ignorância deste mundo; não trabalhava por aquelas bandas, e, no meio de tantos presos, nunca ouvira os nomes das quatro pessoas que me interessavam. Esses miseráveis segredos nos arrasam, nos deixam em pandarecos. Vemos um sujeito sem as unhas dos pés, sabemos que elas foram arrancadas a torquês, e a nossa curiosidade não vai além; os sofrimentos findaram, as unhas renascerão, a memória da vítima se embotou; horrível é imaginarmos a redução de uma criatura com tenazes quando pensamos nela, exatamente quando pensamos nela. A limitação profissional de um guarda e a bisbilhotice vaga de um faxina levam-nos a criar medonhas realidades; as imagens surgem com vida intensa e em vão tentamos afastá-las: vemos perfeitamente dorsos lanhados, carne sangrenta, equimoses vermelhas, azuis, pretas. Essas coisas, percebidas de relance numa porta de cubículo, avultam em demasia quando se ausentam, e é horrível a expressão de um rosto meio esquecido, num instante recomposto. Palavras obliteradas se renovam, terrivelmente claras. Um berro nos chega aos ouvidos: — "Polícia." E uma voz trêmula desmaia: — "Não agüento mais. Vão matar-me." Foram esses, creio, os piores momentos que vivi no Pavilhão dos Militares, agachado na esteira ou refugiando-me perto da grade, olhando o vôo dos pardais. Realmente nunca me supus arriscado aos lanhos, a sapecar-me no fogo do maçarico; achava-me livre disso, estupidamente livre, até rebentando a louça do governo, por insinuação de Agildo. No íntimo devia julgar-me uma espécie de Anastácio Pessoa, pequenino e invulnerável.

A desgraça era indeterminada, uma desgraça fluida e abstrata, influenza sentimental. Essa impossibilidade de isolamento, a obrigação de sentir a miséria alheia, é imposta lá dentro. Inútil espalmar as mãos nas orelhas: o chilro das aves próximas não abafa o alarido contínuo. Além dos gorjeios, destacavam-se, nos dois ou três dias de celeuma, as conversas de Zoppo e as cantigas de Herculano. Zoppo era excelente camarada, ingênuo, simples, uma criança. Falou-me de parentes revolucionários perseguidos pelo fascismo e tentou ensinar-me a extração do ouro nas minas. Ótimo tipo. A cara redonda iluminava-se, a voz doce, lenta, engrolada, narrava projetos de mineração e os tios que Mussolini prendeu e matou.

Os cantos me enjoavam. Ao chegar ao Pavilhão dos Primários, ainda sentia o gosto do café torpe bebido na galeria, tinha debaixo dos pés a oscilação das pranchas do Manaus, e o *Hino do Brasileiro Pobre* me endireitara o espinhaço derreado. Essa composição, que os jornais da polícia confundiam de propósito com a *Internacional*, dera-me alguma confiança em meu país chinfrim. Ou talvez a confiança fosse em mim mesmo. De fato precisava dela: uma semana de jejum, os beiços a sangrar, o interior em cacos, a hemorragia súbita. O *Hino do Brasileiro Pobre* me servira bastante. A correção de alguns versos maus fizera dele coisa menos ordinária que a arranjada para imbecilizar a infância nas escolas. As repetições me haviam fatigado e logo exasperado. Amolava-me sobretudo este pedaço, anterior à emenda: "Brasil, que lembra o fogo e lembra a árvore." Altas vozes em prisão vizinha: um infeliz a pedir água. Os berros e o hiato roubavam-me o sono. Todos os dias, à mesma hora, ecoava a insipidez morna das canções, alternando-se a marchas de carnaval, sambas, e isto era uma espécie de morfina, afastava-nos do espírito a viagem provável à Colônia. Vinha o silêncio, findava a anestesia, chegava-nos a depressão.

Agora não nos podíamos iludir: receios esparsos juntavam-se, engrossavam, e debalde nos esforçaríamos por amortecê-los. Contudo Herculano trepava à janela, segurava-se às traves de ferro e ordenava que todos cantassem. Donde lhe vinha aquela autoridade? O velho Eusébio fungava, ia encolher-se na outra sala. Insensíveis à exigência ruidosa, nem nos mexíamos nas esteiras, quase todos macambúzios, alguns a expandir-se em conjeturas desagradáveis. O tumulto não findava no Pavilhão dos Primários. Durante um minuto era balbúrdia enorme; em seguida esmorecia, ficava um rumor surdo: com certeza havia gente escalada para deitar lenha na fogueira sonora, não deixá-la apagar-se. Que estaria sucedendo? Herculano deixava a janela, indignado, como se assistisse a uma deserção. O canto devia ter para ele a importância de um rito, e a nossa indiferença o molestava.

Despertaram-nos antes de amanhecer, ordenaram que nos vestíssemos sem rumor. Lavagem precipitada na torneira, rápida mudança de roupa, leve tilintar de chaves, um sujeito invisível à porta, a exigir pressa. Findamos os arranjos, tomamos as bagagens, saímos. Escuridão lá fora, com certeza o dia estava longe, os pardais ainda não tinham acordado. Movemo-nos algum tempo entre as árvores, deixamos a prisão.

Um tintureiro nos aguardava na rua, abriu-se para receber-nos. Ignoro como entrei, acho que subi por uma pequena escada. Provavelmente com receio instintivo de maus tratos, empurrões, muitas vezes referidos, mergulhei rápido na abertura, à traseira do veículo, se não me engano. Outros me haviam precedido, e no exíguo espaço não descobri meio de acomodar-me. Arriei sentado não sei onde, em posição má, sem poder virar-me. Um objeto duro, mala ou fardo, esmagava-me as coxas e um corpo me tombava, pesado, no ombro direito Jogam-se ali homens e coisas, de mistura, e não indagam se o carro tem capacidade bastante para carga; depois batem a porta. Se alguém ficar com a perna levantada, viaja equilibrando-se num pé e escorando-se no vizinho. Provavelmente o sujeito que me caía por cima do ombro estava assim, uma perna no ar, buscando apoio, sacudindo-se, mal arrumado naquela espécie de lata de conserva. Se houvessem permitido que nos ajeitássemos, acharíamos talvez lugar para redes e sacos. Mas com semelhante azáfama, afundáramos à toa no buraco sombrio, éramos uma confusão de membros e pacotes. Em vão nos esforçaríamos por endireitar-nos. Aliás, diante de nossas preocupações, a imensa trapalhada valia pouco. Senti uma dor aguda no baixo-ventre. Uma operação anos atrás, o corte de peças necessárias, demora no hospital — e, em consequência, a perna a fazer-me pirraças. Largo tempo a claudicar, um aprumo difícil. Novamente me desarranjara na cadeia: vinham-me repuxões na carne doída, arrastava-me a cambalear, e os dias longos no Pavilhão dos Militares, a ausência de comida e a friagem do chão tinham-me arrasado. O diabo do volume saltava sobre a coxa doente, chocava-me na barriga, exatamente na região aberta pelos médicos. Cercavam-nos trevas cheias de manchas luminosas. As paredes do carro eram crivadas de furos redondos, as luzes da rua entravam por eles, corriam em dança louca, punham, traços vivos e inconstantes nas figuras em redor, e isto me dava a impressão de ver gente incompleta, pedaços humanos, olhos, bocas, orelhas, a aparecer e desaparecer continuadamente. Palavras soltas indicavam que alguns tipos se orientavam chegando-se aos buracos e ainda queriam enganar-se examinando o exterior: imaginavam pisar num cais, embarcar em navio para longe, muito longe, da Colônia Correcional. Essas fantasias não me pareceram absurdas, teimamos em pegar-nos a ilusões, sabendo perfeitamente que eram ilusões. Virei-me a custo, e as marteladas no pé da barriga cessaram. Consegui levantar-me, romper a massa compacta, avizinhar-me dos orifícios, enxergar uma esteira de asfalto molhado. Nesse instante um prazer inexplicável e uma idéia esquisita me assaltaram. Devia ser delírio, mas depois esse pensamento doido me importunou com freqüência. Tentava libertar-me, vencer o despropósito, horrorizava-me sentir prazer em tal situação, mas o asfalto molhado e os farrapos de luz me fascinavam. Quando me decidisse a escrever, em futuro remoto, produziriam bom efeito numa página. Como nos entram na cabeça maluqueiras semelhantes? Queremos extingui-las, voltar a ser viventes normais, e as miseráveis insistem. Em períodos vagos, num livro distante, surgiriam de novo o asfalto molhado e a deslocação vertiginosa das réstias. Queria convencer-me de que isso não tinha nenhuma importância, zangava-me por estar satisfeito, e a leseira permanecia.

O carro parou, rolamos uns por cima dos outros, esbarrando nas trouxas e pacotes. Abriu-se a porta, descemos. Quando saí, já diversos companheiros se moviam entre duas filas de soldados. Espantou-me conservar na mão a valise, guardá-la inconscientemente naquela balbúrdia. Na claridade ambígua da manhã nascente focos elétricos desfaleciam.

Avancei tonto, um homem de farda e fuzil à direita, outro à esquerda. Marchávamos num corredor estreito, renques de polícias a isolar-nos, e por detrás das cercas móveis curiosos embasbacavam para nós. Essa indiscrição me aborreceu. Estúpidos. Baixei a cabeça, e escaparam-me os arredores. Na barafunda mental a indignação transferiu-se. Estúpidos. Havia esquecido os basbaques; impressionava-me a inútil exposição de força. Bobagem, fanfarrice besta. Para vigiar um doente bambo e trôpego — dois sujeitos armados. Mergulhamos numa estação de estrada de ferro, mas só percebi isto ao entrarmos no carro de segunda classe.

Arriei no banco estreito, ladeado pelos tipos que me custodiavam desde o tintureiro, espalhei a vista em roda, colhi fragmentos de miséria em gestos moles, em fisionomias decompostas. Criaturas arrasadas; provavelmente devia achar-me assim. O trem moveu-se. Para onde iríamos? Naquele momento a Colônia se tornava bastante duvidosa, não sei porquê. Dos soldados próximos um esteve em silêncio durante a viagem. O outro, um rapaz magro, puxou conversa em voz baixa:

— Ordem política e social?

Atrapalhei-me e confessei:

— Não entendo.

— Pergunto se é preso político, insistiu o rapaz.

— Ah! sim. Porque pergunta?

— Porque ladrão não é.

Admirei a sutileza do moço, desejei experimentá-la-E se eu quiser dizer que sou ladrão?

Assustou-se, deu uma espiadela em torno, examinou-me fixo, cochichou:

— Não diga. Isso prejudica. Mas se dissesse, ninguém acreditava. O senhor pode ser assassino. Também não é. Se fosse, tinha ficado. Para lá só vão presos políticos e ladrões. Ladrão não é.

— Está bem. Vejo que tem muita prática.

— Não, pouca, às vezes me engano. Os da polícia civil conhecem os ladrões de longe, na rua, pelo andar.

— Está bem. Para onde vamos?

Olhou-me surpreendido, certamente a duvidar da minha ignorância, e permaneceu calado.

— Vamos para a Colônia? Balançou a cabeça afirmando.

— Horrível, hem?

Hesitou um momento, segredou:

— Não é tanto como dizem não. Agora está melhor. Isso contradizia a afirmação de vários indivíduos, mas se tivermos uma corda no pescoço e alguém nos vier sorrindo negar a existência dela, acho que nos convenceremos facilmente. Um gazeteiro chegou à janela apregoando.

— Julgo que podemos ler, não?

— Com certeza.

Comprei um jornal e, com esforço, repisando a leitura cheia de lacunas, agarrei a notícia infeliz: o estado de guerra ia ser prorrogado. A patifaria inicial não me deixara mossa, de fato nem me perturbara o jogo de xadrez, talvez por achar-me estável no cubículo 35; nenhuma referência a ela nos papéis guardados no bolso; agora faltava-me estabilidade, era-me impossível pensar nisto ali dentro, a rolar para a ignomínia, e a renovação do ato canalha dava-me arrepios. Larguei a folha em desânimo profundo. Câmara prostituída. Mais três meses de arrocho, ficaríamos pelo menos três meses na ilha, no curral de arame farpado, na sujeira imensa.

Tento lembrar-me de qualquer coisa exterior, vista nos campos, nas plataformas das estações. Não me lembro de nada, inúteis as pessoas, inútil a paisagem. Rodávamos no meio de laranjais, observei-os no regresso. Não havia laranjais. Havia apenas a informação desgraçada: mais três meses de guerra. Guerra a quem, malandros? A quem, filhos de umas putas? Essas explosões internas causam enorme desarranjo a um organismo combalido. Não nos revolta a safadeza, revolta-nos a estupidez. Conformismo idiota, pulhice, tudo a encolher-se na ordem — e um reconhecimento de guerra nesse marasmo. O soldadinho magro e pálido era uma criatura boa, não tinham força para incutir-lhe ferocidade. O instinto o levava a conversar comigo, a ver em mim um tipo como ele. Uns miseráveis o açulavam debalde: não sabia morder. Com certeza desejei agradecer-lhe, e o receio de parecer covarde abafou o impulso. Não me recordo, isso me aconteceu algumas vezes. Nevoeiro mental, fugas, carência de nexo, o estado de guerra e os buracos do tintureiro.

Um volume sobre a Colônia, o livro que Medina esperava. Detinha-me nessa afirmação maquinal, embora considerasse o projeto irrealizável: nem queria ouvir falar em semelhante gênero de trabalho. Haviam-me no Pavilhão dado conselhos, mostrado a conveniência de narrar a vida na cadeia; a tarefa imposta me esfriava, em horas de aborrecimento vinha-me a tentação de berrar que não tinha deveres, estava longe da terra e imbecilizado. Os buracos do tintureiro e as réstias movediças continuavam a perseguir-me. De quando em quando me apalpava, tocava os papéis escondidos nos bolsos do paletó. Se fosse revistado, atira-los-ia pela janela do vagão. Sobressaltava-me, as figuras de Tamanduá, Newton Freitas e Medina apareciam-me nítidas. Um curral de arame farpado, um rebanho a definhar. As réstias deslocando-se no tintureiro. Punha-me a esfregar as mãos de rijo, depois tateava o manuscrito dividido, inquiria de esguelha se ele estava muito visível. No caso de revista, joga-lo-ia fora. Em que estariam pensando o velho Eusébio, Guerra, Herculano, Zoppo, Macedo? Ignoravam talvez a minha presença, absorviam-se como eu, faziam gestos inconsiderados e tentavam emendar-se. Na ratoeira que andava em cima de trilhos, sem decidir-se a parar, na verdade éramos bichos bem mesquinhos. Todos bichos. Mencionei a prorrogação do estado de guerra, desdisseram-me com azedume; exibi o jornal, repeliram a nota agoureira: a unanimidade alienaria provisoriamente o sucesso aziago.

Dessa viagem realizada fora do tempo, armas e fardas a enchê-la, a guardar as portas, ligeiros traços hoje se esfumam. Página meio branca Avultam nela contudo as palavras do soldadinho Convenço-me de ter sido fiel reproduzindo o nosso diálogo; ao cabo de tantos anos, as perguntas e as respostas vêm nítidas, parecem recentes; não preciso enxertos, pelo menos julgo isto. A magreza e a palidez do moço ainda se conservam. O resto era confusão. O jornal, armas e fardas, os meus dedos úmidos e frios, as mãos inquietas esfregando-se, metendo-se nos bolsos, os companheiros a recusar indignados a notícia ruim. Nada mais. Uma janela inútil.

O trem parou, desembarcamos em Mangaratiba. Aí me chegaram algumas ideias claras, fui capaz de observar qualquer coisa; agora as recordações avultam e se articulam. Achara-me num sorvedouro; ou antes, não me deslocara em sentido horizontal, mas para cima e para baixo, a subir e a descer nas roscas de um parafuso. Estávamos em Mangaratiba. Vi este nome na placa da estação. Bem. Chegávamos enfim a um canto da terra, e isto nos dava consistência. Roláramos fora dela, ausentes da realidade.

Ao sair da caixa móvel, José Gomes, o velho Eusébio, Guerra, Zoppo, deixavam de ser sombras, ganhavam corpo: lembro-me deles. Mangaratiba é um lugar miúdo, que procuro fixar na memória para não me esquecer dos companheiros. Uma povoação triste e abafada, com montes em redor. É, parece que tem montes em redor. Nada mais.

Deixando o vagão, marchamos em frente, pisamos num tablado sobre água: com certeza íamos embarcar. Faltavam-me cigarros. Como embarcar sem cigarros? Talvez não tivesse fumado no trem, mas ali, com os bolsos vazios, uma angústia me vinha. Os dedos a entrar nos bolsos vazios, a apertar-se em vão. Procurei auxílio, enxerguei perto um soldado negro, dirigi-me a ele. Estava sem cigarros. Entendia? Impossível viajar sem cigarros. Ofereceu-se para comprar alguns maços. Dei-lhe vinte mil-réis, fiquei olhando algumas senhoras que desciam do trem, da primeira classe, ingressavam no embarcadouro, em companhia de um sujeito magro, baixo, de cara chupada. Alguém me disse que o tipo se chamava Sardinha, era médico e mandava provisoriamente na Colônia Correcional de Dois Rios. Punham-me em contato com um mundo estranho, vago e difícil. Busquei adivinhar, pela fisionomia do homem, o que ele tinha por dentro. Nenhum contato, enganei-me. Aquele rosto impenetrável, chocho, aparece-me como silhueta recortada em matéria dura e fria. Um rosto de lâmina, cortante. Percebi a roupa escura e, além disso, um envoltório de rabugice, pimponice e hostilidade. Nunca me fez mal; pelo contrário: mais tarde me livrou de ser roubado; mas naquele momento me causou impressão demasiado repulsiva, e instintivamente dei um passo para trás. Recuo inútil: embora estivessem próximas, em cima do tabuado exíguo, as pessoas vindas da primeira classe muito se distanciavam de nós. Atentei nos rostos delas — e, que me lembre, nunca vi tal expressão de estabilidade, segurança. Firmeza em cima de pranchas mal pregadas. Um homem baixo e magro, mulheres bem vestidas. Certamente se haviam habituado a olhar trastes como nós, espalhados no chão, eram tipas importantes, não nos enxergavam, naturalmente. Carregados de embrulhos, redes, malas e sobretudos, gente do sul e do norte, pobres-

-diabos, não valíamos nada, éramos lixo. Não nos distinguiam. Acostumadas ao lixo, andavam cegas, podiam pisar-nos. O homem de rosto murcho, recortado em lâmina de faca, mexia-se procurando meio de acomodar as senhoras. Trouxeram cadeiras, julgo que vieram cadeiras de vime. Talvez fossem de vime, não sei bem. As senhoras sentaram-se, tranquilas, conversando alto. Estávamos ali, arrumados nas pranchas, com os nossos embrulhos e a nossa desgraça — e elas não nos viam. Lixo. Se quisessem levantar-se e andar, caminhariam bem, pois não tomávamos espaço, éramos coisas diminutas, rentes às tábuas. Passariam tranqüilas por cima de nós, machucar-nos-iam com as solas dos sapatos, como se fôssemos pontas de cigarros. Excitava-me o sossego das mulheres e cócegas me arranhavam a garganta. Desejo de rir. Desenvoltas, em desembaraço perfeito, pareciam trancadas num quarto, podiam despir-se.

Duas ideias me perseguiam: o soldado preto não voltava com os cigarros, e nós éramos bagatelas, cisco em cima das tábuas, pontas de cigarros. Os meus vinte mil-réis estavam perdidos. E se uma daquelas senhoras quisesse mijar? Esse pensamento burlesco um minuto me agravou os arranhões da goela, o desejo de rir. Nenhum motivo para acanharem-se, mijariam facilmente na rede de Macedo, no capote do Zoppo, na minha valise. Tão grandes e afastadas, assim próximas e miúdas, em cadeiras de vime! Estávamos em pé, as nossas misérias, os nossos embrulhos, no chão. O soldado preto não regressava.

Uma lancha avizinhou-se, atracou. Saltamos para ela, houve confusão de passageiros no transbordo, gente a entrar, sair. Fizeram-nos descer uma escada que levava ao porão. No primeiro degrau ouvi alguém chamar-me familiarmente e dei de cara com um sujeito desconhecido, alegre e ruidoso. Quem diabo seria? Reparando bem, julguei-o, pelos modos, um tipo encontrado meses antes, no Pavilhão dos Primários, buscando entender-se com Birinyi num italiano incompreensível. Vinha num grupo da Colônia e saía do porão. Criaturas indefinidas. A nossa escolta apoderou-se deles, a que os havia trazido encarregou-se de nós e ficou lá em cima, a vigiar em torno da escotilha.

Descemos. Em meio do caminho ouvi um grito e, levantando a cabeça, distingui o soldado preto a acenar-me. Subi ao convés, recebi vários maços de cigarros e caixas de fósforos. Ao metê-los nos bolsos, encontrei as folhas de papel cobertas de letras miúdas e joguei-as na água. Representavam meses de esforço, nenhuma composição me fora tão desigual e custosa, mas naquele momento experimentei uma sensação de alívio. Não me ocorreu o prejuízo. O certo era que as notas significavam culpa, e se fossem descobertas isto me renderia aborrecimentos. Haviam escapado às fogueiras inevitáveis nos cubículos do Pavilhão quando nos anunciavam revista. Imprudência conservá-las naquele tempo. Agora isto era absurdo: não entrariam na Colônia. Perda escassa: estavam pessimamente redigidas, e longos anos tantas vezes me sucedera queimar prosa ordinária que não me abalava a destruição de mais algumas páginas. De certo modo aquilo desculparia o desânimo e a preguiça, serviria de pretexto para furtar-me à obrigação cacete. Iam-se diluindo na água as minhas lembranças esparsas; não me seria possível reconstituir com segurança os cubículos povoados de percevejos, a sala escura da galeria, as redes oscilantes e o camarote do padeiro no porão do *Manaus*. Tornei a descer a escada curta, penetrei na jaula que nos reservavam, fui sentar-me a um canto, sobre a maleta.

A lancha desatracou e partiu, algumas pessoas entraram a enjoar. Como era grande o calor, tirei o paletó e a gravata, afrouxei o colarinho. A perna encrencada aperreava-me em excesso. Ao embarcar atrevera-me a um passo comprido — e a dor crescera, muito aguda. Isto me alegrava. Se me inutilizasse, com certeza me deixariam morrer num hospital. A perna doía. E cultivei a dor, imaginei acabar-me depressa fora do curral de arame descrito por Tamanduá.

Macedo estabeleceu-se junto a mim e começou a realizar uma operação minuciosa e lenta. Despiu-se, tirou o dinheiro, enrolou as notas em longos pavios e meteu-as no cós do pijama. Em seguida substituiu a cueca pelo pijama, vestiu a calça e aconselhou-me a fazer o mesmo. Restavam-me cento e poucos mil-réis e não julguei preciso escondê-los. A barca jogava muito. E em redor olhos compridos enlanguesciam, fechavam-se, abriam-se, fechavam-se de novo. Lembrei-me do pavor de Guerra, no Pavilhão. Batia com a cabeça nos ferros da cama e gritava, injuriando o governo, atirando à polícia nomes sujos. Como iria aguentar-se? Esquisito: Guerra se comportava bem, ria, pilheriava. Estaria a fingir-se alegre por fanfarronice? Talvez não: o movimento e o riso pareceram-me naturais. Os homens do Paraná tinham modos bovinos. Sentados nos capotes, as costas apoiadas às tábuas das paredes, fechavam-se, lúgubres. Os óculos do velho Eusébio procuravam socorro impossível; a voz era um tímido murmúrio, a interjeição do fim das frases quase se sumia. Espanto e receio nos rostos. Não me surpreendia viajarmos em porão, mas aquele era baixo demais. Talvez Macedo e Guerra pudessem ficar ali em pé; se Petrosky se levantasse, com certeza bateria com a cabeça no teto.

Não sei quem teve a lembrança de me oferecer comida. Prinz ou Cabezon. Surgiram postas de peixe seco e rodelas de pão num papel engordurado, certamente contrabando fornecido pelo faxina preto. Desviei-me engulhando, os rapazes insistiram, a princípio com paciência, depois irritados: uma exigência dura. Bem, tinham razão. Escolhi um pedaço de peixe, o menor, tentei ingeri-lo devagar. A língua seca, aperto na goela, os beiços gretados e queimados. Se tivesse um copo de água, tudo se arranjaria. Mas com semelhante secura a dificuldade era grande. Mastiguei o peixe até que ele se transformou numa espécie de serragem, longo tempo estive a ruminar em vão. Afinal o espesso farelo me atravessou a garganta, arranhando-a. Como areia. Resisti à náusea, apertei os queixos, entortando a cara, retesando os músculos do pescoço. Talvez aquela fosse a minha última refeição.

Chegou-me a sede. E como limpar os dedos sujos de sal e gordura? Esfreguei-os num pedaço de papel, mas continuaram sujos e tive receio de enodoar a roupa. Tirei dos bolsos as carteiras de cigarros que o soldado trouxera, despejei-as, limpei as mãos nos invólucros, demoradamente, até ficarem túmidas e vermelhas. Desmanchando as carteiras e friccionando as mãos, tinha entre as pernas juntas uma pilha de cigarros soltos. Espalhei-os em vários bolsos, inquieto: haviam-me dito que só entrava na Colônia um reduzido número de maços; veio-me a esperança de salvar aqueles, dispersos, misturados a lenços e objetos miúdos. Percebi em volta olhares cobiçosos, urgências de fumo, e arremessei, com um gesto liberal, o paletó recheado sobre as tábuas. O valor dos cigarros diminuiu.

Petrosky, Zoppo, Garrett, Prinz, Cabezon — que nomes estranhos! Bichos brancos e vagarosos, de outro mundo. Prinz tinha um sorriso fatigado. Cabezon tentava conversar e desistia. O tormento do velho Eusébio reluzia nos vidros, soava na respiração de gato. Duas figuras me impressionavam: Macedo, tranquilo e gordo, cachimbando, a arrumar as suas coisas sem pressa, e Guerra, agitado e falador, com estridências na voz e ameaças na ponta do bigodinho, um Guerra muito diferente do que rolava na cama, aos gritos. Do velho Eusébio restavam depressões. Por cima das nossas cabeças, ladeando a entrada, viam-se as perneiras, as fardas, os bonés e os fuzis da polícia. Petrosky, o homenzarrão silencioso e louro, arriava-se a um canto, invisível no escuro, entre caixões. Se tentasse erguer-se, não conseguiria aprumar-se. Sentado na valise, arrimado à tábua, pouco a pouco me entorpeci, achei-me longe do porão da lancha, do carro de segunda classe, do tintureiro. Todos ali eram desconhecidos, meses antes não me havia chegado o nome de nenhum deles. Eu mesmo era um desconhecido agora, diluía-me, tentava debalde encontrar-me, perdido entre aquelas sombras.

Uma frase repetida, que se despojara de significação, martelava-me: o estado de guerra ia ser prorrogado. Isto me aborrecia. Para o diabo o estado de guerra. Imaginei-me em país distante, falando língua exótica, ocupando-me em coisas úteis, terra onde não só os patifes mandassem. Logo me fatiguei dessas divagações malucas e dei um salto para trás, vi-me pequeno, a correr num pátio branco de fazenda sertaneja, a subir na porteira do curral, a ouvir os bodes bodejarem no chiqueiro. De qualquer forma, enveredando no futuro ou mergulhando no passado, era um sujeito morto. Necessário esquecer tudo aquilo: o porão, o carro de segunda classe, o tintureiro, os cubículos, a recordação da infância, o país distante e absurdo, refúgio impossível.

Não sei quem me tirou dessa horrível apatia, alguém que me pediu um cigarro ou ofereceu qualquer coisa. Regressei à realidade, enxerguei fisionomias sucumbidas, invadiram-me palavras soltas, o riso estridente de Guerra, a fala engrolada de Zoppo, o laconismo, a resignação bovina de Petrosky. José Gomes estava abatido. Lembrei-me do *Manaus*. À noite José Gomes fazia com as mãos uma corneta, erguia a voz imitando um locutor: — "Rádio Clube do Porão. Vamos ouvir Paulo Pinto, rei do samba." E Paulo Pinto, negro, rei do samba, cantava; com amores, tolices, onomatopéias, reduzia o calor da fornalha, o cheiro de amoníaco, os vômitos, o arquejar penoso, as cascas de laranja atiradas da coberta sobre as nossas redes. Agora Paulo Pinto estava na Colônia, e José Gomes se imobilizava no silêncio.

Em redor, nos cantos sombrios, caixas, bagagens, sacos. E pelas frestas que separavam as tábuas grossas e sujas, víamos a água escura lá embaixo. As minhas folhas se desagregavam nela, a plumbagina se diluía, perto do embarcadouro de Mangaratiba. Amizades rápidas, casuais, um instante a fixar-se e logo a estremecer nos sacolejos dos navios, dos carros, seriam em breve partículas indecisas no mar, partículas indecisas na minha memória. Na Colônia, iriam mexer-me nos bolsos, despojar-me, recolher-me fraco e desarmado.

Resolvi guiar-me pelo juízo de Macedo, homem cauteloso, em geral entregue a minúcias razoáveis; imitei-lhe a prudência. Retirei da valise a calça do pijama e introduzi no cós dela o dinheiro de papel que me restava; deixei no porta-níqueis uma cédula de cinqüenta mil-réis. Despi-me, vesti a peça fraudulenta, a roupa de cima, com a aprovação tácita do meu companheiro meticuloso. Bem. Agora me alentava um pouco; as notas amarradas à barriga davam-me a esperança de conseguir mexer-me, não perder a iniciativa.

Ergui-me, fui até a abertura por onde havíamos descido, subi os degraus inferiores da escada curta. Entre as perneiras dos soldados, vi o mundo lá fora, o sol, água, ilhas, montes, uma terra próxima a alargar-se.

Subi mais uns dois degraus, vi telhados, árvores, depois, mais para baixo, uma povoação e as tábuas de uma espécie de embarcadouro, aparentemente melhor que o de Mangaratiba.

A lancha atracou. Mergulhei os olhos no buraco onde ainda me achava meio enterrado, percebi alvoroço, homens agarrando embrulhos, fardos, sobretudos, maletas, sacos e as redes sertanejas inseparáveis dos nordestinos. Eram grandes e tinham aplicações várias, essas redes. Presas nos armadores, serviam de camas, cadeiras. Estendidas no chão, substituíam cobertores, lençóis. Dobravam-se, enrolavam-se, entre as varandas metiam-se objetos miúdos — supriam sem dificuldade os baús de folha usados no interior. E como no nordeste conduzem nelas defuntos para o cemitério, não é tropo afirmar que os meus amigos do porão do Manaus levavam às costas os seus próprios caixões. Matuto degenerado, nunca pude utilizar essa complicação. E ali estava no meio da escada, a valise debaixo do braço, leve, transportada maquinalmente. Dentro da valise, cuecas, lenços, duas camisas, dois ou três pares de meias, alguns lápis, um bloco de papel inocente e branco, bilhetes, cartas, fotografias, correspondência de minha mulher. Pouco me importava que tomassem tudo isso. Nada comprometedor. Papéis inofensivos, bilhetes anódinos, lápis, nenhum dinheiro, retratos de meninos. As notas, únicas forças restantes, arrumavam-se no cós do pijama, faziam na barriga um chumaço pequeno em cima da cicatriz da operação. As folhas prejudiciais tinham sido atiradas na água. Estavam comigo notícias ingênuas, a figura de meu filho mais novo, de olhos grandes. Apenas. Bem. Valise insignificante, que a minha fraqueza podia transportar sem custo. Bem. Não me constrangiam coisas pesadas e incômodas.

Enquanto os outros arrumavam a difícil bagagem, trepei os últimos degraus, cheguei à coberta. Alguns minutos de espera. Macedo e Zoppo, Guerra e Cabezon, Petrosky e Zé Gomes desenroscaram-se lá embaixo, subiram — e achamo-nos em linha, passamos ao tablado que servia de ancoradouro. Um sargento, mulato gordo e fornido, entrou a distribuir-nos, e as dezessete pessoas, em fileira, num instante se sumiram. Dois sujeitos armados tomavam conta de um preso, exatamente como ao descermos do tintureiro. Arrogância, exposição besta de força. Dois polícias para escoltar um indivíduo inerme, de braços ocupados, seguro à bagagem. O sargento volumoso e escuro tinha carranca selvagem, mas o instinto me levou a entender-me com ele. A primeira leva desembarcara ali em noite de chuva, subira montes e descera montes, às carreiras. Lembrei-me do relatório de Chermont. Se um infeliz escorregava no barro molhado e caía, obrigavam-no a levantar-se com pancadas. Agora os caminhos estavam enxutos, o dia claro. Infelizmente a perna me atormentava e não me seria possível correr. Declarei isto ao sargento. Examinou-me, talvez procurando no meu rosto sinais de mentira.

— Que é que o senhor tem? perguntou áspero.

— Fui operado. Não consigo viajar depressa.

Refletiu, decidiu:

— Vou pedir um cavalo.

Isto me aborreceu: desagrada-me incomodar alguém.

— Talvez não seja preciso. Qual é a distância?

— Doze quilômetros de serra.

— Que horas são?

— Dez.

— A que hora devo chegar?

— A tarde. Chegando às seis chega bem.

— Obrigado, sargento. Não é necessário o cavalo. Vou a pé.

Voltou-se para os dois policiais:

— Este senhor está doente, não pode acompanhar os outros. Andem muito devagar com ele, parando para descansar.

Afastei-me capenga, disposto à marcha penosa; no fim do tablado recuei, vexado por não me ocorrer um agradecimento razoável. Afinal a criatura nada tinha com os meus desastres. Atentei na fisionomia agreste:

— Aquilo é horrível, hem, sargento?

Alongou o beiço grosso, resmungou:

— Não. Para o senhor, não.

— Ora essa! Porquê?

— Em qualquer parte o senhor está em casa.

A observação me chocou. Ter-me-ia acanalhado? Comportar-me-ia direito em excesso, buscando captar a benevolência da força? Um rápido exame interno sossegou-me: ti nha-me expressado conciso e frio, apenas manifestara a impossibilidade completa de mexer-me depressa. Antes de me retirar, o homem se avizinhou, segredou uma pergunta inesperada:

— Tem dinheiro?

Surpreendi-me. Contudo não senti desejo de fechar-me:

— Tenho, pouco, mas tenho.

— Não caia na tolice de entregá-lo. Só lhe consentem levar cinco mil-réis.

Guarde o resto. Vai passar fome, sabe? Há de comprar comida fora.

Súbito revelei ao sujeito o esconderijo das notas, e não julguei ser imprudente. Estavam no cós do pijama, entre as calças e a cueca.

— Acha que vão descobri-las na revista?

Balançou a cabeça negativamente:

— Não há perigo, a busca é formalidade.

Referiu-se de novo à falta de alimento e repetiu o conselho de aferrolhar o dinheiro, economizar: ser-me-ia indispensável prover-me em negócios clandestinos. Falava rápido e baixo, a conversa durou talvez dois minutos. Ainda avancei uma interrogação: qual era o meio de obter coisas no exterior? Alguns rapazes da polícia arriscavam-se a esses favores, afirmou.

— Quer apresentar-me a um dos seus homens?

— Não. O senhor será procurado, com certeza.

Duas ou três vezes introduziu no diálogo esta observação intempestiva:

— Não lhe acontecerá nada ruim. Uma pessoa inteligente nunca se aperta.

— Agradecido, sargento.

Arredei-me a coxear, aproximei-me dos guardas, pisamos terra. A reflexão do sargento era burlesca; e fazendo-a, parecia referir-se, não à minha inteligência, mas à dele. Queria talvez aparentar sagacidade notando em mim prendas ocultas, pois nenhum recurso intelectual se revelara nas minhas palavras. Longe disso: houvera-me estupidamente, confessara a existência das cédulas e a peça de roupa onde se metiam. Deixara-me levar pelo instinto: não enxergara um inimigo no tipo sombrio. Ou então me surgira o desejo de arriscar-me, avaliar a minha resistência e as disposições contrárias. Algumas vezes isso me acontecia, e, presumo, durante a reclusão estirada não precisei simular. De qualquer modo a conversa ligeira nas tábuas me convencia de que a violência organizada era bem precária: os agentes dela se bandeavam, nos momentos difíceis vinham cochichar-nos informações e conselhos. Bem. O mulato rijo e de tromba, os soldadinhos fracos a aborrecer-se debaixo dos fuzis pesados não tinham interesse em magoar-me. Os generais deviam procurar saber como as suas ordens se cumprem. Berram, ameaçam, têm aparência de terremotos — e ali me achava a manquejar, seguido por dois sicários inofensivos.

— Como se chama este povoado?

— Abrão.

Na ponta da rua uma bodega me sugeriu a idéia de comprar cigarros. Entrei nela, pedi um milheiro, diversas caixas de fósforos, enchi a valise, acabei de empanzinar todos os bolsos. Deixariam penetrar na Colônia aquele despropósito? Os soldados me incutiram otimismo. Bebi um cálice de conhaque, larguei a nota de cinqüenta mil-réis e guardei o troco no desvão do porta-níqueis; à mostra ficaram apenas algumas moedas. O álcool é proibido com rigor, mas nem me ocorreu falar em consentimento: a disciplina se relaxaria ante a necessidade forte. Saímos, perdemos de vista as últimas casas da aldeia. Topônimo esquisito: Abraão. Um dos condutores me corrigiu a pronúncia:

— Abrão.

Certamente havia morado ali um sujeito importante com esse nome. Algum judeu? Na Alemanha a designação torpe e semítica se haveria riscado, mas a esculhambação nacional não atentava nisso. E o Abrão continuava na geografia miúda, possivelmente um velho Abrão de olhos vivos e nariz curvo, parente vago de Gikovate e Karacik, transferido um mês atrás para a Sala da Capela.

Distanciamo-nos da costa, assanharam-se os declives, entramos a subir e a descer ladeiras. Vegetação farta. Várias pontes sobre os rios estreitos, ziguezagueantes, que haviam batizado a Colônia. A luz forte do sol feria montes escuros e nus; em certos pontos árvores esguias disfarçavam a calvície da terra pedregosa. Veio-me o desejo de perguntar como se chamavam essas plantas, mas a curiosidade morreu logo.

Ao calor do meio-dia, estazei-me. Horríveis picadas na perna; vencer alguns metros de rampa custava-me esforço enorme. Respiração curta, suor abundante, falhas na vista. Procurei dominar a fraqueza atentando na paisagem. Inutilmente. A cabeleira escassa dos morros já não me interessava. As dores no pé da barriga avivavam lembranças insuportáveis do hospital. Meses compridos vira-me forçado a amparar-me a uma bengala; esse arrimo agora me fazia grande falta, e os passos arrastavam-se trôpegos, indecisos, parando a cada instante. Os soldados começaram a impacientar-se, e isto agravou a dificuldade. Tentei elastecer a carne entanguida, propensa à imobilidade; experimentei a sensação de ter um dreno de borracha metido no ventre. Mordia os beiços queimados e arfava. Impossível continuar. Pus a valise em cima de uma pedra e sentei-me, indignando os condutores presos ao cambalear penoso, recusei-me a prosseguir. Inútil a insistência, arquejei. Não viam que estavam exigindo o impossível? Contudo inclinava-me a julgar aquilo um achaque passageiro; nenhuma preocupação. Iria restabelecer-me quando me surgissem de novo as mesas e as camas, objetos remotos, improváveis.

Ergui-me, reencetei a caminhada bamba, detive-me ao cabo de cem metros, joguei-me outra vez para a frente. Rês cansada; nenhum aguilhão me apressaria. Inquietava-me a posição do sol, e uma pergunta me vinha com freqüência: ainda estávamos longe? Com certeza. Afligia-me causar transtorno aos dois homens. Um deles puxou conversa. Era de Palmeira dos Índios, em Alagoas. E inteirando-se de que eu vivera ali muitos anos, pediu notícias de personagens locais, perguntou como iam de saúde seu Aureliano Wanderley e seu Juca Sampaio. Achei graça na curiosidade e afirmei:

— Vão muito bem.

Nas escarpas da ilha Grande, a esfalfar-me, a aproximar-me vagaroso da Colônia Correcional, papagueava com um matuto fardado sobre gente do interior, meio esquecida. O rapaz me interrogava como se eu tivesse a obrigação de conhecer Juca Sampaio e Aureliano Wanderley. Palmeira dos Índios é uma cidadezinha, os habitantes andam lá em contato forçado. Apartara-me deles, mas não hesitava em referir-me às duas pessoas mencionadas. Estavam bem. Pelo menos deviam estar melhor que eu. Essa tagarelice aplacou o trajeto ronceiro.

As estações espaçaram-se. O terreno ia ficando menos íngreme, o calor diminuía. Era certo chegarmos antes da noite e não precisava agitar-me em excesso. As punhaladas no ventre esmoreceram; o que agora me incomodava era o torpor na coxa direita.

A dormência crescia, chegava ao joelho, dava-me a impressão nova de mexer-me com uma perna artificial. A voz lenta do sertanejo escorregava-me nos ouvidos, trazia-me ao espírito as largas campinas da minha terra, os cardos pujantes na seca, as flores amarelas das catingueiras. Em redor, coisa muito diversa dessas evocações familiares: sombras, matas, as estranhas árvores delgadas a vestir a peladura negra dos montes.

No fim da tarde alcançamos um pátio branco. Ao fundo, enorme galpão fechado, e junto a ele cercas de arame, certamente o curral onde nos confinariam. A vista fixa nas paredes baixas, na cobertura de zinco, durante algum tempo não percebi as casas alinhadas no terreiro. Surgiram-me de chofre, como se se tivessem construído naquele instante, sem dúvida residências de funcionários, repartições, cozinhas, e alojamento da tropa. Na confusão da chegada, isso me vinha desconexo, vago e sem limites. Amálgama incoerente. Que pensariam de mim os dois rapazes? Movera-me até ali conversando, a exumar fatos e indivíduos meio extintos, e não revelara falha na memória, nas idéias. De repente me achava incapaz de localizar os edifícios, desorientava-me. Só queria saber se a perturbação vinha à tona, transparecia nos modos, ou se ainda me seria possível exibir uma aparência razoável. Continuava a falar, com pausas, ignorando a significação das palavras, e examinava os interlocutores, buscando neles marcas de espanto. Nada enxerguei. Naturalmente fazia perguntas, mas não tinha consciência disto; as informações resvalavam no entendimento paralisado. Incapaz de relacionar as coisas mais simples, senti um prazer absurdo no exame de plantas amáveis, de grandes folhas verdes, crestadas, a adornar a terra clara. Concentrei-me nessa decoração, no movimento e na cor: as folhas mortas, fulvas, caíam lentas, voavam na aragem fria. Para onde me levavam?

No caminho surgiu-me um velho miúdo cheio de rugas. Vestia zebra e manejava enxada, ocupando-se em retirar do chão uma nesga de grama. Ao passarmos, interrompeu a tarefa, diligenciou erguer o espinhaço curvo, estirou o braço trêmulo, gemeu quase a soluçar:

— Uma esmolinha de um cigarro pelo amor de Deus. Meti a mão no bolso prenhe de cigarros, tirei um punhado, larguei-o na mão da criatura.

— O senhor está doido? gritou um dos soldados.

Espantei-me:

— Porquê?

— Dar quarenta cigarros a este vagabundo! Estão aí bem quarenta. Há de haver dia em que o senhor não acha um cigarro por dinheiro nenhum. Escute bem. Por dinheiro nenhum.

Essa perspectiva me trouxe um arrepio. Enfim, paciência Que se havia de fazer? Na verdade não me instigara nenhum sentimento caridoso ao espoliar-me em benefício do velho. Estava meio convencido de que não me deixariam guardar aquela enorme provisão de fumo. A minha filantropia esvaziava um pouco a algibeira prejudicial. Reduzido o 'volume, talvez me permitissem conservar o resto dos cigarros.

Levaram-me a uma das formalidades inevitáveis na burocracia das prisões, num dos edifícios baixos, limites do pátio branco. Sala estreita, acanhada; homens de zebra a mexer-se em trabalhos aparentemente desnecessários. Porque me encontrava ali? Devo ter feito essa pergunta, devo tê-la renovado. Impossível adivinhar a razão de sermos transformados em bonecos. Provavelmente não existia razão: éramos peças do mecanismo social — e os nossos papéis exigiam alguns carimbos. A degradação se realizava dentro das normas. Que me iriam perguntar? Não disseram nada. Os homens de zebra exigiram apenas que lhes entregasse a roupa. Ora essa! Queriam então que me retirasse dali nu? Não era bem isso. Tinham aberto a valise, arrolado os troços, achavam possível despojar-me da indumentária civilizada. Estava certo. Era preciso despir-me em público ou havia lugar reservado para isso? Não havia. Perfeitamente.

Despojei-me da casimira. E como tinha por baixo a calça do pijama, com o dinheiro minguado no cós, vesti apenas o casaco. Achava-me regulamentar, tanto ou quanto regulamentar e ridículo, a prender a camisa nas virilhas, sujeitando o pano à carne resistente. Achei-me coberto enfim deste jeito: camisa úmida, colarinho, gravata, pijama bastante amarrotado, os pés coagidos nos sapatos duros, poeirentos. Os tamancos deixados no cubículo 50, no Pavilhão dos Primários, faziam-me falta. É estúpido mencionar isso; contudo não conseguimos prescindir lá dentro de tais insignificâncias. De fato não eram insignificâncias. Os sapatos duros e estreitos magoavam-me os calos; seria bom juntar aos pés inchados pedaços de madeira presos com tiras de pano. Os tamancos me dariam folga, relativa liberdade.

Antes de largar os trapos ao funcionário de zebra, recolhi os cigarros, enchi os bolsos do pijama, fiquei obeso. Para emagrecer um pouco, recolhi o cinto, apertei-o à barriga, avancei dois ou três furos além do ponto normal: a ausência de comida facilitava-me a operação: a magrém forçada compensava a gordura exterior. Em relativo equilíbrio, tentei conservar a carteira, onde havia alguns papéis isentos de valor. Um sujeito de zebra tomou-a. Reclamei.

— Para que é que o senhor quer isso? São fotografias. Veja. Não interessam.

O homem fez orelhas moucas e guardou a carteira, sem me deixar nenhum vestígio da subtração. Depois me conduziram às cercas de arame, ao galpão temeroso. Numa saleta, os meus companheiros de viagem, com certeza chegados horas antes, amolavam-se à espera de formalidades rotineiras, mais ou menos indecifráveis. Em torno de uma banca figuras se moviam, davam-me a impressão de mexer-se em densa neblina: a minha vista se turvava, era-me impossível notar minúcias. Na imobilidade, reapareceram-me as dores, ferrões me atravessaram a carne entanguida. Não me aguentei de pé, fui encostar-me a uma parede, curvo, derreado para a direita, a mão no pé da barriga.

Nunca pude saber como, em tais situações, nos chegam notícias precisas. De que modo se transmitem? Parecem adivinhação. Estamos cercados, vigiados; alguém nos sussurra algumas palavras, e recebemos num instante esclarecimentos indispensáveis. Uma cadeia se forma, conjugam-se reminiscências, o aviso se amplia; quando nos referimos a ele, notamos apêndices, interpolações, acréscimos rápidos, anônimos. Nesse trabalho coletivo a memória e a imaginação cooperam de tal jeito que nos é impossível saber se o informe decisivo é falso ou verdadeiro: entrosam-se nele os pacientes exames rigorosos e a credulidade excessiva ordinária nas cadeias. Em torno divisei homens fardados, mas a minha escolta havia desaparecido. Indicaram-me nessa altura um sujeitinho e segredaram-me o nome, a índole, os costumes dele. O anspeçada Aguiar, nanico, tinha péssimas entranhas, compensava a escassez física normalizando a violência; arrogava-se poder imenso, de fato ali dentro superava as autoridades comuns, adstritas à censura e à regra. Já me haviam falado nesse tipo Exigia um respeito absurdo, e na presença dele todos nós devíamos guardar silêncio e cruzar os braços. Inclinava-me a julgar isso exagero; difícil admitir que tal insignificância tivesse meios de criar normas, sujeitar a elas várias centenas de indivíduos. O cochicho rápido fez-me virar o rosto, atentar na minguada personagem. O movimento não lhe passou despercebido. Olhou-me seco e frio, com certeza o surpreendeu a minha postura encaranguejada. Chegou-se a mim, resmungou áspero, distante e superior:

— Está doente?

Balancei a cabeça afirmando. Retirou-se, momentos depois reapareceu trazendo uma cadeira. Sentei-me, agradeci num gesto. O homem não era tão ruim como diziam. Essa oferta da coisa necessária numa situação crua me dispunha favoravelmente. Bobagens sermos suscetíveis naquele meio. Era possível que as grosserias do pequeno soba apenas existissem cotejadas ao proceder exterior. No lugar estranho iam surgir-nos relações novas — e era ingenuidade pretendermos conservar os nossos hábitos.

Correra o tempo, chegara a noite, em redor da mesa os preparativos longos escapavam-me, atos desconexos. Fixava-me num pormenor, noutro, ainda me sentia capaz de observar, mas sem continuidade. Não sei quando me chamaram. Vi-me ao pé da mesa, junto à valise aberta, mão a revolver-me os bolsos. Deixaram-me os cigarros, e isto me trouxe imenso alívio; durante o dia, no consumo lento das horas, a privação do fumo absorvera-me. Respirei, as algibeiras pejadas, a enorme provisão de tabaco e fósforo salva, de mistura com lenços e cuecas. Exigências insignificantes, formalidades. Pegaram no porta-níqueis, abriram-no e logo o devolveram, sem examinar o conteúdo. Não tiveram a idéia de mexer-me no cós do pijama; o dinheiro lá guardado iria ser necessário: talvez a minha existência dependesse dele. Tomaram-me os lápis e o bloco de papel. Por muito que me esforçasse, não consegui mais tarde recompor as fisionomias das pessoas que realizaram essas operações. Naturalmente fizeram perguntas e dei respostas. Não me lembro de nada. Os meus companheiros de viagem deviam estar ali perto, mas isto é suposição. Qual deles me cochichara o nome do anspeçada e me avivara passagens do relatório de Chermont? Uma balbúrdia, pensamentos a debandar. Tentava expressar-me direito, não me custava fingir calma. Aspecto normal, a voz ordinária; convencia-me de que nas minhas palavras não havia incongruências, e esta certeza me parecia insensata.

Finda a vistoria achei-me no pátio, sobraçando a valise, a andar sob as árvores de grandes folhas invisíveis agora. Entramos num salão estreito e escuro. Pendiam lâmpadas do teto baixo, vidros fuscos, fios incandescentes, a espalhar uma luzinha frouxa e curta; a alguns metros delas os objetos mergulhavam na sombra. Distingui duas alas de mesas compridas; eram duas, se não me engano, ladeadas por bancos. Tombei num deles, cansado.

Reparando bem, notei que as mesas se formavam de tábuas soltas em cima de cavaletes. O ar estava nauseabundo e empestado, havia certamente nas proximidades um bicho morto a decompor-se. Juntei os cotovelos às pranchas, segurei a cabeça fatigada, comprimi as narinas com os polegares, fiquei um minuto a arfar, respirando pela boca. Um sujeito se avizinhou, manso, quase invisível na escuridão. Arriei os braços, ergui os olhos inúteis: impossível enxergar as feições do homem. O cheiro de carniça invadiu-me os gorgomilos, trouxe-me enjôo, lágrimas, embrulho no estômago. Outra vez levantei as mãos, apertei o nariz, receando vomitar, cerrei as pálpebras.

Tocaram-me num ombro. Sacudi o torpor, abri os olhos, vi um prato junto a mim.

— Obrigado.

Nos arredores vultos indecisos, provavelmente os meus vizinhos da lancha, do carro de segunda classe, do tintureiro, matavam a fome. Depois de tantos abalos, nordestinos e paranaenses tinham apetite naquela situação. Repugnava-me, inquiria mentalmente se o olfato deles se embotara ou se o fedor horrível era uma criação dos meus nervos excitados. Inclinei-me a supor isto. Difícil admitir a insensibilidade estranha em várias pessoas; o defeito estava em mim, um sentido me enganava. Tocaram-me de novo no ombro, da figura indistinta veio um conselho doce e lento:

— Coma.

Soltei a cabeça, aspirei um pouco de ar; estupidez negar as emanações torpes.

— Obrigado. Não posso.

— A comida está boa, foi preparada para os senhores.

Acendi um cigarro, pus-me a fumar depressa, buscando vencer a infeliz sensação. No prato havia manchas escuras, talvez pedaços de carne.

— Faça um esforço. Amanhã o senhor não terá isso. A comida foi feita para os senhores. Experimente.

A fala branda era um murmúrio. Espantava-me da curiosa solicitude, queria desembaraçar-me dela:

— Agradecido. É impossível.

Apesar da recusa, a criatura afável, isenta de fisionomia, continuava a embalar-me com a oferta vagarosa, insistência mole, gorda e úmida. O rosto se escondia na máscara de trevas; a voz blandiciosa me escorregava nos ouvidos, causando-me um vago mal-estar; não a poderia esquecer. Nunca imaginara que um homem se dirigisse a outro daquele jeito: desvelo excessivo, uma ternura flácida e trêmula. Só me ocorriam as sílabas ásperas de agradecimento. De fato reconhecia a bondade esquisita, mas era preferível não a receber. Escapava-me a origem dela. A atenção espalhada, a fumar sem descanso, desejava retirar-me. E achava-me ingrato, fazia esforços por descobrir alguma coisa amável para juntar às frases curtas. Logo me distraía ouvindo o rumor das colheres. Defendia-me da repugnância envolto na fumaça do cigarro, e os indivíduos irreconhecíveis tornavam-se mais confusos. Terminaram a refeição, erguemo-nos, lancei uma despedida vaga e maquinal:

— Obrigado. Não, não. Era impossível. Adeus.

Saímos e, em linha, fomos levados ao casarão baixo. A alguns metros da porta uma grade se descerrou, e a fileira pouco a pouco mergulhou nela. O tempo se desperdiçara nas idas e vindas, nas buscas, no refeitório sombrio. Quantas horas? A falta de um relógio me desorientava. Suponho havermo-nos retardado ali, de pé, meio indiferentes, avançando um passo, outro passo, como bichos miúdos a caminhar para uma goela de cobra; mas isto é reminiscência quase a apagar-se, neblina de sonho. Nessa paralisia da vontade os minutos se encolhem ou se alongam desesperadamente. Afinal fui engolido, achei-me num estreito vão, barras negras de ferro em frente e à retaguarda. À esquerda um sujeito de zebra indicou uma cadeira e entrou a desculpar-se: infelizmente era obrigado a tosquiar-me.

— Isso não tem importância, declarei sentando-me, a valise nas pernas.

E o barbeiro iniciou a tarefa, meteu-me nos cabelos uma pequena máquina cega. Verboso, prosseguia nas justificações, pensando causar-me dano; carrasco amável, queria harmonizar-se com a vítima. A loquacidade me aborrecia; era espantoso imaginarem-me capaz de guardar ali qualquer espécie de vaidade.

— Meu amigo, não se preocupe. Vai muito bem. Continue o seu trabalho.

— Está incomodando muito?

— De forma nenhuma. Vai muito bem.

O infame instrumento arrancava-me os pElos, e isto me dava picadas horríveis no couro cabeludo. A operação findou, ergui-me, passei os dedos no crânio liso, arrepiado na friagem da noite. Diabo. Estávamos no inverno, a cabeleira ia fazer-me falta. Um burburinho extenso anunciava multidão.

Alguém me chamou, perto, avizinhei-me da grade interior, percebi no outro lado uma figura indistinta. Reconheci-a pela voz mansa, dormente. Depois, habituando os olhos à luz mortiça, divisei as feições de Vanderlino, o moço calmo, vagaroso, que no Pavilhão dos Primários gastara semanas destruindo um cabo de vassoura, talhando peças de xadrez a canivete. Parecia à vontade, como se estivesse em casa, e manifestava um prazer absurdo ao ver-me ali. Ficou um minuto a falar oferecendo qualquer coisa, mas não consegui entendê-lo: a minha atenção fixava-se no lugar sombrio onde ele se achava. Através das barras de ferro uma turba confusa me surgia de chofre, corpos indecisos a mexer-se, em pé, de cócoras, estendidos, espalhando o surdo rumor já notado enquanto me raspavam a cabeça. Nenhuma particularidade, som ou visão, se destacava nessa balbúrdia. Apenas o novelo animado a desdobrar-se no escuro e o burburinho a rolar. Um cheiro desagradável, complexo, indeterminado, provocava tosse.

Abriu-se a porta, avancei, num instante me vi mudado em partícula da massa heterogênea. Achavam-se ali provavelmente os bichos curiosos expostos no relatório de Chermont. Perdiam-se naquele fervilhar de cortiço a zumbir, e a minha curiosidade minguava no alvoroço. Capotes e redes indicaram-me os companheiros de viagem, num grupo. Haviam entrado antes ou depois de mim? Vanderlino prosseguia na conversa. Levou-me para o centro do galpão, e só aí compreendi a oferta muitas vezes repetida: era-me possível dormir ali. Reuniu a esteira dele à do vizinho e conseguiu arranjar o espaço necessário a três indivíduos. Sentei-me na urdidura gasta de pipiri, fiz da valise travesseiro, pus-me a fumar, não distinguindo bem as palavras de Vanderlino.

Surgiram-me de relance caras já vistas, umas conhecidas, outras duvidosas. Cansava-me fazendo perguntas mudas: — "Onde terei visto esse tipo?" A dois passos alguns sujeitos nos examinavam fixos, indiscretos; julguei-os espiões, interessados em descobrir um movimento, ou olhar suspeito, avisar a polícia. Joguei fora a ponta do cigarro, os homens se lançaram sobre ela, empurrando-se. Levantaram-se. A ponta do cigarro tinha desaparecido. Com um estremecimento, recordei-me do aviso do soldado, no pátio; a inesperada vileza dizia claro o valor do fumo na prisão. Desejei distribuir cigarros aos infelizes; acanhei-me, fingi distração, receando vexá-los. Continuaram perto, observando, a rondar.

Chamaram-me da porta; levantei-me, para lá me dirigi, estranhando que alguém já me soubesse o nome; andei lento, fazendo curvas e ziguezagues, entre as esteiras muito numerosas no chão sem ladrilho. Avizinhei-me da grade, vi além dos varões um rapaz magro, pavoneante na farda nova. Em criança, tinha-me conhecido: era filho de José Plácido. José Plácido? Tentei lembrar-me. Um sapateiro aleijado das pernas, compadre de meu pai.

— Sei. Morava na Rua do Gurganema. Ainda é vivo?

Estava morto, presumo, e com isto a minha curiosidade terminou. Esse encontro não me deu nenhum contentamento. Plácido moço ficou um instante a encarar-me severo, exibindo superioridade; constrangi-me supondo nele o intuito de acabrunhar-me. Arredou-se, outro soldadinho veio substituí-lo, propondo-se, num cochicho, a servir de intermediário se eu precisasse qualquer coisa do exterior. Realizava-se muito cedo a promessa do sargento. Agradeci. Haveria de precisar, com certeza. Não me comportava de maneira conveniente: a postura e a linguagem violavam as normas. Sem ambages, o anspeçada Aguiar encarregou-se de me explicar isso. Miúdo e teso, surgiu, olhou-me duro, resmungou:

— Cruza os braços, chefe.

Em mudo assombro, devo ter-me conservado longo tempo imóvel, a vista escura, as ideias em fuga, o coração a estalar de raiva e desespero; o ar frio da noite veio outra vez morder-me o couro cabeludo. Ter-me-iam largado aquela frase? Inclinava-me a duvidar, tão inconcebível era, e esforçava-me por admiti-la, conjugá-la a farrapos de notícias, compreender a situação. Achava-me estúpido. Evidentemente as palavras tinham sido proferidas, necessário repetir isto. Surpreendiam-me nelas dois pormenores: o sujeito usava ironia, chamando-me chefe, e tuteava-me. Na surpresa, virei-me para os lados, procurando ver se a ordem singular não se dirigia a outra pessoa. Através da névoa distingui a pequena distância os óculos do velho Eusébio, capotes, redes, confusas lembranças da semana incômoda. Tolice querer enganar-me: aquela miserável insignificância falava comigo. Porque me espantava? Casos semelhantes me haviam sido várias vezes narrados, causando abalo rápido. Julgara-os, desatento, fatos possíveis, improváveis. Agora me atordoava, buscando aflito meios para resistir. Nada achei. Dentro de mim ódio impotente, enleio, a carne a inteiriçar-se, arrepios a subir-me o espinhaço, a torturar-me o crânio pelado; fora, trouxas, pacotes, figuras nubladas, os óculos medrosos do velho Eusébio. Inútil pensar em defender-me. Certo a criatura nanica era débil, mas fortificava-se por detrás de barras de ferro, as armas do governo a protegiam, davam-lhe empáfia segura. No desarranjo momentâneo o que mais me impressionou foi sentir-me inteiramente só. Havia em torno um milheiro de homens, com certeza, mas a horrível sensação de isolamento empolgava-me.

Cruzei os braços, aniquilei-me. A vontade sumira-se, o meu corpo infeliz era um conjunto de trapos bambos. Vendo-me assim, vazio e inerte, o anspeçada Aguiar disse-me que as esteiras viriam no dia seguinte; aquela noite dormiríamos na terra nua.

— Está bem.

Ia retirar-me, um guarda me deteve com esta decisão incompreensível:

— Na formatura reúna os seus homens lá no fundo.

— Os meus homens? gaguejei atarantado.

— Os seus companheiros. Mande que eles formem lá na porta.

Sucumbido, fui apontar aos recrutas o lugar onde nos alinharíamos. Isto me rebaixava mais que a atitude humilde na presença do anspeçada. Um momento me anulara, incapaz da mínima reação, meio cadáver. Pretendiam agora infamar-me, transformar-me em vigia dos meus amigos. O terror me obrigaria a mantê-los na disciplina e, sendo preciso, denunciá-los. Um instrumento dos verdugos enxameantes além da grade. Cabo de turma, com horror senti-me cabo de turma. Chegaria a conseguir bastante vileza para desempenhar esse papel? Enquanto me dirigia ao grupo e indicava a extremidade obscura do galpão, atenazava-me a pergunta ansiosa; e a resposta se esboçava no rosto zombeteiro de João Rocha. O mulatinho parecia felicitar-me com um risinho encolhido e enviava-me espiadelas de soslaio, exibindo respeito burlesco. Patife. Os outros, glaciais, começavam talvez a desprezar-me. Tencionava amparar-me neles, e a dura reserva feria-me, pior que bofetada. Esses desentendimentos originam fundos rancores, ódios, e não nos surpreendemos se uma criatura hoje se inflama a cantar hinos revolucionários e amanhã cochicha pelos cantos, envia cartas à autoridade. Reunindo a custo indecisos fragmentos de energia, julguei-me incapaz de chegar a isso — e a desconfiança tácita flagelava-me. Novamente a solidão me envolveu, aqueles homens se distanciavam, como se ainda estivessem no Rio Grande, no Paraná, terras desconhecidas. Separei-me deles, voltei ao meu pouso, sentei-me na valise; o esquisito abandono pouco a pouco se sumiu. Não valia a pena atormentar-me com a opinião alheia. Era enorme o alojamento, sem dúvida estava ali um milheiro de pessoas.

Vanderlino me interrompeu cálculos difíceis e apresentou uma delas, rapagão espadaúdo, simpático, o olho vivo, de gavião. Uma curiosa madeixa de cabelos brancos enfeitava-lhe a testa e o lábio superior se erguia, descobrindo os dentes, num sorriso sarcástico. Fisionomia aberta, ar decidido. Admirou-me a franqueza de Vanderlino ao dizer o nome e o ofício da personagem.

— Gaúcho, ladrão, arrombador.

Um insulto. Como se ofendia um homem daquele jeito, cara a cara, sem metáforas? Examinei os dois um instante, reconsiderei. No Pavilhão dos Primários, Vanderlino era um sujeito de excessiva delicadeza; a voz calma não se alteava; nunca melindraria ninguém. E Gaúcho nem de longe parecia injuriar-me. Tinha a aparência de uma ave de rapina. Estendeu-me a garra larga, acocorou-se junto à esteira, pôs-se a conversar naturalmente. Apertando-lhe a mão, declarei ter muito prazer em conhecê-lo. Tinha. Não era apenas curiosidade. Finda a surpresa, confessei a mim mesmo que poderia tornar-me sem esforço amigo do ladrão. A firmeza, a ausência de hipocrisia, a coragem de afirmar, tudo revelava um caráter. Lembrava-me dos modos esquivos dos meus companheiros, da malícia estulta de João Rocha. Bem. Cortavam-me várias amarras, vidas estranhas iam patentear-se no formigueiro em rebuliço. Dos rápidos minutos desse encontro apenas resta o bom efeito causado pelo tipo anormal. Gaúcho falava gíria, de quando em quando me obrigava a interrompê-lo:

— Que significa escrunchante?

Escrunchante? Ora essa! O lunfa que trabalha no escruncho, quer dizer, no arrombamento. Era a profissão dele. Súbito a palestra morreu.

— Formatura geral, gritou um negro lá da porta.

Deslocaram-se com rumor os objetos espalhados no solo, uma nuvem de poeira toldou as luzes escassas, toda a gente se moveu, organizaram-se à pressa numerosas filas. A minha, ao fundo, era a mais curta e algum tempo ficou acéfala. De repente mandaram-me sair de forma e achei-me em frente aos dezesseis homens firmes, direitos, de braços cruzados. Cabo de turma, realizava-se a previsão funesta. Mas não me conservaria no miserável cargo: era-me impossível fiscalizar os outros; naquele instante cerrava as pálpebras, ignorava os acontecimentos em redor. Uma voz longínqua chegava-me aos ouvidos, a cantar números, e nem me ocorria perguntar a mim mesmo a significação deles. Abrindo os olhos, convencia-me da existência de vultos indecisos a transitar para cima, para baixo, certamente fazendo a contagem. E desgostava-me enxergar a careta manhosa de João Rocha.

Tirou-me desse enleio um forte barulho. Despertei, vi a dois passos um soldado cafuzo a sacudir violentamente o primeiro sujeito da fila vizinha. Muxicões terríveis. A mão esquerda, segura à roupa de zebra, arrastou o paciente desconchavado, o punho direito malhou-o com fúria na cara e no peito. A fisionomia do agressor estampava cólera bestial; não me lembro de focinho tão repulsivo, espuma nos beiços grossos, os bugalhos duas postas de sangue. Os músculos rijos cresciam no exercício, mostrando imenso vigor. Presa e inerme, a vítima era um boneco a desconjuntar-se: nenhuma defesa, nem sequer o gesto maquinal de proteger alguma parte mais sensível. Foi atirada ao chão, e o enorme bruto pôs-se a dar-lhe pontapés. Longo tempo as biqueiras dos sapatos golpearam rijo as costelas e o crânio pelado. Cansaram-se enfim desse jogo, o cafuzo parou, deu as costas pisando forte, soprando com ruído, a consumir uns restos de furor. O corpo estragado conservou-se imóvel. Estremeceu, devagar foi-se elevando, aguentou-se nas pernas bambas, mexeu-se a custo e empertigou-se na fileira, os braços cruzados, impassíveis.

Todos em roda estavam assim, firmes, de braços cruzados, impassíveis.

Nenhum sinal de protesto, ao menos de compaixão. Também me comportara com essa horrível indiferença, como se assistisse a uma cena comum. Éramos frangalhos; éramos fontes secas; éramos desgraçados egoísmos cheios de pavor. Tinham-nos reduzido a isso. Qual a razão daquela ferocidade? A cabeça fervia-me; as dores no pé da barriga tornavam difícil a posição vertical: debalde tentava aprumar-me, inclinava-me para a direita. Precisava descansar. Já nem me importava saber a causa da sevícia imprevista. Falta ligeira: algum descuido, gesto involuntário, cochicho a perturbar o silêncio. Estávamos reduzidos àquilo. Derreava-me tanto que julguei perder o equilíbrio, estender-me na terra. O cafuzo viria levantar-me com a biqueira do sapato. Estávamos reduzidos a isso.

Não sei quanto durou o suplício. Debandamos, houve uma lufa-lufa no arranjo das camas. Andei a capengar na multidão, em busca de Vanderlino. Alcancei a nesga de esteira, pude sentar-me, fumar. Os sucessos do longo dia misturavam-se, pesavam demais. Impossível dizer qualquer coisa. Estirei-me, caí num sono de pedra.

Um toque de corneta ergueu-me, e ouvi o grito da véspera:

— Formatura geral.

Ainda quase a dormir, vi-me arrastado pela multidão que fervilhava com rumor, dobrando cobertas, enrolando esteiras. Andei à toa, maquinal, ignorando o motivo da agitação; acordei, a memória funcionou, o grito adquiriu sentido Pela primeira vez me sucedia levantar-me durante o sono e despertar caminhando. Lá fora havia trevas. Porque nos vinham perturbar tão cedo, roubar-nos alguns minutos de repouso? Essa pergunta inexequível juntava-se a outra, formulada com certeza no meio da confusão: onde me deveria colocar? Os meus companheiros de viagem sumiam-se dispersos, eram fragmentos na balbúrdia.

Novamente cantaram números, uma longa tabuada. Na inconsciência e na atarantação, achei-me numa fila, não longe da porta. Felizmente ocupava o quarto ou quinto lugar, podia ocultar-me, não ver a tromba e os olhos vermelhos do soldado cafuzo que tanto me havia perturbado na véspera. Dois ou três passos atrás de mim o velho Eusébio se aniquilava, e alguns capotes na vizinhança indicaram-me a dissolução do nosso grupo. Isto me sossegou, vi-me livre do humilhante dever imposto horas antes. Não me deixariam no cargo infame, decerto, mas surpreendeu-me notarem tão depressa a minha incapacidade. Bem. Ia tornar-me invisível, acabaria acostumando-me à vida no formigueiro.

— Já estão na bagunça! exclamou alguém com estridência arrepiada.

Virei-me, enxerguei um tipinho de farda branca, de gorro branco, a passear em frente às linhas estateladas. Era vesgo e tinha um braço menor que o outro, suponho. Não me seria possível afirmar, foi impressão momentânea. Um sujeito miúdo, estrábico e manco a compensar todas as deficiências com uma arenga enérgica, em termos que me arrisco a reproduzir, sem receio de enganar-me. Um bichinho aleijado e branco, de farda branca e gorro certinho, redondo. Parecia ter uma banda morta. O discurso, incisivo e rápido, com certeza se dirigia aos recém-chegados:

— Aqui não há direito. Escutem. Nenhum direito. Quem foi grande esqueça-se disto. Aqui não há grandes. Tudo igual. Os que têm protetores ficam lá fora. Atenção. Vocês não vêm corrigir-se, estão ouvindo? Não vêm corrigir-se: vêm morrer.

Embora não me restasse ilusão, a franqueza nua abalou-me: sem papas na língua, suprimiam-nos de chofre qualquer direito e anunciavam friamente o desígnio de matar-nos. Singular. Constituíamos uma sociedade numerosa, e não tínhamos nenhum direito, nem ao menos o direito de viver. Esquisita afirmação. Várias pessoas estavam ali sem processo, algumas deviam quebrar a cabeça a indagar porque as tratavam daquele jeito; não havia julgamento e expunham claro o desejo de assassiná-las. Não nos faziam ameaça vã, como notei depois. Atanazavam-me as palavras do caolho: todos iguais, nenhum direito, os soldados podiam jogar-nos impunemente no chão, rolar-nos a pontapés. E finar-nos-íamos devagar. Isso me trouxe ao pensamento a brandura dos nossos costumes, a índole pacífica nacional apregoada por sujeitos de má fé ou idiotas. Em vez de meter-nos em forno crematório, iam destruir-nos pouco a pouco. Certamente era absurdo responsabilizar o Brasil, quarenta milhões de habitantes, pela sentença do zarolho. Ali dentro haveria criaturas bem intencionadas, mas não nos valeriam muito na engrenagem que nos agarrava. Lembrei-me do sargento, da voz morna a gemer um conselho brando, no escuro. Não podia alimentar-me, e esses propósitos generosos deixavam firme a revelação dura: — "Vêm morrer." Sem dúvida. Quando chegaria a minha morte? Embora a julgasse próxima, de nenhum modo me desgostava.

Amanhecia. Uma das paredes laterais do galpão fechava-se, inteiriça; havia na outra janelas altas, inatingíveis: Por uma larga porta víamos, através das barras, as cercas de arame. Abriu-se, as filas moveram-se, marcharam, entraram no curral, volveram à esquerda, transpuseram a cancela e, engatadas em linha extensa, ondularam no pátio, sob as árvores de grandes folhas amarelas, dirigindo-se ao refeitório. Andávamos lentos, em fundo silêncio, os braços cruzados. Invadimos a saleta estreita e longa, novamente me achei sentado num banco, as mãos a descansar em tábuas postas sobre cavaletes. Aos lados, em frente, pessoas estranhas; apenas reconheci a figura bamba do velho Eusébio. Importunado pelo cheiro desagradável, acendi um cigarro. A luz da manhã, as pranchas nuas eram horríveis. Em torno, caras macilentas. Chamaram-me a atenção forquilhas de numerosas pontas, arbustos secos feitos cabides, onde se penduravam canecos de lata, formando cachos barulhentos. Homens de zebra mexiam neles, distribuíam rápidos as vasilhas nas mesas. Atentei na minha, suja, enferrujada, a asa cheia de lama, quis mostrá-la ao sujeito que nos servia; moderei-me: impossível reclamar, e todas eram mais ou menos assim. Um tipo de fisionomia repulsiva, manejando enorme bule de folha, vazou nelas uma beberagem turva. Baixei a cabeça, vi um pãozinho redondo sobre a tábua; no líquido frio boiavam cadáveres de moscas. Não percebendo em roda sinal de nojo, tentei vencer a repulsa, mastigar a comida insuficiente. Em vão busquei dividi-Ia: a massa obstinou-se, pegajosa, mole: tinha a brandura resistente de borracha. Soltei-a, fiquei algum tempo a olhar as moscas mortas. Enfim me decidi: retirei-as, bebi o caneco de água choca. Seria mate? Veio-me a idéia extravagante de que a miserável insipidez era uma infusão de capim seco. Nada me levava a supor isto, mas a idéia permaneceu. O rumor de centenas de corpos em movimento deu sinal de regresso. Ergui-me, saltei o banco, ia enfileirar-me quando um vizinho me bateu no ombro, indicou o pão elástico abandonado sobre a mesa:

— Vai deixar isso?

— Claro.

No rosto do homem havia espanto e censura:

— Guarde. Vai precisar depois.

O enjoo me impedia aceitar o conselho prudente; murmurei a recusa maquinal jogada à noite diante das manchas quase invisíveis num prato invisível:

— Obrigado. Não tenho fome.

O sujeito, rápido, meteu o pão no bolso. Entramos em forma, voltamos, cabisbaixos e de braços cruzados. Houve uma azáfama no alojamento: desfizeram as camas, espalharam-se no curral, estenderam lençóis e esteiras ao sol. Deixei-me arrastar, sem perceber direito porque nos mexíamos, achei-me sentado junto a uma cerca de arame. Lembro-me de ter lançado esta pergunta várias vezes: quantos éramos? As respostas divergiam, mil, novecentos, e obstinava-me na indagação, como se tivesse grande interesse em fixar o número exato. Convenci-me enfim de que éramos novecentas pessoas; a curiosidade esfriou e derramou-se.

Na leve neblina da manhã uma sombra vermelha passou perto de mim; atentei nela, distingui nos ombros de um rapaz moreno o poncho revolucionário de Tamanduá. Nas idas e vindas, no interminável borbulhar de espuma, os objetos deslocavam-se, em trocas, em ofertas. Surpreendeu-me ver muitos indivíduos com as roupas pelo avesso, os bolsos para dentro. Era desnecessário explicarem-me a razão dessa cautela: a singular sociedade permitia o furto e resguardava-se, nem sequer fingia dissimular os receios. Talvez o rapaz moreno houvesse abafado o poncho rubro.

Novecentos homens num curral de arame. Pensei na estridência, nos arrepios de Tamanduá: — "Bichos, vivíamos como bichos." A grade tinha ficado aberta. Além dela passavam criaturas meio nuas, varrendo a prisão. Que nome tinham as plantas esguias do monte próximo? Novo esclarecimento me chegou: piteiras. Bem. O guarda vesgo de roupa branca se excedera: ainda me restava o direito de informar-me. Estavam ali novecentas pessoas e as árvores finas se chamavam piteiras.

Vi organizarem-se as filas do trabalho e incorporei-me numa, ao acaso: mandar-me-iam com certeza carregar tijolos, pois me faltava habilidade para o serviço na horta ou na cozinha. No transporte de tijolos ocupava-se a maioria dos presos. Avizinhamo-nos pouco a pouco de um tenente de polícia, alto, de beiço rachado, que fazia a distribuição O companheiro da retaguarda sussurrou-me a alcunha dessa figura: Bicicleta. Procurei o motivo do apelido curioso, nada vi semelhante ao objeto da comparação: um homem atento, grave, de rosto inexpressivo. Ao chegar a minha vez, examinou-me de relance e determinou conciso:

— Volte.

— Por quê? murmurei atrapalhado, esquecendo o lugar onde me achava.

— Está doente.

— Não. Estou bem, respondi à toa, vexado com a exclusão.

Seria uma preferência injustificável? Bicicleta passou-me o rabo do olho e insistiu:

— Volte.

Saí da fila, dei as costas, de novo me sentei ao pé da cerca, apoiando-me numa estaca. A minha fraqueza era então visível, julgavam-me incapaz de resistir ao peso de três tijolos. Não me sentia tão combalido, apesar de mexer-me a custo, e afligia-me o pensamento de lesar Vanderlino, os homens do Paraná e do Rio Grande, enviados em turmas. A exceção me envergonhava: tinha aparência de favor, e isto era desagradável. Algumas palavras em conversa ligeira dissiparam-me os escrúpulos.

— Que idade tem o senhor? perguntou-me alguém. Veio-me o desejo de conhecer o meu aspecto:

— Calcule.

— Sessenta e cinco anos, disse o interlocutor sem vacilar.

— Por aí, pouco mais ou menos, concordei num abatimento profundo.

Sessenta e cinco anos. Andava em quarenta e três, quarenta e três e meses.

Atribuíam-me sessenta e cinco. Essa carga de vinte e dois anos explicava a recusa do oficial: — "Está doente. Volte." Uma espiada de través e a decisão: — "Volte." À noite, o anspeçada Aguiar, vendo-me curvo, a arrimar-me à parede, tinha-me oferecido uma cadeira. Percebia agora porque me haviam mandado reunir os novatos no fim do alojamento a velhice me permitia essa infeliz vantagem. Mas achava-me tão bambo, tão murcho, que me deixavam logo em sossego. Uma ruína, imprestável, nem servia para carregar tijolos. Para bem dizer, o estômago desaparecera; a dormência da perna alcançava o joelho; as ferroadas no pé da barriga não cessavam. As dores, o torpor e o vácuo não me pareciam contudo sintomas graves, e espantava-me sabê-los perceptíveis. Sessenta e cinco anos. Se pudesse ver-me num espelho, notaria medonhos estragos, devastação. O guarda manco e vesgo afirmara: — "Aqui não vêm corrigir-se. Vêm morrer." Certamente. Era assombroso, porém, aquilo realizar-se tão depressa. A morte se aproximava, surrupiava-me de chofre vinte e dois anos; o resto iria sumir-se, evaporar-se. Antes de saber isso, distraía-me buscando articular frases e gestos, olhando os montes e as piteiras a emergir da luz e da bruma, o pátio claro, as árvores douradas. Num instante a curiosidade amortecia. O poncho vermelho de Tamanduá voejava perto, dava ao rapaz moreno uma vaga feição de ave provocadora, a bater as asas agoureiras. Já não me interessava descobrir se ele estava ali por compra ou furto. As dores no ventre e o torpor na coxa avivaram-se. Incrível: tinham notado isso melhor que eu. Devia achar-me na verdade muito doente. A luz ruim dos cubículos do Pavilhão debilitara-me a vista: para ler, era-me preciso afastar o livro, esforçando-me por conter a dança caprichosa das letras. E havia também a estranha insensibilidade, o desaparecimento repentino dos desejos sexuais. Todos os sentidos esmoreciam. Velho. A decrepitude me agravaria as macacoas se a sentença do guarda não fosse realizar-se. Quando seria? Onde iriam enterrar-me? Dentro de uma semana, alta madrugada, os faxinas me levariam para um cemitério pequeno e lá me deixariam, anônimo. Depois, o silêncio. Uma semana de jejuar. O organismo achacado não resistiria mais. Sessenta e cinco anos. Na véspera, coxeando nas ladeiras, era-me impossível imaginar tal coisa. A gente mais ou menos válida tinha saído para o trabalho, e no curral se desmoronava o rebotalho da prisão, tipos sombrios, lentos, aquecendo-se ao sol, catando bichos miúdos. Os males interiores refletiam-se nas caras lívidas, escaveiradas. E os externos expunham-se claros, feridas horríveis. Homens de calças arregaçadas exibiam as pernas cobertas de algodão negro, purulento. As mucuranas haviam causado esses destroços, e em vão queriam dar cabo delas. Na imensa porcaria, os infames piolhos entravam nas carnes, as chagas alastravam-se, não havia meio de reduzir a praga. Deficiência de tratamento, nenhuma higiene, quatro ou seis chuveiros para novecentos indivíduos. Enfim não nos enganavam. Estávamos ali para morrer.

Recolheram-nos, fecharam a grade, fomos arriar pelos cantos as nossas morrinhas. Tinham espalhado no galpão uma camada espessa de areia, e quando entramos, acabavam de jogar nela baldes de água. Supus nisso um desígnio perverso: obrigavam-nos a descansar no chão molhado. Reconsiderei: talvez quisessem apenas reduzir, pelo menos algumas horas, a poeira sufocante. Recebi uma esteira nova e curta. Estendi-a no chão, perto do lugar onde me havia estabelecido na véspera. Sentei-me, abri a valise, receoso de algum furto durante a ausência. Tudo em ordem, meias, cuecas, lenços, uma toalha miúda, a provisão de cigarros e fósforos. Ainda nenhum furto, mas era conveniente não separar-me dos troços: as roupas vestidas pelo avesso anulavam tristezas, davam-me desejo de rir e sugeriam-me cautela. Um grito e um aceno levantaram-me, aproximaram-me do negro que fizera a chamada e ordenara a organização das filas.

— O seu número é 35.35, anunciou.

Fiquei um momento absorto, pouco a pouco me inteirei da supressão do meu nome, substituído por quatro algarismos.

— 35.35, não se esqueça.

— Está bem.

Nada mais ouvindo, afastei-me e colhi informações. Não sei porque o sujeito me impressionara. Chamava-se Cubano, tinha este apelido. Em geral se usavam pseudônimos naquele meio: Gaúcho, Paulista, Paraíba, Moleque Quatro. Cubano dispunha de autoridade enorme. Na falta dos guardas ou do anspeçada Aguiar, mandava e desmandava; submetia-nos a disciplina rigorosa e uma denúncia dele trazia os castigos mais duros a qualquer um. Ao chegar a primeira leva, esse vasto poder se confiara a Moleque Quatro, mas a enérgica personagem, forte na capueira e no samba, não dera conta do recado e em pouco tempo se degradava no transporte das vigas, um tormento. Cubano aguentava-se no papel de cão de fila. Era um sujeito de meia altura, encorpado, grave, de fala macia. O cocuruto principiava a desnudar-se, ia tomando feição de tonsura. Caminhando, movia-se todo, para um lado, para outro, como se as juntas não funcionassem bem. Essa maneira de andar, reumática, dava-lhe jeito de boneco e de longe o tornava reconhecível pelas costas. Naquela manhã apenas me disse e repetiu o número do batismo: 35.35. Ou 33.35, não me lembro direito. Recordo-me dos algarismos, extinguiu-se a disposição deles. Extinguiu-se de chofre: ao deitar-me na esteira, já se baralhavam, apesar do aviso: — "Não se esqueça." Na chamada seguinte Cubano berrou o número muitas vezes, debalde; convenceu-se depois de que me era impossível tê-lo de cor e deixou de mencioná-lo.

— Formatura geral.

Agitação de carneiros, entrada ruidosa nas filas. Estive alguns minutos de pé, aguardando a causa do movimento. O cochicho de um guarda, e voltamos aos nossos lugares. Novamente a exigência de Cubano:

— Formatura geral.

E o tropel de bichos mansos na areia molhada. Ordem para debandar, regresso às esteiras, às camas, às tábuas juntas ao fundo. Terceiro chamado, quarto, quinto. Havia tábuas e camas, perto das paredes; não as notei a princípio, e na barafunda perdiam-se; mais tarde consegui atentar nelas. Os homens do trabalho foram chegando, sujos de pó vermelho, suarentos. Cerca de meio-dia saímos do galpão, outra vez nos dirigimos ao refeitório. Vi-me sentado entre as figuras vagamente percebidas pela manhã. À direita enxerguei o rapaz que havia metido o pão no bolso. Colheres e pratos de folhas tiniram, chocando-se na distribuição, e logo veio a comida: feijão negro, farinha, um pedaço de carne. Uma insignificância, ninguém podia alimentar--se com tão pouco.

Mas o que me assombrava era o aspecto da bóia. Horrorizei-me, pensando em vômito, em lata de lixo. Afirmando a mim mesmo ser impossível um estômago suportar aquilo, observava o contrário, numerosas pessoas devorando sôfregas, insensíveis à porcaria e ao cheiro teimoso de podridão. O olfato, o paladar e a vista acomodavam--se às circunstâncias. E havia um clamor surdo. Evidentemente não se abalançariam a pedir qualquer coisa. Mas achavam-se esfomeados, novecentos indivíduos esfomeados a procurar migalhas nos pratos vazios. Gestos aflitos, desespero nos rostos, um sussurro a aumentar, queixa longa. Não os inquietava a qualidade: atormentava-os a insuficiência da refeição torpe. Em redor de mim tudo se consumira, e obstinava-me a chupar o cigarro, olhando a infame ração. Na farinha escura havia excremento de rato. Apesar da náusea, parecia-me necessário comer, retardar a previsão do guarda zarolho. Chegaria afinal a habituar-me, como os outros, conseguiria vencer o enorme enjôo, matar a sensibilidade. Fiz um tremendo esforço, meti na boca uma colher de feijão, engoli rápido. Um gosto horrível deu-me tremuras. Percebendo-me as contrações, um vizinho me segredou que deitavam potassa no feijão para cozinhá-lo depressa. Atordoado, recusei-me a aceitar a informação. Depois caí em desânimo profundo, continuei a fumar, os cotovelos na prancha, num desfalecimento, as pálpebras cerradas. Não havia meio de evitar o medonho vaticínio do zarolho.

Tocaram-me o ombro direito, saí da inércia, notei um pedido faminto na cara do homem que havia metido o pão no bolso. Compreendeu-me a renúncia muda, agarrou ávido o prato, deixou-o limpo num instante. A educação desaparecera completamente, sumiam-se os últimos resquícios de compostura, e os infelizes procediam como selvagens. Na verdade éramos selvagens. Esgotou-se o tempo, buscamos os nossos lugares, pusemo-nos em marcha; o zumbido lamentoso decresceu e findou na extensa linha resignada e lenta. A viagem curta esfalfou-me. Entrando no galpão, deitei-me e adormeci logo. O berro de Cubano despertou-me:

— Formatura geral.

Com certeza aquilo iria prolongar-se indefinidamente, não nos deixariam em sossego. Queriam apenas isto: mexer-nos, obrigar-nos à correria estúpida. Um sono pesado amortecia-me as dores agravadas ultimamente, e à ordem, sempre renovada, movia-me como sonâmbulo, procurando adivinhar se estava muito longe o toque de silêncio. A princípio molhávamos os sapatos; mas a terra secou e depois do almoço uma nuvem de poeira se erguia à contínua deslocação. Atenuava se um pouco, engrossava, e mergulhados nela respirávamos com dificuldade e tossíamos. Ergui-me trinta vezes e andei como barata, da fila para a esteira, da esteira para a fila. As idéias baralhavam-se em confusão doida, um torvelinho; diluíam-se pensamento e vontade, a consciência falhava. Tentando agarrar-me a qualquer coisa, absorvia-me na contagem mecânica dos exercícios inúteis.

— Formatura geral.

Trinta vezes. Em seguida perdi a conta. E os sucessos em roda esmoreceram, findaram. A tardinha me achei na sala comprida, em frente do jantar, mas ignoro, como cheguei, como saí. A repugnância havia desaparecido. Insensível. nem vi quando o vizinho me retirou o prato imundo. Sei que fez isso porque assim procedeu vários dias. Não me lembro. As vozes abafadas, o rumor das colheres, o cheiro nauseabundo, a comida nojenta, as pranchas negras apagavam-se. Julgo haver dormido. Novamente no galpão.

— Formatura geral.

A revista, a enfadonha cantilena dos números, os guardas examinando as fileiras imóveis, os olhos sangrentos e maus do cafuzo, a investigar culpas. Noite. Irradiava-se perto das lâmpadas uma luzinha baça, os cantos do galpão mergulhavam na sombra. Debandamos, cessaram as chamadas e o burburinho espalhou-se.

Estendi-me na esteira, a arquejar, descoberto, sem ânimo de abrir a valise, retirar alguns panos, envolver a cabeça nua, defendê-la do ar frio. A esquerda, Vanderlino tentou puxar conversa. Não respondi, seria preciso demasiado esforço para entendê-lo E o solilóquio do vizinho morreu. A direita, um homem se acocorou. Distingui o riso irônico e a mancha de cabelos brancos de Gaúcho, o arrombador que me havia entretido na véspera. Seria bom conhecê-lo. Se não fosse a enorme fadiga, distrair-me-ia ouvindo o rapaz, buscaria sondar os pensamentos e os sentimentos de um ladrão, mas a curiosidade arrefecia, os músculos frouxos recusavam-se a gesticular, as pálpebras caíam e apenas me era possível enxergar a esquisita madeixa, o curioso ricto amável e sarcástico, nos membros e no peito marcas de tatuagens.

Veio a ordem de silêncio e os corpos estenderam-se. Mas não ficaram em repouso e o silêncio era impossível. Findo o rumor tumultuário das conversas, formaturas, chamadas, combinações, rixas, avultava um ruído complexo feito de tosses, ofegos, arrotos, borborigmos, ventosidades fragarosas. O barulho dos ventres não me deixou descansar, estrondo cavo, ininterrupto. Ao cair na esteira, achava-me tão bambo que nem conseguia entender Vanderlino e Gaúcho. A fadiga permanecia, os olhos fechavam-se. Desejo imenso de dormir. Na véspera tombara no chão como pedra, e as coisas em redor tinham desaparecido num instante. Agora o sono vinha, fugia. Às vezes me embrenhava em agoniada modorra, e logo um sobressalto me sacudia. — "Está doente." — "Que idade tem o senhor?" — "Calcule." — "Sessenta e cinco anos." Essas palavras me perseguiam. Na verdade o tenente Bicicleta devia ter razão. Um frio terrível, frio de maleita, a carne a eriçar-se, os dentes a ranger sem descontinuar. Haveria por ali um termômetro? Com certeza não era o contínuo rolar do ignóbil trovão que me causava a insônia. Durante o dia quase me imbecilizara na agitação maquinal, os queixos desgovernavam-se em bocejos, a morrinha alquebrava-me e uma neblina me envolvera no refeitório. Desejava com desespero o esquecimento e a imobilidade. E na hora de aquietar-me lá vinham as pontas de alfinetes impedir-me o sossego. Julguei-me intoxicado pela colher de feijão engolida no almoço. Não era senão isso. Abreviara a sentença do guarda zarolho, querendo afastá-la. Marasmos curtos, estremecimentos. Os roncos medonhos das tripas enchiam a noite, secretas necessidades orgânicas a manifestar-se em público. Indignava-me o impudor coletivo, a ausência de respeito mútuo, e queria explicar esse comportamento sujo. Coitados. A miserável bóia lhes arrasara as entranhas, vencia melindres, anulava a educação.

As tremuras sacudiam-me, nos beiços queimados o cigarro colava-se. Não aguentei a posição horizontal, sentei-me, enojado, cuspindo. Muitas criaturas velavam também, mexiam-se nas esteiras, gemiam, escarravam na areia, e ouviam-se vozes desconexas, divagações delirantes. Sem cessar vultos se erguiam, deitavam-se, gente se deslocava num vaivém contínuo, aglomerava-se no princípio do alojamento, à direita. A precisão de um mictório chegou-me forte, levantou-me, dirigiu-me àquele ponto. Já me havia achado ali, pela manhã, de volta do curral, mas então o refúgio estava deserto. Agora havia ajuntamento, e o que percebi horrorizou-me. Estaquei indeciso à entrada, com desejo de recuar, mas a bexiga repleta obrigou-me a permanecer no lugar infame. Era uma sala quadrada, o chão de cimento. Pendiam do teto alguns chuveiros, quatro ou seis, e junto a uma parede se alinhava igual número de latrinas, sem vasos, buracos apenas, lavados por frequentes descargas rumorosas. Em todas viam-se homens de cócoras, e diante deles estiravam-se filas, esperando a vez, cabisbaixas na humilhação, torcendo-se, a exibir urgências refreadas a custo. Essa mostra indecorosa, a falta da mínima dignidade, encheu-me de vergonha e medo, tolheu-me a ação. Olhei com desespero em redor, procurando ver se não poderia urinar noutra parte. Não, evidentemente, era preciso aviltar-me incorporando-me num dos grupos. Absurdo. Uns restos de pudor fechavam-me os olhos, o quadro inverossímil sumia-se, isento de realidade, penosa visão de pesadelo. A tiritar, a arder, chegava a supor-me enganado pela febre, pedaços de sonho mau a torturar-me. O peso na bexiga impedia-me o regresso.

Encostei-me à ombreira da porta, os braços e as pernas a vacilar, braços e pernas de velho. — "Sessenta e cinco anos." A vista arruinada me iludia, e restava-me uma cons ciência a minguar, consciência débil de sessenta e cinco anos. A necessidade intensa despertou-me. As linhas resignadas mexiam-se lentas. Abeirei-me de uma, entrei; a cena ignóbil dominou-me brutal, invadiu-me os sentidos. Esforçara-me por negá-la, ao menos atenuá-la; apesar da clareza, era um fato novo, inadmissível, qualquer coisa semelhante à aparição de um fantasma. Consequencia da febre. Na porta, embalava-me nesta afirmação, a vista baça a espalhar-se no conjunto indeciso, evitando minúcias. Ingressando na fila, esse desgraçado recurso me fugia, o exame impunha-se. Caras macilentas, o suor a escorrer nas barbas crescidas; magrém e sujeira, chagas negras medonhas produzidas pela mucurana; fadiga, nudez mal disfarçada em trapos imundos; gestos de impaciência, inúteis pedidos silenciosos. As pessoas agachadas contorciam-se em longos tenesmos, retardavam-se arfando; limpavam-se em farrapos, lenços, fraldas de camisas, erguiam-se exaustas, e ao cabo de minutos várias iam de novo contrair-se numa cauda de fila. Passariam a noite a arrastar-se na viagem de alguns metros, nas horríveis estações. Os sucessivos jatos de água lavavam nádegas. Apesar disso, havia filetes de sangue às margens das latrinas, coágulos de sangue. Lembrei-me da informação cruel à hora do almoço. A potassa arruinava intestinos. Arriscara-me a ingerir uma colher de feijão, e apavorava-me submeter àquela ignomínia. Já me submetera, não tinha meio de escapar, e ainda queria iludir-me. Era abjeto achar-me no desfile repugnante, obrigado a ver fisionomias decompostas em desmaio de cólicas.

Não sei que tempo estive a deslocar-me ronceiro. Passos curtos, paradas extensas, os olhos baixos, fingindo não perceber os dolorosos movimentos espasmódicos. Aguardava com dificuldade o momento de aliviar-me e sentia dores vivas na próstata. Afinal pude esvaziar a bexiga, livrar-me da exposição miserável, tornar ao galpão. Tinha sono, mas não consegui dormir. O frio espicaçava-me, os queixos batiam castanholas.

De manhã, no curral de arame, achei-me capaz de fixar a atenção, coisa que ainda não conseguira fazer. As minhas observações tinham sido fragmentárias e dispersas, as relações escapavam-me, havia sulcos na memória, fatos de pequena importância avultavam demais. Agora diminuía a perturbação. Tinha febre e uma tossezinha renitente me aperreava, mas as tremuras da noite já não me sacudiam.

Aquecendo-me ao sol, apoiado a uma estaca da cerca, distingui várias pessoas conhecidas: Aristóteles Moura; o português que no Pavilhão dos Primários cantava como galo; França, o padeirinho tuberculoso de riso franzido; Van der Linden, Mário Paiva, Manuel Leal, meus companheiros no porão do *Manaus*. Quando as turmas saíram para o trabalho e a gente inválida se recolheu, distraí-me a reparar na gaiola enorme. Da porta lateral do fundo corria uma linha de camas de ferro, juntas, as cabeceiras encostadas à parede; nenhum espaço entre elas; faziam ginástica para ocupá-las, galgando as extremidades. Ausência de colchões. Os forros eram esteiras presas com barbantes. Precaução indispensável: se as deixassem soltas, desapareceriam. Esse exagero de cautela e as roupas vestidas pelo avesso não nos permitiam esquecer o meio onde nos achávamos. Era preciso vigiarmos sem descanso os nossos objetos; não me separava da valise. No muro oposto havia uma espécie de lavatório. Sempre as torneiras abertas, rumor contínuo de líquido nas pias, tilintar de canecos, chiar de escovas, lavagem de cuecas e lenços, a higiene precária dos tipos que voltavam das latrinas. Na água morna vinha areia, mas não tínhamos outra para beber.

À direita, perto da entrada, alojavam-se as criaturas mais doentes. Em cima de uma tábua um preto novo gemia grosso e arquejava, pedindo uma injeção de morfina. Perto da grade que dava para o curral um homem pálido e magro se consumia despejando hemoptises em duas bandas de lençol presas entre as coxas. Esses pedaços de pano agitavam-se como asas feridas; a criatura exangue suava, fechava os olhos e abria a boca, sem fôlego; a esteira da cama estava coberta de manchas vermelhas.

Atentando bem, reconheci o Neves, um sujeito visto meses atrás no Pavilhão dos Primários, cheio de mágoas recalcadas. Parecia um dos indivíduos postos à margem, sem que se perceba claramente a razão disto. Alarga-se e aprofunda-se uma vala em torno deles. Tiveram responsabilidade num organismo revolucionário, mas sentiram-se de chofre envoltos em desconfiança e amofinaram-se no desprestígio. Ignoram quem os acusa; os exames ponderados e as críticas se tornaram impossíveis nas mudanças repentinas de prisão. Alguns sujeitos se reúnem, discutem hoje, e amanhã se avistam de longe noutro lugar. Nem se conhecem direito. Surge uma dúvida sobre qualquer deles, reforça-se, não há meio de verificar se é justa ou injusta. Escasseiam as informações, truncam-se as notícias, e em vão nos esforçamos por evitar uma credulidade infantil, consequência do isolamento. Vemos um capitão de nariz bicudo a cochichar, supomos que está fazendo uma trança miserável nos cubículos. Notamos desagregação quando ele sai e afirmamos: — "É da polícia." Mas não temos plena certeza. E os fuxicos brotam, indicam-se numerosos indivíduos suspeitos, denunciados pelo capitão de nariz longo. Afinal já nem conseguimos distinguir amigos de inimigos: o nosso parceiro no xadrez, no *poker*, na literatura, no coletivo, pode ser um agente policial disfarçado em comunista. Fechamo-nos em reserva silenciosa, tudo em redor é inconsistente.

Neves, pelos modos, era uma dessas criaturas ressentidas. No Pavilhão vivia à parte. E agora se desfazia, derramava os pulmões nos dois pedaços de lençol, na esteira amarrada a barbante. Nenhuma queixa. O suor corria nos sulcos da pele cor de enxofre, os bugalhos sumiam-se nas órbitas profundas e a caveira estava tão visível como se se expusesse num ossuário. A resignação entrevista meses atrás na fila da comida, à porta de um cubículo. Resignação ou indiferença. Dentro em pouco o Neves iria enterrar-se ao pé de um morro, a família o procuraria em vão — ninguém se lembraria da existência dele.

Van der Linden e Mário Paiva também cuspiam sangue. No porão do Manaus tinham perfeita saúde. Mário Paiva me bebera meia garrafa de aguardente e me chateara em demasia: — "Lobato tinha uma flauta. A flauta era do Lobato." Pobre do Van der Linden. Já nesse tempo se isolava, cercado por antipatias contagiosas, vagas censuras encobertas. A velha blusa de mangas curtas exibia os braços finos, as costelas, o peito débil. Outro passageiro do Manaus, o chauffeur Domício Fernandes, estava nas últimas: perdera a fala e certamente não regressaria ao nordeste.

No fim do galpão, sobre enormes tábuas, arrumavam-se muitas pessoas. Devia ser ali, distante dos guardas, que se faziam as reuniões clandestinas de que recebi notícia pouco depois. O exame do ambiente desviou-me as idéias negras, a certeza da morte próxima. Via antigos companheiros finarem-se e apegava-me a insensatas esperanças: não me achava como eles. As misérias patentes — gemidos, queixas, vozes dúbias, escarros vermelhos, dispneia — livravam-nos dos perigos incertos que em vão queríamos figurar. — "Vêm morrer." Experimentamos um choque. O pior é não saber a gente como vai morrer. Ali no canto da sala enorme, à direita, os nossos receios se limitavam: desapareceríamos daquele jeito, iguais ao Neves, a Domício Fernandes, ao negro ansioso que pedia uma injeção de morfina. Essa perspectiva de nenhum modo era desagradável; tínhamos imaginado torturas, a chama do maçarico devastando carnes, e o consumo lento, a inanição, quase nos surgia como favor. Provavelmente uso subterfúgios, justifico-me de não haver sentido compaixão excessiva diante dos cadáveres que ainda se mexiam. Os vivos preocupavam-me; ao desespero e ao desânimo sucedia uma intensa curiosidade. Já não me achava obtuso, conseguia refletir.

Esse dia foi menos agitado que o primeiro. A cantiga dos números e as formaturas espaçaram-se, às vezes ficávamos em paz uma hora, encaixando-nos pouco a pouco na rotina da prisão. Horrível era entrar no refeitório, sentar-me num banco, envolver-me na fumaça do cigarro, os cotovelos em cima da prancha, os olhos fechados. O vizinho à direita comia sôfrego, num mastigar enervante, depois me arrebatava o prato imundo. Necessário tapar as narinas; impossível aguentar a vista e o cheiro da coisa sórdida. Novamente no galpão, a fumar, um embrulho no estômago. A curiosidade se extinguira logo, sem dúvida.

Retiraram-nos do galpão, conduziram-nos a uma sala onde seríamos fichados. O hábito nos enfileirou diante de uma banca, e o responsável por aquele serviço, rapaz de boa aparência, metódico e vagaroso, nos submeteu à praxe enfadonha das inquirições regulamentares. Recém-chegados, calouros, íamos afrontar um longo questionário a desdobrar-se na larga folha amarela, diferente das fichas até então conhecidas.

Vi de longe numerosas linhas de papel extenso, quesitos imprevisíveis que nos encheriam de espanto. Haviam-me citado num deles no Pavilhão dos Primários: — "Tem vícios secretos?" O funcionário cuidadoso ali presente, decompondo um dos meus amigos, traduzira a pergunta assim: — "É pederasta passivo?" Tinha-me falado nisso meses atrás, e parecera-me inacreditável que alguém tornasse mais cruel e mais grosseira a horrível injúria.

Nordestinos e paranaenses iam-se deslocando pouco a pouco, estacionavam junto à banca, zumbidos monótonos aliavam-se aos cochichos burocráticos. Estaria o moço a ultrajar Macedo e o velho Eusébio daquele jeito? As vozes esmoreciam como num confessionário, a pena chiava na folha amarela. Dois passos, uma demora comprida. Afinal percebi a fala engrolada de Zoppo, em frente a mim.

— Com dois *pp*? indagou o empregado meticuloso, aferrando-se a uma consoante.

— Com dois *pp*, afirmou Zoppo.

— Italiano?

— Filho de italianos.

E as indiscrições da norma estenderam-se num sussurro; palavras soltas perdiam-se. Agucei o ouvido em busca do insulto. Nada ouvi. Findas as declarações, Zoppo desviou-se, foi juntar-se com outros, a um canto. Avizinhei-me. O funcionário passou-me a vista, rápido, e indagou:

— Apendicite?

O rapaz era médico, o hábito profissional se revelava no exame instantâneo.

— Não. Psoíte. Há uma eventração.

— Deixe ver.

Abri a roupa, mostrei o pé da barriga. O homem palpou-me a cicatriz doída:

— Realmente. Se quiser, nós podemos operar isso.

— Aqui, doutor? gaguejei num sobressalto, metendo os pés pelas mãos.

Obrigado. Não estou com desejo de suicidar-me.

Notei o escorrego na inconveniência, detive-me confuso. O moço ergueu os ombros, sorriu e principiou o interrogatório. Admirei-me de ver um tipo educado sujeitar-se àquele ofício e achei improvável que ele houvesse jogado a horrível ofensa a uma criatura indefesa. Os modos eram corretos, frios, mecânicos; as palavras incisivas, rápidas, indispensáveis. Lançava-me um olhar de través, lia as declarações prestadas, às vezes escrevia duas, três linhas sem fazer perguntas. Derreando-me capenga, distingui no papel a insolência imunda; a caneta andava muito depressa, num minuto ia alcançá-la. Estúpida exigência. Evidentemente não me seria possível dar nenhuma resposta: se um infeliz tem vícios secretos, não os vai confessar. Resolvi calar-me, embora isto me trouxesse consequências desagradáveis. Não queria admitir que alguém se atribuísse o direito de me falar daquele modo. Sentia-me num enxurro, nivelava-me a ladrões, vagabundos, malandros, escórias das favelas, reduzida a apanhar no chão pontas de cigarros, e, apesar de tudo, achava impossível dizerem-me tal coisa. Talvez dissessem, mas, se me conservasse mudo, provavelmente não insistiriam: sem dificuldade haveriam de compreender que a frase torpe não fora redigida para mim.

A pena alcançou a injúria, suprimiu-a com um risco, desceu uma linha. Procurei os olhos do médico; estava de cabeça baixa e não parecia ter querido ser amável. A áspera delicadeza apenas significava a eliminação de um quesito inútil. Diabo. Não é difícil notar, depois de alguns minutos de conversa, que um indivíduo não é homossexual. E o médico, trabalhando no meio sórdido, conhecia essa gente, sem dúvida. Na linguagem crua, tencionava ser claro, sem rodeios. Julgava enxergar num rosto fugitivos indícios ambíguos e largava a expressão adequada; provavelmente isso não molestaria os indivíduos num lugar onde a inversão sexual era fato comum. O trabalho acabou e despedi-me em silêncio, evitando qualquer sinal de agradecimento: seria idiota agradecer não me haverem ofendido.

Regressando ao alojamento, esforçava-me por não julgar à pressa, investigar a razão de certos atos prejudiciais lá fora, mas talvez indispensáveis ali dentro. Inclinava-me a justificar tudo. Esse exagero de compreensão pode ser funesto, levar-nos a aceitar iniquidades: examinamos as coisas, inertes, e somos incapazes de revolta. Uma impertinência começou a roer-me o espírito: se o médico me houvesse dirigido a infame pergunta, achar-me-ia disposto a analisar-lhe o procedimento, buscar explicações? Retraí-me vexado. Eximira-me pouco antes de fazer um gesto de reconhecimento; agora desculpava o sujeito, e isto me aperreou. A condescendência de um agente policial, a cortesia desdenhosa, às vezes redunda em suborno. Precisamos ter os olhos muito abertos. Caímos numa excessiva desconfiança, somos injustos com pessoas bem intencionadas; não conseguimos divisar os elementos de corrupção que nos cercam. Depois de ter vacilado, a acusar e a defender o médico, a ação de um companheiro de viagem deu-me fúria de cachorro doido. Sumiram-se de chofre as ponderações. Não refleti, achei-me num instante inimigo do homem, irreconciliável. Tínhamos entrado no galpão. Um sujeito do Paraná falou-me risonho, tão risonho que ninguém lhe adivinharia qualquer sentimento ruim:

— Faz favor de me dar um cigarro?

Estendi-lhe o maço. O rapaz tirou um cigarro e deitou-me um níquel de cem réis na mão. Sem abarcar direito a mesquinharia estúpida, senti uma onda quente subir-me ao rosto. Logo o frio me envolveu. Súbita explosão e blocos de gelo a desmoronar-se. Revi o porão da lancha. O meu paletó se abria em cima das tábuas, e o fumo comprado em Mangaratiba estava ao alcance das figuras piongas, de cócoras. Não se lembravam de pedir: serviam-se naturalmente. No Abrão viera-me o plano de contrabandear cinquenta maços obtidos numa bodega; ocultos em bolsos de capotes e dobras de redes, vários se tinham extraviado no caminho. Não me ocorrera a sovinice de contá-los; seria miserável ter dúvidas, naturalmente haviam caído; as explicações me atrapalhavam. O meu gesto deve ter sido instantâneo, não dei tempo ao sujeito de riscar um fósforo. Tomei-lhe o cigarro, sacudi-o no chão, com a moeda. O sorrisinho encolheu-se e findou nos beiços odiosos. Voltei as costas. E nunca mais pude olhar essa criatura.

Gaúcho começou a procurar-me. À noite acocorava-se junto à minha esteira, ficava até a hora do silêncio a entreter-me com a narração das suas complicadas aventuras. Esforçava-me por entendê-lo, às vezes o interrompia buscando compreender alguma expressão de gíria. Vanderlino trocava-me em linguagem comum a prosa obscura, e na ausência dele a conversa arrastava-se, cheia de equívocos e repetições.

— Os homens, dizia Gaúcho, dividem-se em duas classes: malandros e otários, e os malandros nasceram para engrupir os otários.

Ria-me com a franqueza do meu esquisito amigo:

— Eu, naturalmente, devo figurar na categoria dos otários, não é verdade?

— Se vossa mercê não é malandro... Só há duas classes.

Logo no segundo ou terceiro encontro o arrombador me fez esta observação curiosa:

— Vossa mercê usa panos mornos comigo, parece que tem receio de me ofender. Não precisa ter receio, não; diga tudo: eu sou ladrão.

— Sim, sim, retruquei vexado. Mas isso muda. Lá fora você pode achar ofício menos perigoso.

— Não senhor, nunca tive intenção de arranjar outro ofício, que não sei nada.

Só sei roubar, muito mal: sou um ladrão porco.

Diversos profissionais corroboravam esse juízo severo, ostentavam desprezo à modesta criatura. Eram em geral vaidosos em excesso, fingiam possuir qualidades extraordinárias e técnica superior. Tentavam enganar-nos, talvez enganar-se, mentiam, queriam dar a impressão de realizar trabalho perfeito. Não se misturavam com os indivíduos comuns, e o natural expansivo do escrunchante exasperava-os. Obtive lápis, papel, comecei de novo a tomar notas, embora fosse quase certo jogá-las fora.

— Ó Gaúcho, perguntei, você sabe que eu tenho interesse em ouvir as suas histórias?

— Sei. Vossa mercê vai me botar num livro.

— Quer que mude seu nome?

— Mudar? Por quê? Eu queria que saísse o meu retrato.

Logo se esquivava, humilde, engrandecia os talentos de alguns companheiros:

— Mas vossa mercê está perdendo o seu tempo comigo. Eu sou um vira-lata. O pouquinho que faço, aprendi com minha mulher, que é uma rata de valor: trinta e duas entradas na Casa de Detenção. Aqui vossa mercê encontra muitos homens sabidos. Conhece Paraíba? Paraíba tem cabeça, é um vigarista de respeito. E seu Nunes? Moço de qualidade. Procure Marcelle, o maior de todos, escroque internacional.

Vossa mercê fala com ele numa língua estrangeira, que Marcelle não sabe português nem entende a nossa gíria.

Já me havia detido no exame desses tipos. Paraíba era um mulato pretensioso, cheio de lábias e sorrisos; gestos brandos, voz dulçurosa. Nunes, uma besta, vivia a mencionar a importância da família. Achava-se ali por engano, e qualquer dia os parentes, com influência no governo, mandariam buscá-lo. Um idiota. Não me disseram como se chamava o terceiro indivíduo. Tinha no peito o nome de Marcelle, em tatuagem magnífica, e daí lhe viera essa alcunha feminina. Só uma vez me aproximei dele. Vestia um calção de banho, tinha-se fatigado a carregar tijolos. Estendeu-se na areia, as mãos debaixo da cabeça, esteve alguns minutos olhando o teto. Virou-se, descobriu perto um grupo e indagou lento, carregado e gutural:

— Como é que se vai fugir daqui?

Fingiram não ouvi-lo, o homem renovou a pergunta usando as mesmas palavras, como se as tivesse de cor:

— Digam. Como é que se vai fugir daqui?

— Provocação, rosnou um sujeito.

E o grupo dissolveu-se.

— Covardes, grunhiu Marcelle.

Voltou-se, continuou de barriga para o ar, olhando o teto. Vivíamos entre delatores, um vagabundo estava ali de orelha à escuta e levaria a imprudência ao tenente Bicicleta. Provável. Também podíamos julgar Marcelle um espião: largara a frase para sentir o efeito dela e denunciar alguém A prudência fechava as bocas. Nesse meio fecundo em ciladas a confiança de Gaúcho me sensibilizava.

— Seu Nunes me fez hoje uma proposta, e eu estou pensando em topar esse negócio quando sair daqui. São quarenta contos de jóias para dividir com seu Nunes: metade para cada um. Ele me dá a planta da casa e eu entro de olhos fechados. Que é que o senhor acha?

Não podia deixar de rir-me ouvindo semelhante consulta. Depois me interessava pelas transações do meu novo amigo, temia um fracasso e arriscava-me a dar-lhe conselhos:

— Eu, no seu caso, não aceitava. Nunes é um imbecil. Porque é que você não trabalha só? Que precisão tem de sócios?

O escrunchante ponderou e, se não me engano, a oferta de Nunes foi recusada. A noite Gaúcho ficava uma hora de cócoras, junto à minha esteira, a divagar por numerosas aventuras. A posição incômoda não o fatigava. Queria instruir-me e ambicionava ler tudo aquilo impresso.

— Vou comprar esse livro. Quanto custa?

Erguia-se, tentava reanimar Paulista, criatura arrasada, um molambo:

— Se vire, homem, tenha coragem. Desse jeito você endoidece.

Paulista ouvia sem nenhuma reação, a cara inerte, os braços caídos, a aguentar-se mal nas pernas bambas, a boca entreaberta, quase sem fôlego, murcho, pálido como um defunto. França andava a empurrar ideias revolucionárias no espírito rombo desse infeliz, e a aprovação tácita, a passividade, a falta de resistência davam-lhe esperanças absurdas. A teimosia cega do padeiro alarmava-me. Aquela gente estava perdida, sem esforço víamos isto

— Se vire, insistia o ladrão.

Voltava a agachar-se ao pé da esteira:

— Não sei como certas pessoas se metem nesta vida. Eu tive um aprendiz assim, não dava. Foi um pivete muito ordinário, e quando cresceu, chegou a descuidista, não passou a ventanista. E queria ser escrunchante. Eu dizia: — "Rapaz, deixa de novidade. Tu não tens nervos para lunfa." Mas o desgraçado teimava em me acompanhar: — "Me leve, Gaúcho." Eu cedia. Botava a caneta na fechadura, e o garoto começava a tremer. Um dia se estrepou. Arrumei um assalto, guardei na memória a casa toda e a vizinhança.

— Como é que vocês conseguem isso? interrompi.

— Bom. É preciso estudar o terreno, bancar vendedor ambulante, consertador de fogões, caixeiro de venda. Eu às vezes me emprego, faço o papel de criado uma semana, saio com as peças de cor, o lugar dos móveis: posso trabalhar no escuro. Já lhe disse que minha mulher é uma rata de valor? Junto dela, eu não valho nada. Não é do escruncho, faz o serviço às claras. Entra num botequim: — "Será que d. Estela, a moça do setenta e cinco, está doente?" Arranja a informação de um carregador: a moça do setenta e cinco não é d. Estela, é d. Zulmira. Sai, volta no outro dia, fica bebendo cerveja, espiando o setenta e cinco. Depois de algumas visitas, conhece os nomes das pessoas, os costumes da família, a hora da missa e do cinema. Enfim, achando o campo livre, dá o golpe: avança, empurra sem cerimônia o portão do jardim, aparece na cozinha: — "D. Zulmira, a roupa." D. Zulmira foi às compras, a cozinheira e a copeira não sabem onde a roupa está. Aí minha mulher se aborrece, fala com energia a uma empregada: — "Minha filha, tenha paciência, faça o favor de ir buscar a roupa. Moro longe e não posso gastar o meu tempo com viagens à toa. Ou então diga a d. Zulmira que não volto. Ela marcou para hoje. Vá buscar a roupa, faça o favor." O pessoal fica tonto, a lavadeira vai ao quarto, estira uma colcha em cima da cama e agadanha o que pode, leva até rádio. Volta com a trouxa na cabeça, naturalmente: — "Adeus. Já vou. Lembranças a d. Zulmira." Isso às vezes dá certo, outras vezes não dá. Se não dá, é preciso ter a retirada livre. A gente prepara a saída para o caso de ser necessário pirar. Como eu ia dizendo, o meu ajudante não prestava para nada. A última vez que me acompanhou endoideceu e nunca mais se levantou. Arrombei a porta, fomos à copa, achei um queijo, comemos uma banda; piquei o resto e despejei querosene em cima.

— Por quê?

— Por nada. Só para fazer miséria. Subimos uma escada. Na sala da frente estava dormindo um casal de velhos. No guarda-vestidos afanei uma carteira com grana e um bobo. Um bobo, sim senhor, um relógio. Andei na casa toda, que não é direito sair deixando gaveta fechada. No oratório havia muito santo, mas nessas coisas de religião eu não mexo. Enfim consegui muamba regular para o intrujão. No derradeiro quarto vimos uma lindeza com os peitos de fora. Aí o sujeito perdeu a ação, ficou besta, de olhos arregalados, como se estivesse diante de uma imagem do altar. Puxei a manga dele, chamei e tornei a chamar:

— "Vamos embora." Nem ouvia. De repente subiu na cama e deu um beijo na boca da moça. Calcule. Foi encanado e escrachado, natural. Larguei-me escada abaixo, soltei a muamba, saí da casa, atravessei o jardim, pulei a grade. Felizmente salvei a carteira e o bobo.

A curiosidade me levava a pedir minúcias:

— Ó Gaúcho, como é que você consegue destrancar uma fechadura?

O paciente indivíduo não se espantava da minha ignorância, mencionava a caneta, usava expressões técnicas obscuras. Aproximava-me do rosto o indicador e o polegar, manejava delicadamente uma pinça imaginária, introduzia-a num buraco, segurava com ela a ponta de uma chave, ia movendo a mão — assim — para os lados, avançava depois os dedos para os meus olhos. Falava com abundância — e a palavra e o gesto davam-me idéia viva da operação: vencido o obstáculo, a chave, impelida para diante, caía.

— Mas isso faz barulho, Gaúcho.

— Não senhor. Eu estiro um número do *Jornal do Brasil* por baixo da porta. Puxo o jornal e trago a chave. Se ela não vier, meto a gazua na fechadura.

Explicava a maneira de cortar uma vidraça, com diamante. Dava um murro no vidro, que se deslocava, batia sem rumor em cima do *Jornal do Brasil*.

— Ó Gaúcho, informei-me estranhando a repetição, por que essa preferência? Outro jornal não serve?

O ladrão refletiu e esclareceu, muito grave:

— Vossa mercê compreende: o *Jornal do Brasil* tem mais páginas, é mais grosso.

Vanderlino, na esteira próxima, divertia-se. E Gaúcho, exposta essa utilidade nova da imprensa, estendia-se por um dos seus numerosos casos.

Um sujeitinho de olho agudo foi visitar-me; acomodou-se na esteira e apresentou-se fanhoso: Nascimento.

— O companheiro necessita alguma coisa?

Essa pergunta já me era familiar. Antes de me fazerem qualquer pedido, lançavam generosos o oferecimento. Não, obrigado; pudor excessivo me impedira aceitar no Pavilhão dos Primários um maço de cigarros. Agora, em completa miséria, o Coletivo esbarrava em dificuldade imensa para levar a alguém o mais insignificante auxílio, e a oferta perdia o sentido, quase se mudava em fórmula de cortesia.

— Obrigado.

O sujeito de voz nasal não insistiu e pegou assunto diverso:

— Bem. Nós precisamos do companheiro. Trago-lhe uma tarefa: corrigir isto.

Deu-me um pedaço de lápis e duas ou três folhas de almaço. cobertas de letra miúda, sem claros. Passei a vista nas primeiras linhas. Relatório a um deputado, narração minuciosa da Colônia.

— Perfeitamente.

Pus a valise em cima das pernas cruzadas e nesta espécie de banca iniciei o trabalho. Logo no segundo período, além de pequenas modificações, substituí uma palavra.

— Não senhor, opôs-se Nascimento. Esse troço foi discutido e vai como está. Nós desejamos é que você bote as vírgulas e endireite os verbos.

Reli o trecho, infeliz, desanimei:

— É impossível, meu caro. Isso não tem sentido. A correção é indispensável.

O homem refletiu um instante:

— Bom. O que posso fazer é levar aos outros o seu palpite. Eles decidem.

Tomou os papéis, encaminhou-se ao fundo escuro do alojamento, onde, sobre tábuas, várias pessoas se reuniam às vezes, cochichavam, rabiscavam. Além do padeirinho França, juntavam-se ali algumas figuras negras, curiosas: Claudino, esgalgado, rijo, sério, de voz áspera; Francisco Chaves, gordo e baixo, sempre em luta com dificuldades imensas de expressão; Aleixo, estivador na Bahia, se não me engano, criatura amável em extremo, a fala mansa, um brilho de inteligência nos vidros dos óculos redondos. Provavelmente esses indivíduos não iriam achar imprescindível a mudança de um adjetivo, dispensariam a minha cooperação. Ao cabo de meia hora Nascimento voltou:

— A sua proposta foi aceita. Pode continuar.

Recomecei. Vendo-me cortar uma frase, redigi-la de novo, o medianeiro quis retomar-me as folhas. Segurei-as:

— Um instante.

Li a página até o fim:

— Meu amigo, se você for reunir a célula para examinar cada emenda, isto não acaba. É absurdo. A redação está cheia de erros, sou obrigado a riscar muito. Vamos ser práticos: eu faço as correções todas, vocês estudam isso depois, em bloco.

O sujeito considerou, ronronou:

— É. Talvez seja melhor. Vou falar aos companheiros.

Afastou-se, foi segredar a consulta, a um canto, regressou:

— Eles concordam. Meta a cara no serviço.

A empreitada me levou dois dias. Em época normal estaria pronta numa hora, mas achava-me confuso e dificilmente conseguia fixar a atenção na prosa obscura. Surgiam-me dúvidas, via-me forçado a recorrer a Nascimento:

— Que significa isto?

Obtinha a explicação, manejava o lápis sem gosto. Preguiça e bocejos. Que lenga-lenga comprida! Fatigava-me, guardava os papéis na valise. Retomava-os, escrevia alguns minutos, interrompia-me. Encolhido na esteira, Nascimento conversava durante essas pausas, dizia a utilidade presumível de um burguês como eu:

— Vamos supor que a gente amanhã tenha uma pretensão qualquer num ministério. Nós não sabemos tratar com ministros. Você pode servir de intermediário.

Ria-me da esperança louca!

— Meu amigo, você está equivocado. Eu não sou burguês, não exploro ninguém. Se fosse burguês, não estaria aqui. Não pertenço a nenhuma classe, vivo numa camada vacilante, sem caráter. E nunca me entendi com ministros, ando muito longe dos ministros.

Aleixo também me aparecia. Com certeza vinha sondar-me, agente da máquina secreta que funcionava na prisão. Misturava à linguagem dos manifestos e dos comícios expressões ambíguas, tão difíceis como a gíria de Gaúcho. As alterações de forma e sentido chocavam-me; convencia-me lento de que *proleta* era uma redução de proletário. Defesa de criaturas perseguidas; juntavam-se naquele meio o vocabulário dos malandros e o dos militantes de organismos políticos ilegais; pouco a pouco esse aglomerado caótico invadia a língua comum. Aleixo referia-me greves, peleja nos sindicatos, rebeldia na estiva; narrava essa matéria violenta com doçura, baixinho, completa mansidão nos bugalhos cor de leite; parecia-me compor madrigais à revolução, enternecia-se por ela.

— Formatura geral! gritava Cubano.

Interrompíamos a conversa, procurávamos os nossos lugares. A lufa-lufa desaparecera, achava-me agora tranquilo e mecânico. Um dia o moleque largou o berro de comando e volveu para mim o seu andar curioso de boneco de molas:

— Quando eu mandar a formatura, não é preciso o senhor se incomodar não. Sente-se numa daquelas camas, lá no fundo.

— Obrigado, Cubano.

Escorreguei para trás das filas, instalei-me perto das pias. Habituei-me desde então a passar ali horas escrevendo. O local era inconveniente: da grade o polícia me via entretido no arranjo da literatura explosiva do relatório. Alheio ao perigo, não tomei nenhuma precaução, e esta imprudência ainda hoje me espanta. Findei os remendos, restituí os papéis a Nascimento, embrenhei-me na composição das minhas notas. Uma tarde, esfalfando-me nelas, vi a pequena distância um vagabundo a estirar o pescoço, a lançar à escrita olhadelas furtivas.

— Que é que há? perguntei com mau modo.

— Eu não queria interromper, disse o tipo. Estava esperando que o senhor acabasse.

— Para quê?

— Eu sou lavador. Se o senhor tiver alguma roupa suja, não se esqueça de mim. Lavo barato.

— Sim. Está bem.

Certamente o indivíduo era espião, mas não achei que uma denúncia dele me fosse prejudicial. Naquele momento as folhas, recopiadas, andavam longe, sem dúvida, talvez já estivessem na câmara. Um soldado servira de portador. Havia diversos que se encarregavam disso. A direção do estabelecimento, de orelha em pé, esforçava-se por descobri-los.

Aquecendo-me ao sol da manhã pálida, vi um guarda além da cerca e dirigi-me a ele:

— O senhor me poderia fazer o obséquio de mandar trazer minha roupa? Estou com os pijamas sujos.

Não enxerguei no caso nenhuma ofensa ao regulamento, mas naquele estranho meio o mais insignificante pedido constituía infração; ninguém tinha o direito de reclamar. O sujeito lançou-me uma espiadela torva e rosnou algumas palavras de anuência contrafeita. Um rapaz, junto, ouviu o pequeno diálogo e teve a idéia infeliz de exigir qualquer coisa usando quase a minha linguagem. O funcionário arremeteu contra ele como um touro furioso, derramou impropérios em gritos, parecia querer derrubar a cerca.

Atordoado, sem perceber o motivo da zanga súbita, responsabilizava-me de algum modo por ela; se não resolvesse imitar-me, o pobre moço não estaria a ouvir desaforos e despropósitos. Arrimado a uma estaca, pois a perna doente não consentia firmar-me direito, assisti com indignação impotente à cena ignóbil. O tipo se descomedia num discurso trôpego e incoerente, avançava e recuava aos tombos, agitando os membros à toa. Num desses movimentos desordenados, avizinhou-se demais e senti no rosto uma baforada viva de álcool. Dependíamos, assim, de consciências turvas, já pela manhã, cedo, a extravagar. Qualquer ato nosso, qualquer gesto, provocaria doidas cóleras, e não havia meio de nos defendermos. Os restos de paciência do animal tinham-se esgotado comigo, a ira extravasava logo, atingia o primeiro indivíduo exposto.

Vinte e quatro horas depois, enquanto os homens se distribuíam nas filas do trabalho, chamaram-nos para entregar os objetos deixados na secretaria, ao chegarmos. Alinhamo-nos, os braços cruzados, e o sujeito da véspera, novamente na embriaguez, começou a dizer números e a jogar pacotes por cima da cancela. De repente houve uma suspensão na tabuada e percebi o meu nome preso a um título: dr. Fulano de Tal. Aproximei-me, vi um saco de estopa negra, aberto, além do arame. Um embrulho arremessado caiu-me aos pés. Ergui-o, cheio de espanto: era uma trouxa úmida, escura, de causar nojo; pareceu-me que a tinham molhado, machucado, amassado, até dar-lhe a aparência de um bolo repugnante, seguro em cordões.

Voltamos à gaiola. Desatei os barbantes, desdobrei a coisa sórdida: a calça e o paletó surgiram, mudados em trapos de mendigo. Aí principiou a 'revelar-se a bondade estranha de Cubano, imperceptível quando ele cantava a lista da chamada e reunia o pessoal nas formaturas. O ar de tédio, gestos maquinais de fantoche; ninguém adivinharia aí um coração. Achei, contudo, que me ia tomar amigo daquele negro vagabundo, e não me iludi: a amizade até hoje resistiu. Era uma criatura esquisita, empenhada constantemente em nos prestar algum serviço, obrigando-nos às vezes a aceitá-lo à força. Nunca vi ninguém assim. Notando-me o apuro em descobrir lugar para a farpela enxovalhada, Cubano chegou-se, áspero e breve:

— Eu guardo a sua roupa.

— Será que você tem onde guardá-la, Cubano? hesitei, receando furto.

— Não se preocupe, disse o moleque decifrando-me o pensamento. Estando comigo, eles não mexem.

Tomou os panos, estendeu-os na cabeceira da cama, vizinha à porta. Fui acomodar-me na esteira, aborrecido com a exceção aberta para mim no curral de arame. Doutor, que estupidez! Essa ironia besta anunciava desgraça. Tinha-me esforçado por esquivar-me, ser uma partícula invisível na turba, linha de quatro algarismos no catálogo de Cubano. Obrigavam-me a sair da massa anônima, personalizavam-me e, além de tudo, conferiam-me distinção perigosa. Aquilo era tão burlesco e tão lastimoso que me senti como um ator infeliz chamado à cena para receber vaia. Tive a impressão de me haverem posto um rabo de papel e orelhas de burro. O horrível escárnio levava-me ao desespero. Talvez não fosse escárnio: era possivelmente vaidade maluca, desejo de apontar no rebanho triste e submisso um animal diferente dos outros. Não me saía da cabeça o aviso do zarolho: — "Quem foi grande lá fora esqueça-se disto." Conselho supérfluo. Não me perseguia nenhuma recordação de grandeza: ocupava-me em ofícios miúdos e entregara-me à difícil manufatura de alguns livros pouco mais ou menos desconhecidos. Tinha razão para julgar-me um autor inédito. Curiosa deferência num lugar onde os homens se nivelavam, deitados na areia, nas esteiras podres Revolvi os miolos, a buscar sentido no caso absurdo. Convenciam-se da existência de um doutor no meio ignóbil, a definhar na piolheira, o crânio devastado a máquina. A enorme queda e o imenso contraste deviam interessá-los. Era agradável ter ali uma importância extinta, lembrar isto, agravar a abjeção. — "Cruza os braços, chefe", ordenara-me no primeiro dia um miserável pigmeu. Qualquer polícia bêbedo se esgoelaria dirigindo-me insultos, depois aludiria ao meu prestígio inexistente. A incoerência golpeava-me, e a chaga iria ser revolvida. O quesito infame exposto na ficha amarela vinha-me ao espírito, fixava-se: — "Tem vícios secretos?"

Torrando ao sol ardente, ficamos bem duas horas sentados no chão, esperando que o médico nos mandasse chamar para a consulta. Éramos uns vinte doentes, os mais arruinados, a tossir, a expor as horríveis chagas escuras, trabalho das mucuranas. Bocejando na demora longa, procurei distrair-me vendo o serviço na lavanderia próxima: à beira de um tanque, alguns indivíduos se atarefavam mexendo na água peças de roupa zebrada. A luz forte, o monte parecia avizinhar-se, e as pedras ferruginosas tinham cintilações ásperas. As piteiras se imobilizavam.

Entramos enfim, despimo-nos. E em fila, nus, passamos a um pequeno gabinete, segurando pijamas e cuecas. Sentado a uma banca, o moço que dias antes havia feito as nossas fichas iniciou o rápido exame inútil. Apesar da inutilidade, estivéramos duas horas ao sol para exibir ali a magrem, a sujeira, a palidez. Mais tarde receberíamos alguns frascos de remédio, que seriam despejados na areia do alojamento. Não tínhamos confiança na beberagem. Que fazíamos então junto à mesa, despidos, a expor mazelas? O meu desejo era saber se me achava mal, se poderia resistir ainda algum tempo ou se me acabaria logo; buscava adivinhar isso observando a cara e os movimentos do rapaz. Esperava também que não deixassem morrer de fome, na repugnância invencível à boia sórdida exposta sobre as tábuas negras do cavalete.

O doutor varejou-me a carcaça, deteve-se no pé da barriga, pela segunda vez exprimiu a idéia maluca de operar-me, atendeu à recusa e anotou os meus achaques. Afastei-me, vesti o pijama, estive uma hora a ver a linha avançar lenta para a formalidade burocrática. A pasmaceira me fatigava, queria recolher-me. fechar os ouvidos à tosse contínua, desviar-me das pernas cobertas de algodão negro, purulento. Quando nos retiramos, julguei impossível tornar àquela exibição desagradável.

Ao jantar, mandaram-me para a mesa dos doentes, num ângulo do refeitório; no prato de folha machucado serviram-me um caldo morno e ralo onde havia algumas rodelas de cenoura. Era uma insignificância, mas não tinha o aspecto asqueroso da refeição comum, e pude ingeri-Ia. Dois ou três dias sentei-me entre as figuras macilentas, tomei a sopa desenxabida e escassa. De repente julgaram-me indigno da exceção, talvez por não haver tornado ao consultório, devolveram-me ao lugar primitivo, e de novo me abati no banco negro, os cotovelos em cima das pranchas, os dedos médios comprimindo as narinas, os polegares cerrando as orelhas, a boca aberta, os olhos fechados. O vizinho à direita engolia rápido, em seguida me retirava a bóia sórdida. Impossível comer. Agora o que me restava era o caneco de água choca, imitação de mate. Percebia a necessidade urgente de mastigar o pãozinho redondo e elástico; palpava-o com desânimo, a resistência viscosa trazia-me enjôo. Certa manhã, depois de beber o líquido sensabor, esqueci o ambiente, dirigi-me ao copeiro, distraído, como se estivesse num café:

— Quer fazer-me o obséquio de trazer mais?

Compreendi logo o desconchavo, estremeci vexado com a perturbação do homem. Era um mulato claro, de fisionomia doce; vestia a zebra vergonhosa do estabelecimento. Ainda não me havia ferido a atenção, mas o singular procedimento que teve levou-me a examiná-lo rápido. Hesitante, dirigiu-se ao sujeito de cara repulsiva encostado à ombreira de uma porta, junto ao bule enorme e às forquilhas de pontas numerosas, cabides estranhos das vasilhas. Cochichou um momento, cabisbaixo, em grande embaraço. A criatura repelente descerrou os queixos num riso sinistro, jogou-me de través uma espiadela desdenhosa, soprou agastada:

— Quer mais, hem? Estamos num hotel, hem?

O mulato, confuso, aproximou-se do cavalete, murmurou sucumbido:

— Não pode ser. Desculpe. Eles não dão.

A voz suave num instante me revelou o moço. Já me havia impressionado; apenas de outra vez não estava assim trêmula. Era ele, sem dúvida. Acabou de falar, e as lágrimas correram-lhe no rosto pálido. Essa anormal sensibilidade me causou violento choque, e lamentei com desgosto a exigência imprudente que originara tal desarranjo no esquisito indivíduo. Era ele, recordava-me bem.

No encontro anterior não havia a tremura, a palidez, o choro; esquecer-me-ia dele se a voz dulçurosa não me escorregasse nos ouvidos, trazendo-me a cena meio apagada. Noite. Das lâmpadas mortiças espirrava uma luzinha curta, as sombras envolviam a sala estreita e longa, o ar se empestava com um cheiro de carniça. Entorpecia-me num banco, as mãos segurando a cabeça pesada. Em frente, em cima de tábuas vagas, manchas escuras num prato invisível. Perto, um vulto sem feições gemia um conselho frouxo: — "Coma. Faça um sacrifício. A comida está boa, foi preparada para os senhores. Experimente." — "Não. Obrigado. É impossível." Novamente a fala morna a embalar-me: — "Faça um esforço. Amanhã o senhor não terá isto. A comida está boa. Experimente." Na sombra espessa os lineamentos perdiam-se; a amabilidade excessiva provocava-me uma sensação molesta, a náusea crescia; ignorando a significação daquilo, desejava afastar-me e esquecer a brandura pegajosa. Ao mesmo tempo achava-me ingrato.

Na claridade nevoenta da manhã, divisei os traços do homem, e a lividez, o pranto fácil, o tremor, a desculpa embrulhada revelaram-me a natureza dele. Era gordo, imberbe, os olhos mansos, um sorriso doloroso nos beiços flácidos. Embora visse ali um vivente a sofrer por minha causa, era-me impossível evitar a repulsa que sentira à noite da chegada, mas o nojo misturava-se à gratidão e ao pesar de haver estorvado o infeliz. Um infeliz, sem dúvida, firmava-me nesta convicção: tipo de sexo duvidoso, comum no ajuntamento da cadeia. A aparência equívoca e o procedimento invulgar causavam-me transtorno e a necessidade urgente de afastar-me e esquecer, embora dissesse a mim mesmo que a lembrança do caso iria perseguir-me. Nunca me vira na presença de um desses indivíduos assim cara a cara, sabendo-lhe as tendências. Pela primeira vez surgia-me um deles e facultava-me o exame imprevisto do corpo e da alma. Apesar de não me ser possível nenhuma comparação, estava certo de não enganar-me. Era aquilo, sem dúvida.

A carranca feroz, a poucos metros, junto ao bule enorme e às forquilhas, enviava-me olhares assassinos. E o coitado permanecia de cabeça baixa, num constrangimento, enxugando o rosto à manga da blusa. Imaginei ali um episódio sentimental: havia entre os dois possivelmente um drama, e o portador das forquilhas e do bule se enchia de ciúme e despeito vendo na frágil condescendência do amigo sinais de traição. Devia ser isso. A recusa brutal e o gesto provocador falavam claro. Essa idéia me trouxe horrível mal-estar, vergonha, como se me cumpliciasse a ignomínias; cresceu o desejo de levantar-me, regressar ao alojamento, cair na esteira, escrever as minhas notas, ouvir as greves narradas por Aleixo, os roubos de Gaúcho. Invadia-me, entretanto, uma indecisa mistura de sentimentos: chocavam-se a piedade, a tristeza, a admiração, o prazer de realizar uma descoberta. Não me ocorrera a existência de coração nessas anomalias; de longe, exclusivista e rígido, habituara-me a julgá-las sordidez apenas. As mulheres sempre exerceram sobre mim tirania excessiva, davam-me preocupações vizinhas da monomania, às vezes as imagens interiores mudavam-se quase em visões, e isto era doloroso. Fantasias doidas impediam-me o trabalho. Pois, dedicando-me a elas inteiramente, nunca divisara em nenhuma a bondade manifesta ali próximo.

Na verdade era impossível transformar-me, vencer o nojo que esses desvios me causavam. Era um nojo profundo, e em vão buscaria livrar-me dele. Mas uma evidência entrava a impressionar-me: na torpeza nauseante havia alguma coisa muito pura.

Não voltei ao refeitório. A presença do homem tímido e blandicioso era insuportável. Queria explicá-lo, justificá-lo; sentia-me cheio de agradecimento e asco. Nessa incompatibilidade, esforçava-me por esquecê-lo, mas a gordura fofa e a benevolência pegajosa estavam-me presas na lembrança, como esparadrapo. Contentava-me haver percebido um fato novo; ao mesmo tempo me aborrecia por ver que isso me perturbava ideias antigas, abalando valores assentes.

Busquei distrair-me compondo as notas infindáveis, confusas, em pedaços de papel arranjados nem sei como; provavelmente ninguém as leria: em momento de apuro seriam deixadas em qualquer canto, jogadas na água. A hora da comida esquivava-me para trás das filas, escondia-me ao pé do lavatório. O rebanho movia-se, transpunha a porta, conjugava-se numa extensa linha, atravessava o curral de arame, o pátio branco. E achava-me só, um livro na mão, espremendo os miolos inutilmente para entendê-lo. Pezunhava numa página, lia cinco, seis vezes, largava a brochura, desanimado. A leitura se havia tornado impossível; contudo aventurava-me a escrever. Se aquelas folhas me aparecessem hoje, desconexas, medonhas, revelariam a minha perturbação, a fraqueza do espírito. As horas longas arrastavam-se, e era preciso enchê-las.

A escrita fatigava-me depressa, e arrojava-me teimoso a uma história simples apanhada na biblioteca do Coletivo Era uma pequena coleção amarfanhada, triturada, suja, inteiramente de acordo com o lugar onde funcionava. Encontrei nela, inexplicavelmente, os três volumes que me acompanharam no dia da prisão e tentei decifrar no quartel do Recife e a bordo: lá estavam as dedicatórias de José Geraldo Vieira, Agrippino Grieco e Otávio de Faria. Essas artes tinham-me deixado o cubículo no Pavilhão dos Primários; agora, rasgados e sem capas serviam de pasto a ladrões, vagabundos e políticos. A forma de obtê-las harmonizava-se com o nosso meio.

Descobri alguns romances de José Lins, de Jorge Amado, meus. E, tanto quanto posso julgar, o mais lido era Jorge: apareciam-me com frequência, nas tábuas e nas esteiras, malandros, tipos das favelas, atentos no *Suor* e no *Jubiabá*. Porque estaria Jorge, só ele, a provocar o interesse dessa gente? Remexi a cabeça procurando uma resposta. Bem. José Lins é memorialista, o grande mérito dele é haver exposto, nua e bárbara, a vida nos engenhos de açúcar; é uma enorme força que se esvai fora do seu ambiente. Dá-nos a impressão de ouvir o rumor do vento nos canaviais, sentir o cheiro do mel nas tachas; percebemos até, nos seus diálogos, o timbre da voz das personagens. Uma realidade flagrante. Essas coisas eram vistas com atenção por uma pequena minoria de sujeitos mais ou menos instruídos que buscavam nas obras de arte apenas o documento. O nosso público em geral afastava-se disso, queria sonho e fuga. Aqueles homens de tatuagens, anfíbios, ora no morro, ora na cadeia, entregam-se, por serem primitivos ou para esquecer asperezas, a divagações complicadas, e não sabemos quando nos expõem casos verídicos nem quando mentem. A imaginação de Jorge os encantava, imaginação viva, tão forte que ele supõe falar a verdade ao narrar-nos existências românticas nos saveiros, nos cais, nas fazendas de cacau. A respeito dos meus livros nada sei, pois nunca vi ninguém pegar um; lá ficaram intatos, suponho. Notando-me o jejum, Cubano quis levar-me ao refeitório.

— Tenha paciência, Cubano, protestei. Você me dispensou das formaturas.

— A hora da comida, não. É diferente. O senhor não pode passar sem comer.

— Obrigado. Não tenho fome.

O ótimo negro rosnou uns conselhos e deixou-me em paz. Ele tinha razão, era preciso enganar o estômago. Assim, mandei comprar um queijo pelo soldadinho que, à noite da chegada, se oferecera, por influência do sargento, para os negócios clandestinos. O rapaz trouxe-me a encomenda e recusou gorjeta. Se o queijo ficasse em meu poder, os ladrões o abafariam; por isso Vanderlino apossou-se dele, trancou-o na mala e durante algum tempo me submeteu a duas, três rações diárias, fatias quase transparentes, insignificâncias cortadas a gilete. Percebíamos em redor olhos famintos, pedidos silenciosos, novamente os dedos ágeis da pachorrenta criatura manejavam a lâmina, reduziam a escassa reserva, que logo se dissipou. Outra vez a abstinência. E respirei com alívio. Mastigar, remoer aqueles fragmentos, era na verdade uma obrigação imposta por Vanderlino A pasta gordurosa causava-me forte enjoo. Realmente me achava, como no porão do Manaus, atacado pela sitiofobia; pensar em alimento me dava nojo.

Fumava sem interrupção; o médio, o polegar e o indicador da mão esquerda amarelaram e enegreceram; os beiços queimaram-se e não era possível umedecê-los. Essa terrível necessidade ocasionava-me arrelias constantes. Havia sempre em torno de mim vários sujeitos a rondar, a matilha impudica dos caçadores de baganas. Quando vi pela primeira vez esses indivíduos baixarem-se para colher no chão uma ponta de cigarro, vexei-me em excesso, virei a cabeça, fingi não reparar no procedimento vil. Depois me indignei e enojei. Era uma canalha privada inteiramente de vergonha, não me deixava em sossego. Queria afastar-me dela, mas em qualquer parte do alojamento surgiam-me vagabundos ligeiros, de olhos compridos, a medir-me os gestos. Impacientavam-se, avizinhavam-se, num descaro revoltante. Uma praga. Risinhos safados, enorme sabujice nas caras lorpas. Examinavam-me atentos os bolsos da roupa vestida pelo avesso. Na cupidez e na rivalidade, avançavam mal se riscava o fósforo, pediam sem pejo o resto do cigarro apenas começado. A princípio, em horrível constrangimento, resignei-me a estender-lhes o maço. Distanciavam-se, ao cabo de minutos estavam na ronda, insaciáveis. Inquietei-me: era impossível sustentar tantos malandros. Na valise a provisão de fumo se reduzia. Tentei reagir, pôr termo à infame investida:

— Assim também é demais Vão para o diabo.

Voltava as costas, cheio de raiva. Um patife me seguia, chegava-se de manso, arrancava-me da mão o cigarro e saía correndo. Enfim o sortimento se esvaiu e necessitei recorrer de novo ao soldadinho prestativo. Recebi um milheiro de cigarros. Cubano tomou esse contrabando, meteu-o numa sórdida mochila, que amarrou nos ferros da cama.

— Em meu poder estão em segurança. Fique descansado. Eles não mexem comigo.

No dia seguinte havia um buraco na mochila e a ausência de oito maços.

Gritaram-me o nome. Soltei o livro, saí da esteira, cheguei-me à porta, vi além da grade Alfeu, o cafuzo de olhar sangrento que, à noite da chegada, espancara e rolara a pontapés um homem, perto de mim. Agora não mostrava fúria. Esteve um minuto gargarejando sons incompreensíveis, a fazer pausas, em grande embaraço. Procurava as palavras, coçava a cabeça, num desesperado esforço para explanar o assunto difícil; espantava-me, examinando-lhe a cara torva, buscando perceber a causa de tantos circunlóquios e hesitações. Pouco a pouco as idéias dele se combinaram, afinal lhe conheci o intuito, mas o caso era estranho, e com um tremor violento recuei cheio de pavor. O soldado esperava de mim um obséquio. O diretor da prisão aniversariava no dia seguinte, o pessoal andava a preparar-lhe uma festa, e Alfeu tinha desejo de fazer um discurso, representando a polícia. Como não sabia trabalhar nessa matéria, pedia-me que redigisse uma saudação, curta, meia folha de papel somente. Um favor pequeno.

Atravessou-me o espírito, com medonha nitidez, a consequência de uma recusa: lembrei a cena horrível e imaginei-me na situação do infeliz, a espojar-me na areia, contuso, amarfanhado, biqueiras de sapatos desarranjando-me as costelas. O aviso do zarolho misturou-se à desgraçada lembrança: — "Aqui não há direito, nenhum direito. Quem foi grande lá fora esqueça-se disto." Iria suceder-me aquilo, sem dúvida, se me negasse a contentar o enorme bruto. Sem dúvida. Mas não me ocorria uma negativa, nem sequer a possibilidade vaga de eximir-me. Escreveria o discurso; no primeiro instante supus que iria escrevê-lo; nenhum meio de evitar esta infâmia. Atento nas estrias vermelhas dos bugalhos duros, perguntava a mim mesmo onde iria esconder-me para fabricar elogios ao diretor da prisão. Vinte e quatro horas depois o cafuzo gaguejaria essa miséria, e eu me conservaria agachado na esteira, um molambo, sem ânimo de encarar Nascimento, Aleixo e Claudino. Achava-me indigno, interiormente sujo, e não conseguia evitar isto. As biqueiras dos sapatos não me saíam do pensamento, e era como se estivessem moendo-me a carne, desarticulando-me os ossos.

Um medo horrível, presumo que ninguém sentiu medo assim. Já me havia sucedido coisa semelhante, anos atrás. Em geral me atordoo, perco a noção do perigo, não ouço tiros num conflito; vem-me custosa, em pedaços, a conveniência de resguardar-me atrás de uma árvore, num vão de uma porta. Em 1930 um piquete das forças revolucionárias de Agildo Barata agarrou-me no interior de Alagoas e fingiu querer fuzilar-me. No Pavilhão dos Primários Agildo ria escutando a narração dessa proeza besta. Eram dezesseis malucos. Esvaziaram-me os pneumáticos do carro, encheram-

-me de perguntas e ameaças. Atrapalhado em excesso, não respondi; tirei do bolso um papel e mastiguei-o.

Preso, estirado na cama, o chapéu cobrindo-me o rosto, ouvi pancadas; sentei-me, vi perto um indivíduo a bater com a soleira do fuzil no chão, querendo assustar-me. — "Você dispara esse diabo e mata um companheiro. Com licença." Estirei o braço e virei a asa do registro de segurança. Achava-me bastante apreensivo, mas era receio comum. Alguns dias de reclusão, vários aborrecimentos. Mal sério não me fariam aqueles militares vagabundos, incapazes de pegar direito numa arma. Não, não era medo. Medo sentia agora, diante do cafuzo, pensando nos sapatos ferrados, na cólera doida. Medo igual ao que experimentara anos antes, uma noite de lua. Achava-me no quintal de uma criaturinha sem-vergonha, meio escondido junto a uma cerca de bambu. Eram duas horas da madrugada. A mulher não vinha, fazia-me perder tempo, e a demora me impacientava. Abriu-se de repente uma janela na vizinhança, um cachorro ladrou; julguei-me descoberto pelo marido pulha da sujeitinha, larguei a espera, atravessei o portão, e saí correndo à toa na rua deserta. Era uma carreira trêmula e bamba, os joelhos chocavam-se, pernas de velho; um soluço esmorecia-me na garganta e em mim tudo se resumia numa necessidade horrível de chorar. Queria deter-me, condenava severo a fuga ridícula, mas alguém me perseguia, esta idéia absurda atirava-me para a frente. Negava a existência da perseguição, considerava-me estúpido, mas era impossível refrear os movimentos desengonçados. Em completo abandono, vivente infeliz, sem nenhuma defesa. A brancura do luar desesperava-me. Habitava uma cidadezinha sertaneja, todos aí me conheciam. Negociante, figura mais ou menos razoável. Se um dos meus fregueses surgisse na rua, me apanhasse naquele estado? No meu último livro, em poder de José Olímpio, aventurara-me a fixar esse terror, essa covardia imensa. Ali ao pé da grade, via-me assim pela segunda vez.

Um trapo, os músculos frios, desmaio no coração, a vontade suspensa. Talvez, se abrissem a porta, me pusesse a correr desvairado, como naquela noite. Mas a precisão de fugir, alucinada e urgente, não podia realizar-se: quando muito, iria manquejando ao extremo do galpão, onde o cafuzo batera e espezinhara um desgraçado. Um rato a pretender esquivar-se, inutilmente; os olhos ruins do gato imobilizavam-me. Tortura dupla: a visão clara de patadas rijas num corpo inerme, a ignominiosa composição de louvores ao diretor. Não havia alternativa, não me deixavam direito de escolha. — "Aqui não há direito, nenhum direito." Horrorizava-me ser atirado ao chão, pisarem-me, desarticularem-me, e a repulsiva tarefa vinha com jeito de ordem. Não estava nas minhas possibilidades furtar-me a ela, nem um momento pensei nisto; preocupava-me somente achar um canto para cumpri-la, ausente de Aleixo. Depois me tornaria inimigo do excelente negro; não suportaria o brilho dos óculos redondos, a fala mansa, as histórias de greves. Acharia razões para simular desprezá-lo, desprezando-me; servem para isto as pequenas inteligências malandras. Não as censuro, pois estive a ponto de acanalhar-me e nenhuma resistência opus. Não refleti, não busquei vencer a dificuldade: um miserável traste. O desfecho desse caso foi imprevisto e ainda hoje me espanta: ignoro como veio.

— E quem lhe disse que eu sei fazer discursos? perguntei numa calma exterior de causar surpresa.

— Sabe, afirmou o soldado. Pois eu não vejo o senhor mexendo em papel o dia inteiro? Demais o senhor foi importante na sua terra.

— Nada disso. É engano.

Fechavam-me aquela saída. Imprudência dedicar-me ao relatório e às notas perto da grade. Nova objeção caiu, lenta e incisiva:

— Bem. Suponhamos que eu saiba fazer isso. Imagina que posso fazer? Não adivinho os seus sentimentos. Se eu escrevesse o discurso, toda a gente compreenderia logo que ele não era seu.

Devo ter falado assim, com pouca alteração. Pelo menos estou certo de não exibir nestas linhas coragem falsa. O medo me envolvera um infindável minuto, medo horroroso de aguentar coices na barriga e no peito, de me esconder para arrumar as letras miseráveis. Não hesitara um segundo: necessário compor o discurso. A resposta ao cafuzo revelou que eu havia preferido os golpes e a humilhação: ignoro como se deu a mudança interna, falta-me a consciência disto. Provavelmente foi a certeza de me ser impossível a infame redação.

— Use a sua linguagem, tornei. Não adianta dizer frases bonitas, alheias. Mostre com simplicidade o que tem dentro. É melhor, não é?

A tromba de Alfeu exprimia descontentamento, os bugalhos cruéis injetaram-se mais, o crânio miúdo balançava, afirmando, negando: o homem rude buscava entender. Ao declarar-me, ao ter conhecimento da resolução involuntária, livrara-me do terror. As biqueiras dos sapatos deixaram de atormentar-me, eram desgraças inevitáveis. Paciência, estavam previstas. Bom deixar tudo claro:

— E depois não tenho motivo para ser amável com o diretor. Você tem, é natural. Mas eu, acha que posso ser amigo dele?

O cafuzo, perplexo, continuava a agitar a cabeça e arregalava os olhos.

— Diga. Acha que posso ser amigo dele?

— Não, rosnou com mau modo.

— E então? Ponha-se no meu lugar. Se você estivesse aqui preso e soubesse escrever, fazia esse discurso?

— Não fazia, murmurou o soldado.

— Está aí. Você mesmo reconhece. É impossível.

Agora o rosto de Alfeu manifestava confusão e desassossego. Tive pena do pobre selvagem que me inspirara tanto horror, precisei dizer ainda uma palavra, dissipar nuvens:

— Fica zangado comigo, Alfeu?

Ergueu os olhos, quase doces:

— Não, não fico, o senhor tem razão.

— Peça uma coisa que não me prejudique. Peça outra coisa.

— Não. Obrigado.

Afastou-se abrupto. No dia seguinte pela manhã, penetrando no curral de arame, vi Alfeu encostado à ombreira do portão. À minha passagem, agarrou-me o braço e cochichou:

— Se o senhor tiver negócios lá fora, conte comigo, estou às suas ordens.

— Muito agradecido, Alfeu.

O pobre Neves, de mal a pior, tossindo e sem fôlego foi acabar-se na enfermaria; nunca mais ouvimos falar nele. E Gaúcho se apossou da cama vizinha à porta lateral. Levou para ali os seus picuás, estabeleceu-se e no dia seguinte me fez uma proposta curiosa:

— Vossa mercê quer comprar a minha cama?

A princípio não entendi; notei depois que se tratava de negócio regular naquele meio. O sujeito apodera-se de um objeto, declara-se dono e logo o transforma em dinheiro. Essas operações já não constituíam novidade para mim; surgiam-me com frequência indivíduos agachados pelos cantos, embromando-se em longos cochichos, ajustes infindáveis As coisas miúdas circulavam, passavam de bolso a bolso, e as vítimas dos furtos, cheias de vergonha, sentiam desprezo nos olhos dos profissionais e guardavam silêncio. Nenhum espanto, consideravam-se legítimas essas transações. Gaúcho não me propunha essa mercadoria, uma das bagatelas que facilmente se ocultava em sacos, em dobras de roupa: oferecia um móvel. Estabelecera a posse e transferia-me o direito de me deitar na cama. Hesitei, receoso de trapaça, afinal me decidi:

— Está bem. Quanto custa isso?

— Uma gâmbia.

— Quanto?

— Cinco mangos.

— Fale direito, Gaúcho.

— Cinco mil-réis. Já disse.

Na segurança mesquinha os preços reduziam-se muito.

— Está certo.

Passei a nota, o ladrão foi retirar os cacarecos e arranjou lugar numa tábua, no fim do alojamento. Pouco depois encontrei-o ocupado em despregar a esteira que forrava o lastro da cama. Protestei, indignado:

— Que é isso, Gaúcho?

— Estou descosendo a esteira.

— Vai levá-la?

— Então?

— Você não me vendeu esses troços, homem?

— Vendi a cama. A esteira é outra coisa, resmungou o sujeito com descarada firmeza.

— Deixe disso, criatura. Eu vou dormir em cima do ferro?

— Não sei. A esteira é minha. Se vossa mercê precisa dela, eu vendo custa dois mangos.

— Está bem, está bem. Mas você vai pregá-la de novo. Se ficar solta, desaparece.

O escrunchante recebeu a moeda, afastou-se, voltou com uma agulha comprida e esmerou-se em corrigir o estrago. Findo o trabalho, seguiu-me; vendo-me pegar a valise, tomou-a, perfilou-se, numa atitude burlesca e de respeito que me arrancou uma gargalhada.

— Solte essa valise, Gaúcho.

— Não senhor, faço questão.

Fui tomar posse da cama; Gaúcho atrás, segurando a pequena bagagem, muito sério, representava o papel de criado. Pus-me a rir, pela primeira vez me surgia ali motivo para riso. Sobre a esteira, dobrado, achei um cobertor Admirei-me de ver Gaúcho ir-se embora, não se lembrar de extorquir-me dois ou três mil-réis por ele. Mas o espanto durou pouco: não se tratava de generosidade nem de esquecimento. Aquele traste fora abandonado porque estava aberto ao meio e tinha grandes manchas de sangue, as hemoptises do pobre Neves, certamente. Com viva repugnância, larguei os dois pedaços de pano; em seguida resolvi embrulhar-me neles: deitei-me, prendi-os entre as coxas, envolvi-me, encolhido. A valise continuava a servir-me de travesseiro. Enquanto vivi na Colônia, usei desse jeito as duas bandas de cobertor, e nem uma vez foram à lavanderia.

Surgiu-me de repente uma contrariedade. França, o padeiro tuberculoso, meu vizinho no Pavilhão dos Primários, veio censurar-me, e com tanta arrogância que o supus logo dirigente de qualquer coisa. Falava como se eu fosse criança, queria saber quem me havia dado licença para deitar-me na cama. Tinham preferência os companheiros doentes.

— Perfeitamente, França. Mande um, eu saio. Lembrei-me dos risinhos tímidos de França meses antes, quando, pela manhã, vinha pedir-me a garrafa de leite à porta do cubículo 35. Essa garrafa de leite não me fazia grande falta. Findara a inapetência da semana horrível passada no porão do Manaus, era-me possível entrar nas filas, receber o prato, duas vezes por dia, beber o caneco de café que tinha gosto de formiga. Não me custava privar-me do leite, vendo um sujeito precisar dele. Nenhum favor. As tremuras e os sorrisos do padeiro confundiam-me. Tipo demasiado sensível, julguei. Para não ouvir os agradecimentos bambos, desfazia-me da garrafa, saía do cubículo, atravessava a plataforma, descia a escada. Vinha-me agora o pensamento infeliz de que o rapaz se humilhara ao receber aquela insignificância. Humilhara-se pagando com sorriso e tremura. Que miséria! E vingava-se chamando-me à ordem, severo em demasia. Apesar de me ver disposto a ceder o lugar a outro mais necessitado, prosseguia na arenga, violento como o diabo, repisando:

— Há companheiros doentes.

— Já sei, França. A cama está às ordens. Para que repetir isso?

— Você fala como se fosse dono dela. Quem lhe deu ordem?

Impacientei-me:

— Olhe, França, vamos deixar de conversa. Não tenho prazer nenhum em deitar-me nesta porcaria. Tome conta dela. Não há razão para barulho.

O sujeito não se convencia, impertinente, a remoer aquela ninharia, exibindo autoridade. Completa ausência de tino. Perdi os estribos:

— Vá para o inferno. Aqui feito um menino, a aguentar repreensões idiotas.

Não quero ouvir mais nada, percebe? Nada. Para o inferno. A cama é propriedade minha, dei sete mil-réis a Gaúcho por ela. Daqui não saio, entende? Sou um proprietário.

Diante dessa razão miserável, a arrogância do padeiro murchou e desapareceu. Fui acomodar-me, envolver uns restos de zanga nos trapos imundos. Certamente havia ali pessoas mais doentes que eu; Van der Linden e Mário Paiva mereciam sem dúvida aquele desgraçado conforto. Domício Fernandes estava moribundo, não voltaria ao Rio Grande do Norte. Se não fosse a bazófia de França, não me custaria despojar-me em benefício de qualquer deles. Na verdade me achava bem mal, embora não vivesse a queixar-me nem avaliasse os estragos, mas cada vez me arrasava mais. Só pensar no refeitório me causava náusea, as mucuranas e os mosquitos perseguiam-me, e agora, na esteira suja, enrolado em trapos vermelhos de vômitos sangrentos, pensava na invasão dos bacilos, no rápido extermínio do organismo indefeso.

Tinham conseguido armar na cama vizinha um difícil mosquiteiro. Na manhã seguinte vi sentado nela um sujeito maduro, atraente, óculos grossos de míope, a roupa de casimira pelo avesso.

— Bom dia, atirou-me risonho e lento.

Estava com desejo de conversar e logo se apresentou: Mota. Escorregamos depressa numa camaradagem fácil, tive realmente muito prazer em conhecê-lo.

— O senhor tomou parte na Aliança Nacional Libertadora, seu Mota?

— Não senhor, respondeu a criatura amável. Tinha as minhas simpatias. Sou admirador de Prestes.

Vejam só. Porque simpatizava com a Aliança Nacional Libertadora — cadeia, braços cruzados, a roupa vestida pelo avesso, a cabeça baixa e sem cabelos. Pobre seu Mota. A situação dele era com certeza a de Manuel Leal, meu amigo velho arrancado às Alagoas, metido no cárcere dos sargentos no quartel do Recife, depois no porão do Manaus e agora ali a carregar tijolos. Mas Leal não tinha o sossego, a conversa amável de seu Mota. Andava irritado, sombrio, num desespero mudo contínuo. Um dia essa mudez se quebrou e o infeliz, de volta do trabalho, suado, coberto de pó vermelho, dirigiu-se a mim, ríspido:

— Porque é que estou preso? Hem? Diga.

Estranhei, tive pena do homem a desabar em velhice rápida. Coitado. Não me parecia longe o tempo em que os tristes olhos hoje apagados no rosto murcho brilhavam muito vivos; os fartos anéis da cabeleira negra seduziam mulheres. Pobre de Leal. Provavelmente a decadência não era apenas física; o espírito devia estar em declínio também para ele me vir fazer tal pergunta.

— Que é que você quer que lhe diga? Sei lá! Nem sei porque estou preso.

O meu antigo camarada engasgou-se, esteve um minuto a examinar-me com espanto e censura. Tomou fôlego, e, de supetão:

— Você? Ora essa! Está preso porque é comunista. Sempre foi.

Declarou isso aos berros, sem ligar importância aos guardas e à polícia.

— Desde menino. Sempre foi. Ainda usava calças curtas e já lia essas coisas no balcão de seu pai. Mas eu? Que foi que eu fiz para estar aqui? Hem? Explique.

Cheio de piedade, não conseguia eximir-me ao desejo de rir ouvindo esse despropósito. Leal gritava a denúncia, provavelmente ignorando que ela me poderia ser funesta. Não repliquei, temendo encolerizá-lo mais. Coitado. Não perceberia a exígua significação das brochuras que li na infância; continham veneno, supunha, estava nelas a causa da minha desgraça. Tinham sido justos comigo. Pois não passara a vida a procurar sarna para me coçar? Com ele havia injustiça. Por quê?

Responsabilizava-me:

— Diga. Porque me mandaram para aqui? Diga ao menos que é comunismo. Não sei. Nunca me meti com vocês, nunca li nada disso. Explique.

A aflição tornava egoísta uma pessoa amorável. Desequilíbrio, certamente. Vinham-me à lembrança o riso aberto de Leal, as anedotas de caixeiro-viajante, sem graça, narradas muitos anos atrás, quando ele se hospedava em nossa casa do interior. Que horrível decadência! Via-me obrigado a fazer a comparação, e isto me dava imenso desgosto. Não me ocorreu uma palavra generosa, capaz de minorar aquela angústia. Afastei-me em silêncio. Esquisito afligir-se um prisioneiro de tal modo, não achar sossego, alhear-se do meio, o pensamento fixo no exterior, em casos remotos. Esses viventes arredios ficam desagradáveis. Sentimos não poder auxiliá-los, distraí-los; receamos contagiar-nos, findar naqueles tormentos. Buscamos a companhia de sujeitos expansivos, esboçam-se camaradagens num instante desfeitas. As histórias de Gaúcho afugentavam-me o sono, ser-me-ia agradável escutá-lo muitas horas. Infelizmente quebravam-se: vinha o momento de recolher, éramos forçados a calar-nos e o resto da narrativa se adiava para a noite seguinte.

— Imagine vossa mercê. Peguei um dia uma roupa nova bacana, azul-marinho. Assentava no meu corpo e não foi para a muamba. Vesti-me nela e caí na rua. Pois veja que azar. Na Lapa um sujeito do meu tope começou a espiar demais para mim e não me deu tempo de pirar. Chegou-se e atacou: — "Moço, me desculpe. Onde foi que o senhor arranjou esse terno?" — "Pergunta muito bem, respondi eu. Comprei hoje por cem mil-réis a um adelo da Rua da Constituição, número tal." — "Pois, moço, juro que esse terno é meu. Foi roubado ontem." Aí eu me ofendi e propus: — "O senhor quer ir comigo falar com o adelo, agora mesmo? É um negociante conhecido." O tipo afrouxou: — "Não, não, posso estar enganado. Mas ia garantir que não estou. É o feitio, é a cor, é o tamanho." Foi-se embora. E eu voei para casa. Um susto medonho, não sei como tive tanta calma. Tirei a roupa e disse à mulher: — "Leva este diabo ao intrujão, dá sumiço a isto." A gente não deve usar as coisas que rouba.

A conclusão vinha quase em forma de conselho: o ótimo ladrão parecia querer livrar-me de tais vexames. Também me agradava a figura tranquila de seu Mota. Apesar de ser vítima de uma iniquidade, pois não se envolvera em política, mantinha na prisão excelente humor. — "Bom dia." Estava ali junto, emoldurado pelo mosquiteiro entreaberto, os óculos a faiscar. A voz nunca se alterava, e a afável saudação nos transmitia serenidade. Realmente só vi seu Mota zangar-se uma vez. Fazia uma semana que nos conhecíamos, e ele me narrava os seus começos. Fora secretário da prefeitura em Corumbá, ou Cuiabá, não me lembro. De fato quem se responsabilizava pela administração era ele, que o prefeito, coronel e analfabeto, não entendia de verbas.

— Esse matuto viajou para o Rio e lá ficou três meses. Dirigi o pessoal na ausência do homem e fiz boa arrecadação. Quando ele chegou, havia em caixa trinta contos, naquele tempo uma fortuna. Arrumei o balancete e dei ao prefeito a chave do cofre. Não faltou um tostão.

O meu vizinho interrompeu-se, um minuto se conservou absorto, o olhar distante, mergulhado nas suas recordações. Súbito inquiriu:

— O senhor acredita? Acha que eu entreguei esse dinheiro?

— Sem dúvida, seu Mota. Ora essa!

O ex-secretário da prefeitura de Corumbá teve um longo suspiro:

— Entreguei. Foi uma doidice. Com trinta contos nas mãos, e passei a outro esse dinheiro todo. É o remorso que me persegue na vida.

Seu Mota concluiu, exaltando-se:

— Eu era muito novo. E muito burro.

Cubano chegou-se a mim com uma proposta:

— Vou apresentar o senhor a Paraíba. Ele sabe muito.

— Conheço de vista. Vamos lá.

Percorremos o galpão, encontramos ao fundo um mulato claro, de olho vivo, a conversar baixo com um sujeito arriado.

— Paraíba, disse o negro, aqui seu Fulano vai escrever uma história e vem pedir a você algumas informações. Diabo. A notícia do livro chegara a Cubano, talvez à polícia; não me deixariam salvar as notas guardadas na valise.

— Informações? estranhou Paraíba interrompendo os cochichos.

— Sim, coisas de vigarismo. Diga como é que você trabalha. O tipo formalizou-se:

— Nós não devemos confessar a leigos os mistérios da nossa profissão.

Essa frase pulha enjoou-me. Pensei na linguagem simples de Gaúcho e fiquei ali de pé, sem nenhum interesse. Cubano insistiu, e enfim o mulato acedeu, com um gesto de profissional que manda um consulente para a sala de espera.

— Bem. Demore um pouco. Estou ocupado em negócios.

E voltou à conversa. Tinha na mão um cinto de malhas brancas e pretas, a imitar escamas. A outra personagem mostrava-lhe um porta-níqueis,

— Como você está vendo, o cinto é meu. Pele de lagarto. Compare. É meu.

Cubano afastou-se, e ali fiquei reparando na transação. Paraíba teve um risinho zombeteiro:

-— Seu?

— Sim. Lagarto, como a bolsinha. Não está vendo?

— Era seu, concordo. Mas agora foi comprado por mim. Dei por ele cinco mil-réis.

— Quem vendeu?

O vigarista melindrou-se e atentou no parceiro com ar de imenso desprezo:

— Você me acha capaz de fazer uma denúncia? Ora! Comprei a um dos nossos companheiros.

O outro se desmoralizava inteiramente, sucumbia, representando o infeliz papel de otário. Paraíba iria zombar dele, exigindo o cinto, e desmanchava-se uma reputação. Otário. O desgraçado vergava o cachaço, a gaguejar; a minha presença aumentava-lhe o embaraço. Depois de gozar longo tempo aquele constrangimento, o vigarista fez um gesto macio de gato, ofereceu esta escapula ao podre rato: — Não se incomode. Eu lhe cedo, sem lucro, o cinto. Custou cinco mil-réis.

Esse descaramento incrível e a humilde postura da vítima aguçavam-me a curiosidade.

— Muito caro, gemeu uma voz sumida.

— Então, nada feito. Você não vai exigir que eu tenha prejuízo.

Afinal concedeu:

— Como se trata de um camarada, eu perco dois mil réis. Leve o cinto por três, e o caso morre aqui entre nós. Além do furto, chantagem. Afrouxou mais cinco tostões. Com um suspiro, a criatura arrasada largou-lhe dois mil e quinhentos, retirou-se afivelando o cinto.

E Paraíba atendeu-me:

— As suas ordens.

Referi-me à frase dele: não desejar confessar os mistérios da profissão. E resolvi metê-lo em brios dizendo não acreditar nos mistérios:

— Tudo isso é velho e já foi contado milhares de vezes pelos jornais. Vocês não têm originalidade.

— O senhor se engana, protestou o velhaco. Nós jogamos com armas psicológicas.

O vigarista falava bonito e pretendia, julguei, não revelar as suas destrezas, mas fazer uma conferência literária. Continuei a duvidar:

— Pouco provável. As armas psicológicas de vocês são como as dos caixeiros-viajantes: sempre as mesmas lábias. Ausência de imaginação.

— Como é que o senhor sabe?

— Pela repetição dos truques. E pela natureza das vítimas, pobres matutos que andam pelas ruas de boca aberta. A psicologia de vocês dá para conhecer essa gente. É fácil. Não se aplica a outros indivíduos.

Paraíba me olhava com um sorriso de mofa. Insisti, querendo arrancar-lhe as astúcias apenas mencionadas:

— Certamente encontrei lá fora centenas de colegas seus. Nunca nenhum se chegou a mim. Porquê? Teriam notado pelo meu jeito que eu não tinha dinheiro? Seja franco. Você me ofereceria o paco? Você me acha com cara de lhe comprar um bilhete premiado?

— Não, concedeu Paraíba. Com o senhor eu uso o golpe da velha.

— Como é lá isso?

Paraíba se decidiu:

— Eu me aproximo do senhor, com uma carta na mão: — "Cavalheiro, por obséquio, sabe onde fica esta rua?" O senhor me dá a informação e eu respondo aflito: — "Ah! Não acerto. Cheguei ontem do interior, não consigo orientar-me." Puxo conversa, falo numa tia doente, provoco a sua piedade. — "Se o senhor quisesse ir comigo a este endereço." Dou a entender que um favor tão pequeno salve talvez uma vida. O senhor vai.

— Supõe que essa lengalenga me desvia das minhas ocupações?

— Sem dúvida. Nós somos atores. O senhor vai. Quando chegamos ao destino, sai da casa um sujeito com uma pasta debaixo do braço. É o esparro. Eu me dirijo a ele:

— "Seu doutor, um momento." E passo-lhe a carta. O esparro finge ler e me responde: — "Meu caro, essa letra se vence o mês vindouro." — "Mas só faltam quinze dias, seu doutor." Tiro do bolso um papel selado e represento uma cena triste. O senhor vai compreendendo a história aos pedaços. O sujeito deve dez contos a minha tia, e ela está de cama, para morrer; gastou as reservas com a farmácia e o médico. Tento por todos os meios tocar o seu coração, e pelos modos nem dou pela sua presença ali. Procuro entender-me com o outro: — "Veja, seu doutor, a pobre da velha está nas últimas. Tinha aquele sítio que lhe vendeu. Vim tratar disso, cheguei ontem. Se não houvesse muita precisão, eu não tinha arriscado esta viagem antes do vencimento. Não está legal?" — Mostro o papel: — "Só faltam quinze dias" O homem confessa a dívida, mas não quer pagar adiantadamente. Aí eu proponho dez por cento de redução: — "Liquide isto hoje por nove contos, seu doutor. Ganhe um conto de réis e faça uma obra de caridade." O devedor recusa, e eu ofereço vinte por cento: — "Oito contos, recebo oito contos, que o aperto é grande." Impossível. O esparro mostra impaciência, olha o relógio e vai embora. Caio num desânimo enorme: — "Que é que eu faço?" Como vê, desperto no senhor dois sentimentos: a piedade e a cobiça. Não vou assustá-lo com ofertas vantajosas, lidas em notícias de jornais. A minha habilidade consiste em levá-lo pouco a pouco a admitir que a proposta feita ao esparro lhe foi apresentada. O senhor não desconfia de um matuto infeliz e ignorante: emprego o vocabulário e a pronúncia da roça. Os dois sentimentos vencem a prudência; observo o seu rosto, mostro-lhe o papel. O senhor examina a data, a assinatura, os selos. Tudo em ordem. Arranjo um pretexto para acabar-lhe a resistência. Entramos na casa, subimos o elevador, vemos lá em cima um escritório com esta placa na porta: Fulano de Tal. advogado. É o nome que está no documento. O senhor não vai perguntar se o homem da pasta é o dono do consultório. Vê os móveis, a instalação; o proprietário é rico. Descemos. Entro em cheio no assunto. Não lhe peço os oito contos de que falei ao esparro: desejo apenas um conto ou dois, e ofereço a letra como garantia. Afianço voltar no vencimento, procurá-lo, receber o dinheiro e dar-lhe o duplo da quantia que recebi. Um lucro excessivo, mas a velha está moribunda e isto ainda pode ser considerado favor. Sou um roceiro ingênuo: trago-lhe ocasião de liquidar a letra na minha ausência e guardar tudo. O senhor afasta essa idéia ruim, ela aparece de novo. Percebo na sua cara a luta dos dois sentimentos. A sua inteligência baixou, as suspeitas adormeceram: tenho probabilidade forte de arrancar-lhe o cobre.

Estive um minuto em silêncio, olhando o vigarista com algum respeito. Na verdade o ofício dele não era tão simples como eu supunha. Um técnico, evidentemente; linguagem de pessoa educada. Manifestei-me:

— Paraiba, há um erro fundamental na sua exposição. Você é um artista, reconheço, mas a sua psicologia agora falhou. Não me seria possível acompanhá-lo ao escritório do bacharel. Vivo sempre ocupado, e as ocupações dos outros não me interessam. Nada me desviaria do meu caminho para resolver as dificuldades de um transeunte.

Se alguém me pedir uma informação, respondo, e não saio do lugar onde estou. Além disso os dois sentimentos a que você se referiu são fracos em mim, não chegam a perturbar o juízo. Cobiça, para bem dizer, não tenho: a sua letra de dez contos me deixaria em completa indiferença. E as velhas doentes não me inspiram compaixão muito grande. O fim das velhas doentes é a morte; não tenho meio de evitar isso. Há desgraças em toda a parte. É absurdo condoer-me de uma criatura invisível que um desconhecido menciona.

Domício Fernandes, o chauffeur que viajara comigo no porão do *Manaus*, morreu à noite. De manhã, quando se varria o alojamento e os presos arejavam no curral de arame, o cadáver foi retirado, em cima de uma tábua. Vi de longe o embrulho fúnebre; não se percebia nenhuma parte do corpo; fora envolto provavelmente no cobertor ou na rede. Iam enterrá-lo assim.

Virei-me. afastei-me daquilo. Apesar de viver numa espécie de anestesia, abalei-me, senti a morte avizinhar-se de mim. As dores no pé da barriga cresceram, a tosse me deu a certeza de que os pulmões se decompunham. Iriam levar-me qualquer dia enrolado no lençol tinto, vermelho de hemoptises. Era coisa prevista, imaginada sempre, mas o jeito de fazer o enterro, a mudança de uma criatura humana em pacote jogado fora sem quebra da rotina, expôs-me com horrível clareza a insignificância das nossas vidas. Não se indagava a causa da súbita desvalorização: bastava a nossa presença ali para justificar o lento assassínio. Lembrei-me de Leal, desesperado, em busca de razões desnecessárias; talvez estivesse próximo o fim dos tormentos dele. Uma apresentação desviou-me um instante as idéias negras; em seguida concorreu para fortalecê-las. Um companheiro, a caminho das filas do trabalho, parou junto de mim, acompanhado por um sujeito moreno.

— Você achou impossível o caso de Tiago, não acreditou. Pois Tiago é este, ele pode confirmar.

E contou de novo a história, que me deixara incrédulo meses antes, no Pavilhão dos Primários. Tiago servia na marinha inglesa, muitos anos viajara em linhas do Pacífico. Um dia tivera o pensamento infeliz de se dirigir à América e saltara no Brasil, depois de longa ausência. Levado pelo amor, encaminhara-se ao Mangue. De volta, chamara um táxi. E ao saltar no cais do porto, ouvira a escorchante exigência da patifaria nacional: cem mil-réis pela corrida, um furto.

— "Você está maluco, protestava Tiago. Pensa que sou gringo? Nasci no Rio, tenho isto de cor. Tome vinte mil réis, que é muito, e guarde o troco." Berros do chauffeur: — "Ladrão, comunista" Apitos, rolo, gritos, homens de farda, Tiago no embrulho. O chão molhado, a esteira, pulgas, percevejos, afinal o interrogatório. — "Que anda fazendo aqui? perguntara um delegado. Qual é a sua missão?" Tiago não tinha missão nenhuma: era marinheiro na Inglaterra e conhecia Java e Singapura. Brasileiro, tivera saudade, revira a pátria e fora ao Mangue. Apenas. Queria regressar ao navio, falar inglês, viajar novamente no Pacífico. — "Está bem, está bem, resolvera o delegado. Você fica. Não é bom que esse negócio seja contado lá fora. Você fica." — "Doutor, afirmara Tiago, prometo não dizer uma palavra, esquecer-me do Brasil. Se me aparecer numa rua a nossa bandeira ou estiverem tocando ali o Hino Nacional, torço caminho, volto, passo longe. E deixo de falar português." Essa promessa de nada servira. Tiago virara comunista, perdera o lugar no paquete — e, de cabeça rapada, vestindo zebra, carregava tijolos na Colônia Correcional.

Grave, a testa enrugada, escutava a narração e movia a cabeça aprovando em silêncio. Era aquilo. Se a bóia nojenta, os piolhos, os mosquitos, decidissem matá-lo, Tiago sairia do galpão como Domício Fernandes, em cima de uma tábua, envolto num lençol.

A história incrível me importunou o dia inteiro. De regresso ao alojamento, pus-me a remoê-la contra vontade; meses atrás parecera-me invencionice, e este juízo ainda persistia, apesar da confirmação do protagonista: recusava-me a admitir que ele não houvesse omitido qualquer coisa. É horrível estarmos a remexer um fato incompreensível. A minha prisão era justa, na opinião de Leal. Pois não passara a vida inteira a encher-me de letras radicais, a procurar sarna para me coçar? Refletindo, achei a situação dele explicável também. A dele e a do beata José Inácio, que a bordo se zangara comigo, rosnara exibindo o rosário de contas brancas e azuis no peito veloso: — "Quando nós fizermos a nossa revolução, ateus como o senhor serão fuzilados." Certamente era ridículo perseguir essas criaturas. Mas podíamos conjeturar vinganças, denúncias de inimigos ocultos, a canalhice de um chefe empenhado em suprimir eleitores da oposição. Tiago não tinha inimigos no Brasil, não votava, ninguém lhe ambicionava o emprego ordinário na frota mercante inglesa. A absurda acusação de um patife burlado fora suficiente para inutilizá-lo. Era inacreditável. Não me fazia mossa o ato injusto; afligia-me ser impossível imaginar uma razão para ele. Disparate. Convencia-me disto — e continuava a esforçar-me para achar qualquer vantagem na imensa estupidez. Uma apenas me ocorreu, já muito repetida. O governo se corrompera em demasia; para aguentar-se precisava simular conjuras, grandes perigos, salvar o país enchendo as cadeias. Mas as criaturas suspeitas, e os homens comprometidos na Escola de Aviação, no terceiro regimento, na revolução de Natal eram escassos, não davam para justificar medidas de exceção e arrocho, o temor público necessário à ditadura. Assim, prendia-se um viajante alheio aos sucessos do Brasil. Os jornais aplaudiam. Na publicidade rumorosa, Tiago reunia-se aos outros, vago conspirador anônimo.

Os tipos juntos ali com esse intuito safado não tinham sossego, viviam numa indignação permanente, e alguns ainda esperavam reabilitar-se na polícia; declaravam-se vítimas de engano. O espanto do velho Eusébio, os sustos, as tremuras, permaneciam; na cara arrepiada estampavam-se o sorriso inquieto e mofino; a voz esmorecia a gemer desculpas: — "An!" Respeito imenso à propriedade e aos evangelhos. Pessoa de consideração: — "An!" Esse encolhimento e essas evasivas contrastavam com a energia de Claudino, de Aleixo, de Francisco Chaves, os três negros ocupados sempre em conciliábulos no fim do galpão. Admirava-me a serenidade, a frieza de Aristóteles

Moura, conhecido meses antes no Pavilhão dos Primários. Nunca lhe notei uma queixa, um gesto áspero. Nenhuma ferida nos melindres de pequeno-burguês aviltado na piolheira social. Não se aproximava nem se afastava dos vagabundos; mantinha-se mais ou menos distante, nada o contagiava. Subia pelos pés de uma das camas unidas que formavam longo estrado junto à parede, recolhia-se, tomava um livro. Se alguém lhe falava, interrompia a leitura, respondia calmo, paciente, em poucas palavras, a voz monótona, e findava: — "É só." Depois abria o livro. Também me surpreendia o comportamento de Álvaro Ventura, meu parceiro de poker no cubículo 35 do Pavilhão. Naquele tempo não revelava de nenhum modo se perdia ou se ganhava; nunca vi tanta serenidade no jogo. Enquanto Sebastião Hora, um médico, se excedia, golpeava a mala que nos servia de mesa, Ventura, simples estivador, largava as fichas tranquilo, indiferente. Agora, de volta do trabalho, suado, coberto de pó vermelho, parecia ainda estar sentado na cama, em frente a mim, exibindo as cartas, despojando-se das fichas de papelão. Viera na primeira leva, demorava-se muito, e era como se não se ressentisse do tratamento. Vinha-me a impressão de que ele se julgava metido numa espécie de jogo e aceitava os riscos sem se alterar: as perdas estavam previstas. Alguns indivíduos tinham maneiras insensatas, davam mostra de querer prejudicar-se. Uma noite, na revista, dois rapazes da marinha entraram a discutir, azedos, acabaram atracando-se.

— Desgraçados! exclamou Cubano intervindo e aplicando aos contendores meia dúzia de safanões. Vocês estão doidos?

— Que foi? gritou da porta o guarda.

— Nada não, respondeu Cubano.

Ficou um minuto a resmungar conselhos enérgicos, afastou-se. Os marinheiros voltaram à discussão e pegaram-se de novo. Aí o guarda aproximou-se e levou-os. A chave tilintou na fechadura, a grade se abriu, desapareceram.

— Veja o senhor, disse-me Cubano mais tarde. Fiz o que pude para salvar aqueles infelizes. Não me ouviram, estão na cela.

Iam dormir no chão, descobertos, e o alimento seria reduzido. Perdia-se a estranha benevolência de Cubano, expressa em murros. Pior talvez que a cela foi o castigo humilhante aplicado a Baptista, o português hábil no canto de galo, conhecedor de algumas frases mil vezes berradas para chatear-nos: — "Por causa de uma aventura galante..." Já não podia expandir-se desse jeito: o período irritante e o cocorocó tinham desaparecido. Um dia o obrigaram a ficar muitas horas de pé num canto, os braços cruzados, o rosto junto ao muro. Na sujeição ridícula, a natureza do homem se revelava em patadas leves, o protesto de menino teimoso.

Um curioso monólogo afastou-me dali certa manhã, levou-me de chofre ao sertão do nordeste. Achava-me deitado numa esteira. Súbito uma voz sobressaiu no zumbido confuso da multidão, e espantei-me de reconhecer a personagem que falava, poucas vezes percebida na semana de pesadelo gramada no porão do Manaus. Lembrei-me do nome e do tipo: era João Francisco Gregório, caboclo robusto, desconfiado, o sujeito mais inocente do mundo, na aparência. A fala cantada e lenta sussurrava perto; não me era possível distinguir a figura, mas vinha-me desejo de rir ao encontrar de novo, na pachorra e no tom, a ingenuidade manhosa da minha gente.

— Moço, dizia João Francisco, eu não entendo isso que o senhor está dizendo não. Sou da família e da igreja, devoto de São Francisco, não quero saber de barulho. Nem penso em revolução, Deus me livre. Quando me soltarem, caio no trabalho e nas orações; foi nisto que me criei.

Calou-se. O intruso se havia afastado. Ergui-me, vi a criatura mordendo um sorriso astuto.

— Nas orações, hem, seu João Francisco? murmurei. O vigoroso caboclo examinou os arredores:

— Tinha graça, na minha idade, eu me abrir com esse provocador. É a terceira vez que me vem com histórias, sem me conhecer. Sei lá donde ele saiu? E não gosto de conversas.

Guardou silêncio um minuto, olhou-me de soslaio, continuou:

— Preciso aguentar-me aqui. Tão cedo não me largam, fico de molho, sem dúvida. Um dia volto para a minha terra e entro num bando, vou matar soldado na guerrilha. É o que interessa, as discussões não servem para nada. Estamos no meio de espiões; fecho a boca e me livro deles. O senhor não resiste um mês: com certeza morre de fome. Eu posso viver aqui alguns anos, estou acostumado a passar miséria. Depois eles me botam na rua. Aqui eu não dou armas à polícia. Lá fora, quando chegar o momento de pegar no pau furado, entro na dança.

Agradeci interiormente esse desabafo, estranho em pessoa que pouco antes se mostrara simulada e cautelosa. A paciência enorme, a saúde firme de mandacaru em tempo de seca e o plano realizável em futuro remoto fizeram-me esquecer um instante as chagas medonhas envoltas em algodão negro, a tosse dos tuberculosos, o ferrão dos piolhos e dos mosquitos, o embrulho fúnebre saído para o cemitério, numa tábua. João Francisco não teria o fim do pobre Domício Fernandes. Queria viver e matar soldados.

O padre de Mangaratiba, numa longa visita, procurou salvar as nossas almas. — Formatura geral.

Era de manhã, o frio cortante nos arrepiava as cabeças peladas, estávamos no curral de arame. Organizaram-se as filas, o reverendo surgiu com o tenente Bicicleta, o oficial de beiço rachado, passeou algum tempo a examinar-nos, depois de colocar-se junto à grade, risonho, esfregando as mãos, um brilho de contentamento nos olhos. Sem dúvida nos julgava animais perigosos enjaulados. Entrava na jaula, mas sentia-se defendido, livre das nossas garras, e esfregava as mãos, satisfeito. Indisfarçável aquele ar de triunfo e segurança. Ficou alguns minutos em silêncio, o sorriso a espalhar-se em todo o rosto, em seguida iniciou a catequese num discurso mastigado, cheio de erros pavorosos. Nunca ouvi tanta besteira. Logo no princípio engasgou-se e recorreu atarantado a uma poesia do Conde Afonso Celso. "Seria enorme crime não amar aqui a Deus." Atrapalhou-se muitas vezes, e sempre que isto acontecia largava a citação maluca; se havia no mundo lugar onde o amor a Deus estava naturalmente excluído, era aquele. Felizmente o orador não me via a cara. Achava-me no segundo lugar da fila, atrás de um repórter volumoso bastante para esconder-me, e fazia em voz baixa comentários ao sermão e à literatura do conde.

Naquele dia tivemos uma surpresa. Estávamos de braços cruzados, como de ordinário; mas no decorrer da evangelização os guardas se azafamaram de um lado para outro, a mandar-nos que os descruzássemos. De fato não mandavam: pediam em cochichos, tinham-se de chofre amaciado. Obedecíamos. Ao cabo de um minuto voltávamos à posição humilhante: impossível ficar de outro jeito. Havia nas linhas um contínuo movimento de braços a estirar-se ao longo dos corpos, a retomar a postura maquinal. Em alguns presos esse comportamento era ostensivo, percebia-se neles prazer em desgostar os nossos verdugos. A covardia dos funcionários causava-me espanto. Confessavam daquele modo as violências e os abusos, esforçavam-se por ocultá-los e supunham estupidamente que os auxiliaríamos. Isso me fez pensar em coisa vista pouco depois da minha chegada. Não me isentara do imundo refeitório e via-me na obrigação de sentar-me nos bancos negros, fumando para atenuar o fedor horrível.

Certo dia correu um boato: alguns jornalistas iam visitar-nos. A hora do almoço notei modificação na sala estreita e longa: nas tábuas dos cavaletes a pavorosa bóia se disfarçava debaixo de folhas de alface. O medo à reportagem nos explicava o uso das máscaras verdes, inúteis, pois a visita não se realizou. Agora, na presença da religião, os nossos carcereiros fingiam brandura, e esta falsidade nos revoltaria se a lengalenga do padre não nos divertisse.

Não havia meio de achar a peroração. Avançava, recuava, dava por paus e por pedras, como se tivesse o desígnio de nos afastar do céu, a meter sempre no aranzel a cunha poética: — "Seria enorme crime não amar aqui a Deus." Encolhia-me para não ser visto e alargava-me em elogios graves sussurrados na orelha do vizinho da frente. Larguei um disparate cabeludo, o moço perdeu os estribos e pôs-se a rir. O pregador interrompeu-se, o oficial de beiço rachado fez um gesto, o rapaz saiu da fileira, avizinhou-se da grade e foi submetido a um ligeiro interrogatório. Voltou e segredou-me:

— Veja só. Quando este idiota for embora, tenho de me apresentar a Bicicleta. É o diabo. Com certeza vai mandar-me para a cela.

Estremeci. Por minha causa o pobre ia ficar às escuras, receber um pires de feijão por dia, sem conseguir estirar-se no cubículo molhado e exíguo, de um metro e pouco. Acharia-me na obrigação de responsabilizar-me, dizer ao homem de beiço rachado que a culpa era minha: sem as pilhérias bestas, não teria havido o riso. Ao mesmo tempo uma idéia cautelosa insinuava-se, malandra: a honradez excessiva não serviria para nada; o mais certo era meterem os dois na cela; querendo salvar o companheiro, ia prejudicá-lo, tomar-lhe o espaço reduzido. — "Seria enorme crime não amar aqui a Deus." O estribilho deixava-me indiferente, impossível achar graça nele. Desejei ouvi-lo estirar-se, adiar o encontro do rapaz com o tenente. Não havia jeito de me resolver. Iria denunciar-me? Ou deixaria outro ser punido em meu lugar? Na verdade a minha falta não era grande: apenas me distraíra a lançar observações a respeito da eloqüência do padre e da literatura da citação, usada sem propósito. O infeliz tivera o desplante de zombar disso claramente, às barbas da autoridade. Pior para ele. Assim falava no íntimo, e ainda me conservava indeciso, a condenar-me, a inocentar-me. O rapaz fora leviano por me haver escutado. Evidente. A culpa era minha. Teria coragem de revelar-me, tentar eximi-lo? Uma idéia fúnebre me ocorreu: na desgraçada situação em que me achava encerrar-me por gosto na ratoeira medonha era um suicídio. O meu companheiro, homem robusto, poderia agüentar-se ali uma semana; depois recobraria as forças. Não me seria possível resistir. A perna entanguida, as dores no pé da barriga, o torpor no estômago vazio, a tosse, arrepios de febre tornavam irrealizável a honestidade. É estranho um indivíduo perceber que não tem meio de ser digno. Mas relutava em convencer-me disto, não via a exigência de comportamentos diversos em condições diversas. Com efeito, lá dentro os melindres de consciência embotam-se, alteram-se os valores morais — e o nosso dever principal é existir. Por isso os atos de solidariedade avultam em demasia, não os esquecemos. — "Seria enorme crime não amar aqui a Deus." Imbecil. Na ânsia de fixar-me numa decisão, e o pensamento a desviar-se para a frase idiota. Enfim talvez o rapaz não estivesse ameaçado como julgava, e era doidice arriscar-me antes de saber a resolução do tenente. O caso findaria numa leve censura e não valia a pena expor-me. Deixaria para manifestar-me se houvesse perigo. A solução me pareceu razoável e de algum modo me tranqüilizou. Contudo ainda me restavam dúvidas. Iria realmente condenar-me, se fosse preciso? A pergunta me afligiu um instante, inclinei-me em seguida a afirmar que sim.

O padre tornou a referir-se ao enorme crime e pôs fim à declamação, fatigado e vermelho na manhã fria. A arrumação das palavras dera-lhe trabalho e suor. Esteve algum tempo a observar-nos, o largo contentamento expresso na cara. Atravessou a cancela e desapareceu. Deixamos as filas. O meu vizinho chegou-se ao tenente do beiço rachado e teve uma conversa rápida com ele. Estava calmo, risonho; evidentemente não provocava nem uma ligeira admoestação. Despediu-se como se nada houvesse acontecido. Fui procurá-lo:

— Então, não vai para a cela?

— Não. Expliquei ao tenente que tinha rido porque a poesia do conde me dava prazer. Bicicleta aceitou a explicação e deixou-me em paz. Com certeza admira o conde.

As turmas haviam saído para o trabalho e no galpão restavam apenas os doentes. Sentado na cama, esforçava-me por entender um livro, relendo páginas; rumor de tosses, gemidos, casavam-se à leitura, especialmente os uivos de um malandro cafuzo, que pedia uma injeção de morfina. Um grito levantou-me a cabeça:

— Gaúcho!

Perto da grade, Alfeu chamava o arrombador, que saía do banheiro, despido, enxugando-se numa toalha de rosto, e, sem se voltar, respondeu áspero:

— Já vou.

Outro berro, e o ladrão se afastou com vagar irritante, a esfregar-se. Tinha na coxa um monstruoso falo tatuado; a glande ficava abaixo do joelho.

— Gaúcho!

— Estou nu. Vou-me vestir.

E dirigiu-se às tábuas do fundo. Alfeu marchou atrás dele, furioso, alcançou-o no fim do alojamento, deu-lhe uma bofetada, lançou-o por terra. O escrunchante ergueu-se, tirou com a toalha a areia pegada no corpo úmido, aproximou-se da roupa, vestiu a cueca, recebeu novo golpe caiu, levantou-se rápido, abotoando-se. Terceira queda, e vestiu uma das mangas da camisa, a outra ficou para depois da quarta. Assim conseguiu enfiar as calças. Às vezes resistia às pancadas; cambaleava, endireitava-se, prosseguia na custosa operação, atento. Não esboçou um gesto de defesa, nem sequer tentou cobrir o rosto. O soldado batia sem pressa, dando-lhe o tempo necessário para arrumar-se nos intervalos da surra. Isso durou uns cinco minutos. Afinal o desgraçado afivelou o cinto, meteu nas casas todos os botões e disse tranquilo:

— Bem. Agora podemos ir.

E acompanhou o soldado. À noite, quando me apareceu na visita ordinária, revelei o meu espanto:

— Ó Gaúcho, você podia ter evitado aquela desgraça. Porque não atendeu logo ao chamado?

— Vossa mercê não entende, respondeu o escrunchante. Ele fez o que eu desejava, não houve desgraça nenhuma. Aquilo é treinamento do sistema nervoso, é ginástica. Sem exercício, eu enferrujo aqui dentro; quando sair, não posso arrombar direito uma casa, volto ao serviço com as juntas perras.

Guardou silêncio um instante, depois resvalou numa confissão temerária:

— Eu tenho um plano: vou fugir. Foi por isso que lhe vendi a cama, não precisava dela. Antes de um mês estou no Rio.

— Difícil

— Não senhor. Já fugi de Fernando de Noronha. Isto sim, foi difícil. Pirar daqui é brincadeira de menino. Basta arranjar um saco, um pedaço de pau, um cordão e uma caixa de fósforos.

Estranhei. Para que diabo serviam coisas tão diferentes? — Eu lhe digo. Sabe qual vai ser a consequência da minha brutalidade com Alfeu? A sova foi apenas o começo; qualquer dia mandam-me para as vigas.

Estremeci

— Que horror, Gaúcho! Não pense nisso.

Era um castigo medonho, pior que a cela, e apenas se infligia a homens robustos e perigosos. Estavam separados de nós. As vezes, pela manhã, durante o curto banho de sol, víamos essas criaturas em fila, conduzindo troncos pesados. Vagarosos, passavam a pequena distância, a vacilar, trôpegos, vergando ao peso da carga. As pontas dos madeiros apoiavam-se nas cabeças, nos ombros, e os infelizes arrastavam-se, dois a dois, jungidos pela horrível canga. Se um traquejava, tombava, o companheiro via-se coagido a serviço duplo, no cocuruto uma rodilha, a trave em cima, equilibrando-se mal, as extremidades a subir, a descer. Aquilo formava uma gari, gorra sinistra, o espigão em marcha ronceira, titubeante. Avanços, recuos, tombos, quase impossível a geringonça manter-se em posição horizontal. Se se desconchavava, o sujeito era obrigado a arrastá-la. Polícias, com sabres desembainhados e açoites, não concediam trégua no duro esforço.

— É terrível, Gaúcho

— Não senhor. A gente nas vigas tem algumas vantagens. Há comida. Ruim, mas há. Aqui nós morremos de fome. É de lá que eu vou fugir.

Olhou em roda, baixou a voz, desenvolveu o projeto: — Arranjo o saco, o pau, o cordão, meto isso debaixo da camisa e, na hora do trabalho, guardo tudo no mato, longe das vistas. Escondo nos bolsos o que pegar na cozinha, restos de pão, carne, qualquer bóia, e, no corte de madeira, arrumo no saco esses mantimentos. É preciso ter paciência, não há pressa.

— E o cordão, Gaúcho? E o cacete?

— Bem. O cordão serve para amarrar a boca do saco, por causa das formigas. O cacete o senhor vai ver depois. Um dia, no transporte das vigas, corto o pé com um caco de vidro e vou-me atrasando, manquejando. Sapecam-me o lombo, querem obrigar-me a andar como os outros, mas estão vendo muito sangue, sabem que me estrepei e largam-me. Não posso acompanhar a turma, dão-me um carrego leve; continuo remanchando e depois de algumas horas estou na ponta da fila. Numa volta do caminho, quando não me avistam, jogo fora a madeira, corro à moita onde escondi os troços, agarro tudo e caio na mata. Aí não me acham. Descobrem a fuga tarde: estou longe, ninguém adivinha que rumo tomei. A ilha é grande. Está no bolso a caixa de fósforos, porque à noite preciso uma fogueira para me defender das cobras. Tenho de viver nas brenhas muitos dias, até que a vigilância afrouxe. Na primeira semana há um corre-corre dos diabos, e não faço a doidice de me aproximar da costa. Fico na serra, entocado, como bicho Se a bóia acabar, assalto a casa de um desses caipiras. É aí que entra o cacete. Chego-me devagar, espio, descubro uma velha junto do fogo, preparando a gororoba. Estudo a ocasião, vou-me abeirando por detrás da mulher, dou-lhe uma cacetada na cabeça e levo a panela. Isto é ruim e só se usa em caso de aperto, porque a notícia se espalha e a guarda percebe que ainda não me escapuli. O meu interesse é que ela esteja na dúvida. Aguento-me quinze dias, um mês, afinal se esquecem de mim, volta o sossego. Vou-me aproximando e observo isso com muito cuidado. Aproveito uma noite de escuro ou de chuva, desço ao porto, desatraco uma canoa, meto-me nela e toco para Mangaratiba. Mas desembarco fora do povoado, fujo das casas e não viajo em trem, é claro. Entro no Rio a pé, acompanhando a estrada de ferro.

Calou-se, e apresentei-lhe esta objeção:

— Você fala com uma certeza esquisita. Pode ser que as coisas não se passem como você imagina.

— Ora essa! Falo porque tenho prática, não é a primeira vez que me desenrasco. É assim que se faz.

Em seguida referiu-me a evasão de Fernando de Noronha, mas havia nela sérias dificuldades, e não me seria possível hoje reproduzi-la. Esqueci quase tudo. Essa história não me despertou muita curiosidade, talvez por encerrar um lance romanesco, façanha incompatível, parece-me, com a natureza do meu amigo. Supus que a fantasia dele houvesse forjado o caso, pelo menos grande parte do caso estranho. Em geral aqueles homens devaneavam, enxertavam pedaços de sonho na realidade. Afasto o juízo temerário, concebo alguma verdade na proeza de Gaúcho. Enfim as narrações dele articulavam-se com rigor. Dessa, na verdade singular, perdeu-se o começo. O arrombador escapara da prisão, arranjara um bote e fizera-se ao largo. Não tinha velejado muito e recebia uma descarga: alguns perseguidores navegavam para ele. Deitara-se, livrara-se das balas. Depois, manejando vela e remo, conseguira distanciar-se um pouco. Ainda longe do continente, naufragara a embarcação dos caçadores. O fugitivo recuara, avizinhara-se deles e, com esforço, recolhera todos, meio mortos. Prosseguira e ao cabo de horas alcançava uma praia deserta. Pusera em terra quatro soldados exaustos, sem armas, e embrenhara-se no Rio Grande do Norte, sempre caminhando para o sul.

— E como foi que você viveu nesse tempo? informei-me.

— Roubando, fazendo miséria.

— Diabo! exclamei atônito. Você perdeu uma boa oportunidade. Era fácil reabilitar-se.

— Não senhor. Nunca pensei nisso. Não aprendi nada. Só dou para roubar, é o que sei.

Essa franqueza levou-me naquele momento a aceitar sem exame o heroísmo do sujeito absurdo. Incongruente. Mas quem não é incongruente? Não havia em Gaúcho sinal de mentira; as palavras saíam-lhe naturais, vivas, um pequeno silvo a terminar os períodos; o olho de gavião fixava-se em mim com energia, nunca se desviava. Enfim o indivíduo singular não dava mostra de haver praticado ação notável. Sentado à beira da cama, em cueca, nu da cintura para cima, exibia os músculos rijos, os bíceps enormes. Bem. Aquela força visível podia ter realmente salvo os quatro soldados. Observando o corpo vigoroso, baixei o olhar às pernas, ri-me: lá estava numa delas o remate da figura obscena.

— Ó Gaúcho, inquiri, você não acha um horror essa tatuagem? Porque não mandou pintar coisa menos indecente?

— Isto é o meu cartão de visita, respondeu o escrunchante. Quando entro na cadeia, os veteranos vão-se chegando, e sei perfeitamente as intenções deles. Se não tivesse a marca do ofício, estava perdido, era uma pessoa enrabada. Os tipos se assanham e eu tiro a roupa devagar. Eles vêem a tatuagem e baixam o fogo: compreendem que sou lunfa e mereço respeito.

Cubano bateu palmas à hora do almoço e os homens se alinharam. Desviei-me, como sempre fazia, esgueirei-me para as camas vizinhas ao lavatório; ouvi gritarem-me o nome:

— Seu Fulano, entre em forma. Voltei-me:

— Obrigado, não quero almoçar.

O negro estava diante de mim, decidido, sem nenhum vestígio das amabilidades ordinárias:

— Não estou perguntando se o senhor quer, estou mandando. Entre na fila.

— Tolice, Cubano, respondi com mau modo. Você não me dispensou das formaturas?

Essa réplica foi inútil: o moleque aproximou-se, cochichou-me ao ouvido, a voz trêmula:

— Perdoe-me. Eu não posso deixar o senhor morrer de fome. Vai à força.

E agarrou-se comigo, em luta desigual, absurda. Achava-me num espanto imenso, cheio de fúria e vergonha. E parecia-me sobretudo ridículo envolver-me em briga daquele gênero com um vagabundo, na presença de novecentos homens em linhas pasmas, os braços cruzados. Minutos antes, folheando papéis, sentado na cama, tal ocorrência não me atravessaria o espírito. Demência. Apesar de ter vivido muitos anos no sertão, convivendo com gente meio bárbara, nunca me viera precisão de recorrer ao músculo. De fato os pobres músculos se haviam atrofiado; impossível extrair deles o vigor necessário. Dias gastos numa repartição, no exame de processos, noites consumidas no lento arranjo de frases, o espinhaço curvo, estragam definitivamente um organismo. Ao chegar ali, firmava-me com dificuldade, a arrastar a perna trôpega. E agora, ausente da mesa onde me davam, em prato de folha, um caldo insípido e ralo, com três rodelas de cenoura, sentia-me arrasado. Uma semana de jejum completo, mais de uma semana, conjeturo. Nessa infeliz situação, bambo, atracar-me a um bicho forte, habituado aos rolos das favelas, era estúpido.

Movia-me em desespero, atacava, defendia-me à toa; com certeza os meus golpes não tinham nenhum efeito. O moleque, rijo, nem se ocupava em revidá-los: todo o esforço dele consistia em procurar segurar-me os braços. Um murro me lançaria ao chão. Tive consciência disso, percebi que o estranho adversário me poupava e limitei-me a fugir às mãos ásperas, aos dedos de ferro. A enorme cólera juntou-se uma gratidão insensata. Perseguia-me a escusa estapafúrdia, no meio daquele desconchavo: — “Não posso deixar o senhor morrer de fome. Perdoe.” Excelente propósito, sem dúvida, mas o jeito de realizá-lo indignava-me. Muitas vezes o rapaz me oferecera conselho: — "O senhor fuma demais. E não come. Isso é ruim. Veja se pode engolir qualquer coisa." — "Não. Obrigado. É impossível." Nunca me passara a idéia de que ele fosse capaz de levar-me a semelhante apuro. Amável, serviçal, procurava tornar-nos a vida menos dura no lugar infame. De repente, a inopinada agressão. Gente singular, meio esquisito: até para revelar sentimentos generosos, era indispensável a brutalidade. Na desordem, mexendo-me ao acaso, via-me forçado a achar razoável o disparate: o homem recorria à violência com o intuito de prestar-me favor, e admiti que não podia comportar-se de outro modo. Tinha um coração humano, sem dúvida, mas adquirira hábitos de animal. Enfim todos nos animalizávamos depressa. O rumor dos ventres à noite, a horrível imundície, as cenas ignóbeis na latrina já não nos faziam mossa Rixas de quando em quando, sem motivo aparente; soldados ébrios a desmandar-se em coações e injúrias. Essas coisas a princípio me abalavam; tornaram-se depois quase naturais. E via-me agora embrulhado num pugilato.

A zanga e o reconhecimento ferviam-me no interior. Súbito uma confusa piedade engrossou-me o coração. Tive pena do infeliz amigo, que se aventurava a medidas extremas, julgando salvar-me a vida. A irritação esmoreceu: provavelmente ele devia sofrer. Continuava a defender-me; na confusão, tínhamos andado vários metros, pouco a pouco nos chegávamos à porta, onde a guarda assistia ao fuzuê. A indisciplina me ocasionaria provavelmente a cela, estreita e escura. Não pensei nisso. o perigo imediato, sucumbir, entrar na fila, marchar de cabeça baixa, sentar-me no refeitório nauseabundo, eliminava riscos afastados. Empenhava-me na resistência, que se ia tornando bem difícil: a minha estulta compaixão associava-se aos movimentos de Cubano; sem dúvida ele iria subjugar-me.

Um berro medonho nos interrompeu. Virei-me, enxerguei por cima do ombro o malandro cafuzo que, dias e dias, uivava junto à grade pedindo uma injeção de morfina. Rolara de uma tábua e espojava-se na areia do alojamento, em gritos, a barriga nua exposta a uma nuvem de moscas. De relance notei uma ferida aberta, um jorro de sangue preto derramando-se nas virilhas, nos pelos do ventre, nas pernas, formando uma poça no chão. Sacudi-me, livrei-me das garras fortes do vagabundo:

— Vá para o inferno, Cubano. Eu posso comer vendo uma desgraça desta?

A criatura desviou-se, e ao cabo de um minuto as linhas moveram-se, entraram no curral de arame, articularam-se no pátio branco. Ficamos sós no galpão, o doente caído na terra vermelha, eu de pé, atordoado, inútil. Aproximei-me dele, perguntando a mim mesmo se era possível fazer qualquer coisa. Evidentemente não, mas resistia em conformar-me com isso.

Fui à porta, olhei pelas barras de ferro, procurei um soldado, um funcionário, chamei. Ninguém. Nenhuma assistência ao infeliz. Voltei para junto dele, fiquei algum tempo a ver o líquido escuro esguichar do buraco, sob o vôo das moscas. Faltavam desinfetantes. Aquilo arruinara, apodrecera ao abandono, e o sujeito, com os intestinos avariados, manifestava a dor e o medo em queixas estertorosas. Lembrei-me das palavras do médico ao examinar-me a eventração: — "Apendicite?" — "Psoíte." — "Vamos operar isso. É fácil." Estremeci com horror desconhecido naquele tempo. Se me houvesse entregue às facas dos magarefes, acabar-me-ia assim, decompondo-me sem tratamento, devorado pelas mucuranas. A horrível chaga era pouco mais ou menos à altura da minha cicatriz, abaixo das últimas costelas direitas. O homem provavelmente ouvira oferta igual àquela, baixara a um hospital miserável, fora cortado à pressa numa sala isenta de assepsia. A voz era um' grunhido rouco:

— Uma injeção de morfina, pelo amor de Deus.

O pedido insistente no deserto arrasava-me os nervos. Arredei-me, fui sentar-me à cama, abri o livro, repisei coisas da índia. Não sei como obtive esse volume encadernado, com ilustrações. Enquanto ali vivi, tornou-se em mim um hábito folheá-lo, mas nunca entendi um período: sabia apenas que se tratava de coisas da índia. Irritava-me a demora dos companheiros, o almoço interminável. Se estivessem ali, talvez algum achasse meio de socorrer o pobre. Dizia isso a mim mesmo, embalando-me numa esperança indecisa e hipócrita. Nenhum auxílio, evidentemente. O meu desejo era que o galpão se enchesse e o rumor das tosses, o zunzum das conversas, palavras ásperas, contendas amalgamadas num burburinho constante, abafassem o ronco lastimoso. Pensava em distanciar-me, dirigir-me às tábuas do fundo, e continuei ali, contando os longos minutos. Com freqüência levantava a cabeça, via, a seis ou oito passos, a barriga preta, onde o sangue estancara. Os gemidos caíam monótonos, e parecia-me que a ele se juntava o surdo zumbir das moscas. Ilu são: àquela distância não se ouvia o débil som, mas distinguia-se bem o esvoaçar dos bichos em cima da carne rasgada. Naquele momento a perna direita me incomodava em excesso. Difícil arrastar-me: talvez por isso não me haja decidido a refugiar-me nas tábuas do fundo, longe do queixume ininterrupto. A briga física havia-me exaurido. Burrice. Enrolara-me em coisa semelhante no curso primário, e desde então as encrencas se aplainavam sem muita grosseria. Julgava-me um tipo mais ou menos civilizado. Agora isso desaparecia.

Um bruto, evidentemente. Um bruto cansado, a vista a espalhar-se, turva, nas paredes sujas, detendo-se num ventre aberto, num orifício glutinoso, no vôo de insetos vorazes. O cafuzo ia morrer, sem dúvida.

— Uma injeção de morfina.

A súplica desmaiava, era um rumor abafado, arquejante. Se a não tivesse ouvido muitas vezes, não me seria possível entendê-la. As palavras sumiam-se, desarticulavam-se, como a enregelar-se num torpor de morte. Descerrou-se a grade, as filas entraram no alojamento, desfizeram-se; as vozes espalharam-se, fundiram-se no rumor coletivo. Erguendo a cabeça, não percebi o corpo exangue na areia vermelha. Bem. Agora estava sobre a tábua donde resvalara, junto à porta. Findo o almoço, decidiram acomodá-lo. Ia enfim aquietar-se; pelo menos a agitação nos escaparia. E à tarde, com o regresso das turmas do trabalho, poderíamos distrair-nos passeando entre as esteiras, ouvindo, aqui, ali, uma história, uma anedota.

Cubano falou-me, solícito, camarada: a luta da manhã não lhe deixara vestígio no espírito. Busquei lembrar-me dela. O pensamento desviava-se, os olhos prendiam-se com insistência na figura imóvel junto aos varões de ferro.

À noite, a visita de Gaúcho não me deu prazer: achava-me desatento, murcho. E depois do silêncio, estirado, a maleta servindo-me de travesseiro, presas entre as coxas as duas bandas do lençol tinto de hemoptises, não consegui dormir direito. O sono vinha, fugia. Modorras desagradáveis partiam-se, e nesses intervalos abalavam-me os sentidos meio dormentes os ruídos noturnos: papaguear desconexo e delirante, revoluções de tripas, gemidos, tosses. Avultavam nisso os arquejos do malandro. Eram na verdade quase imperceptíveis, mas feriam-me como pregos. Fazia muitas horas que tinham cessado; capacitara-me disto. Ressurgiam, prolongavam-se, estertor de moribundo teimoso. Porque não morria logo aquela criatura?

— Uma injeção de morfina, pelo amor de Deus.

Era apenas um sussurro, quase indistinto. O pedido esmorecia, inútil. Pela madrugada enxerguei vultos em redor da tábua, curvados, em cochichos. Teriam vindo enfermeiros? Estariam abreviando e entorpecendo a agonia do homem? Retiraram-se. Os lamentos enfraqueceram ainda, espaçados, sumiram-se.

Ao levantar-me, vi o cafuzo imóvel e sereno. Afastei-me, com este horror aos mortos, de que não me livro. Fomos aquecer-nos ao sol, no curral; as turmas saíram para o trabalho. Quando voltei ao alojamento, o cadáver tinha desaparecido. Saíra provavelmente enrolado num cobertor, como Domício Fernandes.

Certa manhã os paranaenses foram chamados à secretaria e voltaram num ruidoso contentamento: no dia seguinte, com dois rapazes do nordeste e alguns ladrões e vagabundos, deixariam a Colônia. Essa notícia me causou viva inquietação. O nosso grupo se desconjuntava, segundo o hábito que me parecia regra na cadeia. Uma parte ficava ali; outra se juntava a pessoas desconhecidas, ia formar em lugares diferentes novos aglomerados instáveis. No Pavilhão dos Primários qualquer boato a respeito de mudança nos tirava o apetite. Agora aqueles homens estavam alegres em excesso: provavelmente não seriam soltos, mas a transferência devia ter para eles quase o valor de uma libertação.

Felicitei-os, procurando sentir prazer com o afastamento incompreensível. Achava-me na verdade cheio de inveja e despeito. Resolução estúpida. Van der Linden e Mário Paiva, meus companheiros no porão do Mananus, cuspiam sangue, coitados, precisavam realmente sair. Mas Zoppo, Cabezon, Petrosky, homens fortes, podiam resistir mais alguns dias. Petrosky era um gigante. Ao vê-lo arrumar a bagagem, vagaroso, pesado, com jeito de boi, achava-me em completo desânimo. Impossível agüentar-me. A agonia do malandro cafuzo importunava-me. A chegada, arrastava-me a custo; olhando-me a cara, o tenente Bicicleta me dispensara do trabalho O meu fim estava próximo, com certeza. E abandonavam-me naquele inferno.

Passei o dia remoendo idéias lúgubres. Iam enterrar-me ali. Um pacote leve, alguns ossos envoltos nas duas bandas de lençol tintas de vômitos sangrentos. Embrulho imundo, anônimo, em cima de uma tábua. Enfim não pretendiam corrigir-nos: queriam apenas matar-nos, dissera o guarda vesgo na primeira noite, procurando esconder o braço pequeno, atrofiado. — "Quem tem protetor fica lá fora. Os que chegam aqui vêm morrer. Todos iguais." Sem dúvida. O malandro cafuzo, Domício Fernandes, revolucionário de Natal, assassinados, iguais, sem dúvida. Todos iguais. Ia acabar-me assim. Natural. Se pudesse entrar na fila, sentar-me no refeitório ignóbil, ingerir pedaços da bóia infame, talvez couse guisse estender um pouco a vida hesitante. Impossível. Cubano voltaria a agarrar-se comigo, em luta física, para obrigar-me a comer. Os bons propósitos dele se perderiam.

Esses pensamentos desagradáveis foram interrompidos à tarde. Chamaram-me à grade, mandaram que me apresentasse ao diretor. Que diabo seria? Essa gente nunca me falara. Vesti a roupa de casimira por cima do pijama e, sem gravata, julguei-me decente para falar à autoridade. Abriu-se a porta, saí em companhia da força, atravessei o pátio, fui levado à casa onde me haviam espoliado antes de me rasparem a cabeça.

Entrei numa saleta, vi sentado a uma banca um homem de rosto fino, duro, silhueta recortada em lâmina de faca. Logo reconheci o médico, o diretor suplente que viajara conosco na lancha, entre senhoras acomodadas em cadeiras de vime. Avancei, detive-me a pequena distância da mesa. O sujeito de fisionomia cortante, em silêncio, estendeu-me um papel. Li. Era um telegrama chamando-me com urgência ao Rio.

— Está bem. Quando viajo? — Amanhã, com os outros. — Está bem.

Ia retirar-me, atordoado: não esperava tal coisa. Porque não me haviam juntado aos outros? Decisão de última hora, certamente. Dirigi-me à porta, uma lembrança deteve-me: recuei, murmurei à toa, sem escolher palavras:

— Ó doutor, quer fazer-me o obséquio de mandar procurar uma carteira que me furtaram aí na secretaria?

O sujeito olhou-me severo e respondeu firme: — Aqui não se furta.

— Santo Deus! tornei. Aqui não se faz outra coisa. Todos nós somos ladrões. Porque é que estamos na Colônia Correcional? Porque somos ladrões, naturalmente. Pelo menos é esta a opinião do governo. O senhor ignora que lá dentro usamos os casacos pelo avesso, para os nossos amigos não nos meterem as mãos nos bolsos?

Larguei isso com um sorrisinho mau, impertinente, repisando frases. O objeto perdido não me faria grande falta, nem uma vez pensara em reavê-lo. Mas, feita a reclamação, pegava-me a ela, por ver que estava causando aborrecimento ao funcionário antipático. Insisti, ele mandou chamar o rapaz da secretaria.

— É isto, expliquei. Uma carteira que os senhores me furtaram no dia da chegada. Estão aqui o porta-níqueis e o cinto, com monogramas. Há na carteira um monograma igual. — O senhor tem recibo? perguntou o sem-vergonha.

— Não, homem. Você já viu ladrão dar recibo do que furta?

— Ah! Não fui eu.

— Então foi um colega seu. Vocês todos se entendem. O sujeito negava a pés juntos. Insisti na reclamação por teimosia, só para chatear o médico. Certamente não me iriam atender: limitava-me a acusar sem provas, e era impossível identificar o culpado na multidão confusa. No caso dele, meter-me-ia nas encolhas, evidentemente; qualquer indivíduo sensato faria o mesmo. Não me passava a idéia de que ele fosse denunciar-me. E continuava a segurar-me a um direito vago, indemonstrável, enquanto a frase do guarda zarolho me feria a lembrança: — "Aqui não há direito." O homem de cara metálica esgotava a paciência, com certeza; necessário decidir-me a largar o caso enfadonho, que nenhuma vantagem me podia trazer. Depois de viver naquela miséria, sem alimentos, sem banho, encurralado como bicho, sugado por mosquitos e piolhos, resguardando-me com trapos sujos de hemoptises, ocupar-me assim de um prejuízo insignificante era absurdo. Ao entrar na Casa de Detenção, agarrara-me a um frasco de iodo quase vazio que me queriam tomar, defendera-o com vigor, mostrando uma unha já cicatrizada; conseguira salvá-lo e jogara-o no lixo, pois não me servia para nada. Qual seria o motivo dessa obstinação, agora repetida? Julgo que o meu intuito, embora indeciso, era reaver uma personalidade que se diluíra em meio abeto. Exigindo o frasco inútil, esforçava-me por eliminar do espírito vestígios do horrível porão, onde supus enlouquecer. As esteiras imundas, o refeitório ignóbil, pessoas transformadas em animais selvagens, morrendo à toa, justificavam segunda impertinência. Não se tratava só de molestar uma figura desagradável. Junto à mesa, olhando o telegrama, aparecia-me a avidez de reentrar enfim na humanidade. Lembro-me de, naquele instante, me haver considerado trapaceiro e mesquinho. Prevalecia-me da situação para dizer palavras insensatas na véspera, e isto de algum modo significava um procedimento covarde. Senti que aquela gente — soldados e guardas ébrios, insensíveis, obtusos — já não me causaria mal: o telegrama tinha pouco mais ou menos o valor de uma carta de alforria. Havia nessa reflexão força bastante para fechar-me a boca. Não me calei. E o moço da secretaria, negando sempre, começou a perturbar-se. De repente saiu. Dispunha-me a sair também, avizinhava-me da porta, quando ele entrou de novo, e me estendeu a carteira:

— É esta?

Recebi-a, tirei do bolso o porta-níqueis, desafivelei o cinto, fui colocar tudo sobre a mesa, conferi os monogramas: — Está aí, doutor. O ladrão veio trazê-la. E o doutor a dizer que aqui não se furta. Engraçado.

Recolhi os três objetos, rindo alto. Mordia os beiços para reprimir a manifestação ruidosa, e não me continha: — Aqui não se furta. Adeus, doutor. Muito obrigado. O médico levantou-se, acompanhou-me até a cancela do curral. Pela primeira vez achava-me vigiado por um sujeito de importância, mas isto de nenhum modo atenuou as humilhações anteriores. Naquele momento, com a viagem fixa para o dia seguinte, inclinava-me a dispensar a cortesia inopinada. O homem tencionava provavelmente, julguei, abrandar-me o conceito motivado pela cena desairosa à administração. Ao sair, espantava-me de ele não haver dito uma palavra de censura. E mais me surpreendia o desazado comportamento do velhaco: repelira a acusação frágil, depois se embrulhara, perdera os estribos e condenara-se estupidamente. Isso corroborava o meu juízo a respeito dos ladrões: gente vaidosa e potoqueira. Mas aquele na verdade era inferior aos outros. Descuidista, imaginei.

No pátio branco, as árvores enfileiradas, marciais, despojavam-se das folhas amarelas, que voavam lentas na aragem branda. Havia no céu um desperdício de tintas. O negrume ferruginoso dos montes próximos ganhava tons dourados. E a distância, verdes e finas, as piteiras imergiam num banho luminoso. Seriam talvez seis horas.

— Que beleza, doutor! Que maravilha!

Chegávamos à cancela. E experimentei de chofre a necessidade imperiosa de expandir-me numa clara ameaça. A desarrazoada tentação era tão forte que naquele instante não me ocorreu nenhuma idéia de perigo.

— Levo recordações excelentes, doutor. E hei de pagar um dia a hospitalidade que os senhores me deram.

— Pagar como? exclamou a personagem.

— Contando lá fora o que existe na ilha Grande.

— Contando?

— Sim, doutor, escrevendo. Ponho tudo isso no papel. O diretor suplente recuou, esbugalhou os olhos e inquiriu carrancudo:

— O senhor é jornalista?

— Não senhor. Faço livros. Vou fazer um sobre a Colônia Correcional. Duzentas páginas ou mais. Os senhores me deram assunto magnífico. Uma história curiosa, sem dúvida.

O médico enterrou-me os olhos duros, o rosto cortante cheio de sombras. Deu-me as costas e saiu resmungando:

— A culpa é desses cavalos que mandam para aqui gente que sabe escrever.

Quase não precisava arranjar-me para a viagem. Despi-me, abri a valise, procurei. algum pano limpo, sabendo perfeitamente que não iria encontrá-lo. Camisas, cuecas, meias, lenços, os dois pijamas, talvez não estivessem muito sujos, mas com certeza haviam sido lavados sem sabão: tinham cor suspeita de mofo e cardina, a ignóbil aparência dos molambos comuns na prisão.

Vesti-me. esfreguei com o lençol coberto de hemoptises os sapatos secos e empoeirados, calcei-me, amarrei a gravata, que se enrolava como corda. Impossível disfarçar as manchas e vincos da roupa externa. Arranhava-me os dedos a aspereza da barba, nunca raspada naquele infame lugar.

Cubano ordenou a formatura, e pela última vez fui alinhar-me, observando atento a bagagem deixada sobre a cama, junto ao chapéu de palha. Desnecessária cautela: os indivíduos capazes de furtá-la achavam-se nas filas, de braços cruzados. Tinha-me, porém, habituado à vigia e maquinalmente procurava esses objetos. Os guardas fizeram a contagem, dispersamos, as esteiras se desenrolaram chiando na areia. Circulei entre elas, avizinhando-me das pessoas conhecidas, a despedir-me. Entretive-me nisso, apesar de faltarem muitas horas para a saída. Ao retirar-me, estariam dormindo. O excelente Macedo abriu generoso uma lata de goiabada; aceitei um grande pedaço, comi-o, reprimi com esforço o desejo de pedir mais. Voltava de repente a fome, fome de açúcar. Vi um dos garotos estigmatizados por Nazir, um monstro recolhido ao manicômio, à Casa de Correção, não me lembro. Já me aparecera um desses infelizes. O demente violara-os e deixara-lhes no corpo o ferrete indelével: nunca mais as vítimas se livrariam do horrível domínio, seriam durante a vida como reses marcadas a fogo por um vaqueiro.

— Levanta a manga.

A criatura miserável obedeceu, languenta e passiva: com certeza era incapaz da mínima resistência. Lá estava no antebraço descarnado a ignominiosa tatuagem: o nome de Nazir debaixo de um coração flamante. Fiquei um momento a espiar as letras azuis mal desenhadas na pele morena. — Que significa isso?

— Amor de mãe, sussurrou uma vozinha débil, inexpressiva, cantilena sem dúvida repetida.

Era a segunda vez que me diziam aquilo. Examinei a carinha murcha, os olhos baços, o peito frágil. Pálido e sem músculos. Uma criança, parecia não ter mais de quinze anos.

— Como é que você imagina que Nazir seja sua mãe? O aborto não respondeu. Baixou a manga e afastou-se. Concluí as despedidas, voltei à cama.

Um rapaz alto e magro chegou-se a mim, segredou-me um recado para Ivan Ribeiro. Não o compreendi e quis eximir-me dizendo ser improvável avistar-me com o tenente, no Pavilhão dos Primários. O outro insistiu, e, embora tentasse decorar-lhe as palavras, não consegui entendê-lo. Para vencer a dificuldade, abri a valise, rasguei uma folha de papel, escrevi a lápis duas ou três linhas numa tira de cinco centímetros, enrolei-a, meti-a no bolso, misturada aos cigarros. Estava em segurança, confundia-se com eles.

O moço retirou-se. O que não estava em segurança eram as notas guardadas entre meias e lenços, doidice pretender levá-las. Novo trabalho perdido. Peguei-as, contei-as: umas quarenta páginas inúteis. Rebentei o cordão que prendia a esteira ao forro da cama, abri um esconderijo, meti-as ali. Quando as achassem, haveria um fuzuê dos diabos. Gaúcho e Cubano fizeram-me a derradeira visita, conversaram alguns minutos. Abracei-os ao separar-nos, afirmei que sentiria muito prazer se nos encontrássemos na rua. Parecia-me entretanto difícil revernos, e isto me afligia. Nascimento, amável e fanhoso, veio trazer-me a penosa oferta já exposta no dia do nosso encontro inicial:

— O companheiro necessita alguma coisa?

Não, decerto. Em geral não me agradava ‘receber, e no imundo barracão um fósforo podia adquirir valor inconcebível. Ainda me pesava na consciência a fatia de goiabada que me tentara pouco antes. Devia ter-me abstido.

— Não, obrigado. Fora daqui, em qualquer parte me agüento.

O avesso da generosidade estapafúrdia logo se manifestou num doce ronrom:

— É possível deixar alguma contribuição?

Exibi a escassa pecúnia: cédulas miúdas, níqueis — vinte ou trinta mil-réis. O meu dinheiro, guardado no cós do pijama, se queimara, virara fumaça, convertido em cigarros.

Vagabundos e malandros, em continua ronda, não me deixavam fumar em paz, e a despesa crescia.

— Só? perguntou Nascimento.

— É o que tenho. Está às ordens.

— Não, recusou o homem. Você não sabe para onde vai. Guardei aqueles restos chinfrins. Realmente não tinha nenhuma idéia a respeito do meu destino. Desejaria regressar ao Pavilhão dos Primários, assistir às conferências de Rodolfo Ghioldi, rir com as brincadeiras de Apporelly, acompanhar o jogo difícil de Pompeu Accioly, campeão de xadrez. Essas figuras, desbotadas, ressurgiam, ganhavam nitidez. Ao mesmo tempo ia-se apagando a gente anônima e esquiva que me povoara o extenso pesadelo e vinha, com pisadas leves, muda e invisível, arrancar-me da mão o cigarro. Não me seria possível reconstituir no futuro a massa informe, imponderável. Os papéis abandonados entre os ferros da cama e a esteira iam fazer-me falta. Essa perda me inquietava, desviava-me das opiniões roufenhas de Nascimento, as últimas que ouvi na piolheira da Colônia.

Achei-me enfim só, diante da valise aberta. Fechei-a, meti a chave no porta-níqueis, pesquisei o galpão, tentando fixar no espírito aquele momento: cochichos, palestras, negócios, rumor de intestinos, brigas, a diluir-se no zunzum de feira; criaturas erguendo-se, escorregando furtivas nos corredores abertos entre corpos estirados; exigências ansiosas à porta da latrina, idas e vindas, contínuo zumbir de asas no buraco de um cortiço. Na friagem da noite, aqui e ali, divisavam-se os capotes dos paranaenses agachados na arrumação de pacotes e trouxas. Os óculos medrosos do velho Eusébio faiscavam perto. — "An! Pessoa de consideração", resmungaria lento e asmático embrulhando os picuás. O amor à propriedade e versículos da Bíblia ganhavam consistência na alma dele, com certeza. Vivia sempre a falar nisso, evitava encrencas e esperava salvar-se. Iam livrá-lo do refeitório, do carrego dos tijolos, do chão molhado. — "An! Pessoa de consideração." As redes nordestinas alargavam-se, enchiam-se de miudezas, dobravam-se, convertiam-se em malas. Distanciando-se dali, Van der Linden e Mário Paiva recuperariam talvez a saúde.

Entre os vagabundos que nos acompanhavam, distingui o vulto sinistro de Raimundo Campobelo. (Ou Campos Belo; nunca lhe pude saber direito o nome.) Esse negro imenso devia ter tido prodigiosa robustez. Agora o tremendo arcabouço pendia, os ombros curvos, as costelas salientes; e no carão chupado os bugalhos eram duas postas de sangue. Com os pulmões a decompor-se, arquejando na dispnéia, vivia em zanga permanente, rosnando solilóquios roucos nos intervalos da tosse, a alma bárbara, solitária, longe da turba. Afeiçoara-se meses atrás a um padeirinho sambista. Um dia esse moço lhe contava uma história:

— Eu vinha do trabalho...

O enorme bruto fixara nele os olhos duros, sanguinolentos. Supunha-o malandro e admirava-se:

— Tu trabaia?

— Sim, trabalho. Sou padeiro.

— Fala mais comigo não, grunhira Raimundo Campobelo dando-lhe as costas.

Daí em diante ignorara a existência do outro. Hora de silêncio. Deitei-me, suspendi a gola, defendendo o pescoço, pus as mãos entre as coxas. Na cama exposta, vizinha à grade, o vento me alfinetava as orelhas. Mas um nojo desconhecido me impedia usar os molambos sujos de hemoptises. Adormeci descoberto.

Estive algumas horas a embalar-me em leves modorras, perturbadas muitas vezes: o frio intenso e a preocupação da viagem davam-me sobressaltos contínuos. Perseguia-me a idéia de que os outros iam retirar-se e esquecer-me ali. Qualquer movimento me acordava.

Afinal a chave rangeu na fechadura da porta, vultos deslizaram sem rumor, os capotes grossos dos paranaenses juntaram-se à entrada. Ergui-me, peguei a valise e o chapéu, acerquei-me do grupo. Um guarda veio com uma lista, cantou os nossos nomes. Feita a conferência, descerrou-se a grade, saímos. Até que enfim. Parei um instante, a examinar o cubículo estreito onde um barbeiro canhestro se desculpara ao raspar-me a cabeça, arrancando pelos. Cheguei ao pátio; dois polícias me ladearam, segundo o costume; esgueirei-me na sombra vagamente quebrada por luzes capiongas. As árvores tinham perdido a forma, a cor, o alinhamento: escondiam-se, manchas quase invisíveis. Andei alguns metros. Até que enfim. Deviam ser três horas; chuviscos finos batiam-me na cara.

— Alto.

Parei. Não havia razão para considerar-me livre daquilo: desabafara antes do tempo, ao deixar a grade, a pequena barbearia. Numa elevação de meio metro, a pessoa que me detivera surgia indistinta, à luz fraca de uma sala miúda.

— Alto.

A repetição era desnecessária, pois me achava imóvel, entre dois soldados, à espera de ordens.

— Entre.

Subi a calçada, encaminhei-me à saleta e reconheci na figura indecisa o tenente Bicicleta

— O papel que o senhor leva aí?

— Qual é o papel? inquiri sem perturbar-me.

Num instante abarquei a situação. Era a tarefa exigida por Nascimento, as folhas de almaço que me esforçara por emendar a lápis retardando-me em explicações, mal-entendidos. Um sujeito se chegara de manso e, estirando o pescoço, tentara lamber a escrita com os olhos gulosos. Lembrei-me da pergunta azeda: — "Que é que você quer?" O sem-vergonha, mordendo um sorrisinho malandro, se oferecera para lavar roupa. Trabalhava barato. Espião, como eu havia suposto. Aliás a denúncia era inútil. Sem nenhuma cautela, ocupara-me em redigir as notas agora abandonadas entre os ferros da cama e a esteira. Soldados e funcionários podiam tê-las apreendido se quisessem. Desabotoei o casaco. Meteram-me as mãos nos bolsos, apenas descobriram a carteira, o porta-níqueis, um lenço, um pente desnecessário, pois me achava pelado, cigarros, fósforos. Abri a valise, Bicicleta remexeu cuecas e pijamas.

— Não há papel. Os papéis que eu trouxe os senhores me tomaram quando cheguei.

— Não se faça de ingênuo, respondeu o tenente. O senhor entende. Com certeza não ia ser portador do que escreveu, hem?

Nada afirmei. Também era tolice negar coisa sabida.

— Sei lá! O que tenho é isso. Veja.

Recordei-me da imprudência largada na véspera ao diretor: — "Vou fazer um livro de duzentas páginas contando o que existe aqui. Digo tudo, sem dúvida."

— Veja, convidei tranquilo, revolvendo os panos sujos, encardidos, cheirando a mofo. É o que tenho.

Bicicleta não revelava interesse naquela formalidade: até parecia indiferente. Examinou tudo, machucou algibeiras e dobras, monologou:

— São ativos, já mandaram.

— Não sei, respondi. Posso ir? Então adeus.

Tranquei a valise, agarrei-a, saí, desci a calçada, mergulhei na treva, flanqueado pelos dois homens que tinham ficado à porta enquanto se realizava a busca. Os chuviscos engrossavam, tornaram-se pingos fortes. Três horas, pouco mais ou menos. Os meus guardas afastavam-se, aproximavam-se, às vezes me deixavam só algum tempo. A vigilância afrouxava, inútil. O desejo de abandonar a ilha fazia-me esquecer por instantes a dormência da coxa, as picadas no pé da barriga, lançava-me para frente. Com certeza os companheiros deviam estar longe. Esta idéia me alarmava; perseguia-me um receio absurdo: iam chegar ao Abrão logo, embarcar sem mim. Rumor de passos, alguns vultos na escuridão, traziam-me sossego. Pouco a pouco a marcha penosa esmoreceu, arrastei-me com dificuldade imensa. As gotas amiudaram-se, uma chuva furiosa caiu de chofre, enregelando-me os desgraçados músculos, fustigando-me a cara, amolecendo as abas do chapéu de palha. O enxurro desceu dos montes, engrossou no caminho, cobriu-me os sapatos, chegou-me às pernas. Baixei-me, arregacei as calças. As pancadas de água cegavam-me. Para onde me dirigia? A tiritar e a tossir, procurei alguém que me orientasse. A escolta se dispersara, julguei. Nisso percebi uma voz fraca, abafada pela zanga da ventania: — O senhor não pode andar. Está doente?

Passei as mãos no rosto, esfreguei os olhos e, por um rasgão do véu líquido, enxerguei um cavaleiro perto.

— Estou. E com este aguaceiro medonho piorei.

— Faz tempo que ficou aí parado, acrescentou a figura indistinta apeando. Monte.

Recusei:

— Obrigado. Não vou privá-lo da condução. Muito agradecido.

— O senhor não anda, insistiu o homem generoso. Monte.

— É inútil. Não quero.

A criatura retomou a sela e, depois de um momento:

— Bem. O cavalo vai servir para nós dois. Segure-se aqui na maçaneta.

Inclinou-se de lado, firmando-se num estribo, deixou-me espaço, mas, embora me esforçasse, as tentativas para agarrar-me foram baldas: sentia-me exausto, os dedos hirtos e insensíveis resvalavam no couro molhado. O sujeito amparou-me com um braço; em posição incômoda e torcida, levou-me a reboque, agüentando parte do meu peso. Mexi-me vagaroso no rego lamacento, diligenciei aprumar-me, reduzir o auxílio do ótimo desconhecido. Afligia-me importuná-lo, e isto deve ter concorrido para vigorar-me um pouco. A chuva amansou, desapareceu; alcançamos terreno plano e a enxurrada escoou-se; findo o barulho tempestuoso, chegou-me aos ouvidos o som de passos confusos, intermitentes, chiando na areia mole, empapada. A luz da manhã tingiu de leve as árvores, cresceu, revelou-me traços do indivíduo que me arrastava em silêncio. Moreno, grave, não manifestava pressa, e era como se executasse um exercício da rotina. Examinei-o a furto, interrompi a observação notando em mim horríveis estragos. Apesar de ter erguido as calças até os joelhos, não me preservara: toda a roupa se cobria de lama vermelha. Os sapatos deformavam-se, chatos, enormes, sob camadas grossas de barro, e uma vasa pegajosa entrara neles; senti os pés imundos, supus distinguir na caminhada um gluglu desagradável. As meias pretas, ligadas às canelas, sumiam-se, vermelhas. Tudo se avermelhava, era como se eu tivesse lavado as pernas em gelatina sangrenta. Avancei alguns metros com vergonha e nojo; um frio intenso picou-me, frio interior, provavelmente. Difícil continuar. Parei, busquei no meu condutor uma divisa, sinal de comando. Nenhuma. Soldado raso apenas.

— Meu amigo, esta viagem me arrasa. Não posso caminhar. Vamos bater à porta de uma bodega, beber um copo de aguardente.

— É proibido, o senhor sabe, respondeu o homem tranquilo. Só se o cabo der licença.

— Mas, filho de Deus, retorqui, eu sei lá onde está esse cabo?

Ao fim de meia hora alcançamos os outros viajantes, que haviam estacionado, à espera dos retardatários. Devíamos ser os últimos, pois à nossa chegada a marcha continuou. Renovei o pedido, e um rapaz de fita no braço afirmou que o sargento era quem resolvia. Dirigi-me a essa autoridade, expus a exigência importuna, certo de não ser atendido.

— Pois sim, concordou o homem. Quando chegarmos ao Abrão, o senhor bebe.

— Mas é exatamente para chegarmos lá que preciso beber. Estou morto de frio.

— Tenha paciência. Daqui a pouco, já prometi.

Difícil convencê-lo: tinha conseguido mover-me debaixo do temporal; com o sol a avançar, dia claro, um princípio de calor a enxugar-me a veste imunda, não me esfalfaria. Escorando-me ainda à maçaneta, já não causava estorvo ao soldado: capenga e trêmulo, as ferroadas na barriga a atormentar-me, lá me ia deslocando, vagaroso. Um casebre fechado. Seria venda? Porque não batíamos? A necessidade urgente de álcool aperreava-me.

— Tenha paciência, dizia o comandante. Espere.

Outras casas; caipiras feios, de pernas tortas; mulheres obesas, amarelas; crianças opiladas. Enfim, cerca de nove horas, desembocamos na povoação. Atravessamos a rua sórdida, entramos num botequim próximo ao embarcadouro. Arriei no tamborete, arfando, a vista escura, um suor frio a correr-me no peito. A mesa pequena, sentaram-se comigo dois paranaenses e o soldado que me transportara. Serviram-nos. Recusei o pão e o café:

— Não quero isso. Traga um copo de aguardente.

Com um sopro de mofa, o botequineiro deu-me as costas, erguendo os ombros. Tinha graça. O sargento chamou-o, falou baixo, e o tipo foi à prateleira, pegou uma garrafa. Cheguei-me ao balcão:

— Ouça. Para não quebrar a disciplina ponha a aguardente numa xícara. É como se fosse café.

Voltei à mesa, recebi uma xícara enorme, cheia, bebi sôfrego. Pedi a segunda, a terceira, a quarta. Apesar de ter o estômago vazio, senti apenas uma ligeira turvação. Alegre, distanciei-me da Colônia, desejei conversar e de novo me surpreendeu a esquisita sintaxe dos paranaenses: — "Nós disseram." Essa estranha maneira de falar tinha-se esvaído no burburinho do galpão. Van der Linden e Mário Paiva tossiam. A carranca medonha de Raimundo Campobelo estava cavada; nas órbitas fundas os olhos eram manchas cor de sangue; a respiração penosa descerrava os beiços grossos, exibindo os dentes fortes de selvagem. Iam mais dois malandros: o idiota do Nunes, a palrar da família, cheio de fumaças, e um mulato de cara impudente e risonha. Terminada a refeição, engoli o resto da aguardente, fiz um sinal ao dono do botequim, abri a carteira; o soldado moreno adiantou-se, estendeu uma cédula.

— Isso não, protestei. A despesa é minha.

— O senhor nos julga bem miseráveis, disse o rapaz melindrado.

— Está sendo injusto, meu amigo, atalhei. Eu é que seria miserável se esquecesse um favor tão depressa. Tenho boa memória e não sou ingrato. Mas o caso é este: eu sozinho gastei mais que os senhores três juntos, bebi quase uma garrafa de aguardente. É razoável eu pagar.

O moço concordou: a nuvem desfez-se e privei-me de alguns mil-réis. Saímos, passados minutos chegamos ao porto, vimos uma lancha atracada. Subimos ao tablado flutuante e embarcamos.

Ignoro se nos retardamos no botequim à espera da barca ou se ela chegou antes de nós. Também não sei se conduzia presos para a Colônia e se a nossa escolta foi substituída. As quatro xícaras de aguardente me impediam talvez observar direito. Lembro-me de haver caminhado nas pranchas do embarcadouro, saltado na lancha, descido ao porão. Acomodei-me entre as figuras que se animavam na sombra, riam, entregues a uma parolagem otimista, cambiando notícias absurdas a respeito do nosso destino. Os paranaenses regressariam logo a Curitiba. Van der Linden e Mário Paiva seriam enviados ao nordeste. Só Raimundo Campobelo se isolava a um canto, arfando, a sacudir-se, na dispnéia e na tosse. O arcabouço enorme dobrava-se; na sufocação, os dedos magros desabotoavam a camisa, exibiam as costelas, o esterno. Chegando-nos a ele, poderíamos contar-lhe os ossos, mas a repulsiva criatura evitava aproximação. A fala de Nunes se esganiçava numa pergunta imbecil: iria achar os parentes na estação quando chegássemos ao Rio? Com certeza, se lhes dessem aviso na polícia. Gente graúda, poderosa, contratara sem dúvida os melhores advogados para tirá-lo da prisão. Iam soltá-lo, em poucos dias se desmanchava o engano. o mulato de cara impudente e risonha puxou conversa comigo, narrou coisas da sua vida. Não lhe dei ouvidos nesse encontro inicial, apenas lhe guardei o nome: José. Sentado no chão, ocupava-me em reduzir os estragos causados pela chuva: esfregava as manchas da roupa, as meias, as pernas sujas de lama a secar; um pó vermelho me tingia as mãos, espalhava-se nas tábuas. No atropelo da. viagem nem me ocorrera fumar. Vasculhei os bolsos, joguei fora uma pasta negra, úmida, nojenta, os cigarros decompostos no aguaceiro. Encontrei na valise dois ou três maços e algumas caixas de fósforos, guardei tudo nos bolsos.

Fingia interessar-me pela história de José, mas, embora me esforçasse, não a compreendia: a atenção se fixava no chapéu de palha deformado e lasso, as abas a cobrir-me os olhos e as orelhas. Examinei aborrecido o traste ridículo; não tornaria a pô-lo na cabeça. Quis desfazer-me dele. ergui-me, segurei a valise, aproximei-me da escada, subi vários degraus. O calor principiava a incomodar-me. Avancei, atingi o fim da escada, enxerguei lá embaixo pessoas envoltas em neblina. Evaporação, julguei. Consequência provável do álcool. Foi também efeito dele, suponho, a inconveniência dos meus atos depois daquele momento. Pisei na coberta, avizinhei-me da borda, atirei na água o chapéu acanalhado.

Voltei, permaneci junto ao buraco sombrio do porão, sem me decidir a mergulhar nele. Arriscava-me a ser repreendido, coagido a enfurnar-me ali, mas não pensei nisto. Uma segurança inexplicável surgia, detinha-me. Não me forçariam a descer. As dores na barriga e o torpor na coxa tinham desaparecido.

Na posição desagradável, em pé, olhando grupos de soldados, ondas revoltas, a praia distante, devo terme arrimado a qualquer coisa para resistir aos balanços fortes da lancha: encosto de cadeira, uma balaustrada, coluna, amparo assim. Realmente me sentia firme na oscilação. Hoje presumo que a aguardente suprimiu a Colônia, Alfeu e Aguiar, fomes, disenterias, quatro ou seis chuveiros para novecentos homens. Quantos chuveiros? Nem sei. Suponho que me lavei uma vez. Sentia-me cheio de porcarias, a desejar uma torneira aberta. Ia banhar-me, enfim banhar-me, e isto me dava consistência. Depois do banho, considerar-me-ia um sujeito normal. Escorado no futuro, conservei-me ali, estendendo-me por terra e mar, a bagagem leve debaixo do braço.

As fisionomias dos soldados estavam baças, confusas. Inclinava-me a falar com essa gente, sondar o interior dela.

Procurei o rapaz moreno que me havia conduzido, o cabo, o sargento, figuras reconhecíveis. Não os distingui: haviam tornado à Colônia, provavelmente. A pequena distância, divisei um homem atarracado, sardento e ruivo. O resto se perdia numa grande névoa. Seria embriaguez? Não era, suponho. Desordem visual depois de semanas de jejum. As idéias estavam lúcidas, as pernas se aguentavam bem nas tábuas que se inclinavam para um lado, para outro. A anormalidade se revelava na ausência de receio, no desejo de conversar com o sujeito ruivo, que me inspirava estranha confiança. Dirigi-me a ele e, sem escolher palavras, encetei uma arenga bastante venenosa contra o governo e o capital. Sou incapaz de revelar-me em público; não chego a expor meia dúzia de períodos a meia dúzia de ouvintes; em tais apertos foge-me a expressão e deixo de pensar. Não tencionei, pois, fazer discurso: o meu intuito foi explicar-me a um sujeito inclinado na aparência a ouvir as minhas opiniões relativas à ordem. Não era difícil. Ataquei diversas instituições favoráveis aos ricos: o congresso, a justiça, a imprensa, o exército, a Colônia Correcional. Passados minutos, porém, notei que as figuras a princípio nevoentas estavam próximas, nítidas, tinham ganho fisionomias e escutavam a diatribe. Achava-me assim, a declamar horrores num comício improvisado. Embora corresse perigo e afirmasse isto no interior, não moderei a linguagem. Iria circular a notícia daquilo e uma semana depois me devolveriam à bondade áspera de Cubano e às aventuras esquisitas de Gaúcho. Abarquei a situação com perfeita lucidez. Não me embriagara, disse a mim mesmo. Nenhum vestígio da leve tontura; o juízo e os sentidos funcionavam bem. As frases saíam arrumadas em sintaxe razoável e o exame do auditório se realizava, claro. Admirei-me de não perceber em redor sinal de hostilidade; aqueles indivíduos se mostravam curiosos, enchiam-se com certeza de espanto, e ninguém se lembrou de reduzir-me ao silêncio, como esperei, fazer-me regressar ao porão. Em geral não aplaudiam nem desaprovavam: tinham jeito esquivo, desentendido. Alguns manifestavam franco apoio. Surgiam apartes em voz baixa. O homem ruivo e sardento, com um sorriso, muitas vezes me interrompeu o aranzel:

— Exatamente o que eu digo. Isso mesmo. Estão ouvindo?

Terminei o desconchavo na vizinhança de Mangaratiba. O povoado surgiu e cresceu. Fui reunir-me aos companheiros, que saíam do porão como ratos em tocas e logo se mudaram em carneiros. Os acontecimentos da manhã avivaram-me o conselho do sargento gordo ao saltarmos no Abrão: — "Tem dinheiro? Esconda. Mostre cinco mil-réis e guarde o resto. Vai precisar." Temerário, arriscara-me a confessar onde se ocultavam as notas. — "Irão descobri-las?" — "Não. A busca é formalidade." Descobrira-me à toa a um desconhecido, e agora se renovava a imprudência.

Estávamos no porto. Em linha, marchamos para terra. Vi-me pouco depois num carro de segunda classe, entre dois tipos mal-encarados. Uma pergunta me enleava: que me induzira a confiar no sargento gordo e no soldado ruivo, presumíveis inimigos? Talvez possuíssemos a faculdade misteriosa de penetrar de golpe o íntimo das pessoas, encontrar lá sentimentos indefinidos na superfície. Ou não seriam indefinidos. O hábito de pesquisar, necessário nalgumas profissões, tornava-se instintivo e dele se originavam as simpatias e antipatias rápidas. Mas ali não havia pesquisa, no tempo minguado, era como se as almas saltassem para fora dos corpos. Um salto, provavelmente. Qualquer coisa as fizera saltar. Observação repentina e involuntária, supus. Não me abalançaria a interrogar os dois vizinhos acomodados no banco estreito, os fuzis entre as pernas. Enxergara-os de relance e desviava-me deles, voltado para a janela, aguentando os solavancos do trem. Não me dariam nenhuma indicação, convencia-me sem precisar vê-los. Nessa altura reconheci-me incongruente. Arrojara-me a lançar conceitos rigorosos, denegrir a autoridade na presença de funcionários dela e decerto era impossível decifrar de supetão aquelas figuras nebulosas. Reconsiderei. Não tentara adivinhá-las. Nem me importava convencê-las. O meu intuito, no começo pelo menos, fora entender-me com o ruivo sardento, e a cavaqueira agreste apenas continuara o monólogo endereçado a ele. Percebendo outros ouvintes, não me calara, e isto significava bazófia, medo, julguei, de recuar, parecer covarde. O temor às vezes nos leva a temeridades, empresta às nossas ações aparência falsa de coragem. De qualquer modo, refleti, a cadeia nos exibia a fraqueza da reação. Lá fora, roncavam forte, como se pisassem terreno firme. Paradas, ameaças, afirmações categóricas, censura, deputados e senadores feitos bonecos, os jornais prostituídos a semear calúnias. Firmeza, um edifício inabalável desafiando séculos. Propaganda somente: havia nele caruncho e ferrugem, água a infiltrar-se nos alicerces.

Vivíamos de fato, nos cubículos pequenos ou no grande alojamento, cercados de gente duvidosa, e as suspeitas nos induziam a cometer injustiças. Um desconhecido cheio de reservas soprava-nos a advertência gasta: — "Cuidado com Fulano: é espião da polícia." Embora quiséssemos afastar a denúncia infundada, ela permanecia, ocasionando esta pergunta desagradável: — "Qual dos dois será o espião? Ambos. Ou nenhum." Se não fossem aqueles, seriam outros. O capitão de nariz comprido semeara desavenças no Pavilhão dos Primários e sumira-se. O busto de Miranda surgia-me na lembrança, exposto com vaidade e pimponice, a exibir insignificantes escalavraduras. Pensei na tatuagem obscena vista na coxa de Gaúcho — "É o meu cartão de visita. Quando me vêem nu, sabem que sou lunfa e deixam-me em paz." No peito de Miranda havia também uma espécie de cartão de visita. Percebiam marcas de sevícias nas escoriações chinfrins e tomavam-no como revolucionário. Obtida essa vantagem fácil, a criatura leviana expandia-se, resvalava na mentira, dizia tolices, inconveniências, diante dos guardas, e nos interrogatórios falava em demasia, largando informações a respeito de pessoas não mencionadas no inquérito. Sena apenas desatino? A carência de provas nos impedia escorregar em juízos temerários quando nos referíamos a semelhantes indivíduos. Ficávamos nas reticências, e isto nos aborrecia como nuvem de insetos importunos. Alguns desses tipos ambíguos tinham grande influência lá dentro. Porquê? De passagem, alguém nos cochichava uma desgraçada explicação. — "Já fizeram muitas denúncias e é bom tratá-los bem: podem denunciar o resto." Repelíamos a frase venenosa; sem querer, íamos desenterrá-la mais tarde, associá-la a um gesto, um sorriso, uma pergunta largada com modos inofensivos. Não conseguíamos identificar os traidores. Sabíamos, porém, que eles estavam conosco, aperuando o jogo de xadrez, ouvindo as conversas, inimigos ferozes do burguês, intransigentes, radicais, sempre dispostos a oferecer-nos avisos cautelosos: -"Abra o olho com Fulano: é um espião." O conselho se desprestigiara enfim, mas continuava a -circular, papagueado por fanáticos de cérebro escasso, ingênuos demais. Os autores dessas desavenças metiam-se nas encolhas, sem dúvida. Impossível distingui-los. Em compensação havia na polícia agentes infiéis, e ela não tinha meio de conhecê-los. Desempenhavam-se, mecânicos, pontuais, dóceis ao regulamento. Quando menos esperávamos, em hora de aperto, sugeriam-nos conduta irregular Ou, se estávamos em maré de conversa, recebiam sem reserva os nossos propósitos subversivos. Naquele dia arriscara-me a algumas infrações apoiando-me na conivência imprevista dos soldados O trem rolava no meio de laranjais; por instantes as árvores enfezadas me prendiam a atenção. Porque seriam tão miúdas? Conseqüência do enxerto, imaginei. Surgiam pela primeira vez; na outra viagem, apesar de numerosas, tinham-se conservado inteiramente invisíveis. — "Trabalho de cupim." Estas palavras andavam-me no pensamento, desviavam as laranjeiras, que fugiam numa corrida louca. Trabalho de cupim, com certeza. Na miséria do galpão enorme, tencionavam matar-nos, diziam isto com sinceridade crua. Mas os instrumentos necessários à infeliz tarefa bandeavam-se, queriam deixar-nos viver. Um cochicho os revelava. Bem. Impossível transformar em assassinos pessoas normais, que não tinham razão para odiar-nos. Decerto havia criaturas insensíveis e regimentais, surdas a súplicas, gemidos, estertores. Os dois sujeitos próximos, armados e silenciosos, tinham focinhos duros, agressivos; uma vista de olhos indicava não serem capazes de prestar-me nenhum favor. Isso não me admirava. Espantoso era achar naquela gente escolhida para torturar-nos homens dispostos, em noite de temporal, a descer de um cavalo, oferecer-nos a sela cômoda, viajar num rego lamacento. Em carro igual àquele, outro soldado benévolo me dera notícias da Colônia e informara-se a respeito da minha situação Era-me impossível entendê-lo, o moço renovara uma pergunta: — "Preso político?" E acrescentara: — "Porque ladrão não é." Pasmava-me aquela certeza em quem me via pela primeira vez, rapidamente, à luz escassa da madrugada. No escuro da noite chuvosa, o cavaleiro não me distinguiria de Raimundo Campobelo, que também se arrastava por aqueles ermos, a ofegar e a tossir. Nenhum meio de saber se eu era ladrão. O comportamento generoso alcançava todos nós. Esses pensamentos encurtavam a viagem.

Chegamos à estação final. Desenrosquei-me vagaroso, aos últimos sacolejos do trem, ergui-me, deixei o vagão, pisei na plataforma, lá fui coxeando entre os dois fuzis. As dores eram fortes, até ali não me supusera tão combalido; mexia-me zonzo, sem ver as coisas, as pessoas, o lugar. Os companheiros se distanciavam. Achei-me na rua, levaram-me a uma calçada, parei: difícil subir ao meio-fio. Um dos soldados mostrava impaciência:

— Caminhe.

— Um instante.

Procurei forças, dei um passo custoso, sacudi-me com esforço desesperado, atravessei um portão de ferro. Atarantado e bambo, a arfar e a suar, reconheci as cotias do Campo de Santana. Escapou-me a vegetação, mas as grades e os bichinhos saltitantes revelaram-me a praça enorme. Lembrei-me de haver entrado ali vinte anos antes, em companhia de uma sirigaita.

— Mas porque e que o senhor não anda? tornou o soldado impaciente.

Diligenciei contentá-lo, avançar um pouco a marcha capenga:

— É inútil. Não vê que não posso andar mais depressa?

Afastei a exigência refugiando-me no passado. Vinte anos. Corrigi: vinte e um, vinte e um e meses. Havia umas furnas. A mocinha me conduzira a elas e estivera algum tempo a cantar. Desassossegavam-me o dinheiro minguado, o trabalho de foca na revisão de um jornal, e o canto não me impressionara. Onde estariam as furnas? Não as enxerguei, talvez as tivessem desmanchado. Pensei no romance entregue meses antes ao editor. A menina sapeca figurava nesse livro como neta de uma dona de pensão. Deixamos a praça, descemos á rua. O condutor se aperreava, queria lançar-me para a frente, fazia o gesto de ferir com aguilhão uma rês cansada.

— Ainda estamos longe? informei-me.

Não me deram resposta, e avancei no desânimo, parando a cada instante. Os companheiros tinham-se sumido. Aonde me levariam? Nenhum esclarecimento, e não me ocorreu orientar-me olhando as placas nas esquinas. Afinal estacamos. Retesei a desgraçada carne, galguei três pequenos degraus.

Os outros refugos da Colônia estavam reunidos e submetiam-se a qualquer vaga exigência burocrática. Cheguei-me a eles e, perturbado ainda, não reparei no lugar onde nos achávamos. Ignoro se me fizeram perguntas. As minhas primeiras recordações posteriores à chegada referem-se a um longo corredor sombrio. Meteram-nos nele, abriram no fim uma grade, mergulhamos numa peça de muros invisíveis, tamanho incerto. Ouvi ranger a chave na fechadura e arrisquei alguns passos, meio cego. Devia ser quase noite, embora na rua a confusão e as dores não me houvessem permitido calcular, as horas. Derreei-me a um canto, estendi com alívio a perna doída, encostei-me à parede. Abafava e sentia calor.

— Onde estamos?

— Na Polícia Central, responderam-me.

A sombra se atenuava, era-me possível distinguir as figuras abatidas sobre capotes e redes. Tentei descobrir a pessoa que me dera a informação, reconheci perto o vagabundo José, o mulato de cara viciosa. Mostrava simpatizar comigo, avizinhava-se, e a resposta lhe servia para reatar a conversa interrompida na lancha. Era vadio e ladrão; no começo da vida a repulsa da mãe e as sovas do padrasto haviam-lhe fechado os caminhos direitos. Fugia de casa, voltava morto de fome, agüentava surras, tornava a fugir. Nem escola nem trabalho. Com o intuito de prolongar as ausências, obtivera ganhos miúdos pondo em prática as habilidades fáceis de pivete e descuidista. Não sei como José iniciou a história, e causa-me espanto haver-me escolhido para confidente. As palavras ditas no porão da lancha tinham-se esvaído por inteiro; reproduziam-se agora, e esforçava-me por entendê-las, exigindo repetições.

— Bem. Continue.

Éramos cerca de vinte pessoas, algumas ruidosas e alegres, funcionando bem, as idéias ligadas a parentes razoáveis. O idiota do Nunes esganiçava-se:

— Será que eles sabem a minha chegada? Hem? Será que sabem?

Buscava em roda interesse para o caso importante:

— Se souberem, vão trazer-me hoje dinheiro e comida. Não se esquecem, os senhores hão de ver.

Fechavam-lhe ouvidos, o imbecil continuava a monologar:

— Trazem, com certeza.

Porque José, malandro também, não se entendia com ele? Os paranaenses, graves, metódicos, arrumavam-se para descansar da melhor maneira, examinavam lentos a sala acanhada, permutando cochichos. Lembrei-me de um caboclo da minha terra, impelido ao sul finda a ilusão da borracha. De regresso, com chapéu de abas largas, roupa de casimira e relógio, esse tipo me dissera: — "Vossa mercê não imagina. Em São Paulo há um bando de línguas. Língua Bahia, língua Mato Grosso, língua Paraná. São diferentes da nossa, mas o senhor entende. O que ninguém entende é a língua Japão: essa é uma língua filha da puta." Na verdade a do Paraná, como afirmava o tabaréu, compreendia-se bem; contudo o diabo do pronome, arrastado pelo velho Eusébio, chocava-me. A narrativa de José não apresentava essas cachoeiras: fluía simples e horizontal.

Veio luz, os homens avultaram, a cela se reduziu e nos apertou, no chão molhado. À frente, à esquerda, a latrina suja e exposta. O vagabundo falava manso e baixo, como num confessionário, e a precisão de responsabilizar a família, justificar-se a um desconhecido, trazia-me ao espírito uma dúvida. Haveria alguma semelhança entre nós? Na verdade a minha infância não devia ter sido muito melhor que a dele. Meu pai fora um violento padrasto, minha mãe parecia odiar-me, e a lembrança deles me instigava a fazer um livro a respeito da bárbara educação nordestina. Conservaríamos no exterior sinais de penas excessivas ou injustas, asperezas, dores inúteis, indícios reveláveis a uma criatura que se houvesse visto em situação igual? Essa idéia esquisita, nociva à minha gente, induzia-me a desculpar o miserável. Não era isso. Faltava-me o direito de absolver alguém. Restringia-me à comparação. Débil, submisso à regra, à censura e ao castigo, acomodara-me a profissões consideradas honestas. Sem essas fracas virtudes, livre de alfabeto, nascido noutra classe, talvez me houvesse rebelado como José. Não me conformava com tal espécie de rebeldia. Contudo, apesar de nos dedicarmos a ofícios inconciliáveis, a autoridade não nos diferençava.

— Está bem. Continue.

O homem rude flagelava o garoto e criava pássaros. Um dia, certa de conseguir realizar furtos de pouca monta, a vítima lhe suprimira esses dois passatempos: abrira todas as gaiolas e ausentara-se de vez. Ao cabo de vários anos, narrando a proeza, o mulato sorria enlevado. O verdugo achara com certeza outros canários, mas já não tinha uma criança para açoitar.

Mulheres se esganiçavam no cárcere vizinho. Uma se enfurecia; depois, alegre, divagava em parolagem confusa, largava fragmentos de obscenidades; com certeza estava bêbeda. Vozes masculinas, no corredor, tentavam sossegá-la com pilhérias amáveis. Suponho que nos trouxeram comida; não conservo disto nenhuma lembrança. A conversa de José me entretinha, embora com freqüência me desviasse dela. Escaparam as minúcias de uma viagem difícil de São Paulo ao Rio, a pé: fadigas, largos rodeios nas cercanias dos lugares povoados, o roubo de um porco.

Alguém me chamou de fora. Levantei-me; além dos varões de ferro um guarda me repetiu o nome, espalhando os olhos indecisos, pelo sórdido magote:

— Fulano, toma.

Abriu a porta, arrastou para o meio da cela um estrado baixo, saiu trancando-nos de novo.

— Obrigado, murmurei com assombro, cheio de vergonha.

Era a segunda vez que me tuteavam. Na Colônia, o anspeçada Aguiar me ordenara ríspido: — "Cruza os braços, chefe." Mordendo os beiços, com surpresa e raiva impotente, resignara-me a obedecer: cruzara os braços diante da torpe insignificância. Agora se renovava o tratamento injurioso. Apenas, em vez de repreender-me, queriam prestar-me obséquio; no vexame e no desespero, via-me coagido a agradecer.

Voltei a sentar-me, com a impressão de ter levado um murro forte na cabeça. Porque diabo, entre quinze pessoas, fora o sujeito escolher-me para a indigna benevolência? A horrível distinção magoava-me em excesso, era talvez mais dolorosa que a familiaridade revoltante. Nada me faria aceitar o miserável presente; o móvel ficaria ali no abandono, a pejar a saleta. Olhei-o, rancoroso. Um traste ignóbil, sujo; tinha um palmo de altura, pouco mais ou menos. Procurei sinais de malícia nos rostos; alguém me considerava possivelmente um bicho quieto em demasia, submisso à ordem, pronto a receber favores daquela espécie. Examinava-me por dentro, ansioso, via próximo a figura arriada e mofina do velho Eusébio, estabelecia uma infeliz comparação e achava-me vítima de grande injustiça. Era razoável terem premiado as tendências pacíficas do velho Eusébio, amigo da religião e da propriedade. Escolhiam-me, e isto me deixava perplexo. Inútil buscar motivos.

Um grunhido rouco aliviou-me a apoquentação: Raimundo Campobelo resmungava a pequena distância. Parecia zangado e pregava em mim os bugalhos sangrentos. Esforcei-me por distinguir-lhe as palavras, mas o negro para bem dizer não tinha voz articulada. Grunhiu alguns minutos, em seguida entrou a bodejar um, protesto, sem se dirigir a ninguém. A firmeza dos olhos maus revelou-me que ele estava furioso comigo. Tentei decifrar a linguagem dura e revolta, conseguir adivinhar pedaços dela:

— Peste! A gente aqui vomitando os pulmões! Peste!

Outros sons perdiam-se no embrulho espumoso. Contudo as poucas sílabas inteligíveis foram bastantes para esclarecer a zanga despropositada:

— A gente aqui vomitando os pulmões! Peste! E dão cama a uma peste que não está doente.

Esperei vê-lo acalmar-se. Enfim o miserável troço ia ser útil e já não havia razão para acabrunhar-me. Surgia uma escapatória, respirei tranquilo. Não achando resistência, a cólera do vagabundo subiu. Espantava-me ver alguém excitar-se daquele modo. Um longo braço estirou-se para mim, da algaravia atrapalhada veio a ameaça clara:

— Peste!

Fingi desconhecer a ofensa; provavelmente o infeliz bruto ia sossegar. Deu-se o contrário. Mexeu-se rastejando, chegou-se a mim, disposto a briga:

— Peste!

Ergui-me impaciente:

— Meu amigo, vamos deixar de valentia. Você hoje é incapaz de fazer medo a uma criança. Está arrasado, não aguSenta um empurrão. Para que barulho? Pensa que vou dormir nessa porcaria? Tome conta dela. Há mais dois companheiros com os pulmões estragados Arrumem-se vocês três, que necessitam.

Van der Linden e Mário Paiva ensaiaram recusa, depois abriram as redes, tiraram lençóis, foram acomodar-se nas tábuas. Raimundo Campobelo deitou-se à beira, de costas viradas para os vizinhos. A arfar e a tossir, não mudou de posição. Nenhum gesto ao receber-me a proposta. Calara-se, a tromba feroz de repente murcha: de fato seria loucura, no estado lastimoso, arrojar-se à luta. Mas não dava mostra de haver recebido qualquer coisa. Era como se estivesse inteiramente só. Nem os dois malandros, Nunes e José, lhe mereciam atenção, Herculano, o estudante pálido, estirou no chão o capote largo e ofereceu-me lugar. Sempre me faziam esses convites nas horas difíceis. Estendi-me no colchão improvisado, junto ao muro. Por cima da cabeça de Herculano, eram visíveis alguns vultos caídos também na terra úmida, e, vinte centímetros acima deles, Van der Linden, Mário Paiva, os ombros curvos de Raimundo Campobelo.

No dia seguinte, depois do café, vieram buscar-nos e ainda uma vez nos catalogaram. Novas fotografias, novas impressões digitais em fichas. Estupidez. Imaginariam que as nossas caras eram outras. que os nossos dedos se transformavam, deixavam no papel marcas diferentes das primeiras? Voltamos à cela. E aí Nunes entrou a cochichar aos guardas, fingindo importância, esganiçando-se em risinhos. Chegando-me à grade para encomendar um maço de cigarros, vi-o mexer em dinheiro: com certeza pedia qualquer coisa. A hora do almoço, trouxeram-lhe comida superior à que nos deram em marmitas de folha. O idiota agarrou o prato, começou a exibi-lo a toda a gente com excessiva alegria, a voz estridente oferecendo explicações:

— Eu não disse? Eles souberam que eu tinha vindo.

Afastei-me do tipo desagradável: a parolagem aguda e o alimento causavam-me desgosto e enjôo. Mas Nunes queria forçar-me a admirar um pedaço de carne e rodelas de batata:

— Como foi que eles souberam tão depressa? Naturalmente os amigos deram aviso. Temos amigos na polícia. Está vendo? Bóia fina, de hotel. Só estou pensando no advogado. Será que ele chega hoje?

Nem me ocupava em simular atenção: virava o rosto, ia sentar-me longe do tagarela estúpido; sem se ofender, ele me seguia, o prato na mão Fui encostar-me aos varões de ferro, voltado para o exterior. O cheiro de gordura e o tinir das colheres repugnavam-me.

Terminou a refeição. No começo da tarde procurávamos embalar-nos em conjeturas quando a porta se abriu e nos anunciaram transferência. Ficavam no cárcere os três vagabundos. Num instante arrumaram-se os troços. Olhei pela derradeira vez a figura sinistra de Raimundo Campobelo, despedi-me de José, saí com os outros.

Deixamos o corredor sombrio, volvemos à direita, pisamos a rua, subimos a um carro, fomos trancados e rodamos. Veículo semelhante ao que nos levara à estação, na mudança para a Colônia Correcional: as paredes estavam cheias de furos pequenos; corriam por eles réstias escassas, e nessa luz intermitente olhávamos pelo crivo e era impossível orientar-nos. Sacolejos, corpos invisíveis caindo-nos em cima das pernas. O dia lá fora iluminava e informava os passageiros dos ônibus, dos bondes; ali dentro uma noite rápida nos envolvera.

Chegamos, a prisão móvel se destapou, descemos e achamo-nos em frente às grades altas da Casa de Detenção. Alegrou-me a esperança de voltar ao Pavilhão dos Primários, rever pessoas amáveis, distrair-me jogando xadrez, escutar as conferências de Rodolfo Ghioldi. Entramos. Novamente percorri as aléias de árvores chinfrins, ainda silenciosas; dentro em pouco todos os ramos se animariam na algazarra dos pardais. Ao virar uma esquina, avistei a cara ríspida e os cabelos grisalhos do chefe dos guardas. Reprimi o desejo de cumprimentá-lo, inquirir sobre o nosso regresso aos cubículos familiares. Seguimos noutra direção, fomos conduzidos a uma sala vasta, como a que tínhamos ocupado uma semana, antes de nos enviarem à Colônia. Os muros estavam pintados de fresco, e as tintas me produziram náusea e dor de cabeça Ao chegarmos, alguns sujeitos abandonaram as esteiras e fizeram-nos a recepção convencional, ruidosa, cheia de lugares-comuns e patriotismo. Embora repetida em excesso, a cordialidade vazia me impressionava. Um moço pálido e franzino, gingando, trauteou uma canção insípida e maluca.

Passo a passo, camarada.
Fracasso não é derrota.

Aludia ao malogro da insurreição, evidente; não queria admiti-lo e afirmava um disparate: fracasso não é derrota. Ainda as cantigas sem pé nem cabeça, enervantes; iam reproduzir-se as mesmas tolices ouvidas meses atrás. Herculano empoleirou-se no vão de uma janela, berrou com desespero, tentando comunicação. Gritos responderam, longe. E o *Hino do Brasileiro Pobre* nos chegou, desmaiado e incompleto:

Do norte, das florestas amazônicas,
Ao sul, onde a coxilha a vista encanta...

Bem. Os nossos amigos do Pavilhão. Era como se, no rumor confuso, me chegassem distintas as vozes deles. Benjamin Snaider largava o tabuleiro de xadrez, saía à plataforma, enviava-nos enérgico as boas-vindas, ritmadas, sonoras. A bocarra de Lacerdão se escancarava, o peito se alargava como um fole, imenso gorgolejo sobressaía no canto. Rodolfo Ghioldi não tinha parte na ruidosa manifestação: arredio e silencioso, preparava o esquema de uma palestra difícil. Valdemar Birinyi estudava a coleção de selos ou buscava entender-se com Sérgio num alemão desordenado.

Entre os indivíduos existentes no salão, um não se mexera ao entrarmos: permanecia a distância, a cara inerte, a vista fixa num livro. Examinei-o, curioso. Em meia hora não virou a folha. Quem era? Um lituano, informaram-me. Vivia assim mudo, o volume nas garras, e ninguém sabia como se chamava. Um conspirador, imaginei propenso a justificar-lhe a prudência: isolava-se por necessário orgulho, receio de comprometer-se no meio estranho e míngua de assunto: os homens ocupados em cantigas não o entenderiam. Muitos anos atrás, um vendedor ambulante, da Ucrânia, me explicara a revolução de 1905 e deixara-me a idéia esquisita de que todos os eslavos eram inteligentes. A literatura russa e as conversas de Sérgio fortaleciam a generalização. Cheguei-me à criatura impassível, ensaiei camaradagem, impertinente.

Ergueu os olhos baços, rosnou alguns monossílabos indistintos e mergulhou de novo na leitura, arrepiado. Grosseiro, pensei com azedume espiando, familiar e indiscreto, a cartonagem miúda. Era um método inglês, resumo bem vagabundo. A cara do gringo se imobilizava sobre um vocabulário de cinco ou seis palavras. Arredei-me, fui sentar-me a uma esteira. o moço pálido continuava a bambolear-se, percorrendo a quadra de um muro a outro, e sorria incitando-nos a acompanhá-lo:

Passo a passo, camarada.
Fracasso não é derrota.

Como não? O desconchavo repetido bulia-me os nervos. Claro que fracasso era derrota. Reprimi o desejo de afirmar isso ao rapaz, indagar se ele compusera o verso e exigir modificação.

Nordestinos e paranaenses, livres do abafamento no galpão infame, ressurgiam. Os bofes avariados de Van der Linden e Mário Paiva iriam cicatrizar. Anedotas obscenas espalharam-se, as mesmas ouvidas anteriormente, mas agora não provocavam hilaridade fria, convencional. Quem estaria a contá-las? Cabezon, provavelmente. Observei os arredores, agucei o ouvido: — "Numa sacristia, o padre novo"... Gargalhadas enormes no fim da história, a mesma já escutada. O remate era previsto — e ríamos apesar de tudo. Um Cabezon novo, isento de carrego de tijolos — homem. Homem a voltar à superfície. A fala engrolada de Zoppo tornou a embalar-me; os óculos do velho Eusébio já não revelavam a fraqueza angustiante; vagaroso, Petrosky andava procurando lugar; trepado na janela, aos gritos, Herculano era como um papagaio na gaiola. Abri a valise, inventariei panos sujos, não me decidi a usá-los: ficaria vestido na roupa de casimira, onde placas secas de lama se desfaziam, desbotavam. Animal sórdido. Tirei a gravata, afrouxei o colarinho; levantei as calças: os sapatos e as meias repugnavam-me. Sórdido. Agarrei um pijama, levantei-me, dirigi-me ao lavatório. Sórdido. Não pensara nisso, mas agora sentia perfeitamente, sabia perfeitamente que estava sórdido. Alguns metros à retaguarda, o rapaz débil gania, passo a passo:

Abaixo o integralismo,
O vômito do fascismo...

Bem. Vômito do fascismo — ótimo. Ruim era o homem dizer *intregalismo*. Achei um pedaço de sabão, enchi a pia, esfreguei a roupa com força, procurando tirar dela o mofo e a cardina. Distraí-me nesse trabalho cerca de uma hora. Esfrega inútil; dedos se inteiriçavam na barrela e a imundície permanecia nas dobras do pano. Achava-me felizmente de costas para os outros e não assisti ao jantar.

O chilro dos pardais anunciava lá fora a noite. Vieram luzes. Deixei a tarefa, regressei às anedotas de Cabezon, ao ronrom do velho Eusébio, à conversa lenta de Zoppo.

Nova curiosidade levou-me para junto do lituano, observei o livro aberto. A criatura não volvera a página, continuava na mesma lição, emperrado no vocabulário exíguo. Os faxinas entraram, conduzindo uma grande caixa. Lá estava a lembrança dos nossos vizinhos dos Primários, as reservas guardadas semanas e semanas para os famintos da Colônia Correcional.

Experimentei a exigência forte de açúcar, como na antevéspera. Insuportável a comida regular, mas o açúcar dava-me gana esquisita: fome canina de açúcar. De mistura com laranjas murchas e abacates, havia uma lata de goiabada. Imaginei o Pavilhão. Durante meses, quando nos comunicavam a existência de uma leva exausta, corríamos à plataforma, jogávamos para baixo as nossas economias. Sérgio devorava uma parte dos abacates levados por Emile nas visitas das sextas-feiras; guardava o resto para os homens doentes, meio mortos. Solidariedade realmente suicida. Os frutos verdes expostos no caixão deviam ser oferta dele. O frasco de geléia fora enviado por Adolfo Barbosa, homem rico, neto de senador e quase dono de um cubículo cheio de troços luxuosos. Até mesa e cadeiras.

Abri a lata de goiabada, comi um pedaço vorazmente. Quem a teria mandado? Súbita bulímia, coisa semelhante ao que, anos atrás, depois de longa inapetência, me agredira no hospital, mas agora apenas o açúcar me apagava as brasas da boca. Necessário escrever, narrar a mesa de operação; a cama dura, horríveis delírios, um tubo de borracha furando-me as entranhas como punhal. As cenas próximas já não me interessavam. Bobagem renovar as anedotas de Cabezon, as histórias de Zoppo, o andar vagaroso de Petrosky, a fraqueza do velho Eusébio. Se me decidisse a reproduzir essas coisas, mais tarde seria forçado a jogá-las na água, metê-las num buraco. E já me aborreciam, vistas em excesso. As dores no pé da barriga e a dormência -da coxa traziam-me ao espírito enfermeiros e serventes, cheiro de petróleo, a figura evangélica de padre José Leite, rumor de ferros na autoclave, as mãos ágeis de Clemente Silveira, sonhos, visões. Necessário fixar isso, achava-me na verdade perto disso.

Tomei a escova de dentes, encaminhei-me ao lavatório. Finda a higiene rápida, fui estender o pijama nos varões da grade. Tirei os sapatos, caí na esteira, adormeci.

IV

CASA DE CORREÇÃO

Fiquei ali apenas vinte e quatro horas.

— Seu fulano, transferência.

A roupa lavada na véspera ainda não estava seca. Embrulhei-a num jornal, meti-a na valise, abracei os companheiros, exceto o lituano, embrenhado no exercício penoso e um rapaz que na Colônia me ofendera querendo comprar-me um cigarro. Essa mesquinhez, apesar de velha, ressentia-me: a lembrança do homem sonso e risonho, de braço estirado, um níquel entre os dedos, não se apagava. Em minutos achei-me pronto:

— Vamos lá.

Para onde? Calei a pergunta, como de outras vezes; se a lançasse, não me dariam resposta. Imaginei regressar ao Pavilhão dos Primários. Engano, conduziram-me noutro sentido. Os renques de árvores pequenas, mansas a tesoura, não me forneciam orientação. Dobramos esquinas, saímos do edifício. Procurei em redor um daqueles temerosos carros, os tintureiros, marcados com um dístico, eufemismo extravagante: *assistência policial*. Jogam-nos ali, esmagam-nos, indiferentes à capacidade, e batem a porta; viajamos na treva e no calor, como bichos, atormentados pela desagradável assistência.

— Vamos, convidou um dos soldados.

Nenhum veículo. Diabo. Mexia-me a custo, e iam obrigar-me a nova marcha. De fato lamentei a ausência do automóvel fechado e escuro. Partimos, lá fui claudicando até a Casa de Correção, a pequena distância, entramos. Surpreso e inquieto, perguntei a mim mesmo porque me enviavam àquela prisão. Deviam estar ali, supus, as criaturas forçadas a cumprir sentença, e ainda não me haviam dito uma palavra a respeito dos meus possíveis crimes. Tinham-me obrigado longos meses a rolar para cima e para baixo; aplicavam-me agora uma condenação enigmática. Desapareceriam talvez as mudanças, as relações instáveis com vagabundos e malandros; estabelecer-me-iam num dos cárceres habitados por assassinos e ladrões perigosos. Chegamos à secretaria; um tipo de farda recebeu o ofício que ordenava a minha permanência ali e os condutores se retiraram.

— O diretor está à sua espera, declarou a nova personagem levando-me a um gabinete à esquerda.

Espantei-me. Antes do médico, na Colônia, o homem áspero que me exibira o telegrama e defendera os gatunos, nenhum diretor me havia posto os olhos em cima. Um queria ver-me. Ia interrogar-me, sem dúvida, arranjar outra ficha complicada. Ingressamos na saleta. Debruçado a uma banca, um velhinho escrevia. Ergueu-se, tomou do funcionário o envelope, correu a vista rápido na folha de papel, estendeu-me risonho a mão:

— Está bem. Muito bem. Chegou ontem, não?

— Sim, ontem. Ou anteontem, nem me lembro, respondi atarantado.

O tempo deixara de existir.

— Sua mulher esteve aqui hoje. Vai bem. Eu o esperava desde ontem. Houve atraso. Vou telefonar a ela marcando uma visita para amanhã. Vai bem. Toda a família vai bem. José Leite e Amália vão bem. Sabe que padre José Leite esteve aqui, procurando visitá-lo nos Primários? Não conseguiu a visita. Vai bem.

— É. Percebi a letra dele num pacote de frutas. Mas como é que o senhor conhece essa gente?

— Ah! Sou de Alagoas, nasci em Pilar. Vamos.

Pegou-me o braço, levou-me à porta. Essa incrível familiaridade perturbava-me. Difícil admitir que um instrumento da polícia, só por ter nascido na minha terra e conhecer parentes de minha mulher, procedesse de tal jeito. Inclinava-me a descobrir na linguagem simples do homenzinho idéias de corrupção. Mas corrupção porque, Deus do céu? Que diabo esperavam de mim? Estúpido imaginar terem posto ali uma pessoa do nordeste para engabelar-me. Receava comprometer-me e receava ser bruto com um vivente amorável. Ao passarmos a secretaria, o velho ordenou:

— Deixe a maleta aí, com a chave. Há uma formalidade.

Pus a valise em cima de uma banca, retirei-me em companhia do homem. No pátio, onde se erguiam edifícios altos, atravessamos vários portões de ferro; chegamos a um prédio velho de dois pavimentos. Grades abertas, sem vigias, surpreenderam-me. Além de um pequeno vão escuso, onde vi, direita, uma sala, provavelmente a casa da ordem, chegamos a um canto de terreiro, subimos uma escada. Lá em cima um guarda, que nos acompanhava, entregou-me a valise. Desembocamos numa espécie de antecâmara; vi na parede um espelho, avizinhei-me dele. Não contive uma exclamação de espanto:

— Que vagabundo monstruoso!

Estava medonho. Magro, barbado, covas no rosto cheio de pregas, os olhos duros encovados. Demorei-me um pouco diante do espelho. Não podia ver-me na Colônia, de nenhum modo avaliava os estragos, a medonha devastação.

— Que vagabundo monstruoso!

Horrível. Entramos num salão muito comprido, onde se alinhavam camas e janelas numerosas rasgavam as duas paredes externas. Havia ali umas cem pessoas. Ao pisar no soalho gasto, oscilante, reconheci alguns dos meus companheiros do Pavilhão. Vários se aproximaram, uma voz metálica soou perto:

— Você está morto, rapaz. Quantos dias faz que não come?

Voltei-me. Era José Brasil.

— Nem sei, muitos dias.

José Brasil saiu precipitado; ouvi-o descer degraus com forte rumor de tamancos. O professor Castro Rebelo trouxe-me biscoitos, Maurício Lacerda ofereceu-me duas maçãs.

— Tem pijama? inquiriu um homem atarracado e moreno, que logo me apresentaram: Rosendo, juiz de direito em Niterói.

Com certeza se arriscava a respeitar o *habeas-corpus* — e estava conosco

— Tenho. Imundo, uma porcaria.

O juiz afastou-se, minutos depois entregou-me um largo pijama Nenhum desejo me aparecia de comer as maçãs e os biscoitos, esquecidos numa grande mesa à entrada, tábuas nuas, soltas, em cima de cavaletes. Dirigi-me a um canto do salão, e só aí notei que havia luzes. Provavelmente a noite baixara antes da chegada, mas, na confusão da mudança, escapavam-me as horas. Apaguei uma lâmpada vizinha, despi-me, vesti-me. Em seguida, encaminhei-me à porta, segurando a valise: não havia perdido o hábito de fiscalizá-la. Voltei, joguei-a sobre o paletó e a calça amarrotados no chão.

Fui sentar-me num banco, junto à mesa. O diretor conversava animado, risonho e familiar. Tratavam-no por major e pareciam gostar dele. Nesse ponto José Brasil entrou com dois faxinas, que puseram diante de mim bules de café, leite e chá, um tabuleiro cheio de fatias de pão. Surgiu-me de repente a fome: bebi sôfrego um caneco de leite e comecei a devorar. Espantava-me o horrível apetite, depois da longa inapetência, e desgostava-me não conseguir moderá-lo. Portava-me como selvagem, mastigava sem descontinuar e envergonhava-me de estar causando impressão deplorável. Minutos antes as maçãs e os biscoitos provocavam-me repugnância. A esquisita avidez viera de golpe. Esforçava-me por adivinhar a causa dela, e isto era o único sinal de inteligência que ainda havia em mim. Bicho faminto, surdo, mudo. Não me achava inteiramente cego: via em redor médicos, engenheiros, advogados, jornalistas, oficiais do exército, gente que, meses atrás, lia e jogava xadrez no Pavilhão. A ausência de operários deu-me uma indicação: provavelmente estávamos na Sala da Capela, destinada a burgueses e intelectuais. Mas porque não estavam ali Rodolfo Ghioldi, Sérgio, Valério Konder, os Campos da Paz? Consumi todo o pão e esvaziei o bule de café. Aí choveram perguntas, mas, cansado, zonzo, senti preguiça de falar, catar lembranças.

A Colônia ia-se distanciando; a cama, a esteira, o lençol ensanguentado, a tatuagem de Gaúcho e os olhos ferozes de Alfeu confundiam-se. Teriam existido? Afligiu-me reconhecer lacunas em tão pouco tempo, vacilações na memória. Não me seria possível reconstituir o galpão, o refeitório, a generosidade estranha de Cubano, o estertor do vagabundo na imensa noite. A perda irremediável das folhas de papel mexia-me os nervos. Afugentei essas coisas, firmei-me na realidade próxima.

Estávamos na Sala da Capela? Disseram-me que sim e obstinaram-se em pedir notícias da ilha Grande. Mencionei as pedras escuras, os morros, as piteiras brilhantes no crepúsculo. O diretor, baixo, gordinho, atirando passos curtos nas pranchas desconchavadas, ofereceu-nos um trocadilho de caserna, pilhéria de sal grosso. Um sujeito se referira à ilha e às plantas: — "É a terra onde a pita abunda." Percebendo a cacofonia, emendara: — "É a terra onde abunda a pita." Uma hilaridade cortês e chocha acolheu a anedota.

Alheio às conversas, detinha-me na observação do ambiente e passava os dedos nos pêlos ásperos do rosto. Além de Castro Rebelo, divisei os outros dois professores da universidade: Hermes Lima e Leônidas de Resende. Também avistei Gikovate e Karacik, os médicos judeus, Francisco Mangabeira, Agildo, Moreira Lima, Sisson, Apporelly, Cascardo. Várias personagens, vistas anteriormente, formavam grupos na sala vasta e só mais tarde as reconheci.

— Preciso que me arranjem navalha, pincel, sabão, um pano para enxugar-me Estou horroroso, não posso dormir assim.

Trouxeram-me os objetos pedidos. Fui à saleta, descobri um lavatório, abri a torneira, lavei-me e esfreguei-me vagaroso. Chegando-me ao espelho para barbear-me, repeti com desânimo:

— Que vagabundo sórdido!

Como se transformava uma pessoa tão depressa? Escanhoei-me e alterou-se um pouco a figura semelhante aos ladrões, meus companheiros na Colônia Correcional. Mas a magreza, as órbitas fundas, as rugas, ainda me espantavam; não havia jeito de habituar-me àquele horror.

Voltei ao salão, procurei o indivíduo que me havia emprestado as miudezas e dei de cara com Walter Pompeu. Entraram faxinas, uma cama se armou. Fui recostar-me nela, morto de fadiga, a custo desamarrei os sapatos. Os olhos fechavam-se. Morto de cansaço. Não entendia nada. As perguntas que me fizeram ficaram sem resposta. O homem gordo e baixo deu mais alguns passos curtos no pavimento bambo e retirou--se Apagaram-se as lâmpadas. Sobre a mesa, à entrada, uma ficou acesa; alguém pôs sobre ela uma pantalha de jornal; criaturas vagas se acercaram, abriram volumes em roda. Sono, fadiga. Apesar disso, não me foi possível repousar direito. Adormecia, acordava. Sonhos atrapalhados, visões da Colônia, misturavam-se a figuras imóveis, sombras, guaritas altas, em cima de muros, apitos de sentinelas. O colchão e o travesseiro incomodavam-me, o lençol e a manta pareciam-me sujos de hemoptises.

Levantei-me de madrugada e fui sentar-me no banco, junto à mesa; esperei que as figuras em redor se mexessem. Na saleta, à porta, um guarda cochilava. Sombras lá fora, massas indistintas, prédios, árvores, rumores vagos, apitos. Fiquei debruçado na tábua cerca de uma hora, até que a luz da lâmpada esmoreceu e lá embaixo se espalhou a gritaria dos pardais. Estirando os olhos pelas janelas, distingui o terraço da Casa de Detenção e, longe, à esquerda, o vulto pedregoso da Favela, com uma igreja no cocuruto, fina e simpática.

O dia entrava no dormitório, as camas rangiam, alguns homens se levantavam e passos duros no pavimento desconchavado impediam o sono dos dorminhocos. Uma voz áspera indicou-me a presença de Moésia Rolim. Abandonei as ladeiras da Favela, examinei o interior, vi a distância, no fim da sala, as barbas de Apporelly, o roupão vermelho de Cascardo, Moreira Lima a ajeitar a funda, vagaroso. Um faxina apareceu na saleta; dirigi-me a ele e encomendei um par de tamancos.

— Agora, se for possível. Número quarenta, pouco mais ou menos.

O sujeito saiu, tornou pouco depois, entregou-me os pedaços de pau cobertos de lona, duas tiras grossas. Descalcei-me, experimentei-os:

— Bem.

Fui juntar à bagagem os sapatos enlameados. Ao abrir o porta-níqueis para fazer a paga, demorei-me a contar as últimas cédulas, e uma sensação de inferioridade me empolgou. Sentime fraco e desarmado. E necessitava banho. Vendo alguns indivíduos afastaram-se com toalhas, acompanhei-os, desci a escada. Lá embaixo, como na véspera, achei as grades abertas e sem vigilância. Entramos no pátio, dobramos esquinas. Os banheiros eram longe, ao pé do muro interno que nos separava da Detenção. Lavei-me com demora e fui secar-me ao sol: não me atrevera a usar a toalha pequena guardada na valise.

De volta, dirigimo-nos ao refeitório, no pavimento inferior. A primeira vista aquilo não diferia da Colônia. Tábuas nuas em cima de cavaletes, ladeadas por bancos estreitos e escuros. Mas o aspecto agradável da comida nos tabuleiros cheios, bules de metal areado, pratos e xícaras limpos desfizeram logo a abjeta comparação. Embora a manteiga estivesse rançosa, mastiguei o pão e bebi o café com prazer. Certamente influíram nisso as criaturas civilizadas que se sentavam próximo e devagar iam ressurgindo no meu espírito. As mesas se despovoaram e, finda a refeição, demorei-me um pouco ali, a fumar. O rapaz que me servira, gordo, baixo, inquieto, aproximou-se, disse-me que se chamava Aleixo e não era homossexual.

— Quem lhe perguntou isso? exclamei erguendo-me. A sua vida não me interessa.

— É que o senhor vai ouvir dizer que sou pederasta. E não sou. Juro que não sou, nunca fui.

— Está bem. Adeus.

Saí, galguei a escada. Lá em cima encontrei Walter Pompeu, que se sentara junto a mim no banco escuro.

— Ó Walter, quem é o tipo que nos serviu, o Aleixo? É doido, não?

Walter Pompeu narrou-me o caso de Aleixo. Não era doido. Marinheiro, longe da terra, vivera muitos anos amigado com um oficial. No mar essas coisas são naturais -falta de mulher. Por acaso, resolvera mudar de vida e casar. Achara fêmea num porto, quisera fixar-se nela, abandonar o navio, ser tipo decente, macho. — "Não quero saber mais disso." O oficial tinha direito sobre ele, tentara forçá-lo. — "Seu tenente, larguei isso e vou casar. Deixe-me em paz." O outro insistira, exigente. Aleixo matara-o. E condenado no júri, com larga pena, longe da noiva, tornara à vida anterior. O sentimento de culpa exteriorizava-se a cada instante — e esforçava-se por evitá-lo afirmando a toda a gente que não era invertido.

Um guarda moço, de olho vivo, apareceu, largou sobre a mesa um grande maço de jornais. Tirou do bolso uma caderneta e começou a arrolar encomendas. Cheguei-me a ele, pedi lápis e um bloco de papel. Na saleta alguns presos tinham arranjado uma pequena marcenaria. Aquela hora já serravam, aplainavam, manejavam com barulho, desajeitados, o escopro e o martelo. Especializavam-se na fabricação de cadeiras, talvez por termos vivido meses a sentir a falta delas. Havia ali diversas, outras se concluíam, móveis originais, discrepantes na forma e no tamanho. Uma idéia me levou a esquisita oficina. Obtive um pedaço de madeira. E com ele e barbante compus uma espécie de cabide, onde estirei a calça e o paletó amarrotado. Alguém me emprestou uma escova. Esfreguei os panos devagar, pendurei-os a um prego. Mandei lavar a roupa branca. E dediquei-me a limpar os sapatos, dar-lhes aparência razoável.

Em redor, nas camas, os presos liam, conversavam, discutiam a guerra civil da Espanha. Ao fundo, Apporeliy arrumava cartas sobre uma pequena mesa redonda, entranhado numa infindável paciência. Avizinhei-me dele, pedi notícias do livro que me anunciara meses antes: a biografia do Barão de Itararé. Como ia esse ilustre fidalgo? A narrativa ainda não começara, as glórias do senhor barão conservavam-se espalhadas no jornal. Ficariam assim, com certeza: o panegirista não se decidia a pôr em ordem os feitos da notável personagem. Lamentei aquele desperdício de tempo, embora também me achasse inútil, ocioso: quase um ano a jogar poker e xadrez, matar percevejos, ouvir hinos e discursos. Agora, depois do jejum prolongado, não me sentia disposto a recomeçar o trabalho. Enfim todos nós procurávamos atordoar-nos. Renovavam-se histórias narradas no Pavilhão e tinha-se como certa a vitória dos republicanos em Madrid e na Catalunha. Éramos crédulos em excesso e repelíamos zangados os telegramas favoráveis a Franco. Aliava-se a essa ingenuidade uma irritação nova. Certos indivíduos, anteriormente calmos, propendiam a bulha; sossegavam, mas uma palavra largada à toa os enraivecia. A demorada reclusão mudava os caracteres. A princípio um homem apenas me surgiu tranqüilo, usando os modos e a linguagem usuais lá fora, na cátedra: Hermes Lima. Embrenhava-se no estudo do alemão, compondo exercícios num caderno que se avolumava. Nenhum livro. E, na falta disso, Gikovate era gramática e era dicionário. Se Gikovate não estava à mão, Hermes recorria a um dos irmãos Cunha, os Cunhões, dois gêmeos perfeitamente iguais. Tenentes do exército, sul-rio-grandenses, falavam bem as duas línguas, podiam ser úteis a Hermes em caso de necessidade.

— Almoço, gritaram da porta.

Erguemo-nos, houve no tabuado um barulho de tamancos, descemos a escada gasta, carunchosa. Lá embaixo, no refeitório comprido, sentei-me no lugar ocupado pela manhã, à hora do café. Walter Pompeu estava junto de mim, e Aleixo, o desgraçado, nos servia. A comida era boa.

— As pontas da vanguarda... anunciou Rollemberg impingindo-nos uma série de triunfos imaginários.

Esse otimismo provocava riso. Estava ali parte da vanguarda, esparsa nos bancos estreitos e escuros, roída pelas dissidências, e outras partes se desfaziam nos cubículos da De tenção, na piolheira da Colônia. Chegou-me de novo a fome experimentada na véspera, durante algum tempo não escutei as reflexões de Walter a respeito de Aleixo, bambo e lânguido.

Voltamos, apareceram-me dores vagas nas pernas, deitei-me, fixei a vista na escarpa vermelha de um monte próximo. Barracos miseráveis, transeuntes raros a subir e a descer, um burro e uma cabra imóveis. Meia hora de observação fatigou-me. Baixei os olhos, uma guarita surgiu-me a poucos metros, cavalgando o muro alto. À tarde chamaram-me:

— Visita.

Bem. A promessa do diretor se realizava. Ergui-me, calcei os sapatos, envergueі a roupa única sobre o pijama de Rosendo, saí acompanhado por um guarda. Portões abriram se e fecharam-se no caminho percorrido no dia anterior, chegamos à secretaria. Minha mulher, à porta, recebeu-me com espanto:

— Como está magro! Porque raspou a cabeça?

— Pois sim! resmunguei. Isso dependia de mim. Devia estar gordo e cabeludo. Quanta inocência!

Afastei as explicações e fomos sentar-nos. Aí a criatura me forneceu novidades, esforçando-se por desviar coisas desagradáveis. O intuito era visível.

Inteirando- se da minha viagem para a Colônia, ficara satisfeita: ao menos lá, supunha, não me seria difícil encontrar mulheres.

— Encontrar mulheres? exclamei assombrado.

— Sim. Julguei. Uma dessas matutinhas da lavoura. No campo é fácil.

— Que estupidez!

Ciumenta em excesso, minha companheira achava natural que, depois de longa abstinência, me encostasse a fêmeas ordinárias. Essas não lhe faziam mossa. Tinha horror às senhoras educadas e inteligentes. O ciúme dela não era, por assim dizer, físico: era mental. Abandonou o assunto maluco e entregou-me cem mil-réis que recebera de uma revista argentina. A publicação do conto enviado a Benjamin Garay rendera vinte e cinco pesos.

— Diabo! A minha cotação lá é baixa. Em todo o caso isso veio em boa hora: estou sem dinheiro. Basta metade. Guardei cinquenta mil-réis, devolvi o resto.

— Como vai o livro?

Estava na composição, em provas.

— Que demora! Já devia ter saído.

O diretor apareceu, esteve algum tempo a recordar a sua mocidade, em Alagoas. Quando saíra de lá, a mãe da visitante era criança. Aí fiquei sabendo que o homem, oficial reformado, se chamava Nunes. A interrupção delicada, presumi, indicava o momento de retirar-me. Aquilo era encontro de exceção, explicou major Nunes, marcando a visita regular para sexta-feira, ao meio-dia. O velho me tratara por você, como se houvesse conhecido a minha família, inexistente, esfarelada no interior. Essa intimidade não me humilhava. Notei depois que ele se dirigia assim a toda gente: era como se os presos fossem seus filhos. Agradeci, despedi-me, regressei à Sala da Capela. E não consegui jantar. No fim da tarde o burro e a cabra desapareceram no morro, os transeuntes sumiram-se. Vozes furavam-me os ouvidos. Quanta gente! Hora do chá. Não me foi possível descer. Luzes. A guarita, em cima do muro, estava quase imperceptível. As dores cresciam. Não dormi direito. Gemi toda a noite.

Morema, o guarda moço de olho vivo, trouxe-me de manhã os lápis e o papel encomendados. Para que servia aquilo? As dores nas pernas anunciavam doença grave.

Iam do tornozelo ao joelho, era como se os ossos se estivessem desfazendo. Com o dia tinha diminuído um pouco, talvez por haver agora algum calor, mas a horrível impressão me chegava de que a parte inferior do esqueleto não agüentava o peso do corpo. Ossos a esfarelar-se. Polinevrite, beribéri — misturei esses nomes e desejei consultar Flávio Poppe, visto de relance, Gikovate, Karacik, um dos médicos presos. Falta de comida. Lembrava-me de ter passado pelo menos uma quinzena em jejum. Devia ser isso. Dificuldade em mexer-me até o banheiro, lavar-me, voltar, beber o café, subir a escada. As pernas não tinham consistência. Movia-me com medo. A qualquer momento as canelas iam desmanchar-se, mudar-se em algodão. Tíbias de algodão. Estranho aparecer-me aquilo exatamente ao chegar à Sala da Capela, onde não havia penúria. Alimentara-me — e as pernas negavam a sustentar-me. Já viera, com certeza, meio morto. A visagem medonha, percebida no espelho, atenazou-me de novo.

— "Que vagabundo monstruoso!" Não. Por fora já não estava assim. Raspado e ensaboado, metido em panos limpos, melhorara um pouco o exterior. Mas era uma desgraça por dentro. Convencia-me disso e receava mover-me: a carcaça miserável não me suportaria. Vagaroso, fui guardar na valise a encomenda inútil. E arriei na cama.

O vizinho da direita, Castro Rebelo, cerimonioso, tratava-me por senhor, para marcar distância. E eu, naturalmente, provinciano mesquinho, dava-lhe o título de professor e falava pouco. Nessa manhã Castro me fez uma consulta estapafúrdia: queria saber quando tinha sido publicado não sei que livro. Refleti, consultei a minha profunda ignorância, aventurei que, salvo erro, a obra tinha saído ali por volta do século XVI.

— Ora no século XVI! Eu queria saber o ano.

Isso me esfriou a espinha, reduziu mais a consistência do arcabouço frágil. Necessário mudar de lugar. Que seria de mim se o erudito, minucioso, me perguntasse o mês, o dia, a hora, o minuto? Naquela manhã Castro se achava de mau humor. Referindo-se à política nacional, atirou uma observação absurda.

— Não compreendo, atalhei. Como se explica isso?

— Não se explica, volveu o professor.

E largou um palavrão.

— Quando, na história do Brasil, lhe aparecer um fato inexplicável, procure a razão dele entre as coxas de mulher. Não se engana.

Aludiu à experiência de 1935, furioso e estridente.

— Parece que há algum exagero, aparteei. Não é tanto assim.

— Exagero? Então o senhor não sabe onde vive? O senhor está no meio dos maiores canalhas deste país.

O desaforo saiu com arrepio e gritos. Gikovate avizinhou-se:

— Professor, acalme-se.

— Vá para a puta que o pariu. Você também é um filho da puta, como os outros.

— Puxa! Que ferocidade! segredei ao médico.

E afastei-me com ele.

— A culpa foi minha, que o contrariei.

— Fiz mal em meter-me na vida alheia, murmurou o judeu pálido e encabulado. Não esperava aquela zanga. Está doente do ovário, sem dúvida.

Castro Rebelo excitava-se com rapidez incrível e não tinha papas na língua: expandia-se em fortes desconchavos, indiferente ao lugar, sem receio de atrair inimigos. Não atraía: os companheiros suportavam as cóleras maciças, que findavam logo.

Andei à toa de um lado para outro, folheei jornais. Ao cabo de meia hora encontrei-o razoável e normal, em palestra com Luís Lins de Barros, como se nada houvesse acontecido. Admirei a palavra sossegada, lenta. E ainda mais a mudança que percebi no interlocutor. Meses atrás esse moço me causara impressão lastimosa. Modos sornas, o olhar baixo, mordia um sorriso insignificante e expressava-se em voz bamba e vazia. Qualquer pergunta o deixava perplexo. Arrastava-se nos cubículos do Pavilhão como sombra, mosca-morta isenta de querer e pensar. Agora apresentava idéias, questionava. A fala era mofina e branda, mas num instante o homem suprimia um juízo firmado em observação longa. Retirou-se — e confessei o meu espanto:

— É estranho. Julguei até hoje esse rapaz um imbecil. Castro deu uma gargalhada, chamou:

— Luís, chegue cá, ouça isto.

E quando o outro voltou:

— Aqui o nosso amigo supunha que você era imbecil.

— Mas ele está certo, respondeu Luís de Barros, mole e vago. Sou realmente um imbecil.

— Para que finge? perguntei quase com raiva. Essa constante simulação deve fatigar.

— Não é simulação, tornou baixinho o original personagem. Acredite, sou um imbecil.

— Para o diabo.

Afastei-me. Que precisão tinha o homem de induzir a gente em erro? Se tinha receio de comprometer-se, evitaria sem esforço os cochichos revolucionários isolando-

-se, como Sérgio, comunista a princípio, depois trotskista, indeciso afinal, propenso a confusos estudos sobre feitiços do Egito.

Aquele engenho de ator, faculdade horrível de mascarar-se, despersonalizar-se, aterrava-me. Procurei desanuviar-me na companhia de indivíduos regulares. Ao centro, uma longa mesa, havia sempre alguns tabuleiros de xadrez. Pompeu Accioly apoderava-se de um, resolvia problemas difíceis, explicava a embasbacados pexotes os lances de partidas célebres. Perto, uma vitrola moía discos. Vergílio Benvenuto, o pijama aberto a exibir o peito cabeludo, saracoteava, balançava a enorme gordura, amolecido com os sambas de Carmen Miranda.

— É deliciosa, murmurava de olho aceso, como se visse a cantora.

No Pavilhão retraía-se, fugia às conversas, e durante semanas foi apenas o advogado de Agildo. Ambientava-se na Sala da Capela. Manifestava rara perícia no jogo de *crapaud* e referia-se a um penoso exílio na Europa, efeito da bagunça de São Paulo em 1932. Imitava a pronúncia lisboeta com perfeição. Vivia atenazado por imagens femininas. Sabendo-me de Alagoas, perguntou-me se conhecia uma sirigaita rica, amiga de aventuras fáceis.

— Sim, de vista. É medonha, um estrepe.

— É deliciosa, protestou Vergílio mordendo os beiços.

Distraí-me ouvindo coisas desse gênero. Mas precisava sentar-me: as pernas moviam-se com dificuldade nas tábuas movediças. Refugiei-me no extremo da sala, onde alguns metros de mosaico me davam sensação de firmeza. Apporelly, embrenhado na paciência, arrumava cartas na mesinha redonda; Moreira Lima, à esquerda, tossia, pigarreava, dizia a alguém pedaços de sua extensa viagem pelo interior, na Coluna Prestes; à direita, Maurício Lacerda riscava uma página de livro, riscava em demasia. Para que riscar tanto? Mais tarde acharia quase todas as linhas com riscos, e não descobriria nelas nenhum interesse.

A narrativa de Moreira Lima chegava-me incompleta e rouca. Depois de falar a um chefe de tribo nu e emplumado, o intérprete velho, meio selvagem, dissera a Prestes: — "Generá, tuxaua quer que você dê a ele fumo, cachaça e dinheiro. Cachaça e fumo pode dar, mas dinheiro dá para mim: caboclo brabo não tem que fazer com dinheiro." Bororo estragado pela civilização.

Na cama de Maurício Lacerda havia uma colcha de seda rósea, escandalizando os nossos lençóis ásperos, as mantas de lã grosseira. Um tabique ao fundo. Cheguei-me a ele, descerrei uma portinhola, vi um altar, velas queimadas, santos a esconder-se na igreja mudada em prisão. Fechei a porta, voltei a aperuar o xadrez, a entreter-me com as músicas da vitrola. Embora a fome canina tivesse desaparecido, almocei e jantei. Mas à hora do chá as pernas se negaram a descer a escada. Arriei na cama, a gemer, não consegui dormir.

Apagaram-se as luzes. Os gemidos subiram, e assaltou-me a recordação viva do hospital. Era assim que me comportava naqueles dias pavorosos, a barriga aberta, um pedaço de borracha a furar-me as entranhas. Impossível calar-me. Os gritos renovavam as torturas do hospital. Não havia meio de contê-los. Castro Rebelo, Cascardo, Moura Carneiro e Orlando Melo, deitados nas camas próximas, ficariam a noite acordados por minha causa. A certeza disso me destruía. Forçavam-me a perturbar o sono dos outros. Suponho que essa miserável idéia aumentava as dores. Ergui-me, capenguei até a saleta, caí numa espreguiçadeira. Um guarda amparou-me:

— Que é?

Conhecendo-me os sofrimentos, andou algum tempo a sair e a entrar. Envolveu-me as pernas, colocou-as em cima de um tamborete, puxou uma cadeira, sentou-se junto a mim.

Estava de vigilância, à porta, mas afastou-se dali dois metros para fazer-me companhia. E entrou a conversar, lento, grave e enrugado. Pouco a pouco serenei, pude atentar nas palavras do homem. Resvalamos no diálogo. Era português, chamava-se Marques, tinha trinta anos de serviço. Levantava-se de quando em quando, trazia-me uma xícara de café.

— Obrigado, seu Marques. Não se incomode.

— Ora essa! Beba. Não me custa. Os senhores não são presos, são hóspedes. Janelas sem grades. Então? As grades são lá embaixo. Cá em cima não há grades. Hóspedes. E nós estamos aqui para servi-los.

Esse disparate fez-me rir e afugentou a lembrança do hospital:

— Hóspedes à força. Bonito.

— Ah! Isso é outra coisa. Não sei da vida dos senhores lá fora. Nem quero saber. Aqui são hóspedes.

Major Nunes apareceu, estranhou ver-me desperto à meia-noite, as pernas entrapadas:

— Doente?

— É. Deve ser falta de nutrição. Uns quinze dias sem comer.

— Pois não há motivo para uma pessoa morrer de fome; disse o velho. A comida chega para todos. Eu ainda não recebi verba para alimentar vocês. Os presos políticos estão sendo sustentados com a bóia dos presos comuns. E o que temos dá de sobra.

— Onze mil-réis por dia para a manutenção de um homem. Ouvi dizer. Na Colônia Correcional não gastamos a décima parte disso. E éramos novecentos. Bom negócio a nossa morte.

O diretor saiu, demorou-se um pouco no exame do longo dormitório. Achou as coisas em ordem. Voltou, correu a vista pelos instrumentos da marcenaria improvisada e retirou-se. Nunca vi funcionário compenetrar-se tanto dos seus deveres, sempre disposto a infringi-los. Parece que o regulamento lhe servia para fazer tudo pelo avesso. Como um pai de família bonachão e confiante, deixava ao alcance dos nossos instintos formões, goivas, escopros e martelos. Não se conservaria no cargo, disse comigo. Na Detenção haviam-nos tomado até cordas.

Fugia-me o sono, mas provavelmente não me achava tão mal como supunha no isolamento e no escuro, a rolar no colchão e a gritar. Podia ficar imóvel, ouvir as histórias do guarda, a vida de criminosos exaltados muitos anos antes na crônica policial. Curvado nas pranchas dos cavaletes, Nemo Canabarro Lucas se embebia num grosso volume, à luz curta da lâmpada envolta na pantalha de jornal. Com certeza se enchia de matemática. Barulho de passos: Amadeu Amaral Júnior andava inquieto, surgia à porta como um grande fantasma, desaparecia na sombra. Dormira o dia inteiro, nem tinha descido para as refeições; homem de imprensa, habituara-se a viver à noite. Alguém exigia silêncio. Amadeu Amaral Júnior não fazia caso disso. Sentava-se afinal perto de Nemo, escrevia rápido, como se estivesse numa redação. Levantava-se, ia procurar assunto no ruidoso passeio, novamente abancava, o grosso punho movia-se no papel. Marques narrava-me a existência dos presidiários e concluía:

— Antigamente eles não tinham essa liberdade que têm hoje. Fumam na presença de um guarda, parecem donos disto.

Ia buscar uma xícara de café, ajeitava-me nas pernas a manta, volvia à idéia suspensa.

— Existia disciplina. Acabou-se a disciplina. Fumam na presença de um guarda. Está errado.

Pretendi convencê-lo de que estava certo; Marques não admitia razões.

— Quantos crimes se davam aqui por mês naquele tempo?

— Alguns

— E atualmente?

— Ora! Não se trata disso. Já não há crimes, é verdade, mas precisamos disciplina.

O ótimo sujeito ganhara cabelos brancos e rugas no ofício desagradável, e para agüentar-se nele julgava necessário exibir aspereza. Estendendo-me a xícara de café, perguntava com voz dura:

— Está melhor?

Essa incongruência manteve-me acordado várias horas. Amorteciam-se as dores; as lembranças do hospital atenuavam-se. Adormeci pela madrugada.

A lembrança do hospital se agravava quando me abatia preguiçoso no colchão, de barriga para cima, a olhar os casebres do monte, os indivíduos que subiam e desciam a ladeira vermelha. E o desejo me chegou de narrar sonhos, doidice, rumor de ferros na autoclave, os gritos horríveis de uma criança, um rosto sem olhos percebido na enfermaria dos indigentes e as ronceiras pancadas de um relógio invisível. Já me surgira a idéia de escrever isto. Voltava agora com insistência. Naquele tempo, no delírio, julgava-me dois. A parte direita não tinha nada comigo e se chamava Paulo. Estava podre. Clemente Silveira poderia facilmente separá-la de mim, serrar-me pelo meio, deixar o lado ruim no mármore do necrotério, deixar o outro viver. Essa estupidez, que me assaltara na Colônia, regressava com força grande, impunha-se. Homem sem olhos, pavorosa máscara de esparadrapo, horas a pingar fanhosas num relógio invisível; o pensamento louco de conseguir desdobrar-me, enviar ao cemitério a banda estragada. Porcaria. Enfim a necessidade urgente de escrever dois contos: pegar de qualquer jeito o relógio do hospital e Paulo. Seriam contos? Não sei fazer contos: precisava livrar-me daquilo, afastar o hospital g dormir. Dormir, não ver o morro que me perseguia, barracos ocultos em folhagem, o burro e a cabra imóveis, transeuntes a descer, a subir Desenrosquei-me, desci da cama, tirei da valise os petrechos fornecidos por Moreira, o guarda moço de olho vivo, fui sentar-me bambo a mesa do centro, junto a baralhos sujos e tabuleiros de xadrez.

— Uma partida de *crapaud*, Jorge, convidavam na vizinhança.

Jorge El-Jaick, um árabe esgrouviado, concordava sempre

— Sim, podemos.

Nunca lhe ouvi outras palavras depois do convite. Nascido no Brasil, perfeitamente nacional, já nem sabia que era filho de mouros. Perto dele, de Pompeu Accioly, entrei a mexer no relógio do hospital, vagaroso. Vagarosos, eu e o relógio. O tique-taque se arrastava com preguiça, e a composição também rolava assim. Duas, três linhas, suspensão e bocejos. Desviava-me da folha, distraía-me ouvindo os comentários de Pompeu Accioly ao jogo famoso de Capablanca. Imergia depois no trabalho, jogava com esforço no papel o homem sem olhos, máscara de esparadrapo vista na enfermaria dos indigentes, a agonia da criança, os ferros na autoclave, delírios, a impertinência do mecanismo roufenho e desconchavado. Francisco Mangabéira, Chiquinho Égalité, como dizia Gikovate, mudava os discos da vitrola. Os irmãos Cunha respondiam a consultas de Hermes Lima. O professor Leônidas Resende, inerte e silencioso, escondia-se debaixo do lençol e do sorriso cortês e frio. Amadeu Amaral Júnior, descoberto e quase nu, ressonava. A composição me trazia enorme cansaço, deve ter rolado bem uma semana. De quando em quando emperrava. Certa manhã, depois do café, esbaforia-me nela enquanto em roda se espalhava uma desordenada mistura de conversas. Com a mão a pesar-me no ombro, Agildo Barata seguia a escrita.

— Isto é contra mim? disse alguém.

Suspendi a tarefa, divisei a figurinha do major Nunes junto à mesa.

— Não, não vale a pena. De repente chegam as transferências e perco a minha literatura sobre cadeias. Já me aconteceu isso duas vezes. Estou arrumando coisas inocentes.

— Esteve aqui um sujeito. Fulano. Conhece? Filho da puta. Em poucos meses conseguiu liberdade e atacou-me num livro. Esses jornalistas são uns filhos das putas.

— O homem andou com acerto, respondi. É o que vou fazer quando estiver solto. Não há lá fora o risco de nos tomarem os originais.

O velho riu grosso. E, falando sério:

— Como é que você pode escrever no meio deste barulho, o Agildo pendurado num ombro?

Saiu, voltou, chamou-me à saleta, abriu uma porta vizinha a escada, introduziu-me numa oficina de encadernação. Todas as mesas estavam ocupadas, máquinas e operários moviam-se ruidosos.

— O serviço acaba às três horas, explicou major Nunes. Traga para cá os seus troços à tarde. Chame um faxina, mande fazer café no maçarico, tranque-se. Ninguém o incomoda. Fica em sossego até a noite.

Agradeci. Boa ideia. Mas despedi-me inquieto. E a inquietação muitas vezes reapareceu no futuro. Ser-me-ia possível, recebendo o favor e os sorrisos, ver com imparcialidade aquela personagem? Se tentasse descrevê-la, talvez propendesse a exagerar-lhe a benevolência. Parecia-me injusta a acusação do jornalista, embora não a tivesse lido. Isso me perturbava, levava-me a buscar refúgio em pensamento oposto, dizer a mim mesmo que um funcionário da polícia nenhum obséquio nos fazia em ser lhano e com certeza se mos trava generoso para amolecer-nos, comprar-nos. Inclinava-me então a escusar a dureza do jornalista. Se exibíssemos ao público as amabilidades imprevistas, acabaríamos por tornar a cadeia um lugar desejável, mostraríamos conivência infeliz com os nossos opressores. Da vaga narrativa que me flutuava no espírito resolvia-me a afastar uma bondade suspeita. Reconsiderei-a falta de sinceridade estragaria sem dúvida a história. Afinal o bom trato que me concediam ressaltava os dias intermináveis de jejum, o sono curto no chão molhado, a ficha amarela, as grosserias de selvagens bêbedos. Impossível esquecer o porão do Manaus e a Colônia Correcional. Achava-me doente, arrasado, vivia com uma teimosa resistência. O guarda zarolho confessara abertamente o desejo de matar-nos. A oferta do major, as xícaras de café e a paciência do velho Marques não eliminavam esse desígnio sinistro. Nem atenuavam sérias amolações que ali existiam, apesar de estarmos agora em ambiente civilizado. Era penosa a convivência inevitável com pessoas diferentes de mim; certas opiniões afligiam-me; a voz áspera de Amadeu Amaral Júnior intensificava-me as dores. E atenazava-me o receio de voltar à Colônia, viajar outra vez no porão do Manaus. Duas semanas, ausentes os encadernadores, ia isolar-me na sala atravancada, apossava-me de uma banca pulverosa e embrenhava-me a custo em sofrimentos velhos. Findei o "Relógio do Hospital" e o desvario que me desdobrara. Iniciei o terceiro conto. Mas esse era lastimoso e pingava com extrema dificuldade. Realmente a composição marchava sem dar-me interesse; absorvia-me nela para livrar-me das conversas tumultuosas, de confidências e planos insensatos Desânimo. Pouco provável quererem os jornais brasileiros aceitar-me a colaboração. Restava-me passar os contos a minha mulher, pedir-lhe que os datilografasse e enviasse a uma revista argentina. Pagar-me-iam setenta e cinco pesos por eles.

As visitas se realizavam às sextas-feiras, no Cassino, pavimento superior de uma casa vizinha à nossa prisão. Embaixo, uma sapataria, de rendimento escasso. Perto, a alfaiataria, dirigida pelo Sousa, um tipo digno em excesso. Metido na roupa ignominiosa, onde as listras, muito lavadas com ácido cítrico, desmaiavam, tinha a grave compostura de um negociante próspero; e exibia um desinteresse na verdade estranho naquele meio. Os faxinas me pareciam gananciosos, estavam sempre a receber pequenas gorjetas. Com vergonha de apresentar no Cassino a roupa machucada, suja, um rasgão considerável no forro do paletó, pedi ao alfaiate que a endireitasse. O homem fez o trabalho e recusou o pagamento.

— Ora essa! teimei surpreso e um pouco humilhado. Faça o favor de dizer quanto devo.

E estendi-lhe uma nota. Sousa nem a olhou: deu-me as costas, a apresentar zanga. Sexta-feira, logo depois do café, iniciávamos os arranjos. Largavam-se os trapos ordinários, amarravam-se gravatas, o barulho dos tamancos se reduzia, na saleta indivíduos se barbeavam com exagerada pressa. Melhorávamos o exterior e íamos debruçar-nos às janelas, examinar o pátio, esperando que algum parente ou amigo conseguisse avistar-nos antes da hora. Os casais separados viviam a imaginar encontros de exceção, forjavam-se pretextos engenhosos para obtê-los. O diretor se deixava engabelar às vezes: -

— Qual é a mentira de hoje? Festa de aniversário, viagem, profissão?

A companheira de um oficial ia ao extremo nesses embustes.

— Eu alcanço tudo, confessou em voz baixa na secretaria. O major é uma banana.

Alguém escutou a frase, e o cochicho infeliz chegou aos ouvidos do major, que desabafou mais tarde:

— Que é que vem pedir? Qual é a mentira? Você me chamou banana.

A criatura empalideceu e tremeu.

— Pois eu lhe vou provar... tornou o velho furioso. Preste atenção. Vou provar... que sou uma banana mesmo. Que é que você quer?

Ao meio-dia escancaravam-se os portões, e de longe percebíamos saias em quantidade e uma algazarra alegre. Poucos homens. Descíamos rápidos, em alvoroço, passávamos grades de ferro, subíamos uma escada, entrávamos no Cassino. E os pares se formavam nas filas de cadeiras juntas aos muros longos. Esquecíamos o ambiente e resvalávamos nos casos pessoais; era como se não estivéssemos em público. Expansões íntimas, beijos, segredos a rolar num burburinho. Era enervante o ruidoso prazer minguado. Uma linda rapariga se altruçava a um tenente. Pobrezinha. Casara no mês anterior à desordem, e só podia ver o marido naquela situação precária. Suspiros, soluços estrangulados, espasmos lentos.

A pequena distância dos amores incompletos zumbiam conversas ponderadas, arrastavam-se negócios, projetos realizáveis num futuro cheio de incertezas. Numa dessas reuniões, a primeira ou segunda em que figurei, minha mulher apresentou-me alguns livros e uma revista literária. Abri um volume, *Usina*, de José Lins, vi uma imprudência: dedicatória a mim. Além disso o escritor me remetia um desconchavo a lápis na capa da revista. Bobagem. Rasguei a página, meti-a no bolso, joguei um conselho:

— Diga a José Lins que deixe de ser burro. Dedicar-me o romance quando eu estava na Colônia foi temeridade, não valia a pena arriscar-se. E enviar bilhetes é doidice. Se ele quiser falar comigo, mande um recado por seu intermédio. Coisa verbal, nada de escrita. Pedacinhos de papel como este, caindo em certas mãos, trazem uma pessoa para cá. E não nos interessa a companhia de José Lins.

Estive a folhear os outros volumes: novelas estrangeiras oferecidas por José Olímpio, *Mar Morto*, de Jorge Amado, a *Luz no Subsolo*, de Lúcio Cardoso. Pensei nos meus originais encalhados na tipografia, pedi notícias:

— E essa droga não vai para diante?

Ainda em provas. Diabo. As amostras de ficção nacional pesavam-me nos joelhos e me traziam desassossego. Estaria o editor com receio de comprometer-se, perder a tiragem?

A infeliz ideia me frustrava o desejo de emendar os contos: não seriam publicados. E a preguiça tinha desculpa. Retirei-me num desânimo estúpido. Aquela hora Vergílio Benvenuto arrimava-se a uma janela, estendia os olhos às visitantes que regressavam, desapareciam no lusco-fusco além dos portões. Ficara ali de pijama, a chatear-se, pôr discos na vitrola, remoer lembranças. Via saias distantes e expandia a irritação numa aspereza segredada:

— Malucos. Excitam-se, excitam as mulheres à toa e vêm deitar-se. Elas saem para a rua num fogo dos diabos. Precisam corneá-los, está visto. De quem é a culpa? Deles.

Abandonei o conto chinfrim, meti-me alguns dias na leitura dos romances. Estranhei ver José Lins afastar-se da bagaceira e do canavial, tratados com segurança e vigor em obras anteriores, discorrer agora sobre Fernando de Noronha, onde nunca esteve. Um crítico absurdo o julgara simples memorialista, e o homem se decidia a expor imaginação envolvendo-se em matéria desconhecida. Pessoa de tanta experiência, de tanto exame, largar fatos observados, aventurar-se a narrar coisas de uma prisão distante. O indivíduo livre não entende a nossa vida além das grades, as oscilações do caráter e da inteligência, desespero sem causa aparente, a covardia substituída por atos de coragem doida. Somos animais desequilibrados, fizeram-nos assim, deram-nos almas incompatíveis. Sentimos em demasia, e o pensamento já não existe: funciona e pára. Querem reduzir-nos a máquinas. Máquinas perras e sem azeite. Avançamos, recuamos — nem sabemos para onde nos levam. Zanguei-me com José Lins. Porque se havia lançado àquilo? O admirável romancista precisava dormir no chão, passar fome, perder as unhas nas sindicâncias. A cadeia não é um brinquedo literário. Obtemos informações lá fora, lemos em excesso, mas os autores que nos guiam não-jejua ram, não sufocaram numa tábua suja, meio doidos. Raciocinam bem, tudo certo. Que adianta? Impossível conceber o sofrimento alheio se não sofremos. O começo do livro de José Lins torturava-me. Quase desejei ver o meu amigo preso. Recusei a afirmação de que a presença dele não nos interessava. Se ele estivesse conosco, jogaria no papel com firmeza as nossas almas aflitas, a morte a pingar, dias, meses, em porões, em cárceres úmidos. Lembrei-me das palavras de Medina, alguns dias antes da minha viagem à Colônia. Seria bom eu viver lá, observar aquilo. Engano. Arrasara-me, o espelho me exibira um vagabundo monstruoso — e as notas arrumadas com lentidão estavam debaixo da esteira, na cama suja de hemoptises. Esforço perdido. Não me seria possível reconstituir Gaúcho, Paraíba, seu Mota, guardas ébrios, o diretor magro, Alfeu a dar pontapés num molambo de gente. Isso era trabalho para José Lins, retratista de almas, capaz de movimentar uma sociedade. Senhores de engenho, trabalhadores do eito, sinhás-moças, negras velhas mais ou menos escravas, mexiam-se à vontade na obra séria do romancista excelente. Bueiros, caminhos, árvores e rios, canaviais. E pessoas vivas. Tudo vivo. A tia medonha, as primas, estavam vivas. E os lugares também viviam. Agora, comprometido e célebre, dava-nos coisas mortas. Para que, Deus do céu? A exigência do leitor ou do crítico não deveria levá-lo a desonestidade. Afastei a palavra dura. Não era bem isso. Ingenuidade, sim, ingenuidade. Esperávamos dele a experiência. Surpreendi-me a dizer coisas tolas:

— Somos sapateiros. Devemos fazer sapatos, bons sapatos. Para que fabricar pulseiras e brincos? Sapateiros, bons sapatos.

Os meus sapatos ainda apresentavam nódoas de lama vermelha. Necessário engraxá-los. Essa mistura me desagradava. Finda a leitura, mandei encadernar o volume, com a idéia de recolher autógrafos nele. Perdidas as notas, essas letras me avivariam recordações mais tarde. Sem dúvida muitos caracteres se diluiriam no tempo, casos miúdos se esfumariam sem deixar vestígio, mas talvez resistissem as personalidades fortes, ações firmes, um diálogo, um gesto inesperado. E iniciei a colheita por Walter Pompeu. Walter agarrou a pena, encheu uma página de frases amáveis. Folheio agora o livro, e reaparecem-me, logo no começo, Agildo Barata, Castro Rebelo, Gikovate, Cascardo, Moura Carneiro, Maurício Lacerda,

Karacik. As assinaturas vão até a folha 257 Algumas são curiosas. A de Moreira Lima hesita e ondula, quase ilegível; a de Apporelly encerra-se numa oval; a de Francisco Mangabeira está feita em duas linhas. Consegui mandar o romance ao Pavilhão dos Primários, e recebi os nomes dos companheiros de lá, Benjamin Snaider, Rodolfo Ghioldi, Sérgio, Valério Konder, os dois Campos da Paz, Lacerdão. Realmente numerosas criaturas desbotam hoje no papel e dentro de mim. Outras surgem com relevo.

A folha 249, Agrícola Baptista, o Tamanduá, aparece-me de volta da Colônia, meio nu, sujo, magro, barbudo, o crânio liso. Um sujeito causou-me surpresa.

— Deixe aqui o seu jamegão, Luís.

Luís de Barros pegou o livro, esteve alguns minutos a percorrê-lo, minucioso, e perguntou com voz dormente:

— Para quê?

— Ora essa! Quero guardar uma lembrança de vocês.

O homem recusou-se:

— Não topo. Não caio em provocação.

Ressenti-me:

— Qual é a provocação? Maluqueira.

— Sou prudente, não sei para que é que isso vai servir.

— Está bem. Não insisto.

Luís de Barros continuou a eximir-se, afetando excessivo receio O fingimento, dias antes percebido, me enjoava.

— Não devemos confiar em ninguém. É preciso termos prudência.

Ficou dez minutos a explicar-se, mordendo um sorriso, mastigando as palavras. Em seguida escreveu o nome com muita clareza na folha 25.

Amadeu Amaral Júnior anunciou-me ruidoso uma novela. Era nisso que trabalhava à noite. Durante o dia roncava, branco e nu, mordido pelos percevejos. Erguia-se, arreliava-se à toa, dizia algumas inconveniências, tornava a deitar-se. Depois das onze mexia-se para um lado e para outro, os pés enormes batendo os tamancos sujos com grande barulho. Não dormia nem deixava os vizinhos dormirem. Nunca vi pessoa tão egoísta. Abeirava-se da mesa, sentava-se num banco, mastigava fatias de salame, escrevia junto a Nemo Canabarro Lucas, uma estátua curvada sobre o compêndio.

Novela. Resignei-me a escutar a novela; realmente com má vontade, lembrando--me do conto lido meses atrás no Pavilhão. Naquele tempo grassava na cadeia uma epidemia literária. Os militares abandonavam a tática e a estratégia, pendiam para a ficção; Agildo Barata e Álvaro de Sousa tinham feito romances, na verdade relatórios sobre a luta no 3.º Regimento. O de Agildo não era muito ruim, tinha pelo menos um capítulo razoável. A história de Amadeu Amaral Júnior deixou-me enervado e besta. Não estava mal escrita — nem bem escrita. Não havia nela um chavão — nem uma idéia. Pronomes no lugar direito, o pequeno vocabulário em ordem, nada mais. Uma dessas coisas que nos dão azia e contrações no diafragma. Que diabo queria Amadeu Amaral Júnior dizer com aquilo?

Finda a leitura, fiquei em silêncio, de cabeça baixa, procurando um elogio em vão, estúpido. Nunca me comporto assim. No desagradável papel de juiz em casos de literatura incipiente, reduzo os defeitos e exagero as coisas boas que porventura existam. Arrisco alguns conselhos, depois me desdigo posso estar enganado Os principiantes não devem confiar nas minhas fracas luzes obtidas com vagar no interior e na solidão. Posso estar em erro. Enfim não sou franco. E é bom não sermos francos, suponho. Ignoramos as possibilidades da criatura que nos exibe um trabalho ordinário. Hoje é trôpega e amanhã dá um salto. Desenvolvemo-nos em saltos imprevisíveis. Aliás os autores novos querem apenas enganar-se quando nos exigem sinceridade: valorizam a aprovação infalível, não têm força para andar e buscam arrimar-se numa autoridade imaginária. Se fôssemos honestos, zangar-se-iam. Fizeram obra excelente e desejam que afirmemos isto. A novela de Amadeu Amaral Júnior deixou-me em horrível constrangimento Vazia e de vacuidade contagiosa. A minha frieza levou o rapaz à cólera. Já se havia comportado assim no Pavilhão, ao mostrar-me o conto Era um escritor, e as opiniões dos outros não tinham para ele nenhuma importância. Era um escritor. Causava-me desgosto a repetição burlesca e estridente; não me aparecia o mínimo desejo de oferecer ao moço uma generosa mentira. A vaidade inconcebível mantinha-me em reserva hostil. Uma dúvida me chegou: seria a composição que me desagradava ou o homem? A voz áspera me arranhava os ouvidos como lixa, era-me impossível ouvi-la sem irritar-me, e isto me prejudicava o julgamento. Considerava--me injusto. A novela não prestava, mas talvez não fosse tão má como eu supunha. Apesar disso, a impressão ruim permaneceu e afastou-me da criatura que se gabava. Um escritor. A pimponice ridícula me aborrecia. Perfeito exemplar da raça nórdica, superior. Olhos azuis, músculos rijos, pés enormes nos tamancos sujos, barulhentos. E era aquilo: nem me dava a oportunidade comum de largar, condescendente, alguns adjetivos malucos.

Fui refugiar-me no fim da sala, na firmeza do mosaico, perto do altar. O soalho instável fazia-me pensar no porão do Manaus. E as palavras de Amadeu Amaral Júnior agravavam-me as dores, feriam-me, entravam-me nos ossos como pregos. Os meus ossos decompunham-se; esta miserável impressão continuava a perseguir-me; ia mudar-me numa trouxa bamba, sem esqueleto. Agora já não era preciso mexer-me em pranchas movediças; pisando terreno firme, consolidava-me um pouco. Maurício Lacerda riscava sem descanso as páginas da brochura. Sentado à mesinha redonda, Apporelly arrumava cartas. Homem capaz, não se resolvia a parir o excelente livro que tinha na cabeça, desperdiçava as longas horas consultando o baralho. Ainda uma vez considerei-me injusto, desarrazoado. Como julgar boa a obra de Apporelly, ainda não escrita? Devia ser boa. Possibilidade, probabilidade. A de Amaral era horrível, não porque estivesse mal escrita, mas porque não tinha nada no interior. Havia-me sujeitado a ouvi-la sem atenção, predisposto a julgá-la ruim E inclinava-me a supor que a obra de Apporelly fosse magnífica, obra ainda vagamente planeada. Pensamentos anteriores, dois, três anos anteriores às tábuas carunchosas, davam-me a certeza de que ele faria, se quisesse, coisa séria. Surpreendi-me a comparar essa coisa séria, nebulosa, com outra realizada, a história chinfrim de Amadeu Amaral Júnior, ouvida com desgosto. Achava-me a comparar trabalhos inexistentes, alargava-me em opiniões sobre eles. Como estabelecer a comparação? E enraivecia-me ver Apporelly gastar precioso tempo no exame de cartões pintados e Amadeu consumir noites em cima dos cavaletes, enchendo papel com tolices, mordendo fatias de salame e aperreando Nemo Canabarro Lucas, embrenhado na matemática.

Walter Pompeu cortou-me o almoço e o jantar. Sentava-se à minha direita, na primeira mesa. E, percebendo o horror que me inspira o homossexualismo, iniciou um jogo desonesto no refeitório. O horror se atenuava naquele meio; a relatividade moral se impunha, era absurdo pretender que indivíduos sujeitos anos e anos ao regime carcerário procedessem como pessoas livres. Necessário justificá-los. Mas isso ficava em explicação, e afastava-me dos corpos imundos com excessivo nojo. Esforçava-me por vencer a repugnância. Poderia dizer onde estava o normal, o anormal? Certo dia, barbeando-me na saleta, vi no espelho o mulato Pernambuco, faxina, em namoro com um rapazola penteado e lânguido. Pernambuco acendia os olhos, cofiava os bigodes, um sorriso largo a espalhar-se em toda a cara; o outro, encostado a uma janela, cruzava as mãos no peito, inclinava a cabeça, afetando maneiras pudicas e virginais. O safadinho percebeu que estava sendo observado e entrou a fazer sinais ao amigo, apontando-me. Nessa altura Moreira entrou, viu a manobra e desatinou: — Cachorro, sem-vergonha.

O casal escapuliu-se, desceu a escada.

— Ora essa! intervim. Para que esses excessos? Não há motivo.

— É um sem-vergonha, insistiu o guarda.

Tentei defender o rapaz.

— Não é ele só. Qual é a proporção dos pederastas aqui?

— Nem sei. Uns noventa por cento, mais ou menos.

— Então? Quase tudo.

— Mas esse é um porco.

— Tudo é porcaria.

— Não senhor. A porcaria desse é pior que as outras. A severidade me surpreendeu. Moreira admitia o principal e recusava a minúcia. Afinal o procedimento daqueles indivíduos explicava-se pela necessidade, mas seria preciso imaginar que também os atos do garoto, julgados porcos sem nenhuma explicação, deviam constituir uma necessidade para ele. Comentei isso com vários companheiros, esforçando-me por desculpar os infelizes e sem poder ocultar uma profunda aversão. Gikovate admirava-se. Não estava provado que Pernambuco e os outros fossem infelizes. E o nojo violento era absurdo: eu dava a impressão de inocentá-los e condená-los. Distanciando-me deles, o normal seria conservar-me indiferente. Walter Pompeu tirou vantagem das minhas disposições contraditórias. Abancava a meu lado e, antes de iniciarmos a refeição, indicava o moço que nos servia:

— Olhe a cara do Aleixo. Coitado, é um infeliz. Você tem razão.

Ficava um instante a comiserar-se, hipócrita. E, em seguida:

— Você tem coragem de comer isso? Vou jurar que os talheres estão sujos de esperma.

Rosnando impropérios, desviava-me do. prato, nauseado:

— Canalha. Filho de uma puta.

Walter ria como um doido. Consumia voraz a ração, depois se apoderava da minha. Tentei localizar-me noutra mesa, Walter ameaçou acompanhar-me. E a mudança não valia nada, explicou: todos os copeiros eram como Aleixo. Essa brincadeira se fazia uma, duas vezes por semana. Erguia-me zangado, voltava à sala; a zanga desaparecia logo: ao cabo de meia hora a pirraça de caserna me causava riso. Atraía-me na verdade aquele espírito alegre, de uma alegria ruidosa e inconveniente, amigo de provocações ingênuas e engraçadas. De ordinário só se aproximava de mim para dizer qualquer coisa desagradável. Expandia-se, azuretado e sonso.

— Aqui você está bem. Amigos, gente da sua classe, muitos literatos: Leônidas, Castro Rebelo, Hermes, Gikovate, Apporelly, está bem. Mas não demora. Com certeza vão mandá-lo de novo para a Colônia. Isto é uma suspensão. Vai ganhar força para morrer devagar. A comida é boa.

Indignava-me:

— Tenha vergonha. Como fala em comida, se me toma o prato e me deixa de estômago vazio? Preciso alimentar-me, Walter, estou arrasado.

Walter fingia condoer-se:

— É o diabo. Afinal você engordou. Não come porque tem nojo do Aleixo. Mas está bem. As conversas do Castro, seu vizinho, são magníficas, aprendemos com elas. Sabe o que ele me disse? Aqui todos têm derrapagens sexuais. A sua...

— Qual é a minha, Walter, na opinião de Castro Rebelo? Sou homossexual?

— Não. Ele acha que você é um depravado com mulheres. Admite excessos horríveis.

Atirava palavrões cabeludos:

— Foi o que ele me disse

— Espere, Walter, interrompi quando o oficial me falou assim pela primeira vez. Vou tirar isso a limpo.

E avizinhei-me de Castro Rebelo. Nas pausas das minhas dores, entretivera-me a falar com ele a respeito das anomalias existentes na cadeia. Os atos me pareciam anômalos por exercer-se entre indivíduos do mesmo sexo, mas se se realizassem entre pessoas de sexo diferente, não seriam anômalos. Castro concordara. E não buscamos razões para isso. Dias depois, num grupo, havíamos tocado o mesmo assunto. Eu sustentara a idéia, contra a opinião geral. Castro me apoiara: — "Sem dúvida. Num dos casos existe desvio de sentimento; no outro surge um sentimento novo." Não era o que eu pensava: esquecia-me dos sentimentos. Apenas o contato de homem me produzia enjôo. O hábito nacional de nos abraçarmos de leve e o simples aperto de mão me davam desgosto. Ao sentir nos dedos um ombro suado, retraía-me cheio de asco: precisava lavá-los. Contudo

o suor da mulher me excitava e envolvia. Recordava-me da nossa palestra, chegando-me a Castro Rebelo.

— Muito obrigado. O Walter me transmitiu agora a sua classificação. Disse onde o professor me colocou. Podia ser pior.

Castro Rebelo fechou a cara:

— Isso é mentira de Walter. Não falei no seu nome. Walter é um potoqueiro. E, noutro tom:

— Aliás o senhor não nega.

Afastei-me rindo.

— Vão mandá-lo para a Colônia, insistia Walter Pompeu. Esteja certo. Quando melhorar, embarca para a ilha Grande. Ou para Fernando de Noronha, num porão.

— Bobagem. Não tenho processo.

— Com processo, havia a esperança de ser absolvido. Como está, não há jeito: vai para a ilha Grande.

Punha-me a refletir:

— É. Talvez seja o nosso fim.

— Nosso uma ova. O seu, o dos outros paisanos. Eu sou oficial do exército. Comigo não mexem.

— Nessa pilhéria há realmente uma convicção, um engano. Vocês, milicos, são incorrigíveis. Guardam a prosápia que tinham na caserna.

Essas fumaças iam dissipar-se em breve, mas por enquanto os militares ainda não se julgavam demitidos. Vestiam fardas, e nas assinaturas deixadas no romance, dias atrás, muitos haviam conservado os postos: capitão Moésia Rolim; José Gay da Cunha, segundo-tenente de aviação; Álvaro Francisco de Sousa, capitão do Terceiro Regimento, na Praia Vermelha; capitão José Leite Brasil; Joaquim Santos, segundo-tenente do Exército Popular Nacional Revolucionário. Certamente alguns esperavam tornar ao serviço. A chegada de Sócrates Gonçalves esfriou-os um pouco. Sócrates nos apareceu magro e sujo, com os punhos feridos: viajara muitos dias em caminhão, os braços amarrados. Contou-me a sua pequena aventura chinfrim. Conseguira passar a fronteira e fora agarrado no Paraguai. Recebendo ordem para varrer a prisão, recusara-se, digno. Tinha graça um oficial do exército brasileiro servir de faxina à polícia de um país vagabundo. Suportara uma chuva de pancadas e resolvera abandonar a resistência, pegar a vassoura.

— Eu andava cheio de preconceitos idiotas, explicou-me sério. Julgava-me capitão. Deixei essa fantasia e varri.

Estávamos na calçada estreita do refeitório, à sombra de uma árvore, olhando o pátio exíguo, onde uns vinte rapazes faziam ginástica. A direita, o muro alto; à esquerda, nas celas, um fervilhar de cortiço. As grades não se fechavam durante o dia, e gente se movimentava sem cessar, dos cubículos para a Sala da Capela. A escada velha se abalava com forte rumor, só à noite repousava. Concluída a narrativa, Sócrates examinou o muro, atento, como se o quisesse medir;

deteve-se um instante nos cubículos, na porta que nos separava da Casa da Ordem; voltou a correr o muro com a vista; mergulhou os dedos na barba ruiva, muito crescida: — Precisamos arranjar meio de sair daqui.

A barba o disfarçara algum tempo, era uma espécie de máscara. Mas não servira: Sócrates estava preso e varrera uma prisão no Paraguai.

— Ah! Preciso fugir. Não fico, não me submeto. Preciso fugir de qualquer modo. Já pensou nisso?

— Fugir? Não. Como? Não pensei. Fugir como? Pretende escalar este muro?

— Não pretendo coisa nenhuma. Não. Mas de qualquer modo tenho de sair. Você tem processo?

— Não. Sou um pobre-diabo.

— Por isso fala assim. Mas eu vou aguentar pena dura. Preciso fugir. Qual é o meio?

— Sei lá. Nunca pensei na fuga. E lá fora as coisas estão piores que aqui. Na opinião dos nossos companheiros, o único lugar onde existe um pouco de liberdade é a cadeia.

Viver uma pessoa a esconder-se, com medo, sem achar trabalho, é horrível. Sócrates não se convenceu.

— Tenho de sair de qualquer jeito.

Era uma idéia fixa: durante semanas voltou a ela várias vezes. Uma sexta-feira entrou no Cassino, mudado, quase irreconhecível: trajava à paisana e tinha raspado a cara.

Esteve a conversar com a mulher. A hora de se despedirem, deu-lhe o braço e retirou-se como um dos outros visitantes. Passou diversos portões. A marosca se evidenciou na secretaria, e Sócrates foi encafuar-se no cubículo. Mas esse desastre não lhe matou os planos de evasão.

Durante o dia achava-me quase bem, chegava a esquecer as dores, mas a friagem da noite me aluía, renovava o pensamento infeliz de que os ossos se decompunham. O receio de incomodar os vizinhos arrastava-me à saleta, jogava-me à espreguiçadeira. O velho Marques, áspero e enrugado, não perdia a paciência.

— Vai ficar bom, afirmava enrolando-me as pernas, oferecendo-me a xícara de café.

Aproximava a cadeira, repetia a vida de criminosos importantes e a disciplina antiga.

— Não vá julgar, disse-me, que estou aqui ajeitando as suas pernas porque tenho bom coração. É engano. Faço isto por interesse.

— Que interesse tem o senhor? perguntei surpreso. Não tenho nada para lhe dar.

— Hoje não tem. Mas eu sei lá se o mês vindouro o senhor vai ser ministro? Esse disparate fazia-me rir e esquecer o sofrimento:

— Que idéia foi essa?

— Tenho trinta anos de serviço e vi muita coisa. Dr. Fulano e dr. Sicrano, figurões no governo, foram nossos hóspedes. Amanhã rebenta uma revolução e o Ministério sai daqui. Se o senhor for ministro...

— Isso é um absurdo, seu Marques. Sou pequeno demais e nenhuma revolução me eleva.

— Não sei. O Ministério pode sair daqui.

— Mas eu estarei longe dele, homem de Deus. Olhe que dormi nas esteiras da Colônia Correcional, entre vagabundos e malandros. Jogaram-me na Sala da Capela por acaso.

— Não sei. Ignoro a sua vida, e é bom não me falar nela, que não lhe faço perguntas. Se chegar a ministro... A teimosia causava-me hilaridade.

— Perfeitamente, insistia o funcionário grave. Se chegar, hei de ter precisão de um favor seu. E o senhor se lembra desta conversa e diz: — "O velho Marques, quando eu estava doente na Sala da Capela, me dava algumas xícaras de café. Não é mau sujeito." Já vê que tenho interesse. Uma reflexão desalentou-me o riso. O guarda realmente desconhecia as minhas possibilidades, mas enxergava ali uma loteria e era amável com todos nós, esperando acertar num bilhete premiado. Tinha razão. Numa reviravolta política Hermes Lima, Castro Rebelo e Cascardo recuperariam talvez a importância, poderiam ser úteis a Marques. A excelente criatura ignorava isso e era amável com todos: — "Se o senhor chegar a ministro..." Expandia-se:

— Não sei nem quero saber da sua vida. E não lhe vou fazer perguntas, que não mereço confiança, é claro: sou da polícia. Não me diga nada. Se eu souber qualquer coisa, sou obrigado a falar. Aceite o conselho de um homem da polícia. Feche-se, esconda-se. Se tem alguma culpa, não deixe escapar uma palavra. Desconfie de todos. De mim, dos outros guardas, dos.faxinas. O senhor está cercado de espiões. Mas desconfie principalmente dos seus companheiros. Todos os dias sai daqui um relatório dizendo o que os senhores fazem. Um relatório, compreende? Eu sou o portador. Hoje pela manhã, ali na mesa dos jornais (indicou as tábuas onde Nemo Canabarro Lucas estudava matemática e Amadeu Amaral Júnior comia salame e redigia a novela chinfrim), o senhor levantou o braço e fechou o punho aos homens do banho de sol, na Casa de Detenção. Lembra-se?

Lembrava-me. Depois do café, interrompendo a leitura dos jornais, entretivera-me a olhar o terraço familiar, a ginástica, esforçando-me por distinguir rostos conhecidos: Surgira a batina de um padre. Diabo. Tinham levado para ali até padres. Que estupidez! A reação estava-se prejudicando. Vozes confusas. Cem metros, duzentos metros. Impossível determinar a distância. Percebiam-se as figuras, pedaços de figuras que se misturavam. Campos da Paz Filho evidenciava-se por causa da gordura do vulto enorme; o resto era massa indistinta. Um sujeito, por detrás do eclesiástico, entregava-se a uma pantomima, fazendo cruzes no ar e batendo nos peitos. Homens gritavam erguendo os punhos. Da mesa dos jornais alguns responderam com o mesmo gesto.

— Lembra-se?

— Mais ou menos. Devo ter levantado o braço.

— Pois isso foi contado no relatório de hoje, disse Marques. Eu não estava de serviço àquela hora e não podia adivinhar que o senhor tinha feito sinais à gente do Pavilhão.

Soube à tarde, quando li os papéis. Não lhe disse que sou o portador? Já vê que tenho motivo para lhe dar conselho. Esteve um minuto em silêncio, depois acrescentou:

— E se eu lhe dissesse quem manda esses relatórios, o senhor nem acreditava. Nenhuma suspeita. É isto. O senhor se abre com um amigo, e o que diz vai direitinho à polícia.

Realmente não me abria: era-me impossível qualquer revelação, pois me faltavam segredos. E em geral as conversas me chateavam. Sucedia darem às minhas palavras sentido estranho, responsabilizavam-me com freqüência por idéias absurdas. Se tentava explicar-me, envolvia-me num cipoal de equívocos. Além disso não havia jeito de habituar-me à gíria dos rapazes que ainda viviam com um pé na caserna e juntavam peças de roupas civis e fardamentos. Referindo-se a *cérebro,* falavam em *crânio.* E tiravam daí um verbo estapafúrdio, *cranias,* equivalente a *estudar.* Apareciam-me em grupos, atentos, rabiscando pedaços de papel, *craniando* assuntos obscuros em debates cochichados. Às vezes se elevava do burburinho uma aprovação enérgica: — "*Batatal.*

Craniou batatalmente". Essa linguagem feria-me os ouvidos e afastava-me dos militares. A erudição de Castro Rebelo me causava medo, e talvez se haja associado às minhas dores para retirar-me da cama, jogar-me à saleta.

No meio heterogêneo, cheio de expressões técnicas e frases obscenas, raros indivíduos me prendiam a atenção. Agradava-me escutar os gracejos de Apporelly, fragmentos das viagens longas do bacharel feroz, projetos literários de Hermes Lima. Também me dava prazer a fala engrolada, rápida, baixa, de Gikovate. O judeu passava os dias a ler, os óculos de míope juntos à página. Preso às idéias gerais, esforçava-se por não deformar um pensamento. A exatidão rigorosa era motivo para ele de longos rodeios: não queria enganar-se. A minha ignorância revoltava-o. Abria um livro, rolava um português áspero, gutural, abundante em *rr*.

— Leia em francês, Gikovate. Para que esse esforço? Leia como está no papel.

Gikovate não ligava importância ao conselho e traduzia. Se lhe faltava a expressão, largava pedaços na língua estranha, sem se deter, e prosseguia num português avariado, misturando polaco, alemão, francês, inglês, o diabo. A fala pegajosa ligava-se às minhas orelhas, fazia-me cócegas. Finda a exposição multilingüe, o homem se estendia em comentários minuciosos. A palestra do judeu proporcionou-me censuras; notei em redor frieza e hostilidade, enfim percebi que me consideravam trotskista. Esse juízo era idiota e não lhe prestei nenhuma atenção. A vaidade imensa de Trotski me enjoava; o terceiro volume da autobiografia dele me deixara impressão lastimosa. Pimponice, egocentrismo, desonestidade. Mas isso não era razão para inimizar-me com pessoas que enxergavam qualidades boas no político malandro. A opinião delas, nesse ponto, não me interessava. Nunca tentei coagir-me, transigir. Desviava-me da personagem desagradável, impertinente, buscava matéria que não me irritasse.

Expressava-me em voz alta, não era preciso ocultar-me; os bons desejos do velho Marques perdiam-se. O autor do relatório me examinaria sem proveito. A curiosidade me verrumava. Quem seria o autor do relatório? Não sou curioso. E durante meses certos indícios me traziam quase a certeza de achar-me entre espiões. Agora não havia indício: ofereciam-me coisa concreta, e um sujeito me dizia: — "Olhe que eu sou o portador." Sem dúvida. Quem teria escrito o relatório? Era bom não saber, mas a pergunta me espicaçava. Quem se teria sujado naquela infâmia? Com certeza um dos tipos que escorregavam como sombras, paravam junto às camas, sornas e bestas na aparência, o ouvido à escuta. As histórias simples de Moreira Lima, as brincadeiras de Apporelly, os planos literários de Hermes, as divagações de Gikovate não lhe haviam fornecido nenhuma indicação. Mas o movimento feito pela manhã junto à mesa dos jornais mencionava-se à tarde. Castro Rebelo me dissera: — "O senhor está entre os maiores filhos das putas deste país." A generalização era absurda. Entretanto havia alguns. Havia pelo menos um. Quem seria? A pergunta voltava, embora me esforçasse por arredá-la. De fato seria um desgosto conhecer aquele miserável.

Vou arranjar-lhe um bom lugar para escrever em sossego, disse-me o diretor uma noite. Aqui você não melhora. É necessário tratar-se.

No dia seguinte, depois do café, levaram-me à enfermaria, recinto acanhado, onde cubículos formavam círculo em torno do banheiro, ordinariamente sem água, como notei de pois. Demorei-me numa saleta, chamaram-me ao consultório médico e um rapaz taciturno examinou-me, prescreveu injeções de vitamina e estricnina. Mas não havia essas drogas na farmácia: era preciso que eu mandasse comprá-las. Essa exigência indignou-me. A encrenca nas pernas tinha-me aparecido em conseqüência do jejum na Colônia; não me achava preso por gosto e julgava descaramento forçarem-me a gastar dinheiro com remédio. Aperreei-me, aludi a isso por meias palavras. O moço não quis entender: a farmácia estava desprovida. Resignei-me, furioso: encomendaria sexta-feira à tarde as malditas ampolas a minha mulher.

Saí, desemboquei na praça redonda, fui observar uma segunda entrada, oposta à saleta, duas grades a limitai um pequeno vão. No futuro aquele exagero de segurança espantou-me. Descerrava-se a grade externa, fechava-se, abria-se a interna, de novo se trancava, e o guarda surgia tilintando chaves. Precaução idiota num asilo de enfermos incapazes de fuga. Na Sala da Capela homens válidos, desejosos de escapar-se, iam e vinham à vontade. Encaminharam-me ao cubículo, o sétimo, se não me engano. Uma cama de ferro, uma banca, um tamborete; ao fundo o lavatório e a latrina. Enfim, depois de tantos meses atribulados, senti o prazer de achar-me só; já não me pulverizava, misturado a outras pessoas. As celas vizinhas estavam fechadas e silenciosas. A distância, além do banheiro, no semicírculo feito entre as duas passagens fronteiras, soavam gemidos, palavrões, tosse rouca. Estive horas a reler, a emendar os contos. Os primeiros, observações do hospital, não eram muito ruins. O terceiro, a minha cólera impotente de testemunha num processo, ao ser interrogado por um bacharel malandro, ainda não estava concluído. História péssima. Em dez linhas terminei-a.

— Almoço, gritaram perto.

Onde? No refeitório comum, a sala estreita e longa, bancos sujos ladeando cavaletes. Para lá me dirigi claudicando, fui sentar-me ao pé de Walter, risonho e provocador:

— Não tem nojo de pegar nesse talher sujo de esperma?

Sumiu-se o apetite. Miserável. Arrastara-me, transpusera diversos portões — e, ao sentar-me diante das pranchas nuas, lá vinha a lembrança torpe: louça imunda. Aleixo não lavava as mãos. Sempre aquilo. Mas antes o meu esforço era pequeno: descer, subir uma escada. Agora andava duzentos metros, capenga, sentava-me, repelia a comida cheio de náusea. O estômago vazio revoltava-se. Com os ossos a desfazer-se, precisava alimentar-me — e o vizinho me desviava do prato, devorava faminto a minha ração. Nunca a luta pela vida me pareceu tão feia e tão dura. Risonho, a pilheriar, Walter matava-me. E era impossível zangar-me com ele, estabanado, alegre, de uma alegria insensata porque andava a anunciar-nos desgraças. Referia-se vaidoso a um livro que fizera: *Ceará Moleque*.

— As pontas da vanguarda... gritava Rollemberg na mesa próxima. Cochichos de trotskistas pouco adiante, repulsa ao otimismo do capitão.

Ceará Moleque, título esquisito. Repugnância e fastio. Vida porca. Movera-me uns duzentos metros. Para que andar tanto? Recordação dos caminhos enlameados nos montes negros da ilha Grande.

As pernas arrastavam-se a custo. Novamente no cubículo da enfermaria. A porta era uma chapa de ferro e tinha uma abertura a metro e meio do solo, vigia de vinte centímetros, pouco mais ou menos. Por aí me podiam fiscalizar de fora. A despesa exigida pelo médico ia desequilibrar-me o orçamento. Sangria razoável, na infeliz situação em que me achava. Necessário publicar os contos. Afirmava isto num desânimo completo, estirado na cama, as pernas frias envoltas na manta de lã grossa, olhando com desgosto os papéis abandonados em cima da mesa. Não me decidia a retomá-los, continuar as emendas iniciadas pela manhã. Numa transferência, ver-me-ia coagido a atirá-los na água, escondê-los debaixo de uma esteira. Julgava-me imprevidente, mas os braços estavam pesados e a cabeça deserta. A míngua de recursos atenazava-me e não me dava nenhum estímulo. Via-me reduzido a oferecer ao Coletivo dez tostões por semana, a décima parte da contribuição dos primeiros meses. O receio de que se puísse o fundilho da calça torturava-me. E deixara de comprar cigarros: resolvera-me a adquirir mortalhas e pacotes de fumo barato na vendinha estabelecida por um preso comum junto à Casa da Ordem.

Tentei dissipar a morrinha, ergui-me com dificuldade, peguei o tamborete, fui acomodar-me à porta. A dois ou três passos, um sujeito moreno, pálido e magro se abatia, sentado no chão, as costas arrimadas à parede. Puxei conversa, para matar tempo. O homem limitou-se a dar resposta às minhas perguntas, a voz baixa, vagarosa, entrecortada por acessos roucos de tosse. Respirava mal e parecia economizar força; espalhava em torno olhares vagos, indiferentes; sem dúvida tinha preguiça de falar. Chamava-se Vitorino. Levantou-se, foi a um cubículo afastado, ao cabo de minutos exibiu-me vários objetos de chifre: pulseiras, botões, caixas, enfeites miúdos.

— Não quer comprar?

— Sim, vou ficar com uma lembrança de vocês. É trabalho seu?

Vitorino fez um gesto de afirmação triste Escolhi uma espátula grosseira e romba.

— Quanto custa?

— Dois mil-réis.

Fui deitar a lâmina entre as páginas de um volume, abri o porta-níqueis. Vitorino recebeu a moeda, rosnou um agradecimento e retirou-se com as bugigangas. A tarde um velho robusto, de farda a esgarçar, com remendos, a cabeleira magnífica, uma bela pasta de algodão, anunciou-me o jantar. E vendo-me em desalento, a encolher-me, insistiu amável e risonho.

— Obrigado. Não tenho fome.

Impossível andar duzentos metros. O guarda velho afastou-se, as horas correram. Um rapaz vermelho passou a pequena distância, assobiando forte, seguro aos varais de um carrinho de mão. Ignoro por onde entrou, por onde saiu. O frio aumentou, as minhas desgraçadas canelas se entorpeceram, a sombra caiu dissolvendo-me os ossos. Consegui mexer-me, sair dali, estender-me no colchão, bambo, invertebrado. Enrolei-me na manta escura de lã; os dentes chocavam-se, batendo castanholas. Hora do chá.

— Não. Muito agradecido.

Rumor lá fora, vozes femininas. O guarda velho veio trancar-me, disse que duas mulheres tinham chegado. Nem procurei saber os nomes delas. A chapa de ferro obstruiu-me a sepultura e a escuridão me envolveu, quebrada apenas pela estreita faixa de luz procedente da vigia. Exaustão. Um sono doloroso agarrava-me, partia-se e nos intervalos freqüentes dele chegavam-me gemidos, queixas, um coro forte de tosses.

Despertaram-me os chilros dos pardais, assobios e o rumor forte de rodas em solo pedregoso. Esses ruídos vinham do exterior; no pequeno recinto circular havia silêncio. Com certeza o rapaz que na véspera assobiava e impelia o carrinho de mão já começara o trabalho. Os pássaros se esgoelavam num barulho dos diabos.

Ergui-me, avizinhei-me da pia. A fraqueza e o desânimo tinham diminuído um pouco. Ao findar a escovação e a lavagem, ouvi passos, tinir de chaves, linguetas a ranger nos encaixes. A chapa de ferro se descerrou, e achei-me fora, arriado no tamborete, as canelas nuas expostas ao sol minguado, uma folha de papel sobre a mesinha onde a tinta branca rachava e descascava. Escrevi algumas palavras.

Um homem de zebra chegou-se com um tabuleiro, esperou que eu bebesse um caneco de leite, o café enjoativo e adocicado, retirou a louça e foi servir outros doentes. Aparecera-me um esboço de conto, mas não havia jeito de se fixarem as idéias, a atenção desviava-se da tarefa no ambiente novo, os dedos emperravam na segunda linha. A certeza de haver feito uma história chinfrim me perseguia e desencorajava; nenhum desejo de realizar outra. Apesar disso, obstinava-me em desenferrujar os miolos resistentes. Necessário mandar qualquer coisa aos jornais. Quereriam aceitar-me a literatura chocha?

O último cubículo, junto à porta do fundo, se abriu; Nise da Silveira e Eneida, minhas conhecidas da sala quatro, saíram. Um minuto depois, abancados à mesa, resvalávamos em camaradagem a narrar os nossos achaques. Eneida estava com os intestinos em cacos, o alimento ruim na Casa de Detenção arrasara-a. Nise tinha um desarranjo nervoso, consequência provável dos interrogatórios longos. A timidez agravava-se, fugia-lhe às vezes a palavra e um desassossego verdadeiro transparecia no rosto pálido, os grandes olhos moviam-se tristes. Recordei-me do nosso encontro meses antes. Ao chegar ao Pavilhão, vira-me em atitude burlesca diante de Nise, trepado a uma janela, agarrando-me a varões de ferro. Dois metros abaixo, além de uma grade, ela me pedia notícias de Alagoas. O assunto se esgotara logo e um constrangimento horrível nos prendera. Estávamos agora à vontade. A barba crescida, os tamancos e o pijama curto já não me vexavam; habituara-me ao desleixo, só me lembrava de raspar a cara uma vez por semana, às sextas-feiras. Vendo o lápis e o papel, as moças quiseram retirar-se. Declarei-me estúpido em excesso e pedi-lhes que ficassem, contente por achar motivo para esquivar-me ao dever maçador. O guarda naquele dia era um português moreno, de feição obtusa; passava com frequência perto de nós, vagaroso, e parecia muito ocupado em fiscalizar-nos. Exigimos banho. O sujeito deu uma ordem, os faxinas vieram carregados de latas.

As minhas visitantes foram buscar toalhas e dirigiram-se ao banheiro. Só, ainda tentei arrumar vagos pensamentos rebeldes. Nada conseguindo, fui jogar sobre a cama o lápis e a folha inúteis; achava-me na verdade uma besta, invejava Hermes Lima e Gikovate, capazes de estudar, escrever horas e horas na prisão, surdos ao rumor das controvérsias numerosas. O diretor apareceu, escanchou-se num tamborete e disse:

— Cometi uma irregularidade ontem.

— O senhor comete muitas, gracejei.

— É rigorosamente proibido juntar homens com mulheres. E eu pus essas duas moças aqui. Tive confiança em você.

— Muito obrigado.

— Vai-me fazer uma promessa.

E largou dois palavrões obscenos. Dei uma gargalhada. Em linguagem correta, ele desejava que as minhas companheiras não inspirassem nenhum desejo.

— Isso é um disparate, major. Prometo não realizar o ato. Mas não sentir desejo? O senhor é bem exigente.

O velho sacudia-se num largo riso, os olhinhos vivos brilhavam com ingênua malícia.

— Está bem, está bem.

Esperou a volta das mulheres, esteve alguns minutos a conversar com elas e despediu-se:

— Cuidado com a promessa.

— Não se preocupe.

Fui lavar-me. Ausência de chuveiro. Apenas uma bacia de água morna e um caneco. Ao sair, encontrei Nise sentada à mesa com dois baralhos.

— Você sabe jogar *crapaud*? Eu não sabia.

— Então vai aprender.

E deu-me as primeiras lições do jogo que me iria desviai das letras nacionais. Arranjando as cartas, fornecia-me as regras com paciência, às vezes falava a um preso comum atento à partida, negro pequeno, de focinho impudente, inclinado a familiarizar-se. Embirrei com esse tipo, abomino liberdades, mas Nise estava sempre a desenvolver-lhe a partida e a fazer-lhe perguntas. Pai João apresentou-se e referiu-se, vaidoso, às suas habilidades: fora salteador e operara nas matas de Piraí.

— Trabalhava só, Pai João?

— Só, com Deus. Precisava um revólver, mais nada.

A alguns metros de nós, Vitorino se arrimava à parede como no dia anterior. O guarda apareceu e foi repreendê-lo, a exagerar uma acusação, insistente e áspero. Vitorino defendeu-se: não incorrera em nenhuma falta. De cabeça baixa, exprimia-se em voz dormente, como num solilóquio; fingia respeito, mas não se calava. O outro, em zanga rija, invocou o regulamento.

— É o diabo, zumbiu Vitorino. Esse regulamento foi feito para mim. Para mais ninguém.

A réplica enfureceu o português. Vitorino calmo, a vista no chão, continuava a repelir as censuras de manso. Nunca vi uma pessoa justificar-se daquele modo. Acabou fatigando o adversário. Quando este saiu, Pai João, que se havia afastado, veio de novo aperuar o jogo, abelhudo e risonho. Não busquei dissimular a antipatia; as amabilidades de Nise ao negro chateavam-me. A minha aversão estaria hoje provavelmente esquecida se tempo depois não me causasse um ligeiro transtorno, bom para esclarecer várias coisas ali.

O almoço pôs fim à primeira lição. Vieram bandejas, a professora recolheu-se e marchei para o refeitório, capenga e faminto. Consegui resistir às pilhérias de Walter, agora o apetite fechava-me os ouvidos.

Regressei, passamos a tarde em cavaqueira animada: o *crapaud* nos desatara as línguas. Eneida não se expandia, um sofrimento vivo no rosto descorado. Sentava-se, dizia meia dúzia de palavras, erguia-se inquieta, fechava-se no cubículo; reaparecia, tornava a sentar-se, rugas na testa, os beiços contraídos num sorriso difícil. Animava-se de leve, não queria exibir-nos a dor e o desassossego. Nise palrava como se nos conhecêssemos de velha data; nenhum sinal do acanhamento que nos tolhera à minha entrada no Pavilhão. Tinham-me dito dela, anos atrás: mulher de grande inteligência e grande caráter. Renovei a frase, mencionando o autor.

— Lamento isso, murmurou Nise com ar arrepiado.

— Porquê?

— Porque tenho dessa criatura uma opinião muito diferente. Não acho nenhum caráter nela.

A doença e a modéstia esgarçaram-se, num instante a severa disposição alterou a fisionomia suave.

— Puxa! Não a imaginava capaz de tanta aspereza.

— Que hei de fazer? Era preferível eu desconhecer o elogio. Enfim esses juízos fáceis não podem transformar-me. Onde fui achar inteligência? Mas realmente a fraqueza de caráter é horrível.

Examinei a figurinha combalida, magra; o desejo de afastar o louvor importuno sufocava-a; os dedos finos tremiam.

A confiança do major Nunes, exposta com obscenidades naquele dia, não se depositou em mim apenas: novos doentes surgiram e em pouco tempo a enfermaria se avivou. Certamente ouviram também palavrões cabeludos e afirmaram proceder bem com as mulheres. Sisson, meu vizinho à esquerda, transformou a sala em biblioteca: pôs na vigia um pedaço de cartão, para fugir aos olhos indiscretos do guarda, e entrou a ler, a traçar planos irrealizáveis num conforto escandaloso. Mais longe foram viver Alcedo Cavalcante e Sussekind de Mendonça, professores gordos, risonhos, serenos, o primeiro militar, o segundo paisano. Sussekind tinha uma úlcera duvidosa no estômago, e cultivava essa probabilidade com alegria e requintes, esforçando-se por acreditarmos nela. Os faxinas de línguas penas, não sabendo pronunciar-lhe o nome, deram-lhe uma alcunha: Dr. Úlcera. No arco à direita do meu cubículo vieram alojar-se o tenente Pais Barreto e Henrique Dantas, alto funcionário de um banco, homem triste, silencioso e resignado. Dantas nunca se queixava, apesar de ter os pulmões decompostos. Arfando na dispnéia, friorento, passava horas ao sol, a consumir-se devagar, sem nenhuma esperança. Animava-se um pouco e, em voz lenta e baixa, gastava os restos de vida em dissertações lacunosas sobre economia política. Gikovate e Amadeu Amaral Júnior estiveram conosco alguns dias. Os hóspedes do lado oposto se isolavam de nós pelo banheiro e pela condição: eram homens de zebra, arredios e tristes. Raro transpunham a linha divisória estabelecida entre as duas portas. Também não andávamos por lá. Discutíamos política, jogávamos *crapaud*, tentávamos perceber nos jornais alguma notícia animadora. A guerra da Espanha nos excitava, e no mais simples avanço dos republicanos queríamos ver a próxima derrota do fascismo. Certo dia, lendo uma folha argentina, tive a idéia de recorrer às luzes de Alcedo Cavalcante:

— Venha trocar isto em miúdos, Alcedo. Não entendemos de marchas nem de cercos. Você, major e professor, pode traduzir-nos este negócio de estratégia em língua de cristão.

Formamos roda em torno da mesinha do jogo, afastamos os baralhos, Sisson foi buscar um mapa e iniciamos a leitura, interrompida pelas demoradas explicações do major. Uma crítica otimista em demasia. O triunfo era certo; mouros, italianos e alemães estavam sendo varridos da península; dentro em pouco os traidores seriam fuzilados. De repente o homem recusou um telegrama de Burgos.

— Adiante, adiante. Isso não vale nada.

— Ora essa! estranhou Eneida. Nós desejamos um comentário imparcial. Se você só se ocupa de uma das partes, estamos a perder tempo.

— Não, teimou Alcedo, ranzinza. Nem as mentiras de Burgos nem as bobagens desse pau-d'água de Sevilha. Tudo isso é balela. Só examino o que vem da Catalunha e de Madrid.

O nosso interesse esfriou. Esperávamos, ouvir o homem reduzir as vitórias de Franco, aumentar as da república, e a observação unilateral nos causava surpresa e desânimo. Provavelmente ele receava privar-se de uma certeza, ou antes de uma crença. Desenvolviam-se e fixavam-se ali convicções na verdade singulares. Ociosos e ausentes do mundo, precisávamos fazer esforços para não nos deixarmos vencer por doidos pensamentos. Causavam-me espanto os devaneios dos outros, às vezes me sentia resvalar numa credulidade quase infantil, e era doloroso notar os escorregos do espírito. Nise ficava uma hora a matutar nos programas de cinema, exigia a minha opinião, grave. Entrávamos a escolher fitas, enfim nos decidíamos:

— Vamos ao Metro.

Esse exercício estava sempre a repetir-se, e nem sei se era apenas brincadeira, se não chegávamos a admitir a possibilidade maluca de atravessar paredes e grades, sair à rua, tomar o ônibus, entrar nas lojas, nos cafés, nas livrarias e nos cinemas. Sisson me comunicou um projeto de admirável insensatez. Era manhã, achava-me à porta do cubículo, bebendo café. O vizinho descerrou a chapa de ferro e veio sentar-se junto de mim. Não dormira, passara a noite a imaginar uma organização que se dedicaria a estudos sociológicos e se estenderia por todas as bibocas do Brasil, a esmerilhar cartórios e igrejas. Comissões distritais esmiuçariam a papelada antiga que lhes caísse nas unhas e enviariam o material selecionado a comissões municipais; estas se subordinariam a outras mais complexas, estaduais; e afinal, a dirigir tudo, o organismo central, com sede no Rio, ali na Casa de Correção. Alarmei-me:

— Aqui? Você está falando sério?

— É. Nós é que vamos fazer o trabalho definitivo.

— Mas quem nos traz esses documentos, Sisson?

— As nossas mulheres, nos dias de visitas.

— Coitadinhas. Vão suportar uma carga enorme, toneladas de velharias.

— Não é tanto assim. Haverá lá fora um expurgo severo. Nós só receberemos coisas definitivas.

— E você acha que nos cafundós do Amazonas e de Mato Grosso há gente capaz dessa tarefa?

— Para as comissões de primeiro grau bastam pessoas dispostas a copiar o que forem descobrindo. A depuração começa nas cidades e acaba nas capitais.

Vencidas as minhas réplicas, o estranho homem recolheu-se e, num entusiasmo vivo, entrou a redigir o seu plano, desenvolveu-o num calhamaço cheio de minúcias, que foi exposto ao Coletivo. Ninguém quis reparar no imenso absurdo; tomaram-no em consideração; eu e Gikovate recebemos a incumbência de estudá-lo. Esquivei-me, negligente, mas o judeu meticuloso embrenhou-se na leitura, rabiscando notas, arrazoando, como se se tratasse de caso muito importante. Logo embirrou com o título da sociedade, propôs a eliminação de um adjetivo: *popular.*

— No entender da polícia, *comunista* e *popular* têm a mesma significação.

Sisson emperrou, obstinou-se na defesa da palavra e, encontrando resistência no médico, tentou convencer-me. Indolente e vago, suponho que findei por dar razão mais ou menos aos dois. Reunimo-nos à tarde, oito ou dez sujeitos, numa das celas próximas ao refeitório. A vasta composição foi desenvolvida com segura energia pelo autor. Em seguida Gikovate engrolou o relatório na sua língua morna, carregada de *rr* duros. Pontos essenciais foram sapecados, minudências se estiraram e o nome da associação provocou intenso debate. O criador dela agarrou-se com vigor ao seu rótulo, como se o corte do infeliz apêndice lhe inutilizasse todos os pensamentos. Vários indivíduos se manifestaram, a contenda generalizou-se, e a vantagem ou desvantagem de três miseráveis sílabas deixou na sombra a análise do projeto. Ninguém se lembrou de perguntar se era exeqüível. Submeteram a julgamento o pobre adjetivo, e nós o condenamos por unanimidade. O meu voto arrancou de Sisson um berro furioso.

— Você também? exclamou erguendo-se, um brilho de indignação nos olhos. Balancei a cabeça:

— Também.

O homem largou uma expressão torpe e concluiu:

— De duas uma: ou eu sou muito burro ou você é doido. Hoje de manhã concordava comigo.

— É engano. Eu estava com preguiça de argumentar. Saímos. E não tornamos a falar no assunto. A Sociedade Popular nasceu morta.

À porta do cubículo, tomei o caneco de leite e mastiguei pedaços de pão com manteiga rançosa. Depois bebi o café nauseante, adocicado. Nise abriu a porta, chegou-se vagarosa e pálida, sentou-se à mesinha. O faxina trouxe-lhe a refeição da manhã.

— Que põem neste café, Nise? É ruim.

— Deve ser brometo, respondeu a moça. Anafrodisíaco.

— Diabo! exclamei afastando o caneco. Isto é permanente, Nise?

— Não, é transitório. Suspenda o café.

— Claro. Não torno a olhar esta porcaria.

O copeiro voltou para recolher as bandejas, e pedi-lhe que nunca mais me trouxesse aquela infâmia.

— Que brincadeira besta!

Lembrei-me do conselho de outro faxina, à minha chegada ao Pavilhão dos Primários: — "Se o senhor soubesse o que há nisso, não bebia tanto." Um abrandamento geral me envolvera, mas não me viera a idéia de relacionar isso com a bebida. A observação do homem de zebra me escorregara no espírito desatento. E não me abstivera. Um grande torpor amarrara-me durante meses, desaparecera na Colônia Correcional, mas isto passara quase despercebido, pois as mulheres estavam longe, e nem havia tempo de pensar nelas Agora não me achava entanguido E davam-me de novo a beberagem adocicada.

— Faça o favor de não me trazer isto. Vamos jogar *crapaud*, Nise?

Pouco a pouco sosseguei O frio na carne e a imobilidade tinham-se esvaído Imagens lascivas surgiam-me às vezes; com a supressão do café, iriam crescer. Esforçava-me por desviá-las, pensando nos rapazes que, mergulhados num erotismo doloroso, viam figuras de atrizes nuas em revistas. Os médicos da Sala da Capela tentavam livrá-los da obsessão. Podiam livrar-se: o ato julgado vício considerava-se higiene em determinadas circunstâncias. O mal não estava na coisa física, mas nos distúrbios que os desejos insatisfeitos causavam. A maior parte dos militares ria desse conselho, aplicava nomes indecentes nos doutores bem intencionados. E continuava a admirar no papel seios, nádegas, pernas nuas. O exame disso me desgostava. Agora, vindo a explicação de Nise, quase me convencia de que a beberagem anafrodisíaca tinha efeito misericordioso.

As visitas na enfermaria davam-nos torturas verdadeiras. Os casais se juntavam na saleta próxima ao consultório médico, passavam horas num constrangimento horrível, cochichando, medindo gestos, procurando migalhas de expansões difíceis, os olhos nas portas. Se o português moreno estava de serviço, esses encontros eram muito desagradáveis: o canalha, perturbador, ia e vinha, multiplicava-se na fiscalização, chamava os presos comuns para auxiliá-lo. Duas criaturas necessitadas amolavam-se, de nenhum modo conseguiam ficar à vontade. Havia espionagem constante. Aquelas horas, desejadas, sonhadas uma semana, perdiam-se, neutras e insípidas, em conversas moles. O português moreno fiscalizava com os olhos numerosos.

A primeira visita de minha mulher foi um desastre. Avizinhávamos as cadeiras, tínhamos depois precisão de afastá-las, buscávamos assuntos que desviassem a forte necessidade: a linguagem violenta da imprensa reacionária, a credulidade e a indiferença do público. Éramos uns monstros e o governo, isolando-nos, salvava o país. Abandonávamos essa matéria, entrávamos em negócios particulares. O dinheiro sumia-se. Falávamos nele indiretamente, receando com certeza a desaparição completa. o romance enganchado na composição roubava-nos alguns minutos. Não acabariam de rever as malditas provas? Impacientava-me a demora, e logo me chegava um contentamento provisório por não se exibir aquela porcaria. Contudo isso era necessário, porque os restos da pecúnia se evaporavam. O naufrágio literário me daria alguma tranqüilidade: ser-me-ia possível obter cuecas, um pijama e lenços; estavam-me faltando esses troços; muitas coisas perdiam-se nas mudanças, a valise se esvaziava. E havia a caixa de injeções exigida pelo médico. Desaforo. Isso me tornava incapaz de comprar cigarros, obrigava-me a usar pacotes de fumo ordinário. E o diabo do livro não saía, emperrava desgraçadamente. De fato não haveria naufrágio: ninguém ligara importância à minha literatura, achava-me ali mais ou menos inédito. Novo malogro não me pesaria muito. Um pobre-diabo sem dinheiro, nulo, forçado a comprar injeções, a fazer cigarros de fumo ruim com mortalhas que se rasgavam. Os tamancos endureciam-me os pés crescidos. Ali na sala pequena, os sapatos calçados uma vez por semana reduziam-se, magoavam-me, faziam-me calos. A publicação da história chinfrim atenazava-me. Prendia-me a esse último recurso com desespero. Durante alguns minutos o guarda interrompia a fiscalização — e as preocupações de ordem econômica debandavam. Esquecíamos o livro, juntávamos as cadeiras. Mas era uma trégua insignificante. Na calçada, a dois ou três metros, um homem de roupa zebrada passeava lento, as mãos atrás das costas. Ia e vinha. Passava diante de nós com regularidade exasperadora, retardava a caminhada e pregava-nos os olhos suspeitosos. Éramos observados pela frente e pela retaguarda.

Assim decorreram algumas visitas. Um dia, porém, achava-me fraco em excesso, não pude ir à saleta, e minha mulher teve licença para avistar-se comigo à porta do cubículo.

O português moreno estava ausente, o guarda do serviço era o velho Bragança, o amorável sujeito de cabelos de algodão, risonho e paciente, o grande amigo de Nise. Afeiçoara-se a ela de supetão e uma vez lhe dissera triste:

— Doutora, senti muita alegria ontem. Vi na rua uma senhora que era o seu tipo, disse comigo: "A doutora saiu." Mas o engano durou pouco.

Naquela tarde quente eu e minha mulher conversávamos numa nesga de sombra, encostados ao muro. Os outros doentes recolheram-se discretos. O velho apareceu, dirigiu-se a mim, puxou conversa:

— Preciso aposentar-me. Não aguento mais o trabalho.

— Cansado, seu Bragança?

— Setenta anos. E quase cego. O senhor está aí falando, e eu não enxergo nada, só vejo uma nuvem. Nem sei se a porta está aberta.

Deu uma risadinha e afastou-se.

— Obrigado, seu Bragança.

Um instante depois eu e minha mulher pela primeira vez nos sentíamos sós.

Entramos no cubículo, cerramos a chapa de ferro.

Enfim o romance encrencado veio a lume, brochura feia de capa azul. A tiragem, de dois milheiros, rendia-me um conto e quatrocentos e esta ninharia ainda significava para mim grande vantagem. Minha mulher apareceu com alguns volumes. Guardei um e distribuí o resto na enfermaria e na Sala da Capela, mas logo me arrependi desses oferecimentos. A leitura me revelou coisas medonhas: pontuação errada, lacunas, trocas horríveis de palavras. A datilógrafa, o linotipista e o revisor tinham feito no livro sérios estragos. Onde eu escrevera *opinião pública* havia *polícia*; *remorsos* em vez de *rumores*. Um desastre. E nem me restava a esperança de corrigir a miséria noutra edição, pois aquilo não se reeditaria. Eu próprio dissera ao editor que ele não venderia cem exemplares. Contudo alguns leitores fizeram vista grossa aos defeitos e me condenaram firmes o pessimismo. Nise interrompia o *crapaud*, esforçava-se por mostrar na minha narração capenga belezas que eu nem de longe percebia. Certa manhã Eneida saiu do cubículo e avizinhou-se de mim, pálida, os olhos fundos:

— Li o teu romance de cabo a rabo, e não dormi um instante, apanhei uma insônia dos diabos. Pavoroso!

Essas manifestações me surpreenderam, mas a princípio julguei-as amabilidades. Pouco a pouco moderei o juízo severo e cheguei a supor que a obra, apesar de tudo, causava interesse e roubava o sono às pessoas. As palavras de Nise, repetidas, levavam-me a considerar bons alguns capítulos. Um deles me custara vinte e oito dias de trabalho rijo, fora depois recomposto e emendado. Tratava-se de um crime difícil, meio inconcebível, e, se não me precatasse, ter-me-ia afundado na literatura de folhetim. Essa longa passagem não estava muito mal arranjada. Assaltavam-me depois cóleras fortes à lembrança dos disparates mais graúdos expostos nas folhas escuras de papel ordinário. As falhas eventuais reforçavam outras, essenciais, e achava-me em desânimo completo.

Por alguns dias afastei-me da Sala da Capela, receando comentários, certamente agradáveis e falsos. Não vamos dizer cara a cara a um sujeito o que achamos de uma produção dele. Atenuamos as fraquezas, pomos em evidência as paginas menos ruins; se os autores não forem burros, compreenderão bem a nossa hipocrisia. Atenazava-me a idéia de ver Castro Rebelo, catedrático exigente, folhear a brochura, erguer os ombros, fungar um risinho de escárnio. Quando as nossas camas eram próximas, no velho salão de tábuas vacilantes, eu lhe fizera um pedido: — “Professor, tem por acaso aí o seu *Mauá*? Ainda não o li.” Castro Rebelo abrira a mala, dera busca entre panos e me estendera o volume. Tomara-o em seguida, percorrera-o e, com uma gilete, raspara meticuloso uma vírgula. Que diria o homem rigoroso das minhas vírgulas, deslocadas na tipografia e na revisão, a separar sujeito de verbos, estupidamente?

Vi nos jornais cinco ou seis colunas a respeito do caso triste, em geral favoráveis. Não diziam grande coisa. Limitavam-se a jogar louvores fáceis, pareciam temer ferir-me apontando os erros, como se fosse um estreante, e desviavam-se da matéria. Arriscara-me a fixar a decadência da família rural, a ruína da burguesia, a imprensa corrupta, a malandragem política, e atrevera-me a estudar a loucura e o crime. Ninguém tratava disso, referiam-se a um drama sentimental e besta em cidade pequena. Admirou-me depois o excessivo número de críticas à minha história sombria, e espantei-me de vê-la bem aceita e reproduzida, mas ali na cadeia apenas me surgiu a meia dúzia de artigos. Um era insensato. Dedicava-me alguns elogios sem pé nem cabeça, punha-me de lado e atacava furioso um escritor que nenhuma relação tinha comigo. Outro me declarava autor de um formoso romance. Ao ler isso, escondi a folha debaixo do colchão e deitei-me, a estalar de raiva.

— Que é que você tem? perguntou-me da porta a ótima Nise. Piorou?

— Não. Estou bem.

Nise ficou um instante a olhar-me séria, de repente deu uma risada:

— Já sei. Foi o artigo de Fulano. Ergui-me:

— Ele tem razão. É o que é realmente aquela porcaria. Um formoso romance.

A excelente amiga saiu, trouxe os baralhos, arrastou-me para a mesinha e desviou-me do espírito o desagradável sucesso. Estava sempre a comentar com exagero, mencionando autoridades, a minha personagem criminosa e meio doida. Eu lhe esfriava o entusiasmo, brincava com ela citando a frase de um advogado que lhe pedira o exame de um cliente: — "A senhora, grande psicopata..."

— Ele está certo, Nise. Você se julga psiquiatra. Mas é engano. Você é maluca.

Nise ria. Considerava-me um dos seus doentes mais preciosos.

Esteve conosco na enfermaria um belo sírio moço, desempenado, alto, simpático, olhos vivos e francos. Substituíra o nome estranho por um de pronúncia mais fácil: Paulo Antônio. Mas na cadeia haviam modificado a tradução: era simplesmente Paulo Turco. Ignoro o crime dele, coisa grave, sem dúvida, pois estava condenado a mais de vinte anos. Na vestimenta branca, muito limpa, onde as riscas ignominiosas esmoreciam, quase invisíveis, tinha a aparência grave de um funcionário. As sextas-feiras iam visitá-lo duas mulatinhas novas, escuras, pálidas e feias. Assisti a um desses encontros. As meninas usavam roupinhas de tecido ordinário e calçavam sapatos de tênis. O rapaz examinou-as descontente, fechou a cara, repreendeu-as enérgico:

— Vocês não têm sapatos? Não me apareçam com isso outra vez. Indecência.

Entregou-lhes dinheiro, esteve algum tempo a desenvolver recomendações minuciosas a uma pessoa ausente. As meninas olhavam de cabeça baixa os sapatos de pano, as meias grosseiras, e ouviam atentas, e envergonhadas, as ordens rijas do pai severo. Comportavam-se exatamente como filhas, mas com certeza não havia ali parentesco. Cinzentas, desbotadas e nacionais, muito diferiam do oriental, semita puro. Porque razão o grande nariz adunco se aproximava das ventinhas chatas?

Mais tarde explicaram-me a relação curiosa. Paulo Turco tinha uma pequena indústria, como outros, e o bom procedimento fazia que o empregassem às vezes em serviços externos. As autoridades economizam com esses trabalhos, e os presos vêem neles um prêmio, sentem-se quase livres durante algum tempo. Num dos periódicos regressos à vida, o sírio pintava portas ou caiava muros quando uma preta velha se chegara a ele e pedira esmola. O homem dera-lhe cinco mil-réis: era o que tinha. No dia seguinte a mendiga voltara acompanhada por duas netas, uma de três, outra de quatro anos. Fizera nova colheita, habituara-se. E, finda a caiação ou pintura, as pobrezinhas tinham ido avistar-se com o protetor na Casa de Correção. Depois disso Paulo Turco possuía uma família, família distante que o via uma vez por semana, às sextas-feiras, mas esse ligeiro contato lhe bastava para dedicar-se inteiramente a ela. Fazia vários anos que aquilo rolava, oito ou dez: as garotas haviam terminado o curso primário. Iam estudar coisa mais séria a expensas e sob a fiscalização rigorosa de uma criatura ausente do mundo.

Esse caso me preocupou em demasia. Sempre me parecera que os criminosos não se diferençavam muito da gente comum, mas ali me surgia um deles superior aos outros homens. Paulo Turco era, se não me engano, assassino e ladrão. Contudo inspirava respeito. E aquele procedimento levava-me a admirá-lo. A extraordinária antinomia me assombrou: um vivente nocivo, capaz de matar, roubar, sacrificava-se para manter e educar pessoas encontradas por acaso, muito diferentes dele. E perguntei a mim mesmo se a virtude singular não compensava as faltas anteriores. Uma dúvida me torturava: se Paulo Turco se libertasse, praticaria novos crimes ou buscaria ofício honesto para sustentar as pobres? Na reclusão, as despesas deviam pesar-lhe em demasia, nem sei como se aguentava. Fazia gaiolas, como depois notei, mas certamente não amparava três vidas com o produto dessa exígua indústria. Possuía outras habilidades, sem dúvida. Aqueles homens adquirem talento para explorar negócios que não imaginamos cá fora. Jogam e como isto é proibido, realizam transações absurdas, perfeitos disparates. Um guarda vai atravessar um portão. Dois sujeitos apostam: um acha que ele passa com a perna esquerda, outro escolhe a direita. Valores miúdos circulam sem descontinuar. Pai João era contrabandista de álcool. Tinha ocupação no exterior, saía com regularidade, voltava com frascos de aguardente nos bolsos; necessitava algumas viagens para encher uma garrafa, que vendia com lucro de cento por cento. Assim, os habitantes da Sala da Capela tinham meio de infringir o regulamento. Como as exigências ali são reduzidas, essas miudezas se acumulam, e os presos econômicos chegam a constituir modestos pecúlios. O que mais me surpreendia no caso de Paulo Turco era ele obter recursos para realizar gastos, anos a fio, num ambiente diverso, onde as nossas migalhas de pecúnia se desvalorizavam. O esquisito devotamento e as possibilidades imprevistas alarmavam-me. Ignoramos o que somos, até onde podemos ir. Cercados, confinados, precisamos ver qualquer coisa além das grades. A imaginação vai longe; coisas externas crescem, desenvolvem-se; um barraco erguido na favela toma cores vivas, e duas mulatinhas pestanejam em cima de livros, na véspera de exame, à luz do querosene; na cozinha de tábua e lata uma negra velha cochila. Vive para resguardar essas três insignificâncias, entrega-se a elas inteiramente, fabricando gaiolas, um homem duro, mãos tintas de sangue, dedos hábeis no manejo de instrumentos ilegais.

Afinal a virtude me escapava. Quem me provava que os indivíduos supressos pelo sírio faziam falta num mundo cheio de excrescências? Talvez não fizessem. E era-me indiferente estar a propriedade aqui ou ali. Não aprovei as aventuras de Gaúcho, meu amigo na Colônia Correcional; não as aprovei por serem perigosas. Gaúcho não produzia riqueza. Muitos não a produzem, e contudo acham maneira de apropriar-se dela sem arriscar-se. Gaúcho e Paulo Turco haviam pelo menos revelado coragem. E em situação difícil achavam maneira de praticar ações generosas, incompreensíveis.

Tomei o copo de leite, fui ao consultório, onde o médico me aplicou a injeção de vitamina. Ao regressar, notei que haviam recolhido a mesinha do *crapaud* deixada à porta.

— Vá tomar banho e mudar a roupa, disse-me Eneida. Você não vai receber sua mulher assim vestido em pijama.

O diretor me anunciara na véspera uma visita para aquela manhã. Achava-me com bastante preguiça:

— Minha mulher não é de cerimônia. Já me viu deste jeito muitas vezes.

— Não senhor. Mude a roupa

— Que impertinência! Vá lá.

Agora conseguia mexer-me, já não precisava amolar os faxinas pedindo as latas de água morna. Com duas ou três semanas de tratamento, as pernas pareciam consolidar-se, mas as picadas renitentes no pé da barriga ainda continuavam a importunar-me.

— Está bem.

Peguei a toalha, saí da enfermaria, encaminhei-me aos banheiros distantes, arrimado ao muro que nos separava da Casa de Detenção. Viagem longa e desagradável: havia no caminho vários portões, alguns fechados, e era-me necessário esperar que os guardas os viessem abrir. Lavei-me, fiquei minutos a conversar em gritos com os homens do Pavilhão dos Primários, debruçados lá em cima, no terraço. Chegando à enfermaria, encontrei a minha cela transformada. A cama, pouco antes em desordem, estava refeita; desaparecera a confusão de jornais velhos, papéis e livros deixados pelos cantos; e a mesinha se enfeitava com vasos de flores.

— Que presepada é esta?

Compreendi porque Eneida teimara em afastar-me. A minha surpresa aumentou quando me deram esclarecimento: ia haver uma espécie de festa em honra do livro infeliz. Tinha sido uma lembrança do major, afirmou Nise.

— História, resmunguei contendo o mau humor. É uma pilhéria de vocês duas. Não dou para essas coisas.

Os preparativos deixaram-me sombrio.

— Ó Nise, será que têm a intenção de fazer discursos? Se fizerem, vou ficar numa atrapalhação medonha: sou incapaz de juntar meia dúzia de palavras em público.

A moça tentou desvanecer o perigo, mas realmente só consegui destoldar-me um pouco ouvindo a promessa clara de Sussekind e Sisson: ninguém falaria. Não se dissiparam todas as nuvens. Sisson, criatura verbosa, iria pregar-me talvez uma peça. Vesti-me apreensivo, condenando a manifestação doida: com certeza a maior parte das pessoas associadas a ela me desconhecia a literatura. No trajo civilizado, limpo, cosido pelo Sousa na alfaiataria, achei-me em condição de receber visita. Ao sair da cela, encontrei minha mulher, que me ofereceu um pacote cilíndrico e pesado. Tirei os barbantes, o invólucro de papel escuro, uma delgada pasta de algodão, e descobri uma garrafa de aguardente.

— Como é que você pôde meter isto aqui, filha de Deus?

Natural. Na secretaria, um empregado se informara, e ela estendera o embrulho com ingênua impudência: — "Algodão." O homem se contentara com a resposta. Lembrei-me de uma cena, meses antes, no Pavilhão dos Primários. A notícia infeliz me surgira de chofre, numa esquina: — "Revista." Escondera-me por detrás de Euclides de Oliveira e, sem nenhuma precaução, metera debaixo da camisa um envelope que Agildo Barata me confiara. A dez passos, minha mulher tinha percebido o movimento, e um minuto depois me perguntava: — "Que é da carta?" Mas a polícia não se preocupava com tais minúcias. Tocava-nos de leve os bolsos, buscava rápida armas impossíveis. Se eu não fosse um maluco, teria salvo as folhas escritas na Colônia, deixadas estupidamente debaixo da esteira, na cama suja de hemoptises. Bastava uni-las à barriga, sob a cueca, prendê-las com o cinto; aí não me viriam fazer investigações. Vivíamos a criar fantasmas. Por isso as notas se haviam perdido.

Traziam-me agora o líquido valioso e proibido. Arranjei meio de espatifar a rolha, enchi um caneco, fui pródigo. Doentes e abstêmios, os companheiros se recusaram. Pais Barreto, porém, avizinhou-se de mim numa calorosa amizade, não expressa antes nem depois disso. Num instante bebemos quase meia garrafa, e tive de ocultar o resto, fechar a porta. O tenente não se deu por achado: entrou a rondar o cubículo, esperando o momento de insinuar-se nele, indiferente às conversas literárias que fervilhavam em redor. Também me distraía. Fossem para o diabo as letras nacionais: o meu intuito era defender a garrafa. Essa propriedade fugia-me: às vezes a exigência do moço explodia, e era-me preciso descerrar a chapa de ferro, deitar nos canecos duas doses escassas, medidas:

— É necessário fazer economia.

Tolice. A sede forte de Pais Barreto obrigava-me a encharcar-me, para que ele não bebesse tudo; assim, à hora do almoço, sentia-me vago e toldado, superior aos aconteci mentos, sem saber direito porque haviam juntado as mesas, numa refeição extraordinária. Melhorara-se a bóia. Tinham encomendado vinho a Pai João. Enfim um banquete, o banquete possível. Não houve discursos, mas a ausência deles nem foi notada: não me lembrava de que os oradores me causavam receio pela manhã. O álcool me dispunha a soltar a língua, atacar alguma coisa, a literatura reacionária, por exemplo. Na meia liberdade provisória que nos concediam, terminamos o almoço e, quase alegres, ficamos a papaguear nos tamboretes brancos, em algumas espreguiçadeiras, feitas certamente na pequena oficina estabelecida na saleta do café. Os meus olhos fechavam-se, abriam-se; as idéias avivavam-se, morriam. A conversa animada escorregava-me no espírito obtuso. Que dizia aquela gente? Chegavam-me pedaços dela, envoltos em bruma, vozes confusas. Interessava apenas os manejos de Pais Barreto: andava a rondar o cubículo, o pensamento numa garrafa escondida sob o colchão. Erguia-me com pena dele e pena de mim mesmo. Nessas viagens a garrafa se esvaziou. As horas passavam rápidas, a sombra se alargava na calçada estreita.

Recolhi-me tonto, minha mulher acompanhou-me, esteve uns dez minutos deitada. Era um sacrifício, pois abominava o álcool; em tempo normal vivia a despropositar comigo por causa disso. Voltamos ao grupo. Ela pintou os beiços e retirou-se.

Chegaram as luzes. Passou o momento de se fecharem os cubículos, e surpreendeu-me ver o guarda imóvel, a espiar-nos de longe. Alguém trouxe um rádio. Envolto nas grossas mantas, a defender-nos da friagem, ali nos conservamos longamente, ouvindo uma ópera que se representava no Municipal e a sábia crítica de Sussekind à música de Wagner. Cerca de meia-noite as chaves tilintaram e a pequena sociedade pouco a pouco se dissolveu.

Andavam na enfermaria alguns tipos curiosos. Nestor, faxina, era um mulato cor de cinza, magro, banguelo, um sorriso impudente fixo nos beiços grossos. Comportava-se bem e esperava conseguir livramento condicional utilizando o saber de Leônidas Resende. Sumiu-se um anel caro na Sala da Capela, suspeitaram dele, mas os outros faxinas o julgaram incapaz de tocar em objeto alheio. Contudo estava a cumprir sentença por arrombamento.

— Veja o senhor, disse-me um dia. Trabalhei quinze anos só, aqui e em Niterói; nunca ninguém desconfiou de mim. Quando tomei um ajudante, o miserável me denunciou.

Às vezes o sorriso permanente franzia-lhe o rosto, uma sombra de amargura o envolvia.

— Está ali quem sabe tirar cadeia, murmurava apontando a gata Malandrinha, mascote da prisão, achada na rua, vinda num carro de lixo.

O animal vagabundo acostumara-se logo à vida sedentária e nenhum desejo tinha de recuperar a liberdade. Ronronava ao sol, obeso, desenroscava-se em bocejos enormes, preguiça enorme. Reconhecia-se importante, sem dúvida, e esta convicção lhe dava o ar de saciedade, os movimentos vagarosos. Nestor largava um suspiro, invejando o sossego do bicho:

— É como a gente devia ser.

Júlio, figura sinistra, vinha trazer-me a bandeja pela manhã. Bebendo o leite, mastigando o pão, tentei falar com ele. Respondia breve, iludindo as perguntas, os olhos baixos, constrangido. Nunca se referia ao crime que o inutilizara, desejava provavelmente esquecê-lo. A reserva excessiva trazia-me ao espírito Gaúcho, Paraiba, Pai João, alguns ladrões menores, dispostos a revelar-se com franqueza e gabolice. Um deles, de boca imensa, a cara estúpida, vangloriava-se contando a Eneida mentiras palmares. Enganando-nos e enganando-se com aventuras e riscos, esses homens chegavam a descobrir mérito no seu ofício. Júlio não era um profissional. Matara a mulher em ciúme furioso, e não podia livrar-se da horrível dúvida: fora justo? Fora injusto? De pé, junto à bandeja, tinha no chão os olhos enevoados. Fora justo? Fora injusto? Baixo, atarracado, lívido. Impossível avizinhar-se dos companheiros. Homem solitário, preso ao passado, a inocentar-se, a arrepender-se. Nunca me surgira oportunidade, ali ou fora dali, de perceber vestígio de remorso em ninguém. Remorso era apenas um assunto literário. Os indivíduos capazes de matar, roubar, incendiar, violar, achavam razão para isso. Júlio não conseguia justificar-se — e vivia abatido e mecânico, a transportar a bandeja para aqui, para ali, surdo e cego.

Muito diferia dele Barbadinho, o rapaz que andava a rodar a carroça nas pedras com assobios estridentes. Era o meu despertador. As cinco horas o assobio forte e o barulho de rodas nas pedras, casados ates chilros dos pardais, levantavam-me. As aves e n rapaz abreviavam-me o sono. Escovar os dentes, lavar o rosto. Descerrava-se a chapa de ferro. Na frescura da manhã, arriado no tamborete, os cotovelos sobre a mesinha, em vão me esforçava por arrancar de uma figura sombria qualquer coisa. Hábito velho de observação, inútil agora. Júlio era uma estátua dolorosa; só recobrava o movimento quando se esvaziava o caneco de leite. Perto, um rapaz, quase criança, passava agarrado aos varais de uma carrocinha. O assobio não desanimava. Porque tinham levado para ali aquele garoto? No ambiente sujo, o menino queria viver, a alegria se espalhava na cara aberta, peluda, escura. A abundância de cabelos motivara a alcunha. Os olhos fuzilavam, o corpo agitava-se, rápido, como se estivesse a nadar. Barbadinho ausentava-se do meio, estava numa aurora permanente. O assobio agudo feria-me os ouvidos. A criatura viva, moça, forte, mergulhava no trabalho como peixe na água. Infelizmente o trabalho era aquilo: rodar uma carroça o dia inteiro. Pobre menino. Quando se libertasse, não acharia lá fora nem o miserável exercício que lhe facultava o rumor excessivo, o riso franco, o estouvamento. Regressaria, acabar-se-ia em desânimo, obeso e nulo, como a gata Malandrinha, amando uma réstia de sol e a imobilidade.

Tipo esquisito era o sujeito que nos lavava a roupa. Fornido, branco, de gestos ondulantes, olhares equívocos, desagradáveis, sujos. Tinham-lhe dado a alcunha de Maria Gorda. Certo dia o acharam metido em veste feminina, a saracotear-se, a requebrar-se. Lavador, amava a profissão, gostava de mexer em panos. Ao trazer-nos cuecas, lenços, pijamas, estendia-os na cama, retardava-se a acariciá-los com os dedos grossos, nojentos. Um companheiro brigara com ele, e vendo-o chorar, covarde e bambo, invectivara-o: — "Que é isso? Homem não chora." E o desgraçado respondera, no longo pranto: — "Você não sabe que eu não sou homem?"

Um dia, à hora de nos destrancarem, Sisson me apareceu encabulado e sombrio:

— Sou um idiota. Não devia ter feito aquilo. Perdi os estribos, e nem sei o que disse.

Atentei no homem com espanto:

— Que foi?

— Não ouviu?

— Quê? Não ouvi nada.

Sisson recusou durante algum tempo a minha declaração:

— Um barulho tão grande!

— Não percebi nenhum barulho, Sisson. Estava dormindo. Ignoro o que você quer dizer.

Enfim, depois de muita fala inútil, o arestoso amigo se explicou. Tivera na véspera, fechado o cubículo, arenga feia com um preso comum que servia na farmácia. Era estranho haver rixa entre indivíduos tão diversos, um oficial de marinha, homem culto, burguês, e um ladrão vagabundo. Através da chapa de ferro, pelo buraco de vinte centímetros, em geral oculto por um pedaço de papelão, tinham cambiado grossos desaforos: — "Cachorro, sem-vergonha." — "Marinheiro safado."

— Oh, Sisson! murmurei. Você cair nisso! Discutir com um tipo assim!

— Não refleti. Foi burrice.

No mesmo dia Sisson voltava à Sala da Capela. Como de ordinário, não lhe expuseram motivos. Somente ordem para arrumar a bagagem. Os mapas e os abundantes papéis sumiram-se; o meu vizinho da esquerda, antes de curar-se, afastou de nós as suas idéias complicadas e numerosas. A queixa de um malandro ocasionara a transferência. Outros companheiros haviam saído.

As minhas pernas se arrastavam no ócio, do consultório médico para a cela. Agora estavam menos trôpegas e insensíveis; já não era preciso estirá-las ao sol de manhã, envolvê-las à tarde na manta pesada e escura. Não se lavava aquela manta, acho que não se lavou enquanto vivi na Casa de Correção. Por ser quase negra, ocultava a sujeira, e permanecia na cama estreita semanas longas, como os dois trapos que, meses atrás, me enrolavam numa esteira. Apenas a imundície da Colônia Correcional era visível, muito vermelha. As conversas boas de Nise afugentavam-me a lembrança ruim. A pobre moça esquecia os próprios males e ocupava-se dos meus.

— Vamos ao cinema hoje?

— Vamos, Nise. Por enquanto vamos ao *crapaud*. Quer?

Íamos ao *crapaud*. As partidas lentas davam-me remorso. O terceiro conto, mau e incompleto, escondia-se na valise, sob cuecas e meias. Seria preciso concluí-lo e endireitar os outros, mas a literatura desgraçada me causava engulhos. Assaltava-me com frequência um desânimo profundo.

— Porque é que indivíduos como eu escrevem? Para quê? perguntava a mim mesmo.

Quando esmoreciam as dores, procurava defender-me estabelecendo comparações frágeis:

— Afinal o Brasil é uma tristeza. Estas misérias são iguais a várias que por aí circulam. Escrevemos à toa, e ainda achamos quem nos elogie.

Decidia-me com esforço a desenterrar as miseráveis folhas, rabiscava algumas linhas chochas. Para quê? Lá fora gente como eu estaria fazendo coisa semelhante. E refugiava-me nas cartas. Infelizmente Nise começou a dizer que eu furtava no jogo. Professora incapaz, utilizava esse recurso desonesto se perdia, e alargava-se em comentários injustos com Pai João. Atenazavam-me as brincadeiras dela, expostas ao negrinho descarado, horrivelmente feio. Uma espécie de macaco, e às vezes me espantava de que o mostrengo pudesse falar. A cabeça era uma insignificância, os dedos curtos e nodosos mexiam-se como se estivessem a manejar o revólver nas matas de Piraí. Um bicho. E, dos ladrões observados naquele tempo, o mais antipático. Fora-me possível admitir Gaúcho, Paraíba, Cubano, e via-me forçado a admirar Paulo Turco. A figura simiesca irritava-me. Nise dirigia-se a ela, apontando no baralho, a rir, os meus furtos inexistentes. Zangava-me, cochichava:

— Como diabo se interessa você por um tipo como esse? Nise continuava a rir, a atacar-me. E Pai João andava em roda, aos pulinhos, rombo e torpe, a grunhir, repetindo as palavras dela:

— Furtou, furtou.

Uma vez não me contive:

— Sabe que não gosto dessas intimidades?

— Hem? fungou o animal desfranzindo o riso parvo.

— Não gosto disso. É bom vivermos separados.

O focinho de Pai João tomou pouco a pouco uma dureza fria, a boca apertou-se com ódio, os olhos miúdos fuzilaram. O negro deu-me as costas em silêncio, e nunca mais o vi. À tarde me vieram anunciar mudança. Peguei os troços, despedi-me da gente que andava no pátio circular, e um guarda acompanhou-me à Sala da Capela. Na viagem recordei a zanga do velho Marques ao ver-me estender o maço de cigarros a um faxina. Aqueles homens eram nossos criados. Ri-me atravessando os portões de ferro. Criados bem singulares. Executavam serviços rudes e recebiam gorjetas, mas eram em grande número, ambientavam-se em anos de pena, e nós, cem ou duzentas pessoas, estávamos ali de passagem, e infringíamos sem querer as regras. Pela denúncia de um deles, vinham-nos dificuldades: cautelosa, a administração receava desgostar os moradores velhos da casa.

Na sala da Capela havia agora três fileiras de camas separadas por estreitas passagens de meio metro. Deram-me a última do centro, metade, mais ou menos, das laterais. Lugar incômodo. O espaço minguava; só no fim do salão, junto às mesas de leitura e jogo, podíamos andar livremente. Depois do jantar, arriei os ossos no colchão, tentei repousar, debalde: o rumor dos tamancos e o zumbir das conversas agitavam-me, e abriam-me os olhos e os ouvidos. Inclinando-me para a direita, via as criaturas que pisavam rijo, abalando o soalho. A pequena distância, indivíduos atentos, curvados sobre tabuleiros, moviam símbolos de madeira: — "Xeque."

Os cotovelos fixos na armação bamba dos cavaletes, figuras indistintas mexiam papéis. A vitrola remoia discos. Virava-me para o outro lado, e percebia ao fundo, perto do altar, alguns doentes, Apporelly dispondo as cartas na paciência interminável, Moreira Lima a ajustar a funda complicada. Enfim as luzes se apagaram e consegui dormir. Levantei-me cedo e vi na cama vizinha um rapaz de rosto para cima, um frasco na mão, esforçando-se por umedecer os olhos inflamados e vermelhos. Desistiu da operação custosa: o líquido se derramava nas pálpebras roxas e opadas.

— Quer fazer-me o favor de me deitar aqui um pouco de colírio? pediu-me.

Enchi o conta-gotas. Mas, diante dos bugalhos sangrentos, uma névoa de lágrimas toldou-me a vista, os dedos tremeram-me:

— Não posso. Um instante.

Fui chamar Gikovate, que fez o curativo e afastou-se. O desconhecido, loquaz, antes de poder enxergar-me, entrou a papaguear e resvalou em assunto perigoso. Quis saber a causa da minha prisão. Desgostoso com a resposta vaga atirou-me de chofre:

— O nosso chefe é um gênio. O senhor não acha?

— Como?

— Prestes é um gênio.

Mais tarde compreendi que o sujeito não era espião: era apenas meio doido. Naquele momento, porém, julguei-o instrumento da polícia, embora se mostrasse de inabilidade incrível.

— Qual é a sua opinião?

— Nenhuma. Li dele dois ou três manifestos, ali por 1931. Somente.

O homem passou o lenço na cara molhada, dirigiu-me as postas rubras:

— Então, se o senhor não considera Prestes um gênio, que faz aqui? O senhor não é do Partido Comunista? Não esteve na Aliança Nacional?

— Não estive em nada.

O tipo começou a borboletear. E, de repente:

— Apporelly é um gênio, o senhor não acha?

Na manhã fria o ruído começava: sons duros de tamancos abafando as vozes dos pardais. O café, o banho. Apporelly, no fim do alojamento, mudava a roupa devagar.

— Apporelly é um gênio. Que é que o senhor acha?

Cautela exagerada levava-me a precaver-me contra o indivíduo inofensivo:

— O senhor gosta de gênios. Talvez sejamos todos *gênios*. Gênios em cueca, jogando o xadrez e a paciência.

Pus-me a rir; o tipo se desviou, macambúzio. E nunca mais se entendeu comigo. Na manhã seguinte pegou o remédio e dirigiu-se, meio cego, a alguém que lhe deitasse pingos nos olhos arruinados.

Passaram-se dias, semanas. As minhas pernas andavam quase sem dor no soalho, na escada estreita, no pátio onde os militares faziam ginástica. Percebi que várias pessoas começavam a esquivar-se de mim. Com certeza, imaginei, se ressentiam por eximir-me de realizar tarefas desagradáveis. Pediam-me conferências, artigos sobre romances novos, e não justificavam a minha incapacidade. Feria-me a incompreensão. Era-me realmente impossível fazer qualquer trabalho. E admiravam-me a pertinácia e a firmeza de alguns homens que pareciam não descansar. Agildo Barata me dava a impressão de uma aranha diligente, a fabricar dia e noite, meses e meses, a teia difícil. As visitas, às sextas-feiras, levavam para o exterior os fios de uma vasta composição que se alargava pela cidade, pelo país. Criaturas dessa natureza não me desculpariam facilmente a inércia. Devia estar aí a causa do afastamento. Enganei-me. Um companheiro veio contar-me que alguém afirmara ter-me ouvido, em zanga indiscreta, dizer de Prestes cobras e lagartos. O informante queria saber se aquilo era verdade. Rejeitei o miserável assunto:

— Não dou explicação. Isso é uma estupidez, não perco tempo com mexericos idiotas.

As minhas palavras foram tomadas como evasivas, presumo, pois continuaram arredios, a exibir carrancas. Estava claro: o sem-vergonha da oftalmia semeara intriga, e meia dúzia de malucos admitia que eu fosse bastante leviano para confiar nele. A credulidade me irritava. Para o diabo. Não me fazia falta a convivência daqueles ingênuos. Uma tarde quente peguei a toalha e encaminhei-me aos banheiros. Fechados. De regresso, avistei uma torneira e resolvi utilizá-la. Acabava de lavar-me, enxugar-me, quando alguns militares passaram e fingiram não ver-me. Euclides de Oliveira deixou o grupo, chegou-se a mim:

— Então esses moços não falam com você?

— Que se há de fazer, meu caro?

— Qual é a razão disso?

— Não sei, nem procuro saber. Acreditaram, suponho, em burrices, em safadezas. Deixá-los.

Vesti-me, saímos juntos.

— Isso é uma peste! exclamou o oficial.

A indignação dele compensou todos os desentendimentos. Pensei na minha briga com Euclides no primeiro dia em que o vi. Reconhecendo-se injusto, logo confessara o erro, desculpara-se firme, sem nenhum constrangimento, num instante me aniquilara a fúria besta. De novo se patenteava a alma nobre. Euclides não aceitaria sem exame as balelas de um desconhecido.

Vagou uma cama perto do altar, e, receando vizinhança desagradável, Apporelly me pediu que me transferisse para lá.

— Venha logo, antes que chegue um intruso.

Os bugalhos do provocador já não eram vermelhos; recobrada a vista, o sujeito mexia-se com pés de gato, cochichando pelos cantos, a semear discórdia, sem dúvida. Bom livrar-me dele. Aceitei o convite, fui alojar-me a um passo de Apporelly, nos cinco metros de mosaico. Só ali tínhamos sensação de estabilidade; o soalho, batido pelos tamancos, balançava como um navio. Aos pés da cama, no aperto, o humorista colocara uma pequena mesa redonda e passava os dias debruçado nela, arrumando as cartas na paciência longa. A esquerda, magro, a cor terrosa, a cabeça ainda raspada, acomodava-se Aristóteles Moura, de quem me despedira, meses atrás, na Colônia Correcional. Um pouco distantes, Moésia Rolim, Maurício Lacerda e Moreira Lima. Ia-se renovar o Coletivo, e as opiniões se dividiram, empenhadas em forte cabala. Uma intensa propaganda exaltava os espíritos como se se tratasse de escolher o governo da república. No dia da eleição procurei Agildo, perguntei os nomes dos candidatos, e ele me respondeu que os dois grupos tinham chegado a um acordo. A hora ao chá, Ivan me falou à porta do refeitório:

— Você com certeza vota conosco.

— Espere, homem, não estou compreendendo. Agildo me disse que já não há dissidência.

Ivan ignorava o ajuste e insistiu no pedido.

— Pois sim. Que é da chapa?

O moço não tinha chapas naquele momento. Lá em cima informei-me. Existia unanimidade, repetiram-me. Nem me lembrei de comparar as cédulas; estava certo de que eram iguais. Recebi uma, guardei-a sem examiná-la; a escolha não tinha para mim nenhum interesse. Reunimo-nos em torno da mesa onde se jogava *crapaud*, recolheram-se os pedaços de papel, em meio de forte vozeria. A apuração revelou discrepância: três nomes alcançaram todos os sufrágios, mas para os dois cargos restantes eles se dispersaram entre quatro pessoas.

— Oh, diabo! exclamei. Há divergência.

— Não sabia? chasqueou um sujeito à cabeça da mesa.

— Não. Garantiram-me que tinham feito combinação.

— Quanta ingenuidade! murmurou o tipo fechando a cara.

Irritei-me:

— Eu não sou forçado a entusiasmar-me com insignificâncias.

Mais um inimigo, supus. E não me enganei. No dia seguinte Ivan chegou-se a mim no pátio:

— Você ontem me prometeu votar conosco. E votou contra.

— Eu mesmo não tenho a certeza disso: nem li a chapa. Tomei uma ao acaso, pode ter sido a sua. Findas as desavenças, não se justificavam compromissos. Eu as julgava findas, como lhe disse.

— Não, replicou o tenente. Você prometeu.

— E eu fui testemunha, asseverou um companheiro ao lado.

O aparte me assombrou: a nossa conversa fora rápida, em voz baixa, e aquele homem não estava presente. A zanga de Ivan compreendia-se, de nenhum modo o julguei desleal.

Imaginei um equívoco, não nos tínhamos explicado bem. Mas a declaração da testemunha impediu-me a fala, deixou-me tonto.

— Estarei doido? perguntei a mim mesmo. Terei perdido a memória?

Restabeleci-me a custo, respirei. A memória funcionava direito: a afirmação do indivíduo era falsa.

— As nossas relações estão cortadas, bradou o oficial.

Aprovei com um movimento de cabeça.

— E também as nossas, ajuntou o comparsa.

— Elas nunca existiram, resmunguei afastando-me.

Recolhi-me aperreado. Bate-bocas idiotas por uma eleição do Coletivo, sem importância. Não era isso, refleti. Havia ali pretexto para luta: uma chapa vermelha, outra rósea, com duas figuras anódinas. Porque não tinham sido francos? Eu votaria na chapa do Partido, é claro. E deixavam-me na ignorância quando buscava orientar-me. Em conseqüência, vinham inimizades. Ivan tentou reaproximar-se de mim ao cabo de alguns dias: com certeza havia reconsiderado, visto que um caso tão simples não merecia rancor. Isso me pareceu honesto. Achava-me, por desgraça, cheio de ressentimento e desviei-me com meia dúzia de palavras chochas. Aborrecia-me a folhear um livro ruim e desejava matar o autor daquilo. Ivan chegou, sentou-se na cama à direita, entrou a conversar com Apporelly. Receando ser indiscreto, larguei a brochura, ergui-me. O tenente pediu-me que ficasse. Tornei a sentar-me, reabri o volume, um romance pavoroso, continuei a ler por hábito, indiferente à prosa escrita e à falada. A indiferença não era completa: chegavam-me os períodos longos do rapaz e voltava-me a impressão recebida meses antes: — "É o militar que sabe sintaxe." Depois de consultar Apporelly, o moço quis ouvir a minha opinião. Escusei-me frio, alegando não conhecer bem o assunto. E não nos tornamos a falar enquanto ali vivi.

Excessivo melindre me levava quase ao isolamento, apesar de saber que Ivan Ramos Ribeiro procedera com decência. Afinal era absurdo zangar-me por alguns rapazes me evitarem, desconfiados. Realmente não conheciam o sujeito dos olhos purulentos; também não me conheciam. Naquele meio fecundo em ratoeiras uma palavra bastava para nos fecharmos arrepiados. A pergunta do oftálmico dera-me a certeza de me achar diante de um espião; a denúncia dele atirara sobre mim várias suspeitas. Só entre os comunistas havia confiança, mas ainda aí surgiam às vezes surpresas. O dirigente de importância se chegava a polícia. Miranda me parecera, não sei porque, um tipo duvidoso. Observação involuntária. A pimponice, a mentira, a exposição vaidosa de ferimentos leves deixavam-me com a pulga atrás da orelha. Uma ligeira conversa — e separação definitiva. Tempo depois o miserável andava a elogiar Hitler, a dizer que o verdadeiro comunismo se realizava em Berlim. Certas pessoas ali esperavam de mim comportamento igual, e isto me aborrecia, não por me considerar uma perfeita dignidade, mas por me faltar vocação para traidor. E se pudesse resolver-me a trair, que diabo iria contar? Encolhido, ignorava tudo. Toquei vagamente nisso a Aristóteles Moura: — Uma peste!

— Você não tem serenidade para julgar, respondeu Moura. Não temos serenidade.

A segunda afirmação do homem tranquilo, de juízo claro, quase me fazia rir.

— O Partido não está aqui. Lá fora você acha coisa muito diversa. Há entre nós verdadeiros comunistas, e é preciso não confundi-los com simpatizantes cheios de intransigência.

Essa opinião otimista de um homem que tinha, recentes, no corpo magro vestígios da Colônia me restituía o sossego. O horror daquele inferno, daquela ignomínia, não o desviara da linha reta; impossíveis discrepâncias funestas.

— Vivemos numa desgraçada fase de confusão, e é natural que todos se previnam.

Concordei: havia asseverado isso com freqüência, e fortalecia-me a corroboração do meu pensamento. Indispensável um apoio exterior. A esquerda, essa firmeza resistente às misérias da Colônia. A direita, o meu pobre amigo Apporelly, a sofrer, amável e risonho, lançando trocadilhos em atitude profissional. Doía-me a paciência triste dele, aparentemente alegre. Não passava mal o dia, mas á noite, apagadas as luzes, entrava a aperrear-se, em forte agitação. De repente erguia-se num tremor convulso, batendo os dentes, a arquejar. Isso me dava um sono incompleto. Abandonava o travesseiro, agarrava o doente até que ele se acalmasse. Atormentava-me. Iria Apporelly morrer-me nos braços? Por fim o meu ato era mecânico: ao despertar, já me achava seguro a ele, tentando um socorro impossível. (amos ao consultório médico pela manhã, tomar injeções. As minhas pernas ainda estavam ruins. Descíamos a escada, lentos, amparando-nos; chegávamos ao pátio, enfrentando numerosos obstáculos. Apporelly trauteava uma canção briosa, enérgica, atirada com fogo desde o Pavilhão dos Primários. Era engraçado vê-lo, arrimando-se, capengando, insistir na marcha difícil. Ao chegar a um portão, lançava o estribilho:

— Aqui não há quem nos detenha,
Não há quem vença a nossa galhardia.

Ficava assim minutos a esgoelar-se, até que o guarda nos abrisse passagem.

Uma noite chegaram-nos gritos medonhos do Pavilhão dos Primários, informações confusas de vozes numerosas.

Aplicando o ouvido, percebemos que Olga Prestes e Elisa Berger iam ser entregues à Gestapo: àquela hora tentavam arrancá-las da sala 4. As mulheres resistiam, e perto os homens se desmandavam em terrível barulho. Tinham recebido aviso, e daí o furioso protesto, embora a polícia jurasse que haveria apenas mudança de prisão.

— Mudança de prisão para a Alemanha, bandidos.

Frases incompletas erguiam-se no tumulto, suspenso às vezes com a transmissão de pormenores. Isso durou muito. Pancadas secas nos mostravam de longe homens fortes balançando varões de grades, tentando quebrar fechaduras. No dia seguinte vários cubículos estariam arrombados, imprestáveis algum tempo. Na Sala da Capela um rumor de cortiço zangado cresceu rápido, aumentou a algazarra. Apesar da manifestação ruidosa, inclinava-me a recusar a notícia: inadmissível. Sentado na cama, pensei com horror em campos de concentração, fornos crematórios, câmaras de gases. Iriam a semelhante miséria? A exaltação dominava os espíritos em redor de mim. Brados lamentosos, gestos desvairados, raiva impotente, desespero, rostos convulsos na indignação. Um pequeno tenente soluçava, em tremura espasmódica:

— Vão levar Olga Prestes.

A queixa lúgubre deixava-me em situação penosa; esforçava-me por extingui-la. Nenhuma verossimilhança: com certeza aquilo era boato, conseqüência de imaginações des regradas. Vivíamos num ambiente de fantasmagorias. Asserções imprevistas me deixavam zonzo, entre a realidade e o sonho, a perguntar a mim mesmo, considerando um homem que se transformava em duende: — "Estará doido? Ou serei doido eu?"

Dias antes, ao apagarem-se as luzes, deixara-me ficar num banco, debruçado nas tábuas dos cavaletes, lendo sob o quebra-luz de papel. De repente, barulho no fundo escuro da sala. José Brasil se erguera excitado, acendera todas as lâmpadas: — "Acordem, abram os ouvidos. Há metralhadoras lá embaixo, assestadas contra nós. É estúpido morrer como carneiros. Não ouviram? Acordem, vamos preparar a defesa." Várias pessoas roncavam; outras se moviam chateadas, esfregando os olhos; algumas se deixavam contagiar, admitiam perigos indeterminados. E José Brasil comandava, indicava posições: — "Fiquem aqui, resguardem-se. Não passem diante das janelas." Feitas indagações, descobrira-se enfim a origem das metralhadoras: os ratos, no altar, haviam roído uma estante, derrubado um missal, causado o enorme espalhafato. Devia agora existir uma ilusão dessa espécie: alguém se embrenhara em fantasia maluca, achara adeptos, e ao cabo de uma hora as duas casas estavam contaminadas pela estranha loucura.

Em roda entraram a sacudir as persianas velhas, jogaram no pátio as moringas: privaram-nos de água. Os tamancos batiam firmes no chão movediço. Doía-me saber que essas rijas manifestações não teriam nenhum efeito no exterior. As duas mulheres sairiam do Brasil se a covardia nacional as quisesse entregar ao assassino estrangeiro. A idéia repelida voltava; enfraquecia o desejo de amortecê-la. Para que buscar a gente enganar-se? Eram capazes de tudo. O rumor crescia, as vozes aumentavam. Em ligeiras pausas nessa borrasca inútil, engarrafada, chegavam-nos informes que, para ser compreensíveis a tal distância, vinham, julguei, dos pulmões, poderosos como foles, do tremendo Lacerdão. Nesses hiatos visitava-me a esperança de que os bichos antipáticos se houvessem retirado Meia dúzia de palavras aniquilava-me o otimismo.

Em duro silêncio, fumando sem descontinuar, sentia na alma um frio desalento. Mas porque, na horrível ignomínia, haviam dado preferência a duas criaturas débeis? Elisa Berger, presa, era tão inofensiva quanto o marido, preso também. Contudo iam oferecê-la aos carrascos alemães, e Harry Berger permanecia aqui, ensandecido na tortura. O nazismo não exigia restos humanos, deixava que eles se acabassem devagar no cárcere úmido e estreito. A noite, na sala 4, Elisa despertava banhada num suor de agonia, os olhos espavoridos. A lembrança dos tormentos não a deixava; um relógio interior indicava o instante exato em que, meses atrás, a seviciavam na presença de Harry, imóvel, impotente. Olga Prestes, casada com brasileiro, estava grávida. Teria filho entre inimigos, numa cadeia. Ou talvez morresse antes do parto. A subserviência das autoridades reles a um despotismo longínquo enchia-me de tristeza e vergonha. Almas de escravos, infames; adulação torpe à ditadura ignóbil. Nasceria longe uma criança, envolta nas brumas do norte; ventos gelados lhe magoariam a carne trêmula e roxa. Miséria — e nessa miséria abatimento profundo.

A cabeça entre as mãos, os olhos fixos no mosaico, tentava desviar-me dali, fugir ao pesadelo. Acendia um cigarro, jogava-o fora, acendia outro. Esse exercício, único, enervava-me. Não seria possível fazer outra coisa? A brasa do cigarro a queimar-me os dedos convencia-me de que não me achava adormecido. Era uma vigília, sem dúvida, infelizmente diversa de outras aparecidas meses antes, quando a polinevrite me lançava à espreguiçadeira, na saleta do café. Idéias fúnebres iam, vinham, engrossavam-me o coração. Miseráveis. O campo sórdido, o opróbrio, a dor. E depois os fornos crematórios, as câmaras de gases. Outras figuras em roda permaneciam inertes como eu, cabisbaixas, olhos no chão Carlos Prestes, isolado, estaria assim, mas ignorava as ameaças à companheira. Chegar-lhe-ia aos ouvidos um som confuso do imenso clamor. De que se tratava? Pegaria um livro, mergulharia no estudo vagaroso e tenaz. A vozearia abafada não tinha para ele significação. E passaria meses sem poder inteirar-se da enorme desgraça. O tenente gemia, e as palavras invariáveis pareciam ter apagado as outras, escorregavam num soluço:

— Vão levar Olga Prestes.

Era afinal um desafogo manifestar-se alguém, insurgir-se de qualquer forma. Os utensílios da marcenaria malhavam as portas, abafavam às vezes o, lamento do rapaz. Havia uma suspensão, e as sílabas chorosas reapareciam. Os indivíduos expansivos imaginavam talvez estar sendo razoáveis: pancadas e gestos de indignação serviriam para alguma coisa. Horrível era o desânimo de muitos, a certeza de que a cidade se afastava de nós, indiferente.

— Para que isso? perguntava a mim mesmo impacientando-me. Ignoram tudo, e a imprensa, vendida, nos enegrece.

A lamúria do rapaz mexia-me os nervos. Lembrei-me da viagem à Colônia Correcional. Demorara-me diante dos cubículos, a despedir-me dos companheiros. No pavimento de baixo, ao transpor a larga porta, lembrara-me de ver as mulheres da sala 4: encaminhara-me à direita, subira a escada. No atordoamento, não me era possível examiná-las direito. Estavam à grade, em filas, umas no solo, outras suspensas, os tamancos pisando as traves, as saias entaladas, as pernas entre os varões de ferro, seguras a eles. — "Adeus." — "Boa viagem." Pedaços de rostos, mãos, coxas, tamancos, frases amáveis, sorrisos, misturavam-se, vagos, inconsistentes. Na ala inferior, branca e serena, Olga me atirara alguns sons guturais, provavelmente a expressão de bom desejo, difícil de perceber aquela situação. A pequena distância, os bugalhos de Nise e os lábios sangrentos de Valentina. Desviara-me zonzo, descera, levando fragmentos vivos, a grulhada imperceptível e, dominando tudo, a fisionomia tranqüila, a alvura de nata, algumas palavras lançadas com pronúncia exótica. Certa manhã, na enfermaria, Elisa Berger surgira de repente na entrada ao fundo. Havia ali duas grades, a limitar um vão diminuto, e pelo menos uma estava sempre fechada. Naquele dia as duas se achavam destrancadas, exatamente quando Elisa passava por elas, dirigindo-se ao gabinete do dentista. Rápida, -a mulher entrara e, examinando cautelosa os arredores, estendera um envelope a Eneida, cochichara um instante e sumira-se, dando-me apenas o tempo necessário para notar que estava mais abatida e mais grisalha. Pouco depois as chaves tilintavam nas fechaduras. E sexta-feira à tarde os papéis fraudulentos haviam deixado a prisão, na bolsa de uma espanhola sonsa, que dizia ao velho, Nunes quando obtinha visita extraordinária. — "Nossa Senhora é quem lhe há de pagar, seu major."

Agora, sentado na cama, esforçava-me por escapar ao charivari embalando-me num pensamento que várias vezes me havia ocorrido. Era estranho as duas grades, em geral trancadas, fiscalizadas, se abrirem à passagem de Elisa Berger, em seguida se fecharem como se nada irregular existisse. A coincidência trazia-me dúvida e espanto. Seria coincidência? Um minuto de abandono, suficiente para o contrabando; nenhum vigia no recinto circular. Finda a manobra, um guarda viera de supetão, rigoroso e desconfiado, metera as lingüetas nos encaixes. Mas porque se ausentara quando a ausência dele favorecia uma infração? Conveniência. Esta idéia me assaltara e fixava-se, embora me apoiasse em meros indícios. Uma débil esperança animou-me: outros cúmplices tentariam salvar as infelizes. Abafei com desânimo a ilusão: se algum doido quisesse arriscar-se por elas, inutilizar-se-ia sem nada conseguir. Enfim não se tratava de obséquio miúdo: retirar-se uma pessoa, voltar ao cabo de um instante, com firmeza e energia, receosa de comprometer-se.

As horas arrastavam-se, vagarosas, a balbúrdia aumentava um pouco, diminuía. Em frente à sala 4, a polícia jurava que as duas vítimas não sairiam do Brasil. A promessa nos era transmitida com hiatos, abafada e rouca. Espaçavam-se os gritos, as forças minguavam, não se prolongaria a resistência.

Tarde, a matilha sugeriu um acordo: Olga e Elisa seriam acompanhadas por amigos, nenhum mal lhes fariam. Aceita a proposta, arrumaram a bagagem, partiram juntas a Campos da Paz Filho e Maria Wemeck. Ardil grosseiro. Apartaram-nos lá fora. Campos da Paz e Maria Werneck regressaram logo ao Pavilhão dos Primários. Olga Prestes e Elisa Berger nunca mais foram vistas. Soubemos depois que tinham sido assassinadas num campo de concentração na Alemanha.

Um juiz do Tribunal Especial veio interrogar os presos que tinham processo. Mandou chamá-los à secretaria. Ninguém foi lá Era paisano e bacharel, e os militares se encarregaram de ridicularizá-lo muito depressa.

Acomodatício, o homem se instalou a alguns passos dos cubículos onde se arrastavam discussões trabalhosas e se compunham relatórios, manifestos, correspondência todas as se manas entregues aos correios de saias que nos visitavam no Cassino. Numerosos convites foram feitos, repisados com paciência. Nenhum transtorno aos rapazes. Atravessariam de relance o pátio miúdo e, descerrando um portão, entrariam numa sala, diriam meia dúzia de palavras necessárias. Só. Nem precisavam mudar a roupa. Concessão temerária: insinuavam-lhes falar quase nus à autoridade, o que realmente se deu pouco depois. Naquele momento rejeitaram a condescendência, intratáveis, duros, e insubordinaram-se. O local das reuniões secretas, vizinho ao refeitório, semelhava um cortiço de abelhas assanhadas. Não se reconhecia o Tribunal Especial, cópia do fascismo. Aquela gente anfíbia, que ainda misturava peças de farda ao vestuário civil, calejava nos exercícios e tinha o coração perto da goela. Ia e vinha, subia e descia a escada, empurrava com força os dois portões fronteiriços, simulava não enxergar o magistrado paciente e chinfrim da justiça reacionária.

Três ou quatro dias as mesmas cenas se renovaram: intimações, recusas, o sujeito da lei nova abancado horas a fio, surdo a remoques, seguro ao osso miserável do emprego. Surgiu-nos, com certeza por isso, um funcionário de modos policiais. Chegou-se com pés de gato às tábuas dos cavaletes, abriu uma pasta, desdobrou papéis, rosnou sons indistintos. Aproximando-me, conheci o intuito dele: convidava algumas pessoas a prestar declarações. Pegou uma lista e iniciou a chamada:

— Lourenço Moreira Lima.

Isso não produziu nenhum efeito. Em redor, indiferentes, jogavam xadrez, percorriam jornais, como se nada tivessem ouvido. Na frieza e na falta de respeito à ordem, o tipo gaguejou o apelo com voz mais forte. De camisa e cueca, sentado na cama junto ao altar, Moreira Lima tossiu, levou a mão à orelha, informou-se:

— An! Comigo! Não temos negócios não. Passe adiante.

O funcionário fez ouvidos moucos à negativa e prosseguiu a leitura, fria, mecânica, profissional; os indivíduos mencionados pareciam distantes dali. Aquilo iria ter conseqüências desagradáveis, sem dúvida; se pudessem, alguns procurariam evitá-las, mas receavam mostrar-se covardes. A rebeldia inicial originava repulsa unânime, dava-nos fugitiva impressão de fortaleza. O instrumento da polícia arrumou as folhas e retirou-se. Que diabo nos aconteceria?

O juiz flexível cansou na espera inútil, desapareceu, foi substituído por outro, severo, intransigente, de maus bofes, oficial do exército. Esse usou método rápido e eficaz. Inteirou-se da oposição, entendeu-se com o diretor e ordenou conciso o arrastamento dos cabeçudos ao interrogatório. Como os guardas eram incapazes da tarefa, requisitou a polícia especial, que veio numerosa e bruta, invadiu as celas, distribuiu pancadas, malogrou a resistência.

Da saleta do café, ouvi um barulho feio. Entrei na oficina de encadernação, abri uma veneziana, vi Sócrates passar, de cueca e tamancos, agarrado por dois ferrabrases patibulares. Um tipo surgiu, bem vestido, solto, na disciplina da caserna, a publicar a dissidência amarga que fermentava na prisão.

Afastei-me, fui debruçar-me a uma das janelas próximas aos cavaletes. Lá embaixo havia metralhadoras dirigidas a nós, e homens fortes de bíceps enormes, cabeças vermelhas de galo-de-campina, andavam firmes, a expor energia. Pensei na extravagância de José Brasil, motivada pelos ratos, quando as luzes se apagavam. Já não era preciso buscarmos perigos insensatos no escuro da noite. A alguns metros, dia claro, lá estavam armas reais, indubitáveis, as bocas erguidas, e rijos latagões de cócoras, acertando a pontaria.

Essa fanfarronada impressionou menos que a fantasia louca de José Brasil. Diante das máquinas de aço a imaginação e a curiosidade esmoreceram. A princípio ainda chegá vamos ao parapeito, ficávamos algum tempo a observar a rumorosa exposição de força, na verdade inofensiva. Queriam apenas amedrontar-nos. Convencia-me disso vendo os gestos ásperos, as carrancas e os longos manejos invariáveis das robustas crianças perversas. Logo nos habituamos: no dia seguinte era como se o aparato marcial sempre nos tivesse feito a ameaça inútil. Conservaram-se ali talvez uma semana; praticadas as violências profissionais, retiraram-se, e a polícia da casa pôde levar os moços exaltados ao juiz escabroso.

Certa manhã, depois do café, anunciaram-me visita. Arranjei-me à pressa, desci, fui ver minha mulher na alfaiataria, onde se realizavam esses encontros irregulares, frutos de engenhosos pretextos, renovados, modificados com êxito. Sentamo-nos em cadeiras de vime, o Sousa alfaiate arredou-se discreto. Algumas perguntas e respostas chochas revelavam-me, nesses momentos de exceção, que a mulher gastara energia sem proveito. Como estava a saúde? Havia notícia das crianças? Que diziam de nós lá fora? Éramos uns patifes, segundo os jornais. Informando-me, queria saber se o juízo severo continuava firme na opinião pública ou se se notava qualquer mudança. Os meninos, sem novidade. E passávamos bem. Minha mulher não tinha doença. As dores das pernas já não me atormentavam, os cabelos cresciam: era-me possível usar pente. O vagabundo repulsivo, de cor terrosa e bochechas cavadas., visto no espelho meses atrás, desaparecera. Sentia-me lerdo e começava a engordar; aprazіam-se a inércia, a cama, os cochilos; o menor esforço fatigava-me.

Naquela manhã, narrados os últimos sucessos, internos e externos, repisamos assuntos, caímos em silêncio. De repente ouvimos altos brados. Erguemo-nos, chegamos á porta, enxergamos à direita um grupo confuso. Já me habituara a cenas iguais: iam levando um acusado ao interrogatório. Trouxemos cadeiras para a calçada, aí nos instalamos curiosos. Um novelo de corpos agitados passava diante de nós, a pequena distância. Arregalando os olhos, distingui Álvaro de Sousa, suspenso, a debater-se com desespero, nas mãos de quatro homens que lhe seguravam rijo os braços e as pernas. A cabeça, desgovernada, subia, descia, em duros solavancos, tentava equilíbrio; o rosto se avermelhava furioso; a boca torcia-se, vomitava injúrias ao governo, à justiça nova, ao exército. Alongando o pescoço, mostrava a cicatriz da navalha que lhe cortara músculos importantes, modificara a fisionomia. Batida pelo sol, aparentava insana mistura de raiva e escárnio. Os insultos não diminuíam. E transportaram assim o capitão Álvaro de Sousa, meio despido, a exibir marcas de tiros na barriga e no tórax, fardo incômodo.

Afastara-se, o barulho declinou, sumiu-se. Diante do vulto escuro, turbulento, recobramos idéias e ânimo; reapareceram as palavras fugitivas. Parecia-nos que Alvaro se abalava à toa, desperdiçava forças dele e de outros. A coragem louca perdia-se. Berros, esgares, movimentos de bicho feroz dominado a custo, seriam indistinto rumor além dos muros da prisão. E nada valiam serem percebidos: o juízo venenoso dos jornais insinuava-se nos espíritos.

Novo magote nos perturbou a conversa, mas esse mexia-se tardo, em desânimo visível. Ainda uma pessoa, chamada a prestar declarações, resolvera deitar-se, e não houvera meio de colocá-la em posição vertical. Necessário transportá-la daquele jeito, provisoriamente aleijada. Espantou-me nela a ausência de contorções, uma serenidade a contrastar com os destemperos de Álvaro, pouco antes. Os carregadores moviam-se vagarosos, sem esforço, e outros indivíduos vinham atrás, como gatos-pingados a realizar um enterro pobre. Tínhamos na verdade a impressão de nos acharmos num cemitério. No primeiro momento não reconheci a figura inerte, franzina, leve, metida num pijama de riscas. A alguns metros do portão a carga exígua deu sinal de vida e chegou-me a voz metálica de Agildo, cortante como lâmina:

— Bem. Já fiz o meu protesto. Larguem-me, vou levantar-me.

Não pedia: apesar de falar baixo, dava uma ordem, concisa e dura. Três homens o soltaram; o quarto, um negro alto e magro, continuou a segurar-lhe a perna direita.

— Larguem-me, repetiu o,moço, as costas no chão, uma banda meio levantada.

Não alcançando, na situação desfavorável, a obediência a que se habituara, encolheu-se, retesou os músculos e jogou um vigoroso pontapé na cara do negro.

A ponta do tamanco feriu carne, cartilagens, e o infeliz recuou limpando as ventas ensanguentadas. Finda essa proeza, rápido bote de cobra, Agildo retomou o sossego. Um instante depois marchava seguido pelos guardas, lento, economizando energia para ofensas acres ao juiz atrabiliário.

Uma noite, depois do chá, os militares trouxeram para o salão todos os bancos do refeitório. Alinharam perto dos cavaletes esses móveis toscos e em poucos minutos se formou um tablado, que mantas e lençóis ocultaram, seguros a cordas presas às paredes e às janelas. Num quarto de hora a prisão se mudou em teatro; íamos assistir a uma comédia. A peça não fora escrita: examinara-se o assunto nos cubículos, à tarde, e os atores, de improviso, desenvolveriam em liberdade os seus talentos no decurso da representação.

Enquanto se arranjava a cena, um grupo cochichava os últimos retoques à obra de arte composta de afogadilho. A platéia se organizou; os artistas muniram-se de cadeiras, de instrumentos necessários, subiram ao palco, afastando as cortinas grosseiras. Não havia ponto nem contra-regra: subordinando-se ao plano, cada qual teria o direito de entrar, sair, dizer qualquer coisa ou não dizer nada. Os papéis cresceriam, diminuiriam, conforme as circunstâncias. Que iria sair dali? Provavelmente não sairia nada, mas estávamos de pé, olhos e ouvidos atentos, longe do *crapaud*, do xadrez, da paciência. O ensaio geral se realizava lá dentro, num burburinho.

Súbito o pano de boca se descerrou e distinguimos uma caricatura do tribunal que nos chateara uma semana. Em torno de uma pequena mesa, alguns sujeitos exibiam influência e carranca: Flávio Poppe, Rollemberg, outros, fardados, à paisana. Faziam sinais, folheavam papéis, sérios, atentos, em discussão muda. Ao centro, enrolado num paletó negro, uma pasta de algodão na gola, fingindo arminho, Apporelly coçava a barba e presidia, com bocejos. Diante dele, os braços amarrados às costas, um lenço a tapar-lhe a boca, erguia-se um tenentezinho débil, insignificância, tão magro e baixo que o tratavam por filhinho do Agildo. Pegara a alcunha: miúdo, franzino, Agildo se avantajava ao rapaz em músculo e estatura. Ao fundo, um tipo se agachava, as abas do chapéu a cobrir-lhe o rosto; fumava e cuspia no chão e nas paredes de pano.

— É o tira, disse Flávio Poppe a um vizinho, indicando esse espantalho sombrio, de cara invisível.

Durante algum tempo os juízes mexeram nos autos, a murmurar segredos. Aquietaram-se, e Apporelly entrou a resmungar uma extensa arenga, de que não se distinguia uma palavra. Zangava-se, batia na mesa, dirigia-se interrogativamente à figurinha amordaçada e imóvel. Depois de muito rosnar sons indistintos, balbuciou uma ordem pastosa:

— Defenda-se.

A criatura deu um passo, diligenciou levantar as mãos presas, estirou o pescoço, um gorgorejo rouco esmoreceu-lhe na garganta.

— Defenda-se, covarde, gritou Apporelly, esmurrando o ar, bravio.

Conteve-se, esperou, esfregando o pelame revolto da cara; dirigiu-se aos colegas:

— Não quer defender-se. Precisamos nomear-lhe um advogado.

Os outros concordaram, mas a escolha de patrono razoável originou um diálogo cheio de qüiproquós. Avançavam, recuavam; o presidente, amolado, assentia, dissentia, embrulhava-se, ajeitava na gola a pasta de algodão rebelde, pregava os olhos no acusado, aproximava dele as cerdas longas e ásperas de javali:

— Defenda-se, canalha.

O tenente permaneceu quieto na mordaça e na corda.

— Não é possível ser julgado sem defesa, tartamudeou Apporelly.

Agarrou uma folha e, vagaroso, tremelicou a redigir, riscar, de espaço a espaço virando-se para os lados, em consultas breves e moles aos figurantes do tribunal. Chamou o tira, ofegou um mandado bambo. O funcionário moveu-se, capengou, recebeu o papel, retirou-se pela porta única, ao fundo, a cuspir, a derrear-se, embicando o chapéu. O presidente esganiçou um risinho de aprovação babosa à força material e esfregou as mãos alegre, como se os muques da segurança pública fossem dele. Um minuto os juízes se entretiveram em conversa animada e silenciosa. O polícia, rebocando um homem, veio interrompê-los:

— Entra, chefe. O doutor chamou.

Só aí, pela voz rouca, distingui o indivíduo oculto sob as abas imensas do chapéu: era Morais Rego, um oficial de intendência, teimoso em excesso. Meses atrás, na enfermaria, nunca deixava de contrariar-nos lançando idéias extravagantes; se acaso pensávamos como ele, mudava de opinião. Encolheu-se, foi representar, exímio, o seu papel de cão de fila.

E Ivan Ribeiro surgiu, chegou-se ao réu, entabulou um discurso em linguagem profundamente revolucionária, sem nenhuma deferência aos magistrados. Jogou em cima deles

pedaços do programa da Aliança Nacional Libertadora e frases que diariamente se renovavam para animar os espíritos vacilantes. Pão, terra e liberdade — exigiu firme. Arrojou-se a atacar o governo e apresentou como herói o vivente mesquinho, deslocado nas ataduras. Foi pouco além do intróito. Logo aos primeiros arremessos, os julgadores alarmaram-se, arrepiaram-se como se os mordessem pulgas; entenderam-se à pressa, com visível receio de que tais desconchavos fossem ouvidos lá fora. A um gesto de Apporelly, Morais Rego chegou-se a Ivan, segurou-lhe um braço, indicando a porta:

— Anda, chefe. O doutor mandou.

O inconveniente defensor prosseguiu nas horríveis diatribes; levado aos empurrões, saiu a vociferar desacatos furiosos à justiça. Pancadas, berros, luta a esmorecer, a distanciar-se; veio o silêncio, quebrado agora por um forte pigarro nos bastidores. Esse rumor conhecido revelou a nova personagem. O polícia voltou; falou baixo ao presidente, foi agachar-se à entrada, apontou a mesa com o polegar, dirigindo-se a uma pessoa invisível. E Moreira Lima apresentou-se, curvo, temperando a garganta, a apalpar as virilhas, a ajeitar a funda. Avançou, cumprimentou, digno.

— É outro advogado que vem patrocinar a causa deste miserável, bocejou Apporelly, sonolento, aos parceiros.

E, voltando-se para o recém-chegado:

— Tem a palavra.

— Senhores membros do colendo Tribunal Especial, começou o bacharel feroz aproximando-se da mesa.

Pegou um caderno, abriu-o enfastiado, largou-o:

— Eu nem preciso examinar o processo, pois este caso é notório. O réu presente não esconde os seus crimes. Atentou contra as nossas instituições, conspirou, usou bombas e combateu as forças legais — todo o mundo sabe. Tomou parte na insurreição de Natal e sublevou-se em Pernambuco — todo o mundo sabe. Envolveu-se no barulho do 3.º Regimento, não pode negar — todo o mundo sabe. No mesmo dia insurgiu-se na Escola de Aviação todo o mundo sabe. Redigiu manifestos sediciosos, organizou comícios, pichou muros e escreveu artigos violentos em jornais clandestinos — todo o mundo sabe.

A cavernosa tosse costumeira algumas vezes interrompia as afirmações decisivas.

— Mas, senhores juízes, arquejou o extraordinário rábula, o acusado mostra pelo menos uma virtude: não procura inocentar-se Obrigado a interrogatório, permaneceu quieto, e a denúncia está sólida. As faltas dele são graves — todo o mundo sabe. E no estado em que se acha não lhe seria possível negá-las. Além disso, devemos reconhecer, temos diante de nós um irresponsável. É um infeliz, um pobre-diabo, ruína física. Pela cara vemos perfeitamente: um imbecil, um idiota. Sem dúvida obedeceu às instruções dos agentes de Moscou. Assim, venerandos juízes, não venho pedir justiça, que este indivíduo é um canalha — todo o mundo sabe. Espero clemência, e baseio-me nas tradições misericordiosas da nossa cultura ocidental. Uma pena suave, meritíssimos juízes, aí uns trinta anos, porque enfim este bandido serviu de instrumento.

A defesa calou-se. A presidência esfregou o queixo barbudo, sorriu, alvitrou:

— Acho bom atendermos ao pedido, sermos generosos. Trinta anos. Que dizem? Há na verdade atenuantes. Apenas trinta anos, na ilha Grande. Uma sentença módica.

— Excelente, concordaram todos os comparsas levantando-se.

— Morais Rego moveu-se, caxingou, deu uns safanões no condenado, arrastou-o:

— Anda, chefe.

As cortinas cerraram-se. A platéia ria. Na saleta do café, os guardas riam.

Houve efervescência nos cubículos, um rumor espalhou-se, encheu o pátio, o refeitório, a escada, os banheiros, a saleta do café — e a novidade precisou-se afinal: iam fazer a greve da fome.

— Doidice, afirmaram sujeitos graves, inimigos de abalos, ostentando experiência. A medida extrema exigia preparação, alimento poupado em dias e meses, gasto pouco a pouco nas horas difíceis, para dar lá fora a impressão de que algumas dezenas de pessoas queriam na verdade morrer em suicídio lento. Nunca me haviam ocorrido essas cautelas. Os jornais me haviam imposto a incrível resistência de certos organismos, e isto me ajudava a suportar às vezes semanas de fastio. Comparado à rigorosa abstinência em duras prisões da Europa e da Ásia, o meu sacrifício no porão do Manaus e na Colônia Correcional fora pequeno. Davam-me notícia agora de uma técnica nas privações, dosadas convenientemente, se era possível comunicá-las ao exterior, mandá-las a outros países em telegramas.

Estaríamos em condições de utilizar essa arma? Pensei na defesa dela, exposta por Medina, sustentada por Bagé, no terraço do Pavilhão dos Primários. Bagé rosnara motivos sem pé nem cabeça, a gaguejar, e um vizinho me tocara o braço, indignado: — "Provocação." Mas faltara-lhe ânimo para manifestar-se em voz alta. As caras em redor se anuviavam, quase todos se opunham, e quase todos, confusos, tinham aprovado maquinalmente o jejum. Finda a votação, Rodolfo Ghioldi se revelara, confessando-se vencido. Que vantagem podíamos esperar? Obteríamos publicidade? Como? A imprensa nos atacava: não éramos vítimas na opinião dela, fôramos agressores. Os deputados capazes de arriscar uma palavra a nosso favor estavam presos. Quem se interessaria por nós? O protesto ficaria em silêncio. O juízo divergente ocasionara modificação radical na assembléia, e o primeiro a desdizer-se fora Bagé, com um risinho besta, inofensivo. Não reparara naquilo, enganara-se. Leviandade. Segunda votação condenara unanimemente a coisa resolvida. Que diabo! Dependíamos de criaturas levianas. Depois, no colchão duro, na preguiça regulamentar, com freqüência uma idéia me assaltara, desagradável, misturada a conversas chatas e a percevejos. Homens vaidosos e ingênuos. Seriam realmente ingênuos? A quem aproveitava a ingenuidade? — "Enganei-me." Engano suspeito. Se o conselho rebelde se efetuasse, alguns de nós iriam resfriar-se no chão molhado, em celas escuras. Um sopro me 'deixara no ouvido o aviso severo: — "Provocação."

Esse caso infeliz ressurgia enquanto os rapazes se agitavam semeando razões para greve. Achei-as bem fracas, mas afastei a idéia de existirem provocadores entre os homens que as defendiam. Vários deles eram meus inimigos, e isto deve ter-me levado a esforçar-me por ser imparcial. Não me sentia propenso a cultivar ódios. Certos indivíduos tinham sido injustos e grosseiros comigo. Teriam sido? Grosserias e injustiças esfumavam-se, vapor, sumiam-se rápido no ambiente a que nos submetiam-Ganhavam raízes os fuxicos de um energúmeno meio cego que via gênios em toda a parte. Mole, deixando a enfermaria antes da cura, desanimava-me a ler desgraças na Espanha. Enxergava ali uma derrota provisória: ainda amargaríamos tempos duros. — "Então você não acredita na vitória da revolução?" perguntara-me um oficialzinho cheio de susto. — "Não acredito em nada, meu caro. Não sou crente. Julgo infalível a vitória da revolução, hoje, amanhã, não sei quando. Isto não é crença. É certeza. Se eu pudesse acreditar, acreditaria nos anjos, em Deus, que têm pelo menos a vantagem de ser velhos." Dizendo tais horrores, furtava-me a explicações — e era razoável evitarem-me. Além disso recusara-me a fazer conferências, a escrever um artigo e não atentara na eleição do Coletivo. Em suma: reacionário pessimista. Walter Pompeu buscava exasperar-me narrando comentários arrasadores. Paciência. Muitos vinham da caserna, tinham hábitos diversos dos meus, eram rigorosos com as pessoas indiferentes às canções patrióticas. Isso nos afastava, mas de nenhum modo me levava a supor que eles quisessem mandar-me pata a Colônia Correcional. Pensando bem, sentia-me perplexo, custava-me a ver em Mediria um provocador. Também ele fora enviado à Colônia. De volta, achara bom trancarem-me lá, darem-me assunto para um livro. Debaixo de ramos que nos importunavam, a bater asas, a trilar, desejara que me deixassem uns dias faminto, no barracão sórdido. Sairia dali uma história magnífica. Esse prognóstico amável não me seduzia. Preferível deixarem-me em paz, longe de trabalhos inúteis e responsabilidades. Bagé sumira-se, mas este propriamente não vivia, era simples apêndice. Finda a inexperiência, inclinava-me a agradecer a Mediria os bons propósitos. Irrealizáveis, sem dúvida. Cubano e Gaúcho ficariam desconhecidos, ou apareceriam deformados e imóveis, esboços feitos a custo, na ignorância. Não me seria desagradável tornar a vê-los, completar observações, aprender alguma coisa. Voltar à Colônia, deitar-me na esteira podre, na cama suja de hemoptises, falar a Cubano, embalar-me nas aventuras de Gaúcho, saber como ele fugira de Fernando de Noronha. Esvaíra-se o princípio dessa fuga arriscada — e era-me preciso reconstituí-la. Embora o pormenor não tivesse importância, agarrava-me a ele, queria debalde lembrar-me de uma frase duvidosa, em gíria. Provavelmente as narrações de Gaúcho eram mentiras, e isto me prendia — e nos aproximava. Que havia nos meus livros? Mentiras. A necessidade horrível de entrar no galpão imundo, conversar com os meus amigos, perseguia-me. Os políticos me condenavam essa fraqueza — porque enfim Gaúcho, Cubano, Paraiba e seu Mota eram rebotalhos sociais, criaturas perdidas. Eu próprio havia dito isso quando França diligenciava meter idéias revolucionárias no espírito rombo de um infeliz como Paulista. Achava-me incoerente, a acusar e a inocentar Medina e Bagé. A greve falhara. Esboçava-se outra

Idas e vindas para cima e para baixo, murmúrios, constante barulho de tamancos na escada, argumentos sagazes — e o plano se desenvolveu pouco a pouco. Uns doidos, opinava firme Vergílio Benvenuto, largando a vitrola, os jornais, os retratos de mulheres nuas. Resolviam-se de improviso, sem método. A prudência de Rodolfo Ghioldi fazia-me observar com desgosto os preparativos. Havia ensejo de publicidade? Logo notei que os rapazes dos cubículos não causariam transtorno a outros indivíduos: seriam eles os prejudicados. A gente da Sala da Capela refugou o convite, fria. Vantagens indecisas, remotas, exibidas com ânimo, foram vãs. Eram recentes as desordens praticadas nas barbas do tribunal, as conseqüências delas estavam bem vivas. Teríamos de novo no pátio os bichos fortes de cabeças vermelhas, a apontar-nos metralhadoras; safanões, resistência, gritos, baques, protestos ineficazes, homens em desespero, quase nus, levados à força. Imaginávamos as cenas desagradáveis, invariáveis; já nem sequer nos atraía a novidade. A coragem cega de Álvaro de Sousa e a dureza metálica de Agildo perderiam com a repetição. Esbanjaram-se alguns dias em extensas arengas — e as duas sociedades próximas não chegaram a entender-se. Vários dos meus vizinhos resignar-se-iam sem dificuldade ao projeto insano, mas eram pouco numerosos e nem conseguiram manifestar-se. A maioria, composta de engenheiros, médicos, jornalistas, advogados, intelectuais mais ou menos desiludidos em contatos rápidos com operários analfabetos e suspeitosos, reunia as suas ciências, entrincheirava-se nelas, desprezando naturalmente os indivíduos alheios aos ofícios complexos. No meio fecundo em autoridade e orgulho, barbas severas, gestos altivos, períodos longos, silêncios eruditos, quebravam-se as decisões dos moços do andar inferior, amigos da ginástica, ruidosos, espalhafatosos, sempre dispostos a levar as questões mais simples às vias de fato. Esses não se detinham em raciocínios lentos, na regra: às vezes mandavam à fava as premissas, iam direito a conclusões apressadas, inconseqüentes. As recusas expostas em voz alta encobriam as diferenças de temperamento e educação; e mais fortes, mais decisivas, havia as discórdias, meses antes apenas entrevistas, depois claras, indisfarçáveis. O malogro inicial fez-me presumir uma desistência: não quereriam exibir a falta de solidariedade. Enganei-me. Findas as consultas, o refeitório se despovoou.

Ao descer para o café, notei nos bancos muitos claros, podíamos mexer-nos à vontade, pôr os cotovelos em cima das tábuas. Perto um rumor ia crescendo até mudar-se em gritos, baixava, tornava a subir, e percebia-se na algazarra um estribilho concebido para amolar a administração. Aquilo, repisado no mesmo tom, era irritante. O velho Nunes, coitado, ia ver-se em talas. Não nos queixávamos dele, e era difícil arranjar-se um pretexto razoável para a rebeldia. Lá em cima as conversas, o pezunhar dos tamancos, os discos da vitrola sufocavam a balbúrdia, mas da saleta do café ouvia-se distintamente o refrão insensato. Ignoro que exigência formulavam. Se não me equivoco, alguns receavam debilitar-se, enxergar no major um tipo amorável, propenso a condescender. Lembrei-me do Pavilhão dos Militares, besuntado, lavado, esfregado, muito diferente da Sala da Capela. Dormíamos no chão; à noite, o frio intenso nos mordia a carne. Debaixo, dos lençóis curtos, precisávamos encolher-nos, batíamos os dentes como caititus. Agulhas picavam-me as orelhas; as minhas mãos geladas procuravam aquecer-se entre as coxas insensíveis. Na perna direita a insensibilidade aumentava, descia ao joelho, passava daí. Pela manhã os pardais nos levantavam. Conversas bambas, anedotas ingênuas, esperanças débeis, os óculos, o ronrom asmático e a fraqueza de seu Eusébio. A comida excessiva e gordurosa causava náuseas. Um dia os homens fortes, Cabezon, Petrosky, Zoppo, imóveis na digestão do almoço, não tinham conseguido jantar. E um guarda correra a perguntar se a devolução das marmitas significava indisciplina. Que idéia! Significava que os presos estavam pesados, fartos como jibóias. Um diretor invisível nos ameaçava. Outro agora, apreensivo, esforçava-se por trazer ao bom caminho algumas dezenas de viventes extraviados.

Passaram-se dias. E a resistência continuava. Apenas as vozes enrouqueciam, os gritos se espaçavam, o longo estribilho exigente perdia o vigor. Os comentários à desordem, severos e monótonos, aborreciam-me. Para evitá-los, ia esconder-me na oficina de encadernação quando os operários saíam, tentava refugiar-me na leitura. Uma tarde, frases coléricas, arrogantes, soaram perto, afastaram-me do livro. Ergui-me, cheguei a uma janela, vi lá embaixo a mulher do major Nunes, uma virago terrivelmente fornida. Tinha um prato na mão, queria passá-lo entre os varões de uma cela próxima:

— Gay, tu vais comer isto.

Não se ouvia a resposta de José Gay da Cunha. Certamente se calava, no horrível constrangimento, e a oposição muda exacerbava a pobre senhora:

— Tu és meu filho, Gay. Tua mãe foi minha amiga, era como se fosse irmã.

E tu és meu filho, aqui tu és meu filho. Toma, obedece.

A teimosia do rapaz magoava a excelente criatura como ofensa pessoal, causava-lhe exaspero. Tive a impressão de que ela ia meter os braços fortes entre os ferros da grade e puxar as orelhas do menino ingrato. Homem de revolução, José Gay da Cunha, tímido, risonho, muito branco, tinha na verdade a aparência de uma enorme criança. Fazia um ano que nos conhecíamos. E durante esse tempo, amável e arredio, Gay me tratava com cerimônia, como se me visse pela primeira vez. Imaginei-o confuso e pálido, a sussurrar agradecimentos difíceis e trêmulos, tentando esquivar-se à bondade violenta. A zanga rija caiu, a fala imperiosa abrandou, esmoreceu num pedido afetuoso:

— Aceita, filho. Tu não podes continuar assim. Toma. Fui eu que te preparei a comida.

Inúteis os conselhos e a dureza, a mulher deu o prato a um faxina, retirou-se em desespero, enxugando os olhos. Essa lastimosa cena deve ter contribuído para vencer a resistência dos grevistas. Fazia mais de uma semana que se obstinavam; já nem podiam gritar. Veio a renúncia uma noite. As grades se descerraram. Os homens dirigiram-se ao refeitório, magros, cadavéricos, silenciosos. Alguns, arrimando-se aos ombros dos, guardas, a arrastar as pernas, foram levados à enfermaria.

Minha mulher entregou-me um papel, pediu-me que o assinasse. Formalidade: a assinatura na linha onde havia uma cruz a lápis.

— Espera. É necessário ver de que se trata, murmurei aborrecido com a tentativa de me despersonalizarem. Preciso ver. Que diabo é isso?

Li a folha: uma procuração a constituir o doutor Sobral Pinto meu advogado. Estupidez. Sobral Pinto defendia Prestes e Berger, tinha para nós grande importância; era idiota supor que fosse tratar de casos mesquinhos, insignificantes. Liberal, católico, homem de pensamento e homem de ação, afastava-me.

— Quem se lembrou disso? perguntei quase irritado.

Fora José Lins, o amigo insensato que me escrevia bilhetes em beiras de jornais, arriscando-se a entrar na cadeia sem motivo. José Lins e certos camaradas nunca vistos anteriormente. Alguns escritores, muito poucos, haviam confiado no meu último livro, esperavam coisa menos besta no futuro e desejavam soltar-me. Daí a resolução de me entregarem às luzes de Sobral Pinto. A princípio esse cavalheiro não inspirava confiança. Berger o tratara secamente, num inglês misturado com alemão: suspeitava de uma defesa imposta pelas autoridades. E Sobral, sem se ofender, gastara meses num trabalho áspero, provara enfim não ser um funcionário nomeado para afligir as criaturas. Prestes se havia tornado amigo dele. Surgira, após diversas entrevistas, um terreno escasso, estreita faixa neutra, onde o materialista e o espiritualista conseguiam mexer-se. Larguei a folha, aperreado:

— José Lins é um maluco. Não escrevo isto. Para que me metem nessa encrenca? O doutor Sobral Pinto deve ser rico, e eu nem tenho dinheiro para pagar os selos da procuração. Deixem-me em paz. Não posso entender-me com essa gente. Diga a José Lins que vá para o inferno. Estou bem; não se importem comigo.

Sentia-me fraco, em desânimo excessivo. O espelho da saleta mostrava-me às sextas-feiras uma cara gorda e mole. Arrastava-me lento, as pernas bambas. A perspectiva de liberdade assustava-me. Em que iria ocupar-me? Era absurdo confessar o desejo de permanecer ali, ocioso, inútil, com receio de andar nas ruas, tentar viver, responsabilizar-me por qualquer serviço. Longo tempo me esforçara por justificar a preguiça: todos os caminhos estavam fechados para mim, nenhum jornal me aceitaria a colaboração, inimigos ocultos iam prejudicar-me. Escasseavam agora as evasivas covardes. A coragem de um editor, elogios fáceis na imprensa, vagas esperanças na minha literatura de carregação e afinal os bons propósitos de indivíduos estranhos revelavam-me solidariedade. As loucuras de José Lins não me surpreendiam: tínhamos sido companheiros na redação e no café. Mas novas camaradagens acenavam-me de longe, tão inesperadas como os obséquios de malandros e vagabundos na Colônia Correcional. Não podia encerrar-me no pessimismo; indispensável regressar à humanidade, fiar-me nela; impossível satisfazer-me com partículas de humanidade, poeira. Muito embaixo, na lama e na chuva, o frio a partir-me os ossos, um sujeito anônimo e sem rosto amparara-me, desviara-me da treva e da morte. Revolucionários infiltravam-se na polícia e procediam dessa maneira, discretos e silenciosos. Outros indivíduos chamavam-me de cima. Outros indivíduos. Como seriam eles? Imaginei-os Cubanos civilizados e brancos, desgostosos por saber-me inerte, a bocejar. As informações minguavam. Sobral Pinto não se distinguia bem do soldado paciente que me arrastara quilômetros no aguaceiro. Essa comparação atenazava-me. Achava-me propenso a misturar homens discrepantes, inconciliáveis, superiores, inferiores.

Várias vezes afirmei que não assinaria o papel, mas a afirmação era mecânica. Enquanto expunha motivos para não assinar, deixava-me levar por motivos opostos, não expressos. Reli a procuração e, numa incongruência aparente, lancei o meu nome na linha indicada. Minha mulher ia sem dúvida considerar-me estulto. Nunca me explicava, e os atos divergiam com freqüência das palavras. Certamente era pusilanimidade resignar-me à prisão, engordar, enfraquecer, jogar *crapaud*. Uma idéia me afligiu naqueles instantes de indecisão: temi, recusando a oferta, ser grosseiro com os amáveis desconhecidos. Respirei, mudei de assunto, livre de pensamentos contraditórios. Dias depois chamaram-me à secretaria. Aí se apresentou um cidadão magro, de meia altura, rosto enérgico, boca forte, olhos terrivelmente agudos. Sobral Pinto. Inquietou-me vê-lo perder tempo em visita a um preso vagabundo, refugo da Colônia Correcional: imaginara que apenas redigisse ou mandasse redigir uma petição de *habeas-corpus*. Estragava a manhã vindo falar-me. O advogado sentou-se, afastou essas lamúrias com um gesto seco, abriu a pasta e começou a interrogar-me. Era o primeiro interrogatório a que me submetiam. Ouvi perguntas e dei respostas embrulhadas; maquinalmente peguei uma folha de papel e um lápis; mas achava-me tão confuso que, referindo-me à Casa de Detenção, fiquei sem saber se devia escrever detenção com s ou ç. Risquei, tornei a riscar — a incerteza permaneceu. No cipoal de questões enrasquei-me:

— Ora, doutor, para que tantas minúcias? Como é que o senhor vai preparar a defesa se não existe acusação?

O advogado estranhou a minha impertinência. Em que país vivíamos? Era preciso não sermos crianças.

— Não há processo.

— Dê graças a Deus, replicou o homem sagaz espetando-me com o olhar duro de gavião. Porque é que o senhor está preso?

— Sei lá! Nunca me disseram nada.

— São uns idiotas Dê graças a Deus. Se eu fosse chefe de polícia, o senhor estaria aqui regularmente, com processo.

— Muito bem. Onde é que o senhor ia achar matéria para isso, doutor?

— Nos seus romances, homem. Com as leis que fizeram por aí, os seus romances dariam para condená-lo.

Não me ocorrera tal coisa. Os meus romances eram observações frágeis e honestas, valiam pouco. Absurdo julgar que histórias simples, produto de mãos débeis e inteligência débil, constituíssem arma. Não me sentia culpado. Que diabo! O estudo razoável dos meus sertanejos mudava-se em dinamite. O duro juízo do legista esfriou-me:

— Está bem. Não tinha pensado nisso.

Realmente pensava no prejuízo que me forçavam a causar ao paradoxo vivo ali sentado em frente de mim. Não havia dinheiro nem para os selos. Porque tirar da cadeia um pobre como eu? Sobral Pinto me fez outras visitas. Palavra aqui, palavra ali — notei que ele era pobre também. E por isso queria libertar-me. As nossas idéias discrepavam. Coisa sem importância. Sobral Pinto, homem de caridade perfeita, queria tirar da cadeia um bicho inútil, na minha opinião, um filho de Deus, na opinião dele.

Uma noite de calor, suando no colchão duro, chateava-me a folhear um romance idiota. Alguém, na cama vizinha, interrompia-me afirmando com enorme certeza que aquilo era uma bíblia. Desenvolvia motivos, indicava passagens onde se arrumavam belezas imperceptíveis. Aborrecia-me:

— Está bem. Isso mesmo.

Impossível descobrir alguma vantagem no livro espesso, bem construído, científico em demasia. As personagens, terrivelmente sábias, expunham temas difíceis, causavam-me dor de cabeça. Os insensatos elogios irritavam-me:

— Isso mesmo. Sem dúvida.

Calor horrível. Morriam-me nos ouvidos sons abafados, as luzes das lâmpadas tremiam. Percevejos líquidos e ardentes fervilhavam-me por baixo do pijama; a respiração encurtava-se. As figuras em redor perdiam a consistência; o discurso pedante do otimista pouco a pouco se desalentou e afinal as idéias sumiram-se dele. Falta de ar. De repente as letras começaram a mexer-se, a dançar, as linhas torceram-se doidas, deixando largos espaços vagos no papel amarelo. Esfreguei as pálpebras. As janelas estavam longe, as lâmpadas subiam. Na mesinha redonda, ao centro, jogavam bridge. Distingui os parceiros pela conversa abalizada:

— Dizem os tratadistas...

Cascardo, Barreto Leite e Hermes Lima estavam ali, mexendo cartas, discutindo, invisíveis; o quarto jogador apagava-se no silêncio.

— Xeque.

O tabuleiro de xadrez, a alguns passos, desaparecia em sombra compacta. Uma nuvem cortada por faixas vermelhas cobria os objetos. Cheguei a página aos olhos, afastei-a, buscando ansioso juntar os caracteres rebeldes. Vários deram-me a impressão de reunir-se, formando um contra-senso: *dettera*. Que diabo significava *dettera*? Parecia italiano, mas, por muito que me esforçasse, não me lembrava de ter visto semelhante palavra. Demais o livro ali aberto era escrito em português. Que vinham fazer nele as estranhas sílabas? Procurei-as, e não houve meio de achá-las. Certamente não existiam, embora um minuto antes se houvessem mostrado claras, os dois *tt* negros e fixos. Ilusão, mas ilusão bem esquisita, com aparência de verdade. O negror e a fixidez tinham-se esvaído, agora as manchas cresciam na folha, os traços vermelhos angustiavam-me espalhando os sinais caprichosos.

Soltei a brochura, ergui-me, um peso enorme no coração: julgava-me inútil, condenado para o resto da vida a guiar-me pelos outros. Esqueci o otimista facundo, avancei alguns metros no soalho, orientando-me por indecisas claridades, atingi a mesa do *crapaud*, sentei-me num banco, tentei enganar-me fingindo seguir os lances de uma partida. Uma voz engrolada, cheia de *rr*, convidou-me para o jogo, senti os baralhos debaixo dos dedos.

— Obrigado. Não posso.

Levantei-me, peguei um braço, desviei-me tateando na penumbra e na aflição:

— Venha cá, Gikovate. Parece que estou cego, não consigo ler. Que diabo será isto?

Não era nada, respondeu calmo o rapaz tentando sossegar-me. A evasiva, a maneira rápida e fácil de eliminar um fato negando-o, agravou-me a inquietação. Como não era nada? Pouco antes achava-me tranqüilo, a bocejar diante de um livro. Súbito as linhas se haviam deslocado, e em largos espaços desertos mexiam-se letras vagabundas. Algumas se juntavam, formando uma palavra sem pé nem cabeça, e manchas rubras corriam na página. Tinha-me sem dúvida aparecido qualquer desgraça. Não seria bom consultar outros médicos? Fazendo a pergunta, convencia-me da inutilidade evidente dela. Com certeza alguns dos vultos indecisos, atentos no xadrez e nos jornais, podiam examinar-me, traçar um diagnóstico, mas não tinham recurso para suprimir a horrível névoa espessa.

O judeu excelente achou desnecessária a consulta: dentro de meia hora aquilo ia passar. Usou expressões técnicas, aconselhou-me repouso, e a voz calma, segura, incutiu-me esperança. Lembrei-me de haver experimentado coisa semelhante anos atrás. Ocupava-me em redigir um vago esboço literário, destinado ao fogo, naturalmente: quando as gavetas se abarrotassem, seria preciso, como de ordinário, esvaziá-las, destruir as composições medíocres. O exercício longo, paciente, fixara-se, convertera-se em hábito, e em vão queria livrar-me dele. Desde a infância entregava-me ao dever estéril.

Naquele dia o caso novo me alarmara: a folha esmorecera, fundira-se às tábuas da mesa, e nessa pasta nebulosa a minha ficção capenga se dispersara, coberta de nódoas vermelhas. Esforçara-me por dominá-la, escancarando os olhos, aproximando, afastando o papel. A escuridão se prolongara cerca de meia hora. O prognóstico de Gikovate avivava-me a cegueira provisória e reduzia-me o susto. Meia hora. Talvez o rapaz desejasse apenas enganar-me, estabelecesse o prazo à toa, mas a coincidência levava-me a confiar nele. Dentro de meia hora a neblina se adelgaçaria, novamente me seria possível agarrar pedaços de verdade nos telegramas divergentes da Espanha.

— Vou deitar-me. Venha comigo, não enxergo o caminho.

O companheiro guiou-me entre os móveis confusos. Estirei-me na cama, enrolei a cabeça no lençol.

— Obrigado. Faça o favor de apagar a lâmpada.

Só, busquei distrair-me apanhando migalhas de conversas no burburinho. A gargalhada rouca de Moésia cortava a narrativa de Moreira Lima, várias vezes repetida; Apporelly arrumava a paciência vagarosa, ouvia-se distintamente o chiar das cartas na mesinha; e Aristóteles

Moura, solícito, cochichava-me oferecimentos indefinidos. Os receios desbotaram, fugiram lentos, chegou a inconsciência, resvalei no sono.

Levantei-me dia claro, respirei com alívio pensando na aflição da véspera, e a manhã luminosa a entrar pelas janelas banhou-me como um favor. Pestanejei: as manchas tinham-se esvaído sem deixar vestígio. Faixas de sol forte avançavam no soalho. Os homens iam e vinham, perfeitamente visíveis, entregues às insignificâncias da rotina. Longe, avultava a massa pedregosa da Favela, com a casaria indecisa espalhada em cinzentas ladeiras, transeuntes a subir, a descer, mulheres avizinhando-se da igreja fina e amável pregada no cume. Tinham vivido ali possivelmente, preguiçando em botequins sórdidos, bebendo cachaça, tocando violão, alguns dos vagabundos agora comprimidos na piolheira da Colônia Correcional. Pensei nessas esquisitas personagens, incapazes de trabalho, expostas a uma contínua perseguição, comparei-as aos doutores que folheavam jornais nas tábuas dos cavaletes. Hermes Lima embebia-se nos seus cadernos de alemão. Pompeu Accioly resolvia problemas de xadrez. De volta do café, Maurício Lacerda encostava-se a um parapeito à esquerda e atirava aos pardais miolo de pão. Esse hábito diário constituía quase um dever, e na execução dele ratazanas enormes emboscavam-se entre blocos de cantaria, aguardando ensejo de assaltar as aves. Os bichos repulsivos, gordos, vorazes, reduziam bastante os intuitos benévolos do homem. Necessário fugir, era a opinião de Sócrates Gonçalves, repetida muitas vezes. Marteladas, uma serra a chiar na pequena marcenaria da saleta.

Abri o volume abandonado com desespero à noite, reli a página duvidosa e opaca onde três sílabas se tinham agrupado, a zombar de mim. Nenhum sinal delas. Apenas uma w)rosa insulsa e pedante.

Entrando no salão, vi na cama de Luís de Barros, fronteira à porta, um fardo trêmulo: agüentando o rijo calor de meio-dia, alguém se enrolava num cobertor de lã.

— Que é isso, Luís? Suadouro?

O moço descobriu o rosto pálido, murmurou débil:

— Não. Medo.

Abafei numa gargalhada a confissão intempestiva, não porque se tratasse de coisa rara, mas pela simplicidade com que se expunha. Evitamos referir-nos a tais fraquezas, embora não haja motivo para nos envergonharem. Lembrei-me do abafamento, aparecido às vezes como epidemia: ficávamos inúteis, sem apetite, os músculos bambos, a vontade suspensa. Na Colônia Correcional apavorava-me diante de um selvagem bêbedo. E a operação dos ratos levara uma noite José Brasil a perceber metralhadoras na sombra, assestadas contra nós. No estado normal, talvez nos espantássemos se alguém nos viesse falar nesses desconchavos, mais ou menos apagados; não seríamos capazes de amofinar-nos assim. Continuava a rir-me examinando a figura empacotada. Os olhos escancaravam-se, os beiços contraíam-se, os dedos apertavam com força a orla do pano abaixo do queixo.

— Largue esse cobertor, homem. Você se derrete nesta quentura dos diabos.

O rapaz mexeu a cabeça, espalhou a vista pelos arredores com jeito cômico:

— Não brinque. Estou morto de medo. Covardia.

Era como se estivesse a indicar ameaças em roda, mas isto se mudava em truanice. Não havia ali sinal da esquisita fraqueza que de longe em longe nos contaminava; os jogos, os trabalhos desenrolavam-se monótonos, as conversas zumbiam. Nenhum soldado bruto viria trazer-nos exigências alarmantes. E rumores indefinidos não alvoroçavam as criaturas sugestionáveis; no sossego das tocas os ratos dormiam; impossível imaginar canos de armas, inimigos ocultos, na claridade intensa que inundava o pátio.

— Recebeu alguma notícia desagradável? inquiri afugentando razões imediatas.

Devia ser isto: desgosto de família, embaraços econômicos, obstáculos imprevistos surgidos no processo, encrencas sutis, esmorecimento do advogado. No ócio obrigatório e no ramerrão, esses contratempos se exageravam, roubavam-nos o sono.

— Seus parentes lhe disseram alguma coisa?

— Não. Tudo em ordem. Mas estou com medo. Nem sei de quê.

As pálpebras caídas ergueram-se leves, um olhar rápido fuzilou, nos lábios frouxos correu momentâneo o sorrisinho malandro. Um instante depois lá estava no rosto bambo a máscara deplorável: rugas, o nariz longo, dois sulcos fundos a prolongar a boca. A tremura sacudia os músculos, e no pescoço os dedos crispavam-se agarrando o pano.

— Estou com frio.

Para o diabo. Ainda uma vez a criatura desassisada se entretinha a zombar de mim. Durante meses se apagara, anônima e sem cor, os modos lorpas, gaguejando ninharias. E afetara excessiva cautela sem nenhuma razão. Não iria comprometer-se deixando a assinatura numa folha de romance? Agora simulava covardia. Ao sentir-me novamente logrado, achava-me crédulo, simples objeto de brincadeiras nas mãos de um sujeito ordinário. Repetia a mim mesmo essa injúria, e zangava-me por afirmai uma injustiça. O homem possuía grande talento, mas era estúpido viver ã esbanjá-lo representando papéis ridículos. Notando a fraude, julgava-me denso e lerdo; com certeza outros indivíduos me enganavam também, e era-me impossível ajustar-me ao ambiente desgraçado. Tocaias. Pessoas a deslizar na sombra.

Afastei-me desgostoso, pensando que de fato procedíamos ali como se nos escondêssemos, em permanentes emboscadas. Veio-me ao espírito o juízo cínico de Walter Pompeu, desenvolvido meses atrás no cubículo 35 do Pavilhão dos Primários. Nordestino, bárbaro, acomodado à civilização, Walter admitia a negaça e a fraude, meios de suprimir um inimigo com pouco esforço. A lei dos cangaceiros. — "É assim que se faz na guerra. Qual é o objetivo? Matar. Bem. Matamos reduzindo as probabilidades de risco. O homem sensato não se afoita em campo descoberto: resguarda-se junto a uma árvore, o olho na pontaria, o dedo no gatilho, o rifle apoiado a uma forquilha, e espera momento favorável. Um tiro, e acabou-se. O duelo é uma estupidez. Bobagem morrer à toa. Cavalheirismo, fanfarronada, isto é literatura besta." Recordando a opinião crua, vassourada razoável em muitas coisas vistas na aula primária, guardadas sem exame, surpreendia-me a argüir o oficial e a dar-lhe razão.

Literatura besta. A frase reaparecia, insistente. Ensinavam-nos a exibir os nossos intuitos, a proceder com dignidade e honra — e com isto se resumia o trabalho da polícia. Evidentemente. Se cometêssemos um crime, o remorso nos obrigaria a confessá-lo. Mas na guerra não existia remorso, os deveres ordinários findavam — e Walter Pompeu queria meter nas relações civis a moral e os hábitos da guerra.

Havia saltos nas minhas idéias, lacunas e discrepâncias. Farrapos de idéias. Afinal estávamos em guerra. Num banco estreito, em carro de segunda classe, inteirara-me disso lendo um jornal, entre dois fuzis. O Congresso Nacional prorrogara o estado de guerra. O disparate me indignara, arrancara-me pragas interiores. Agora, sentado na cama, olhando o monte vizinho, aplicava-me em reconsiderar. Havia na verdade um conflito a generalizar-se, briga invisível, e, em consequência, era natural que, por qualquer suspeita, nos tirassem do mundo. A esquerda, mulheres a descer a ladeira vermelha e pegajosa, na manhã clara, um burro e uma cabra quase imóveis, casas de tábua e lata, a envergonhar-se, a encobrir-se nas ramagens, panos estendidos, crianças nuas. Paz. Em frente, a massa escura da Favela, a igrejinha alta e magra no topo, figuras vagas a achatar-se nos declives ásperos da pedra, tetos ariscos. Paz. E em redor, na sala extensa, o zumbido monótono das conversas, a leitura paciente de Maurício Lacerda, o riso de Jorge El-Jaick, o pigarro de Moreira Lima, chiar de serra e marteladas na pequena oficina de amadores. Paz. A guarita próxima, erguida no muro alto, parecia deserta; a sentinela devia cochilar pacificamente, esquecida a vigilância. Contudo, no sossego aparente vivíamos inquietos. Olhos atentos nos sondavam por detrás de óculos escuros, a gente se mexia entre ciladas, uma frase leviana figurava nos relatórios que indivíduos insuspeitos mandavam á polícia. O velho Marques me avisara: — "O senhor hoje pela manhã, ali na mesa dos jornais, cumprimentou com a mão fechada os rapazes do banho de sol. Um dos seus companheiros escreveu isso e eu fui portador da informação. Desconfie de toda a gente, de mim e dos outros, mas desconfie mais dos seus amigos." Isso nos envenenava. Afinal já nem sabíamos quem era amigo, quem era inimigo. Um sorriso nos envolvia, nos anestesiava, ocultando um punhal de assassino. Dias depois, feridos na sombra, seríamos postos num alojamento sujo de moribundos. Centenas de organismos a desconchavar-se lentos, envoltos em farrapos; pernas convulsas a estirar-se, finas como cambitos; bugalhos a rolar em desvario. Gemidos, roncos de agonia — um infeliz a acabar-se, a barriga aberta, jorros de sangue escuro e podridão cheia de bichos, sob o vôo das moscas. Poderíamos findar assim. E poderíamos resistir, livrar-nos, acomodar-nos outra vez, mais fracos e sem alma, junto ao altar, no quadrado firme de mosaico, lendo romances tolos, vendo a igreja fina e distante, animais e -crianças nuas em cima da ladeira vermelha e, perto, longe do mundo, homens atentos no jornal e no jogo. Alguns suportariam miséria e fome, dentro de meses voltariam, como Aristóteles Moura, o crânio pelado, mais pálidos e magros, mover-se-iam tranquilos, em paz. Paz no vasto salão de tábuas vacilantes, no morro vermelho, nas casas escondidas entre ramagens, nas pedras da Favela, nas guaritas pequenas trepadas no muro largo. Outros ficariam na ilha fúnebre, desmanchar-se-iam anônimos em covas abertas nas escarpas duras e negras, debaixo das piteiras luminosas nos crepúsculos cor de sangue. Emboscadas. O ranger das portas anunciava estalos de gatilhos; nas dobras das roupas escassas havia navalhas e facas. José Brasil se alucinara uma noite, percebera armas na treva.

Luís de Barros não se afligia com esses perigos complicados, mas enxergava possivelmente outros perigos. Retraía-se, envolvia-se em dúvidas: todos nós éramos capazes de prejudicá-lo. Enrolava-se no cobertor pesado, a queixar-se de frio e medo. Cercavam-no delatores. Semanas depois as grades se descerraram para ele. Vestiu-se cuidadoso, arrumou a bagagem, despediu-se mastigando o sorriso parvo, que me atenazava. Naquele momento era dispensável a constante falsidade. Acompanharam-no ruidosos, com demonstrações vivas de alegria revolucionária. Luís de Barros andava de cabeça baixa, em silêncio. Parou à saída, virou-se, endireitou a visagem burlesca. Certamente ia fazer um discurso

— Obrigado, murmurou. A comoção e a prudência embargam-me a voz.

Houve luta física na Sala da Capela, e isto me alarmou, pois nunca me viera a suposição de que desavenças miúdas tomassem vulto, chegassem ao pugilato. Quais eram afinal os motivos dos rijos dissídios? Palavras. As discórdias começavam por elas, embrulhavam-se na significação delas, aprofundavam-se, alargavam-se. Porquê? Exatamente porque faltava razão para se alargarem, aprofundarem. Se houvesse razão, os adversários conseguiriam provavelmente superá-la, julguei. Repeti a mim mesmo que a dificuldade estava em darem à mesma coisa nomes diversos, darem a várias coisas um nome só. Impossível entenderem-se.

Haviam pedido a Leônidas Resende um curso de economia política. Leônidas enfermara, vivia estirado na cama, friorento, apesar do calor. Nas horas das refeições, erguia-se mole, descia trôpego ao refeitório, em desânimo. Se lhe falávamos, respondia com um sorriso murcho e balofo. Professor, homem de saber e método, apagava-se; não lhe reconheceriam valor se não aparecesse na encadernação um volume fornido com o nome dele. Daí o convite. Amável e paciente, Leônidas resignara-se às lições. À noite, no rumor das conversas e da vitrola, fazia-me pena vê-lo recostar-se ao travesseiro, ampliar a voz fraca, desenvolvendo a matéria, como se ainda se achasse na cátedra. Desatento à força do trabalho, ao mercado, à super-valia, o auditório bocejava. E, ao cabo de alguns dias, os alunos pouco a pouco se dispersavam, iam estudar coisa menos chata, ensinando uns aos outros, com lápis e folhas de papel, em grupos animados, pelos cantos. Não haviam entendido bem o professor claro e minucioso; acabariam não se entendendo.

Apareciam-me de longe divergências em esboço, e éramos forçados a reconhecer que ninguém tinha culpa. Estávamos feitos daquele jeito, cada um de nós estava feito de certo modo — e em vão tentávamos explicar uns aos outros que a leitura de um artigo não nos transformava. Numerosos degraus. Homens ásperos, intolerantes; homens simples, cheios de ódio. Lembrava-me do beato José Inácio, baixo e grosso, um rosário de ave-marias brancas e padre-nossos azuis no peito cabeludo, a mão curta a mover-se com raiva: — "Quando fizermos a nossa revolução, ateus como o senhor serão fuzilados." Havia na Sala da Capela indivíduos assim, não tão rudes, mas férteis em absurdos e inconciliáveis. Tornaram-se comuns as falas estridentes, e como andávamos quase despidos, as almas enfim surgiram também meio nuas. Porque diabo me indispusera com algumas pessoas? Afligia-me não achar resposta, e talvez esses inimigos imprevistos fizessem debalde a mesma pergunta. Já na eleição do Coletivo aparecera no fim da sala, perto do altar, um princípio de bagunça, enquanto se apuravam as cédulas. Berros, palavrões, xingamentos, eleitores assanhados agarrando-se. E por esses votos insignificantes diversos militares me haviam torcido o focinho. Estupidez.

Agora as coisas pioravam. Certo dia dois sujeitos se engalfinharam. Um deles se desprendeu, foi à saleta, voltou armado com um formão, envolveu-se outra vez na desordem. Ao cabo de instantes desviou-se do grupo uma figura ensangüentada: na ação rápida os pacificadores não tinham conseguido meio de evitar o golpe. Gritos, barulho de tamancos, chaves a abrir maletas, passos na escada. O faxina trouxe uma bacia de água; Flávio Poppe, Gikovate e outros médicos estriparam rolos de algodão, e ocupavam-se na lavagem do ferimento quando o major chegou, acompanhado por guardas. Em silêncio, o velho estendeu o olhar severo em redor, ficou algum tempo a examinar a criatura esmorecida e cabisbaixa que se deixava manusear, um filete rubro a correr de uma brecha pequena aberta na fronte. Nenhuma censura, apenas a carranca desgostosa. Mas isso nos causava aborrecimento e confusão, agravados pelo ar escarninho dos funcionários. Um deles guinchava olhando a testa pálida, onde logo se estirou um pedaço de esparadrapo. Guinchos, expressão velhaca e estúpida. Uma cara obtusa, beiços grossos e escuros arregaçando-se. Animal. Devia ser o tipo de que Agildo, levado a braços ao tribunal, se desembaraçara com um pontapé. Zombava de nós. Que vergonha!

O diretor afastou-se ríspido, sem se despedir, rosnou uma ordem, e sumiram-se pouco depois os utensílios da marcenaria. Dali em diante o chiar das serras e as marteladas não nos embalariam, a dissipar os desejos vagos e o tédio. Havia no alojamento um forte desânimo, e buscávamos reduzir a tristeza e o vexame fugindo a comentários.

Correram semanas. Os debates azedavam-se, entusiasmos ardentes esfriavam. Uma tarde nova desordem rebentou. Originou-se na saleta do café, cresceu rápida. Envolvendo muitas pessoas, tornou-se uma onda raivosa, transbordou. Sentado num banco, à mesa dos jornais, com um livro e um cigarro, vi, sapecando períodos, o fuzuê desenrolar-se, atravessar a porta, receber contingentes, espraiar-se. José Brasil se esgoelava, comandando, querendo estabelecer disciplina e método na bagunça. Para começar entalou o pescoço de um vizinho debaixo do braço, num truque japonês, redemoinhou com o adversário, feito um boneco, sufocado nessa gravata. Os bíceps contraíam-se, inchavam, molas duras, e a voz áspera exigia sossego lançando injúrias e palavrões.

Ergui-me, sentei-me um pouco distante, reabri o volume, o desconchavo alcançou-me, bateu-me nas pernas; levantei-me de novo, afastei-me alguns metros, esforcei-me por adivinhar a página. Desviando-me da leitura, percebi que grande número de militares aderia à briga. Aquilo para eles era esporte, jogo necessário à saúde. Baques, desaforos; o combate se generalizava, deslocava os móveis, alargara-se até o meio da sala. Não me achando em segurança, fui acomodar-me ao fundo, perto do altar. As camas restavam desfeitas; formavam-se partidos, a animar, a desanimar os lutadores; e pessoas cautelosas se resguardavam junto às janelas. A fúria coletiva decresceu, morreu, e os contendores desgrudaram-se. Restabeleceu-se a ordem, arrumaram-se as peças nos tabuleiros de xadrez, as cartas espalharam-se no *crapaud* e na paciência, os discos da vitrola buscaram desfazer-nos a má impressão.

— Você tem sangue de barata, homem, veio dizer-me José Brasil.

— Porquê?

— Ora porquê! Num barulho como este, fica sentado, lendo, nem levanta a cabeça. Que diabo! Você não tem nervos.

— Pois sim! Vou lá meter-me em questão de soldados? Vocês se entendem. Arranham-se, trocam murros, quinze minutos depois estão amigos. E voltam-se contra os paisanos. Sou neutro. Arranjem-se.

O capitão arregalou o olho vivo, com espanto. Em seguida soltou uma gargalhada:

— Ótimo. É isso mesmo. Foi a opinião mais sensata que já ouvi a nosso respeito.